합리적 인간의 비합리적 선택

Irrational choice of rational people

행동 재무론

Behavioral Finance

고광수 지음

한빛아카데미
Hanbit Academy, Inc.

지은이 **고광수**

부산대학교 경영대학 재무금융 전공 교수로 재직 중이다. 연세대학교 경영학과를 졸업하고, KAIST에서 재무 및 투자론 전공으로 공학 박사학위를 취득하였다. 주요 강의 및 연구 분야는 행동 재무론, 투자론, 국제 재무관리 등이다. 한국투자신탁 조사역, 증권연구원(현 자본시장연구원) 선임연구위원, 한국증권학회 이사, 한국재무학회 및 한국파생상품학회 부회장을 역임하였다. 증권학회지, 재무연구, 금융연구, Journal of International Money and Finance, Journal of Financial Intermediation, 그리고 Journal of Banking and Finance 등의 학술지에 논문을 게재하였다.

행동 재무론: 합리적 인간의 비합리적 선택

초판발행 2023년 2월 28일

지은이 고광수 / **펴낸이** 전태호

펴낸곳 한빛아카데미(주) / **주소** 서울시 서대문구 연희로2길 62 한빛아카데미(주) 2층

전화 02-336-7112 / **팩스** 02-336-7199

등록 2013년 1월 14일 제2017-000063호 / **ISBN** 979-11-5664-651-8 93320

책임편집 김현용 / **기획** 권오상 / **편집** 권오상

디자인 표지 박정우, 내지 박정우 / **전산편집** 김미경 / **제작** 박성우, 김정우

영업 김태진, 김성삼, 이정훈, 임현기, 이성훈, 김주성 / **마케팅** 길진철, 김호철, 심지연

이 책에 대한 의견이나 오탈자 및 잘못된 내용에 대한 수정 정보는 아래 이메일로 알려주십시오.

잘못된 책은 구입하신 서점에서 교환해 드립니다. 책값은 뒤표지에 표시되어 있습니다.

홈페이지 www.hanbit.co.kr / 이메일 question@hanbit.co.kr

Published by HANBIT Academy, Inc. Printed in Korea

행동 재무론

Behavioral Finance

서언

이 책은 행동 재무론 분야를 알기 쉽게 전달하기 위한 전문 서적이다. 행동 재무론이라는 명칭을 처음 접하게 된 시점은 2000년쯤인 것으로 기억한다. 그 이전에도 이 분야의 논문들을 많이 읽었지만, 구체적인 존재를 알게 된 것은 내가 근무하던 한국증권연구원(현 한국자본시장연구원)에 행동 재무론을 전공한 김근수 박사가 들어오면서부터다. 그때부터 학문적 완벽성을 추구하던 전통적 재무론에 비해, 인간 행동의 현실적 설명을 추구하는 서술적 이론으로서의 행동 재무론과 친해졌다.

하지만 항상 바쁜 연구원 생활로 인해 이 분야의 논문들을 신중하게 읽을 기회는 많지 않았다. 오랜 여의도 생활을 마치고 2005년에 대학으로 직장을 옮기면서부터 이 분야의 연구 논문과 서적들을 심도 있게 검토할 수 있었다. 처음 접한 논문은 1979년에 카너먼과 트버스키가 공저한 〈프로스펙트 이론〉이었다. 정말 환상적인 연구였다. 그동안 읽었던 많은 논문들은 나의 지적 수준으로 이해하기 어렵고 추상적이어서 훌륭한 논문들이었는데, 이 논문은 이해하기 쉽고 구체적이어서 탁월한 논문이었다. 〈프로스펙트 이론〉은 〈이코노메트리카〉에 게재된 논문임에도 불구하고 그렇게 수리적이지도 않으면서 인간의 경제적 행동에 대한 설명력이 뛰어났다.

그들의 논문 이후로 지금까지 행동 경제학과 행동 재무론 분야에 대해 상당히 많은 연구들이 진행되었다. 이 분야에 대한 공헌으로 허버트 사이먼과 조지 애컬로프가 각각 1978년과 2001년에 노벨 경제학상을 이미 수상하였지만, 대니얼 카너먼, 로버트 쉴러, 리처드 탈러가 각각 2002년, 2013년, 2017년에 노벨 경제학상을 수상하여 이 분야의 위상은 더욱 높아졌다. 특히, 시카고 대학교 경영대학원의 리처드 탈러가 2017년에 단독 수상한 것은 행동 재무론 분야에서 기념비적인 사건이었다. 이들을 포함하는 수많은 행동과학자들의 노력으로 21세기부터는 행동 재무론도 재무론의 주요 분야가 되었다. 아니, 이제 재무론의 진정한 선도 분야가 되었다.

그동안 다양한 학술 논문과 도서들이 발간되어 행동 재무론 분야를 소개하였지만, 미국에서조차 체계적인 교과서나 교양서적이 충분하지 않은 실정이다. 우리나라에도 이 분야를 소개하는 서적들이 꽤 있지만, 대부분 번역서로 상황 파악과 정확한 이해에 다소 어려움이 있었다. 이를 해소하는 하나의 시도로 이 책을 집필하게 되었다. 이 책은 뛰어난 학자들의 놀라운 연구 업적들을 평범한 학자가 주관적으로 정리한 결과에 불과하다.

부디 거인의 어깨 위에 올라서서 인간의 경제 및 재무적 행동을 바라보는 즐거움을 누리시기를 바랍니다. 본디 학문이 얕고 재주가 없어서, 현실적이고 재미있는 내용을 제대로 전달하지 못했다는 느낌이 들어 송구스럽습니다.

감사합니다.

지은이 **고광수**

추천사

신현한
연세대학교 경영대학 교수,
2023년 한국증권학회 회장

신고전주의 경제학과 재무론을 공부한 학자로서 행동 재무론은 낯선 학문이었다. 전통 재무금융학자들은 실생활에서 관찰되는 인간의 행동을 모형에 반영하지 않았던 것이 비합리적이었다. 이에 행동 경제학과 재무론은 관찰된 인간의 행동을 반영하여 경제 및 금융 현실에 대해 현실성 있는 설명을 제공하고 있다. 행동 재무론이 재무론 또는 재무금융학의 기본이 되어야 함을 알려주는 책이다.

김근수
경희대학교 국제대학원 교수

본 저서는 어려운 학문적 주제를 다루고 있지만, 쉽고 평이하게 읽을 수 있는 책이다. 재무학이나 경제학을 전혀 모르는 일반인이 교양서적으로 읽기는 쉽지 않을 것이지만, 투자나 경제에 관심 있는 분이라면 한 번 도전해 볼 만하다. 그렇다고 내용의 깊이가 없는 책은 절대 아니다. 폭넓고 깊이 있는 학문적 연구를 담아내고 있어 재무 전문가라면 누구나 유익하게 읽을 수 있는 전문 서적이다. 행동 재무학의 많은 연구 성과를 자기 것으로 소화해내고 자기만의 색깔로 얘기를 펼쳐내는 저자의 통찰력과 노력에 경의를 표한다.

배재규
한국투자신탁운용 대표이사

〈넛지〉라는 책의 저자로 유명한 리처드 탈러 교수가 행동 경제학으로 노벨 경제학상을 수상하였고, 케이스-쉴러 지수 등으로 유명한 로버트 쉴러 교수도 이미 2013년에 노벨 경제학상을 수상하였다. 우리가 배웠던 전통적인 금융 이론은 수많은 비현실적인 가정으로 이루어져 있지만, 행동 경제학은 시장과 경제 주체인 사람의 행동 요인을 분석하였다. 이로써 비현실적인 가정 때문에 발생했던 오류들을 사람들이 납득할 수 있게 설명하게 되었다. 이 책은 행동 재무론의 태동과 역사, 그리고 현실과 시장에서 빈번히 발생하고 있는 사례를 행동 경제학적으로 깊이 있고 광범위하게 풀어내었다. 일반인, 학생 그리고 투자자들 모두에게 경제와 시장에 대한 깊은 통찰의 기회를 줄 것으로 기대한다.

금융경제에 대해서 활발한 연구를 해 오신 전문가가 쓴 행동 재무론에 대한 소개서이다. 이 책은 행동 재무에 대해 알고 싶은 모든 사람에게 적절한 예시를 곁들여 필요한 지식을 전달하고 있으며, 이 분야에 지식이 많은 사람에게도 생각을 정리할 수 있게 해준다. 금융 강의를 듣는 학생들을 비롯하여 금융에 관심 있는 모든 사람에게 정독을 권하고 싶다.

강장구
KAIST 경영대학 교수, 2016년 한국파생상품학회 회장

일반적으로 재무나 경제학 관련 책은 어렵고 재미없다. 하지만 행동 재무론을 다룬 이 책은 다르다. 인간의 비합리성에 기반한 심리학을 경제 및 자본시장에 접목시킨 이야기는 불완전하고 결함이 많은 인물이 주인공으로 나오는 소설처럼 무척 흥미진진하다. 비합리적인 우리가 어떻게 자본시장에서 살아남고 연금 제도에서 손해를 보지 않을 수 있을지를 이 책은 여러 사례와 함께 흥미진진하게 풀어내었다. 우리, 호모 이코노미쿠스가 살아가는 불완전한 세상에 대한 완전한 지침서가 되리라 생각한다.

김솔
한국외국어대학교 경영대학 교수, 2023년 한국파생상품학회 회장

Practitioners and academicians have increasingly focused on the importance of behavioral finance and economics in understanding investor behaviour and corporate policies. This book explains all important concepts and issues that are essential for better understand of behavioral finance and economics in easy but comprehensive ways. It will be a great book for any readers interested in complete understanding of the nature, objective, and impacts of behavioral finance and economics.

Jun-Koo Kang
Professor of Finance, Nanyang Business School, Nanyang Technological University

행동 재무학 분야에 지금까지 없었던 역작이 탄생했다. 노벨 경제학상을 받은 학자들의 최신 연구까지 깊이 있게 다뤘지만, 행동 재무학에 관심 있는 전문가, 학생, 어쩌면 일반인들까지도 읽을 수 있도록 쉽게 쓴 책…. 놀랍다!

장봉규
POSTECH 산업경영학과 교수

추천사

박종원
서울시립대학교 경영대학 교수, 2018년 한국파생상품학회 회장, 2020년 한국재무학회 회장

포트폴리오 이론을 창시하여 노벨 경제학상을 수상한 해리 마코위츠도 정작 자신의 투자에서는 단순한 1/n 휴리스틱 방법을 사용한다(본문 중에서). 현실에 나타나는 이러한 괴리를 저자는 행동 재무론에 대한 해박한 지식과 통찰력을 주는 사례를 이용하여 명료하게 설명한다. 이 책은 재무금융을 전공하는 학생, 업계에 종사하는 실무자뿐만 아니라 금융정책 담당자들에게 자본시장을 이해하는 좋은 길잡이가 될 것이다.

정지석
전 ㈜코스콤〈구 한국증권전산〉 대표이사, 경영과학 박사

재무론을 공부했지만, 자본시장의 여러 이슈들이 실제로는 잘 설명되지 않아서 많은 어려움을 겪었다. 이 책은 행동 과학과 실제 사례를 이용하여 그동안의 답답함을 풀어주고 있다. 이 책을 통하여 한국에서 다소 생소했던 행동 재무론이 널리 알려지는 계기가 되길 바란다.

안희준
성균관대학교 경영대학 교수, 2021년 한국증권학회 회장

전통적 재무 이론에 대한 의심에서 시작한 행동 재무학은 여러 가지 어려움에도 불구하고, 지난 20년 이상 큰 주목을 받으며 많은 발전을 이루어왔다. 본서는 쉬운 문체로 행동 재무학을 폭넓으면서도 깊이 있게 잘 정리하고 있어 경제학에 대한 기초 지식이 어느 정도만 있으면 누구나 쉽게 행동 재무학을 체계적으로 접할 수 있게 해준다.

선정훈
건국대학교 경영대학 교수, 2022년 한국증권학회 회장

이 책은 인간의 경제적 행동과 재무적 행동을 이해하는 데 필요한 행동 경제학과 행동 재무론의 지식을 잘 전달하도록 구성되어 있다. 무엇보다 저자가 이 분야의 연구 내용을 체계적이면서도 초심자도 알기 쉽게 설명하기 위해 오랜 기간 고민한 흔적이 이 책 전반에서 발견된다. 이 분야의 학문적 지식의 기초를 얻고자 하는 대학생에게 더할 나위 없이 좋은 교과서가 되고, 이 분야의 내용을 금융투자업 실무에 적용하고자 하는 실무자에게는 유용한 교양 서적이 될 것으로 기대한다.

고광수 교수의 저서 〈행동 재무론: 합리적 인간의 비합리적 선택〉은 인간의 심리 및 행동이 재무적 의사결정에 어떻게 영향을 주는지에 관한 이해의 틀을 제공한다. 이러한 의미에서 이 서적은 중요한 재무적 의사결정을 원하는 금융 실무자에게는 필독서라고 생각한다.

박영석
서강대학교 경영대학 교수, 2016년 한국증권학회 회장, 2017년 한국금융학회 회장, 전 자본시장연구원 원장

행동 재무학은 합리주의 경제학을 보완하기 위해 출발한 행동 경제학이 가장 성공적으로 적용된 분야이다. 행동 재무학은 기존 경제학과 재무학뿐만 아니라 심리학, 뇌과학, 사회학 등 다양한 분야의 최신 연구 결과와 방법론을 수용하면서 새로운 관점과 대안을 제시하고 있다. 이러한 점에서 급변하는 금융 및 시장 경제 현상의 본질을 파악하는 데 있어서 행동 재무학은 매우 유용한 수단이다. 그 중요성에도 불구하고 우리나라에서 행동 재무학은 소수의 학자를 중심으로 연구되거나 해외 서적을 번역한 교양서를 중심으로 소개되었기 때문에 길잡이가 되어 줄 이론서가 빈약한 것이 매우 아쉬운 현실이었다. 이 책은 행동 재무학을 오랜 기간 연구하고 강의한 고광수 교수의 혜안과 학문적 경험을 바탕으로, 행동 재무학의 다양한 이론과 실증 결과를 체계적으로 정리한 우리나라 최초의 전문 이론서이다. 이 책이 담고 있는 풍부한 이론 체계와 간결한 서술 방식에 비추어 볼 때, 이 책은 행동 재무학을 체계적으로 공부하고자 하는 연구자, 학생, 실무자 모두에게 매우 믿음직한 길잡이가 되어 줄 것이다.

오승현
서울여자대학교 경제학과 교수

방대한 내용과 다양한 예시, 무엇보다 경제학에 대한 깊은 이해도를 바탕으로 구성된 저서로, 행동 재무론의 대학 교재로 적합하며 일반인을 위한 교양 도서로도 손색이 없다. 저자의 깊은 통찰력과 고민이 저서 전체에 녹아 있음이 책을 펴자마자 느껴진다. 오랜 기간 갈고 닦은 흔적이 사려 깊은 학자의 고민처럼 다가온다. 행동 재무론 저서가 국내외를 막론하고 매우 드문 현실에서 다양한 주제를 폭넓게 다루고 있기에 더욱 가치가 빛나는 명저라 할 것이다. 저자의 노고에 깊은 존경을 표한다.

변진호
이화여자대학교 경영대학 교수, 2022년 한국재무학회 회장

목차

제 1 부 합리적 인간에 대한 의심과 새로운 도전

제 2 부 경제적 비합리성과 경제 현장

제 3 부 이해하기 쉬운 자본시장

제 4 부 연금과 저축

제 1 부

합리적 인간에 대한 의심과 새로운 도전

▶ 미리보기

제1부는 행동 경제학과 행동 재무론의 이론적 기초가 되는 내용을 공부한다. 경제학과 재무 이론에 대한 의심으로부터 출발하여 프로스펙트 이론과 프레이밍 및 멘탈 어카운팅과 함께 넛지의 사례와 이론을 자세히 살펴본다. 앞에서 살펴본 이론적, 실증적 연구들로부터 행동 재무론이 탄생하였다는 것을 알리면서 기본적 내용의 검토를 마친다. 제1부의 2장부터 14장까지는 제2부, 제3부, 제4부의 이론적 기초를 형성하기 때문에 반드시 읽어보실 것을 권장한다. 그렇지 않을 경우에는 뒷부분의 내용을 제대로 이해하실 수 없을 것으로 생각된다. 특히, 6장의 프로스펙트 이론, 8장의 프레이밍, 10장의 멘탈 어카운팅, 11장의 자기 통제 부분은 대니얼 카너먼과 리처드 탈러가 각각 2002년과 2017년에 노벨 경제학상을 수상하는 데 핵심적 역할을 하였던 내용이다.

01 대학입시의 요순시대: 혼돈의 세월

대한민국의 1980년은 매우 혼란스러운 시기였다. 1979년 10월 26일 오랜 독재 정치 끝에 박정희 대통령이 암살되었다. 이에 전두환과 노태우 등의 신군부 세력이 1979년 12월 12일에 군부 쿠데타를 시도하여 정권을 잡아가는 과정이었다. 신군부 세력은 정치, 경제, 사회, 문화 모든 면에서 자기네 마음대로 변화를 추구하였고, 대입 제도의 변경도 그중 하나였다.

졸업 정원제
1981학년도에 도입된 제도로 대학 정원을 입학이 아닌 졸업에 적용하는 것

본고사
대학별로 시행된 대학입학 시험

예비고사
전국적으로 시행된 대학입학 시험으로 선다형 문제가 출제되었다.

내신 성적
1981학년도에 15등급으로 나누어진 고등학교의 성적

문교부
과거에 교육 행정을 담당하던 정부 부처

1980년에 고등학교 3학년이었던 나는 (예비고사가 대입에 큰 영향을 주지 않았기 때문에) 대입 본고사를 준비하고 있었다. 그런데 6월 말쯤에 정부는 갑자기 대학에 **졸업 정원제**를 도입한다고 발표하였다. 또한 대학 신입생 정원을 학과별로 최대 3배까지 확대하고, 대입 **본고사**를 폐지하며, **예비고사** 성적과 15등급으로 나누어진 **내신 성적**으로 신입생을 선발한다고 하였다. 졸업 정원제는 이후에 아무런 의미가 없는 허상이 되었고, 교육부는 이때부터 거의 매년 대입 제도를 바꾸기 시작하는 안 좋은 습성이 생겼다. 아! 이 시절에는 교육부가 아니라 **문교부**였네.

대입 정원을 3배까지 확대하는 것은 대입 수요에 대한 대중적 인기 영합 정책으로 수험생과 학부모들로부터 상당한 환영을 받았다. 정권을 잡고자 하는 신군부의 입장에서는 성공적 정책이었다. 하지만 예비고사를 포기하고 본고사를 열심히 준비하던 학생들은 큰 충격을 받았다. 본고사를 왜 폐지하였을까? 너무 어려운 대입 본고사 시험으로 고액 과외가 성행하였고, 이 때문에 빈부 격차가 대학입시를 결정하게 되었다는 것이 신군부가 발표한 본고사 폐지의 공식적 이유였다. 빈부 격차에 의한 교육 기회의 불평등은 지금까지도 해결하지 못한 영원한 과제이다. 어떤 민주 국가도 이 문제를 해결한 경우는

없다.[1] 재미있는 것은 2022년 현재 대입 수시의 경우, 본고사가 '논술'이라는 이름으로 부활하여 있다는 것이다. 지금은 맞고 그때는 틀리다? 역사는 반복된다는 말이 본고사에도 적용되다니….

갑작스러운 입학제도 변경은 박정희 정권 시절에도 있었다. 1974학년도부터 중학생들의 최대 관심사였던 학교별 고교 입시를 없애고, 전국적인 연합고사를 도입하여 **고교 평준화**를 시행하였다. 허무하게도 1974학년도의 고입 제도 변경과 1981학년도의 대입 제도 변경이 그 당시 독재자들의 가족 때문에 이루어졌다는 소문도 있었다. 이런 소문의 사실 여부를 정확히 판별하기는 어렵지만, 우리나라에서는 어처구니없는 이유에 의해 입시 제도가 변경될 수 있다는 생각이 들기도 한다. 어쨌든 고입 및 대입 제도는 오늘날까지 끊임없이 변경되면서 학생들과 학부모들을 꾸준히 괴롭혀 왔다. 우리나라 입시에는 철학도 없고, 원칙도 없으며, 기준도 없다. 불필요하게 살벌하고, 어리석은 경쟁만 있을 뿐이다. 교육부는 모든 국민이 동의하는 공정한(하지만 존재하지 않는) 고입 및 대입 제도를 찾기 위해 오늘도 의미 없는 노력을 기울이고 있다. 교육부의 이런 노력이 부디 집권 세력의 비위를 맞추기 위한 것이 아니기를 바란다. 또한 잘 알지도 못하면서 정권의 일원이 되어 잘못된 신념을 교육 정책으로 펼치는 것이 아니어야 할 것이다.

고교 평준화
1974학년도부터 학교별 입학 시험 없이 전국적으로 실시되는 연합고사로 고교 입학 자격을 결정하여 추첨을 통해 학교를 결정하는 제도

1980학년도 이전까지 예비고사 점수로 대학입시가 결정된 적은 거의 없었기 때문에, 수험생들과 학부모들은 모두 어둠 속에서 헤매는 처지가 되었다. 이로 인하여 주요 대학 대부분의 학과에서 **정원 미달**이 발생했다. 원하는 대학에 지원해서 면접만 참여하면 예비고사 성적과 관계없이 합격 되었다. 340점 만점의 예비고사에서 180점을 간신히 넘겼던 수험생이 서울대 법대에 합격하는 일도 있었다. 지역별 예비고사 **합격선**이 있을 때를 생각하면, 이 점수는 서울 지역에서도 불합격 수준이었다. 그야말로 대학입시의 요순시대(堯舜時代)였다! 가고 싶은 대학을 지원만 하면 누구든지 갈 수 있었으니 말

정원 미달
대학별 또는 과별 입학 정원을 채우지 못하는 현상

합격선
지역별 당락을 결정하는 예비고사의 최저 성적

1 대입 토론에서 성공적인 국가로 프랑스를 꼽는 경우가 흔히 있다. 대입 자격시험인 바칼로레아에 합격하면 누구나 원하는 국립대학에 진학할 수 있다고 한다(실제로는 반드시 그런 것도 아니다). 바칼로레아 시험의 합격률은 2018년 현재 80%에 육박하고 있다. 하지만 이 제도는 이미 알려졌듯이 많은 문제점을 가지고 있다. 한편, 프랑스는 국가를 이끌 인재를 양성하기 위해 소수 정예 고등교육 기관인 그랑제콜을 두고 있다. 그랑제콜에 입학하기 위해서는 대학입시 이후 2년의 준비반 또는 이에 준하는 교육 과정을 수료해야 한다. 이러한 학교들의 정원을 모두 합쳐도 매년 몇천 명에 불과하지만, 그랑제콜 출신들은 프랑스의 학계, 정관계, 재계, 산업계의 최고위직에 대거 포진하고 있다. 따라서 프랑스는 빈부 격차에 의한 교육 기회의 불평등이 매우 심한 나라 중의 하나이다. 그랑제콜 중에서 가장 우수하다고 평가받는 국립행정학교(ENA)는 최근 5명의 프랑스 대통령 중 4명을 배출할 정도로 뛰어난 귀족 학교이다. 이 학교에 대한 불만과 문제점이 두드러지자, 마크롱 대통령은 자신의 모교인 이 학교를 2022년에 폐교할 것이라고 하였다.

이다. 더 재미있는 것은 정원 미달 효과가 1982학년도, 1983학년도까지 계속 이어졌다는 것이다. 모든 정보를 가지고 항상 합리적으로 생각하는 인간들의 세상에 이런 일이 있을 수 있을까? 분명히 있었고 내가 경험했던 일들이다. 오늘날의 수험생들과 학부모들이 보면 너무 부러운 일이 될 수도 있겠지만, 믿기 어려운 황당한 사건이기도 하였다. 이렇게 나의 고교 시절은 끝났다.

어찌 되었건, 나는 힘겨웠던 고교 시절을 마치고 1981년 3월에 어느 사립 대학교 경영학과에 입학하였다. 대학 생활은 매우 자유롭고 즐거웠으며, 다양한 생각을 하는 좋은 친구들을 많이 사귈 수 있어서 만족스러웠다. '대학에 진학한 보람이 있구나'라고 생각했다. 하지만 정원 미달로 대학에 들어온 우리는 일부 교수님들과 선배들로부터 멸시와 조롱의 대상이었다. 어느 통계학 교수님은 이렇게 말씀하셨다. "대학입시가 제대로 있었으면 너희들은 이 학교에 못 들어왔어." 520명 정원의 경영학과에 정원 미달과 신체검사 탈락으로 399명만 입학했지만, 1980학년도보다 크게 증가한 신입생들을 비꼬면서 선배들은 노골적으로 이렇게 말했다. "에이, 화장실이 붐벼서 학교에 못 다니겠네." 이런 말들을 듣고 기분이 썩 좋지는 않았지만, 그리 틀린 얘기도 아니었다. 이유 없는 멸시와 조롱도 많이 받아왔던 우리 세대에게 이런 것은 전혀 문제가 아니었다. 1982학년도부터는 520명 전원의 신입생들이 입학하였다. 전세가 역전되었다. 이제는 노골적인 조롱의 목소리는 전혀 들리지 않았지만, 학교가 지나치게 붐비는 것은 사실이었다.

저학년 때에는 전공기초로 수학, 경제학, 통계학, 컴퓨터, 심리학, 사회학 등을 배우면서 머릿속이 어지러웠다. 이런 이질적인 과목들을 왜 공부해야 하는지 몰랐다. '영문도 모른 채 영문과에 들어간다'라는 말이 있었는데, 나와 친구들은 경영학이 무엇인지 모른 채 경영학과에 들어온 것을 실감할 수 있었다. 경제학과 친구들은 이론 중심으로 매우 체계적인 교육을 받는데, 경영학과는 정체성 없이 잡동사니나 배운다는 생각이 들었다(학생들과 상담을 해보면, 지금도 많은 학생이 경영학의 정체성을 잘 몰라서 혼란스러워하는 경우가 있다). 이는 다양성을 가진 전문 교육을 추구하는 경영학의 본질을 이해하지 못했던 나의 오해에서 비롯되었다.

혼란스럽게 1학년을 마치고, 2학년부터 전공과목들을 배우기 시작하면서 또한 번 상실감이 들었다. 엄격한 체계와 정답을 추구하는 수학, 경제학, 통계학과 달리, 경영학 전공과목들은 상식적 수준에서 어렵지 않게 이해할 수 있었다. 심각하게 공부할 필요도 없었다. 수업 시간은 옛날이야기 듣듯이 순조롭게 흘러갔지만, 나중에 확실히 기억나는 것은 많지 않았다. 전공 수업들이 대체로 재미가 없었다. 암기에 재능이 없는 내 입장에서는 당연한 불만이었다. 암기에 능한 친구들은 다르게 생각했을 수도 있었을 것이다.

그러다가 3학년 때부터 경제학과 통계학의 심화 과목을 수강하면서 대학 공부에 다시 흥미가 생겼다. 모든 경제 현상이 수학으로 증명되고 설명되었다. 이렇게 놀라운 학문의 세계가 있다니! 고교 시절에 늘 전교 수석을 했고 서울공대에 수석으로 입학해서 수석으로 졸업했던 내 친구는 경제학 원론을 수강하고 내게 이런 이야기를 했다. "경제학은 아주 재미있는 학문이야. 경제 현상들이 모두 수학으로 증명되고 있어." 이 말을 듣고 나는 또다시 즐거운(?) 생각을 했다. '고등학교 때도 이 친구보다 공부를 훨씬 못했는데, 이제는 경제학에서도 밀리게 되었네.'라고….

그런데 진짜 모든 경제 현상들이 수학으로 증명될 수 있을까? 인간이 세상의 모든 정보를 가지고 합리적으로 선택할 수 있을까? 그렇다면 경영학과 학생들이 심리학과 사회학을 왜 전공기초로 배웠을까? 어차피 그 당시에는 졸업장 하나만 있으면 쉽게 취업해서 원만하게 살아갈 수 있었으니까 그런 것들은 사치스러운 질문이었다. 그래도 궁금했다. 그 질문들에 대한 현실적인 해답을 찾기 위해 30년이 더 걸렸다. 경영학은 원래 그런 거라고….

02 — 멋진 경제학과 재무론에 대한 의심

경영학과에 입학하였던 나는 경영학 원론을 수강하면서 경영학에 대한 흥미를 느끼지 못했다. 확실한 학문적 체계 없이 전혀 관계가 없어 보이는 여러 전공의 과목들을 조금씩 소개하였기 때문에, 체계적이지도 않고 깊이도 없어서 배운 내용을 금세 잊어버리곤 했다. 하지만 경제학 원론을 수강할 때는 가슴 벅찬 기쁨까지 느꼈다. 매우 체계적으로 기초부터 하나하나 배웠기 때문에 쉽게 잊어버리지도 않았고, 실물 경제의 움직이는 원리를 터득하게 된다는 즐거움이 있었다. 또한 고등학교 시절에 공부했던 수학과 통계학을 적절하게 이용해서 그동안 공부했던 것들에 대한 보람도 있었다. 그런 기쁨에 대한 실망이 찾아오는 것도 그리 오래 걸리지 않았다. 그때 공부했던 경제학과 실제 세상은 따로 움직이고 있었다.

신고전주의 경제학
합리적 인간이 논리의 바탕으로 시장을 자율에 맡기면 가격기능에 의해 생산과 소비가 적절히 조화되고 경제도 안정적으로 성장한다는 경제학의 입장

보이지 않는 손
애덤 스미스가 주장한 개념으로, 가격 기능에 의해 생산과 소비를 적절히 조화시키는 시장의 역할

합리적 인간
경제학적 합리성을 가지는 인간

한계효용학파
한계효용에 의해 이론을 전개하는 경제학 집단

효용 함수
부의 수준에 따라 개인의 효용을 나타내는 함수

수요와 공급 이론
수요와 공급이 일치하는 점에서 균형이 이루어진다는 이론

경제학 이론과 실제

경제학은 오랫동안 논리적 체계를 쌓아 오면서 사회과학의 대표적 학문으로 자리를 잡았다. 오늘날의 주류 경제학은 **신고전주의 경제학**이다. 위키백과에 의하면, 신고전주의 경제학은 애덤 스미스(Adam Smith)의 **'보이지 않는 손'**으로 상징되는 고전파 경제학을 계승하여 정부의 적극 개입을 주장한 케인스 경제학에 대응해 형성되었다. **'합리적 인간'**이 논리적 바탕으로 시장을 자율에 맡기면 가격 기능에 의해 생산과 소비가 적절히 조화되고 경제도 안정적으로 성장한다는 것이다. 이는 **한계효용학파**를 중심으로 발전하였으며, **효용 함수** 및 **수요와 공급 이론**을 기반으로 시작한다. 많은 학자가 인정하듯이, 시카고 대학교는 이러한 경제학 흐름의 중심에 있었다.

신고전주의 경제학은 그림 2-1과 같은 효용 함수를 기반으로 한다. 부의 수준이 증가하면서 효용 함수는 오목한 형태를 보인다. 오목한 효용 함수는 부

의 수준이 증가함에 따라 한계효용이 체감한다는 것을 의미한다. 이를 **한계효용 체감의 법칙**이라고 한다. **한계효용**이란 재화 한 단위를 추가로 얻을 때 발생하는 효용의 크기를 의미한다. 여기서 중요한 것은 **부의 수준**에 따라 효용이 달라지기 때문에 빈곤 상태일 때와 부자일 때의 의사결정은 다를 수 있다는 것이다.

한계효용
재화나 용역이 한 단위 증가함에 따라 증가하는 효용의 크기

한계효용 체감의 법칙
부의 수준이 증가함에 따라 한계효용이 감소한다는 경제학의 이론

부의 수준
개인이 소유한 부를 금액으로 표시한 것

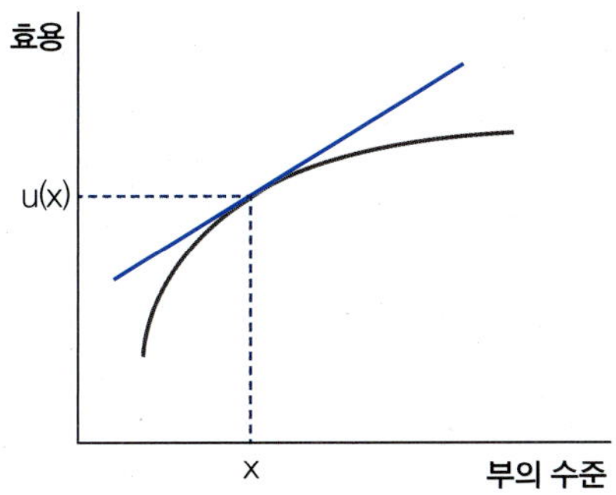

그림 2-1
부의 수준에 따른 효용 함수

폰 노이만과 모겐스턴은 이러한 효용 함수를 이용하여 기대효용 이론을 제시하였다. 즉, 각 결과의 효용을 해당 확률로 가중 평균한 기댓값을 기대효용이라고 할 때, 사람들은 기대효용을 최대화하는 의사결정을 한다는 것이다. 여기서 X_i는 결과이고, p_i는 그 확률이며, $U(\cdot)$는 효용 함수이다.

$$E[U(X)] = p_1U(X_1) + p_2U(X_2) + \cdots + p_nU(X_n)$$

그들이 제시한 효용 함수는 다음과 같이 완전성, 이전성, 연속성, 독립성의 4가지 공리 또는 원칙을 가진다.

- **완전성**: 각 선택에 따른 선호도가 확실히 존재한다.
- **이전성**: 3가지 이상의 선택이 확실한 선호도 정합성을 가져야 한다. 즉, A가 B보다 좋고, B가 C보다 좋으면, A가 C보다 좋아야 한다.
- **연속성**: 선호도가 연속적으로 존재하기 때문에 서로 다른 효용을 가지는 두 개의 선택 사이에 그 중간의 선호도를 가지는 선택이 반드시 존재한다. A가 C보다 좋으면, 그 사이에 A보다 안 좋고 C보다 좋은 선호도를 가지는 B가 반드시 존재해야 한다.
- **독립성**: 선호도가 정해진 두 개의 선택 각각에 동일한 결과를 더해 주어도 선호도는 그대로 유지된다. 즉, A가 B보다 좋으면 A+C가 B+C보다 좋다.

완전성
각 선택에 따른 선호도가 확실히 존재한다.

이전성
3가지 이상의 선택이 확실한 선호도 정합성을 가져야 한다.

연속성
선호도가 연속적으로 존재하기 때문에 서로 다른 효용을 가지는 두 개의 선택 사이에 그 중간의 선호도를 가지는 선택이 반드시 존재한다.

독립성
선호도가 정해진 두 개의 선택 각각에 동일한 결과를 더해 주어도 선호도는 그대로 유지된다.

대체성
A보다 B가 좋으면, A와 B에 동일하게 어떤 비율을 곱해도 A 쪽보다 B 쪽이 더 좋다.

독립성이 가정되면 **대체성**이 당연히 성립하는데, 이는 A보다 B가 좋으면, A와 B에 동일하게 어떤 비율을 곱해도 A 쪽보다 B 쪽이 더 좋다는 것이다.

위와 같은 효용 함수를 가정하고, 경제 문제에 복잡한 수학적 기법을 적용하여 신고전주의 경제학 이론이 만들어진다. 특히, 주어진 조건을 제약으로 하여 효용 함수 값을 최대화하는 최적화 기법이 일반적인 경제학 방법론이다. 이런 모형의 해법을 추구하는 경제학적 접근법은 사람들의 지적 호기심을 끌기에 충분했다. 하지만 곰곰이 생각해 보면 인간이 정말 주어진 조건을 제약으로 하여 효용 함수 값을 최대화하는 최적화 문제를 풀어서 의사결정을 할 것인가에 대해서는 항상 의심을 품게 된다. 보통 사람이 효용 함수를 알 수 있을까? 보통 사람이 효용 함수에 대한 4가지 공리를 머릿속에 가정하고 있을까? 그렇다면 경제학자는 과연 그럴 수 있을까? 경제학자는 의사결정을 할 때, 항상 최적화 문제를 풀어서 행동할까? 이에 대한 수많은 위배 사례에 대해서는 이 책 전체를 통해서 확인할 수 있을 것이다. 행동 경제학이라는 새로운 분야는 1980년대부터 이러한 질문들에 설득력 있는 설명을 제시하기 시작하였다.

균형
수요와 공급이 일치하는 현상

한편, 수요와 공급은 가격에 따라 정해지는데, 이를 그림으로 그리면 그림 2-2와 같은 수요 및 공급 곡선이 된다. 수요 곡선은 우하향하고, 공급 곡선은 우상향한다. 가격이 변함에 따라 수요와 공급이 변하기 때문에 가로축에는 가격, 세로축에는 수요 및 공급량을 나타내는 것이 일반적이지만, 경제학에서는 수량을 가로축, 가격을 세로축에 나타내는 특이한 방법을 사용하고 있다. 일반 재화에 대한 균형은 수요와 공급이 일치하는 (P*, Q*)에서 이루어진다.

그림 2-2
일반 재화의 수요와 공급 곡선

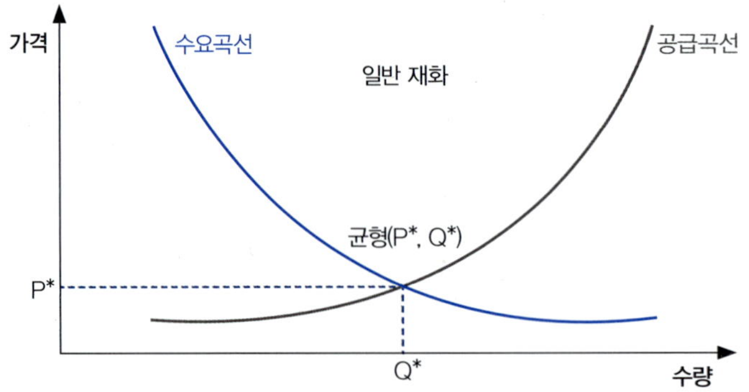

하지만 주식의 경우에는 위와 같은 수요와 공급 곡선이 적용되지 않는다. 왜냐하면 주식의 가격은 수요와 공급이 아니라, 기업 자산의 **기본적 가치**에 의해 결정되기 때문이다. 거래의 가치가 전혀 없다는 의미이다. 삼성전자의 예를 들어 설명해 보자. 삼성전자 주식은 일정 기간 발행량이 정해져 있기 때문에 가격과 관계없이 공급 수량은 변하지 않는다. 따라서 그림 2-3에서 **주식의 공급 곡선**은 수직선이 된다. 한편, 삼성전자 주식 가격은 보유하고 있는 자산의 기본적 가치로 결정되기 때문에 어떤 수요량이 되어도 가격은 P*로 고정되어 있다. 따라서 삼성전자 **주식의 수요 곡선**은 수평선이 된다. 이것이 신고전주의 경제학의 설명이다.

기본적 가치
어떤 자산의 본질적인 가치

주식의 공급 곡선
가격에 따른 주식의 공급량을 나타내는 곡선

주식의 수요 곡선
가격에 따른 주식의 수요량을 나타내는 곡선

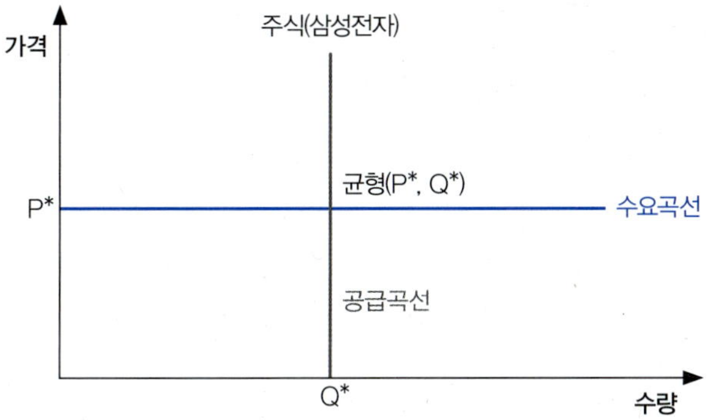

그림 2-3
삼성전자의 수요와 공급 곡선

주식의 수요와 공급 곡선에 대해서는 누구나 의문점이 있을 수밖에 없다. 주식의 경우 위에서와 같은 균형이 형성되면, 더는 거래가 발생하지 않는다고 배운다. 왜냐하면 주식의 가격은 기본적 가치에 의해 결정되므로 거래의 효과가 전혀 없기 때문이다. 정해진 가격보다 낮은 가격에 매도할 필요도 없고 정해진 가격보다 높은 가격에 매입할 이유도 없다. 거래가 이루어질 필요가 없다는 것이다. 이에 대한 예외로는 급한 현금이 필요하거나 경영권 보호를 위해서 정해진 가격 또는 그것에 매우 가까운 가격에 매도나 매입이 있을 수 있다. 하지만 이런 수량은 얼마 되지 않아야 한다. 그렇다면 주식시장에서 실제 하루 거래량은 얼마나 될까? 2022년 11월 18일 금요일의 코스피 시장의 총거래량은 589,585,000주이었고, 거래대금은 7조 4,444억 3,700만 원이었다. 코스닥 시장의 총거래량은 1,297,151,000주이었고, 거래대금은 6조 782억 5,500만 원이었다.

이론과 실제가 이렇게 다를 수 있을까? 그렇다면 주식의 수요와 공급 곡선이 무슨 의미가 있을까? 표준 경제학과 재무론이 실제 상황을 제대로 설명한다면 주식시장의 거래량이 이렇게 많을 수는 없다. 의심할 것도 없이 전 세계적으로는 하루에도 어마어마한 양의 주식이 거래되고 있기 때문에, 앞에서 살펴본 주식에 대한 수요와 공급 이론이 옳다고 보기는 어렵다. 대학교 1학년 때 이런 경제학 이론을 배우면서 이상하다고 생각했지만, 감히 의심을 제기할 실력도 안 됐고, 그렇게 하고 싶지도 않았다. 이런 현상에 대해 정확히 가르쳐 주셨던 교수님도 안 계셨고, 아는 학생도 없었던 것으로 기억한다. 하지만 1980년대부터 이에 대한 설명이 행동 재무론의 입장에서 제기되기 시작하였다.

위험 회피
부의 수준이 증가함에 따라 효용의 증가 속도가 감소하는 위험 회피도로 오목한 효용 함수를 가진다.

위험 중립
부의 수준이 증가함에 따라 효용의 증가 속도가 일정한 위험 회피도로 직선의 효용 함수를 가진다.

위험 추구
부의 수준이 증가함에 따라 효용의 증가 속도가 증가하는 위험 회피도로 볼록한 효용 함수를 가진다.

위험 선호도의 결정

신고전주의 경제학은 앞에서 소개했던 오목한 효용 함수를 기반으로 경제 현상을 설명한다. 표준 재무론도 이를 그대로 받아들여 오목한 효용 함수로부터 모든 이론을 전개했다. 오목한 효용 함수는 그 자체가 위험에 대한 사람들의 반응이 **위험 회피**적이라는 것을 의미한다.[1] 하지만 모든 사람이 항상 위험 회피적이라고 보기는 어렵다. 위험에 대한 다른 반응으로는 **위험 중립**과 **위험 추구**가 있다.

그림 2-4
위험 선호도에 따른 효용 함수

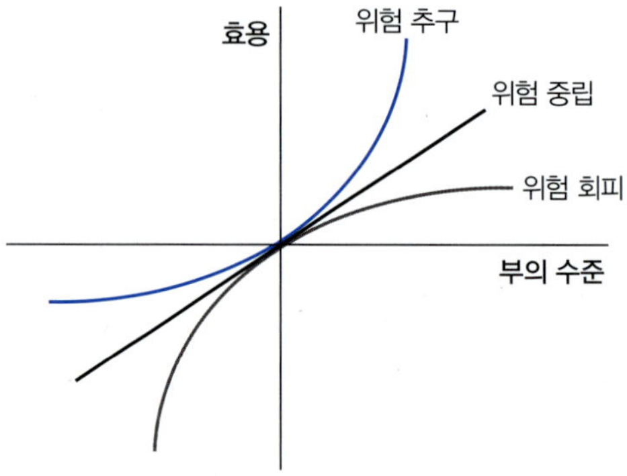

그림 2-4는 위험 회피 이외에 위험 중립과 위험 추구 효용 함수를 보여주고 있다. 오목한 모양의 위험 회피 효용 함수와 비해 위험 중립 효용 함수는 손익에 대해 선형으로 비례하여 움직인다. 이에 비해서 위험 추구 효용 함수는

1 위험 회피라는 것은 한계 효용이 체감한다는 것으로 오목한 효용 함수의 이차 미분이 음(−)의 값을 가진다는 의미이다.

손익에 대해 볼록한 모양을 가진다. 도박사들은 위험 추구 효용 함수를 가졌다고 할 수 있다. 예를 들어, 표 2-1과 같이 확실한 $50(①)과 50/50 확률로 $100 또는 $0(②)을 가지는 두 가지 선택이 있다고 가정하면, 두 선택의 기댓값은 $50으로 동일하다. 이럴 경우, 위험 회피자는 위험을 회피하기 때문에 당연히 ①을 선택한다. 하지만 위험 중립자는 ①과 ②가 동일한 효용을 주기 때문에 어떤 선택이라도 상관없다. 즉, 위험 중립자는 기댓값이 큰 선택을 하지만 기댓값이 동일하다면 어느 선택이든 상관없다. 마지막으로, 위험 추구자는 확실한 선택보다는 위험 선택 ②를 선호한다. 왜냐하면 기댓값은 동일하지만, 선택 ②는 위험이 따르기 때문이다.

표 2-1
위험 선호도의 정의

선택 ①: 확실한 $50 ※ 두 선택의 기댓값은 $50으로 동일하다.
선택 ②: 50/50 확률로 $100 또는 $0

	위험 회피	위험 중립	위험 추구
의사결정	**선택 ①**	**상관없음**	**선택 ②**
수학적 표현	$E[U(X)] < U[E(X)]$	$E[U(X)] = U[E(X)]$	$E[U(X)] > U[E(X)]$

엄밀하게 말하면, 각 결과의 효용 기댓값(E[U(X)])과 각 결과 기댓값의 효용(U[E(X)])의 크기 비교에 의해 위험 선호도가 달라진다. 다만 표준 경제학과 재무론은 위험 회피를 기준으로 모든 이론이 만들어졌기 때문에 개인의 위험 선호도가 위험 회피가 아닐 경우 많은 설명이 타당성을 잃게 된다.

재무론의 이론과 실제

회계학과 경제학적 배경을 가지고 기업의 재무 분석에 치중하던 재무론은 시카고 대학교를 졸업한 해리 마코위츠가 1952년에 〈저널 오브 파이낸스〉에 **'포트폴리오 선택'**이라는 논문을 발표하여 체계적인 분석의 틀을 마련하였다. 그는 통계학을 기반으로 하여 여러 증권으로 구성된 **포트폴리오**의 **기대 수익률**과 **분산(또는 표준편차)**으로 표현된 위험 간에는 양(+)의 관계가 존재한다고 주장하였다.[2] 위험이 커지면(작아지면) 기대 수익률이 높아진다는(낮아진다는) 것이다. 이는 투자자가 감수하는 위험에 대해 시장은 기대 수익률로 보상한다는 의미가 된다. 이러한 그의 주장은 표준 재무론의 초석으로 모든 **위**

포트폴리오 선택
위험 자산과 무위험 자산 중에서 포트폴리오를 구성하는 것

포트폴리오
투자 가능한 위험 자산과 무위험 자산의 집합

기대 수익률
자산에 대해 기대하는 수익률

분산(또는 표준편차)
자산 수익률의 변동성 정도를 측정하는 통계학적 분산(또는 표준편차)

위험 자산
표준편차(또는 분산)로 측정되는 자산의 변동성

2 대표적인 위험 자산 또는 증권이 주식이기 때문에, 여기서는 위험 자산을 주식으로 표현하였다. 여기서는 증권, 위험 자산 또는 주식을 같은 의미로 사용하고자 한다.

험 자산 가격결정의 대원칙이 되었다.

시장 위험
표준편차(또는 분산)로 측정되는 시장의 변동성

고유한 위험
시장이 아닌 개별 자산에 고유한 위험

한편, 개별 주식들의 위험은 전체 경제와 시장의 영향을 받는 **시장 위험**과 당해 주식의 **고유한 위험**으로 구성된다. 주식들의 고유한 위험은 포트폴리오에 의한 분산 투자로 사라져 버리기 때문에 포트폴리오의 기대 수익률과 위험의 관계에 있어서 위험은 시장 위험만을 의미한다. 이때 주어진 위험을 조건으로 기대 수익률을 최대화하거나 주어진 기대 수익률을 조건으로 위험을 최소화하는 포트폴리오를 구성하는 것이 가장 효율적인 주식의 투자 전략이 된다. 이로부터 그는 평균–분산의 가장 효율적인 위험 자산의 집합을 찾아내었는데, 이를 **효율적 프런티어**라고 부른다. 이 이론은 현대 포트폴리오 이론의 근간이 되었고, 마코위츠는 이 공로로 1990년에 노벨 경제학상을 수상하였다.

효율적 프런티어
평균–분산이 가장 효율적인 위험 자산의 집합

1961년에 UCLA에서 박사 학위를 취득한 윌리엄 샤프는 1964년에 마코위츠의 포트폴리오 선택 이론을 기반으로 하여 '자본자산의 가격'이라는 논문을 〈저널 오브 파이낸스〉에 발표하였다.[3] 이 또한 현재 재무론의 근간이 되는 탁월한 연구이다. 그의 이론을 **자본자산 가격결정 모형**이라고 하는데, 윌리엄 샤프는 이의 개발을 인정받아서 1990년에 마코위츠와 함께 노벨 경제학상을 수상하였다.

자본자산 가격결정 모형
윌리엄 샤프가 개발한 이론으로, 자산의 기대 수익률이 시장 위험과 선형 관계를 가진다는 모형

앞에서 제시한 이론들은 신고전주의 경제학을 기초로 하는 매우 뛰어난 모형들이다. 하지만 실질적인 문제는 이런 이론들이 금융의 현실적인 문제를 제대로 해결할 수 있는가이다. 다시 말하면, 마코위츠의 이론에 따라 포트폴리오를 구성하면 가장 효율적인 포트폴리오를 얻을 수 있을까? 실제로 주식 수익률이 자본자산 가격결정 모형에 따라 움직이는가? 1970년대 이후로 이에 위배되는 수없이 많은 이상 현상들이 발견되고 지적되었다. 과거의 주식 수익률을 이용하여 그들의 이론을 검증하는 데에도 한계가 있지만, 그럼에도 불구하고 너무 많은 실증 결과들이 그들의 이론을 지지하지 않고 있다.

3 윌리엄 샤프의 위대한 업적을 다음과 같이 간단하게 표현할 수 있다.

i 주식의 기대 수익률 = 무위험 수익률 + i 주식의 위험 프리미엄
i 주식의 위험 프리미엄 = i 주식의 베타 × 시장의 위험 프리미엄

i 주식의 기대 수익률은 무위험 수익률에 i 주식의 위험 프리미엄을 더한 값이다. 여기서 위험 프리미엄은 기대 수익률에서 무위험 수익률을 차감한 값이다. 즉, 무위험 수익률에 당해 주식의 위험을 보상하는 위험 프리미엄을 더한 값이 주식의 기대 수익률인 된다는 것이다. 여기서 i 주식의 위험 프리미엄은 체계적 위험을 나타내기 위한 베타에 시장의 위험 프리미엄을 곱한 값이다. 베타는 각 주식의 체계적 위험 크기에 따라 달라진다. 개별 주식의 위험은 체계적 위험과 비체계적 위험으로 구성되는데, 비체계적 위험은 분산 투자에 의해 사라져 버리기 때문에, 체계적 위험만이 시장에 의해 보상을 받는다. 이를 수식으로 표현하면 다음과 같다: $E(R_i) = R_f + \beta_i[E(R_m) - R_f]$.

학자들은 이런 현실과 이론의 비정합성을 다음과 같은 예를 들어서 설명한다. 갈릴레오 갈릴레이는 피사의 사탑 꼭대기에서 같은 크기의 나무공과 쇠공을 떨어뜨려서 두 공이 동시에 떨어지는 것을 확인하였다고 한다. 실제로 갈릴레이는 그런 실험을 하지도 않았고, 두 공이 모두 동시에 떨어지지도 않았을 것이다. 중력 질량과 관성 질량이 같다는 것을 강조하기 위해 과장한 실험이다. 공기 저항이 존재하는 지구상의 어떤 곳에서 실험해도 그것을 증명할 수는 없다. 1969년 7월에 아폴로 11호 우주인들은 공기 저항이 거의 없는 달에서 해머와 새털을 이용하여 두 물체가 동시에 떨어지는 것을 확인하였다고 한다.

신고전주의 경제학을 신봉하는 재무 학자들은 마코위츠의 평균–분산 효율적 프런티어와 자본자산 가격결정 모형도 마찬가지라고 한다. 갈릴레이의 실험이 공기 저항이 없다는 것을 가정한 것처럼, 그들의 이론들도 여러 가정하에서 성립한다. 실제 금융 실무에서 그들의 이론이 성립하느냐의 여부는 또 다른 문제라는 것이다. 행동 재무론은 이에 대한 해답을 제공하기 위해 카너먼과 트버스키의 **프로스펙트 이론**을 개발한 이후에도 부단히 노력해 왔다. 마코위츠와 샤프의 이론은 아직도 매우 뛰어난 분석의 틀이지만, 심리학에 기초한 행동 재무론 학자들에 의해서 계속 보완이 이루어지고 있다.

효율적 시장과 실제

재무 이론에서 **효율적 시장**이란 자산 가격이 모든 이용 가능한 정보를 완전하고 신속하게 반영한다는 것이다. 유진 파마는 1970년 〈저널 오브 파이낸스〉에 〈효율적 자본시장〉이라는 논문을 발표하여 재무론에 효율적 시장이라는 개념을 소개하였다. 시장이 효율적이라면, 시장 가격이 새로운 정보에만 반응하기 때문에 위험이 조정된 기준으로 시장에서 비정상적인 이익을 얻는 것은 불가능하다. 그는 앞에서 언급하였던 해리 마코위츠 및 윌리엄 샤프와 함께 재무금융 분야를 만들었다고 해도 과언이 아니다. 이런 업적을 인정받아서 유진 파마도 2013년에 노벨 경제학상을 수상하였다. 1970년 파마의 논문 이후에 재무금융 학자들이 그의 가설을 지지하는 수많은 연구를 발표하였기 때문에, 그에 반하는 연구들은 최고의 학술지에 게재하기 어려웠다.[4]

효율적 시장
자산 가격이 모든 이용 가능한 정보를 완전하고 신속하게 반영하는 시장

4 학계에서도 서로 간의 입장 차이에 따라 학술적 토론과 함께 비방이 있을 수 있다. 가장 치명적인 탄압은 자기들과 다른 견해를 가진 학자의 논문을 주요 학술지에 게재하지 못하도록 하는 것이다. 미국에서 주요 학술지 게재는 종신 교수 임용에 절대적인 영향을 미치기 때문에 매우 중요한 사안이다. 이런 경향은 과학계에도 존재하여서, 논문 투고 시에 배제 심사자 명단의 제출을 요구하는 경우도 많다.

하지만 경제적 기계가 아닌 인간으로 구성된 자본시장이 효율적이기는 어렵다. 만약 주식시장이 효율적이라면 뮤추얼 펀드 산업에서 적극적 운영을 하는 주식형 펀드는 거의 사라져야 하고 주가지수를 추종하는 인덱스 펀드만 살아남아야 한다. 왜냐하면 주가지수만이 위험 자산으로 구성된 효율적 투자이기 때문이다. 물론 효율성을 바라보는 시각이 어떤가에 따라서 실증 결과가 달라질 수는 있겠지만, 그럼에도 불구하고 수없이 많은 연구가 자본시장의 효율성을 지지하지 않았다. 시장 비효율성을 지지하는 학자의 수가 그리 많지 않았을 때는 그들의 견해를 무시할 수 있었지만, 1990년대부터는 그럴 수가 없었다. 특히, 행동 재무론의 입장을 가진 뛰어난 학자들이 시장의 비효율성을 지적하면서부터는 상황이 역전되기 시작하였다. 이제 표준 재무론과 함께 행동 재무론이 굳건하게 자리 잡았다. 이런 흐름에 대해서는 제1부 마지막 부분과 제3부 첫 부분에서 다루기로 한다.

시장을 있는 그대로 보자!

경제학 원론
경제학과의 가장 기본적인 과목으로 기초 미시 및 거시 경제학을 공부한다.

재무관리
경영학과의 가장 기본적인 과목으로 기업의 재무 활동과 자본시장의 메커니즘을 공부한다.

대학 **경제학 원론**이나 **재무관리** 강의의 초창기 학생들은 다음과 같은 원칙을 배운다. 시장은 효율적이고 자산의 시장 가격은 그 자산의 기본적 가치를 대변한다. 그렇다면 정말 시장이 효율적일까? 자산의 시장 가격은 정말 그 자산의 기본적 가치를 말할까? 신고전주의 경제학적 사고에 사로잡혀서 교육을 받으면 대학 과정 내내 이 원칙을 믿으면서 대학을 졸업하고 금융시장과 산업에 진입하게 된다. 그리고 실제 업무 과정 내내 시장이 비효율적이며 시장 가격이 기본적 가치를 반영하지 않는다는 사실을 체험적으로 알게 된다. 이제 시장 효율성이나 시장 가격 및 기본적 가치에는 관심이 없지만, 대학에서 배운 기본 원칙도 신뢰하지 않게 된다. 이는 시장이 효율적이지 않다는 의미이다. 또한 시장 가격이 즉각적으로 기본 가치를 반영하여 조정되지 않는다는 것이다.

찰스 리(2001)는 시장 효율성의 여부에 대한 질문은 큰 의미가 없다고 하였다. 왜냐하면 엄격히 말해서 그 답은 '아니오'이기 때문이다. 시장이 효율적이라고 주장하는 표준 재무론의 입장과 그에 대한 행동 재무론의 답변에 대해 간략하게 살펴보자.

표준 재무론

시장 가격이 기본적 가치와 다르면, 차익거래가 발생하여 시장 가격을 조정하여 시장 가격과 기본적 가치는 동일하게 된다.

행동 재무론

많은 경우 차익거래가 어렵다. 차익거래가 가능하여도 시장 가격과 기본 가치가 다른 경우는 수없이 많다.

아무런 비용 없이 무위험으로 이익을 얻기 위하여, 동일하거나 유사한 증권을 서로 다른 시장에서 다른 가격으로 동시에 매입하고 매도하는 행위를 **차익거래**라고 한다. **완전자본시장**에서 차익거래는 이론적으로 비용이 들지 않고 위험도 없지만, 현실적으로는 대부분의 차익거래는 비용이 들고 위험도 있다. 따라서 차익거래를 시장 가격의 불완전성으로부터 이익을 얻기 위한 정보 거래라고 다시 정의할 필요가 있다.[5] 이런 정의에 따르면, 차익거래는 비용이 들고 어느 정도의 위험도 수반한다. 어찌 되었건, 많은 경우에 차익거래가 쉽게 일어나지 않는다. 그런 사례는 제3부의 〈금융시장에 일물일가의 법칙이 적용될까?〉에서 많이 소개될 것이다.

차익거래
아무런 비용 없이 무위험으로 이익을 얻기 위하여, 동일하거나 유사한 증권을 서로 다른 시장에서 다른 가격으로 동시에 매입하고 매도하는 행위

완전자본시장
마찰적 요소가 전혀 없고, 차입과 대출 이자율이 동일하면, 정보적으로 효율적인 자본시장

표준 재무론

비합리적 투자자가 있다 할지라도 한계 투자자가 합리적이라면 시장은 효율적이다. 즉, 효율적인 시장 가격이 만들어진다.

행동 재무론

사람은 누구나 심리적 바이어스가 있기 때문에 한계 투자자가 항상 합리적이기는 쉽지 않다. 또한 비합리적 투자자가 오랫동안 시장 가격을 지배한다면 소수의 합리적 투자자는 가격 결정에 전혀 기여할 수 없다.

이 책에서 알게 되겠지만 사람들은 누구나 심리적 **바이어스**가 있기 때문에 모든 사람이 합리적이기는 어렵다. 합리적인 투자자가 많이 존재할지라도 훨씬 더 많은 투자자가 오랫동안 비합리적이라면 시장 가격이 오랫동안 비효율

바이어스
대안적 견해의 가치를 무시하는 편파적인 관점을 보유하는 성향

5 이 정의는 리(2001)에 의한 것이고, 쉴라이퍼와 비쉬니(1997)는 차익거래에 비용도 들고 위험도 따른다는 것을 자세히 설명하고 있다.

적일 수 있다. 대표적인 사례가 1998년의 롱텀 캐피탈 매니지먼트이다. 그들은 시장의 비효율적 가격을 이용한 차익거래로부터 막대한 수익을 올렸다. 하지만 1998년에 비효율적 가격이 감당하기 어려울 정도로 오래 지속되자 파산하였다. 그들의 파산 이후에 시장 가격은 다시 정상화되었다. 약 1~2년 정도만 더 버틸 수 있었으면 롱텀 캐피탈 매니지먼트는 파산하지도 않았을 것이고 엄청난 수익을 올렸을 것이다.

표준 재무론

주식의 시장 가격이 미래 배당에 대한 모든 정보를 완전히 반영한다면, 합리적 기대에 의해 개별 주식의 거래는 없어야 한다.[6]

행동 재무론

이런 입장의 근간이 되는 배당 평가 모형은 이미 의미를 상실하였다. 현실적으로 주식의 시장 가격이 미래 배당의 모든 정보를 반영할 수는 없다.

이런 표준 재무론의 원칙은 안정적으로 배당금을 지급하는 기업에 대한 배당 평가 모형으로부터 이루어졌다. 실제로 20세기 중반까지도 미국의 기업들은 평균적으로 주가의 약 5% 정도에 해당하는 배당금을 지급하였기 때문에 배당 평가 모형의 타당성이 인정되었지만, 1980년대 중반부터는 배당 수익률이 2% 밑으로 크게 감소하여 배당금을 지급하지 않는 기업도 너무 많아졌다. 따라서 배당 정보가 주가에 반영되는지는 이제 큰 의미가 없다. 또한 투자자들이 동일한 기대를 하지 않기 때문에 미래 배당에 대한 정보가 주가에 완전히 반영될 수도 없다. 한편, 앞에서 언급한 바와 같이 전 세계 주식시장에서 엄청나게 많은 개별 주식의 거래가 일어나고 있다는 것은 주가가 미래 배당에 대한 모든 정보를 완전히 반영하지 못한다는 것을 의미한다.

6 그로스만과 스티글리쯔(1980)를 보시오.

주요 용어

경제학 원론	시장 위험	주식의 공급 곡선
고유한 위험	신고전주의 경제학	주식의 수요 곡선
균형	연속성	차익거래
기대 수익률	완전성	포트폴리오
기본적 가치	완전자본시장	포트폴리오 선택
대체성	위험	한계효용
독립성	위험 중립	한계효용 체감의 법칙
바이어스	위험 추구	한계효용학파
보이지 않는 손	위험 회피	합리적 인간
부의 수준	이전성	효용 함수
분산(또는 표준편차)	자본자산 가격결정 모형	효율적 시장
수요와 공급 이론	재무관리	효율적 프런티어

핵심 정리

경제학 이론과 실제

- 오늘날의 주류 경제학은 신고전주의 경제학이다.
- 신고전주의 경제학은 한계효용학파를 중심으로 발전하였으며, 효용 함수 및 수요와 공급 이론을 기반으로 시작한다.
- 효용 함수에 의하면, 부의 수준에 따라 효용이 달라지기 때문에, 빈곤 상태일 때와 부자일 때의 의사결정은 다를 수 있다.
- 기대효용: $E[U(X)]=p_1U(X_1)+p_2U(X_2)+\cdots+p_nU(X_n)$
- 완전성: 각 선택에 따른 선호도가 확실히 존재한다.
- 이전성: 3가지 이상의 선택이 확실한 선호도 정합성을 가져야 한다. 즉, A가 B보다 좋고, B가 C보다 좋으면, A가 C보다 좋아야 한다.
- 연속성: 선호도가 연속적으로 존재하기 때문에, 서로 다른 효용을 가지는 두 개의 선택 사이에 그 중간의 선호도를 가지는 선택이 반드시 존재한다. A가 C보다 좋으면, 그 사이에 A보다 안 좋고 C보다 좋은 선호도를 가지는 B가 반드시 존재해야 한다.
- 독립성: 선호도가 정해진 두 개의 선택 각각에 동일한 결과를 더해 주어도 선호도는 그대로 유지된다. 즉, A가 B보다 좋으면 A+C가 B+C보다 좋다.
- 주식의 공급 곡선은 가로축에 대한 수직선이고, 수요 곡선은 가로축에 평행한 수평선이다.

위험 선호도의 결정

- 오목한(볼록한, 직선) 효용 함수는 그 자체가 위험에 대한 사람들의 반응이 위험 회피(위험 선호, 위험 중립)적이라는 것을 의미한다.
- 위험 회피: $E[U(X)]<U[E(X)]$
- 위험 중립: $E[U(X)]=U[E(X)]$
- 위험 선호: $E[U(X)]>U[E(X)]$

재무론의 이론과 실제

- 해리 마코위츠는 통계학을 기반으로, 여러 증권으로 구성된 포트폴리오의 기대 수익률과 분산(또는 표준편차)으로 표현된 위험 간에는 양(+)의 관계가 존재한다고 주장하였다.
- 개별 주식들의 위험은 전체 경제와 시장의 영향을 받는 시장 위험과 당해 주식에 고유한 위험으로 구성된다.
- 주식들의 고유한 위험은 포트폴리오에 의한 분산 투자로 사라져 버리기 때문에 포트폴리오의 기대 수익률과 위험의 관계에 있어서 위험은 시장 위험만을 의미한다.

- 마코위츠는 평균-분산이 가장 효율적인 위험 자산의 집합을 찾아내었는데, 이를 효율적 프런티어라고 부른다.
- 윌리엄 샤프는 포트폴리오 선택 이론을 기반으로 하여 자본자산 가격결정 모형을 개발하였다.
- 1970년대 이후로 이에 위배되는 수없이 많은 이상 현상들이 발견되고 지적되었다.
- 과거의 주식 수익률을 이용하여 그들의 이론을 검증하는 데에도 한계가 있지만, 그럼에도 불구하고 너무 많은 실증 결과들이 그들의 이론을 지지하지 않고 있다.
- 행동 재무론은 신고전주의 경제학 및 재무론에 대한 이상 현상에 대해 해답을 제공하기 위해, 카너먼과 트버스키의 프로스펙트 이론 개발 이후로, 부단히 노력해 왔다.

효율적 시장과 실제

- 재무 이론에서 효율적 시장이란 자산 가격이 모든 이용 가능한 정보를 완전하고 신속하게 반영한다는 것이다.
- 행동 재무론의 입장을 가진 뛰어난 학자들이 시장의 비효율성을 지적하면서부터는 상황이 역전되기 시작하였다.

시장을 있는 그대로 보자!

- 정말 시장이 효율적일까? 자산의 시장 가격은 정말 그 자산의 기본적 가치를 말할까? 신고전주의 경제학적 사고에 사로잡혀서 교육을 받으면 대학 과정 내내 이 원칙을 믿으면서 대학을 졸업하고 금융시장과 산업에 진입하게 된다.
- 시장은 효율적이지 않으며, 시장 가격이 즉각적으로 기본 가치를 반영하여 조정되지 않는다.
- 찰스 리(2001)는 시장 효율성의 여부에 대한 질문은 큰 의미가 없다고 하였다. 왜냐하면 엄격히 말해서 그 답은 '아니오'이기 때문이다.
- 아무런 비용 없이 무위험으로 이익을 얻기 위하여 동일하거나 유사한 증권을 서로 다른 시장에서 다른 가격으로 동시에 매입하고 매도하는 행위를 차익거래라고 한다.
- 완전자본시장에서 차익거래는 이론적으로 비용이 필요 없고 위험도 없지만, 현실적으로는 대부분의 차익거래는 비용이 들고 위험도 있다.
- 찰스 리(2001)는 차익거래를 시장 가격의 불완전성으로부터 이익을 얻기 위한 정보 거래라고 정의하였다.
- 사람들은 누구나 심리적 바이어스가 있기 때문에 모든 사람이 합리적이기는 어렵다.
- 합리적인 투자자가 많이 존재할지라도 훨씬 더 많은 투자자가 오랫동안 비합리적이라면 시장 가격이 오랫동안 비효율적일 수 있다. 이의 대표적인 사례가 1998년의 롱텀 캐피탈 매니지먼트이다.

참고 문헌

- Fama, E. (1970), Efficient capital markets: A review of theory and empirical work, Journal of Finance 25, 383~417.
- Grossman, W. and J. Stiglitz (1980), On the impossibility of informationally efficient markets, American Economic Review 70, 393~408.
- Lee, C. (2001), Market efficiency and accounting research: A discussion of 'capital market research in accounting' by S. P. Kothari, Journal of Accounting and Economics 31, 233~253.
- Markowitz, H. (1952), Portfolio selection, Journal of Finance 7, 77~91.
- Sharpe, W. (1964), Capital asset prices: A theory of market equilibrium under conditions of risk, Journal of Finance 19, 425~442.
- Shleifer, A. and R. Vishny (1997), The limits of arbitrage, Journal of Finance 52, 35~55.

03 — 합리적 인간이 존재할까?

인식 착각의 사례

인간은 자기가 보고, 듣고, 느끼는 것들이 항상 옳은 진실이라고 생각하는 경향이 있다. 이런 착각들은 인간 행동을 비합리적이게 하는 유인이 된다. 다음의 사례들을 보면 인간의 인식이 착각일 수 있다는 것을 쉽게 알 수 있다. 그림 3-1은 인식의 착각을 보여주기 위해 사용되는 매우 유명한 그림들이다. 왼쪽부터 1888년에 사용된 독일의 엽서, 1890년 어떤 기업의 광고 자료, 1915년 영국 만화가 힐의 그림이다. 마지막 그림으로 생각해 보자. 어떤 심리학 교과서에 실린 그림으로 젊은 소녀로 보이기도 하고 늙은 할머니로 보이기도 한다. 이 그림들을 강의 시간에 학생들에게 보여주면 젊은 여인으로 보는 경우가 60% 정도이다. 하지만 노파로 보는 경우도 40%가 된다는 것은 같은 그림에 대해서도 사람마다 인식이 크게 다를 수 있다는 것을 의미한다.

그림 3-1
젊은 여인인가, 노파인가?

그림 3-2도 인식의 착각을 불러일으키는 대표적인 사례들이다. 맨 왼쪽의 계단은 무엇을 의미할까? 일반적으로 이것은 왼쪽 아래에서 오른쪽 위로 올라가는 계단으로 보일 것이다. 하지만 이는 왼쪽에서 오른쪽으로 글씨를 읽는 서양 스타일에 영향을 받은 해석이다. 오른쪽에서 왼쪽으로 글을 쓰는 아

랍이나 이스라엘 사람들은 이것을 오른쪽에서 왼쪽으로 내려오는 계단으로 인식한다. 두 번째 그림은 악마의 쇠스랑이라고 불리는 것으로 2개로 갈라진 삼지창을 나타내기 때문에 불가능한 물체를 나타낸다. 세 번째 그림도 존재할 수 없는 불가능한 물체를 나타내지만, 사람들이 그것을 알아채기 위해서는 꼼꼼하게 따져 보아야 한다.

그림 3-2
인식의 착각

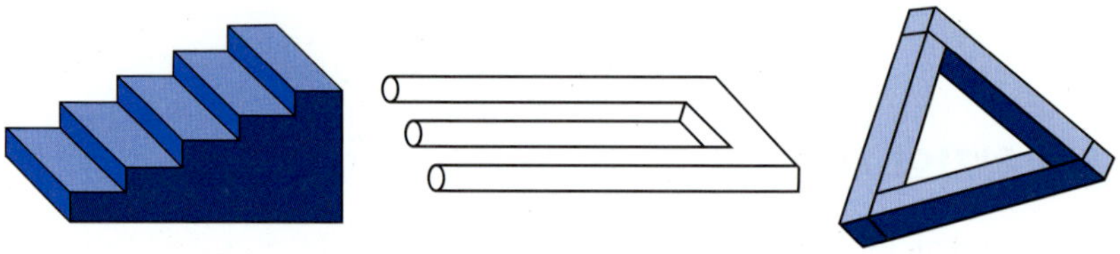

마지막으로, 그림 3-3은 2008년 탈러의 저서 〈넛지〉에 소개되어 유명해진 그림이다. 왼쪽과 오른쪽의 탁자 규격이 어느 정도일까? 대부분의 사람들은 왼쪽 탁자가 오른쪽 탁자보다 훨씬 길고 좁다고 생각한다. 하지만 그것은 눈 대중에 의한 인식의 착각일 뿐이다. 사실 두 탁자의 규격은 동일하다. 강의 시간에 학생들에게 물어보면 두 탁자가 동일하다고 대답하는 학생은 거의 없다(동일하다고 대답하는 학생은 이미 이 사례를 알고 있는 경우가 대부분이다). 이 그림을 자주 보고 강의에 사용하는 나도 볼 때마다 두 탁자의 규격이 동일하다는 것을 믿을 수가 없어서 자로 재어보곤 한다. 이 글을 쓰는 지금도 두 탁자의 길이와 넓이를 다시 재어보고 있다.

그림 3-3
좁은 탁자와 넓은 탁자
출처: 셰퍼드(1990)

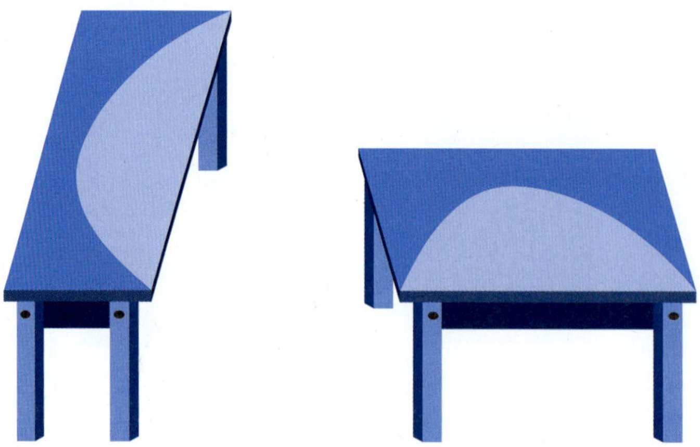

우리가 보고 평가하는 것이 반드시 옳다고 할 수 없듯이, 일상생활에서 발생하는 많은 사건을 우리가 올바르게 인식하고 있다는 것도 확신할 수 없음이

분명하다. 사물 또는 현상에 대한 인식이 올바르지 않다면 인간의 행동 또한 올바르게 이루어지지 않는 것은 너무 당연한 일이다. 이런 현상을 **행동 바이어스**라고 한다.

행동 바이어스
사물 또는 현상에 대한 인식이 올바르지 않다면 인간의 행동도 올바르게 이루어지지 않는 바이어스

바이어스는 편견, 편향, 편의 등 여러 가지로 번역이 가능하다. 하지만 아직 일관된 번역 용어가 존재하지 않기 때문에, 여기서는 원어 그대로 사용하고자 한다. 인터넷 백과사전인 위키피디아에 의하면, **바이어스**란 종종 대안적 견해의 가치를 무시하는 편파적인 관점을 보유하는 성향이라고 한다. 바이어스는 문화적 상황에서 은연중에 학습될 수 있다. 사람들은 어떤 개인, 민족, 국가, 종교, 사회 계층, 정치 집단, 이론적 패러다임, 학문적 이념, 인종에 반하는 바이어스를 가질 수 있다. 바이어스는 일방적이고 중립적 시각이 결여되어 개방적 생각을 가지지 못 하게 한다. 바이어스는 여러 형태로 나타날 수 있으며, 편견 또는 직관과 관련이 있어서 체계적 오류를 발생시킬 수 있다. **체계적 오류**란 구조적으로 발생하기 때문에 제거할 수 없는 오류로, 반복적으로 발생한다는 것이 특징이다. 이에 비해, **무작위적 오류**란 어떤 실험이나 사건에서 외부적 요인에 의해 우연히 발생하는 것으로 반복성이 없다. 바이어스에는 인지적 바이어스, 이해 상충, 통계적 바이어스, 상황적 바이어스, 편견(계급주의, 외모 차별, 인종 차별, 남녀 차별) 등이 있다. 이 책에서는 주로 인지적 바이어스를 중심으로 인간의 경제적, 재무적 행동을 설명한다. **인지적 바이어스**란 어떤 사물이나 현상의 인식에 있어서 인지적 또는 감정적 오류에 의해서 발생하는 바이어스를 말한다.

바이어스
대안적 견해의 가치를 무시하는 편파적인 관점을 보유하는 성향

체계적 오류
구조적으로 발생하기 때문에 제거할 수 없는 오류로, 반복적으로 발생하는 특징이 있다.

무작위적 오류
어떤 실험이나 사건에서 외부적 요인에 의해 우연히 발생하는 것으로 반복성이 없다.

인지적 바이어스
어떤 사물이나 현상의 인식에 있어서 인지적 또는 감정적 오류에 의해서 발생하는 바이어스

인간은 합리적으로 선택할까?

사물 또는 현상에 대해 정확히 이해한다면 인간은 합리적인 선택을 할 수 있을까? 결론적으로 말하자면 그렇지 못한데, 이를 **정보 처리 오류**라고 한다. 정보 처리 오류란 사물이나 현상에 대한 이해는 올바르게 되었지만, 그것들을 뇌에서 처리하는 도중에 발생하는 오류를 의미한다. 예를 들어, 최근의 기억을 강조하는 기억 바이어스에 의해서 예측 오류가 발생하는 것이나, **지나친 자신감**에 의해서 주식 거래가 빈번해지면 수수료가 증가하여 수익성이 감소하는 것 등이다.

정보 처리 오류
사물이나 현상에 대한 이해는 올바르게 되었지만, 그것들을 뇌에서 처리하는 도중에 발생하는 오류

지나친 자신감
자신의 판단에 대한 개인의 주관적인 확신이 객관적인 정확도보다 훨씬 크게 되는 바이어스

그림 3-4는 미국의 어떤 신문에 게재되었던 문제를 각색한 내용이다. 3개의 장막 뒤에 페라리 자동차와 2개의 바둑알이 있다. 당신은 3개 장막 중 하나

를 선택하여 그 뒤에 있는 물건을 가지게 된다. 당신이 하나를 선택한 뒤, 사회자는 선택하지 않은 둘 중에서 바둑알이 있는 하나의 장막을 열어버린다. 그리고 사회자는 당신의 선택을 나머지 1개로 변경할 것인가를 질문한다. 이때, 당신은 선택을 유지하는 것이 좋을까, 아니면 변경하는 것이 좋을까?

그림 3-4
페라리 또는 바둑알

대부분의 사람은 처음의 선택을 유지하는 것이 유리하다고 하거나, 아니면 어떻게 해도 상관이 없다고 대답한다. 실제로 신문에서 이 문제를 접한 독자들은 대부분 처음의 선택을 유지하는 것이 좋다고 하였다. 어떤 수학자조차 처음 선택을 유지하는 것이 더 좋다고 주장하였다. 하지만 이 문제에 대한 정답은 선택을 변경하는 것이다. 이는 확률적으로 쉽게 증명될 수 있다. 처음에 페라리를 선택할 확률은 1/3이고, 바둑알을 선택할 확률은 2/3이다. 분명히 바둑알을 선택할 확률이 더 높다. 선택을 유지하여 페라리를 가지는 것은 처음에 페라리를 선택하였을 경우인데, 이 확률은 1/3이다. 선택을 변경하여 페라리를 가지는 것은 처음에 바둑알을 선택하는 경우로, 이 확률은 2/3이다. 즉, 처음 선택을 유지하여 페라리를 가질 확률은 1/3이고, 처음 선택을 변경하여 페라리를 가질 확률은 2/3이다. 따라서 선택을 변경하는 것이 유리한 것은 당연하다. 아직도 의심이 해소되지 않았다면, 친구와 함께 이 게임을 10번 정도 진행해서 결과를 확인해 보면 쉽게 알 수 있다.

위와 같은 간단한 논리에도 불구하고, 이 문제를 제시했던 신문에는 선택을 바꾸지 않는 것이 더 좋다는 의견이 쇄도했다. 정답이 발표된 이후에도 선택을 바꾸지 않아야 한다는 의견이 한동안 계속되었다. 경제학에서 가정하는 것처럼 모든 사람이 합리적으로 판단한다면 왜 이런 일이 벌어졌을까? 인간이 그렇게 합리적이지 못하다는 것을 보여주는 아주 전형적인 실험이었다.

케인스의 미인 대회

이제 다른 사례를 살펴보자. 투자자 입장에서 투자하고 싶은 주식은 어떤 종목일까? 미국의 아마존, 애플, 페이스북, 구글과 한국의 삼성전자, 현대차, SK 텔레콤, 포스코 같은 종목들은 2022년 현재 매우 우량한 기업임은 틀림없지만, 투자자 입장에서 좋은 종목인지는 알 수 없다. 외국인과 기관투자자들이 그런 종목들을 매입하는 이유는 기업의 펀더멘탈이 우수하고 유동성이 높은 대규모 기업이면서, 그들의 벤치마크가 되는 주가지수에 소속되어 있기 때문이다. 투자자가 투자하고 싶은 주식은 사자마자 가격이 많이 오르는 종목이지, 펀더멘탈이 우수하고 유동성이 높은 주가지수 편입 종목은 아니다. 하지만 가격이 상승할 종목을 선택하는 일은 매우 어렵다.

이에 대해서 영국의 유명한 경제학자이자 주식 투자자였던 존 메이너드 케인스는 주식시장의 종목 선택을 미인 대회에 비유하였다. 미인 대회는 내가 가장 아름답다고 생각하는 후보가 승리하는 것이 아니고, 가장 많은 사람이 선택한 미인이 승리하는 것이다. 따라서 내가 선호하는 종목이 아니라, 가장 많은 투자자가 선호하는 종목을 선택하는 것이 주식 투자의 핵심이라는 것이다.

실제로 케인스는 자신이 근무하는 영국 캠브리지 대학의 투자 포트폴리오를 운용하였다. 개인의 투자 의사결정에는 합리적이고 이성적인 판단보다는 감정이 매우 중요한 역할을 하는데, 케인스는 이를 **야성적 충동**이라고 불렀다. 2001년과 2013년에 각각 노벨 경제학상을 수상한 조지 애컬로프와 로버트 쉴러는 〈야성적 충동〉이라는 책에서 야성적 충동이 경제를 움직인다고 하였다. 이런 의미에서 케인스는 전문가들이 시장과 싸우기보다는 **비이성적 과열**의 물결에 동승하여 이익을 얻을 수 있다고 하였다. 로버트 쉴러는 〈비이성적 과열〉이라는 책에서 주식시장, 채권시장, 부동산시장의 과열 현상을 설명하였다.

야성적 충동
사람들이 합리적인 이유와 관계없이 행동하도록 하는 요인으로, 투자 의사결정에는 합리적이고 이성적인 판단보다는 감정이 매우 중요한 역할을 한다.

비이성적 과열
투기적 시장의 불안정성을 나타내는 개념

케인스는 가장 좋은 주식을 선택하는 일은 1930년대에 남자들로만 구성된 영국 런던의 금융 환경 속에서 일반적인 경쟁으로, 마치 수많은 사진 속에서 가장 아름다운 얼굴을 뽑는 것과 같다고 하였다. 이때 중요한 것은 심사 참가자들의 일반적인 특성이다. 왜냐하면 미인에 대한 기준이 정해져 있지 않고 사람마다 취향이 다르기 때문이다. 물론 얼굴의 비례 관계에 의해서 미인의 기준을 정할 수는 있지만, 심사 참가자들이 그 기준을 공유할 이유는 전혀 없다. 따라서 미인 대회에서 우승자를 맞히는 것은 다른 사람들이 많이 선호하는 사진을 선택하는 것이다. 실제로 객관적인 미인을 선택하기 위하여 다른 사람들과 경쟁하는 것이 아니라, 다른 사람들의 의사결정을 예상하는 것이

중요하다는 것이다. 이런 행동이 경제학적으로 합리적일 수는 없다.[1]

케인스는 주식시장에서 종목을 선택하는 것이 미인 대회와 같아서 객관적으로 유망한 종목을 선택하기보다는, 많은 사람의 선호에 의해 초과 수요가 발생하여 가격이 상승할 종목을 선택해야 한다. 이는 가장 치열하고 합리적이어야 하는 주식시장에서도 야성적 충동에 의한 비이성적 과열이 나타나서 시장을 교란시킬 수 있음을 의미한다. 결국, 사람들은 주식시장에서 가장 합리적으로 성장성이 높고 펀더멘탈이 튼튼한 종목보다는 시류에 편승하는 종목을 선택하는 경향이 있다.

1990년대 말, 우리나라의 벤처 열풍과 IT 주식의 버블 현상은 이를 증명하는 대표적인 사례라고 할 수 있다. 2000년 3월 10일에 IT 주식을 대표하는 코스닥 지수는 (상향 조정된 기준으로) 2,834.4포인트로 시장을 마쳤고, 그날 장중에는 2,925.5포인트라는 역대 최고치를 기록하기도 하였다.[2] 하지만 2022년 11월 18일 현재 코스닥 지수 종가는 731.92로 마감하였다. 이는 인간의 비합리적 행동이 주식시장 전체에 얼마나 큰 폐해를 줄 수 있는가를 보여주는 명백한 사례이다.

숫자 추측 게임

2016년에 탈러는 〈Misbehaving〉이라는 책에서 케인스의 미인 대회와 같은 의미에서 다음과 같은 숫자 추측 게임을 소개하였다.

> 모든 참여자는 0부터 100까지의 숫자 중에서 하나의 숫자를 선택한다. 모든 사람이 선택한 숫자 평균의 2/3에 가장 가까운 숫자를 선택한 사람이 승리한다. 하나의 숫자를 선택하시오.

이 즐거운 실험은 바르셀로나 폼페우 파브라 대학의 독일인 경제학자 로즈마리 나겔에 의해서 최초로 수행되었다. 파이낸셜 타임즈가 탈러에게 행동 재

1 물론 경제학의 게임 이론 관점에서는 합리적인 행동이라고 할 수 있다. 게임 이론에서는 경쟁 상대방의 행동을 예상하여 나의 행동을 결정하기 때문이다.

2 코스닥 지수는 원래 1996년 7월 1일을 100포인트 기준으로 만들어졌지만, 2000년대 초반의 급격한 하락으로 인해 지수가 너무 작아지자, 2004년 1월 26일에 기준 지수를 100포인트에서 1,000포인트로 상향 조정하였다. 100포인트가 1,000포인트가 된 것이다. 이는 사람들로 하여금 화폐 착각과 같은 착시 현상을 불러일으킬 수 있다.

무론에 대한 기사를 부탁하였을 때, 탈러가 이 문제를 독자들에게 내 줄 것을 제안하여 다시 광범위한 실험이 이루어질 수 있었다. 승자에게는 브리티시 항공으로 런던에서 미국까지 가는 비즈니스 클래스 왕복 항공권 2장이 주어졌다.

이 문제에 가장 무관심한 독자들은 "이 문제는 수학 문제 같은데, 나는 수학을 싫어하니까 그냥 아무 숫자나 선택할 거야."라고 할 것이다. 이런 사람들의 추측 평균은 50이 될 것이다. 이 사람들의 선택을 예상하는 사람들은 50의 2/3에 해당하는 33을 선택할 것이다. 조금 더 영리한 사람들은 33의 2/3인 22를 선택할 것이고, 더 영리한 사람들은 22의 2/3인 15를 선택할 것이다. 이런 과정들이 반복된다고 가정하면 최종적인 선택은 어떻게 될까? 물론 어느 단계에서 이런 생각이 멈출지는 아무도 모르기 때문에 이 문제에 정답이 있는 것은 아니다. 하지만 1994년 노벨 경제학상을 수상한 존 내쉬에 의하면, 이 문제의 정답(**내쉬 균형**)은 0이다.[3, 4] 즉, 0을 선택하면 아무도 선택을 바꾸려 하지 않을 것이다.

내쉬 균형
경쟁자 대응에 따라 최선의 선택을 하면 서로가 자신의 선택을 바꾸지 않는 균형 상태

파이낸셜 타임즈의 실험에 참여한 독자 중 경제학이나 수학에 관심이 있는 사람들은 0을 선택하기도 하였지만, 대부분의 사람은 0이 아닌 숫자를 선택하였다. 이 실험의 승리 숫자는 13이었다. 만약 모든 사람이 경제학에서 가정하는 것처럼 합리적이라면 0 또는 1을 선택했을 것이다. 하지만, 대부분의 사람이 0 또는 1이 아닌 숫자를 선택했다는 것은 사람들이 경제학적 관점에서 합리적이지 않다는 것을 의미한다.

주식시장에서의 수요와 공급, 그리고 거래량

앞에서 삼성전자 주식의 수요와 공급 곡선을 소개하면서 모든 주식은 균형점에서 거의 거래가 이루어지지 않아야 한다고 설명하였다. 하지만 주식 거래는 전 세계에서 엄청나게 이루어지고 있다. 왜 이런 이론과 실제의 괴리가 발생하였을까? 투자자들이 모든 정보를 가지고 있으면서 기업의 기본적 가치에

3 파이낸셜 타임즈가 이 문제를 독자에게 제시하였을 때는 0에서 100 사이의 숫자라고 했던 것 같다. 이럴 경우에는 고려 대상에서 0과 100이 배제될 것이다. 그래서 1을 선택한 사람이 매우 많았다. 실제로 쉐프린은 〈탐욕과 두려움을 넘어서〉라는 책에서 이 문제의 정답을 1이라고 하였다. 하지만 이 문제에서 정답이 0이냐 1이냐는 전혀 중요하지 않다.

4 존 내쉬는 1994년에 노벨 경제학상을 수상한 천재 수학자로 2015년 5월에 미국 뉴저지에서 교통사고로 부인과 함께 사망했다. 그의 일대기를 그린 책 〈뷰티풀 마인드〉가 러셀 크로우 주연으로 영화화되기도 하였다.

의해 주식의 가격을 정확히 알고 있으며, 모든 투자자가 동일하게 생각한다는 가정이 문제이다. 모든 투자자가 주식의 가격을 정확히 알고 있다는 것은 기대 수익률을 정확히 알고 있다는 것과 같은 의미로, 현재 널리 인정되어 사용되고 있는 **자본자산 가격결정 모형**의 유도를 위해 가장 중요한 가정이다.[5]

자본자산 가격결정 모형
윌리엄 샤프가 개발한 이론으로, 자산의 기대 수익률이 시장 위험과 선형 관계를 가진다는 모형

이 가정이 잘못되었다면 어떤 일이 벌어질까? 이에 대한 설명을 여기서 하고 싶지는 않다. 분명한 것은 그 가정이 잘못되었다는 것이다. 행동 재무론을 연구하는 하버드 대학의 쉴라이퍼(1986)는 주식의 수요 곡선이 일반 재화와 같이 우하향한다고 주장하였다. 그 이후로 주가의 움직임을 기업의 기본적 가치로 설명하는 것과 함께 투자자들의 행동에 의해 설명하는 연구도 지속적으로 이루어지고 있다. 즉, 수직선인 주식의 공급 곡선과 우하향하는 주식의 수요 곡선이 만나는 점에서 균형이 이루어진다는 설명이 설득력을 얻고 있다. 투자자들의 기대가 수시로 변경되기 때문에 수요 곡선이 움직이게 되고, 이로 인해 주식이 서로 다른 가격에 거래된다는 것이다.

그림 3-5
개별 주식에 대한 표준 경제학의 수요 및 공급 곡선

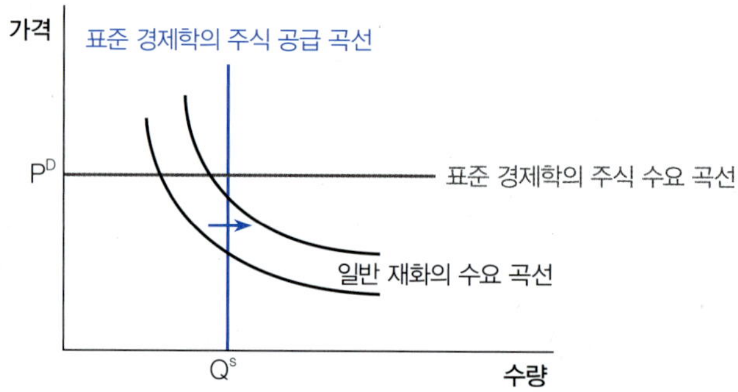

주식시장에서의 합리성과 투자 기간

주식시장에서 합리적이고 현명한 투자자들은 다른 투자자들의 생각을 잘 믿지 않을 수 있다. 예를 들어, 현재 어떤 주식이 충분한 가치를 인정받지 못하고 있을 때, 합리적인 투자자들은 그 주식을 사려고 한다. '언젠가' 또는 '장기적'으로 다른 사람들이 그 주식의 가치를 인정하여 가격이 상승할 것이라고 믿기 때문이다. 문제는 그 언젠가 또는 장기적이라는 기간이 얼마나 오랫동안 기다려야 하는가이다. 탈러는 다음과 같은 케인스의 유명한 말을 인용하

5 자본자산 가격결정 모형(Capital Asset Pricing Model: CAPM)은 윌리엄 샤프에 의해 개발된 이론으로 지금까지 주식의 가격결정 모형으로 가장 널리 사용되고 있다.

여 '장기적'이라는 의미의 모호성을 지적하였다: "장기적으로 인간은 모두 죽는다." 대개 펀드 매니저나 개인 투자자의 전형적인 투자 기간은 몇 년이 안 된다. 펀드 매니저는 상대적으로 단기간의 성과에 의해 평가를 받고, 개인 투자자는 낮은 성과에 대한 인내심이 그렇게 오래가지 못하기 때문이다. 투자 성과에 대한 인내심이 몇 달이 안 되는 경우도 허다하다. 그 기간에 매입한 주식의 가격이 상승하지 않을 확률이 매우 높으면, 아무리 현명하고 합리적인 투자자라 할지라도 성공적일 수는 없을 것이다.[6]

주요 용어

내쉬 균형	야성적 충동	지나친 자신감
무작위적 오류	인지적 바이어스	체계적 오류
바이어스	자본자산 가격결정 모형	행동 바이어스
비이성적 과열	정보 처리 오류	

핵심 정리

인간 착각의 사례

- 인간은 자기가 보고, 듣고, 느끼는 것들이 항상 옳은 진실이라고 생각하는 경향이 있다. 이런 착각들은 인간 행동을 비합리적이게 하는 유인이 된다.
- 사물 또는 현상에 대한 인식이 올바르지 않다면 인간의 행동 또한 올바르게 이루어지지 않는데, 이를 행동 바이어스라고 한다.
- 바이어스란 종종 대안적 견해의 가치를 무시하는 편파적인 관점을 보유하는 성향이라고 한다.
- 체계적 오류란 구조적으로 발생하기 때문에 제거할 수 없는 오류로, 반복적으로 발생한다는 것이 특징이다.
- 인지적 바이어스란 어떤 사물이나 현상의 인식에 있어서 인지적 또는 감정적 오류에 의해서 발생하는 바이어스를 말한다.

인간은 합리적으로 선택할까?

- 정보 처리 오류란 사물이나 현상에 대한 이해는 올바르게 되었지만, 그것들을 뇌에서 처리하는 도중에 발생하는 오류를 의미하다.

케인스의 미인 대회

- 개인의 투자 의사결정에는 합리적이고 이성적인 판단보다는 감정이 매우 중요한 역할을 하는데, 케인스는 이를 야성적 충동이라고 부른다.
- 케인스는 전문가들이 시장과 싸우기보다는 비이성적 과열의 물결에 동승하여 이익을 얻을 수 있다고 하였다.
- 케인스는 가장 좋은 주식을 선택하는 일은 1930년대에 남자들로만 구성된 영국 런던의 금융 환경 속에서 일반적인 경쟁으로, 마치 수많은 사진 속에서 가장 아름다운 얼굴을 뽑는 것과 같다고 하였다.

6 실제로 경제학이나 재무론의 실증 연구에서 이론을 입증하지 못하는 경우에 표본 기간이 짧기 때문이라고 변명하기도 한다. 나는 실증 연구를 주로 하는 학자로서 충분한 표본 기간에 대해서 고민을 하는 경우가 많았다. 재무론의 경우, 우리나라에서는 표본 기간의 확장이 현실적으로 어렵지만, 요즘 미국에서는 100년 또는 그 이상의 표본 기간을 이용하는 연구가 종종 있다. 경제학의 경우 300년은 되어야 장기적이라는 의미에 부합한다는 학자도 있다. 장기적이라는 의미를 일반적으로 정의하는 것은 어렵다고 생각하지만, 실질적인 투자 기간을 고려할 때 자본시장에서는 20~30년 정도를, 은퇴 투자에서는 30~40년 정도를 장기적으로 보는 것이 적절하다고 생각한다.

숫자 추측 게임

- 모든 참여자는 0부터 100까지의 숫자 중에서 하나의 숫자를 선택한다. 모든 사람이 선택한 숫자 평균의 2/3에 가장 가까운 숫자를 선택한 사람이 승리한다. 하나의 숫자를 선택하시오.
- 1994년 노벨 경제학상을 수상한 존 내쉬에 의하면, 이 문제의 정답(내쉬 균형)은 0이다.
- 파이낸셜 타임즈의 실험에 참여한 독자 중 경제학이나 수학에 관심이 있는 사람들은 0을 선택하기도 하였지만, 대부분의 사람은 0이 아닌 숫자를 선택하였다. 이 실험의 승리 숫자는 13이었다.
- 대부분의 사람이 0 또는 1이 아닌 숫자를 선택했다는 것은 사람들이 경제학적 관점에서 합리적이지 않다는 것을 의미한다.

주식시장에서의 수요와 공급, 그리고 거래량

- 신고전주의 경제학에 따라 모든 주식은 균형점에서 거의 거래가 이루어지지 않아야 한다. 하지만 주식 거래는 전 세계에서 엄청나게 이루어지고 있다.
- 행동 재무론을 연구하는 하버드 대학의 쉴라이퍼(1986)는 주식의 수요 곡선이 일반 재화와 같이 우하향한다고 주장하였다.

주식시장에서의 합리성과 투자 기간

- 주식 투자에서 언젠가 또는 장기적이라는 기간이 얼마나 오랫동안일까? 리처드 탈러는 다음과 같은 케인스의 유명한 말을 인용하여 '장기적'이라는 의미의 모호성을 지적하였다: "장기적으로 인간은 모두 죽는다."
- 대개 펀드 매니저나 개인 투자자의 전형적인 투자 기간은 몇 년이 안 된다.
- 투자 성과에 대한 인내심이 몇 달이 안 되는 경우도 허다하다. 그 기간에 매입한 주식의 가격이 상승하지 않을 확률이 매우 높으면, 아무리 현명하고 합리적인 투자자라 할지라도 성공적일 수는 없을 것이다.

참고 문헌

- Akerlof, G. and Robert J. Shiller (2009), Animal spirits, Princeton. 〈야성적 충동〉
- Keynes, J. (1936), The general theory of employments, interest, and money. London: Macmillan.
- Shiller, R. (2005), Irrational Exuberance, Broadway. 〈비이성적 과열〉
- Shepard, R. (1990), Mind Sights: Original Visual Illusions, Ambiguities, and Other Anomalies, with a Commentary on the Play of Mind in Perception and Art, New York: Freeman.
- Shleifer, A., 1986, Do demand curves for stocks slope down?, Journal of Finance 41, pp. 579~590.
- Thaler, R., 2016, Misbehaving, Norton.

04 — 합리적 의사결정의 오류

기댓값의 무용론: 세인트 피터스버그 역설과 효용 이론

현대적인 경제학과 재무론의 의사결정 방법의 시작은 **세인트 피터스버그 역설**에서 찾을 수 있다.[1] 니콜라스 베르누이는 1713년 9월 9일에 프랑스 수학자인 피에르 레이몬드 드 몬트모르에게 보내는 편지에서 기댓값에 의한 의사결정 기준에 문제가 있다고 지적하였다. 다음은 그가 제시한 문제이다.

세인트 피터스버그 역설
니콜라스 베르누이가 제안한 문제로 기댓값에 의한 의사결정 기준에 문제가 있음을 지적한다.

예를 들어, 동전을 던져 뒷면이 나오면 계속 던지고, n번째에 처음 앞면이 나오면 게임이 종료되면서 2^{n-1}루블의 상금을 지급하는 게임이 있다고 하자. 이 게임의 참가비는 10,000루블이다. 이 게임의 기댓값은 아래와 같이 쉽게 계산될 수 있다.

$$\text{게임의 기댓값} = \frac{1}{2}\cdot 1+\frac{1}{4}\cdot 2+\frac{1}{8}\cdot 4+\cdots=\frac{1}{2}+\frac{1}{2}+\frac{1}{2}+\cdots=\infty$$

만약 기댓값이 의사결정의 기준이라면, 이 게임의 기댓값은 무한대이기 때문에 아무리 많은 참가비를 내고서라도 게임에 응할 것이다. 다행히 참가비는 10,000루블에 불과하기 때문에 누구나 게임에 참여해야 한다. 하지만 동전을 몇 번 던지면 앞면이 곧 나올 것이고 게임이 중단될 것이기 때문에, 이런 게임에 10,000루블을 주고 참가할 사람은 전혀 없다고 해도 과언이 아니다.[2] 따라서 니콜라스 베르누이는 기댓값이 의사결정의 기준이 될 수 없다고 하였다.

니콜라스 베르누이의 사촌 형제인 대니얼 베르누이는 1738년에 이 문제를 효용 이론에 의해 해결하였는데, 세인트 피터스버그에 살았던 스위스의 수학

1 세인트 피터스버그는 상트페테르부르크라고 부르는 러시아의 제2도시이다. 발트해의 핀란드만에 접해 있는 러시아 북서쪽의 도시로 1924년에 레닌이 죽자 '레닌그라드'라고도 불렸지만, 1991년 9월 6일에 다시 옛 이름을 되찾았다.

2 14번째에 앞면이 나오면 상금이 10,000루블이 안 되고, 15번째에 앞면이 나오면 상금이 10,000루블을 넘는다. 14번째까지 앞면이 나오지 않을 가능성은 현실적으로 무시해도 좋을 만큼 매우 작다.

자이자 물리학자인 대니얼 베르누이를 기념하여 이 문제를 세인트 피터스버그 역설이라고 하였다. 이를 바탕으로 개발된 기대효용 이론이란 어떤 게임에서 얻게 되는 결과들에 대한 각각의 효용을 해당 확률로 가중 평균한 값을 의사결정의 기준으로 사용한다는 것이다. 1947년에 신고전주의 경제학자인 폰 노이만과 모젠스턴이 이를 발전시켜 오늘날의 의사결정 이론으로 확립하였다. 그들은 효용 함수가 위험 회피형이라고 했다. 즉, 부가 증가할수록 효용의 크기는 증가하지만, 그 증가의 속도는 점점 감소하여 오목한 모양이 된다는 것이다.

그 후 수많은 경제학 이론 연구는 기대효용 함수를 최대화하는 방법을 사용하였고, 이를 받아들인 재무론도 같은 맥락에서 엄청난 발전을 하였다. 하지만 그런 과정에서도 기대효용에 의한 의사결정의 문제점이 지적되기 시작하였다.

알레의 역설

신고전주의 경제학 이론에 따르면 인간은 항상 이기적이며, 합리적으로 기대효용에 따라 의사결정을 한다. 하지만 실제 경제생활에 있어서 인간이 항상 이기적이고 합리적인 판단하에 일관된 의사결정을 하지는 못한다는 것이 심리학자들을 포함한 일부 경제학자들의 생각이었다. 그중의 한 사람이 1988년에 노벨 경제학상을 수상한 프랑스 경제학자 모리스 알레였다. 1953년 그는 다음과 같은 **알레의 역설**을 발표하였다.

알레의 역설
모리스 알레가 제안한 문제로, 확률 인식의 오류로 인해 동일한 선택 문제에 대해 선택을 달리하게 되는 모순

〈실험 1〉

A. $100만을 받을 확률 100%
B. $100만을 받을 확률 89%; $500만을 받을 확률 10%; 아무것도 받지 못할 확률 1%

〈실험 2〉

A. $100만을 받을 확률 11%; 아무것도 받지 못할 확률 89%
B. $500만을 받을 확률 10%; 아무것도 받지 못할 확률 90%

이 두 실험을 알기 쉽게 표로 나타내면 다음과 같다.

실험 1				실험 2			
선택 1A		선택 1B		선택 2A		선택 2B	
금액	확률	금액	확률	금액	확률	금액	확률
$100만	89%	$100만	89%	$0	89%	$0	89%
$100만	11%	$0	1%	$100만	11%	$0	1%
		$500만	10%			$500만	10%

인간은 이기적이고 합리적이기 때문에, 위의 두 가지 실험을 사람들에게 순차적으로 제시하면 사람들은 일관된 선택을 해야 한다. 실제로 이런 실험을 접하게 되면, 대부분의 사람들은 실험 1에서는 A를 선택하고, 실험 2에서는 B를 선택한다. 실험 1에서 A를 선택하는 이유는 1%라도 돈을 못 받을 확률이 싫기 때문이고, 실험 2에서 B를 선택하는 이유는 $500만이라는 돈이 커 보이기 때문이다. 하지만 효용 이론의 독립성 원칙에 따라 실험 1A와 1B에서 동일한 부분인 ($100만, 89%)를 제외하고, 실험 2A와 2B에서 동일한 부분인 ($0, 89%)를 제외할 수 있다. 그렇게 되면 실험 1과 실험 2는 완전히 동일하기 때문에 동일한 선택이 이루어져야 하지만 실제로는 그렇지 않았다. 따라서 알레는 기대효용 이론이 사람들의 의사결정을 올바르게 설명하지 못한다고 하였다.

대부분의 경제학자가 이 역설에 모순된 답변을 제시하였는데, 그중 한 명이 천재적인 통계 및 수학자였던 레너드 지미 새비지였다. 새비지는 알레의 역설을 좀 더 복잡하게 구성하여 실험 2에서 사람들이 2B가 아닌 2A를 선택하도록 유도하였다. 이는 알레의 역설에도 불구하고 기대효용 이론이라는 엄청난 시대적 흐름을 굳게 옹호하려는 학자들의 끈질긴 노력이었다.

엘스버그의 역설

1961년 엘스버그는 인간의 **모호성 회피** 성질을 예로 들어 기대효용 이론의 위반 사례를 발표하였다. 이 예는 이미 1921년에 케인스에 의해서 다른 형태로 고안되기도 하였다. 엘스버그는 인간이 모호성을 회피하려는 경향이 있기 때문에 의사결정이 기대효용 이론에 따르지 않는다고 하였다.

모호성 회피
애매모호한 것보다는 확실한 것을 선호하는 성향

다음 예를 살펴보자. 어떤 항아리에 붉은 공 30개와 검정 또는 노란 공 60개가 들어 있다고 하자. 이때 당신에게 주어진 선택은 다음과 같다.

〈실험 1〉

A. 붉은 공을 뽑으면 $100을 받음
B. 검정 공을 뽑으면 $100을 받음

항아리에 분명히 30개의 붉은 공이 들어 있다는 것을 알지만, 검정 공의 개수는 모르는 상황이다. 이 경우 사람들은 확실한 것을 좋아하기 때문에, 실험 1에서 B보다는 A를 선택한다. 이 실험 후에 다음 실험을 하였다. 이번에는 어떤 선택을 할까?

〈실험 2〉

C. 붉은 공 또는 노란 공을 뽑으면 $100을 받음
D. 검정 공 또는 노란 공을 뽑으면 $100을 받음

대부분의 사람은 D를 선택한다. 왜 그럴까? 검정 또는 노란 공의 개수는 분명히 60개란 것을 알고 있지만, 노란 공의 개수를 정확히 알 수 없기 때문이다. 그런데 한 가지 이상한 점이 있다. 실험 1에서 A를 선택한다는 것은 검정 공이 30개에 미달할 것으로 생각하였기 때문일 것이다. 검정 공이 30개가 안 된다면 노란 공은 30개를 넘어설 것이기 때문에, 실험 2에서는 C를 선택해야 한다. 그럼에도 불구하고 D를 선택한다는 것은 모순이다.[3] 결국, **엘스버그의 역설**도 신고전주의 경제학의 핵심이 되는 기대효용 이론의 허점을 지적하였다.

엘스버그의 역설
인간이 모호성을 회피하려는 경향이 있기 때문에 의사결정이 기대효용 이론에 따르지 않게 되는 모순

제한된 합리성

제한된 합리성이란 용어는 1978년 노벨 경제학상을 수상한 허버트 사이먼이 처음 사용하였다. 그는 1957년 〈인간의 모형〉이라는 저서에서 대부분의 사람은 부분적으로 합리적이지만, 나머지 부분에서는 비합리적이라고 하였다. 제한된 합리성은 개인이 의사결정을 할 때, 의사결정 문제 취급의 어려

3 이 관계는 기대효용 이론에 의해 수학적으로 쉽게 증명될 수 있지만, 여기서는 소개하지 않기로 한다. 궁금한 독자는 인터넷 백과사전 위키피디아에서 엘스버그의 역설을 검색하면 쉽게 찾을 수 있다.

움, 인간의 인지적 제한, 의사결정에 필요한 시간 등의 제약으로 인해 합리성이 제한된다는 것이다. 이런 이유로 의사결정자들은 최적의 결정보다는 만족스러울 정도의 결정을 하게 된다는 것이다.

사이먼은 합리성을 제한하는 다음과 같은 세 가지 요인을 제시하였다. 첫째, 사용 가능한 효용 함수의 유형이 제한되어 있다. 둘째, 정보의 획득 및 처리 비용이 과다할 수 있다. 셋째, 일반적으로 효용 함수는 부의 수준을 고려하여 결정되지만, 어떤 경우에는 부의 수준뿐만 아니라 다른 여러 가지 요인 또는 가치를 가지는 효용 함수가 존재한다. 결과적으로 경제 주체는 복잡한 상황과 모든 대안의 기대효용을 계산할 수 없기 때문에 의사결정을 위하여 아주 엄격한 최적화 모형보다는 휴리스틱을 사용하게 된다는 것이 그의 결론이다.

베르누이의 오류

심리학자인 대니얼 카너먼은 2011년 불후의 명저인 〈생각에 관한 생각〉에서 대니얼 베르누이의 오류를 지적하였다. 앞에서 자세히 언급하였듯이, 대니얼 베르누이는 효용 이론을 도입하여 세인트 피터스버그 역설을 해결한 스위스의 수학자이자 물리학자로, 오늘날 신고전주의 경제학의 핵심 방법론인 효용 이론을 개발하였다.

베르누이의 효용 이론에 의하면, 현재 부의 수준에 따라 같은 금액이라도 다른 효용을 준다. $100을 소유한 사람에게 $10 선물의 효용은 $200을 소유한 사람에게 $10의 선물과 같은 효용을 가지지 않는다. $100을 소유한 사람에게 $10 선물의 효용은 $200을 소유한 사람에게 $20의 선물과 같은 효용을 가진다는 것이다. 여기서 중요한 것은 최종적으로 얻게 되는 총체적인 부의 수준이다. 한 사람은 $100에서 $110이 되고, 다른 사람은 $200에서 $220이 된다. 각각 $10, $20의 증가지만, 최초 부의 수준이 다르기 때문에 효용의 증가는 같다는 것이다. 즉, 두 사람 모두 부의 수준이 10% 증가하였기 때문에 효용 증가는 같다는 것이다.

카너먼은 베르누이의 이런 생각은 옳다고 하였지만, 그의 이론에는 심각한 오류가 있다고 지적하였다. 총체적인 부의 수준에 따라 효용이 달라지는 그

기준점
프로스펙트 이론에서 이익과 손실의 기준이 되는 점

의 이론은 현재의 **기준점**을 고려하지 않는다는 것이다.[4] 예를 들어 보자. 어제 철수와 영희는 각각 100만 원과 900만 원을 가지고 있었다. 그런데 오늘 철수는 400만 원을 벌고, 영희는 400만 원을 잃어서, 현재 모두 500만 원을 가지고 있게 되었다. 두 사람은 현재 똑같은 행복 또는 효용을 가질까? 만약 베르누이의 효용 이론이 옳다면, 최종적인 부의 수준이 500만 원이므로 둘은 똑같은 행복 또는 효용을 가져야 한다. 하지만 심리학적 설명도 필요 없이 철수는 행복하고 영희는 낙담할 것이 뻔하다. 베르누이의 효용 이론이 이런 상황을 설명할 수 없는 것은 분명하다. 카너먼은 이를 기준점에 의해 설명하고 있다. 즉, 철수는 100만 원에서 400만 원을 벌었고 영희는 900만 원에서 400만 원을 잃었기 때문에, 철수는 행복하게 되고 영희는 낙담하게 된다는 것이다.

카너먼이 제시한 다른 예를 살펴보자. 현재 철수는 100만 원을 가지고 있고 영희는 400만 원을 가지고 있다. 두 사람은 다음 중 하나를 선택하여야만 한다.

A. 최종적인 재산이 100만 원 또는 400만 원이 될 확률이 각각 50%임
B. 최종적인 재산이 200만 원이 될 확률이 100%임

철수와 영희 모두 A를 선택하면 기대 재산은 250만 원이 되고, 확실한 B를 선택하면 최종적인 재산은 확실히 200만 원이 될 것이다. 베르누이의 효용 이론에 따르면 철수와 영희는 똑같은 선택을 해야 하지만, 그런 예상은 옳지 않을 가능성이 크다. 철수와 영희의 현재 부의 수준이 다르다는 것을 기준점으로 고려하지 않았기 때문이다. 그들의 생각은 다음과 같을 수 있다.

철수(현재 100만 원 보유)

확실한 B를 선택하면 재산이 두 배로 증가할 것이어서 아주 매력적이다. 하지만, A를 선택하면 재산을 네 배로 증가시키거나 전혀 증가시키지 못할 확률이 각각 50%가 된다.

4 각각 부의 수준이 $100과 $200이었다는 것은 카너먼이 언급하는 기준점을 말하는 것이 아니다. 단지, 최종 부의 수준을 알기 위한 정보에 불과한 것이다.

> **영희(현재 400만 원 보유)**
> 확실한 B를 선택하면 재산이 절반으로 감소할 것이기 때문에 끔찍하다. 하지만, A를 선택하면, 재산의 3/4을 잃거나 아무것도 잃지 않을 확률이 각각 50%가 된다.

물론 철수와 영희가 같은 선택을 할 수도 있지만, 아마도 그렇지 않을 가능성이 더 크다. B를 선택하면 철수는 행복해지지만 영희는 불행해질 수 있기 때문이다. 여기서 베르누이의 효용 이론이 강조하는 최종적인 부의 수준은 중요하지 않다. 중요한 것은 현재 부의 수준인 기준점에서 철수는 이익을 생각하고 영희는 손실만을 생각한다는 것이다.

탈러의 예시

탈러는 2016년 〈미스비헤이빙〉이란 책에서 사람의 의사결정이 심리학적 영향을 받아서 비합리적이라고 주장하였다. 그가 제시한 사례 중에서 네 가지 경우를 살펴보자.

> **〈사례 1〉**
> 제프리와 나는 버팔로에서 열리는 프로농구 경기의 무료 표를 얻었다. 경기장은 1시간 30분 걸리는데, 경기 당일 거대한 눈보라 때문에 경기 관람을 포기하기로 했다. 제프리는 돈을 주고 표를 샀으면 눈보라 속에서도 어떻게 하든 경기를 보러 갔을 것이라고 말했다.
>
> **〈분석 1〉**
> 눈보라를 뚫고 농구장에 가는 것에 대한 제프리의 의사결정이 농구 표가 무료인가, 아니면 대가를 지불했느냐에 달려 있다는 것이다. 경제학적 **매몰비용**의 관점에서 보면, 농구 표의 비용이 농구장에 가는 것에 대한 의사결정에 아무런 영향을 주지 않아야 한다.[5] 왜냐하면 지금까지의 과거가 어떠하였느냐에 관계없이 사람의 의사결정은 앞으로 가장 행복한 (또는 효용을 증가시키는) 선택을 하는 것이기 때문이다.

매몰비용
이미 발생한 비용으로 현재의 의사결정과 무관한 비용

5 매몰비용이란 이미 지출되었기 때문에 회수가 불가능한 비용을 말한다. 경제학 및 재무론에서 매몰비용은 현재의 의사결정에 아무런 영향을 미치지 않아야 한다.

〈사례 2〉

스탠리는 주말마다 잔디를 깎은 뒤에 항상 꽃가루알레르기에 시달린다. 그는 잔디 깎는 일에 $10을 낭비할 생각이 없다고 했다. "그럼 $20을 받고 이웃집 잔디를 깎아 줄 생각이 있나요?"라고 질문을 했더니, 그는 절대로 그럴 생각이 없다고 했다.[6]

〈분석 2〉

일물일가의 법칙
동일한 상품의 가격은 어디서나 동일해야 한다는 경제학 원칙

경제학이나 재무론에서 가장 많이 사용하는 개념 중의 하나가 '**일물일가의 법칙**'이다. 이는 하나의 물건에 대한 가격은 동일한 시점에 세계 어디에서나 같아야 한다는 것이다.[7] 물론, 이 원칙 또는 법칙이 항상 성립하는 것은 아니지만, 잔디 깎는 경우와 같이 간단한 경우에는 성립해야 한다. 하지만 잔디 깎는 서비스를 누가 제공을 하는가에 관계없이 가격이 같아야 한다는 경제학적 원칙을 스탠리는 무시하고 있는 것이다.

〈사례 3〉

제임스는 아내로부터 크리스마스 선물로 비싼 스웨터를 받았다. 그는 매장에서 같은 스웨터를 보고 기분 좋게 입기에는 가격이 너무 비싸다고 생각했다. 하지만 그는 아내의 선물에 만족했다. 그와 아내는 공동으로 자금을 관리하기 때문에 두 사람 모두 다른 주머니가 없다.

〈분석 3〉

제임스가 만족한 이유는 자기 돈으로 사지 않을 비싼 스웨터를 아내가 선물로 주었기 때문이다. 여기에는 부부간의 사랑이 작용했을 수도 있고, 자기가 결정하기 어려운 것을 아내가 결정했기 때문일 수도 있다. 하지만 누가 결정을 하였는가에 관계없이 제임스에게 동일 물건에 대한 효용은 같아야 한다는 경제학적 원칙은 무너져버린 경우라고 할 수 있다.

차익거래
아무런 비용 없이 무위험으로 이익을 얻기 위하여 동일하거나 유사한 증권을 서로 다른 시장에서 다른 가격으로 동시에 매입하고 매도하는 행위

공짜 점심
재무금융학자가 차익거래의 기회를 일컫는 말

6 이 예는 달러가 젊었을 때를 기준으로 만들어졌다고 생각된다. 2022년 현재의 잔디 깍는 비용은 여기서 제시된 가격보다 훨씬 높다.

7 이 법칙이 성립하지 않으면, 동시에 싼 곳에서 매입하고 비싼 곳에서 매도하여 아무런 위험 없이 이익을 얻는 **차익거래**가 가능하기 때문에, 특히 재무금융학자들은 이 법칙이 반드시 성립해야 한다고 생각한다. 이러한 차익거래 전략을 재무론에서는 '**공짜 점심**'이라고 부른다. 일물일가의 법칙은 금융 상품에서는 성립하는 경우가 많지만, 일반 상품에서는 성립하지 않는 경우가 더 많다. 자연과학의 경우 반드시 성립해야 하는 발견을 법칙이라고 부르고, 아직 확실한 성립이 보장되지 않는 발견은 이론이라고 부른다. 하지만 사회과학에서는 성립의 엄격성과는 관계없이 이론적 원칙을 법칙이라고 부르는 경우가 종종 있다.

〈사례 4〉

친구들 몇 명이 저녁을 먹으러 탈러 교수의 집에 왔다. 함께 맥주를 마시며 오븐에서 요리가 완성되기만을 기다리고 있었다. 기다리는 동안 탈러는 심심풀이 먹거리로 캐슈넛을 그릇에 담아 왔다. 우리는 5분 만에 절반을 먹어 치워서 자칫 입맛을 버릴 가능성이 있게 되었다. 그래서 탈러는 캐슈넛 그릇을 부엌으로 가져가 버렸다. 캐슈넛을 가져간 것에 대해 모두 만족했다.

〈분석 4〉

모든 사람이 만족해하는 것은 경제학 원칙에 어긋난다. 왜냐하면 사람들은 많은 선택 중에서 자기의 기대효용을 가장 높이는 대안을 선택할 것이기 때문이다. 캐슈넛으로 인해 입맛을 잃을 것 같으면 그것을 먹지 않고 오븐의 음식을 기다리는 것이 최적의 선택이다. 입맛을 잃는 것과 관계없이 캐슈넛을 먹는 것이 기대효용을 높이는 것이라면 캐슈넛을 가져갔을 때 불만족스러워야 한다. 결국, 캐슈넛을 가져가는 것은 사람들의 만족과는 관계가 없어야 한다. 사람들이 만족했던 이유는 자기 조절 능력의 부족을 탈러가 해결해 주었기 때문이다.

어떤 이론과 분석이 필요한가?

세인트 피터스버그의 역설은 효용 이론을 제시한 대니얼 베르누이에 의해서 해결되었다. 하지만 알레와 엘스버그 등은 폰 노이만과 모겐스턴에 의해 더욱 발전되었던 신고전주의 경제학의 핵심 원칙인 기대효용 이론을 비판하였다. 카너먼은 대니얼 베르누이의 효용 이론에도 오류가 있음을 지적하였다. 이에 카너먼과 트버스키는 1979년과 1992년에 각각 〈**프로스펙트 이론**〉과 〈**누적 프로스펙트 이론**〉을 발표하여 행동 경제학과 행동 재무론의 이론적 기반을 제시하였다.

한편, 경제학과 심리학을 전공하는 많은 학자도 전통적 경제학의 분석에 많은 의문점을 제기하였는데, 그중에 대표적인 학자가 시카고 대학 경영대학원에서 행동 경제학과 재무론을 연구하는 리처드 탈러이다. 그는 1980년대부터 심리학을 경제학과 재무론에 도입하여 기존의 학자들이 어려워했던 많은 경제 및 금융 문제들을 알기 쉽게 설명하였다. 2016년에 미국 경제학회 회장까지 역임한 탈러는 전통적 이론과는 배치되지만, 지금까지 경제학에서 아무런 관심이 없었던 '**관계없어 보이는 요인**'에 대해서 연구해야 한다고 주장하였다. 결국 2017년에 탈러도 행동 경제학에 대한 학문적 공헌으로 노벨

프로스펙트 이론
기준점을 중심으로 이익과 손실 및 주관적 확률 가중치에 의해 의사결정을 하는 행동 경제학 이론

누적 프로스펙트 이론
누적 확률에 의해 프로스펙트 이론을 현실적으로 이용 가능하도록 만든 행동 경제학 이론

관계없어 보이는 요인
의사결정과 아무런 관련이 없는 것으로 보이는 미미한 요인

경제학상을 수상하였다. 한편, 캘리포니아 산타클라라 대학의 허쉬 셰프린과 마이어 스태트만도 재무 및 금융 이론과 실증 분석에 심리학적 요소를 도입하여 행동 재무론의 발전에 크게 공헌하였다.

전통적 경제학과 재무론은 비현실적인 가정들에 근거하여 수학적 모형을 개발하고, 이를 이용하여 인간의 경제적 행동을 설명하려는 규범적 이론을 제시하였다. 이에 비해, 행동 경제학과 재무론은 카너먼과 트버스키처럼 인간의 경제적 행동을 있는 그대로 관찰하고, 이를 설명할 수 있는 이론을 개발하고자 하였는데, 이를 **서술적 이론**이라고 한다. 일찍이 1953년에 밀턴 프리드먼은 서술적 이론을 포지티브 이론이라고 불렀다. 이제는 규범적 이론과 **포지티브 이론**이 조화를 이루어 좀 더 현실적으로 경제 및 자본시장의 현상들을 설명하고 이해할 필요가 있다.

서술적 또는 포지티브 이론
가치-중립적 입장에서 실제의 현상들로부터 관찰된 결과에 의해 이론을 구성하고 이를 이용하여 사람들의 선택 행동을 설명한다.

사실 수많은 재무금융 연구들이 전통적인 수학적, 이론적 모형 없이 자본시장에서 벌어지는 현상들을 설명했는데, 이를 **순수한 실증 연구**라고 부른다. 그럼에도 불구하고 학자들은 그들의 논문을 좋은 학술지에 게재하기 위해 실증 연구에 **규범적 이론**을 연결하고자 부단한 노력을 하였던 것도 사실이다.[8] 규범적 이론에 근거하지 않은 실증 연구들이 많은 학자가 인정하는 학술지에서 기각되는 일은 아직도 아주 흔한 일이다.[9] 하지만 비현실적 가정들을 기반으로 만들어진 수학적 모형들은 인간의 경제적 행동을 설명하는 데 한계가 있음이 분명하다. 이제 시장에서 관찰되는 현상들을 있는 그대로 바라보아야 한다. 그리고 세심한 관찰을 통해 새로운 포지티브 이론을 만들어가야 한다.

순수한 실증 연구
이론적 뒷받침 없이 자료 분석에만 의존하여 결론을 이끌어 내는 연구

규범적 이론
정해진 규범에 입각한 이론 개발이나 실증 연구

이 책에서는 앞에서 언급한 행동 재무론 석학들과 새로운 시각을 가진 뛰어난 학자들의 연구를 바탕으로 금융 및 재무론 관점에서 인간의 비합리적 행동을 살펴보고 현실적으로 가능한 대안적 설명을 제시하고자 한다.

8 조직행동, 마케팅 등 경영학의 다른 분야들은 오래전부터 규범적 이론에서 벗어났다고 생각한다. 경영학의 여러 분과 중에서 경제학과 유사한 이론적 틀을 이용하는 재무론만 규범적 이론에 상당히 얽매여 있었던 것이 사실이다. 그렇다고 규범적 이론을 버려야 한다는 의미는 결코 아니다. 규범적 이론은 인간의 심리적 요인을 고려하지 않는 모형을 다룬다. 이에 인간의 심리적 요인을 고려한다면 좀 더 현실적으로 경제 현상을 이해할 수 있을 것이다.

9 미국에서 좋은 학술지 게재는 학자들의 구직, 승진 또는 급여 인상에 결정적인 역할을 하기 때문에, 이를 위해서 전통적 경제학 또는 재무론에 입각한 연구가 대세를 이루는 것이 현실이었다. 우리나라에서도 이런 현상은 대부분 마찬가지이었다. 하지만 요즘에는 서술적 이론에 해당하는 행동 경제학이나 재무론 연구도 주류로 인정되고 있기 때문에 이런 현상은 점점 사라지고 있다. 특히, 실무와 아주 밀접한 관계를 맺는 경영학의 입장에서는 행동과학의 중요성이 더 커질 것이다.

주요 용어

공짜 점심	모호성 회피	일물일가의 법칙
관계없어 보이는 요인	세인트 피터스버그 역설	차익거래
규범적 이론	순수한 실증 연구	프로스펙트 이론
누적 프로스펙트 이론	알레의 역설	
매몰비용	엘스버그의 역설	

핵심 정리

기댓값의 무용론: 세인트 피터스버그 역설과 효용 이론

- 동전을 던져 뒷면이 나오면 계속 던지고, n 번째에 처음 앞면이 나오면 게임이 종료되면서 2^{n-1}루블의 상금을 지급하는 게임이 있다고 하자. 이 게임의 참가비는 10,000 루블이고, 기댓값은 ∞이다.
- 니콜라스 베르누이는 기댓값이 의사결정의 기준이 될 수 없다고 하였다.
- 니콜라스 베르누이의 사촌 형제인 대니얼 베르누이는 1738년에 이 문제를 효용 이론에 의해 해결하였다.
- 1947년에 신고전주의 경제학자인 폰 노이만과 모젠스턴이 효용 이론을 발전시켜 오늘날의 의사결정 이론으로 확립하였다.

알레의 역설

- 알레는 기대효용 이론이 사람들의 의사결정을 올바르게 설명하지 못한다고 하였다.

엘스버그의 역설

- 1961년 엘스버그는 인간의 모호성 회피 성질을 예로 들어 기대효용 이론의 위반 사례를 발표하였다.
- 엘스버그의 역설도 신고전주의 경제학의 핵심이 되는 기대효용 이론의 허점을 지적하였다.

제한된 합리성

- 1957년 〈인간의 모형〉이라는 저서에서 대부분의 사람은 부분적으로 합리적이지만, 나머지 부분에서는 비합리적이라고 하였다.
- 제한된 합리성은 개인이 의사결정을 할 때, 의사결정 문제 취급의 어려움, 인간의 인지적 제한, 의사결정에 필요한 시간 등의 제약으로 인해 합리성이 제한된다는 것이다.
- 사이먼은 합리성을 제한하는 다음과 같은 세 가지 요인을 제시하였다: 첫째, 사용 가능한 효용 함수의 유형이 제한되어 있다; 둘째, 정보의 획득 및 처리 비용이 과다할 수 있다; 셋째, 일반적으로 효용 함수는 부의 수준을 고려하여 결정되지만, 어떤 경우에는 부의 수준뿐만 아니라 다른 여러 가지 요인 또는 가치를 가지는 효용 함수가 존재한다.
- 경제 주체는 복잡한 상황과 모든 대안의 기대효용을 계산할 수 없기 때문에, 의사결정을 위하여 아주 엄격한 최적화 모형보다는 휴리스틱을 사용하게 된다는 것이 그의 결론이다.

베르누이의 오류

- 베르누이의 효용 이론에 의하면, 현재 부의 수준에 따라 같은 금액이라도 다른 효용을 준다: $100을 소유한 사람에게 $10 선물의 효용은 $200을 소유한 사람에게 $10의 선물과 같은 효용을 가지지 않는다.
- 총체적인 부의 수준에 따라 효용이 달라지는 베르누이의 이론은 현재의 기준점을 고려하지 않는다는 것이다.

탈러의 예시

- 탈러는 2016년 〈미스비헤이빙〉이란 책에서 사람의 의사결정이 심리학적 영향을 받아서 비합리적이라고 주장하였다.

- 다음의 사례는 매몰비용의 중요성을 강조한다: 제프리와 나는 버팔로에서 열리는 프로농구 경기의 무료 표를 얻었다. 경기장은 1시간 30분 걸리는데, 경기 당일 거대한 눈보라 때문에 경기 관람을 포기하기로 했다. 제프리는 돈을 주고 표를 샀으면 눈보라 속에서도 어떻게 하든 경기를 보러 갔을 것이라고 말했다.

어떤 이론과 분석이 필요한가?

- 카너먼과 트버스키는 1979년과 1992년에 〈프로스펙트 이론〉과 〈누적 프로스펙트 이론〉을 각각 발표하여 행동 경제학과 행동 재무론의 이론적 기반을 제시하였다.
- 탈러는 전통적 이론과는 배치되지만, 지금까지 경제학에서 아무런 관심이 없었던 '관계없어 보이는 요인'에 대해서 연구해야 한다고 주장하였다.
- 행동 경제학과 재무론은 카너먼과 트버스키처럼 인간의 경제적 행동을 있는 그대로 관찰하고, 이를 설명할 수 있는 이론을 개발하고자 하였는데, 이를 서술적 이론이라고 한다.
- 1953년에 밀턴 프리드먼은 서술적 이론을 포지티브 이론이라고 불렀다.
- 이제는 규범적 이론과 포지티브 이론이 조화를 이루어 좀 더 현실적으로 경제 및 자본시장의 현상들을 설명하고 이해할 필요가 있다.

참고 문헌

- Allais, M. (1953), Le comportement de l'homme rationnel devant le risque: critique des postulats et axiomes de l'école Américaine, Econometrica 21 (4), 503~546.
- Ellsberg, Daniel (1961), Risk, ambiguity, and the savage axioms, Quarterly Journal of Economics 75 (4), 643~669.
- Friedman, M. (1953), The methodology positive economics, in Essays in positive economics, 3~43. Chicago: University of Chicago Press.
- Simon, H. A. (1957), Models of man, New York, John Wiley; London, Chapman& Hall.
- Thaler, R., 2016, Misbehaving, Norton.

05 — 불확실한 상황에서의 판단: 휴리스틱과 바이어스[1]

위험과 불확실성은 쉽게 구분하기 어렵지만, 결과의 확률이 객관적으로 잘 주어지는 경우를 위험이라 하고, 결과에 대해 주관적인 확률이 주어지거나 확률을 전혀 알 수 없는 경우를 불확실성이라고 한다. 경영학과 경제학에서는 대개 객관적 확률이 주어지는 상황을 분석하게 되지만, 여기서는 객관적인 확률이 주어지지 않는 불확실한 상황에서 인간이 어떻게 판단하는가에 대해 살펴보고자 한다.

트버스키와 카너먼(1974)은 인간의 의사결정이 어떤 불확실한 사건의 가능성에 대한 믿음에 기초하여 이루어진다고 하였다. 즉, 불확실한 상황에서 인간은 **휴리스틱**에 의존하여 의사결정을 한다는 것이다. 휴리스틱이란 최적 또는 완벽함을 보장하지는 않지만, 즉각적인 목적 달성을 위해 실용적으로 문제를 해결하는 방법으로 다양한 학문 분야와 실무에서 사용하고 있다.[2] 휴리스틱은 정교한 해결 방법이 없을 경우 매우 유용하지만, 때때로 심각한 **체계적 오류**를 유발할 수 있다.

트버스키와 카너먼은 불확실한 상황에서 인간의 판단 바이어스가 휴리스틱에 의해 발생한다고 추론하면서 구체적인 예를 들어 설명하였다. 그들이 제시한 세 가지 휴리스틱 또는 바이어스는 **대표성**, **이용 가능성**, **닻 내림과 조정**이다. 이러한 휴리스틱 원칙들은 확률 평가와 가치 예측의 복잡한 작업을 아주 간단하게 만들어주지만, 체계적 오류를 발생시킬 가능성이 매우 높을 수 있다.

휴리스틱
최적 또는 완벽함을 보장하지는 않지만, 즉각적인 목적 달성을 위해 실용적으로 문제를 해결하는 방법

체계적 오류
구조적으로 발생하는 오류로 반복적이라는 특징이 있다.

대표성
어떤 확률이 높다고 생각하면 그런 사물 또는 현상이 당해 집단을 대표한다고 생각하는 바이어스

이용 가능성
빈도와 확률이 아니라 당장 이용 가능한 다른 요인에 의해 발생하는 바이어스

닻 내림과 조정
서로 다른 시작점으로부터 발생하는 바이어스

1 이 장은 트버스키와 카너먼이 1974년 〈사이언스〉에 게재한 논문을 정리하여 소개한다. 그들이 〈사이언스〉에 투고를 한 이유는 독자층을 넓히기 위해서라고 한다.

2 휴리스틱을 굳이 번역하자면 어림짐작 또는 경험법칙이라고 할 수 있다. 하지만 이 용어들이 휴리스틱의 의미를 제대로 전달하지 못하고 이미 여러 분야에서 휴리스틱이라는 원어를 많이 사용하기 때문에 여기서도 원어 그대로 사용하고자 한다.

대표성

사람들은 의사결정을 할 때, 사물 또는 현상이 어떤 집단에 속할 확률에 관심이 있다. 그 확률이 높다고 생각하면 그런 사물 또는 현상이 당해 집단을 대표한다고 생각하여 판단하는 경우가 많은데, 이를 **대표성**이라고 한다. 예를 들어, 스티브는 매우 부끄러움이 많고 소극적이며 항상 다른 사람에게 도움이 되지만, 사람들이나 세상에는 관심이 없고 온순하며, 영혼이 깨끗하여 정리 정돈과 사소한 것들에 흥미를 느끼는 사람이다. 다음 중에서 스티브의 직업은 무엇일까?: 농부, 판매원, 비행기 조종사, 도서관 사서, 내과 의사. 이 경우 많은 사람은 확률과 대표성 또는 유사성 기준에 의해 도서관 사서라고 답하는 경우가 많다. 하지만 대표성은 확률 판단에 영향을 주는 여러 요인에 의해 영향을 받지 않기 때문에 심각한 오류가 발생할 수 있다.

대표성
사물 또는 현상이 어떤 집단에 속할 확률에 따라 그런 사물 또는 현상이 당해 집단을 대표한다고 생각하는 바이어스

첫 번째 오류는 결과의 **사전 확률** 또는 **베이스**에 둔감하다는 것이다.[3] 예를 들어, 70명의 엔지니어와 30명의 변호사로 구성된 전문가 집단을 생각해 보자. 그중의 한 명인 딕은 30세의 기혼자로 자녀는 없다. 그는 뛰어난 능력과 동기 유인이 높아서 자기 분야에서 아주 성공할 것으로 기대되고 동료들의 신망이 두텁다. 그의 직업은 무엇일까? 사실 스티브에 대한 서술은 그가 엔지니어인지 아니면 변호사인지에 대해 아무런 정보를 주지 못한다. 따라서 전문가 집단의 구성에 대한 사전 확률 또는 베이스에 따라 엔지니어일 확률이 70%라고 응답하는 것이 적절하다.

사전 확률
특정 사건이 발생하기 전에 사전적으로 가지고 있는 확률

베이스
사전 확률의 다른 표현

재미있는 것은 스티브가 속한 전문가 집단의 직업 구성에 대한 사전 확률이 주어졌음에도 불구하고 사람들은 스티브가 엔지니어일 확률이 50%라고 답하였다. 당해 전문가 집단에서 엔지니어가 70%라는 사전 정보를 무시한 응답이다. 이는 특별한 정보가 없을 때는 사전 확률이 잘 이용되지만, 무의미한 정보라도 주어질 경우에는 사전 확률이 무시된다는 것을 의미한다.

두 번째 오류는 **표본 크기**에 둔감하다는 것이다. 특정한 모집단에서 추출된 표본에서 알고 싶은 결과를 얻을 확률을 추정하기 위해서 사람들은 흔히 대표성 휴리스틱을 적용한다. 예를 들어, 어떤 도시에 2개의 종합병원이 있다. 큰 병원에서는 하루에 약 45명의 신생아가 태어나고, 작은 병원에서는 하루에 약 15명이 태어난다. 각 병원은 1년 동안 60% 이상의 신생아가 남자인

표본 크기
표본의 규모

3 통계학의 베이스 규칙에 따르면, (사후 확률=사전 확률×우도)가 된다. 물론 이 공식 때문에 고민할 필요는 전혀 없다. 이 공식의 의미는 사전에 알고 있는 확률이 최종적인 사후 확률에 영향을 미친다는 것이다.

날을 기록하였다. 어떤 병원이 더 많은 날을 기록했다고 생각하는가?

응답한 대학생 중 21명은 큰 병원, 21명은 작은 병원, 53명은 비슷할 것이라고 했다. 대학생들의 이런 응답은 통계학의 표본 이론에 어긋난다. 경험적으로 남자와 여자의 비율이 각각 50%씩이라는 것을 알기 때문에, 병원에서 매일 태어나는 남자와 여자의 비율은 각각 50%일 것이다. 하지만 각 병원에서 태어나는 신생아 수가 충분하지 않기 때문에 50%에서 상당히 벗어나는 날이 많을 수 있다. 표본 이론의 **대수의 법칙**에 의하면 신생아 수가 많은 병원일수록 50%에 가까울 확률이 높다.[4] 따라서 남자 신생아 수가 60% 이상인 날의 수는 작은 병원이 더 많아야 함에도 대학생들의 응답이 전혀 그렇지 않았다는 것은 사람들이 표본 크기에 대해서는 크게 신경을 쓰지 않는다는 증거라고 할 수 있다.

대수의 법칙
통계적 시행의 수가 증가할수록 추정치가 당해 분포의 모수(예: 평균 또는 분산 등)에 가까워진다는 확률 이론

세 번째 오류는 **가능성 오해**다. 사람들은 표본이 작은 경우에도 무작위 과정에 의해 발생하는 사건의 배열이 그 과정의 기본적인 성질과 같다고 생각한다. 동전의 앞면을 H, 뒷면을 T라고 할 때, 동전 던지기의 예를 들어 보자. 여기서 기본적인 과정이란 어떤 법칙이나 기준이 없이 결과가 골고루 섞여 있다는 것이다. 동전을 6번 던지면, (H, T, H, T, T, H)가 나올 확률이, (H, H, H, T, T, T)나 (H, H, H, H, T, H)가 나올 확률보다 높다고 생각하는 경향이 있다. 즉, 동전을 수없이 많이 던지면 앞면과 뒷면의 비율이 거의 비슷하게 나온다는 동전 던지기의 기본적인 배열 성질이 6번의 시행에서도 발생해야 한다고 믿는다는 것이다. 동전을 6번 던지면 앞의 세 배열이 나올 확률은 정확히 같다.

가능성 오해
표본이 작은 경우에도 무작위 과정에 의해 발생하는 사건의 배열이 그 과정의 기본적인 성질과 같다고 생각하는 성향

널리 알려진 **도박사의 오류(또는 몬테카를로의 오류)**도 이 경우에 해당한다. 어떤 사건이 한동안 기대했던 것보다 많이(적게) 발생했으면 앞으로 그런 사건이 덜(더) 발생할 것이라고 기대하는 가능성 오류이다. 도박사의 오류는 앞에서 일어난 사건과 그 뒤에 일어날 사건이 서로 독립이라는 확률 이론의 가정을 받아들이지 않기 때문에 발생한다. 예를 들어, 룰렛은 게임마다 독립적인 결과가 나오는 것이지 자기-수정 과정이 아님에도 불구하고, 빨간색이 오랫동안 나왔으면 다음엔 검정이 나올 확률이 높다고 믿는 경우다. 물론 충분한 시간 동안 룰렛 게임을 진행하면 빨간색과 검은색이 같은 확률로 나오

도박사의 오류(또는 몬테카를로의 오류)
어떤 사건이 한동안 기대했던 것보다 많이 (적게) 발생했으면 앞으로 그런 사건이 덜 (더) 발생할 것이라고 기대하는 가능성 오류

4 대수의 법칙이란 통계적 시행의 수가 증가할수록 추정치가 당해 분포의 모수(예: 평균 또는 분산 등)에 가까워진다는 확률 이론이다.

겠지만, 짧은 시간 동안에 추출된 작은 표본에서는 그런 성질이 성립하지 않는다. 이것은 대수의 법칙에 정면으로 어긋나는 착각인데, 이를 **소수의 법칙**이라고 부른다.

소수의 법칙
짧은 시간 동안 추출된 작은 표본에서도 모수의 성질이 그대로 나타날 것이라는 착각. 대수의 법칙에 어긋남

네 번째 오류는 **예측 가능성**에 둔감하다는 것이다. 기업 설명회의 예를 생각해 보자. 기업 설명회에서 당해 기업에 대한 설명이 아주 좋으면 (평범하면) 사람들은 미래 수익성이 좋다고 (그저 그럴 것이라고) 생각할 것이다. 하지만 기업에 대한 설명은 그 설명회의 신뢰성을 의미하지도 않고, 예측의 정확성도 전혀 담보하지 않는다. 따라서 설명 때문에 당해 기업의 미래 수익성을 예측할 수는 없다. 그럼에도 불구하고 사람들은 예측의 정확성과 관계없는 정보를 가지고 예측을 하는 경향이 있는데, 이는 예측 가능성에 아주 둔감하다는 것을 의미한다.

예측 가능성
예측의 정확성과 관계없는 정보를 가지고 예측을 하는 성향

다섯 번째 오류는 **타당성 착각**이다. 예측 결과와 입력된 정보 간의 적절한 일치 때문에 보장되지 않는 자신감을 타당성 착각이라고 한다. 앞에서 언급한 인물 소개와 직업 예측의 예에서 보았듯이, 사람들은 인물을 소개하면 그중에서 가장 대표적인 사항을 선택하여 직업을 예측하는 경향이 있다. 반복되는 임상 인터뷰의 적절성 부족에 대한 증거에도 불구하고, 선발을 위한 임상 면접에 대한 지속적인 믿음은 충분히 타당성 착각 효과를 입증하고 있다.[5] 그럼에도 불구하고 사람들은 종종 과녁을 빗나간 예측을 확신하는 경향이 있다.

타당성 착각
예측 결과와 입력된 정보 간의 적절한 일치에 의해 보장되지 않는 자신감

마지막 오류는 **회귀 현상에 대한 오해**다. 평균으로의 회귀라고 알려진 일반적 현상은 백 년도 전에 찰스 다윈의 조카인 프란시스 골턴에 의해 보고되었다. 아버지와 아들의 신장, 남편과 아내의 지능, 연속적인 시험에서 개인의 성적 등이 그 예에 해당한다. 사람들이 평균 회귀에 대해 올바른 해석을 하지 못하는 이유는 무엇일까? 발생이 제한된 상황에서 회귀 현상을 기대하지 못하고, 회귀 현상을 인식했을 때 허구적인 인과관계를 추론하기 때문이다.

회귀 현상에 대한 오류
평균으로의 회귀하는 일반적 현상을 이해하지 못하는 오류

비행 훈련의 예를 들어 보자. 비행 교관들은 비행 훈련에서 구두 칭찬은 학습에 방해가 된다고 생각한다. 극히 부드러운 착륙에 대해 칭찬하면 다음번에

5 우리나라의 대학입시 면접은 이의 대표적인 예라고 생각한다. 우리나라의 대학입시에서는 짧은 면접이 대학입시의 당락을 결정하는 경우가 많다(실제로 면접 결과에 따라 상당히 많은 학생이 좋은 성적을 가지고도 탈락했다. 하지만 그들은 자신들의 탈락 이유를 알 수 없다). 면접의 특성상 지나치게 긴장하여 아는 것도 제대로 답변하지 못하는 학생도 있고, 우연히 예상했던 질문에 대해 유창하게 대답하는 학생도 있다. 이러한 면접에서의 답변이 당해 학생의 실력이나 수월성을 전혀 담보할 수 없음은 자명한 사실이다. 하지만 면접관은 짧은 시간에 정해진 절차에 따라 면접 점수의 차별성을 만들어야 하므로, 학생의 태도와 답변에 따라 부정확할 가능성이 매우 높은 점수라도 부여해야만 한다.

는 불안한 착륙을 하고, 거친 착륙에 대해 냉엄한 비판을 하면 다음번에는 개선이 이루어지기 때문이라고 한다. 따라서 징벌이 칭찬보다 더 효과적이라는 그릇된 결론을 내리게 된다. 하지만 이런 추론은 평균으로의 회귀를 무시한 결과이며, 항상 그런 것은 아니다. 착륙 훈련의 결과가 너무 좋으면 다음번에는 약간 불안할 수 있고, 안 좋으면 다음번에는 부드러워지는 회귀 현상을 무시하였기 때문이다. 즉, 비행 교관의 칭찬이나 비판 때문에 결과가 달라지는 것이 아니라는 것이다. 회귀 현상에 대한 오해가 비행 훈련 교관의 태도를 그릇되게 할 수 있다.

이용 가능성

이용 가능성은 빈도와 확률에 대한 유용한 단서가 되지만 그 이외의 요인에 의해서도 영향을 받기 때문에, 이용 가능성에 의존하는 것은 결국 예측 바이어스를 발생시킨다. 이용 가능성에 의한 오류도 여러 경우가 있다.

첫째, 사건의 **회복성** 때문에 발생하는 바이어스다. 즉, 쉽게 회수 또는 회복할 수 있는 사건은 그렇지 않은 사건보다 더 빈번하다고 생각한다. 예를 들어, 사람들의 이름이 적힌 명단에 유명한 남자 연예인들이 들어 있다고 하자. 이것을 본 뒤에, 이 명단에 남자가 많은지 여자가 많은지를 물어보면, 남자가 많다고 대답하는 경우이다. 유명한 남자 연예인은 쉽게 회상할 수 있기 때문에 그 명단에 남자가 많다고 생각하게 되는 것이다. **친숙함**과 **두드러짐** 요인도 사건의 회복성에 영향을 미친다. 불타는 집을 본 것이 화재 사고의 주관적 확률에 미치는 영향은 지역 신문에서 화재 기사를 읽었을 때보다 크다. 따라서 이 경우에 화재 보험을 들게 될 가능성이 더 커진다.

회복성
쉽게 회수 또는 회복할 수 있는 사건은 그렇지 않은 사건보다 더 빈번하다고 생각하는 성향

친숙함
친하여 익숙한 현상

두드러짐
겉으로 뚜렷하게 드러나는 현상

둘째, **검색 대상의 효과성** 때문에 발생하는 바이어스가 있다. 영어책에서 임의로 3글자 이상의 단어를 뽑아보자. r로 시작하는 단어와 세 번째 글자가 r인 단어 중 어느 쪽이 많을까? 이 질문에 대답하기 위해 사람들은 r로 시작하는 단어(예: road)와 세 번째 글자에 r이 나오는 단어(예: car)를 생각해 낸다. 대답은 명백한데 왜 해당 단어들을 생각할까? 검색 대상인 단어의 효과성을 보려는 것이다. r로 시작하는 단어의 효과가 더 강렬하므로 r로 시작하는 단어가 더 많다고 대답할 것이다. 영어로 된 글에서 추상적 단어(예: thought, love)와 구체적 단어(예: door, water) 중 어떤 단어의 빈도가 더 높은가? 이 질문에 대한 대답도 마찬가지로 생각할 수 있다. 자연스럽게 대상 단어가 나

검색 대상의 효과성
검색하는 대상이 효과적으로 인식되는 정도

타나는 문맥을 찾아서 판단한다는 것이다.

상상력 바이어스
관련된 사건이 발생할 수 있는 가능성에 의해 빈도와 확률을 평가하는 성향

셋째, **상상력 바이어스**를 들 수 있다. 사람들은 대개 관련된 사건이 발생할 가능성에 의해 빈도와 확률을 평가한다. 10명의 한 그룹이 k명(2~8명)으로 구성되는 위원회를 만든다고 하자. k명으로 구성된 서로 다른 위원회가 몇 개 만들어질 수 있을까? 이 문제에 대한 정확한 답은 고등학교 수학 시간에 배웠던 조합 개념에 따라 ${}_{10}C_k$가 되며, k(=0,.10)를 가로축으로 ${}_{10}C_k$의 값을 그리면 종 모양의 분포가 된다. 즉, k=5일 때 최대가 되며, 이를 중심으로 좌우 대칭이다. 하지만 빈도가 상상력이나 회상 가능성에 의해 평가되면 위원회 규모가 커짐에 따라 서로 다른 위원회 수가 감소한다고 평가하는 경우가 많다. 위원회 규모가 커지면 위원회 수를 상상하기가 힘들기 때문이다. 이러한 바이어스는 사업을 평가할 때도 마찬가지이다. 발생 가능한 사업 위험을 상상하기 어렵거나 마음에 와닿지 않으면 그런 위험을 과소평가하는 경향이 있다는 것이다.

착각을 일으키는 상관관계
두 사건이 같이 발생하는 빈도에 의해 상호 관련성을 판단하는 바이어스

마지막은 **착각을 일으키는 상관관계**로, 이는 두 사건이 같이 발생하는 빈도에 의해 판단하는 바이어스로 매우 흥미롭다. 정신과 환자에 대한 임상적 진단이 편집증 또는 의심증으로 내려진 경우, 그 환자가 그린 그림에서 특이한 눈이 나타나는 경우가 있다. 이로부터 사람들은 자연스럽게 편집증 또는 의심증과 특이한 눈의 동시 발생 빈도를 현저하게 과대평가하는 경향이 있다. 이러한 과대평가 현상이 착각을 일으키는 상관관계라고 할 수 있다. 이런 현상은 회상이나 연관이 상대적으로 쉬우면 어떤 사건의 동시 발생 가능성을 높이 평가하는 착각 때문에 발생한다.

닻 내림과 조정

닻 내림
서로 다른 시작점으로부터 발생하는 바이어스

보수적 성향
기존의 상태에 안주하려는 성향

불충분한 조정
주어진 상태로부터 충분한 조정을 하지 않으려는 성향

서로 다른 출발점은 서로 다른 추정으로 나타나는데, 이는 다른 시작점으로부터 발생하는 바이어스로, 이를 **닻 내림**이라고 한다.

닻 내림 효과가 발생하는 첫 번째 이유는 **보수적 성향**으로 인해 **불충분한 조정**이 이루어지기 때문이다. 어떤 실험에서 두 집단에 각각 10과 65라는 숫자를 보여준 뒤, UN에서 아프리카 국가의 비중을 추정해 보라는 질문을 한다. 10을 본 집단의 추정치 중간값은 25이고, 65를 본 집단의 중간값은 45였다. 두 집단의 추정치 중간값이 크게 다르게 나타나는 이유는 미리 본 숫자

인 10과 65를 시작점으로 하여 조정을 했기 때문이다. 다른 실험에서는 8×7×6×5×4×3×2×1과 1×2×3×4×5×6×7×8의 값을 질문해 보았다. 정확한 값은 40,320이지만, 앞의 값의 추정치 중간값은 2,250이었고, 뒤의 값의 추정치 중간값은 512이었다. 앞의 경우는 8을 기준으로 추정하여 1을 기준으로 추정한 뒤의 경우보다 훨씬 컸지만, 두 값 모두 정확한 값보다는 상당히 작았다. 이런 이유는 시작점으로부터의 조정이 충분히 이루어지지 않았기 때문이다.

두 번째 경우는 결합된 사건과 분리된 사건 평가의 바이어스로 약간 복잡해 보이지만 중요한 의미가 있다. 사람들의 선호도를 보여주는 다음의 세 가지 예를 보자: (i) 간단한 사건: 50% 빨간 구슬과 50% 하얀 구슬이 있는 가방에서 빨간 구슬을 꺼냄; (ii) 결합된 사건: 90% 빨간 구슬과 10% 하얀 구슬이 있는 가방에서 복원 추출에 의해 빨간 구슬을 연속으로 7번 꺼냄; (iii) 분리된 사건: 10% 빨간 구슬과 90% 하얀 구슬이 있는 가방에서 복원 추출에 의해 연속으로 7번 꺼내는 중에 빨간 구슬을 적어도 한 번 꺼냄. 첫 번째의 간단한 사건인 경우의 확률은 50%이고, 두 번째 결합된 사건은 48%, 세 번째 분리된 사건은 52%이다. 하지만 사람들에게 간단한 사건과 결합된 사건 중 어느 것에 베팅하겠느냐고 질문하면, 확률이 더 작은 결합된 사건을 선호하는 경향이 있다. 심지어는 결합된 사건과 분리된 사건 중 어느 것에 베팅하겠느냐고 질문하면, 객관적 확률은 무시한 채 결합된 사건을 선호하는 경향이 있다.

이러한 결과는 간단한 사건이나 분리된 사건보다 결합된 사건, 즉 복잡한 사건의 확률을 실제보다 과대평가한다는 것이다. 왜 그럴까? 닻 내림 효과에 의해 설명될 수 있다. 결합된 사건과 분리된 사건의 경우, 첫 번째 시행에서 고려되는 기본 확률(결합된 사건은 90%, 분리된 사건은 10%)을 시작점으로 전체 확률을 추정한다. 하지만 조정이 충분히 일어나지 않기 때문에 최종적인 확률 추정치는 상대적으로 기본 확률에 가깝게 된다. 따라서 닻 내림 효과의 결과로 결합된 사건의 확률은 과대평가 되고, 분리된 사건의 확률은 과소평가하게 된다.

신제품 개발의 경우 이러한 바이어스가 중요한 의미가 있다. 신제품 개발은 여러 단계의 공정을 거쳐 이루어지는데, 각 공정의 성공 확률은 매우 크지만, 공정의 수가 많아지면 전체적인 성공 확률이 점점 감소하는 결합된 사건이다. 경영진이 신제품 개발의 성공 가능성과 같은 결합된 사건을 지나치게 높게 평가하면 실패할 가능성도 그만큼 커지게 된다.

분리된 사건의 확률을 더 작게 보는 바이어스 문제는 원자로, 우주선 설계, 인체 시스템에서 발생할 수 있다. 원자로에 사고가 발생하면 상상하기 어려운 재앙이 발생하는데, 이는 수많은 부품 중에 하나라도 고장이 나면 원자로에 사고가 발생할 수 있기 때문에 분리된 사건의 예에 해당한다. 우주선 설계에도 동일한 닻 내림 바이어스가 작용할 수 있다. 따라서 사람들은 우주선이나 원자로 사고의 위험을 과소평가하는 경향이 있을 수 있다.[6]

주관적 확률 분포 평가
객관성 없이 주관적으로 확률을 평가하는 현상

세 번째는 **주관적 확률 분포 평가**의 닻 내림 효과이다. 특정일의 다우존스 주가지수 값에 대한 예측을 요구하고, 98% 신뢰구간을 정하도록 해보자. 예측된 98% 신뢰구간을 (X_{01}, X_{99})로 표현할 수 있다. 여기서 X_{01}은 최솟값, X_{99}는 최댓값이다. 실제로 실험해보았더니, 대부분의 연구에서 실제 다우존스 주가지수가 X_{01}보다 작거나 X_{99}보다 큰 값들인 경우가 30% 정도라고 한다. 결국 사람들은 98% 신뢰구간이 아닌 70% 신뢰구간을 예측했다고 할 수 있다. 이러한 결과는 뒤에 설명할 지나친 자신감에 의해서도 설명할 수 있지만, 부분적으로는 닻 내림 효과에 의해서도 설명된다. 다우존스 주가지수에 대해 예측을 하고 이를 조정하여 X_{01}과 X_{99}를 예측하는데, 이 조정이 불충분하면 신뢰구간 예측치인 X_{01}과 X_{99}는 98%를 의미할 정도로 충분히 극단적인 값이 될 수 없다는 것이다. (98% 신뢰구간은 충분히 극단적인 값을 포함해야 한다.)

어떻게 해야 할까?

휴리스틱은 매우 경제적이고 대개는 효과적이지만, 체계적이고 예측 가능한 오류를 발생시킨다는 단점이 있다. 쉴러(2015)는 사람들의 이런 체계적 오류를 이용하여 주식, 부동산 및 채권시장의 **비이성적 과열**을 설명하였다. 이에 비해, 탈러와 선스타인(2008)은 사람들의 바이어스에 근거한 **넛지**를 이용하여 의사결정을 올바르게 유도하는 정책을 구사할 수 있다고 주장한다.

비이성적 과열
투기적 시장의 불안정성을 나타내는 개념

넛지
강요 없이 올바른 방향으로 유도하는 자유주의적 개입주의

6 1970년 4월 11일 플로리다주 케네디 우주센터를 떠났던 아폴로 13호가 달 궤도에 진입하는 순간에 산소 탱크가 폭발한 것과 1986년 1월 28일 발사 후 73초 만에 공중 폭발했던 우주 왕복선 챌린저호 사건도 이에 해당한다. 다음의 원자력 발전소 사고는 닻 내림 바이어스로 설명할 수 있는 대표적인 사례이다. 1979년 3월 28일 미국 펜실베이니아주 해리스버그시에서 약 16km 떨어진 도핀 카운티의 서스쿼해나강 가운데 있는 스리마일섬 원자력 발전소 2호기에서 노심 용융 사고가 발생했다. 이는 미국 상업 원자력 산업 역사상 가장 심각한 사고였다. 1986년 4월 26일 우크라이나의 체르노빌 참사와 2011년 3월 11일의 후쿠시마 원자력 발전소 사고도 분리된 사건의 확률을 작게 추정하는 바이어스의 예로 볼 수 있다. 우리나라 원자력 발전소의 납품 비리와 고장 문제에도 사고 발생 확률을 낮게 추정하는 정부와 당해 공기업의 바이어스가 작용할 수 있다.

한편, 셰프린(2018)은 바이어스의 발생 가능성을 인식하여 경영 실수를 방지할 수도 있다고 한다. 하지만 먼저 이런 휴리스틱과 이것들이 발생시키는 바이어스를 잘 이해하는 것이 중요하다.

주요 용어

가능성 오해
검색 대상의 효과성
넛지
닻 내림
닻 내림과 조정
대수의 법칙
대표성
도박사의 오류(또는 몬테카를로의 오류)
두드러짐
베이스
보수적 경향
불충분한 조정
비이성적 과열
사전 확률
상상력 바이어스
소수의 법칙
예측 가능성
이용 가능성
주관적 확률 분포 평가
착각을 일으키는 상관관계
체계적 오류
친숙함
타당성 착각
표본 크기
회귀 현상에 대한 오류
회복성
휴리스틱

핵심 정리

- 트버스키와 카너먼(1974)은 인간의 의사결정이 어떤 불확실한 사건의 가능성에 대한 믿음에 기초하여 이루어진다고 하였다.
- 즉, 불확실한 상황에서 인간은 휴리스틱에 의존하여 의사결정을 한다는 것이다.
- 휴리스틱이란 최적 또는 완벽함을 보장하지는 않지만, 즉각적인 목적 달성을 위해 실용적으로 문제를 해결하는 방법으로 다양한 학문 분야와 실무에서 사용하고 있다.
- 휴리스틱은 정교한 해결 방법이 없을 경우 매우 유용하지만, 때때로 심각한 체계적 오류를 유발할 수 있다.

대표성

- 사람들은 의사결정을 할 때, 사물 또는 현상이 어떤 집단에 속할 확률에 관심이 있는데, 그 확률이 높다고 생각하면 그런 사물 또는 현상이 당해 집단을 대표한다고 생각하여 판단하는 경우가 많다. 이를 대표성이라고 한다.
- 대표성 오류에는 다음과 같은 것들이 있다: 첫 번째 오류는 결과의 사전 확률 또는 베이스에 둔감하다는 것이다; 두 번째 오류는 표본 크기에 둔감하다는 것이다; 세 번째 오류는 가능성 오해다; 네 번째 오류는 예측 가능성에 둔감하다는 것이다; 다섯 번째 오류는 타당성 착각이다; 마지막 오류는 회귀 현상에 대한 오해다.

이용 가능성

- 이용 가능성에 의존하면 결국 예측 바이어스를 발생시킨다.
- 이용 가능성에 의한 오류도 다음과 같이 여러 경우가 있다: 첫째, 사건의 회복성 때문에 발생하는 바이어스다; 둘째, 검색 대상의 효과성 때문에 발생하는 바이어스가 있다; 셋째, 상상력 바이어스를 들 수 있다; 마지막은 착각을 일으키는 상관관계로, 이는 두 사건이 같이 발생하는 빈도에 의해 판단하는 바이어스로 매우 흥미롭다.

닻 내림과 조정

- 서로 다른 출발점은 서로 다른 추정으로 나타나는데, 이는 다른 시작점으로부터 발생하는 바이어스로, 이를 닻 내림이라고 한다.
- 닻 내림 효과가 발생하는 첫 번째 이유는 보수적 성향으로 인해 불충분한 조정이 이루어지기 때문이다. 두 번째 경우는 결합된 사건과 분리된 사건 평가의 바이어스로 약간 복잡해 보이지만 중요한 의미가 있다. 세 번째는 주관적 확률 분포 평가의 닻 내림 효과이다.

어떻게 해야 할까?

- 휴리스틱은 매우 경제적이고 대개는 효과적이지만, 체계적이고 예측 가능한 오류를 발생시킨다는 단점이 있다.
- 쉴러(2015)는 사람들의 이런 체계적 오류를 이용하여 주식, 부동산 및 채권시장의 비이성적 과열을 설명하였다.
- 탈러와 선스타인(2008)은 사람들의 바이어스에 근거한 넛지를 이용하여 의사결정을 올바르게 유도하는 정책을 구사할 수 있다고 주장한다.
- 셰프린(2018)은 바이어스의 발생 가능성을 인식하여 경영 실수를 방지할 수도 있다고 한다.

참고 문헌

- Shefrin, H. (2018). Behavioral Corporate Finance, 2/E, McGraw-Hill Companies.
- Shiller, R. (2015). Irrational exuberance, Revised and expanded third edition.
- Thaler, R. and C. Sunstein (2008). Nudge: Improving decisions about health, wealth, and happiness. New Haven: Yale University Press.
- Tversky, A. and D. Kahnman (1974). Judgment under uncertainty: Heuristics and biases, Science 185 (4157), 1124~1131.

06 — 심리학과 경제학의 만남: 프로스펙트 이론

1979년에 카너먼과 트버스키가 〈이코노메트리카〉에 발표했던 〈**프로스펙트 이론**〉은 신고전주의 경제학의 전통적 의사결정 방법인 기대효용 이론을 신봉하는 학계에 엄청난 충격을 주었다. 그 이전에도 신고전주의 경제학의 **기대효용** 이론에 문제가 있다는 지적이 많이 있었지만, 카너먼과 트버스키가 기대효용 이론에 문제가 있다는 이전까지의 주장들을 대부분 포용하면서 종합적으로 프로스펙트 이론을 개발했기 때문이다.[1] 약간 난해할 수도 있겠지만, 이 장을 주의 깊게 읽고 이해하면 2002년 노벨 경제학상을 받은 프로스펙트 이론의 핵심 내용을 이해한 것이다.

프로스펙트 이론
기준점을 중심으로 이익과 손실 및 주관적 확률 가중치에 의해 의사결정을 하는 행동 경제학 이론

기대효용
효용을 확률에 의해 가중 평균한 값

프로스펙트란 위험 선택권이다. n개의 결과가 있는 경우, p_i의 확률로 x_i의 결과를 주는 선택권 $(x_1, p_1; \cdots ;x_n, p_n)$으로, $p_1 + p_2 + \cdots + p_n = 1$이다. 프로스펙트의 확률 합이 1 또는 100%가 아닌 경우는 나머지 확률의 결과 값이 0이기 때문에 표시하지 않는다. 예를 들어, (1,000, 0.7; 0, 0.3)은 (1,000, 0.7)로 표현한다. 특별한 경우로 (x)는 x라는 결과가 100% 보장되는 확실한 경우다. 실제로는 위험 선택의 결과가 여러 개일 수 있지만, 여기서는 2개의 결과를 가지는 프로스펙트를 중심으로 설명할 것이다. 프로스펙트 이론을 이해하기 위해서는 아래에 제시되는 프로스펙트의 의미를 반드시 숙지해야 한다.

프로스펙트
위험 선택권

기대효용 이론에 대한 비판

카너먼과 트버스키는 프로스펙트 이론을 설명하기에 앞서, 신고전주의 경제

1 로버트 쉴러는 한 강연에서 프로스펙트란 갬블을 말한다고 하였다. 여기서 갬블을 도박으로 번역하지 않은 이유는 우리나라에서 도박이라는 용어가 아주 부정적인 의미를 가지기 때문이다. 미국에서 사용하는 갬블이라는 용어도 도박의 개념을 포함하지만, 일반적인 게임 또는 선택을 나타내는 의미로 널리 이용되고 있다. 한편, 프로스펙트 이론이란 사람들의 의사결정을 다루는 이론이기 때문에, 프로스펙트를 **위험 선택권**으로 해석하는 것이 타당하다고 본다.

위험 선택권
카너먼과 트버스키가 프로스펙트를 이르는 말

학의 원칙인 기대효용 이론에 위반되는 의사결정 실험 사례들을 보여주었다. 그렇게 한 이유는 프로스펙트 이론이 갑자기 불쑥 솟아난 것이 아니라 기존의 연구와 사례에 근거하여 개발되었다는 것을 보여주기 위해서였다. 또한 기존 연구와 사례들로부터 기대효용 이론의 문제점을 하나하나 해결하는 방향으로 프로스펙트 이론이 개발되었다는 의미이기도 하다. 이제 그 과정을 개략적으로 살펴보자.

확실성 선호
확실한 대안을 선호하는 성향

첫째, 사람들의 **확실성 선호**와 작은 가능성에 대한 두려움 또는 희망의 성향 때문에 기대효용 이론이 성립하지 않는다는 것이다. 그들은 앞에서 설명한 알레의 역설에 나오는 문제를 약간 각색하여 기대효용 이론의 위반 사례를 보여주었다.

둘째, 의사결정이 이익 또는 손실의 결과를 가질 때 선택 기준이 달라지는 것을 실험에 의해 보여주어서 이익 또는 손실의 결과와 상관없이 선택이 이루어지는 기대효용 이론을 반박하였다.

확률적 보험
사고가 발생했을 때 항상 보상을 받는 것이 아니라, 특정한 조건에 해당했을 때만 보상을 받는 보험

셋째, 사람들이 큰 손실의 아주 작은 가능성에도 민감하기 때문에, 기대효용 이론에서 선호되는 **확률적 보험**을 실제로는 선호하지 않는다고 하였다. 확률적 보험이란 사고가 발생했을 때 항상 보상을 받는 것이 아니라, 특정한 조건에 해당했을 때만 보상을 받는 보험이다. 다음의 예를 생각해 보자.

확률적 보험의 예

프리미엄의 반만 내고 화재 보험을 들었는데, 홀수 일에 화재가 발생하면 프리미엄의 나머지 반을 더 내고 모든 보상을 받는다. 하지만 짝수 일에 화재가 발생하면 이미 지불한 절반의 프리미엄을 되돌려 받고 어떤 보상도 받지 못한다.

이런 보험에 가입하겠느냐는 질문에 응답자 중 80%가 가입하지 않겠다고 하였고, 20%만이 가입하겠다고 하였다. 많은 사람이 화재 보험 가입에 대해서는 긍정적인데, 확률적 화재 보험 가입에는 왜 부정적일까? 화재가 발생할 확률을 p라고 한다면, 사람들은 위험을 p/2에서 0으로 줄이는 가치(=일반 보험의 가치−확률적 보험의 가치)가 위험을 p에서 p/2로 줄이는 가치(확률적 보험의 가치)보다 크다고 평가한다는 것이다. 하지만 기대효용 이론에 의하면 확률적 보험이 더 가치가 있기 때문에 사람들의 선택은 기대효용 이론

과 배치된다.[2] 확률적 보험이 인위적으로 만든 것처럼 보이지만, 실생활에서 확률적 보험의 예는 상당히 많다. 도난 경보 장치나 낡은 타이어의 교체도 확률적 보험이라고 할 수 있다. 왜냐하면 도난 경보 장치나 낡은 타이어의 교체가 각각 도난과 타이어 손상으로부터 완전히 그리고 안전하게 보호하지 못하기 때문이다.

넷째, 프로스펙트를 다르게 표현하면 선호도가 달라지는데, 그중의 하나가 **고립 효과**이다. 이런 고립 효과가 기대효용 이론에 위반된다는 것이다. 고립 효과를 보기 위해 다음의 2단계 문제를 살펴보자.

고립 효과
하나의 문제를 2단계로 분리하였을 때 발생하는 문제

고립 효과 문제

첫 단계에 게임이 종료될 확률이 75%이고, 두 번째 단계로 넘어갈 확률이 25%이다.
당신이 두 번째 단계에 진입하면 다음 중 하나를 선택해야 한다.

(4,000, 0.8)과 (3,000)

게임이 시작되기 전에 당신의 선택이 이루어져야 한다.

이를 알기 쉽게 정리하면 다음과 같다.

고립 효과 문제의 2단계 게임

1단계: (게임 종료, 0.75; 2단계로 진행, 0.25)
2단계: (4,000, 0.8)과 (3,000) 중 당신의 선택은?

고립 효과를 설명하기 위하여 문제 1과 문제 2를 다시 한번 생각해 보자. 대괄호 안은 사람들의 선택 비중을 나타내고, *는 더 많이 선호된다는 의미이다.

문제 1		
	(4,000, 0.8)	(3,000)
N = 95	[20%]	[80%]*
문제 2		
	(4,000, 0.2)	(3,000, 0.25)
N = 95	[65%]*	[35%]

2 이를 정확히 이해하기 위해서는 약간의 수학 지식이 필요하지만, 굳이 확률적 보험에 대해서 신경을 더 쓸 필요는 없다고 본다. 이에 대한 증명은 카너먼과 트버스키(1979)를 보시오.

문제 1에서 사람들은 80%의 확률로 4,000을 주는 것보다 확실히 3,000을 주는 것을 선호하고, 문제 2에서는 25%의 확률로 3,000을 주는 것보다 20%의 확률로 4,000을 주는 것을 선호한다. 재미있는 것은 고립 효과 문제에서 응답자 141명 중 78%가 2단계에서 (4,000, 0.8)보다 (3,000)을 선택하였다는 것이다. 이는 확실한 결과인 (3,000)을 선택하는 것과 같은데, 이는 첫 번째 단계를 무시하는 의사결정이다. 2단계는 문제 1에 확률 25% 곱한 것으로 실제로는 문제 2와 같다. 그렇다면 기대효용 이론의 대체성 원칙에 의해 사람들은 (4,000, 0.8)을 선호해야 하는데, 그렇지 않았다는 것은 사람들의 선택이 문제의 표현 방법에 따라 달라진다는 것이다.[3] 이를 **프레이밍 효과**라고 한다. 프레이밍 효과란 같은 문제를 다르게 표현할 때 의사결정이 달라지는 것을 말한다. 신고전주의 경제학에 의하면 어떤 문제를 정확하게 서술하기만 하면 서술의 방법과는 상관없이 기대효용을 최대화하는 의사결정을 해야 한다. 따라서 고립 효과 문제도 역시 기대효용 이론에 어긋나는 사례이다.

프레이밍 효과
같은 문제를 다르게 표현할 때 의사결정이 달라지는 현상

프로스펙트 이론

카너먼과 트버스키가 제안한 프로스펙트 이론은 크게 두 단계로 구성되어 진다. 첫 번째는 **편집 단계**이고, 두 번째는 **평가 단계**이다. 편집 단계는 주어진 프로스펙트를 좀 더 간단하게 표현하는 것이고, 평가 단계는 편집된 프로스펙트를 평가하여 가장 높은 가치 함수 값을 가지는 프로스펙트를 선택하는 것이다.

편집 단계
프로스펙트를 정리하고 재구성하여 평가와 선택이 간단하게 이루어질 수 있게 하는 단계

평가 단계
편집된 프로스펙트를 평가하여 가장 높은 가치 함수 값을 가지는 프로스펙트를 선택하는 단계

편집 단계

편집 단계는 프로스펙트를 정리하고 재구성하여 평가와 선택이 간단하게 이루어질 수 있게 한다. 프로스펙트의 편집을 위한 몇 가지 과정을 알아보자.

- **코딩**: 마지막 부의 수준에 따라 의사결정을 하는 기대효용 이론과 달리 프로스펙트 이론은 중립적인 **기준점**을 중심으로 이익과 손실이 정의된다. 기준점은 현재의 수준 또는 기대하는 수준이 될 수 있지만, 이에 대해서는 아직도 많은 연구가 이루어지고 있다. 즉, 결과가 기준점보다 크면 이익이 되고, 작으면 손실이 된다.

코딩
중립적인 기준점을 중심으로 이익과 손실이 정의된다.

기준점
프로스펙트 이론에서 이익과 손실의 기준이 되는 점

3 대체성이란, A보다 B가 좋으면, A와 B에 동일하게 어떤 비율을 곱해도 A 쪽보다 B 쪽이 더 좋다는 것이다.

- **결합**: 동일한 상태에 대해 확률을 결합할 수 있으면 간단하게 결합할 수 있다. 예를 들어, (200, 0.25; 200, 0.25)는 (200, 0.50)으로 결합할 수 있다.
- **분리**: 무위험 요소를 포함하는 프로스펙트는 위험과 무위험 요소로 분리할 수 있다. 예를 들어, (300, 0.80; 200, 0.20)은 200이라는 무위험 요소를 가지고 있으므로 확실한 이익 (200)과 위험 프로스펙트 (100, 0.80)으로 분리된다. 비슷한 논리로 (−400, 0.40; −100, 0.60)은 확실한 손실 (−100)과 위험 프로스펙트 (−300, 0.40)으로 분리된다.
- **취소**: 두 개 이상의 프로스펙트를 비교할 때는 같은 요소를 제거할 수 있다. 예를 들어, (200, 0.20; 100, 0.50; −50, 0.30)과 (200, 0.20; 150, 0.50; −100, 0.30)은 취소에 의해 (100, 0.50; −50, 0.30)과 (150, 0.50; −100, 0.30)으로 간단하게 표현할 수 있다.

결합
동일한 상태에 대해 확률을 결합할 수 있으면 간단하게 결합할 수 있다.

분리
무위험 요소를 포함하는 프로스펙트는 위험과 무위험 요소로 분리할 수 있다.

취소
두 개 이상의 프로스펙트를 비교할때는 같은 요소를 제거할 수 있다.

추가적인 과정으로는 간소화와 지배의 인지가 있다. 간소화는 (101, 0.49)를 (100, 0.50)으로 변경하는 것이다. 지배의 인지는 추가적인 평가 없이 프로스펙트들의 우열 관계를 결정하는 것이다. 하지만 이런 과정들이 선택의 결과를 바꿀 수 있다.

평가 단계

프로스펙트 이론에서 평가는 효용 함수가 아닌 **가치 함수**에 의해 이루어진다. 기껏해야 두 개의 0이 아닌 결과를 가지는 간단한 다음의 프로스펙트를 생각해 보자.

(x, p; y, q). 이것은 p의 확률로 x를 가지고, q의 확률로 y를 가지며, (1−p−q)의 확률로 아무것도 가지지 못한다는 것이다. 이 프로스펙트의 가치 함수는 다음과 같이 표시된다.[4]

$$V(x, p; y, q) = \pi(p)v(x) + \pi(q)v(y)$$

v(•)는 각 결과에 대한 **주관적인 가치**를 나타내고, π(•)는 확률을 **주관적인 가중 함수**로 바꾸어주는 것이다. 이를 확률의 **가중치**라고 부른다(이 책의 다른 부분에서는 가중치라고 할 것이다). v(0)=0, π(0%)=0, π(100%)=1이 된

가치 함수
프로스펙트 이론의 가치를 평가하는 함수로 이익 영역에서는 오목하고 손실 영역에서는 볼록하며, 손실 영역의 기울기가 이익 영역의 기울기보다 가파르다.

주관적인 가치
가치 함수와 가중치에 의해 평가된 프로스펙트의 주관적 가치

주관적인 가중 함수
객관적 확률을 주관적 가중치로 바꿔주는 함수

가중치
객관적 확률이 가중 함수에 의해 주관적으로 변환된 값

4 이 함수의 활용을 위한 구체적 형태는 트버스키와 카너먼의 1992년 논문에서 자세하게 제시되었다.

다. 그리고 V(x, 100%)=V(x)=v(x)가 된다. 여기서는 설명의 단순화를 위해 두 개의 0이 아닌 결과를 가지는 경우로 한정하였지만, 0이 아닌 결과가 더 많아져도 아무런 문제가 없다.

이제는 두 개의 결과가 모두 양(+)이거나 음(−)인 경우를 생각해 보자. 즉, p+q=1이고 (x>y>0) 또는 (x<y<0)인 경우이다. 이런 프로스펙트의 가치 함수는 다음과 같이 표현할 수 있다.

$$V(x, p;y, q) = v(y) + \pi(p)[v(x) - v(y)]$$

예를 들어, V(400, .25;100, .75)는 v(100)+π(.25)[v(400)−v(100)]으로 편집할 수 있다. 하지만 이런 편집은 의사결정 문제에 대한 표현과 상황을 바꾸는 것이므로 선택도 바뀔 수 있다.

객관적인 확률
프로스펙트에 주어진 확률

위의 가치 함수 표현이 약간 복잡해 보이지만, 기대효용 이론에서의 확률을 가중 함수 π로 바꾸고, 효용 함수 U를 가치 함수 V로 바꾼 것으로 이해하면 간단하다. 확률을 가중 함수로 바꾼 이유는 확률에 대한 사람들의 인식이 **객관적인 확률**과 다른 경우가 많기 때문이다. 큰 손실이 발생할 수 있는 아주 작은 확률을 상당히 크게 인식하고, 아무런 사고가 발생하지 않을 큰 확률을 상대적으로 작게 인식하는 경향이 있다는 것이다. 또한 기대효용 이론에서의 효용 함수는 이익과 손실 영역에서 같은 형태지만, 프로스펙트 이론에서의 가치 함수는 이익과 손실 영역에서 다른 형태를 가진다.

가치 함수

이제 프로스펙트 이론의 핵심인 가치 함수와 가중 함수의 형태에 대해서 알아보기로 하자. 카너먼과 트버스키는 (여기서는 설명하지 않겠지만) 실험을 통해 알게 된 다음의 사실들을 이용하여 가치 함수의 모양을 그릴 수 있게 되었다.

① 위험 선택은 기준점을 중심으로 이익과 손실로 나누어 평가된다.

이는 베르누이의 오류를 수정하는 것으로 안드레이 쉴라이퍼는 프로스펙트 이론에서 아마도 가장 급진적인 내용일 것이라고 평가하였다. 1979년 논문에서 그들은 기준점에 대해 심각하게 고민하지 않았지만, 간편성을 위해 현재 부의 수준으로 정했다. 기준점의 결정은 아직도 프로스펙트 이론의 풀리지 않은 숙제로 남아있다. 어떤 이는 미래 소비의 합리적 기대치로, 다른 이는 목표 값이라고도 한다.

② 가치 함수가 이익 영역에서는 오목하고, 손실 영역에서는 볼록한 모양이다.

③ 이익 영역보다 손실 영역에서 가치 함수의 기울기가 더 심하다.

기대효용 이론의 효용 함수와 차이점은 가치 함수가 이익 영역에서는 오목한 모양을 손실 영역에서는 볼록한 모양을 가진다는 것과 손실 영역에서의 기울기가 이익 영역에서의 기울기보다 더 가파르다는 것이다. 전자는 손실 영역에서의 위험 선호 현상으로, 이를 **확실한 손실의 회피**라고 한다. 후자는 동일한 금액의 이익과 손실의 경우, 이익으로 얻게 되는 기쁨보다 손실로 얻게 되는 고통 또는 상실감이 더 크다는 것으로, 이를 **손실 회피**라고 한다. 예를 들어, $100의 이익이 주는 행복보다 $100의 손실이 주는 불행의 크기가 더 크다는 것이다. 이후의 실험 등을 통해 손실 영역에서의 기울기는 이익 영역에서의 기울기보다 2~2.5배 정도 크다는 것을 알게 되었다. 즉, 같은 크기의 이익과 손실에 대해 행복보다 불행의 크기가 2~2.5배 크다는 것이다. 이를 가치 함수로 그려보면 그림 6-1과 같다.

확실한 손실의 회피
확실한 손실을 회피하려는 성향

손실 회피
동일한 금액의 이익과 손실의 경우, 이익으로 얻게 되는 기쁨보다 손실로 얻게 되는 고통 또는 상실감이 더 크게 되는 성향

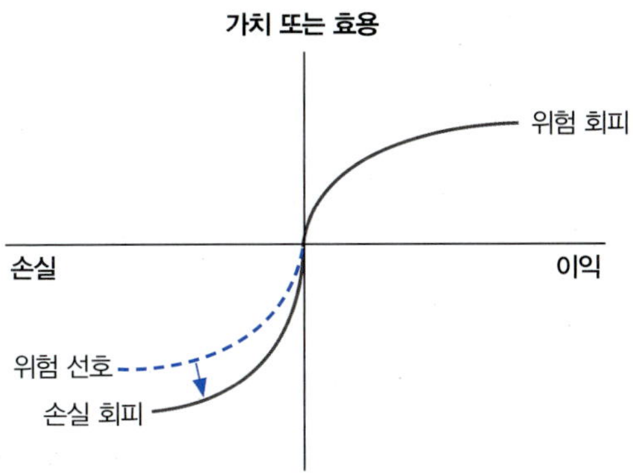

그림 6-1
가치 함수

가중 함수

④ 프로스펙트 이론은 객관적 확률을 변환하는 가중 함수를 이용한다.

이제 프로스펙트 이론의 네 번째 특징인 객관적 확률을 변환하는 가중 함수 또는 가중치에 대해 알아보자. 사람들이 (3,000, 0.002)보다 (6,000, 0.001)을 선호한다면, 그 이유는 후자의 결과 값이 전자의 2배이면서, 0.1%의 가능성을 확률 자체보다 더 크게 인식하기 때문이다. 즉, $\pi(0.1\%)=\pi(0.5\times0.2\%)>0.5\times\pi(0.2\%)$임을 말한다. 이 의미는 $\pi(p)>p$라는 것이다. 즉, 아주 작은 확률의 가능성에 대해 사람들의 평가는 확률 자체보다 더 큰데, 이는 작은 확률의 가중치가 확률 자체보다 더 크다는 것을 의미한다.

로또
돈을 내고 추첨을 하여 당첨되는 형식의 (법에 의해 인정된) 게임

보험
상대적으로 적은 돈으로 어떤 위험을 방어하는 금융상품

이제 사람들이 **로또**와 **보험**을 매입하는 이유를 설명하기 위해 문제 3과 문제 4를 살펴보자. 대괄호 안은 사람들의 선택 비중을 나타내고, *는 더 많이 선호된다는 의미이다.

문제 3		
	(5,000, 0.001)	(5)
N = 72	[72%]*	[28%]
문제 4		
	(−5,000, 0.001)	(−5)
N = 72	[17%]	[83%]*

문제 3에서 아주 작은 확률로 5,000이라는 큰 금액을 가지는 프로스펙트를 그것의 기댓값인 5를 확실히 가지는 것보다 선호한다. 사람들은 기꺼이 확실한 5를 주고 로또와도 같은 (5,000, 0.1%)의 프로스펙트와 바꾼다는 것이다. 이는 확실한 소액을 지불하고 매우 큰 금액의 가능성을 얻고자 하는 로또의 구매와 같다. 문제 3의 추론은 로또 구매의 이유를 설명해 준다. 한편, 문제 4에서는 매우 작은 확률의 큰 손실 가능성보다 확실한 손실 5를 선호한다. 사람들은 확실한 작은 손실을 기꺼이 감수하더라도 매우 작은 확률의 큰 손실은 거부한다는 것이다. 이는 확실한 금액을 지불하고 큰 손실의 가능성을 제거하고자 하는 보험 구매와 같다. 문제 4의 추론은 보험 구매의 이유를 설명해 준다. 두 예에서 모두 가중 함수 값은 확률보다 크다는 것을 알 수 있다: $\pi(p)>p$.

확실성 미달(또는 준확실성)
가중 함수에 의해 모든 확률을 변환한 값이 1에 미달하는 현상

카너먼과 트버스키는 알레의 역설과 다른 실험을 통해 사람들의 선호도에 있어서 $\pi(p)+\pi(1-p)$는 1보다 작고, 기대효용 이론의 대체성 가정은 성립하지 않는다는 것을 증명하였다. 이를 **확실성 미달**(또는 **준확실성**)이라고 한다. 그들은 다음과 같은 누적 가중 함수의 형태를 제안하였다.

그림 6-2
누적 가중 함수

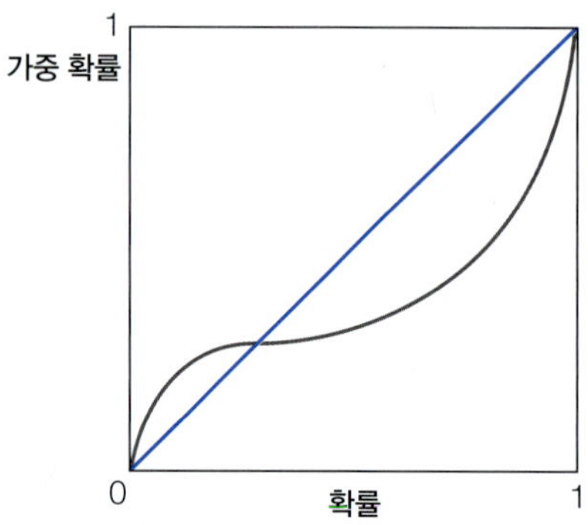

가중 함수는 확률이 0에 가까울 때는 확률보다 훨씬 커지지만, 어떤 수준을 넘어서면서부터는 확률보다 작아지는 구간이 상당히 오래 지속된다. 결국 확률의 합이 100%가 되어도 가중 함수의 누적 값은 100%가 되지 못한다. 이런 이유로, 가중 함수는 확실성 미달이라는 성질을 가지게 된다.

누적 프로스펙트 이론

트버스키와 카너먼은 1992년 〈저널 오브 리스크 앤 언서튼티〉라는 학술지에 게재한 논문에서 프로스펙트 이론을 다음과 같이 간결하게 정리하였다.

프로스펙트 이론

사람들이 각 결과의 가치 함수 값을 가중치에 의해 가중 평균하여 의사결정의 기준으로 사용하는 이론이다.

가치 함수

① 이익과 손실 영역에서 다른 의사결정이 이루어진다.

② 가치 함수는 이익 영역에서는 오목하고, 손실 영역에서는 볼록하다.

③ 이익 영역보다는 손실 영역에서 가치 함수의 기울기가 더 가파르다.

가중 함수

④ 확률의 비선형 변환으로 적은 확률은 더 높게 평가하고, 중간 또는 높은 확률은 더 낮게 평가한다.

프로스펙트 이론
기준점을 중심으로 이익과 손실 및 주관적 확률 가중치에 의해 의사결정을 하는 행동 경제학 이론

가치 함수
프로스펙트 이론의 가치를 평가하는 함수로 이익 영역에서는 오목하고 손실 영역에서는 볼록하며, 손실 영역의 기울기가 이익 영역의 기울기보다 가파르다.

가중 함수
객관적 확률을 주관적 가중치로 바꿔주는 함수

가치 함수가 이익 영역에서 오목하다는 의미는 사람들에게 위험 회피 성향이 있다는 것이고, 손실 영역에서 볼록하다는 의미는 위험 선호 성향이 있다는 것이다. 따라서 사람들의 의사결정이 이익 영역에서는 위험 회피형이고, 손실 영역에서는 위험 선호형이라는 것을 알 수 있다. 또한 손실 영역의 위험 선호형은 **확실한 손실의 회피** 성향을 의미한다. 즉, 확실한 손해를 보는 것보다는 위험이 있더라도 확률 게임에 응한다는 것이다. 한편, 손실 영역에서 가치 함수의 기울기가 이익 영역보다 더욱 가파르다는 것은 **손실 회피** 성향을 의미한다.

확실한 손실의 회피
확실한 손실을 회피하려는 성향

손실 회피
동일한 금액의 이익과 손실의 경우, 이익으로 얻게 되는 기쁨보다 손실로 얻게 되는 고통 또는 상실감이 더 크게 되는 성향

프로스펙트 이론은 개념적으로 거의 완벽한 수준이지만, 실제 적용에 있어서는 방법론적으로 모호한 측면이 있었다. 이런 이유로, 트버스키와 카너먼은

누적 프로스펙트 이론
누적 확률에 의해 프로스펙트 이론을 현실적으로 이용 가능하도록 만든 행동 경제학 이론

1979년의 연구를 더욱 발전시켜 1992년에 불확실성의 누적 표현이라는 부제로 프로스펙트 이론을 더욱 발전시켰다. 이를 **누적 프로스펙트 이론**이라고 부른다. 누적 프로스펙트 모형은 실제 상황에 적용할 수 있도록 현실적인 설명을 하였다. 여기서는 위험뿐만 아니라 불확실한 프로스펙트에도 응용할 수 있도록 하였고, 결과의 개수에도 아무런 관계가 없게 하였다.[5] 그들은 표준적인 기대효용 이론에 어긋나는 다섯 가지의 주요 현상을 먼저 제시하고, 자신들의 누적 프로스펙트 이론이 이러한 문제점들을 해결한다고 하였다.[6]

누적 프로스펙트 이론의 핵심은 구체적인 가치 함수를 이익 영역과 손실 영역으로 나누어 표현하고, 가중 함수도 누적 함수에 의해 표현하여 프로스펙트 이론이 실제로 다양한 의사결정 사례에 적합하도록 개발한 것이다. 누적 프로스펙트 이론의 수학적 표현은 다소 복잡하기 때문에 여기서는 생략하겠지만, 바버리스 등(2016)은 이를 이용하여 프로스펙트의 이론 가치가 주가 수익률을 예측한다고 주장하였다. 앞으로도 누적 프로스펙트 이론을 이용한 방법론은 자본시장에서 널리 이용될 가능성이 있다.

프레이밍 효과
같은 문제를 다르게 표현할 때 의사결정이 달라지는 현상

비선형 선호도
위험 프로스펙트의 효용은 결과의 확률에 선형으로 표현되지만, 사람들의 실질적인 선호도는 확률에 비선형으로 나타난다.

불확실성의 원천 의존성
사람들은 항아리에서 특정 공을 뽑을 때 개수가 불확실한 경우보다는 확실한 경우를 선호한다. 따라서 불확실성의 원천에 따라 가치는 달라진다.

위험 추구
큰 금액의 작은 확률과 손실 영역에서 사람들은 위험을 추구한다.

손실 회피
동일한 금액의 이익과 손실의 경우, 이익으로 얻게 되는 기쁨보다 손실로 얻게 되는 고통 또는 상실감이 더 크게 되는 성향

프로스펙트 이론 이후 40년

니콜라스 바버리스(2013)는 〈경제학에서 프로스펙트 이론의 30년〉이라는 에세이 논문에서 프로스펙트 이론은 1979년 발표 이후에 금융 및 재무, 보험, 소비와 저축 의사결정, 산업 조직, 노동 공급 등 다양한 분야에 응용되었다고 하였다. 이 이론은 위험 선택 이론으로 개발되었지만, 위험이 없는 확실한 경우에도 적용되었다. 그는 프로스펙트 이론이 경제학계에서 30년간 상당한 발전을 이루었지만, 이러한 연구 노력이 아직 초기 단계라고 평가하였다. 이제 프로스펙트 이론이 개발된 지 40년 이상이 흘렀다. 이미 재무관리 및 투자론 교과서에는 한 개의 장이 행동 재무론에 할당되기 시작하였고, 충

5 1979년의 프로스펙트 이론에서는 0이 아닌 두 개의 결과에 대한 위험 프로스펙트를 대상으로 하였다. 여기서 위험의 의미는 확률 값이 주어진다는 것이다. 하지만 1992년 연구는 확률 값이 주어지지 않는 불확실한 프로스펙트에도 적용할 수 있다. 즉, 0이 아닌 결과가 두 개를 초과하는 것만이 1979년에 발표된 이론의 문제점은 아니었다는 것이다.

6 다섯 가지의 주요 현상은 프레이밍 효과, 비선형 선호도, 불확실성의 원천 의존성, 위험 추구, 손실 회피이다. **프레이밍 효과**는 프로스펙의 표현 방법을 바꾸면 의사결정이 달라진다. **비선형 선호도**는 위험 프로스펙트의 효용은 결과의 확률에 선형으로 표현되지만, 사람들의 실질적인 선호도는 확률에 비선형으로 나타난다. **불확실성의 원천 의존성**은 4장에 제시된 엘스버그의 역설에서 알 수 있듯이, 사람들은 항아리에서 특정 공을 뽑을 때, 개수가 불확실한 경우보다는 확실한 경우를 선호한다. 따라서 불확실성의 원천에 따라 가치는 달라진다. **위험 추구**는 큰 금액의 작은 확률과 손실 영역에서 사람들은 위험을 추구한다. **손실 회피**는 같은 금액이라도 이익보다는 손실이 더 크게 느껴진다.

분하지는 않지만, 프로스펙트 이론을 개략적으로 설명하고 있다. 프로스펙트 이론에 관한 연구 추세는 앞으로도 계속 이어질 것이다.

주요 용어

가중 함수	분리	편집 단계
가중치	불확실성의 원천 의존성	평가 단계
가치 함수	비선형 선호도	프레이밍 효과
객관적인 확률	손실 회피	프로스펙트
결합	위험 선택권	프로스펙트 이론
고립 효과	위험 추구	확률적 보험
기대효용	주관적인 가중 함수	확실성 미달(또는 준확실성)
누적 프로스펙트 이론	주관적인 가치	확실성 선호
로또	취소	확실한 손실의 회피
보험	코딩	

핵심 정리

- 카너먼과 트버스키가 기대효용 이론에 문제가 있다는 이전까지의 주장들을 대부분 포용하면서 종합적으로 프로스펙트 이론을 개발하였다.
- 프로스펙트란 위험 선택권이다. n개의 결과가 있는 경우, p_i의 확률로 x_i의 결과를 주는 선택권 $(x_1, p_1; \cdots; x_n, p_n)$으로, $p_1+p_2+\cdots+p_n=1$이다.

기대효용 이론에 대한 비판

- 첫째, 사람들의 확실성 선호와 작은 가능성에 대한 두려움 또는 희망의 성향 때문에 기대효용 이론이 성립하지 않는다.
- 둘째, 의사결정이 이익 또는 손실의 결과를 가질 때 선택 기준이 달라지는 것을 실험에 의해 보여주어서 이익 또는 손실의 결과와 상관없이 선택이 이루어지는 기대효용 이론을 반박하였다.
- 셋째, 사람들이 큰 손실의 아주 작은 가능성에도 민감하기 때문에, 기대효용 이론에서 선호되는 확률적 보험을 실제로는 선호하지 않는다.
- 넷째, 프로스펙트를 다르게 표현하면 선호도가 달라지는데, 그중의 하나가 고립 효과이다.

프로스펙트 이론

- 카너먼과 트버스키가 제안한 프로스펙트 이론은 크게 편집과 평가 단계로 나눌 수 있다.
- 편집은 코딩, 결합, 분리 및 취소로 나뉜다.
- 평가는 가치 함수와 가중치에 의해서 실시한다.
- 가치 함수는 다음과 같은 세 가지 특징을 가진다: ① 위험 선택은 기준점을 중심으로 이익과 손실로 나누어 평가된다; ② 가치 함수가 이익 영역에서는 오목하고, 손실 영역에서는 볼록한 모양이다; ③ 이익 영역보다 손실 영역에서 가치 함수의 기울기가 더 심하다.
- 가중치를 결정하는 가중 함수는 다음의 특징을 가진다: ④ 프로스펙트 이론은 객관적 확률을 변환하는 가중 함수를 이용한다.
- 프로스펙트 이론은 보험과 로또의 존재 이유를 설명한다.

누적 프로스펙트 이론

- 프로스펙트 이론은 개념적으로 거의 완벽한 수준이지만, 실제 적용에 있어서는 방법론적으로 모호한 측면이 있었다.

• 트버스키와 카너먼은 1979년의 연구를 더욱 발전시켜 1992년에 불확실성의 누적 표현이라는 부제로 프로스펙트 이론을 더욱 발전시켰다. 이를 누적 프로스펙트 이론이라고 부른다.
• 누적 프로스펙트 모형은 실제 상황에 적용할 수 있도록 현실적인 설명을 하였다. 여기서는 위험뿐만 아니라 불확실한 프로스펙트에도 응용할 수 있도록 하였고, 결과의 개수에도 아무런 관계가 없게 하였다.

프로스펙트 이론 이후 40년

• 니콜라스 바버리스(2013)는 〈경제학에서 프로스펙트 이론의 30년〉이라는 에세이 논문에서 프로스펙트 이론은 1979년 발표 이후에 금융 및 재무, 보험, 소비와 저축 의사결정, 산업 조직, 노동 공급 등 다양한 분야에 응용되었다고 하였다.
• 이 이론은 위험 선택 이론으로 개발되었지만, 위험이 없는 확실한 경우에도 적용되었다.
• 이미 재무관리 및 투자론 교과서에는 한 개의 장이 행동 재무론에 할당되기 시작하였고, 충분하지는 않지만, 프로스펙트 이론을 개략적으로 설명하고 있다.
• 프로스펙트 이론에 관한 연구 추세는 앞으로도 계속 이어질 것이다.

참고 문헌

• Barberis, N. (2013), Thirty years of prospect theory in economics: A review and assessment, Journal of Economic Perspectives 27, 173~196.
• Barberis, N., A. Mukherjee, and B. Wang (2016), Prospect theory and stock returns: An empirical test, Review of Financial Studies 29, 3068~3107.
• Kahneman, D. and A. Tversky (1979), Prospect theory: An analysis of decision under risk, Econometrica 47, 263~291.
• Shleifer, A. (2012), Psychologists at the gate: A review of Daniel Kahneman's Thinking, Fact and Slow.
• Tversky, A. and D. Kahneman (1992), Advances in prospect theory: Cumulative representation of uncertainty, Journal of Risk and Uncertainty 5, 297~323.

07 — 확실한 상황에서의 판단

확실한 상황에서의 판단은 앞 장에서 언급했던 프로스펙트 이론의 확장이다. 여기서는 탈러(1980), 카너먼 등(1986, 1991), 트버스키와 카너먼(1991)의 연구 결과를 살펴보자. 이제 가치 함수의 주요 내용을 정리해 보자. ① 가치 함수는 **기준점**으로부터 이익과 손실에 의해 평가한다. ② 가치 함수는 이익 영역에서는 **오목한 모양**을 가지는데 이는 위험 회피 성향을 의미하고, 손실 영역에서는 **볼록한 모양**을 가지는데 이는 위험 추구 성향을 의미한다. 이익과 손실의 한계 가치는 크기가 커지면서 점점 감소한다. ③ 이익 영역보다 손실 영역에서 가치 함수의 기울기가 더 가파른데, 이를 손실 회피 성향이라고 한다. 따라서 가치 함수는 비대칭적 S자 모양을 가지게 한다. 앞에서 보여주었던 가치 함수를 다시 한번 나타내면 그림 7-1과 같다.

기준점
프로스펙트 이론에서 이익과 손실의 기준이 되는 점

오목한 모양
결과 함수 값의 기대치가 결과 기대치의 함수 값보다 작은 형태로 위험 회피를 나타냄

볼록한 모양
결과 함수 값의 기대치가 결과 기대치의 함수 값보다 큰 형태로 위험 추구 또는 선호를 나타냄

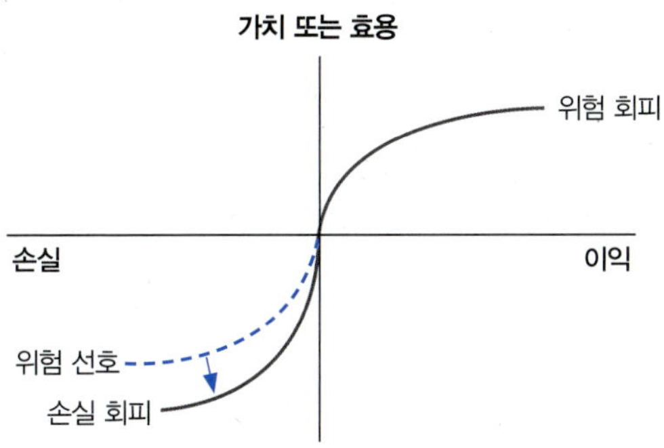

그림 7-1
가치 함수

기회비용과 보유 효과[1]

보유 효과란 사람들이 어떤 물건(또는 지위, 권력 등)을 소유하고 있을 때 그

1 기회비용이란 하나의 재화나 용역을 얻기 위해 포기한 것 중 가장 큰 것의 가치를 의미한다. 예를 들어, 온종일 공부하기 위해 친구와 재미있게 노는 것을 포기했다면, 온종일 공부하는 것에 대한 기회비용은 친구와 재미있게 노는 것이다. 또한 매도할 수 있는 어떤 상품을 매도하지 않았을 때 놓쳐버린 이익도 기회비용이다. 기회비용은 현금 지출이 수반되는 명시적 비용일 수도 있고 암묵적 비용일 수도 있다.

가치를 (소유하고 있지 않을 때보다) 높게 평가하여 그것을 매도하지 않으려는 성향이다. K 씨는 어떤 상품을 지금 $100에 매도할 수 있고 거래비용이 존재하지 않는다고 가정하자. 이때 이 상품의 매도에 대한 기회비용은 $100이다. K 씨가 매도하지 않으면 이익이 될 뻔했던 **기회비용**인 $100을 놓치게 된다. 만약 매도한다면 이 상품을 보유하지 못하는 것으로부터 손실이 발생하는데, 이를 **지불비용**이라고 한다. 두 비용은 객관적으로 같다. 하지만, 기회비용은 이익이고 지불비용은 손실이므로 가치 함수에 의해 평가하면 지불비용에 의한 고통이 기회비용에 의한 기쁨보다 더 크게 된다. 따라서 K 씨는 이 상품을 매도하지 않을 것이고, 이는 보유한 상품의 가치를 객관적인 가치보다 더 높게 생각하는 타성이라고 할 수 있다. 탈러(1980)는 이런 기회비용의 저평가 현상을 **보유 효과**라고 하였다. 보유 효과를 설명하기 위해 두 가지 사례를 살펴보자.

기회 비용
하나의 재화나 용역을 얻기 위해 포기한 것 중 가장 큰 것의 가치

지불비용
상품을 보유하지 못하는 것으로부터 발생하는 손실

보유 효과
보유한 상품의 가치를 객관적인 가치보다 더 높게 생각하는 타성

사례 1

R 씨는 1950년대 말에 $5를 주고 와인 한 병을 구매하였다. 몇 년 뒤에 와인 상인은 그 와인 한 병을 $100에 되사겠다고 제안하였다. 그는 와인 한 병에 $35 이상을 지급한 적이 한 번도 없지만, 상인의 제안을 거절했다.

사례 2

두 개의 질문이 있다.

(a) 감염되면 일주일 내로 빠르게 고통 없이 죽는 질병에 당신이 노출되었다. 이 경우 질병에 걸릴 확률은 0.001이다. 치료를 위해 지급하고자 하는 최대 금액은 얼마인가?

(b) 위의 질병에 관한 연구에 자원봉사자가 필요하다. 자원봉사자가 이 질병에 걸릴 확률은 0.001이다. 이 연구 프로그램에 자원봉사자가 되기 위해 받고자 하는 최소 금액은 얼마인가? (이 경우에는 치료를 받을 수 없다.)

사례 2의 설문 결과

(a)와 (b)의 설문에 응답한 많은 사람이 각각 $200과 $1,000이라고 하였다.

출처: 탈러(1980)

사례 1에서 R 씨에게 보유하고 있던 와인을 매도하는 것은 손실의 발생이고, 매도 대금인 $100은 기회비용으로 이익이 된다. 따라서 프로스펙트 이론에 따라 기회비용과 동일한 크기의 매도 손실이 더 크게 느껴질 것이다. 결국 와인의 매도를 거절하게 되는데, 이는 보유 효과의 좋은 사례가 된다. 사례 2(a)의 경우, 이미 죽는 질병에 노출되었고 질병에 걸릴 확률이 매우 작지만,

목숨을 살리는 것은 이익이 된다. (b)의 경우, 매우 작은 확률로 목숨을 잃는 것은 손실이기 때문에 (a)보다 비중이 더 크게 느껴질 수 있다. 따라서 (b)의 경우에 최소 금액이 매우 크게 된다.

미국의 신용카드사 사례는 보유 효과를 분명히 보여준다. 신용카드사들은 가맹점들이 신용카드 사용자에게 더 높은 가격을 부과하지 못하도록 하였다. 이를 불법화하는 법안이 국회에 제출되었을 때, 신용카드사의 로비는 사람들의 관심을 본질에서 벗어나 두 가격의 차이 해석으로 돌려놓았다. 즉, 신용카드와 현금 가격의 차이를 **추가 요금**보다는 **현금 할인**의 형태로 인식하게 하였다. 이렇게 하는 것이 신용카드사에 유리한 이유는 현금 할인은 신용카드 사용에 대한 기회비용으로 과소평가되지만, 추가 요금은 지불비용으로 과대평가되기 때문이다. 기회비용인 현금 할인은 과소평가되어 결국 신용카드의 사용이 증가할 것이다.

추가 요금
현금 가격을 기준으로 신용카드의 사용에 대해 추가적으로 요구하는 금액

현금 할인
신용카드 가격을 기준으로 현금 사용 시에 할인해주는 금액

또 다른 마케팅 전략 중의 하나를 보유 효과로 이해할 수 있다. 2주간 제품을 사용한 후에 마음에 들지 않으면 반품을 허용하는 경우가 있다. 이 제품의 구매 결정 시점에 소비자는 기껏해야 제품의 운송비용만을 생각한다. 운송비용이 2주간의 제품 사용 가치보다 작다고 생각하면 소비자는 당장 대금을 지불하고 제품을 구매할 것이다. 이 소비자가 2주 후에 제품에 완전히 적응하였으면 이 제품의 보유 비용을 기회비용으로 생각할 것이다. 기회비용은 저평가되기 때문에 이렇게 되면 제품의 최종적인 판매는 더 확실해질 것이다. 물론 이 제품에 보험을 들었는데 도난을 당해서 제품 가격을 돌려받았다면 이 소비자는 이 제품을 재구매하지는 않을 것이다. 재구매 비용은 지불비용이기 때문이다.

미식축구 선수의 드래프트에서도 보유 효과가 나타난다. 미식축구팀들은 자기 순번이 오면 대학 졸업 자격이 있는 선수 중에서 한 명을 선발한다. 경제학 이론에 의하면 팀들은 자기 순번에 시장가치가 가장 높은 선수를 선발해서 그를 가장 높게 평가하는 팀과 거래해야 한다. 따라서 드래프트 이후에 상당히 많은 거래가 이루어져야 한다. 하지만 드래프트 이후부터 시즌 개막까지 선수 거래는 거의 없다. 왜 그럴까?

한편, 선수들이 자유계약 상태가 되면 구단은 선수 보유권을 상실한다. 따라서 자유계약 선수는 다른 구단과 마음대로 계약할 수 있다. 당해 선수가 이미 그들의 가치를 가장 높게 평가하는 팀에 소속되어 있었다면 자유계약 선수는

(구단주보다는 선수에게 가장 유리한 높은 연봉으로) 이전 팀과 재계약을 해야 한다. 그럼에도 불구하고 그런 일은 거의 벌어지지 않는다. 자유계약 상태가 된 대부분의 선수는 새로운 팀과 계약을 한다.

적어도 이런 퍼즐의 일부를 보유 효과로 설명할 수 있다. 선수가 드래프트로 선발되면 그는 당해 구단 팬들이 보유한 상태가 된다. 이런 선수를 거래하면 팬들에게는 손실로 평가될 것이다. 그러나 어떤 선수가 자유계약 상태가 되면 팬들의 보유 상태로부터 이미 떨어져 나간 것이다. 따라서 당해 구단의 팬들은 상당히 높은 지불비용을 제공해야만 그 선수를 다시 영입할 수 있다. 이와 유사하게 선수 선발 권리를 거래하는 것은 선수를 거래하는 것보다 더 높은 비용을 요구하게 된다. 왜냐하면 그 선수는 아직 팬들의 보유 상태가 되지 않았기 때문이다.

매몰비용

매몰비용
이미 발생한 비용으로 현재의 의사결정과 무관한 비용

경제 이론에 의하면 새로이 요구되는 증분 비용과 혜택만이 당해 의사결정에 영향을 미친다고 한다. 과거에 들어간 **매몰비용**은 전혀 관계가 없다. 그렇다면 소비자들이 정말 일상적인 의사결정에서 매몰비용을 무시할까? 아래의 두 사례를 보자.

사례 3

어떤 가족이 집에서 60마일 떨어진 곳의 야구 경기를 보기 위해 $40에 티켓을 구매하였다. 경기 당일에 눈보라가 몰려왔다. 어쨌든 그들은 가기로 했다. 그러나 공짜로 티켓을 얻었다면 그들은 집에 머물러 있었을 것이다.

사례 4

어떤 남자가 테니스 클럽에 가입하기 위해 $300을 지불하였다. 2주 후 그에게 테니스 엘보가 나타났다. 그는 '$300을 낭비하고 싶지 않아.'라고 말하면서 고통을 참고 연습을 계속 이어갔다.

출처: 탈러(1980)

사례 3에서 티켓 가격 $40은 과거에 발생한 매몰비용이기 때문에 경기장에 가는 것과 무관해야 한다. 티켓을 공짜로 얻었으면 경기장에 가지 않았을 텐데 $40에 구매했기 때문에 경기장에 갔다. 이는 분명히 의사결정에 매몰비용을 고려한 것이다. 사례 4에서도 테니스 클럽 회비로 $300을 지불한 것은 매몰비용이기 때문에 테니스 엘보가 발생했을 때의 의사결정도 회비와는 상관없이 이루어져야 한다. 하지만 $300을 낭비하지 않기 위해서 테니스를 계속하는 것은 매몰비용을 심각하게 고려한 것이다. 탈러는 이에 대해 대안적 가설로 다음과 같은 **매몰비용 효과**를 제시하였다. 다른 모든 조건이 동일하다면, 재화나 용역의 사용권에 돈을 지불하는 것은 그것의 사용률을 증가시킬 것이다. 이 가설은 이미 여러 연구에 의해 지지되었다.

매몰비용 효과
다른 모든 조건이 동일하다면 재화나 용역의 사용권에 돈을 지불하는 것은 그것의 사용률을 증가시킨다.

탐색과 가격

사례 5

(a) 당신은 집 근처에서 가장 저렴하다고 생각하는 상점에서 시계 라디오를 구매하려고 한다. 그 상점에 갔더니 라디오의 가격은 예상대로 저렴하게 $25이었다(권장소비자 가격은 $35이다). 구매하려고 하는데, 믿을만한 한 친구가 가까이 와서 10분 거리의 다른 상점에서 $20에 판매하고 있다고 하였다. 다른 상점으로 가겠는가? 다른 상점으로 가게 하는 최소 가격 차이는 얼마인가?

(b) 이번에는 라디오 대신 $500에 컬러텔레비전을 사려고 하는데, 친구가 말하기를 동일한 제품이 다른 상점에서 $495에 살 수 있다고 하였다. 다른 상점으로 가겠는가? 다른 상점으로 가게 하는 최소 가격 차이는 얼마인가?

출처: 탈러(1980)

가격 이론 교과서에서 소비자 탐색 행동의 전통적인 이론은 다음과 같다. 구매자는 효용을 최대화하기 위해 기대 절약 금액이 다른 딜러 방문 비용과 같아질 때까지 추가적인 가격들을 탐색한 후 가장 낮은 가격을 제시한 딜러로부터 구매한다.

사례 5의 (a) 경우에는 다른 상점으로 가겠지만, (b) 경우에는 다른 상점으로 가지 않을 것이다. 왜 그럴까? 이 사례는 경제학의 가격 이론에 대해 다음과 같은 대안을 제시한다. 전체 가격에 대한 기대 절약 금액의 비율이 주어진 임계치와 같을 때까지 가격 탐색은 계속된다.[2]

2 이를 간단하게 식으로 표현하면 다음과 같다: $\Delta p/p=k$. 여기서 p는 가격, k는 임계치이다. 이 공식은 웨버–페크너 **정신물리학** 법칙의 간단한 응용에 해당한다. 가치 함수에 의해서도 이를 보여줄 수 있다. 시계 라디오를 사기 위해 다른 상점에 갈 때의 효용은 [v(−20)−v(−25)]이고, 컬러텔레비전을 살 때는 [v(−495)−v(−500)]이다. 가치 함수는 손실 영역에서 기울기가 가파른 볼록 모양이므로 [v(−20)−v(−25)]가 [v(−495)−v(−500)]보다 크다. 따라서 컬러텔레비전보다는 시계 라디오를 사기 위해 다른 상점에 가는 것이 더 효용이 크다.

정신물리학
가격에 대한 증분 가격이 같은 수준까지 탐색이 이루어진다.

후회하지 않을 선택

사례 6

이스라엘 육군은 순찰 임무를 교환하는 것이 개인들에게 편리할 것임에도 불구하고 그런 교환에 대해 저항감을 보인다.

사례 7

A 씨는 영화관에 줄을 서 있다. 티켓 박스에 갔더니 그 영화관의 100,000번째 고객이어서 $100을 받게 되었다. B 씨는 다른 영화관에 줄을 서 있다. 그 바로 앞에 있던 남자가 그 영화관의 1,000,000번째 고객이어서 $1,000을 받게 되었다. B 씨는 $150을 받았다. A 씨가 좋을까, 아니면 B 씨가 좋을까?

출처: 탈러(1980)

후회
이전의 잘못된 행동에 대한 뉘우침

사례 6은 책임감이 **후회**의 원인이 될 수 있는 경우이다. 두 병사가 순찰 임무를 교환하였는데 한 병사가 살해당하면 나머지 병사는 자기가 죽을 수도 있었다는 생각을 가지고 평생을 살아야 한다. 이스라엘에서는 이런 일이 종종 벌어진다고 한다. 임무 교환을 하지 않았으면 그런 비용은 줄어들 수 있다. 순찰 임무의 교환이 분명히 가치 있는 편리함이기 때문에 교환에 대해 저항감이 있다는 것은 잠재적인 책임 비용을 무시할 수 없음을 의미한다. 사례 7에서 A 씨와 B 씨의 상금이 같다면 A 씨가 더 좋다는 것은 말할 필요가 없다. 1등을 하지 못했다는 사실이 B 씨를 후회스럽게 할 것이기 때문에 사람들은 A 씨를 더 선호할 것이기 때문이다. 하지만 사례 7에서는 A 씨와 B 씨의 상금이 다르기 때문에 좀 더 생각할 여지가 있다.

선택이 후회를 야기할 수 있을 때마다 소비자들은 그 선택을 제거하고자 하는 인센티브가 있다. 즉 자기의 선택에 의한 기대효용의 증가가 그 선택이 야기하는 정신적 비용의 기댓값보다 작을 때는 그럴 것이다. 사례 7의 경우를 프로스펙트 이론의 가치 함수에 의해 설명할 수 있다. A 씨의 효용은 $100의 기쁨이다. 하지만 B 씨는 놓쳐버린 상금을 고려해야 한다. 만약 1등을 한 사람이 그 앞에 끼어들었다면 그의 효용은 $150의 기쁨과 앞자리를 놓쳤다는 후회에 따른 −$1,000의 고통을 고려하여 계산되어야 한다. 그렇다면 당연히 A 씨가 더 선호될 수밖에 없다.

선택이 필요 없는 선택
추가적인 선택을 없도록 하여 후회의 가능성을 없애는 선택

선택이 필요 없는 선택은 건강 서비스 분야에서는 명백히 유용하다. 이 분야를 연구한 많은 학자의 퍼즐은 소비자들이 공제가 없는 또는 낮은 공제 보상

을 제공하는 보험을 선호한다는 것이다. 공제가 없다는 것은 보험 사건이 발생했을 때 피보험자가 부담하는 비용이 전혀 없고 보험자가 모든 보상을 제공한다는 의미이다. 이러한 선택은 이론적 분석의 결과와는 정반대이다. 보험사들은 대부분의 소비자에 대한 한계 비용이 거의 들어가지 않는 상황을 만드는데, 공제가 없는 보험이 이 분야에서 상당한 보험료 인플레이션을 야기한다고 경제학자들은 비판한다. 그렇다면 왜 소비자들은 공제가 없는 보험을 원할까?

그 이유는 후회와 관계가 있다. 대부분의 소비자는 건강 서비스와 돈과의 상쇄 관계를 못마땅하게 생각한다. 특히 어린이에 대한 의사결정에서는 더욱 그렇다. 이 경우, 보상에 대한 공제가 높은 수준이라면 개인이 해야 할 의사결정이 많아진다. 어떤 부모가 아이의 질병 진단 검사를 위해서 $X를 지불해야 하는 상황이다. 일찍 발견되면 치료될 수 있는 이 심각한 질병에 걸릴 확률은 매우 낮다. 검사를 하지 않기로 했는데 뒤늦게 병에 걸린 걸 알게 되면 후회가 막심할 것이다. 이 질병이 아이에게 치명적이라면 후회가 더욱 커질 것이기 때문에 검사비 $X가 매우 크고 발병 확률 p가 매우 작아도 검사를 시행할 것이다. 검사를 해서 음성인 결과가 나왔고 자기들의 수입에 비해 검사비가 과다했다면 이 부모는 검사 비용에 대해 후회할 것이다. 모든 건강 서비스 비용이 미리 지불되었다면 이런 비용은 피할 수 있었을 것이다. 공제가 없는 보험이나 미리 지불된 건강 보험일 경우에는 특히 더 그럴 것이다.

선택이 필요 없는 선택은 휴양 산업에서도 소비자 선호도를 가진다. 클럽 메드를 생각해 보자. 숙식과 음료를 포함하여 거의 모든 액티비티 비용이 미리 지불되기 때문에 클럽 메드 휴양지에서는 현금이 거의 필요 없다. 휴가 비용이 모두 선불로 지급되지 않은 경우에는 항상 휴가에 비용을 지출한다는 죄책감이 있을 수 있다. 하지만 클럽 메드에서는 거의 모든 비용을 미리 지급하기 때문에 지출에 대한 의사결정을 할 필요가 없다. 따라서 비싼 액티비티를 즐길 때 발생할 수 있는 정신적 비용이 감소한다. 정신적 비용의 감소는 충분한 가치가 있어서 일반적 비용으로 $400을 내고 다른 20개의 항목에 $500을 추가로 지출하는 것보다는 한 번에 $1,000을 지출하는 것이 선호될 수 있다. 클럽 메드는 비용의 선불 개념을 일찍이 시행했지만, 기본적인 아이디어는 이미 휴양 산업에 널리 퍼져 있었다. 선택할 필요가 없는 선택의 다른 예로는 해양 크루즈 여행, 패키지 여행, 놀이 공원의 통합 이용권 등이 있다. 미국의 놀이 공원에서는 통합 이용권에 패스트트랙 옵션을 부가하여 놀이 공원을 쾌적하게 이용하도록 어떤 선택도 필요 없는 선택을 제공하기도 한다.

사전 약속과 자기 통제

사례 8

커피 탁자에 큰 캐슈넛 깡통을 열어 놓았을 때 배고픈 경제학자들은 모두 저녁을 기다리고 있었다. 3분 만에 그 깡통이 반쯤 비워졌고 나머지를 모두 찬장에 넣는다고 했을 때 모두 동의하였다.

사례 9

X 교수는 연말까지 논문 작성을 확신하기 위해서 미국 경제학회에 당해 논문을 제출하기로 하였다.

출처: 탈러(1980)

경제학 이론에 의하면 추가적인 선택은 인간의 후생을 더 좋게 만들고, 추가적인 제약은 인간의 후생을 더 나쁘게 만든다고 한다. 예외적인 경우가 앞에서 언급했던 것처럼 의사결정 비용이 존재해서 후회를 불러일으킬 때이다. 사례 8은 가장 합리적인 경제학자들이 캐슈넛 때문에 저녁 입맛이 없어진다는 것을 알면서도 캐슈넛의 유혹을 이기기 어렵다는 것을 보여준다. 캐슈넛이라는 추가적인 선택이 그들의 후생을 오히려 감소시켰다. 사례 9는 자기 의지에 의해 연말까지 논문을 완성하기 어렵다고 생각하여 연말에 개최되는 학회에서의 논문 발표를 신청한 것이다. 완성하지 못하면 학회 발표가 어렵기 때문에 자신의 명예가 떨어질 것이다. 이를 방지하려면 무엇보다도 먼저 논문을 완성해야 하므로 분명히 연말까지 논문을 완성할 것이다. 두 가지 사례는 자기 통제의 어려움을 외부 유인에 의해 해결한 경우이지만, 우리가 일상에서 쉽게 접할 수 있는 상황이다.

동적 불일치
현재의 선택이 나중에 원하지 않는 결과를 초래하는 것

경제학자 스트로츠(1955~1956)는 오디세이로부터의 유명한 인용을 통해 **동적 불일치**를 설명하였다. 율리시스는 선박을 운항하여 세이렌이 유혹의 노래를 부르는 섬 지역을 통과해야 한다. 세이렌은 이탈리아반도의 서부 해안에 절벽과 바위로 둘러싸인 카프리섬에 사는 바다의 요정들이다. 상반신은 아름다운 여자, 하반신은 독수리 또는 인어의 모습을 가졌다고 한다.[3] 아름다운 노래의 유혹을 이겨내지 못하면 세이렌의 섬에 접근하게 되어 선박은 암초에 의해 파괴되고 선장인 율리시스는 자살하게 된다. 세이렌의 노랫소리

3 세이렌은 영어로 사이렌이라고 한다. 커피 전문점인 스타벅스는 세이렌을 기업 로고로 사용하고 있다.

를 듣고 싶었던 율리시스는 세이렌의 유혹을 이겨내기 위하여 부하들에게 자신의 몸을 돛대에 결박하고 어떤 일이 있어도 자신의 결박을 풀지 말라고 했다. 세이렌의 아름다운 노래가 들려오자 율리시스는 결박을 풀기 위해 몸부림쳤다. 하지만 귀마개를 쓴 부하들은 그의 명령대로 그를 더 단단하게 결박하였다. 결국 선박의 항해는 계속되었고 노래는 점점 약해져서 마침내 세이렌의 유혹으로부터 무사히 벗어나 섬을 지나갈 수 있었다. 이에 세이렌들은 모욕감을 느껴 단체로 자살했다. 세이렌섬에 가기 전과 그 근처에 갔을 때의 율리시스 행동은 세이렌의 아름다운 노래 때문에 달라진다. 이를 율리시스 행동의 동적 불일치라고 할 수 있다. 율리시스는 유혹을 이기기 위한 해법으로 **사전 약속**을 사용한 것이다.

사전 약속
자기 통제를 위해 사전에 약속하여 원하지 않는 결과를 방지하는 것

이제 저축의 개념으로 돌아오자. 인간은 정해진 고갈 자원을 평생 어떻게 할당할까? 스트로츠에 의하면 인간이 **지수형 할인 함수**를 가지지 않는다면, 그 자신이 세운 계획을 따르지 않을 것이라고 하였다.[4] 이를 의사결정의 시간에 따른 동적 불일치라고 한다. 즉 시간이 흐름에 따라 취향(또는 의사결정)이 바뀐다는 것이다. 취향 변화가 동적 불일치를 설명하지만, 사전 약속을 설명할 수는 없다. 변화하는 취향을 가진 인간이 왜 자신을 현재의 선호에 얽매이게 할까? 시간이 조금만 흘러도 그 얽매임을 깨고 싶을 텐데.

지수형 할인 함수
두 시점 간의 한계 대체율이 두 시점의 거리에만 의존하는 할인 방법으로 표준 경제학의 가장 일반적인 할인 함수이다.

사전 약속의 한 예로, 경제학자들에게 항상 수수께끼였던 것이 **크리스마스 클럽**이다. 크리스마스 때 지인이나 가족에게 선물하기 위해 이자 지급이 없는 은행 계정인 크리스마스 클럽에 연초부터 주기적으로 저축하는 것은 아무리 생각해도 비합리적 행동이다. 이 저축은 한때 $10억의 규모에 이를 정도로 번성했지만, 신용카드의 활성화로 크게 감소하였다. 하지만 아직도 크리스마스 클럽 저축은 계속되고 있다. 사전 약속을 이해하는 열쇠는 이를 자기 통제 문제를 해결하는 방법으로 인식하는 것이다.[5]

크리스마스 클럽
크리스마스 때 지인이나 가족에게 선물을 주기 위해서 이자 지급이 없는 은행 계정인 크리스마스 클럽에 연초부터 주기적으로 저축하는 것

자기 통제 문제의 해결을 위해 사용하는 방법이 사전 약속이라면, 이에 두 가지 개념을 도입할 수 있다. **긍정적 투자 상품**과 **부정적 투자 상품**이다. 긍정적 투자 상품이란 시간이 갈수록 비용보다 혜택이 점점 불어나는 상품이다.

긍정적 투자 상품
시간이 갈수록 비용보다 혜택이 점점 증가하는 상품

부정적 투자 상품
담배나 술같이 혜택보다 비용이 점점 증가하는 상품으로 역진적인 시간 구조를 가진다.

4 지수형 할인 함수란 시간에 걸친 동적 의사결정을 할 때 미래의 효용을 할인하는 방법으로, 두 시점 간의 한계 대체율이 두 시점의 거리에만 의존한다. 이를 사용하면 동적 불일치가 발생하지 않기 때문에 경제학에서 가장 많이 사용하지만, 실증적 지지를 받지는 못하고 있다. 실증적 입장에서는 하이퍼볼릭 할인 함수가 가장 많이 지지를 받고 있다. 하이퍼볼릭 할인 함수에 대해서는 제2부의 〈시간 선호도와 시점 간 선택〉에서 자세히 설명하고자 한다.

5 이에 대해서는 제1부의 〈자기 통제: 계획 자아와 행동 자아〉에서 자세히 설명할 것이다.

이에 비해, 부정적 투자 상품이란 담배나 술과 같이 역진적인 시간 구조를 가진 상품이다. 즉 시간이 지날수록 혜택은 감소하고 비용이 매우 커지는 상품이다. 긍정적 투자 상품은 장려하고, 부정적 투자 상품은 억제하는 사전 약속이 필요하다.

부정적 투자 상품의 경우 가장 극적인 사전 약속 방법들이 존재한다. 예를 들어, 익명의 알코올 중독자들(일명 AA라고 함), 약물 중독 센터, 다이어트 클럽, 스모킹 클리닉 등이 있다. 이들은 모두 알코올 중독, 비만 및 흡연의 금지를 위해 서로 돕는 사전 약속 방법이다. 알코올 중독자들이 사용하는 극단적인 사전 약속 기법의 하나는 술을 마시면 숙취와 고통을 느끼게 하는 **금주제**를 복용하는 것이다.

금주제
술을 마시면 숙취와 고통을 느끼게 하는 약제

명백한 긍정적 투자 상품은 저축이다. 앞에서 언급했던 크리스마스 클럽이 가장 좋은 예이다. 다른 예로는 통장 담보 대출이 있다. 예를 들어, 어떤 사람이 5.5%의 이자를 지급하는 $8,000의 저축 계정이 있는데, 자동차 구매를 위해 $5,000이 필요하다고 하자. 물론 가장 합리적인 방법은 저축 계정에서 $5,000을 인출하여 자동차를 구매하고 조속히 저축 계정의 잔고를 증가시키는 것이다. 대출 비용은 저축 이자율보다 분명히 높기 때문이다. 하지만 그렇게 하면 자기 통제 문제가 발생하여 저축 계정의 잔고를 조속히 증가시키기 어려울 수도 있다. 이를 방지하기 위한 사전 약속 방법은 저축 계정의 잔고를 담보로 해서 대출을 받는 것이다. 대출 이자율이 8%라고 하면, 이의 부담으로 인해 담보 대출을 조속히 상환하려고 할 것이고, 이로 인해서 자기 통제 문제는 자연스럽게 해결될 것이다.

현상 유지 바이어스

1980년대에 서독 정부는 노천 광산을 개발하기 위해 채굴될 갈탄 위에 조성된 작은 마을을 다른 곳으로 옮겨야 했다. 그 작은 마을을 비슷한 근처 계곡으로 옮기기 위해 정부의 전문가들은 여러 대안에 대한 점수를 제시하였다. 하지만 마을 주민들은 이상하게도 예전 마을처럼 구불구불한 모습을 가지는 계획안을 선택했다. 예전 마을은 아무런 계획이나 이유 없이 한 세기 동안 변화해 온 모습을 가졌다. 이보다는 새로운 감각과 생활에 적합한 마을을 새로 건설하는 것이 합리적 선택과 부합하는 것임에도 불구하고, 주민들은 왜 예전 모습을 선호하는 것일까? 현재의 상태를 유지하려는 **현상 유지 바이어스**

현상 유지 바이어스
현재의 상태를 유지하려는 성향

가 존재하기 때문이다.

현상 유지 바이어스란 현재의 상태에 머물러 있고자 하는 강력한 성향이다. 이는 현재의 상태에서 떠나는 것이 장점보다 단점이 더 크게 부각되는 것이기 때문이다. 이는 손실 회피의 결과이다. 새뮤얼슨과 젝하우저(1988)는 설문을 통해 현상 유지 바이어스를 검증하였다. 그들의 실험에서 피실험자들은 중립적 질문과 현상 유지 옵션을 포함하는 질문을 받게 된다. 중립적 질문은 다음과 같다. "당신은 신문의 금융 부분을 신중하게 읽었지만 최근까지 투자할 펀드를 거의 찾지 못했다. 그때 종조부로부터 상당한 현금을 유산으로 받았다. 그래서 다른 포트폴리오를 고려하게 되었다. 당신의 선택은 다음 중 하나에 투자하는 것이다. 보통 위험의 기업, 고위험 기업, 재무성 단기 채권, 지방정부 채권."[6]

다른 피실험자들도 동일한 질문을 받았지만, 현상 유지 옵션을 준다는 것이 다르다. 그들이 받은 질문은 다음과 같다. "… 그때 종조부로부터 상당한 현금과 증권의 포트폴리오를 유산으로 받았다. 이 포트폴리오의 상당 부분은 보통 위험한 기업에 투자되어 있다. … (세금과 브로커 수수료의 차이는 거의 없다)" 그들은 투자 옵션의 순서 및 다른 효과 등을 제거하기 위해 여러 가지 시나리오를 사용하여 실험을 진행하였다. 그들의 실험은 각 투자 옵션이 현재 상태일 때의 확률 또는 현재 상태에 경합하는 대안일 때의 선택 확률을 추정하였다. 실험 결과는 어떤 투자 옵션이 현재 상태일 경우에는 이를 선택할 확률이 매우 높아진다는 것을 알게 되었다. 또한 투자 대안의 수가 증가할수록 현재 상태의 장점이 증가하였다.

현상 유지 바이어스를 현장에서 확인하기 위해 그들은 1986년에 85만 명의 미국 대학교 교직원들이 가입해 있던 TIAA/CREF 연금을 조사하였다. TIAA는 채권형 펀드이고, CREF는 주식형 펀드이다. 가입 교직원들은 자기의 계정에서 TIAA와 CREF에 투자하는 비중을 결정해야 한다. 매년 그들은 아무런 비용 없이 투자 비중을 변경할 수 있다. 이런 주기적 결정으로 현상 유지 바이어스를 자연스럽게 검증할 수 있다. 표 7-1은 1981년부터 1986년까지의 TIAA/CREF 수준별 가입자 비중을 보여주고 있다. 여기서는 비교

6 재무성 단기 채권과 지방정부 채권의 차이점은 투자 위험과 세제에 있다. 재무성 단기 채권은 전혀 위험이 없지만 과세 대상이다. 이에 비해, 지방정부 채권은 지방 정부의 신용에 따라 약간의 위험이 있지만, 연방정부와 지방정부의 과세가 면제되는 경우가 많다.

적 안전한 TIAA 펀드의 가입자 비중만을 보여주는데, 두 펀드에만 할당해야 하므로 (100%−TIAA 비중)이 CREF 펀드 비중이다. 즉, TIAA 비중 0%인 경우는 CREF 펀드 100%에 해당한다.

표 7-1
1981~1986년 TIAA/CREF의 수준별 TIAA 펀드 가입자 비중 (단위: %)

TIAA[a]	1981	1982	1983	1984	1985	1986
100%	22	23	24	23	24	24
75%	13	14	14	14	13	14
50%	46	46	46	47	47	47
25%	14	2	11	11	10	9
0%	3	3	3	3	3	3
그 외	2	2	2	2	3	3
전체	100	100	100	100	100	100

출처: 새뮤얼슨과 젝하우저 (1988)

6년 동안 TIAA 펀드와 CREF 펀드의 수익률 변동은 상당히 컸지만, 전체 가입자 비중은 연별로 크게 다르지 않았다.[7] 1986년 TIAA의 조사에 의하면 설문에 응답했던 대상자 중 28%만이 투자 비중을 변경한 적이 있다고 하였다. 28% 중 20%p의 가입자가 단 한 차례 변경하였으며, 8%p의 가입자만이 두 번 이상 변경하였다. 12년의 평균 투자 기간을 가진 사람 중에서 매년 투자 비중을 변경한 사람은 전체의 2.5%에도 미치지 않는다고 하였다. TIAA/CREF 가입자들은 투자 비중을 거의 변경하지 않았고, 이는 이 연금 제도의 투자 의사결정에 현상 유지 바이어스가 작용한다는 것을 의미한다. 그들의 연구는 훗날 가입률과 저축률 증가를 위한 미국의 퇴직연금 설계에 매우 중요한 초석이 되었다.

손실 회피

손실 회피
동일한 금액의 이익과 손실의 경우, 이익으로 얻게 되는 기쁨보다 손실로 얻게 되는 고통 또는 상실감이 더 크게 되는 성향.

중립적 기준점
중립적으로 이익과 손실의 기준이 되는 점

보유 효과에 대한 증거들은 **손실 회피** 개념으로 설명될 수 있다. 위험 선택에 관한 연구의 결론에 의하면, 효용의 중요한 요인은 재산이나 후생의 상태가 아니고 **중립적 기준점**으로부터의 변화라고 가정할 때 가장 잘 설명될 수

7 설문에 응답했던 가입자의 1/3은 최초의 투자 비중 선택이 잘 알려진 선택이라고 하였고, 1/4은 그냥 추측하여 결정하였다고 답변하였다. 나머지는 그 중간 어딘가에 있을 것이다. 실제로 가입자의 거의 50% 정도가 TIAA 50%, CREF 50%를 선택한 것은 재미있는 사실이다. 노벨 경제학상 수상자인 해리 마코위츠도 자기 재산을 주식 50%, 채권 50%에 투자한다고 하였는데, 많은 TIAA/CREF 가입자들도 그와 비슷한 선택을 한다고 볼 수 있다.

있다. 또한 같은 양의 이익과 손실이라도 손실의 고통이 이익의 기쁨보다 훨씬 크다는 것이다. 실험 결과에 의하면 이익이나 손실의 규모가 작거나 보통 규모인 경우, 고통이 기쁨보다 2배 이상 더 크다고 한다. 프로스펙트 이론의 가치 함수 그래프에서 손실 영역의 기울기가 이익 영역의 기울기보다 가파른 것은 손실 회피를 나타낸 것이다.

손실 회피가 모든 거래에 영향을 미치지는 않는다. 일반적인 상업 거래에서 거래가 적정할 때 매도자가 손실 회피를 경험하지는 않는다. 또한 일반적인 매입에서 상품 가격이 크게 높지 않다고 생각하면 매입자가 지불한 금액을 손실로 여기지도 않는다. 손실 회피는 재매도가 궁극적인 목적인 경우보다 사용하기 위해 구매한 상품의 보유자에게 영향을 미칠 것으로 기대된다.

설문을 통한 다음의 실험은 손실 회피를 두려워하는 인간의 심리를 잘 보여준다. 직업 훈련을 받은 사람은 모든 훈련이 끝나면 새 직장을 찾아야 한다. 이때 두 개의 직장 중에 하나를 선택할 수 있게 되었다. 과연 어떤 직장을 선택해야 할까? 여기서 기준점은 현재의 직업 훈련장이다. 따라서 현재 직업 훈련장의 조건을 직장 대안과 비슷하게 하는 두 개의 설정을 제시하였다.

당신은 직업 훈련의 하나로 시간제 근무에 할당되었다. 직업 훈련이 끝나고 당신은 새 직장을 찾아야 한다. 당신에게 두 가지 직장 대안이 생겼다. 현재의 직업 훈련장과 두 개의 직장을 비교하기 위해서 다음의 정보가 주어졌다.

	직장	사회성 측면	출퇴근 시간
설정 1	직업 훈련장	오랫동안 단절되었음	10분
	직장 A	제한된 사회적 교류	20분
	직장 B	적당한 사회적 교류	60분
	직장	**사회성 측면**	**출퇴근 시간**
설정 2	직업 훈련장	즐거운 사회적 교류	80분
	직장 A	제한된 사회적 교류	20분
	직장 B	적당한 사회적 교류	60분

출처: 카너먼 등(1991)

설정 1에서는 기준점인 직업 훈련장과 비슷한 직장은 A이고, 설정 2에서는 직장 B와 유사하다. 손실 회피 성향이 존재한다면, 설정 1에서는 직장 A가 선호되어야 하고, 설정 2에서는 직장 B가 선호되어야 한다. 놀랍게도 직장 A를 선택한 응답자 비중은 설정 1에서는 70%이고, 설정 2에서는 33%이었다. 이는 직장 선택에 있어서 직업 훈련장이 기준점이 되어 손실 회피 현상이 나타났다는 것을 의미한다. 직업 훈련장보다 안 좋은 조건은 손실로 인식되기 때문이다.

기준점에 따라 매입과 매도 가격에 큰 차이가 발생하는 경우는 매우 많지만, 도덕적 태도가 관련된 예도 있다. 어떤 기업이 그랜드 캐니언을 개발하여 세계에서 가장 큰 워터 슬라이드를 가지는 수상 공원을 조성하려고 한다. 이 아이디어의 혜택이 비용을 초과할 것인지는 알 수 없지만, 현재의 상태에 따라 두 가지 질문을 할 수 있다. 아래의 질문 1과 질문 2를 보자. 이와 유사한 형태로 여러 설문 조사가 수행되었는데, 대부분의 연구가 **수락용의 가격**이 **지불용의 가격**을 훨씬 초과한다고 하였다. 이것만이 아니다. 질문 1에서는 저항적 답변이 상당하였다. 즉, 매도를 거절한다거나 무한대에 가까운 가격을 받아야 한다는 것이다. 종종 이 질문에 답변을 거부하는 응답자가 50% 이상인 경우도 있었다. 이런 극단적 응답들은 핵발전소나 폐기물 처리 시설의 건설과 같은 새로운 위험에 대한 분노가 생길 때와 비슷하다. 지역 사회에 대한 보상이 전형적인 뇌물로 인식될 때도 아무런 도움이 되지 못한다.

수락용의(WTA) 가격
어떤 사업의 시행을 수락할 때 이에 대한 대가로 받고자 하는 가격

지불용의(WTP) 각격
어떤 사업의 시행을 요구할 때 이에 대한 대가로 지불하고자 하는 가격

질문 1

현재 테마파크가 없다면, 사람들이 이 제안을 받아들일 수 있는 최적 금액은 얼마입니까? 이를 **수락용의(WTA)** 가격이라고 한다.

질문 2

현재 어떤 기업이 테마파크를 조성할 권리가 있다. 이 권리를 다시 매입하여 테마파크 조성을 못 하게 하려면 얼마를 지불할 용의가 있습니까? 이를 **지불용의(WTP)** 가격이라고 한다.

출처: 카너먼 등(1986)

공정성 판단

보유 효과의 시사점은 지불비용과 잃어버린 기회비용을 다르게 취급한다는 것이다. 잃어버린 이익은 인식된 손실보다 크지 않다. 이런 인식은 **공정한 행동**에 대한 사람들의 판단에도 분명히 존재한다. 카너먼 등(1986)은 이를 지지하는 연구 결과를 제시하였다. 설문 응답자들은 네 가지 답변 중 하나를 선택해야 한다. 완전히 공정함, 수긍할 만함, 어느 정도 불공정함, 매우 불공정

공정한 행동
공정성을 가진다고 인정되는 행동

함. 처음 두 응답은 수긍할 만함으로 평가하고, 다음 두 응답은 불공정함으로 취급하였다. 그들의 설문 내용은 다음과 같다.

질문 1a

어떤 자동차 모델의 초과 수요로 고객들은 두 달을 기다려야 한다. 어떤 딜러가 이 자동차를 정가에 판매해 왔다. 이제 이 딜러가 자동차를 정가보다 $200 높게 판매하려고 한다.

설문 결과

응답자 수 = 130
수긍할 만함 = 29%
불공정함 = 71%

질문 1b

어떤 자동차 모델의 초과 수요로 고객들은 두 달을 기다려야 한다. 어떤 딜러가 이 자동차를 정가에서 $200 할인하여 판매해 왔다. 이제 이 딜러가 자동차를 정가에 판매하려고 한다.

설문 결과

응답자 수 = 123
수긍할 만함 = 58%
불공정함 = 42%

출처: 카너먼 등(1986)

앞에서 살펴본 신용카드와 현금 가격의 사례에서도 확인한 바와 같이 손실로 판단이 될 수 있는 추가 요금의 부담은 할인을 없애는 (즉, 이익을 감소시키는) 것보다 더 불공정하게 생각된다. 따라서 신용카드 업자들은 현금 고객에게 정해진 가격을 요구하고 신용카드 고객에게 더 높은 가격을 요구하는 것보다는 현금 가격을 할인으로 인식시키는 것을 더 선호하게 된다. 다음 질문은 손실과 잃어버린 이익에 대한 개념을 더 확실하게 보여준다.

질문 2a

작은 이익을 보고 있는 어떤 기업이 인플레이션은 없지만, 실질적인 실업이 있는 경기 침체 지역에 있다. 이 기업은 올해에 급여를 7% 삭감하려고 한다.

설문 결과

응답자 수 = 125

수긍할 만함 = 37%

불공정함 = 63%

질문 2b

작은 이익을 보고 있는 어떤 기업이 12%의 인플레이션과 실질적인 실업이 있는 경기 침체 지역에 있다. 이 기업은 올해에 급여를 5%만 인상하기로 하였다.

설문 결과

응답자 수 = 129

수긍할 만함 = 78%

불공정함 = 22%

출처: 카너먼 등(1986)

위의 경우는 실질 임금의 7% 삭감이 명목 임금 상승으로 프레임이 되면 상당히 공정하지만, 명목 임금의 삭감으로 나타나면 아주 불공정하다고 판단한다는 것을 보여준다. 이는 명목 임금을 공정성 판단의 기준으로 사용하기 때문이다.

공정성
공평하고 올바른 성질

공정성 질문에 대한 위의 응답으로 평가해 보면, 공정성에 대한 일반 대중의 태도는 여러 법률 분야의 판결에 스며들어 있다. 미국의 연방 대법관이었던 올리버 웬델 홈즈는 보유 효과 원칙을 다음과 같이 기술하였다. "그것은 인간의 마음속에 내재해 있다. 재산이건 의견이건 상관없이 오랫동안 당신의 소유로 즐기고 사용해 왔던 것은 뿌리 깊게 당신에게 소속되어서 당신의 분노와 자기방어 없이 떼어내 버릴 수 없다. 법은 인간의 깊은 본능보다 더 나은 정당성을 요구할 수 없다."

주요 용어

공정성	보유 효과	지불비용
공정한 행동	볼록한 모양	지불용의(WTP) 가격
금주제	부정적 투자 상품	지수형 할인 함수
긍정적 투자 상품	선택이 필요 없는 선택	추가 요금
기준점	손실 회피	크리스마스 클럽
기회 비용	수락용의(WTA) 가격	현금 할인
동적 불일치	오목한 모양	현상 유지 바이어스
매몰비용	정신물리학	후회
매몰비용 효과	중립적 기준점	

핵심 정리

- 프로스펙트 이론의 가치 함수는 다음과 같은 성질이 있다: ① 가치 함수는 기준점으로부터 이익과 손실에 의해 평가한다. ② 가치 함수는 이익 영역에서는 오목한 모양을 가지는데 이는 위험 회피 성향을 의미하고, 손실 영역에서는 볼록한 모양을 가지는데 이는 위험 추구 성향을 의미한다. 이익과 손실의 한계 가치는 크기가 커지면서 점점 감소한다. ③ 이익 영역보다 손실 영역에서 가치 함수의 기울기가 더 가파른데, 이를 손실 회피 성향이라고 한다.

기회비용과 보유 효과

- 보유 효과란 사람들이 어떤 물건(또는 지위, 권력 등)을 소유하고 있을 때 그 가치를 (소유하고 있지 않을 때보다) 높게 평가하여 그것을 매도하지 않으려는 성향이다.
- 신용카드와 현금 가격의 차이를 추가 요금보다는 현금 할인의 형태로 인식하면 신용카드사에 유리하게 해석될 수 있다.
- 미식축구 선수의 드래프트에서도 보유 효과가 나타난다.

매몰비용

- 경제 이론에 의하면 과거에 들어간 매몰비용은 전혀 관계가 없지만 실제로는 그렇지 않다.
- 탈러는 이에 대해 대안적 가설로 다음과 같은 매몰비용 효과를 제시하였다: 다른 모든 조건이 동일하다면, 재화나 용역의 사용권에 돈을 지불하는 것은 그것의 사용률을 증가시킬 것이다.

탐색과 가격

- 전체 가격에 대한 기대 절약 금액의 비율이 주어진 임계치와 같을 때까지 가격 탐색은 계속된다.

후회하지 않을 선택

- 선택이 후회를 야기할 수 있을 때마다 소비자들은 그 선택을 제거하고자 하는 인센티브가 있다.
- 후회를 사전적으로 없애기 위해 선택이 필요 없는 선택을 한다.

사전 약속과 자기 통제

- 경제학 이론에 의하면 추가적인 선택은 인간의 후생을 더 좋게 만들고, 추가적인 제약은 인간의 후생을 더 나쁘게 만든다고 한다.
- 경제학자 스트로츠(1955~1956)는 오디세이로부터의 유명한 인용을 통해 동적 불일치를 설명하였다.
- 율리시스는 유혹을 이기기 위한 해법으로 사전 약속을 사용하였다.
- 자기 통제 문제의 해결을 위해 사용하는 방법이 사전 약속이라면, 이에 두 가지 개념을 도입할 수 있다. 긍정적 투자 상품과 부정적 투자 상품이다.

현상 유지 바이어스

- 현재의 상태를 유지하려는 현상 유지 바이어스가 존재한다.
- TIAA/CREF 가입자들은 투자 비중을 거의 변경하지 않았고, 이는 이 연금 제도의 투자 의사결정에 현상 유지 바이어스가 작용한다는 것을 의미한다.

손실 회피

- 보유 효과에 대한 증거들은 손실 회피 개념으로 설명될 수 있다.
- 위험 선택에 관한 연구의 결론에 의하면, 효용의 중요한 요인은 재산이나 후생의 상태가 아니고 중립적 기준점으로부터의 변화라고 가정할 때 가장 잘 설명될 수 있다.
- 대부분의 연구가 수락용의 가격이 지불용의 가격을 훨씬 초과한다고 하였다.

공정성 판단

- 보유 효과의 시사점은 지불비용과 잃어버린 기회비용을 다르게 취급한다는 것이다.
- 이런 인식은 공정한 행동에 대한 사람들의 판단에도 분명히 존재한다.
- 미국의 연방 대법관이었던 올리버 웬델 홈즈는 보유 효과 원칙을 다음과 같이 기술하였다. "그것은 인간의 마음속에 내재해 있다. 재산이건 의견이건 상관없이 오랫동안 당신의 소유로 즐기고 사용해 왔던 것은 뿌리 깊게 당신에게 소속되어서 당신의 분노와 자기 방어 없이 떼어내 버릴 수 없다. 법은 인간의 깊은 본능보다 더 나은 정당성을 요구할 수 없다."

참고 문헌

- Kahneman, D., J. Knetch, and R. Thaler (1991), Anomalies: The endowment effect, loss aversion, and status quo bias, Journal of Economic Perspectives 5, 193~206.
- Kahneman, D., J. Knetch, and R. Thaler (1986), Fairness as a constraint on profit seeking: Entitlements in the market, American Economic Review 76, 828~741.
- Samuelson, W., and R. Zeckhauser (1988), Status quo bias in decision making, Journal of Risk and Uncertainty 1, 7~59.
- Strotz, R. (1955-1956), Myopia and inconsistency in dynamic utility maximization, Review of Economic Studies 23, 165~180.
- Thaler, R. (1980), Toward a positive theory of consumer choice, Journal of Economic Behavior and Organization 1, 39~60.
- Tversky, A. and D. Kahnman (1991), Loss aversion in riskless choice: A reference-dependenct model, Quarterly Journal of Economics 106, 1039~1061.

08 합리적 선택과 의사결정의 프레이밍

트버스키와 카너먼(1986)은 그들과 다른 학자들의 연구를 종합하여 합리적 선택과 의사결정의 프레이밍에 대해 종합적인 연구를 하였다. 그들의 흥미로운 연구 결과를 살펴보자. 표준 경제학의 **규범적 이론**이란 의사결정을 위한 원칙들을 미리 정해놓고 그것들에 의해 사람들의 선택 행동을 설명한다. 이에 비해, **서술적 또는 포지티브 이론**이란 가치–중립적 입장에서 실제의 현상들로부터 관찰된 결과에 따라 이론을 구성하고 이를 이용하여 사람들의 선택 행동을 설명한다. 이런 근본적인 차이 때문에 양자 간에는 조화하기 어려운 측면이 있다.[1] 예를 들어, 정부의 세금 감면에 대한 양자의 입장도 서로 다르다. 포지티브 이론은 "가처분 소득을 증가시키기 위해서 세금을 반으로 감면하여야 한다."라는 입장인데 비해, 규범적 이론은 "세금 감면이 국민의 삶의 질을 향상시킬 것이다."라고 할 것이다.

규범적 이론
의사결정을 위한 원칙들을 미리 정해놓고 그것들에 의해 사람들의 선택 행동을 설명한다.

서술적 또는 포지티브 이론
가치–중립적 입장에서 실제의 현상들로부터 관찰된 결과에 의해 이론을 구성하고 이를 이용하여 사람들의 선택 행동을 설명한다.

표준 경제학의 규범적 분석은 그들의 이론이 사람들의 선택 행동을 잘 설명한다고 한다. 하지만 사람들의 실제 행동이 규범적 설명과 다른 경우가 너무 많아서 규범적 분석의 틀은 이미 오래전부터 많은 의심을 받아 왔다. 이에 경제학자와 심리학자들은 서술적 또는 포지티브 이론에 의해 규범적 분석의 선호도 이상 현상을 설명하려고 노력하였다. 이러한 노력의 산물 중 하나가 프레이밍 효과이다. 이제부터는 **프레이밍 효과**가 전통적 경제학의 규범적 분석과 어떻게 그리고 왜 다른지를 살펴보자.

프레이밍 효과
같은 문제를 다르게 표현할 때 의사 결정이 달라지는 현상

규범적 원칙의 체계

앞에서 살펴본 바와 같이 신고전주의 경제학은 완전성, 이전성, 연속성, 독립

연역적 방법
확실한 보편적 원리로부터 출발하여 특수한 사례에 도달하려는 과학적 추론 방법

귀납적 방법
개별 사례들의 관찰로부터 공통된 성질을 찾아내려는 추론 방법

1 경제학의 규범적 이론은 수학의 **연역적 방법**, 포지티브 이론은 **귀납적 방법**에 비유할 수 있다.

취소
독립성의 다른 표현으로 동일한 결과를 주는 상태는 제거하고 평가해도 된다는 것이다.

지배
어떤 경우에 A는 B보다 좋고, 다른 경우에는 A와 B가 동일하면 A는 B를 지배한다.

불변
동일한 선택 문제의 서술 방법을 달리하여도 동일한 선호도가 나타나는 것

성이라는 4가지 공리를 가지고 경제 현상과 사람들의 의사결정을 설명한다. 트버스키와 카너먼(1986)은 프레이밍 효과에 의해 완전성, 이전성, **취소**의 문제를 제기하였다.[2] 완전성에 의하면 두 가지 개념이 성립해야 한다. 첫째, 어떤 경우에 A는 B보다 좋고, 다른 경우에는 A와 B가 동일하면 A는 B를 **지배**한다. 둘째, 동일한 선택 문제의 서술 방법을 달리하여도 동일한 선호도가 나타나야 하는데, 이를 **불변**이라고 한다.

불변 원칙의 위반

아래의 문제 1은 폐암의 경우 의학적 치료에 대한 선호도를 묻는 설문이다. 외과 수술과 방사선 치료의 기존 결과를 정보로 이용하여 치료법을 선택해야 한다. 이 선택에는 환자, 경험 있는 내과 의사, 스탠퍼드 경영대학원 학생들이 참여하였다.

문제 1: 폐암의 경우 치료법 선택하기

생존 프레임(N=247): 다음 정보를 가지고 외과 수술과 방사선 치료 중 하나를 선택하시오.

선택	정보	선호도
외과 수술	외과 수술 100명 중에서 수술 후에 90명이 생존, 1년 후에는 68명이 생존, 5년 후에는 34명이 생존함	72%
방사선 치료	방사선 치료 100명 중에서 치료 후에 모두 생존, 1년 후에는 77명이 생존, 5년 후에는 22명이 생존함	18%

사망 프레임(N=336): 다음 정보를 가지고 외과 수술과 방사선 치료 중 하나를 선택하시오.

선택	정보	선호도
외과 수술	외과 수술 100명 중에서 수술 중 또는 후에 10명이 사망, 1년 후까지 32명이 사망, 5년 후까지 66명이 사망함	56%
방사선 치료	방사선 치료 100명 중에서 치료 중에 아무도 사망하지 않고, 1년 후까지 23명이 사망, 5년 후까지 78명이 사망함	44%

출처: 트버스키와 카너먼(1986)

생존 프레임으로 정보가 주어지면 외과 수술을 압도적으로 선호했지만, 사망 프레임으로 주어지면 외과 수술에 비해 방사선 치료도 상당한 지지를 받았

머니 펌프
반복되는 거래에 의해 지속적인 이익을 보는 메커니즘

2 취소는 독립성의 다른 표현으로 동일한 결과를 주는 상태는 제거하고 평가해도 된다는 것이다. 이전성은 A가 B보다 좋고 B가 C보다 좋으면, 당연히 A가 C보다 좋아야 한다는 것이다. 만약 이전성이 성립하지 않아서 C가 A보다 좋다고 하자. 그러면 C를 비싸게 팔고, A를 산다. 다시 A를 B보다 비싸게 팔고, B를 산다. 또 B를 C보다 비싸게 팔고, C를 산다. 이 과정이 반복되면 거래마다 이익이 발생하게 되는데, 이 과정을 **머니 펌프**라고 한다. 신고전주의 경제학의 기대효용 이론에 의하면 '머니 펌프는 존재할 수 없기 때문에 이전성은 반드시 성립해야 한다'라고 주장한다. 하지만 그렇지 않은 경우도 존재한다. 여기에 대해서는 제2부의 〈효용 함수가 위험 회피를 제대로 보여줄까?〉를 보시오.

다. 물론 두 프레임에서 선호도가 완전히 역전되지는 않았지만, 방사선 치료가 18%(생존 프레임)에서 44%(사망 프레임)로 증가하였다는 것은 프레이밍이 의사결정에 영향을 미친다는 것을 의미한다.[3] 설문에 참여했던 대상자 중에서 환자보다는 내과 의사와 경영대학원생들이 방사선 치료의 선호도가 더 뚜렷이 증가했다. 이는 프레이밍의 효과가 전문가 집단에서도 나타난다는 것을 말해준다.

다음 문제는 금전적 결과를 가지는 위험 선택 결합의 경우를 보여주고 있다. 피실험자들은 호의적 문제와 비호의적 문제에서 각각 하나를 선택해야 한다.

문제 2(N=150): 다음 두 개의 동시적 의사결정을 읽고 선호도를 결정하시오.

의사결정 1: 다음 둘 중 하나를 선택하시오.

선택	정보	선호도
A	$240 확실한 이익	84%
B	25% 확률로 $1,000 이익, 75% 확률로 아무것도 없음	16%

의사결정 2: 다음 둘 중 하나를 선택하시오.

선택	정보	선호도
C	$750 확실한 손실	13%
D	75% 확률로 $1,000 손실, 25% 확률로 아무것도 없음	87%

선호된 선택과 거절된 선택의 결합 결과

선택	정보	결과
A&D	25% 확률로 $240의 이익, 75% 확률로 $760의 손실	A&D < B&C
B&C	25% 확률로 $250의 이익, 75% 확률로 $750의 손실	

A와 D를 동시에 선택한 사람은 73%이고 B와 C를 동시에 선택한 사람은 3%

출처: 트버스키와 카너먼(1986)

의사결정 1에서 A를 많이 선호한다는 것(A>B)은 사람들이 위험 회피형이란 것이고, 의사결정 2에서 D를 많이 선호한다는 것(C<D)은 사람들이 위험 추구형이란 것을 의미한다. 이는 프로스펙트 이론과 정합성이 있는 결과이다. 이제 선호된 선택의 결합과 거절된 선택의 결합을 비교해 보자. 아래의 선호된 선택의 결합과 거절된 선택의 결합 결과에서 알 수 있듯이, 거절된 선택의 결합인 B&C는 선호된 선택의 결합인 A&D보다 분명히 우위에 있다. A와 D를 동시에 선택한 사람은 73%이고, B와 C를 동시에 선택한 사람은

3 여기서 프레이밍에 의해 선호도가 바뀌지는 않았다. 다만 프레이밍이 의사결정에 영향을 미쳐서 동일한 선호도를 보이지 않는다는 것만을 알 수 있다.

3%에 불과하였는데, 어떻게 이런 결과가 나왔을까? 이익과 손실 영역의 결합으로 프레임을 조정하였기 때문에 발생한 현상이다. 이 또한 불변의 원칙이 무너진 경우이다.

프레이밍과 결과의 평가

신고전주의 경제학에 의하면 최종 시점의 부의 수준에 의해 효용 또는 행복이 결정된다. 하지만 카너먼과 트버스키(1979)는 최종적인 부의 수준이 아닌 기준점으로부터의 이익과 손실이 가치 또는 효용을 결정한다고 주장한다. 이를 검증하기 위해서 최종적인 부의 수준은 같지만, 기준점이 다른 경우에 사람들의 선택이 어떻게 달라지는가를 살펴보자. 즉, 기준점이 있는 경우에 프레이밍의 결과를 평가해 보자.

문제 3과 4는 최종적인 부의 수준이 동일하다. 문제 4는 문제 3의 최초 부의 수준에 $200을 더하고, 선택 부분에서 각각 $200을 차감한 것이기 때문이다. 따라서 이익 영역을 다루는 문제 3을 변형한 문제 4는 손실 영역을 다루는 설문으로 변경된다. 문제 3과 4는 기준점만 조정하여 프레이밍을 달리한 것으로, 경제적으로 동일한 문제이기 때문에 표준 경제학의 예측에 따라 동일한 선호도를 보여야 한다. 설문 결과에 의하면, 이익 영역을 다루는 문제 3에서는 $100의 확실한 이익을 선호하는 사람들이 72%로 압도적이다. 이는 이익 영역에서 위험 회피가 나타난다는 강력한 증거이다. 이에 비해 손실 영역을 다루는 문제 4에서는 확실한 손실을 거절하는 경우가 많은데, 이는 손실 영역에서의 위험 추구 현상과 정합성이 있다. 하지만 문제 3과 4의 선호도가 다르다는 것은 표준 경제학의 불변의 원칙에 위반된다. 두 가지 설문에서 최종적인 부의 수준은 동일하기 때문이다.

문제 3(N=126): 당신은 오늘보다 $300만큼 더 부유해질 것이다. 다음 중 하나를 고르시오.		
선택	**정보**	**선호도**
A	$100의 확실한 이익	72%
B	50% 확률로 $200의 이익, 50% 확률로 아무것도 없음(기댓값=$100)	28%
문제 4(N=128): 당신은 오늘보다 $500만큼 더 부유해질 것이다. 다음 중 하나를 고르시오.		
선택	**정보**	**선호도**
C	$100의 확실한 손실	36%
D	50% 확률로 아무것도 없고, 50% 확률로 $200의 손실(기댓값=-$100)	64%

출처: 트버스키와 카너먼(1986)

문제 5와 6은 치명적인 아시안 질병으로 600명이 사망할 위험에 처했을 때, 사용해야 하는 치료 프로그램에 관한 설문이다. 동일한 선택 문제를 생존 프레임과 사망 프레임으로 표현하여 선호도와 프레임의 관련성을 알아본다. 프로스펙트 이론의 관점에서, 생존 프레임에서는 0명의 생존(또는 600명의 사망)을 기준점으로 보기 때문에 위험 회피가 되어 프로그램 A를 선택해야 한다. 예상대로 72%의 피실험자들이 프로그램 A를 선택했다. 하지만 사망 프레임에서는 사정이 달라진다. 이때는 0명의 사망(또는 600명의 생존)을 기준점을 인식하기 때문에 손실 영역에서의 선택 기준인 위험 추구가 적용된다. 따라서 프로그램 D를 선택해야 하는데 역시 78%의 피실험자들이 프로그램 D를 선택하였다. 이러한 결과는 프레이밍에 따라 선택의 결과가 달라진다는 것으로 불변의 원칙은 성립하지 않는다는 것을 의미한다.

문제 5: 미국은 600명을 죽게 할 특이한 아시아 질병의 발생에 대처하고 있다. 이 질병과 싸우기 위해 두 가지 프로그램이 제시되었다. 이 프로그램들의 결과에 대한 정확한 과학적 추정치는 다음과 같다.

생존 프레임(N=152)	선호도
프로그램 A: 200명이 생존할 것임	72%
프로그램 B: 600명이 생존할 확률이 1/3, 아무도 생존하지 못할 확률이 2/3임	28%
문제 6: 문제 5와 동일한 상황	
사망 프레임(N=155)	**선호도**
프로그램 C: 400명이 사망할 것임	22%
프로그램 D: 아무도 사망하지 않을 확률이 1/3, 600명이 사망할 확률이 2/3임	78%

출처: 트버스키와 카너먼(1986)

신용카드의 사용에서도 프레이밍이 소비자의 인식을 바꿔준다. 프로스펙트 이론의 가치 함수에 따르면, 동일한 크기라도 이익의 기쁨보다는 손실의 고통이 더 크다. 이때, (할증된) 신용카드 가격을 기준점으로 보면 현금에 할인 혜택을 주는 것은 이익으로 인식되고, (할인된) 현금 가격을 기준점으로 보면 신용카드에 추가 요금을 부과하는 것은 손실로 인식된다. 따라서 동일한 크기라도 손실의 고통이 훨씬 더 크기 때문에 (할증된) 신용카드 가격을 기준점으로 보아서 현금에 할인 혜택을 주는 것이 소비를 더욱 부추길 것이다. 이처럼 프레이밍 효과는 매출 증가에도 기여할 수 있다.

프레이밍과 가능한 사건의 가중치

선택의 속성이 불투명하도록 프레이밍을 해도 지배의 원칙에 위반되면서 선호도가 달라질 수 있다. 프로스펙트 이론에서 가중치는 확률이 매우 작을 때와 클 때 매우 다른 성질을 가진다. 예를 들어, 확률이 적당히 클 때 가중치는 확률보다 작지만, 확률이 매우 작을 때 가중치는 확률보다 커진다. 문제 7과 문제 8은 이를 이용한 설문으로, 역시 동일한 선택 문제이다. (여기서 색깔은 선택을 어지럽게 할 뿐이지 선택의 본질과는 아무런 관계가 없다.) A에서 1% 파란색과 2% 노란색 결과는 동일한 $15의 손실이므로, 이들을 합쳐서 C에서 3% 노란색 $15의 손실이 된다. 이와 비슷하게, B에서의 6% 빨간색과 1% 녹색의 결과는 동일한 $45의 이익이므로, 이들을 합쳐서 D에서는 7% 빨간색 $45의 이익이 된다. 한편, B에서 1% 파란색 $10 손실은 D에서는 1% 녹색 $10 손실로 표현하였다. 이렇게 프레이밍을 바꾸었더니 문제 7과 8은 완전히 다르게 보이지만 본질적으로 동일한 문제임이 틀림없다.

이제 선호도를 살펴보자. 문제 7에서는 B가 녹색의 이익 규모가 더 크고 파란색의 손실 규모가 더 작으며 다른 색깔의 결과는 동일하기 때문에 선택 B가 확실히 좋은 선택이다. (A<B) 하지만 문제 7을 불투명하게 변형한 문제 8에서는 어떤 선택이 더 좋은지를 확실하게 판단하기 어렵다. 설문 결과에 의하면 C를 선택한 사람들이 58%로 더 많았다고 한다. 어떻게 이런 일이 벌어졌을까? 빨간색의 이익이 $45인 C와 D는 각각 6%와 7%의 확률을 가진다. 이 확률들은 적당히 크기 때문에 프로스펙트 이론에 의한 가중치 차이는 확률 차이인 1%보다 작아지게 된다. 따라서 $45의 이익이 큰 차별성을 주지 않을 수 있다. 비슷한 이유로 노란색의 손실인 $15도 차별성을 주기 어려울 수 있다. 이에 비해, 녹색의 확률이 1%인 C와 D는 각각 $30의 이익과 $10의 손실을 가진다. 이 확률들은 비교적 작기 때문에 가중치는 1%보다 더 커지게 되어, 결과 차이인 $40(=$30−(−$10))이 더 크게 느껴질 것이다. 결국 C를 선호하는 사람이 더 많게 된 것이다. (C>D) 하지만 문제 8은 문제 7을 변형한 것으로 본질적으로는 동일하기 때문에 D를 선호하는 사람이 더 많아야 한다. 이 또한 표준 경제학의 불변의 원칙을 위반한 사례이다.

문제 7(N=88): 다음 두 개의 뽑기 복권을 생각하자. 상자에 들어있는 여러 색깔의 구슬 비율이 나타나 있고, 하나의 구슬을 뽑아서 그 색깔에 따라 손익이 결정된다. 어떤 뽑기 복권을 선호하는가?

A	90% 하얀색 $0	6% 빨간색 $45 이익	1% 녹색 $30 이익	1% 파란색 $15 손실	2% 노란색 $15 손실
B	90% 하얀색 $0	6% 빨간색 $45 이익	1% 녹색 $45 이익	1% 파란색 $10 손실	2% 노란색 $15 손실

문제 8(N=124): 어떤 뽑기 복권을 선호하는가?				
C	90% 하얀색 $0	6% 빨간색 $45 이익	1% 녹색 $30 이익	3% 노란색 $15 손실
D	90% 하얀색 $0	7% 빨간색 $45 이익	1% 녹색 $10 손실	2% 노란색 $15 손실

출처: 트버스키와 카너먼(1986)

위의 결과는 지배와 불변의 원칙에 위반되는 사례로 다음과 같은 결론을 얻을 수 있다.

① 동일한 문제에 대한 두 개의 프레이밍은 불변의 원칙을 위반하는 다른 선호도를 이끌어낼 수 있다.

② 적용이 투명한 경우에는 지배의 원칙이 지켜진다.

③ 어떤 경우에 아주 좋은 결과가 있는 프레임에서는 열위에 있는 옵션의 열등성이 잘 나타나지 않을 수 있다.

④ 상호 모순인 선호도는 의사결정 가중치가 확률이 매우 작을 때와 클 때 매우 다른 성질을 가지기 때문이다.

이제 확실성과 준확실성에 의한 프레이밍의 효과에 대해 알아보자. 문제 9는 $30의 확실한 이익인 A와 확률적 이익인 B 중의 선택이다. 이익 영역의 위험 회피 성향에 의해 78%의 사람들이 A를 선택하였다. 그렇다면 A와 B의 확률을 4로 나눈 경우인 문제 10에서는 어떻게 될까? 표준 경제학자들은 이 경우에도 C가 더 선호된다고 주장한다. 하지만 확률을 4로 나누면 A의 확실성이 사라져버린다. 이로 인해서 오히려 D를 선호하는 사람들의 비중이 58%로 더 많게 되었다. 프레이밍으로 선호도가 바뀐 것이다.

문제 9(N=77): 다음 중 어떤 것을 선호하는가?		
선택	정보	선호도
A	$30의 확실한 이익	78%
B	80% 확률로 $45의 이익, 20% 확률로 아무것도 없음 (기대치=$36)	22%
문제 10(N=81): 다음 중 어떤 것을 선호하는가?		
선택	정보	선호도
C	25% 확률로 $30의 이익, 75% 확률로 아무것도 없음 (기대치=$7.5)	42%
D	20% 확률로 $45의 이익, 80% 확률로 아무것도 없음 (기대치=$9)	58%

출처: 트버스키와 카너먼(1986)

이제는 문제 11의 2단계 게임을 생각해 보자. 첫 단계에서 75% 확률로 아무것도 없이 게임이 끝날 수 있고, 25% 확률로 다음 단계로 넘어갈 수 있다. 두 번째 단계에 도달하면 E와 F 중에 하나를 선택해야 한다. 재미있는 것은 E와 F는 각각 문제 9의 A와 B와 같다. 이 선택은 1단계에서 25%의 관문을 통과해야 한다는 것을 제외하고는 문제 9와 동일하다. 하지만 1단계의 25% 확률을 E와 F에 곱하면 문제 10과 동일하게 된다. 따라서 본질적으로 문제 11은 문제 10과 동일하다. 그렇다면 사람들은 문제 11에 어떤 선호도를 보일까? 이 설문을 받았을 때, 사람들은 문제 9와 비슷하게 E를 많이 선택하였다. 이는 1단계를 무시한 결과로, 왜 사람들이 그랬을까? 이유는 **후회**하지 않기 위해서이다. '운 좋게 두 번째 단계로 넘어갔는데, 20%의 확률로 아무것도 얻지 못했네!'라고 후회를 할까 봐 D를 많이 선택한다는 것이다.

후회
이전의 잘못된 행동에 대한 뉘우침

문제 11(N=85): 다음의 2단계 게임을 생각하자. 첫 단계에서 75% 확률로 아무것도 없이 게임이 끝날 수 있고, 25% 확률로 다음 단계로 넘어갈 수 있다. 두 번째 단계에 도달하면 다음과 같은 선택이 있다.

선택	정보	선호도
E	$30의 확실한 이익	74%
F	80% 확률로 $45의 이익, 20% 확률로 아무것도 없음 (기대치=$36)	26%

출처: 트버스키와 카너먼(1986)

문제 11에서 사람들이 확실한 이익을 많이 선택했다는 것은 1단계를 의사결정에 전혀 고려하지 않았다는 것이다. 문제 12는 경제적 문제를 의학적 문제로 전환한 것이다. 문제 12의 경우 1은 문제 9와 경우 2는 문제 10과 경우 3은 문제 11과 본질적으로 동일하다. 즉, 경우 2는 경우 1의 생존 확률을 4로 나눈 것이고, 경우 3은 경우 2를 단계적 선택으로 표시한 것에 불과하다. 이에 대한 선택 결과도 각각 문제 9~11과 비슷한 것으로 보아 사람들의 선호도는 분야와 관계없이 정합성이 있음을 알 수 있다.

문제 12(N=71): 종양에는 종종 두 가지 형태의 치료법이 있다: (i) 수술 중 사망의 위험이 있지만 값비싼 수술과 같은 급진적 방법이 있고, (ii) 제한적 수술 또는 방사선 치료와 같은 온건한 방법이 있다. 다음 각 문제는 세 가지 경우에 대한 두 가지 방법의 가능한 결과를 보여준다. 각 경우를 고려함에 있어서 환자는 40세의 남자라고 생각한다. 치료하지 않으면 곧 (1달 이내에) 사망하고, 치료법은 하나의 방법만 선택할 수 있다. 각 경우에 선호하는 치료법을 선택하시오.

선택	정보	선호도
경우 1	치료법 A: 20% 확률로 곧 사망, 80% 확률로 기대여명 30년의 일반적 생존	35%
	치료법 B: 확실하게 기대 여명 18년의 일반적 생존	65%

<table>
<tr><td rowspan="2">경우 2</td><td>치료법 C: 80% 확률로 곧 사망, 20% 확률로 기대여명 30년의 일반적 생존</td><td>68%</td></tr>
<tr><td>치료법 D: 75% 확률로 곧 사망, 25% 확률로 기대여명 18년의 일반적 생존</td><td>32%</td></tr>
<tr><td rowspan="3">경우 3</td><td colspan="2">25% 확률로 종양이 치료되거나, 75% 확률로 치료되지 않는 새로운 경우이다. 종양이 치료되지 않으면 곧 사망하고, 종양이 치료되면 각 치료법의 결과는 다음과 같다.</td></tr>
<tr><td>치료법 E: 20% 확률로 곧 사망, 80% 확률로 기대여명 30년의 일반적 생존</td><td>32%</td></tr>
<tr><td>치료법 F: 확실하게 기대여명 18년의 일반적 생존</td><td>68%</td></tr>
</table>

출처: 트버스키와 카너먼(1986)

논쟁거리

표준 경제학의 합리성 가정은 경제학에서 편파적인 혜택을 받아왔다. 당연한 사실, 적절한 이상적 표현, 의미 없는 동의어 반복 등으로 합리성을 보호하였다. 또한 통계적 검증에 있어서 귀무가설로 합리성을 채택하여 기각의 가능성을 낮추었다.[4] 이런 이유로, 어떤 의사결정 이론도 합리적 모형에 도전할 수 없었다. 표준 경제학자들은 종종 발견되는 합리성 위반 사례들의 중요성을 폄하하면서 합리성 가정을 보호하였다.

실제의 합리성 위반 사항들에 대해 표준 경제학의 입장은 다음과 같다.

첫째, 중요하지 않은 선택 문제들에 국한되어 나타나는 특이한 현상들이다.

둘째, 학습에 의해 곧 제거된다.

셋째, 시장의 힘에 의해 곧 수정되기 때문에 경제학과는 관계가 없다.

그들이 주장하는 대로, 인센티브가 의사결정의 질을 제고하고, 경험 있는 의사결정자가 종종 초보자보다 더 나으며, 차익거래와 경제적 힘이 오류와 환상의 효과를 없애버릴 수는 있다. 하지만 이런 요인들이 특정 상황에서 합리적 선택을 보장하는지는 실증 검증의 대상이다. 추정에 의해서가 아니라 관찰에 의해 판단되어야 한다는 것이다.

애컬로프와 옐런(1985)의 **근사 합리성 이론**은 다음과 같이 전통 경제학의 입장을 비판하고 있다. 경제 변화에 대한 반응으로 산재해 있는 오류들은 개인들에게 아무런 영향을 미치지 못하고(학습의 가능성이 없음), 차익거래의

근사 합리성 이론
최적이 아닌 비유의적 행동으로 전체 수요 충격이 유의적인 실제 효과를 가지게 되는 모형으로 애컬로프와 옐런이 개발하였다.

4 전통적 경제학의 합리성은 통계적 귀무가설로 이용됐다. 귀무가설을 기각해야 통계적으로 합리성을 부정할 수 있다. 하지만 통계적 가설 검증은 매우 보수적인 귀무가설 관점에서 이루어지기 때문에 기각하기가 쉽지 않다. 귀무가설의 기각은 비합리성이 아주 심할 경우에만 나타난다. 귀무가설을 기각하지 못하였다고 하더라도, 그것이 반드시 합리성을 지지하는 결과라고 결론을 내릴 수는 없다. 단순히 합리적이 아니라고 주장하기는 어렵다는 것이다.

기회를 제공하지 않으며, 큰 경제적 효과를 가진다. 따라서 증거 없이 시장이 개인들의 비합리성을 수정한다고 믿을 수는 없다고 하였다.

주요 용어

귀납적 방법	불변	취소
규범적 이론	서술적 또는 포지티브 이론	프레이밍 효과
근사 합리성 이론	연역적 방법	후회
머니 펌프	지배	

핵심 정리

- 트버스키와 카너먼(1986)은 그들과 다른 학자들의 연구를 종합하여 합리적 선택과 의사결정의 프레이밍에 대해 종합적인 연구를 하였다.
- 표준 경제학의 규범적 이론이란 의사결정을 위한 원칙들을 미리 정해놓고 그것들에 의해 사람들의 선택 행동을 설명한다.
- 서술적 또는 포지티브 이론이란 가치-중립적 입장에서, 실제의 현상들로부터 관찰된 결과에 따라 이론을 구성하고 이를 이용하여 사람들의 선택 행동을 설명한다.
- 포지티브 이론은 "가처분 소득을 증가시키기 위해서 세금을 반으로 감면하여야 한다."라는 입장인데 비해, 규범적 이론은 "세금 감면이 국민의 삶의 질을 향상시킬 것이다."라고 할 것이다.

규범적 원칙의 체계

- 첫째, 어떤 경우에 A는 B보다 좋고, 다른 경우에는 A와 B가 동일하면 A는 B를 지배한다.
- 둘째, 동일한 선택 문제의 서술 방법을 달리 하여도 동일한 선호도가 나타나야 하는데, 이를 불변이라고 한다.

불변 원칙의 위반

- 이익과 손실 영역의 결합으로 프레임을 조정하면 불변의 원칙이 무너질 수 있다.

프레이밍과 결과의 평가

- 카너먼과 트버스키(1979)는 최종적인 부의 수준이 아닌, 기준점으로부터의 이익과 손실이 가치 또는 효용을 결정한다고 주장한다.
- 프레이밍에 따라 선택의 결과가 달라지는데, 이는 불변의 원칙은 성립하지 않는다는 것을 의미한다.
- 할증된 신용카드 가격을 기준점으로 보면 현금에 할인 혜택을 주는 것은 이익으로 인식되고, 할인된 현금 가격을 기준점으로 보면 신용카드에 추가 요금을 부과하는 것은 손실로 인식된다.
- 동일한 크기라도 손실의 고통이 훨씬 더 크기 때문에 할증된 신용카드 가격을 기준점으로 보아서 현금에 할인 혜택을 주는 것이 소비를 더욱 부추길 것이다.

프레이밍과 가능한 사건의 가중치

- 선택의 속성이 불투명하도록 프레이밍을 해도 지배의 원칙에 위반되면서 선호도가 달라질 수 있다.

논쟁거리

- 표준 경제학의 합리성 가정은 경제학에서 편파적인 혜택을 받아왔다. 당연한 사실, 적절한 이상적 표현, 의미 없는 동의어 반복 등으로 합리성을 보호하였다. 또한 통계적 검증에 있어서 귀무가설로 합리성을 채택하여 기각의 가능성을 낮추었다. 이런 이유로, 어떤 의사결정 이론도 합리적 모형에 도전할 수 없었다.
- 표준 경제학자들은 종종 발견되는 합리성 위반 사례들의 중요성을 폄하하면서 합리성 가정을 보호하였다.

- 표준 경제학의 입장: 첫째, 중요하지 않은 선택 문제들에 국한되어 나타나는 특이한 현상들이다. 둘째, 학습에 의해 곧 제거된다. 셋째, 시장의 힘에 의해 곧 수정되기 때문에 경제학과는 관계가 없다.
- 인센티브가 의사결정의 질을 제고하고, 경험 있는 의사결정자가 종종 초보자보다 더 나으며, 차익거래와 경제적 힘이 오류와 환상의 효과를 없애버릴 수는 있다. 하지만 이런 요인들이 특정 상황에서 합리적 선택을 보장하는지는 실증 검증의 대상이다. 추정에 의해서가 아니라 관찰에 의해 판단되어야 한다는 것이다.
- 애컬로프와 옐런(1985)의 근사 합리성 이론은 다음과 같이 전통 경제학의 입장을 비판하고 있다: 경제 변화에 대한 반응으로 산재해 있는 오류들은 개인들에게 아무런 영향을 미치지 못하고(학습의 가능성이 없음), 차익거래의 기회를 제공하지 않으며, 큰 경제적 효과를 가진다. 따라서 증거 없이 시장이 개인들의 비합리성을 수정한다고 믿을 수는 없다.

참고 문헌

- Ackerlof, G. and J. Yellen (1985), Can small deviations from rationality make significant differences to economic equalibria?, American Economic Review 75, 708~720.
- Kahneman, D. and A. Tversky (1979), Prospect theory: An analysis of decision under risk, Econometrica 47, 263~291.
- Tversky, A. and D. Kahneman (1986), Rational choice and the framing of decision, Journal of Business 59, S251~S278.

09 — 생각에 관한 두 가지 체계

카너먼(2011)은 트버스키와 평생 연구한 내용을 〈씽킹 패스트 앤 슬로우〉라는 책으로 엮었다. 안드레이 쉴라이퍼(2012)는 카너먼과 트버스키의 기본적인 연구가 없었다면 광범위한 행동 경제학 분야가 존재하지 않았을 것이라고 평가하기도 했다. 또 그들의 연구가 행동 재무론에 가장 큰 영향을 미쳤으며, 경제학 연구에도 많은 접근법을 제시하였다고 평가하였다. 카너먼의 주장에 따르면 인간은 두 가지 체계에 의해 의사결정을 한다. 이제 그 두 체계에 대해 알아보자.

두 가지 체계란 무엇인가

시스템 1 (또는 자동 시스템)
거의 아무런 노력과 자발적 통제 없이 자동적으로 빠르게 작동한다.

시스템 2 (또는 숙고 시스템)
복잡한 계산을 포함하여 노력이 필요한 정신적 활동에 관심을 할당한다.

카너먼은 **시스템** 1과 **시스템** 2라는 개념을 가지고 이야기를 시작했다. 이들은 스타노비치와 웨스트(2000)가 처음 사용한 용어를 인용한 것으로 카너먼은 다음과 같이 특징을 가진다고 하였다.

> **시스템 1**: 거의 아무런 노력과 자발적 통제 없이 자동적으로 빠르게 작동한다.
> **시스템 2**: 복잡한 계산을 포함하여 노력이 필요한 정신적 활동에 관심을 할당한다. 시스템 2의 운영은 종종 활동의 주체, 선택, 집중의 주관적 경험과 연관성을 가진다.

시스템 1은 즉각적인 반응을 나타내고, 시스템 2는 생각을 요구한다. 시스템 2는 활동이 이루어지는 곳에 자기가 있다고 믿겠지만, 사실은 자동적 시스템 1이 카너먼의 관심사이다. 시스템 1에 관련된 자동적 활동 사례들은 다음과 같다.

- 하나의 객체가 다른 것보다 멀다는 것을 알아챘다.

- 갑자기 소리가 난 곳으로 고개를 돌린다.
- 미완성된 문장을 완성한다.
- 끔찍한 그림을 봤을 때 역겨운 표정을 짓는다.
- 목소리에서 적대감을 가진다.
- 2+2의 정답을 맞힌다.
- 축구 선수 박지성이 날아오는 공을 가슴으로 트래핑해서 오른쪽 허벅지로 받고 이를 다시 왼발로 슈팅한다.

시스템 1은 노력을 거의 필요로 하지 않는 것으로 인간이 동물들과 공유하는 선천적 능력과 기술이 포함되어 있다고 한다. 우리는 주변 인식, 물체 식별, 손실 회피 등에 준비되어 태어난다. 시스템 1은 아이디어 간의 연관성을 배우는데, 사회적 상황의 의미를 읽고 이해하는 기법도 익힌다. 시스템 1의 지식은 기억 속에 저장되어 의도와 노력 없이 튀어나온다.

시스템 1은 무의식적으로 나오기도 하는데, 대부분 비자발적으로 이루어진다. 시스템 1은 행동 경제학과 재무론의 가장 중요한 주제인 **바이어스**를 발생시킨다는 점에서 매우 중요한 개념이다. 시스템 1은 시스템 2의 자발적 관심도 요구한다. 파티에서 갑자기 큰 소리가 난 곳으로 신경이 쓰이지만, 의도적으로 관심을 다른 곳으로 돌릴 수 있다. 매우 다양한 시스템 2의 작동에는 한 가지 공통점이 있는데, 시스템 2는 주의를 요구하지만, 주의가 분산되면 방해를 받는다는 것이다. 그 예를 살펴보자.

바이어스
대안적 견해의 가치를 무시하는 편파적인 관점을 보유하는 성향

- 경기에서 출발 신호에 대비한다.
- 서커스의 광대들에게 집중한다.
- 백발의 여성을 찾는다.
- 자연스러운 수준보다 빠른 보행 속도를 유지한다.
- 문서의 한쪽에서 a의 개수를 세다.
- 연말정산 서식을 채운다.
- 복잡한 논리적 주장의 타당성을 검토한다.
- 연구에서 실증 결과의 해석을 위해 오랫동안 신중히 생각한다.

시스템 2는 자동적 주의와 기억의 기능들을 입력하여 시스템 1의 작동 방식을 변경할 수 있다. 예를 들어, 대합실에서 친구를 찾을 때, '머리가 흰 남자'

또는 '턱수염이 많이 난 남자'를 찾겠다면 먼 거리에서도 친구를 쉽게 찾을 수 있다. 하지만 여러 활동에 할당할 수 있는 집중력의 양이 제한되어 있기 때문에 중요한 일에는 주의를 집중할 필요가 있다. 도로 게시판에 주의하라는 명령이나 반복된 표시가 나오는 이유가 이것이다.

주의와 노력

무엇에 지나치게 열심히 집중하면 자기도 모르게 눈이 멀게 되는 현상이 있다. 이에 대해 가장 극적인 예는 크리스토퍼 차브리스와 대니얼 사이먼스의 **'보이지 않는 고릴라'** 실험이다. 두 교수는 두 팀이 농구공을 주고받는 짧은 동영상을 만들었다. 한 팀은 하얀색, 다른 팀은 검은색 셔츠를 입혔다. 피실험자들은 하얀색 셔츠 팀의 패스 횟수를 세라고 지시를 받았다. 패스 횟수를 세는 것은 상당한 몰입과 집중이 필요하다. 동영상의 중간에 고릴라 복장을 한 학생이 등장해서 9초간 코트를 가로질러 천천히 걸으며 가슴을 두드리는 등의 모습을 취한다.

보이지 않는 고릴라
차브리스와 사이먼스가 한 실험으로 검은색과 하얀색 옷을 입은 두 팀이 농구공을 주고받을 때 검은 고릴라 복장을 한 학생이 9초간 코트를 가로질러 가는 실험

수천 명이 넘는 학생들이 이 동영상을 봤지만 그들의 반 정도가 고릴라의 출연을 전혀 눈치채지 못했다. 검은색 셔츠를 입은 팀을 무시하고 하얀색 셔츠를 입은 팀의 패스 횟수를 세라는 지시를 따랐기 때문이다. 지시를 받지 않고 이 동영상을 본 사람들은 거의 모두 고릴라의 존재를 알았다. 보고 적응하는 것은 시스템 1의 자동 기능이지만 적절한 자극에 어느 정도의 주의력을 할당하는가에 따라 그 기능의 능력은 크게 달라질 수 있다. 고릴라를 못 본 사람들은 처음에 고릴라가 없었다고 확신한다. 그런 분명한 사건을 놓쳤다는 것을 그들은 상상할 수가 없던 것이다. 고릴라 실험은 두 가지의 중요한 시사점을 우리에게 준다. 첫째, 우리가 명백한 사실을 보지 못할 수 있고, 둘째, 우리가 보지 못한다는 것을 모르고 있다는 것이다.

시스템 1과 시스템 2는 상호 작용을 하는데, 시스템 1은 시스템 2를 위해서 인상, 직관, 의도, 느낌 등을 지속적으로 발생시킨다. 시스템 2가 승인하면, 인상과 직관은 믿음으로 바뀌고, 충동은 자발적 활동으로 바뀐다. 이것들이 순조롭게 진행되면 시스템 2는 시스템 1의 제안을 거의 수정 없이 받아들인다. 또한 시스템 2는 끊임없는 연습과 훈련을 통해서 시스템 1로 전환될 수 있다.

시스템 2의 특징은 그 작동이 노력을 필요로 한다는 것으로, 주요 성질 중의

하나가 게으름이다. 게으름이란 정확히 필요한 것보다 많은 노력을 투자하려는 마음이 없는 것이다. 시스템 2는 시스템 1의 조종을 받지만, 시스템 2가 시스템 1의 직관과 충동을 극복하는 노력과 자제력을 요구하기 때문에 시스템 2만이 수행할 수 있는 필수적인 임무가 있다.

서로 다른 4자리 숫자들로 구성된 카드들을 만들고, 4자리 카드 숫자의 자리마다 1을 더하는 게임을 해보자. 예를 들어, 네 자리 숫자가 5294라면 답은 6305가 된다. (9에 1을 더하면 0으로 한다.) 카너먼이 이 실험을 했을 때 사람들의 동공이 커지는 것을 발견할 수 있었다. 시스템 2가 제대로 작동하기 위하여 사람들의 동공이 커진다는 것이다. 하지만 사람들이 감당하기 어려운 더 많은 자릿수의 숫자를 노출시키자 사람들의 동공은 더 커지지 않고 오히려 수축되었다. 이때 사람들에게 "왜 방금 계산을 중단하셨나요?"라고 질문하면 "어떻게 아셨죠?"라면서 깜짝 놀랐다고 한다.

능숙한 일일수록 투입되는 에너지의 양은 감소한다. 일이 익숙해질수록 사람들의 노력하는 양은 줄어들게 되어 있는데, 이를 '**최소 노력의 법칙**'이라고 한다. 이 법칙에 따르면 동일한 목표를 얻기 위하여 여러 가지 방법이 동원될 수 있지만, 사람들은 가장 최소한의 노력을 들이는 방법을 선택한다.

최소 노력의 법칙
일이 익숙해질수록 사람들의 노력 양이 줄어들게 되는 현상

시스템 1, 2와 제한된 합리성

쉴라이퍼는 1980년대 초반에 카너먼과 트버스키의 이론을 공부했던 대학원생으로서 그들의 연구를 매우 높이 평가하고 있다. 그가 카너먼의 책에서 중요하고 완전히 설득력 있는 것으로 시스템 1과 시스템 2의 조화를 들고 있다. 흡연이나 저조한 저축과 같은 소비자의 바람직하지 못한 선택에 대해 경제학자들은 치유책으로 교육에 집중하는 경향이 있다. 즉, 폐암에 의한 죽음, 은퇴 후의 소비 감소, 또는 주식과 채권의 수익률 비교를 보여주면 도움이 될 것으로 생각한다. 실제에 있어서 교육은 대개 실패한다.

교육의 실패는 시스템 1이 교육의 메시지를 처리할 때까지 시스템 2가 실제로 관여하지 않을 수 있기 때문이다. 교육의 메시지가 시스템 1에 의해 무시되면 더는 갈 곳이 없다는 것이다. 이 사실의 시사점은 효과적인 교육과 설득이 시스템 1과 연계되어야만 한다는 것이다. 예를 들어, 상속세보다는 '**사망세**'라고 부르는 것이 납세자가 될 근면한 미국 농부에 대한 통계보다 국민에

사망세
사망한 사람의 입장에서 상속세의 다른 표현

게 더 충격적일 것이다. 〈넛지〉의 공저자인 탈러와 선스타인은 시스템 1에 의존하는 사람들을 위해 의사결정을 단순화해야 한다고 주장한다. 퇴직 저축의 경우 교육된 시스템 2도 작동하지 않는 경우가 있는데, 이때 의사결정을 단순화하면 효과적일 수 있다는 것이다.

한편, 쉴라이퍼는 마지막으로 시스템 1과 경제학에서 오래전부터 받아들여지고 있는 제한된 합리성을 구별하였다. 시스템 1은 인간의 휴리스틱과 바이어스로부터 자연적으로 발생하는 현상이다. 이에 비해, 제한된 합리성이란 의사결정 문제 취급의 어려움, 인간의 인지적 제한, 의사결정에 필요한 시간 등에 의해 합리성이 제한된다는 것이다. 이 책의 앞부분에서 설명한 바와 같이, 이 경우에 최소한의 필요조건을 추구하는 사람으로서의 의사결정자는 최적보다 만족할 만한 정도의 의사결정을 추구하게 된다. 이러한 제한된 합리성은 허버트 사이먼에 의해 제시된 이론이다. 쉴라이퍼는 제한된 합리성 때문에 인간이 합리적이기는 어렵지만, 시스템 1에 의한 비합리성과는 구별되어야 한다고 하였다. 하지만, 인간의 인지적 제한이 휴리스틱에 의한 바이어스를 포함하기 때문에 시스템 1과 제한된 합리성을 구별하기는 어려운 측면이 있다. 카너먼도 2002년 노벨상 수락 연설에서 시스템 1에 의한 제한된 합리성을 자세히 설명하였다.

주요 용어

바이어스	사망세	시스템 2
보이지 않는 고릴라	시스템 1	최소 노력의 법칙

핵심 정리

- 안드레이 쉴라이퍼(2012)는 카너먼과 트버스키의 기본적인 연구가 없었다면 광범위한 행동 경제학 분야가 존재하지 않았을 것이라고 평가했다.
- 카너먼의 주장에 따르면 인간은 두 가지 체계에 의해 의사결정을 한다.

두 가지 체계란 무엇인가?

- 시스템 1: 거의 아무런 노력과 자발적 통제 없이 자동적으로 빠르게 작동한다.
- 시스템 2: 복잡한 계산을 포함하여 노력이 필요한 정신적 활동에 관심을 할당한다. 시스템 2의 운영은 종종 활동의 주체, 선택, 집중의 주관적 경험과 연관성을 가진다.

주의와 노력

- 무엇에 지나치게 열심히 집중하면 자기도 모르게 눈이 멀게 되는 현상이 있다.

• 가장 극적인 예는 크리스토퍼 차브리스와 대니얼 사이먼스의 '보이지 않는 고릴라' 실험이다.
• 능숙한 일일수록 투입되는 에너지의 양은 감소한다. 일이 익숙해질수록 사람들의 노력하는 양은 줄어들게 되어 있는데, 이를 '최소 노력의 법칙'이라고 한다. 이 법칙에 따르면 동일한 목표를 얻기 위하여 여러 가지 방법이 동원될 수 있지만, 사람들은 가장 최소한의 노력을 들이는 방법을 선택한다.

시스템 1, 2와 제한된 합리성

• 교육의 실패는 시스템 1이 교육의 메시지를 처리할 때까지 시스템 2가 실제로 관여하지 않을 수 있기 때문이다. 교육의 메시지가 시스템 1에 의해 무시되면 더는 갈 곳이 없다는 것이다.
• 이의 시사점은 효과적인 교육과 설득이 시스템 1과 연계되어야만 한다는 것이다. 예를 들어, 상속세보다는 '사망세'라고 부르는 것이 납세자가 될 근면한 미국 농부에 대한 통계보다 국민에게 더 충격적일 것이다.
• 시스템 1은 인간의 휴리스틱과 바이어스로부터 자연적으로 발생하는 현상이다.
• 제한된 합리성이란 의사결정 문제 취급의 어려움, 인간의 인지적 제한, 의사결정에 필요한 시간 등에 의해 합리성이 제한된다는 것이다.
• 인간의 인지적 제한이 휴리스틱에 의한 바이어스를 포함하기 때문에 시스템 1과 제한된 합리성을 구별하기는 어렵다.

참고 문헌

• Kahneman, D. (2003), Maps of bounded rationality: Psychology for behavioral economics, American Economic Review 93 (5), 1449~1475.
• Kahneman, D. (2011), Thinking, fast and slow, FSG.
• Stanovich, K. and R. West (2000), Individual differences in reasoning: Implications for the rationality debate?, Behavioral and Brain Sciences 23, 645~726.
• Shleifer, A. (2012), Psychologists at the gate: A review of Daniel Kahneman's Thinking, Fast and Slow.

10 — 멘탈 어카운팅

리처드 탈러가 2017년에 노벨상을 단독 수상한 업적 중의 중요한 하나는 **멘탈 어카운팅**이다. 탈러(1985)는 트버스키와 카너먼(1981)이 주장하는 심리학의 프레이밍 개념으로부터 멘탈 어카운팅을 고안하였다. 멘탈 어카운팅이란 거래와 투자 등을 할 때 마음속에 여러 개의 계정을 만들어서 인식과 평가를 달리하는 것이다. 이제 그가 주장한 멘탈 어카운팅의 개념을 살펴보자. 탈러는 그의 주장을 뒷받침하기 위해 다음 사례를 제시하였다.

사례 1

L 씨 부부와 H 씨 부부는 연어를 잡기 위해 알래스카로 여행을 떠났다. 그들은 잡은 연어를 비행기를 이용해서 집으로 보냈는데, 이 연어가 도중에 분실되었다. 그들은 항공사로부터 $300의 보상금을 받았다. 이 부부들은 이 돈으로 저녁을 먹기 위해 고급 식당에 가서 $225를 사용하였다. 이 식당은 너무 고급이어서 그들이 절대 가본 적이 없었던 곳이다.

사례 2

X 씨는 어떤 날 밤의 포커 게임에서 $50을 벌었다. 그리고 퀸 플러시 카드가 나왔을 때, $10을 베팅하였다. 오늘 IBM 주식 $100이 50% 오른 Y 씨는 포커 게임에서의 손익은 0이었는데, 킹 플러시가 나오자 $10 베팅에 기권하였다. (킹 플러시는 퀸 플러시를 이기는 카드다.) X 씨가 이겼을 때, Y 씨는 '오늘 포커에서 $50을 벌었으면 기권하지 않았을 텐데'라고 혼잣말을 했다.

사례 3

J 씨 부부는 꿈같은 휴양지 별장을 갖고 싶어서 $15,000을 저축하였다. 그들은 5년 뒤에 별장을 구매하기로 하였다. 이 돈은 10%의 이자율로 저축되고 있다. 이런 상태에서 그들은 새 자동차 구매를 위해 15% 이자율로 $10,000을 3년 만기 대출로 받았다.

위의 사례를 하나씩 살펴보자. 첫 번째 사례는 돈에 정해진 사용 목적인 꼬리표가 없다는 '대체 가능성' 원칙을 무시했다. 그들은 보상금 $300이 우연한 이익이면서 동시에 음식 어카운트에 속한다고 생각했다. 하지만 연봉이 $300 올랐다면 고급 음식점에서 그런 저녁을 먹지 않았을 것이다. 그들은 연봉의 상승과 우연한 이익의 결과가 모두 대체 가능한 돈이라는 사실에도 불구하고, 우연한 이익인 경우에만 고급 음식점 이용을 한다는 것이다.

두 번째 사례는 돈에도 일시적인 용도가 있다는 것을 설명한다. 두 사람 모두 오늘 $50의 이익이 생긴 것은 마찬가지지만, 포커 게임에서 이익을 본 경우에만 베팅을 세게 할 수 있다는 것이다. 즉, 포커 게임에서 참가자의 행동은 그날 밤의 손익에 의해서 결정되는 것이지, 평생의 손익이나 주식시장에서의 미실현 이익과는 관계가 없다.

세 번째 사례는 자기 통제 부족에 의한 자체 평가로 인해 돈의 대체 가능성 원칙이 무시된 경우이다. 새 자동차를 사기 위해 $15,000의 저축으로부터 인출하면 다시 그 저축을 채워 넣기 어렵다는 생각 때문에 더 높은 이자율로 신규 대출을 받은 것이다. 즉, 은행의 감시하에 대출금을 상환하는 것이 자기 통제 하에 인출금을 채워 넣기보다 쉽다는 것이다.

탈러(1985)는 프레이밍이라는 개념과 이러한 사례들을 연결시켜 생각하면서 멘탈 어카운팅이라는 새로운 개념을 만들어냈다. 멘탈 어카운팅은 다음의 세 가지 요소로 구성된다: **멘탈 어카운트**, **멘탈 연산**, **거래 효용**.

멘탈 어카운트
멘탈 어카운팅에서 심리적인 마음 속의 계정

멘탈 연산
경제적 결과에 대해 쾌락적으로 편집하여 평가하는 방법

거래 효용
취득 효용이 아니면서 거래 자체로부터 얻는 효용

멘탈 어카운트

어카운팅이란 기업의 영업 및 재무 활동을 정리하여 보고하는 기법이다. 어카운팅 시스템에 의해서 주인은 대리인을 감시하기도 하고, 인센티브를 제공하기도 한다. 개인도 비슷한 전략을 이용하여 금전적 문제를 해결하는데, 이때 사람이 임의로 마음속에 만드는 심리적 체계를 멘탈 어카운트라 하고, 이의 운영을 멘탈 어카운팅이라고 하였다. 멘탈 어카운팅은 개인이 재무 활동을 계획하고, 평가하며, 추적하기 위해 사용하는 인지적 운영 체계이다. 사람들은 여러 예산 항목에 대해 실질적 또는 명목적 멘탈 어카운트를 가질 수 있다. 퇴직 저축을 위해서는 실질적으로 '퇴직 저축' 어카운트를 만들어 쉽게 다른 용도로 전용하지 못하도록 한다. 가족의 지출에 대해서는 생활비, 의복비,

교육비 등의 명목적 멘탈 어카운트를 만들어 사용하기도 한다.

멘탈 어카운팅과 전통적인 기업 재무회계와의 공통점은 어카운트 간의 대체가 어렵다는 것이고, 다른 점은 개인의 마음속에 존재한다는 것이다. 대형 조직의 경우, 어떤 예산은 충분한 자금이 남아 있고 다른 예산은 이미 소진된 경우, 소진된 예산 항목의 집행은 다음 회계연도로 연기되는 경우가 종종 발생한다. 개인의 경우에도 이런 경우가 있다. 예를 들어, 주초에 가족이 저녁 영화를 보기 위하여 돈을 많이 썼으면, 그 가족은 주말에 쇼핑몰에 갈 수는 있어도 저녁에 외식을 삼가는 성향이 있다. 당해 주간의 쇼핑 어카운트는 여유가 있지만, 가족 오락 및 외식 어카운트의 예산을 모두 소진하였기 때문에 그럴 수 있다. 쇼핑 어카운트와 가족 오락 및 외식 어카운트는 모두 현금이기 때문에 대체할 수 있고 주말 외식의 효용이 더 크다고 할지라도 멘탈 어카운트가 존재하는 경우에는 전용이 어려운 것이다. 즉, 사람 마음속의 멘탈 어카운트는 마치 기업의 재무회계처럼 전용을 어렵게 한다.

멘탈 연산 1: 프로스펙트 이론에 근거한 예측

프레이밍(또는 범주화)
주어진 상황이나 문제를 설명하는 방법

멘탈 연산은 경제적 결과에 대해 평가하는 방법을 의미한다. 신고전주의 경제학에 의하면 어떤 경제적 결과는 그것의 **프레이밍(또는 범주화)**과는 무관하게 효용이 결정된다고 한다. 하지만 심리학 이론에 따르면 결과를 어떻게 프레이밍 하는가에 따라 효용이나 의사결정이 달라진다. 따라서 어떤 경제적 결과에 대해 사람들은 마음속의 효용을 가장 높이기 위해 주어진 결과의 프레이밍 방법을 선택해야 한다.

이때 사용하는 마음속의 효용은 신고전주의 경제학의 효용 함수가 아니라 카너먼과 트버스키가 개발한 가치 함수를 사용한다(여기서 가치 함수라는 이름을 사용하지만, 효용이라는 개념이 훨씬 널리 사용되므로 두 가지를 혼용하기로 한다). 앞에서 언급된 카너먼과 트버스키(1979)의 가치 함수를 생각해 보자. 가치 함수는 원래 한 개의 경제적 결과를 평가하지만, 이를 확장하여 x와 y라는 두 개의 통합 결과가 존재하는 경우를 생각해 보자. 객관적인 경제적 결과는 x+y가 되고, 이를 가치 함수로 표현하면 v(x+y)가 될 것이다. 이는 결과 x와 y를 통합하여 평가하는 것이다. 결과 x와 y를 분리하여 가치 함수로 평가하면 v(x)+v(y)가 된다.

x와 y라는 결과를 받아들이는 사람의 인식에 따라 통합과 분리가 결정될 수 있다. 이를 이익과 손실을 다르게 인식하는 가치 함수로 평가하는 것이 멘탈 연산이다. 여기서 두 개의 결과인 x와 y를 결합하여 평가 또는 분리하여 평가하느냐가 멘탈 연산의 핵심이다. 탈러는 사람들이 대개 자신들을 가장 행복하게 하는 방향으로 결합 또는 분리 평가를 선택한다고 하였다. 이를 **쾌락적 편집**이라고 한다.[1]

쾌락적 편집
자신을 가장 행복하게 하는 방향으로 결합 또는 분리 평가를 선택하는 것

그림 10-1은 앞에서 제시되었던 프로스펙트 이론의 가치 함수를 다시 보여주고 있다. 이 가치 함수의 특징을 다음과 같이 세 가지로 정리할 수 있다.

① 이익과 손실 영역에서 다른 의사결정이 이루어진다.

② 가치 함수는 이익 영역에서는 오목하고, 손실 영역에서는 볼록하다.

③ 이익 영역보다는 손실 영역에서 가치 함수의 기울기가 더 가파르다.

이를 이용하여 아래의 여러 경우를 판단해 보자.

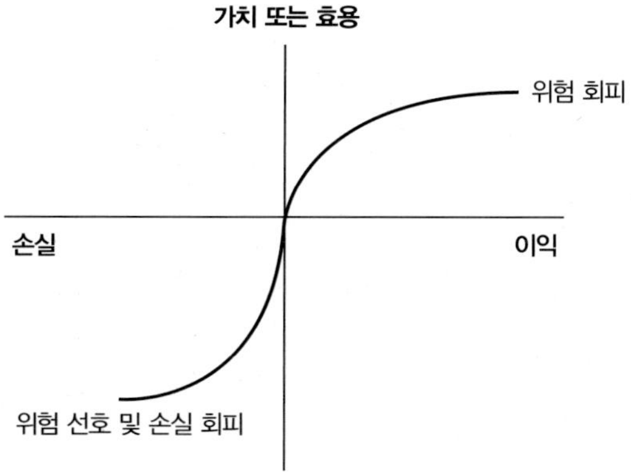

그림 10-1
가치 함수

두 개의 결과를 **분리**하여 평가하면 총 가치 함수는 다음과 같이 가치 함수의 덧셈으로 표현될 수 있다: v(x)+v(y). 하지만 두 개의 결과를 **통합**하여 평가하면 총 가치 함수는 두 결과의 합에 가치 함수를 적용하면 된다: v(x+y). 한편, 두 개의 결과는 이익과 손실에 따라 다음과 같이 네 가지 경우로 생각할 수 있다: ① 두 개의 결과가 모두 이익; ② 두 개의 결과가 모두 손실; ③ 이익이 손실보다 큰 경우: 순이익; ④ 손실이 이익보다 큰 경우; 순손실. 이제부터

통합
결과들을 합하여 함께 판단하는 것

1 쾌락적 편집(hedonic)이란 사람들이 효용을 최대화할 수 있도록 두 개 또는 여러 개의 결과를 편집한다는 것이다. 여기서는 카너먼과 트버스키의 프로스펙트 이론에 의한 가치 함수를 최대화하도록 편집한다. 물론 쾌락적 편집만이 사람들의 심리를 설명하는 유일한 방법은 아니다.

는 x와 y가 모두 0보다 크다고 가정하자.

두 개의 결과가 모두 이익인 첫 번째 경우는 판단하기가 매우 간단하다. 두 개의 결과가 모두 이익인 경우에는 이익 영역의 가치 함수가 오목한 형태이므로 분리한 각각의 결과 합이 통합한 결과보다 크다: $v(x)+v(y)>v(x+y)$. 즉, 분리하여 평가하는 것의 효용이 더 크기 때문에, 사람들은 두 개의 이익을 분리하여 평가하게 된다. 모든 크리스마스 선물을 한 상장에 담지 말라는 말이 있는데, 이는 결과가 모두 이익인 경우에는 분리하여 평가하는 것이 좋다는 의미로 해석할 수 있다.

두 개의 결과가 모두 손실인 두 번째 경우도 간단하게 판단할 수 있다. 이 경우에는 $-x$와 $-y$가 두 개의 결과이다. 손실 영역의 가치 함수가 볼록한 형태이므로, 통합한 경우가 분리한 경우의 가치보다 크다: $v(-x)+v(-y)<v(-(x+y))$. 즉, 통합하여 평가하는 것의 효용이 더 크기 때문에 사람들은 두 개의 손실을 통합하여 평가하게 된다. 신용카드는 모든 소비 지출을 하나로 모아 총금액을 보여주는데, 이렇게 하여 마음속 지출(또는 손실)의 총비용을 감소시켜 준다.

경우	통합 결과(x>0, y>0)	가치 함수 결과	선호 결과
1	(x, y): 두 개의 이익	$v(x)+v(y) > v(x+y)$	이익을 분리함
2	(−x, −y): 두 개의 손실	$v(-x)+v(-y) < v(-(x+y))$	손실을 통합함
3	(x,−y): x>y; 순이익	$v(x)+v(-y) < v(x-y)$	큰 이익에 손실을 취소시킴
4	(x,−y): x<y; 순손실	$v(x)+v(-y)\ ?\ v(x-y)$	실버 라이닝은 분리함 비슷한 손익은 통합함

세 번째, 순이익의 경우는 손실 영역의 가치 함수 기울기가 이익 영역의 가치 함수 기울기보다 크기 때문에 통합한 순이익의 결과가 분리한 결과의 합보다 크다: $v(x)+v(-y)<v(x-y)$. 즉, 순이익인 경우에는 통합이 이익에 의한 손실의 취소 기능을 담당하기 때문에 효용이 더 커지게 된다. 두 개의 주식에 투자하여 각각 이익과 손실을 경험했지만, 순이익이 조금이라도 발생했다면, 각각의 결과를 통합하여 평가하는 것의 효용이 더 커지게 되는 경우가 이에 해당한다.

네 번째, 순손실의 경우는 조금 복잡해진다. x에 비해 y가 매우 큰 경우에는 분리가 더 유리하다: $v(x)+v(-y)>v(x-y)$. 이는 분리 선호인 경우로, 통합 결과가 $40와 −$6,000라고 생각해 보자. 손실 영역의 −$6,000에서 가치 함수의 값은 상대적으로 평평하기 때문에 $40을 더해서 −$5,960이 되어도 효용은 크게 증가하지 않는다. 하지만 −$6,000의 가치 함수 값에 이익 영역에서 $40의 가치 함수 값을 더하면 통합한 경우보다 효용이 더 커진다. 이를 '**실버 라이닝**'이라고 표현할 수 있다.[2] 한편, x와 y의 크기가 비슷한 경우에는 통합하는 것이 더 유리하다. 예를 들어, 통합 결과가 $40과 −$50인 경우를 생각해 보자. $40의 기쁨이 손실 −$50의 고통보다 훨씬 작기 때문에 이 경우에는 통합이 더 유리하다. 즉, $v(x)+v(-y)<v(x-y)$가 된다. 그림 10−2에서 통합 선호인 경우가 이를 보여주고 있다.

실버 라이닝
작은 이익을 큰 손실과 분리 평가하여 얻게 되는 작은 기쁨

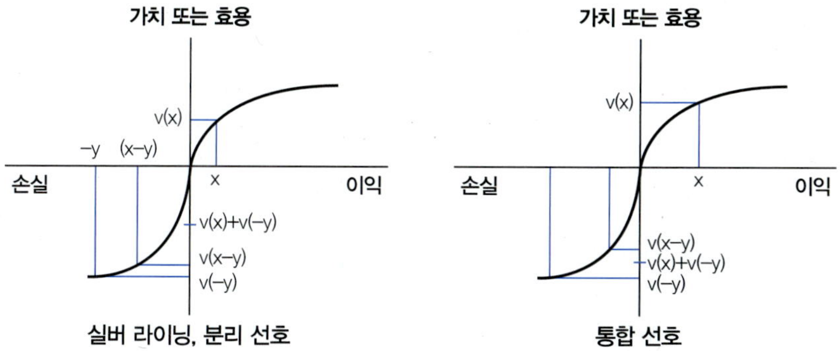

그림 10−2
분리 선호와 통합 선호
출처: Thaler(1985)

멘탈 연산 2: 실험 결과

프로스펙트 이론에 의한 멘탈 연산의 예측은 실험 결과에 의해서 그 타당성을 평가할 수 있다. 이에 탈러는 87명의 코넬 대학 학부생을 대상으로 작은 실험을 시행하였다. 즉, 위의 통합 결과에 따른 4가지 상황을 가정하여, 분리 선호를 의미하는 A와 통합 선호를 의미하는 B 중에서 선택하도록 하는 것이다. 모든 학생에게 다음과 같은 지문이 소개된다.

> 당신은 4개의 상황을 접하게 됩니다. 각 상황에서, A 씨에게는 두 가지 사건이 발생하고, B 씨에게는 한 가지 사건이 발생할 것입니다. A 씨와 B 씨 중에서 누가 더 행복할까 또는 누가 더 화가 났을까를 선택하세요. 두 경우가 감정적으로 차이가 없다고 생각하면, '차이 없음'을 선택하면 됩니다. 모든 상황에서 A 씨와 B 씨는 금전적으로 동일한 결과를 얻게 됩니다.

2 실버 라이닝이란 구름의 흰 가장자리를 의미하는데 희망이란 뜻이다. 즉, 매우 안 좋은 상황에서는 작은 희망이라도 긍정적인 측면이 있다는 뜻이다.

4개의 실험과 학생들의 선택 결과는 다음과 같다.

상황		상황의 설명	① 질문 ② 선택 결과 ③ 멘탈 연산의 결과
1	A 씨	월드 시리즈 관련 로또 표들이 생겼다. 한 로또에서 $50, 다른 로또에서 $25를 벌었다.	① 누가 더 행복할까? ② A:56, B:16, 차이 없음:15 ③ 이익의 분리
	B 씨	하나의 큰 월드 시리즈 로또 표가 생겼다. 이 로또에서 $75을 벌었다.	
2	A 씨	국세청으로부터 세금 보고서가 잘못되어 $100을 더 내야 한다는 우편이 왔다. 같은 날 그는 주 세무 당국으로부터 $50을 더 내야 한다는 비슷한 우편을 받았다.	① 누가 더 화가 날까? ② A:66, B:14, 차이 없음:7 ③ 손실의 통합
	B 씨	국세청으로부터 세금 보고서가 잘못되어 $150을 더 내야 한다는 우편이 왔다.	
3	A 씨	뉴욕주 로또 표를 사서 $100을 벌었다. 또 황당한 사고로 아파트 카펫이 손상되어 $80을 지불해야 했다.	① 누가 더 행복할까? ② A:22, B:61, 차이 없음:4 ③ 손익의 통합(이익>손실)
	B 씨	뉴욕주 로또 표를 사서 $20을 벌었다.	
4	A 씨	자동차가 주차장에서 손상을 입었다. 수리비로 $200을 써야 했다. 같은 날 그는 축구 도박 게임에서 $25를 벌었다.	① 누가 더 화가 날까? ② A:19, B:63, 차이 없음:5 ③ 손익의 분리(손실>이익)
	B 씨	주차장에서 자동차가 손상을 입어서 $175를 써야 했다.	

위의 4가지 실험 결과는 위 표의 마지막 열에 정리되어 있다. 두 개의 이익은 분리하는 것이 두 개의 손실은 통합하는 것이 효용을 더 높여준다. 이익이 손실보다 큰 통합 상황에서는 통합하는 것의 효용이 더 크다. 한편, 손실이 이익보다 매우 큰 경우에서는 분리가 더 효용을 높여주었는데, 이는 앞에서 언급하였던 실버 라이닝 현상이 발생한 것이다(손실이 이익보다 커도 양자의 크기가 비슷하다면 통합하는 것이 더 유리하다). 탈러는 위의 실험 결과가 프로스펙트 이론에 따르는 멘탈 연산의 예측을 지지한다고 주장하였다.

멘탈 연산 3: 기준점 결과의 연산

이제 기준점 결과의 멘탈 연산에 대해 알아보자. 어떤 사람이 x라는 금액을 기대하고 있었는데 (x+Δx)를 받게 되었다고 하자. 이런 결과는 어떤 효용을 가지게 될까? 이 경우 기대했던 금액 x는 기준점이 되고, 이를 **기준점 결과**라고 한다. 기대했던 결과를 받을 것이라고 예상하자. x를 기대했는데 x를 받게 되면 효용은 $v(x:x)=0$이 된다. $(x+\Delta x)$에서 Δx가 0이라면, 기대했던 결과를 얻었기 때문에 이 사람의 효용은 0이 된다. 즉, 기대했던 금액을 받게 되면 아무런 효용 변화가 없다는 것이다. 하지만 Δx가 0이 아니라면 이 결과를 어떻게 프레이밍 할 것인가를 생각해야 한다. 즉, x와 Δx를 분리 또는 통합해서 평가해야 하는가를 결정해야 한다.

상황 1

A 씨는 $300의 크리스마스 보너스를 기대했다. 실제 지급된 보너스 금액도 $300이었다. 1주일 후에 이 보너스 지급에 오류가 있어서 $50을 반환해야 했다.

상황 2

B 씨는 $300의 크리스마스 보너스를 기대했다. 그런데 실제로 지급된 보너스 금액은 $250이었다.

위의 두 가지 상황에서 누가 더 화가 났을까? 당연히 A 씨가 더 화가 났을 것이다. 왜 그럴까? A 씨와 B 씨 모두 $250을 받게 되었지만, A 씨의 손실(반환액) $50은 $300의 이익과 분리되어 인식되기 때문이다. $300의 이익은 이미 지나간 일이고, 새로운 $50의 손실만을 별개로 인식하게 되면 그 효용은 $v(-50)$이 된다. B 씨는 $300의 보너스를 기대했지만 $250을 받게 되었으므로 이를 통합하여 인식하게 된다. 이때의 효용은 $-[v(300)-v(250)]$이 되어서, 이의 절대값은 $v(-50)$보다 작다. 따라서 A 씨는 B 씨보다 화가 더 나게 된다.

기준점 결과의 연산을 다시 정리해도 효용을 증가시키기 위해서는 앞에서 제시된 네 가지 원칙이 분리 또는 통합을 결정하게 된다.

1. 이익의 증가는 분리되어야 한다.
2. 손실의 증가는 통합되어야 한다.
3. 이익의 감소는 통합되어야 한다(이익에 의한 손실의 취소).
4. 손실의 작은 감소는 분리되어야 한다(실버 라이닝).

거래 효용

어떤 신문에 게재되었던 다음의 사례를 생각해 보자.

> 내 여동생은 다른 여성과 공유하는 월 $235의 재임대 아파트에 대해 자기가 $185를 낸다는 사실을 알게 되었다. 다른 여성은 월 $50을 내면서 이의 정당성을 다음과 같이 두 가지로 설명하였다. 첫째, 뉴욕시의 열악한 주거 환경 속에서 내 동생이 그 아파트에 살 수 있도록 했다. 둘째, 뉴욕시에서 아파트를 재임대하는 사람은 적어도 나쁜 마음으로 내 동생을 속일 것이다. 그 여성이 제시한 두 가지 이유는 부정할 수 없을 정도로 맞는 말이지만, 우리의 기분을 네 배로 나쁘게 하였다.

취득 효용
기꺼이 지불하고자 하는 (최대) 금액과 실제 지불 가격의 차이; 소비자 잉여라고도 함

거래 효용
취득 효용이 아니면서 거래 자체로부터 얻는 효용

위의 기사로 볼 때, 필자의 여동생은 아마도 $185의 금액으로 괜찮은 방을 구했지만, 그래도 기분이 언짢아 보인다. 왜 그럴까? 이의 심리적 속성을 설명하기 위해 탈러는 다음의 두 가지 효용을 제시하였다: **취득 효용**과 **거래 효용**. 전자는 지불한 비용에 대한 상품의 가치에 따라 결정되지만, 후자는 거래의 가치를 어떻게 인지하는지에 따라 결정된다. 따라서 어떤 상품의 구매에 의한 총 효용은 다음과 같다.

총 효용 = 취득 효용 + 거래 효용

여기서 취득 효용은 정해진 가격을 주고 상품을 구매하는 것으로부터 얻는 효용으로, 경제학의 소비자 잉여 개념에 해당한다. 소비자가 느끼는 상품의 가치가 지불한 가격을 초과할 때 발생한다. 하지만 거래 효용은 소비자가 생각하는 기준점 가격과 구매 가격과의 차이에 의해 발생한다. 이제 기준점 가격 p^*에 대해 알아보자. 앞에서 언급하였듯이 판매자의 조달 비용에 대한 구매자의 인식이 공정성에 영향을 미치고, 이러한 공정성이 **기준점 가격** p^*를 결정하게 된다. 다음의 예를 살펴보면 **공정성**에 따른 기준점 가격의 개념을 쉽게 이해할 수 있다.

당신은 몹시 더운 날 해변에 누워 있다. 마실 것은 얼음물뿐이다. 1시간 동안 당신은 좋아하는 브랜드의 차갑고 맛있는 맥주 맛이 얼마나 좋을지 상상하고 있었다. 이때 친구가 벌떡 일어나서 전화하러 가는데 가장 가까운 맥주 판매점(멋진 리조트 호텔 또는 허름한 식료품점)에서 맥주를 사서 오겠다고 제안하였다. 그는 맥주가 비쌀 수 있으므로 맥주 가격으로 얼마나 지불할 것인가를 물어보았다. 당신이 제시한 가격과 비슷하다면 맥주를 살 것이라고 말했다. 그러나 당신이 말하는 가격보다 비싸면 사지 않겠다고 하였다. 당신은 이 친구를 신뢰하고 호텔의 바텐더나 상점 주인과 협상할 수 없다. 그에게 어떤 가격을 제시할 것인가?

위의 상황으로 설문을 조사하였더니, 그 결과는 인상적이었다. 허름한 식료품점에 대해 제시한 가격의 중간값은 $1.50이었고, 멋진 리조트 호텔에 대해 제시한 가격의 중간값은 $2.65이었다. 궁극적인 소비 상품인 맥주의 품질은 동일하기 때문에 표준 경제학에 의하면 기준점 가격이 상이할 이유가 없지만, 구매 장소가 다르기 때문에 응답자들은 판매자의 조달 비용이 다르다는 것을 알고 있다. 판매자의 조달 비용이 다르니까 응답자들은 호텔과 식료품점에 대해 다른 기준점 가격을 제시한 것이다. 즉, 맥주 판매자의 조달 비용을 고려할 때, 식료품점보다는 호텔에서의 맥주 기준점 가격이 더 높게 형성된 것이다. 따라서 표준 경제학적 개념과는 달리 같은 제품일지라도 기준점 가격이 달라질 수 있음을 알 수 있다.

주요 용어

거래 효용	멘탈 연산	프레이밍(또는 범주화)
멘탈 어카운트	실버 라이닝	
멘탈 어카운팅	쾌락적 편집	

핵심 정리

- 리처드 탈러가 2017년에 노벨상을 단독 수상한 업적 중의 중요한 하나는 멘탈 어카운팅이다.
- 탈러(1985)는 심리학의 프레이밍 개념으로부터 멘탈 어카운팅을 고안하였다.
- 멘탈 어카운팅이란 거래와 투자 등을 할 때 마음속에 여러 개의 계정을 만들어서 인식과 평가를 달리하는 것이다.

멘탈 어카운트

- 사람이 임의로 마음속에 만드는 심리적 체계를 멘탈 어카운트라 하고, 이의 운영을 멘탈 어카운팅이라고 한다.
- 멘탈 어카운팅과 전통적인 기업 재무회계와의 공통점은 어카운트 간의 대체가 어렵다는 것이고, 다른 점은 개인의 마음속에 존재한다는 것이다.

멘탈 연산 1: 프로스펙트 이론에 근거한 예측

- x와 y라는 결과를 받아들이는 사람의 인식에 따라 통합과 분리가 결정될 수 있다. 이를 이익과 손실을 다르게 인식하는 가치 함수로 평가하는 것이 멘탈 연산이다.
- 두 개의 결과인 x와 y를 결합하여 평가 또는 분리하여 평가하느냐가 멘탈 연산의 핵심이다.
- 탈러는 사람들이 대개 자신들을 가장 행복하게 하는 방향으로 결합 또는 분리 평가를 선택한다고 하였다. 이를 쾌락적 편집이라고 한다: 두 개의 이익은 분리함; 두 개의 손실은 통합함; 큰 이익과 작은 손실은 통합하여 손실을 취소시킴; 큰 손실과 작은 이익은 분리함(실버 라이닝).

멘탈 연산 2: 실험 결과

- 쾌락적 편집의 4가지 방법은 실험에 의해 지지된다.

멘탈 연산 3: 기준점 결과의 연산

- 어떤 사람이 x라는 금액을 기대하고 있었는데 (x+Δx)를 받게 되었다고 하자. 이 경우 기대했던 금액 x는 기준점이 되고, 이를 기준점 결과라고 한다.
- x를 기대했는데 x를 받게 되면 효용은 v(x:x)=0이 된다.

거래 효용

- 효용에는 취득 효용과 거래 효용이 있다: 총 효용=취득 효용+거래 효용.
- 취득 효용은 지불한 비용에 대한 상품의 가치에 따라 결정된다.
- 거래 효용은 거래의 가치를 어떻게 인지하는지에 따라 결정된다.

참고 문헌

- Thaler, R. (1985), Mental accounting and consumer choice, Marketing Science 4, Summer, 199~214. (Reprinted in 2008, Vol. 27, No. 1, 15~25.)
- Thaler, R. (1999), Mental accounting matters, Journal of Behavioral Decision Making 12, 183~206.
- Thaler, R. (2018), From cashews to nudges: The evolution of behavioral economics, American Economic Review 108, 1265~1287.
- Tversky, A. and D. Kahneman (1981), The framing of decisions and the rationality of choice, Science 211, 453~458.

11 자기 통제: 계획 자아와 행동 자아

"인간이 미래의 자기 행동에 왜 제약을 줄까?"라는 질문은 스트로츠(1955~56)의 연구 이후 경제학자들의 관심사가 되었다. 스트로츠와 후속 연구들은 이런 형상을 **취향 변화**로 설명하였다. 스트로츠의 모형에 의하면 미래 선호도(또는 효용)를 현재 선호도와 비교하기 위해 사용하는 할인율이 지수형이 아니면, 현재와 미래의 선호도에 정합성이 없어진다고 하였다.[1]

취향 변화
현재의 선호도가 미래의 선호도와 다른 현상

자기 통제 모형

탈러와 셰프린(1980)은 스트로츠의 선호도 변화 접근법에서 벗어나 인간은 어떤 시점에 갈등하는 두 개의 선호도를 가진다고 생각하였다. 이 개념은 애덤 스미스가 〈도덕적 감정 이론〉에서 사용한 두 가지 자아 모형과 비슷하다. 이와 비슷한 개념들은 이미 경제학과 심리학에서 언급된 바가 있다. 하지만 탈러와 셰프린(1980)은 두 가지 자아를 가진 경제적 인간에 대해 과학적, 체계적으로 접근한 최초의 연구라는 점에서 의미가 있다. 그들에 따르면 인간의 자아는 두 가지가 있는데, 하나는 **원시안적** 계획 자아이고, 나머지 하나는 **근시안적** 행동 자아이다. **계획 자아**는 카너먼이 정의한 시스템 2의 숙고 시

원시안적
전체 기간의 효용 최대화를 추구하는 입장

근시안적
주어진 기간의 효용 최대화만을 추구하는 입장

계획 자아
전체 기간의 효용 최대화를 위해 계획을 세우는 자아

지수형 할인율
두 시점 간의 한계 대체율이 두 시점의 거리에만 의존하는 할인 방법에서 사용하는 할인율

쌍곡형 할인율
가까운 미래의 할인율이 가장 크고 먼 매래로 갈수록 할인율이 작아지는 유형의 할인율

지연 할인
시간이 지날수록 할인율이 감소하는 할인

1 새뮤얼슨은 1937년에 할인된 효용(discounted utility)의 개념을 소개하였는데, 이는 미래의 효용을 현재의 효용으로 할인하는 것이다. 이때 다음과 같은 **지수형 할인율**을 사용한다: e^{-rt}, $0<r<1$, k는 기간. 지수형 할인율은 시간이 흐름에 따라 급격히 작아진다. 신고전주의 경제학은 새뮤얼슨이 제시한 지수형 할인율을 기반으로 한다. 예를 들어, k가 0.1인 경우, 미래 1 시점의 효용을 현재 0 시점으로 할인하면 $e^{-0.1\times1}=e^{-0.1}$이 적용되고, 미래 2 시점의 효용을 현재 0 시점으로 할인하면 $e^{-0.1\times2}=e^{-0.2}$이 적용되며, 미래 2 시점의 효용을 미래 1 시점으로 할인하면 $e^{-0.1\times1}=e^{-0.1}$이 적용된다. 즉, t 기간의 할인에는 항상 $e^{-0.1\times t}$의 할인율이 적용된다. 따라서 지수형 할인율을 사용하면 시점에 관계없이 선호도 정합성이 존재하지만, 그렇지 않은 경우에는 선호도 정합성이 사라진다. 지수형이 아닌 할인율의 하나로 **쌍곡형 할인율**이라는 **지연 할인** 개념이 있다: $1/(1+rt)$. 이 경우에는 시점에 따라 미래 효용의 선호도가 달라진다. 쌍곡형 할인율이 적용되면 신고전주의 경제학의 이상 현상들이 많이 해결될 수 있다. 쌍곡형 할인율은 레입슨(1997), 로웬스타인과 프렐렉(1992), 프레드릭 등(2002)이 연구하였으며, 행동 경제학 이론의 중요한 기초로 평가되고 있다. 더 나아가 로웬스타인과 프렐렉(1991)은 현재보다 오히려 미래의 효용을 더 높이 평가하는 시간 역선호도(negative time preference)를 보여주었다.

행동 자아
주어진 기간의 효용 최대화를 위해 행동하는 자아

스템을 이용하고, **행동 자아**는 시스템 1의 자동 시스템을 이용한다.

그들은 인간을 기업 조직과 같은 관점에서 바라보았다. 따라서 기업에서 발생하는 대리인 문제를 인간에게 도입하였다. 기업의 대리인 문제는 근본적으로 주주, 경영자, 채권자 사이의 이해 갈등에서 발생한다. 이중 주주와 경영자 사이의 이해 갈등을 인간에게 도입하였다. 여기서 계획 자아는 영속 기업의 가치를 최대화하려는 **주주**이고, 행동 자아는 재직 기간 동안 자기의 부를 최대화하려는 **경영자**에 해당한다. 계획 자아는 인생 전체를 고려하여 효용을 최대화한다. 하지만 행동 자아는 기간마다 다른 주체이기 때문에 다른 기간의 행동 자아에는 전혀 관심이 없다. 따라서 기간마다 달라지는 행동 자아는 자기에게 주어진 기간의 효용 최대화를 목적으로 한다. 여기서 인간이 계획 자아와 행동 자아에 인센티브와 규칙을 주어 자기 스스로 제어하는 것을 **자기 통제 모형**이라고 부른다.

주주
주식회사의 주식 소유자

경영자
주식회사의 경영을 담당하는 대리인

자기 통제 모형
계획 자아와 행동 자아에 의해 자기 통제 방법을 설명하는 모형

전통적인 경제학에 의하면 인간은 생애 주기에 따라 소비와 저축을 최적화하여 인생 전체의 효용 함수를 최대화하기 때문에 계획 자아와 정합성이 있다. 하지만 자기 통제 모형에서는 각 기간의 행동 자아는 자기에게 주어진 기간에만 관심이 있기 때문에 그의 활동을 통제하지 않으면 인생 전체의 효용 함수 최대화는 불가능하다. 인생 전체를 T개의 기간으로 구분하면, 첫 번째 기간의 행동 자아는 나머지 기간에 발생할 모든 소득까지 완전자본시장에서 미리 차입하여 지금 소비해버리려고 할 것이다. 첫 기간의 행동 자아는 첫 기간의 효용을 최대화하는 것이 목적이기 때문이다. 이런 상황이 발생하지 않도록 인간은 두 가지 정신적 기법을 이용하여 행동 자아에 영향을 줄 수 있다. 첫째, 행동 자아의 선호도를 수정하거나 인센티브를 변경한 후에 그에게 **재량권**을 준다. 둘째, 행동 자아가 직면한 제약을 바꾸는 규칙을 부과하여 행동 자아의 선택이 제한되도록 하는 것이다.

재량권
자기 마음대로 할 수 있는 권한

인간의 갈등을 감소시키는 방법

규칙
정해진 규정

인센티브
어떤 행동을 위해 부여된 동기

인센티브 변경
부여된 동기의 변경

행동 자아를 통제하는 정신적 기법에는 두 가지 영역이 있다. **규칙**과 **인센티브**이다. 행동 자아의 **인센티브 변경**을 위해 세 가지 방법이 제시될 수 있다.

첫째, 행동 자아의 선호도를 직접 수정하는 것이다. 어떤 사람들은 저축 자체를 상품으로 인식하는데, 이 경우에는 저축이 소비할 수 있는 상품이기 때문

에 행동 자아의 근시안이 저축을 억제하지 않는다.

둘째, 저축이나 다이어트 프로그램을 주별 저축액이나 칼로리 계산으로 확실히 감시하는 것이다. 단순히 그 과정을 살펴보는 것만으로도 행동 자아를 제어할 수 있다.

셋째, 인센티브의 변경이다. 이의 예로, 안타부스라는 금주제를 복용한 알콜중독자가 술을 마시면 매우 고통스럽기 때문에 금주해야 하는 인센티브를 가지게 된다. 또한 학술대회에 논문 발표를 약속한 교수들은 그 논문을 빨리 완성해야 하는 인센티브를 가지게 된다.

감시와 설득 비용이 높으면, 행동 자아의 기회를 제한하는 규칙에 의존할 수도 있다. 극단적으로 **사전 약속 전략**을 사용하여 행동 자아의 재량권을 완전히 제거할 수 있다. 규칙이 계획 자아의 선택과 비슷하다면 그런 행동은 합리적이다. 실제로 저축과 다이어트의 영역에서 사전 약속 전략이 많이 사용되고 있다. 음식을 주지 않는 단식원에 가기 위해서 돈을 지불하는 것이 여기에 해당한다.

사전 약속 전략
자기 통제를 위해 사전에 약속하여 원하지 않는 결과를 방지하는 것

한편, 스스로 부과하는 경험법칙을 사용한 규칙이 행동 자아의 재량권 범위를 제한할 수 있다. 저축의 관점에서 그런 규칙들이 사용되는데, 이는 신용카드 한도와 같이 행동 자아가 직면한 예산 제약을 변경해버리는 것이다. 그보다 간단한 것으로 차입을 금지하는 방법이 있다. 이보다 조금 약한 규칙으로, 주택이나 자동차와 같은 특정 목적의 구매를 제외하고는 차입을 금지하는 것이다. 차입에 제한을 두면서 예금 인출을 금지하는 방법도 있다. 이 규칙을 이용하면, 차입과 대출 이자의 상당한 차이에도 불구하고 사람들이 왜 통장 담보 차입을 하는지를 설명할 수 있다.

의무적 연금 저축과 일반 저축의 관계

앞에서 제시된 계획 자아/행동 자아의 자기 통제 모형은 여러 분야에서 신뢰할 만한 시사점을 가진다. 의무적 연금 저축과 일반 저축의 관계를 알아보자. 어떤 사람이 의무적으로 연금 저축에 가입해야 한다고 하면 이 사람의 다른 저축에는 어떤 영향을 미칠까? 전통적인 경제학에 의하면, 다른 저축이 연금 저축액만큼 감소되어 총저축액은 불변이라고 한다. 하지만 자기 통제 모형에 의하면 의무적 연금은 아무런 정신적 비용이 들어가지 않는다. (재량에 의한

자발적 저축인 경우에만 정신적 비용이 발생한다.) 따라서 자기 통제 모형은 기존의 저축 수준에서 연금 저축의 한계 비용이 더 작기 때문에 총저축이 증가한다고 예측한다.[2]

물론 총저축이 연금 저축액만큼 증가할지 아니면 그보다 작게 증가할지는 알 수 없다. 카간(1965)은 의무적 연금 저축이 있는 사람이 없는 사람보다 저축이 더 많다는 것을 발견하였다. 펠트스타인(1978)도 의무적 사적 연금이 기존 저축에 부정적인 영향을 미치지는 않고, 총저축을 약간 증가시킬 수 있다고 하였다. 이는 의무적 연금 가입자들이 자기 통제 모형을 이용한다는 간접적인 증거라고 할 수 있다.

저축과 수입 흐름의 시점

철수는 연봉 6,000만 원을 열두 달에 나누어 받고, 영수는 급여 4,800만 원을 열두 달에 나누어 받고 1,200만 원을 3월에 보너스로 받는다. 전통적 경제학에 의하면, 철수와 영수는 연봉이 6,000만 원으로 같기 때문에 저축액이 같아야 한다. 하지만 자기 통제 모형은 영수의 저축액이 철수보다 많을 것으로 예측한다. 연봉의 상당액을 보너스 일시금으로 받는 일본의 경우에 저축률이 높다는 것은 자기 통제 모형의 예측과 정합성이 있다.

저축의 유형은 자기 스스로 하는 방법과 외부 강제 저축이 있다. 사람들은 정기적인 월별 수입에 따라 규칙과 계획을 세운다. 연금 저축, 생명보험 납부, 주택담보 대출 상환 등은 정기적으로 이루어진다. 대부분의 사람은 월별로 수입과 지출의 균형을 맞춘다. (미국 교수들이 동일한 연봉에 대해서 9월부터 6월까지의 급여보다 9월부터 8월까지의 12개월 급여를 선택하면서 이자 소득을 희생하는 이유도 여기에 있다.) 영수가 철수와 동일하게 수입과 지출을 맞추려면, 보너스를 은행에 저축하고 이를 월별로 인출하여 마치 월별 수입이 500만 원인 것처럼 수입과 지출의 균형을 맞출 수 있다.[3] 이와는 반대로, 100만 원씩 매월 차입하고 보너스를 받았을 때 모든 차입을 상환할 수도 있다. 하지만 이런 행동들이 일반적이지는 않다. 또한 차입과 인출이 금지된

수요의 교차 탄력성
한 상품의 수요 변화율에 대한 다른 상품의 수요 변화율

2 의무적 연금 저축이 기존 저축을 전혀 상쇄시키지 않는 경우는 두 가지이다. 가처분 소득에 대한 기존 저축률을 변경하지 않는다는 규칙을 사용하거나, 새로운 연금 저축을 미래의 수입이 아니라 상품으로 취급하면 된다. 이는 기존 저축과 새로운 의무적 저축이 완전 대체재가 아니라는 의미로, **수요의 교차 탄력성**은 0이 된다.
3 이자는 무시할 정도로 작다고 생각하자.

다는 규칙이 있으면 그런 행동은 불가능하다. 따라서, 보너스는 저축이 되기 쉽다.

따라서 자기 통제 방법에 의해 영수는 철수보다 저축을 더 많이 할 수 있다. 보너스를 지불하기 때문에 회사는 외부적 자기 통제 장치의 역할을 한다. (마치 크리스마스 선물로 돈을 저축 계좌에 넣어준다고 말하는 부모와 같다.) 작아진 월별 급여로 인해 더 소비하려는 유혹은 사라질 것이다. 이런 방법이 작동하기 위해서는 행동 자아를 속여야 하는데, 행동 자아는 쉽게 속는다. 이는 마치 시계를 몇 분 빠르게 맞춰서 약속 시간을 지키려는 방법과 같다. 시계를 빠르게 맞추었다는 것을 알면서도 행동 자아는 빠르게 맞춘 시계에 따라서 행동하려고 한다.

운동선수의 경우 자기 통제가 만들어내는 행동에 있어서는 극단적인 차이가 있다. 전성기 이후 점점 감소하는 수입 흐름 때문에 수입이 높은 시기에 자기 통제 문제를 해결하기가 어렵다. 어떤 선수들은 대리인을 고용하여 투자하고 현재 소비를 줄여서 결국은 부자가 된다. 하지만 어떤 선수들은 소비 재량권을 충분히 사용하여 결국은 파산에 이른다. 두 경우 모두 계획 자아의 통제와 사전 약속 전략에 따른 자기 통제 모형에 의해 설명될 수 있다. 어떤 개인이 어느 경우에 속할지를 알려주는 가장 좋은 예측 방법은 아마도 가족력과 관계가 있다. 왜냐하면 가족은 개인이 자기 통제 문제를 극복하기 위한 규칙과 규범을 배우는 가장 적합한 환경이기 때문이다.

주요 용어

경영자
계획 자아
규칙
근시안적
사전 약속 전략
수요의 교차 탄력성
쌍곡형 할인율
원시안적
인센티브
인센티브 변경
자기 통제 모형
재량권
주주
지수형 할인율
지연 할인
취향 변화
행동 자아

핵심 정리

- "인간이 미래의 자기 행동에 왜 제약을 줄까?"라는 질문은 스트로츠(1955~56)의 연구 이후 경제학자들의 관심사가 되었다.
- 스트로츠와 후속 연구들은 이런 형상을 취향 변화로 설명하였다.

자기 통제 모형

- 탈러와 셰프린(1980)에 따르면 인간의 자아는 두 가지가 있는데, 하나는 원시안적 계획 자아이고, 나머지 하나는 근시안적 행동 자아이다.
- 계획 자아는 카너먼이 정의한 시스템 2의 숙고 시스템을 이용하고, 행동 자아는 시스템 1의 자동 시스템을 이용한다.
- 계획 자아는 인생 전체를 고려하여 효용을 최대화한다.
- 행동 자아는 기간마다 다른 주체이기 때문에 다른 기간의 행동 자아에는 전혀 관심이 없다.
- 기간마다 달라지는 행동 자아는 자기에게 주어진 기간의 효용 최대화를 목적으로 한다.
- 인간이 계획 자아와 행동 자아에 인센티브와 규칙을 주어 자기 스스로 제어하는 것을 자기 통제 모형이라고 부른다.

인간의 갈등을 감소시키는 방법

- 행동 자아의 인센티브 변경을 위한 세 가지 방법: 첫째, 행동 자아의 선호도를 직접 수정하는 것이다. 둘째, 저축이나 다이어트 프로그램을 주별 저축액이나 칼로리 계산으로 확실히 감시하는 것이다. 셋째, 인센티브의 변경이다.
- 극단적으로 사전 약속 전략을 사용하여 행동 자아의 재량권을 완전히 제거할 수 있다.

의무적 연금 저축과 일반 저축의 관계

- 전통적인 경제학에 의하면, 다른 저축이 연금 저축액만큼 감소되어 총저축액은 불변이라고 한다.
- 하지만 자기 통제 모형에 의하면 의무적 연금은 아무런 정신적 비용이 들어가지 않는다. (재량에 의한 자발적 저축인 경우에만 정신적 비용이 발생한다.)
- 따라서 자기 통제 모형은 기존의 저축 수준에서 연금 저축의 한계 비용이 더 작기 때문에 총저축이 증가한다고 예측한다.

저축과 수입 흐름의 시점

- 철수는 연봉 6,000만 원을 열두 달에 나누어 받고, 영수는 급여 4,800만 원을 열두 달에 나누어 받고 1,200만 원을 3월에 보너스로 받는다.
- 전통적 경제학에 의하면, 철수와 영수는 연봉이 6,000만 원으로 같기 때문에 저축액이 같아야 한다.
- 하지만 자기 통제 모형은 영수의 저축액이 철수보다 많을 것으로 예측한다.
- 연봉의 상당액을 보너스 일시금으로 받는 일본의 경우에 저축률이 높다는 것은 자기 통제 모형의 예측과 정합성이 있다.

참고 문헌

- Cagan, P. (1965), The effect of pension plans on aggregate saving: Evidence from a sample survey, New York: Columbia University Press (for NBER).
- Feldstein, M. (1978), Do private pensions increase national savings?, Journal of Public Economics 10, 277~293.
- Frederick, S., G. Lowenstein, and T. O'Donoghue (2002), Time discounting and time preference: A critical review, Journal of Economic Literature 40, 351~401.
- Lowenstein, G. and D. Prelec (1991), Negative time preference, American Economic Review 81, 347~352.
- Lowenstein, G. and D. Prelec (1992), Anomalies in intertemporal choice: Evidence and an interpretation, Quarterly Journal of Economics 107, 573~597.
- Thaler, R. and H. Shefrin (1981), An economic theory of self-control, Journal of Political Economy 89, 392~406.
- Laibson, D. (1997), Golden eggs and hyperbolic discounting, Quarterly Journal of Economics 112, 443~477.
- Strotz, R. (1955-1956), Myopia and inconsistency in dynamic utility maximization, Review of Economic Studies 23, 165~180.

12 넛지 1: 자유주의적 개입주의와 선택 설계

2017년 노벨 경제학상 수상자인 리처드 탈러는 심리학과 경제학을 동시에 공부하던 초창기에 정책적 주제에서 멀리 떠나 있었다. 행동 경제학의 과학적 체계를 수립하기 위해서 객관적인 이론적 접근을 추구할 필요가 있었기 때문이었다.

자기 통제
계획 자아와 행동 자아에 의해 스스로를 통제하는 것

자유방임주의
개인 경제활동의 자유를 최대한으로 보장하고, 이에 대한 국가의 간섭을 가능한 한 배제하려는 경제 사상

이런 상황에서 행동 경제학 연구에 대한 최초의 반발은 그것이 정부의 민간 간섭을 옹호하는 데 사용될 수 있다는 것이었다. 표준 경제학자들에게는 매우 껄끄러운 문제였다. 탈러와 셰프린(1981)의 **자기 통제**에 관한 연구가 특히 그런 위험 요소들을 가지고 있었다. 그들의 결론은, 사람들이 자기 통제를 위해서 다른 것들 또는 다른 사람들의 도움을 받아야 한다는 것이다. 밀턴 프리드먼 같은 경제학자에 의해 옹호되던 **자유방임주의**적 경제 정책들은 소비자 주권의 개념에 근거한다. 그 누구도 소비자 자신보다 자기의 선호도를 더 잘 알 수는 없다는 것이다. 그런데 사람들이 자기 통제가 어려워서 타인의 도움을 받아야 한다고? 신고전주의 경제학자들에게는 터무니없는 주장이었다.

현시 선호
선택이 선호 자체를 의미한다는 경제 이론

새뮤얼슨의 **현시 선호** 개념은 선호 자체가 우리가 선택하는 것에 의해 결정된다고 한다. 어떤 사람이 샐러드 대신에 아이스크림을 선택한다면, 그는 샐러드보다 아이스크림을 더 좋아하는 것이다. 그렇다면 저녁을 기다리는 배고픈 경제학자들로부터 캐슈넛 그릇을 멀리 치워버리는 것이 어떻게 타당할 수 있을까? 그 경제학자들이 캐슈넛을 선호했을까? 사람들이 조금만 지나면 후회할 일들을 한다면, 그들의 진짜 선호는 무엇일까? 더욱 도발적인 질문으로, 사람들이 이미 완전한 정보가 있을 때도 더 좋은 선택을 하도록 도와주는 것이 가능할까? 즉, 아이스크림과 샐러드의 상대적인 장점을 잘 아는 사람이 더 좋은 선택을 하도록 돕는 것이 가능할까? 탈러의 연구는 주로 이런 질문들에 답하는 것들이었고, 탈러와 선스타인(2008b)은 이에 대한 내용을 〈넛

지〉라는 책으로 알기 쉽게 설명하였다.[1] 〈넛지〉의 내용을 바탕으로 자유주의적 개입주의와 선택 설계에 대해서 알아보자.

내일 더 저축하자

지금 원하는 것이 나중에 원하는 것과 정합성을 가지지 않는 현상을 **현재 바이어스**라고 한다. 사람들이 현재 바이어스를 가지고 있다면 퇴직 후의 생활을 위한 저축을 하기는 어렵다. **계획 자아/행동 자아** 모형에 의하면 계획 자아는 현재 수입의 많은 부분을 저축하고 싶지만, 즉시 만족을 위해 유혹을 잘 당하는 행동 자아에 의한 충동적 구매를 통제하기 어렵다. 계획 자아를 좀 도와줄 방법이 있을까? 탈러(1994)는 원천징수세의 증가를 포함하여 여러 가지 제안을 했는데, 이는 세금 환급 규모의 증가를 통해서 퇴직 저축을 증가시키자는 것이었다.[2] 즉, 환급된 세금을 퇴직 저축으로 돌리자는 것이었다. 이런 제안은 그동안의 연구 결과와 그의 기본적 사고의 틀을 반영하는 것으로 훗날 **넛지**라는 개념으로 이어졌다.

현재 바이어스
지금 원하는 것이 나중에 원할 것과 정합성을 가지지 않는 현상

계획 자아/행동 자아
탈러와 셰프린의 자기 통제 모형에 사용되는 두 가지 자아를 의미함

넛지
강요 없이 올바른 방향으로 유도하는 자유주의적 개입주의

한편, 탈러(1994)는 그동안의 연구를 바탕으로 매우 중요한 제안을 하였다. **확정기여형 퇴직연금**에서 디폴트였던 적용 제외를 자동 가입으로 변경하자는 것이었다.[3] 여기서 **디폴트**란 아무런 선택이 없을 경우 자동으로 적용되는 대안을 의미한다. 이러한 탈러의 제안은 크게 알려지지 않았지만, 몇 년 뒤에 학계 동료인 마드리안과 쉬아(2001)가 자동 가입 정책을 시행한 기업에서 401(k) 플랜 가입자 수가 획기적으로 증가하였다는 것을 보여주면서 주목을 받기 시작하였다. **401(k) 플랜**이란 가장 대표적인 미국의 확정기여형 퇴직연금이다. 후속 연구들도 탈러의 제안을 지지하면서 이 아이디어는 널리 퍼

확정기여형 퇴직연금
정해진 기여율에 의해 기여하고 스스로 운용하는 퇴직연금

디폴트
아무런 선택이 없을 경우 자동적으로 적용되는 대안

401(k) 플랜
사기업에서 가장 대중적인 미국의 확정기여형 퇴직연금

1 원래 넛지는 팔꿈치로 살짝 찌르는 것을 의미한다. 하지만 여기서는 자유주의적 개입주의를 의미한다.

2 탈러(1994)는 결론 부분에서 세 가지 제안을 하였다: 첫째, 연방 납세자들이 세금 환급을 받으면 이를 IRA라고 하는 개인퇴직계좌에 저축하도록 하자. 이는 사람들이 정기적인 수입보다 우발적인 일시금 소득이 발생할 경우 저축하기 쉽다는 셰프린과 탈러(1988)의 연구 결과에 기초한 것이다. 둘째, 원천징수세를 증가시키자는 것이다. 원천징수세가 증가하면 납세자들에게 우발적인 세금 환급이 커지게 되고, 이를 첫 번째 제안과 함께 결합하면 퇴직 저축의 증가로 이어질 것이기 때문이다. 셋째는 확정기여형 퇴직연금의 가입을 자동 가입으로 하자는 것인데, 이에 대해서는 본문에서 설명할 것이다. 사실 탈러(1994)의 논문에서는 '확정급여형 퇴직연금'이라고 되어 있는데, 이는 아마도 '확정기여형 퇴직연금'의 오타라고 생각된다.

3 우리나라와는 달리, 미국에서는 퇴직연금 제도의 설정이 사용자의 의무가 아니고, 퇴직연금 제도의 가입도 종업원의 의무가 아니다. 미국의 구직자들은 직장을 구할 때, 직접적인 임금 또는 급여와 함께 퇴직연금, 건강 보험, 성과 보수 등의 부가 혜택 등을 중요하게 고려한다. **확정급여형 퇴직연금**은 사용자의 일방적인 혜택 제공이기 때문에 종업원 가입이 문제가 될 이유가 없지만, 확정기여형 퇴직연금은 종업원의 기여를 요구하기 때문에 가입하지 않는 종업원들이 많았다. 하지만 종업원 기여에 대해 사용자가 대응 기여를 해주는 경우가 대부분이기 때문에, 종업원들의 입장에서는 가입하는 것이 가장 합리적이고 유리하다.

확정급여형 퇴직연금
사용자가 운용하되 퇴직 시에 받을 금액이 공식에 의해 정해진 퇴직연금

져나갔다. 정말 간단해 보이는 제안이었지만, 자동 가입 아이디어는 미국 전체의 401(k) 연금 가입자 수 증가에 크게 기여하였다. 경제학 연구의 엄청난 사회적 공헌이라고 평가할 수 있다.

마드리안과 쉬아(2001)는 자동 가입이 효과적인 정책이지만 잠재적인 약점도 있음을 강조하였다. 기업이 채택한 종업원 기여율 또는 저축률의 디폴트가 너무 낮아도 종업원들은 이를 그냥 받아들일 것이라고 지적하였다. 이렇게 되면 그들이 스스로 선택했을 때보다 저축 금액이 적어지기 때문에, 그들의 노후생활을 지지할 만큼의 적절한 퇴직 수입을 보장하지 못하게 된다. 특히, 가입이 늦어진 **베이비붐 세대**에게는 더욱 그럴 것이다.[4] 이에 401(k) 플랜을 운영하던 한 대형 뮤추얼 펀드 회사(피델리티)가 탈러 교수에게 다음과 같이 문의하였다.

베이비붐 세대
제2차 세계대전 이후에 태어난 세대로 미국에서는 1946년부터 1965년 사이의 출생자 집단이고, 우리나라에서는 1955년부터 1963년 사이의 출생자 집단을 의미한다.

"401(k) 고객들의 저축률을 증가시키려면 어떻게 해야 할까요?"

탈러는 그들의 고민을 해결하기 위해 지도 학생이었던 슐로모 베나르찌와 함께 훗날 **"내일 더 저축하자"**라고 불리게 될 제도를 고안하였다. 이를 영어의 첫 글자를 따서 **SMT**라고 부른다.[5] 탈러와 베나르찌(2004)의 아이디어는 낮은 종업원 기여율의 원인이 되는 바이어스와 이의 증가를 꺼리는 현상을 고려하여 탄생하였다. SMT는 세 가지 연구 결과를 근거로 하고 있다. 첫째, 사람들은 즉각적인 행동보다는 미래의 계획에 관련된 자기 통제 성향을 가진다. 다이어트의 실행을 오늘 저녁부터가 아니라 다음 달부터 시작한다고 하는 것이 하나의 예이다. 둘째, 사람들은 명목 금액을 기준으로 손실 회피적이며, 이로 인해 즉각적으로 퇴직 저축률을 증가시킬 때 발생하는 가처분소득의 감소를 싫어한다. 셋째, 퇴직 저축자들은 강한 관성을 가지고 있다. 즉, 자기들의 연금에 오랫동안 아무런 변경도 없이 지낸다는 것이다.

내일 더 저축하자(SMT)
탈러와 베나르찌가 확정기여형 퇴직연금의 기여율 제고를 위해 개발한 개념으로, 정해진 상한 이내에서 급여가 인상될 때마다 기여율이 증가하도록 하는 제도

SMT 아이디어는 시카고의 한 작은 기업이 시도해보기 전까지는 빛을 발하지 못했다. 401(k) 플랜을 시행하고 있었지만 대부분 저소득 종업원으로 구성된 이 기업은 낮은 가입률과 기여율이라는 문제로 고민하고 있었다. 금융

4 베이비붐이란 1946년부터 1964년까지 태어난 인구통계학적 집단이다. 2차 세계대전 이후에 태어난 후속 세대로, 그 이전의 침묵 세대와 그 이후의 X 세대와 구분된다. 전후에 결혼이 증가하면서 많은 아이가 태어났기 때문에 물자가 부족한 상황에서 이 세대는 어렵게 자랐다. 우리나라의 경우에는 6.25 전쟁 이후에 태어난 1955년부터 1963년생까지를 지칭하기도 한다.

5 탈러와 베나르찌(2004)의 원래 제목은 Save More Tomorrow이다. 401(k) 플랜의 저축률 또는 종업원 기여율 향상에 이 아이디어가 매우 성공적으로 적용되면서부터 그냥 SMT라고 부르는 경우가 많다.

전문가를 고용하여 종업원들을 설득하였지만, 쉽게 해결되지 않았다. 이 금융 전문가는 연 5%p의 기여율 증가를 권유하였지만, 대부분의 종업원은 여유가 없어서 불가능하다고 하였다. 이에 그는 SMT 개념을 이용하였다. 급여가 인상될 때마다 (정해진 최대 기여율 수준 이하에서) 기여를 3%p씩 증가시킬 것을 권유하였다. 80% 정도의 종업원들이 이에 동의하였고, 네 번의 임금 인상 후에 종업원 기여율은 3.5%에서 13.5%로 증가하였다. 재미있는 것은 5%p의 기여율 인상을 받아들였던 종업원들은 5%p가 인상된 수준에 그냥 머물러 있었다고 한다.

탈러는 그의 박사 학위 논문 지도교수였던 셔윈 로젠을 추모하는 시카고 대학의 한 컨퍼런스에서 이 결과를 발표하였다. 전통적인 시카고학파의 경제학자인 케이시 멀리건이 토론을 맡았다. 그는 탈러와 베나르찌(2004)의 연구 결과가 인상적이라고 평가하면서도 탈러가 생각하지도 못했던 질문을 던졌다. "이건 **개입주의** 아닌가요?" 탈러는 잠시 머뭇거리다가, 이 프로그램은 완전히 자발적이고 개입주의적 강요는 전혀 없다고 하였다. 그리고 "개입주의라면 다른 형태의 개입주의겠죠? 잘 모르겠지만, **자유주의적 개입주의**라고 해야겠네요."라고 답하였다.

개입주의
남의 일에 개입하는 것

자유주의적 개입주의
강요 없이 올바른 방향으로 유도하는 넛지의 다른 말

자유주의적 개입주의는 모순이 아니다

탈러는 컨퍼런스에서의 토론 내용을 시카고 대학 법대의 카스 선스타인 교수에게 얘기하면서 자유주의적 개입주의에 대해 얘기했다. 그 이후에 탈러는 선스타인과 함께 탈러가 주도하는 5쪽의 경제학 논문과 선스타인이 주도하는 52쪽의 법학 논문을 작성하였다.[6] 법학 논문이 50쪽을 넘는 경우는 매우 많다. 글쓰기가 너무 어려운 재무금융 학자에게는 매우 부러운 일이다. 법학자들은 어떻게 그렇게 글을 빨리 쓸까? 탈러에 의하면, 선스타인의 쓰는 속도는 자신의 읽는 속도보다 더 빠르다고 한다.

그러다가 선스타인과의 토론 중에 탈러는 아무 생각 없이 '책'이라는 단어를 내뱉었다. 결국 이는 〈**넛지**〉라는 책의 출간으로 이어졌다. 책의 출간을 위해서 출판사를 찾았지만, 출판사들의 반응은 뜨뜻미지근하였다. 아마도 '자유주의적 개입주의'라는 말이 익숙하지 않았기 때문일 것이다. 출간을 거절했

넛지
강요 없이 올바른 방향으로 유도하는 자유주의적 개입주의

6 각각 탈러와 선스타인(2008a), 선스타인과 탈러(2003)이다.

던 많은 출판사 중의 하나가 '넛지'라는 단어가 적절할 것 같다고 제안하였다. 결국 넛지라는 제목으로 책을 출간하게 되었고, 이 새로운 기술적 단어는 사회과학 용어가 되었다. 넛지는 자유주의적 선택을 보장하면서 사람들의 선택을 긍정적인 방향으로 유도하는 것이지만, 부정적인 방향으로 유도하는 경우도 있다. 탈러(2018b)는 전자를 넛지, 후자를 **슬럿지**라고 명명하였다.[7]

자유주의적 개입주의
강요 없이 올바른 방향으로 유도하는 넛지의 다른 말

선택 설계
자유주의적 개입주의에서 여러 가지 선택 사항들을 설계하는 것

넛지란 자유로운 선택을 제한하지 않으면서 더 좋은 선택을 하도록 도와주는 것이다. 이는 다음의 두 가지 원칙을 근거로 한다(**자유주의적 개입주의, 선택 설계**). 자유주의적 개입주의라는 용어에 자유와 개입이라는 정반대의 의미가 내포되어 있어서 모순 같지만, 넛지의 정의에 의하면 그렇지 않다는 것을 알 수 있다. 여기서 개입주의란 개입하려는 주체가 의도하는 긍정적인 방향으로 선택을 유도하는 것이다. 하지만 자유로운 선택이 가능하기 때문에 모순은 아니다. 자극이나 유혹에 영향을 받지 않는 냉정한 상태에서 완전한 정보를 가진 사람들이 선택하는 대안이 있을 것이다. 넛지란 사람들이 이 대안을 선택할 수 있도록 돕는 것이다. 이 정의를 만족하는 선택이 어떤 것인지 알기는 어렵지만, 이 개념은 원칙상 명백해야 한다. '자유주의적'이란 표현은 형용사로서 개입주의를 수식하는 말이다. 따라서 아무도 어떤 선택을 강요하지 않는다.

선택 설계란 의사결정을 위한 환경이다. 따라서 이 환경을 만드는 사람은 선택 설계자가 된다. 메뉴는 식당의 선택 설계이고, 사용자 인터페이스는 스마트폰의 선택 설계이다. 객관적 혜택이나 인센티브의 변화 없이 사람들이 선택하는 의사결정에 영향을 미치는 선택 설계의 특징을 넛지라고 부른다. 401(k) 플랜에서 자동 가입은 이제 넛지의 고전적인 예가 되었다. GPS도 자유주의적 개입주의의 완벽한 실례이다. 왜냐하면 운전자들이 GPS의 도움을 받아 원하는 길에 대해서 알게 되고, 아무런 강요도 없이 자기 목적에 따라 가장 적절한 길을 취사선택할 수 있기 때문이다. 이렇듯 좋은 선택 설계는 세상을 살아가기 쉽게 만들 것이다. 중요한 것은 어떤 선택도 제한되지 않는다

7 슬럿지는 일을 망치고 현명한 의사결정과 친사회적 활동을 어렵게 한다. 이는 기업이 소비자가 아닌 기업 자신의 이익만을 추구할 때나, 공공기관이나 정부가 국민의 권리에 큰 관심이 없을 때 발생한다. 예를 들어, 기업이 상품 구매에 대해 소액의 환불을 제공하면서 영수증이나 상품 바코드 등을 보내라고 하는 것이다. 경품을 미끼로 개인정보의 제공을 요구하는 경우도 이에 해당한다. 이는 결국 매입 미끼의 역할만을 하게 된다. 공공기관이나 정부도 슬럿지를 이용하는 경우가 있다. 예를 들어 근로소득 세액공제를 제공하면서 복잡한 서식 제공을 요구하는 것이다. 많은 납세자가 이런 서식 작성에 실패하여 세액공제를 받지 못한다면 이 또한 슬럿지이다. 이런 슬럿지에는 두 가지 형태가 있다. 첫째는 환불이나 세액공제와 같이 최선의 이익 추구 행위를 방해하는 것이다. 둘째는 너무 좋아 보이는 사기적 거래에 투자하는 것과 같이 자멸적인 행동으로 유도하는 것이다. 투자자가 잘 모르는 상태에서 지나치게 투기적인 거래를 추천하는 것도 여기에 포함된다. 넛지는 계속되어야 하지만, 슬럿지는 정화되어야 한다.

는 것이며, 자동 가입과 SMT는 이런 의도에 부합하는 넛지들이다.

넛지는 세계적인 성공을 거두었다. 영국 정부로부터 시작하여 나중에는 미국 정부까지 행동 과학과 엄격한 검증에 의해 알려진 사실들을 근거로 하여 정책 결정을 하는 팀을 구성하게 되었다. 이들 팀은 아직도 활발하게 운영되고 있다. 우리나라 정부도 2008년에 넛지에 큰 관심을 보였지만, 아무런 효과도 없이 흐지부지되었다.

선택 설계자

대도시 초등학교 시스템을 대상으로, 어떤 구역의 음식 서비스 책임자가 학교 식당에서 음식 배열의 효과 실험을 했더니, 어린이들이 먹는 음식은 진열 순서에 따라 달라진다는 것을 알았다. 중간보다는 초입이나 마지막에 진열된 음식을 많이 먹었고, 눈에 잘 보이지 않는 것보다는 눈높이의 음식을 더 많이 먹었다. 이제 이 책임자의 문제는 새로 발견된 지식을 어떻게 이용하는가이다. 아래의 5가지 대안이 고려될 수 있다.

1. 모든 것을 고려하여 학생들의 건강에 가장 도움이 되도록 음식을 배열한다.
2. 무작위로 음식의 순서를 정한다.
3. 학생들이 스스로 선택하는 순서대로 음식을 배열한다.
4. 가장 뇌물을 많이 주려고 하는 공급업자의 음식 매출을 최대화하도록 배열한다.
5. 이익을 최대화하도록 음식을 배열한다.

첫 번째 대안이 가장 설득력이 있다는 것은 명백하다. 이 대안이 약간 개입적이어서 거슬리기는 하지만, 다른 대안들은 이것보다 좋지 않다. 두 번째 대안은 공정해 보이고, 어떤 의미에서 중립적이다. 하지만 이 대안은 비현실적이다. 샐러드와 소스가 햄버거 패티와 빵이 떨어져 있어도 될까? 또한 음식 배열이 무작위라면 어떤 학교의 학생들은 다른 학교의 학생들보다 덜 건강해질 수 있다. 이런 것이 바람직할까? 세 번째 대안은 개입을 피할 수 있어서 훌륭하게 보이지만, 학생들의 선호도를 알 수 없기 때문에 실제로는 불가능한 방법이다. 네 번째 대안은 부패한 방법으로 고려할 가치가 별로 없는 대안이다. 다섯 번째 대안은 음식 서비스 책임자에게 그럴듯하지만, 그 결과가 학생들의 건강에 좋지 않다면 당연히 배제되어야 할 방법이다. 학교 식당이 이익 센터의 역할을 한다는 것이 받아들여질 수는 없다.

선택 설계자
선택 설계를 담당하는 사람

위의 예에서 음식 서비스 책임자는 **선택 설계자**이다. 선택 설계자는 사람들이 선택할 대안을 준비해야 한다. 위의 사례는 상상의 허구로 꾸며낸 얘기지만, 많은 사람이 자신이 선택 설계자라는 사실을 모르면서 선택 설계자가 된다. 환자에게 가능한 치료 방법을 제시하는 의사, 건강 보험의 대안을 만들어서 관리하는 인사 관리자, 판매 전략을 구상하는 마케팅 관리자, 10대에게 교육 과정을 설명하는 부모 등 모두 선택 설계자이다.

관계없어 보이는 요인들
의사결정과 아무런 관련이 없는 것으로 보이는 미미한 요인

학교 급식의 예로 볼 때, **관계없어 보이는 요인**들이 인간의 행동에 큰 영향을 미칠 수 있다.[8] 따라서 모든 것들이 중요하다고 생각하는 것이 좋다. 예를 들면, 시카고 대학 탈러 교수의 강의실 앞쪽에는 양쪽으로 여닫는 두 쪽의 문이 있다. 각 문에는 멋진 원목으로 만들어진 약 60cm의 수직 원통형 손잡이가 붙어 있다. 이 문을 열기 위해서는 직관적인 예상과 달리 손잡이를 밀어야 한다. 강의가 끝나기 전에 몰래 나가고자 하는 학생은 다른 모든 학생의 이목이 집중된 상태에서 이 문을 열고 나가야 한다. 이 문 앞에 도착했을 때 학생은 두 가지 선택에 직면한다. 밀까, 아니면 당길까? 학생이 밀어서 열려고 하면, 이는 심리학자들이 얘기하는 숙고 시스템이 작동한 것이다. 과거의 경험으로 심사숙고했다는 의미이다. 명백하게 잡도록 설계된 큰 나무 손잡이를 만났을 때, 본능은 문을 당기게 한다. 이는 자동 시스템이 작동하는 것으로, 생각이 필요 없는 빠르고 직관적인 행동이다. 수업에서 일찍 나가려는 학생들은 아주 침착하고 냉정한 상태는 아니다. 그들은 미안해하면서도 약간 당황한 상태일 것이다. 놀랍게도 대부분의 학생이 문을 열기 위해서 손잡이를 당겼다는 것이다.

이는 큰 관계가 없어 보이는 것이라 할지라도 인간의 행동에 영향을 미칠 수 있다는 것을 보여준다. 즉, 수직 원통형 손잡이가 달려 있으면 본능적으로 사람들은 문을 열기 위해 손잡이를 당기게 된다. 그런데 문은 열리지 않고, 수업을 듣던 다른 학생들의 이목만 더욱 집중될 뿐이다. 당겨서 문이 열리도록 설계되었다면 큰 문제가 없었을 것이다. 선택 설계자는 관계없어 보이는 이런 것들을 고려하여 인간이 가장 올바른 결정을 내릴 수 있도록 시스템을 설계해야 한다.

8 탈러는 이를 SIF(Supposedly Irrelevant Factor)라고 하였다.

유혹과 자기 통제

표준 경제학자들에 의하면 인간은 합리적이기 때문에 어떤 **유혹**과도 관계없이 자기의 선호도에 따라 행동해야 한다. 앞에서도 잠깐 언급하였듯이, 탈러(2018a)가 저녁을 함께하기 위하여 경제학과 교수들을 집으로 초대했을 때, 교수들의 행동은 유혹의 의미를 적절하게 보여준다. 저녁이 준비될 때까지 탈러는 교수들에게 와인과 캐슈넛을 내놓았다. 배고픈 교수들이 캐슈넛을 맛있게 먹자, 그들이 입맛을 잃을까봐 탈러는 캐슈넛을 치워버렸다. (합리적인 인간은 입맛을 잃을 것 같으면 맛있는 저녁을 위하여 스스로 캐슈넛을 먹지 말아야 한다.) 초대받은 경제학자들은 모두 고마워했다. 왜 고마워했을까? 교수들 스스로 캐슈넛을 안 먹으면 그만인데! 이콘(호모 이코노미쿠스)들의 세상에서는 캐슈넛을 치우는 것이 행복의 법칙에 어긋나는데 말이다.

유혹
꾀어서 정신을 혼미하게 하거나 좋지 아니한 길로 이끄는 행위

동태적 비일관성도 유혹을 이기지 못하는 인간을 보여준다. 토요일 오전에 사람들은 건강을 위해서 오후에 TV 시청보다는 운동하기로 결심한다. 하지만 오후가 되면 귀찮기도 하고 재미있는 야구 중계 때문에 TV를 시청하는 경우가 많다. 시간이 흐르면서 TV의 유혹 때문에 자기 생각이 바뀐 것이다. 비슷한 경우가 다이어트를 할 때 전형적으로 나타난다. 다이어트를 위해 야식을 절대로 삼가겠다고 결심하지만, 늦은 저녁이 되면 무의식적으로 야식 주문을 위해 전화를 거는 자기를 발견하게 된다. 흥분과 냉정 사이에는 간극이 분명히 존재한다. 동일한 나 자신이지만, **근시안적** 행동 자아와 **원시안적** 계획 자아는 분명히 다르다. 행동 자아는 **자동 시스템**의 영향을, 계획 자아는 **숙고 시스템**의 영향을 받는다.[9] 계획 자아가 아무리 훌륭한 계획을 세워도 여러 가지 유혹 때문에 행동 자아가 제대로 행동하기는 어렵다. 따라서 자기 통제의 문제가 발생하게 된다.

근시안적
주어진 기간의 효용 최대화만을 추구하는 입장

원시안적
전체 기간의 효용 최대화를 추구하는 입장

자동 시스템
거의 아무런 노력과 자발적 통제 없이 자동적으로 빠르게 작동한다.

숙고 시스템
복잡한 계산을 포함하여 노력이 필요한 정신적 활동에 관심을 할당한다.

유혹 없이도 **무심한 선택**으로 인해 비합리적인 행동을 하는 경우가 많다. 토요일 아침에 볼일을 보러 나가다가 평소처럼 직장으로 운전을 해서 가거나, 친구를 만나러 지하철역에 갔다가 학교 방향의 지하철을 타는 경우는 흔한 일이다. 브라이언 원싱크(2006)는 이런 무심한 선택이 사람들의 행동에 어떤 영향을 주는가를 알아보기 위하여 간단한 실험을 하였다. 그는 영화관에서 5일 전에 튀긴 눅눅한 팝콘을 관객들에게 무료로 제공하였다. 어떤 사람들은 큰 통에, 다른 사람들은 작은 통에 지급하였다. 모두 스티로폼 용기를

무심한 선택
아무런 생각 없이 하는 선택

9 신경 경제학(neuro-economics)도 자기 통제와 관련된 이중 시스템이 존재한다는 것을 발견하였다.

먹는 것 같았다고 대답하였지만, 큰 통을 받은 사람은 작은 통을 받은 사람보다 평균 53%나 더 먹었다. 통의 크기 때문에 많이 먹었냐고 물어보자, 그들은 "그런 술수에는 안 넘어갑니다."라고 대답하였다. 하지만 통의 크기는 중요했다. 통의 크기에 따라 먹는 양이 달라졌기 때문이다.

유혹과 무심한 선택의 문제 해결을 위해 자기 통제를 위한 넛지가 도움이 될 수 있다. 담배를 끊고 싶은 수많은 흡연자가 쉽게 금연하기는 어렵다. 또한 미국 인구의 60%를 차지하는 과체중이거나 비만한 사람들이 다이어트를 쉽게 할 수도 없다. 당뇨병이나 고혈압 환자들도 자주 운동해야 할 텐데 말이다. 유혹 등으로 인한 비합리적 행동을 방지하는 자기 통제 전략은 도처에 존재한다. 아침에 일어나지 못하는 사람을 위해 정해진 시간이 되면 요란한 소리를 내면서 방 안을 이리저리 돌아다니는 자명종 시계인 클라키는 이미 생산되어 팔리고 있다.

다이어트 게임
다이어트를 위해 정해진 날짜에 체중 검사를 하여 체중 유지에 실패하면 약간의 벌금을 내는 게임

존 로말리스와 딘 칼란의 **다이어트 게임**도 유명하다. 이들은 9개월 동안 14kg의 감량 계약을 한다. 실패하면 $1만의 벌금이 있다. 정해진 날짜에 체중 검사를 하여 체중 유지에 실패하면 약간의 벌금을 내야 했는데, 각자 한 번씩을 제외하고는 모두 성공하였다. 결과적으로 이들은 모두 9개월 만에 14kg의 감량에 성공하였다. 그들은 내기로 서로를 자극하지 않았다면 감량에 실패했을 거라고 하였다.

일광 절약 시간제
에너지 절약을 위한 정부의 자기 통제 방법으로 하절기에 시간을 1시간 앞당기는 정책

정부에 의한 자기 통제로는 벤자민 프랭클린이 제안했던 **일광 절약 시간제**가 있다. 이는 벤자민 프랭클린이 미국 대표로 파리에 파견되었을 때 처음 제안한 것으로, 그 당시 필수품이었던 양초를 엄청나게 많이 절약하였다고 한다. 지금은 에너지 절약을 위해 사용하기도 한다. 정부의 자기 통제는 직접적인 금지를 동반하기도 한다(담뱃세를 통한 금연 추구, 도박꾼들의 카지노 출입 금지, 마약/매춘/음주 운전의 금지).

크리스마스 저축 클럽
크리스마스 때 지인이나 가족에게 선물을 주기 위해서 이자 지급이 없는 은행 계정인 크리스마스 클럽에 연초부터 주기적으로 저축하는 것

정부가 아닌 사적 기관이 자기 통제를 도와줬던 사례로는 **크리스마스 저축 클럽**이 유명하다. 미국 사람들은 크리스마스에 가까운 지인들에게 선물을 한다. 하지만 12월에 그 비용을 준비하기 어려워서 난감한 경우가 많았다. 이를 해결하기 위해 20세기 초에 은행들이 마련한 저축 제도가 크리스마스 저축 클럽이다.[10] 1월부터 고객이 동네 은행에 계좌를 열고 매주 일정액을 저

10 1909년에 칼리슬 신탁회사의 회계 담당자인 머켈 랜디스가 처음으로 크리스마스 저축 펀드를 도입하였다. 이 클럽은 350명의 고객이 각각 $28의 저축을 하여 그해 12월 1일에 돈을 찾았다.

축하겠다고 약속하는 것이다. 그해 12월에 크리스마스 쇼핑 시즌에 맞춰서 전액을 찾게 되는데, 이자율은 거의 0%에 가깝다. 이 제도는 상당한 금액의 투자액을 유치하였지만, 저축의 불편함과 이자 손실을 감수해야 한다는 단점도 있었다. 하지만 크리스마스 선물 준비를 위해 자기 통제의 어려움을 해결하는 하나의 좋은 방법이었다. 신용카드의 출현으로 이제는 존재감이 거의 사라졌지만 아직도 여전히 존재하고 있다.

자기 통제를 위하여 **멘탈 어카운팅**을 이용할 수도 있다. 앞에서도 언급하였듯이, 멘탈 어카운팅이란 사람들이 경제적 결과를 인식, 분류, 평가하는 과정으로, 동일한 자원에 대해서 여러 개의 멘탈 어카운트를 가지고 있다는 것이다. 다음 사례를 보자. 유명 영화배우인 진 해크만과 더스틴 호프만은 배고픈 예술가 시절부터 친구로 지냈다. 해크만이 초대를 받아서 호프만의 아파트를 방문했을 때, 호프만은 그에게 돈을 빌려달라고 부탁하였다. 해크만은 그러겠다고 한 뒤 호프만의 주방에 들렀다. 거기에는 여러 개의 음식용 유리병들이 잘 정렬되어 있었다. 그 속에는 돈이 들어 있었는데, 한 유리병에는 '집세', 다른 유리병에는 '전기 요금' 등의 표식이 붙어 있었다. 해크만은 "돈이 이렇게 많은데 왜 나에게 돈을 빌려달라고 한 거지?"라고 물었다. 호프만은 '음식값'이라고 적힌 유리병을 가리키면서 "비어 있잖아."라고 대답하였다. 돈은 대체 사용이 가능한 것이지만, 호프만은 소비 통제를 위해 용도별로 구분된 유리병을 사용했다.

멘탈 어카운팅
거래와 투자 등을 할 때 마음속에 여러 개의 계정을 만들어서 인식과 평가를 달리하는 것

돈의 대체 가능성에 위반되는 사례는 어느 곳에나 있다. 탈러는 매년 초에 자선단체인 유나이티드 웨이에 기부할 $2,000을 따로 정해 놓았다. 그해에 주차위반이나 안 좋은 일이 발생하면 여기서 공제하고 나머지를 기부하였다. 즉, $2,000은 금전적 어려움에 대한 보험과 같은 것이었다. 다른 멘탈 어카운팅으로 하우스 머니 효과라는 것도 있다. 사람들은 하우스라고 불리는 도박장에서 초저녁에 운 좋게 딴 돈은 한쪽 주머니에 넣고, 도박하려고 가져온 돈은 다른 주머니에 넣어두는 경향이 있다. 이때 딴 돈을 하우스 머니라고 부른다. 실험을 해 본 결과, 하우스 머니는 더 과감하게 도박에 참여할 의사가 있는 돈이라고 한다. 가져온 돈이나 딴 돈이나 이제는 모두 자기 돈인데 말이다. 도박을 전혀 해 보지 않았던 사람에게도 이런 현상이 발생한다. 1990년대에 미국 주식시장의 상승에도 **하우스 머니 효과**가 작용하였다고 한다. 주식시장에서 번 돈으로 더 과감하게 투자하고, 이로 인해 주식시장이 더욱 상승하였다는 것이다.

하우스 머니 효과
이익을 얻은 이후에 위험을 감수하려는 사람들의 의지가 증가하는 것

멘탈 어카운팅에 의한 자기 통제의 문제 해결은 신용카드 시장에도 존재한다. 그로스와 소울르레스(2002)는 미국 가계가 대개 5% 미만의 예금인 유동자산을 $5,000 이상 보유하고 있으면서도 평균 18% 이상의 이자를 내야하는 신용카드 부채를 거의 $3,000씩 보유하고 있음을 발견하였다. 예금 계좌의 돈으로 신용카드 부채를 갚으면 훨씬 도움이 될 것이 분명하다. 하지만 그렇게 하지 않는 이유는 무엇일까? 신용카드 부채를 모두 갚으면 다시 신용카드 부채를 한도액까지 사용할 것이기 때문이다. 따라서 신용카드 부채를 모두 갚지 않는 것도 멘탈 어카운팅을 이용한 자기 통제 방법이 된다.

떼지어 행동하기

사람들은 떼지어 행동하는 경우가 많다. 이로 인해 비극적인 참사가 발생하는 경우도 있다. 사이비 교주인 짐 존스는 1953년 미국 인디애나주의 인디애나폴리스에 인민사원을 세웠다. 존스는 1978년에 탈세 혐의를 받자 추종자 천 명을 가이아나로 이주시키고, 그곳을 존스타운이라고 불렀다. 그곳에서 아동 학대와 고문 행위로 연방 수사를 받자, 존스는 11월 18일에 추종자들에게 그들의 아이들을 모두 죽인 후 자살하라고 명령하였다. 저항도 있었지만, 곧 잠잠해졌다. 그들은 모두 팔짱을 낀 채로 누워 죽은 상태로 발견되었다. 우리나라에서도 이런 사례가 있었다. 1987년 8월 29일에 경기도 용인군의 오대양 공예품 공장에서 집단 자살 사건이 발생하였다. 오대양 대표 박순자는 공장 안에 있는 식당의 천장에서 가족, 종업원 등 추종자 32명과 함께 자살한 상태로 발견되었다. 일각에서 타살 의혹이 제기되었지만, 3차례에 걸친 수사를 통해 집단 자살로 결론이 났다. 이를 '**오대양 집단 자살 사건**'이라고 한다.

오대양 집단 자살 사건
1987년 8월 29일에 경기도 용인군의 오대양 공예품 공장에서 발생한 집단 자살 사건

왜 이런 집단 자살 사건이 발생했을까? 학자들은 다른 사람을 따라 하는 성향이 **집단 행동**으로 이어질 수 있다고 한다. 영화 속 미소 장면을 보면 미소를 짓는 것과 두 사람이 오래 함께 살면 닮아가는 것도 이에 해당한다. 그렇다면 넛지의 측면에서 이런 사회적 영향력의 작용 방식과 이유를 이해해야 하는 이유는 무엇일까? 대부분의 사람은 타인으로부터 배움을 얻기 때문에 가장 효과적인 넛지 방법은 사회적 영향력을 활용하는 것이다. 예를 들어, 방탄 소년단(BTS)은 2020년 현재 세계적으로 엄청난 사회적 영향력을 발휘하고 있다. BTS의 공연과 연설 및 행동은 기획된 넛지는 아니지만, 전 세계 **아**

집단 행동
집단적으로 이루어진 행동

아미
전 세계의 BTS 팬덤

미들에게 이미 긍정적인 영향을 미치고 있고, 어떤 경우에는 그들의 인생을 바꿔놓기도 한다.[11]

사회적 영향력은 두 가지 범주로 나눌 수 있다. 첫째는 **정보**이고, 둘째는 **동료 집단의 압력**이다. 이런 범주에 따라, 의도되지 않았던 사회적 넛지는 힘을 발휘하는데, 여러 연구는 다음과 같은 결과들을 보여주었다.

정보
정리된 지식

동료 집단의 압력
동료 집단의 행동에 의해 받는 압력

1. 다른 십대들의 임신을 목격한 십대 소녀들은 임신할 확률이 비교적 높아진다.
2. 비만은 전염성이 있다.
3. 방송사들은 서로를 모방하여 프로그램 편성에서 일시적인 유행을 양산한다(예: 오디션 프로그램, 먹방 등).
4. 학문을 추구하고자 하는 대학생들의 노력은 또래들의 영향을 받는다.
5. 3인의 연방 판사로 구성된 패널은 동료 판사들의 선택에 영향을 받는다.

사람들은 왜 타인에 의해 쉽게 영향을 받을까? 한 가지 이유는 사람들이 틀에 따르기를 좋아하기 때문이라고 한다.

다른 사람을 따라 하는 것에 대해서는 많은 연구가 있었다. 1950년대에 솔로몬 애쉬는 **시각적 인지** 검증을 시행하였다. 6인으로 구성된 집단을 대상으로 다음 실험을 하였다. 큰 흰색 카드에 선 하나가 그려져 있고 스크린에 세 개의 선이 투영된 상태에서 흰색 카드의 선과 동일한 길이의 선을 스크린에서 찾으면 된다. 세 번째까지 순조롭게 모두 동일한 의견을 내놓았다. 하지만 네 번째에는 당해 집단의 5명이 먼저 길이가 같은 선을 답하지만 모두 틀린 것이었다. 이제 나머지 6번째 사람의 반응은 어떨까? 다른 사람들의 판단을 보지 않은 채로 혼자 결정하면 오답이 없겠지만, 다른 사람이 모두 틀린 답을 제시한 경우에는 1/3 이상이 틀린 답을 말했다고 한다. 아무 관계도 없고 낯선 사람들임에도 불구하고 여섯 번째 사람은 그들을 따라 한 것이다. 이 실험을 17개국에서 되풀이하여도 거의 유사한 결과를 얻었다. 두뇌 영상을 찍어 보아도 그들이 다른 사람들과 같은 상황을 보게 된다고 한다. 이처럼 따라 하는 이유는 두 가지이다. 첫째, 다른 사람들의 답변에서 정보가 전달되기 때문이다. 둘째는 동료들의 압력과 집단의 비난을 피하려는 욕구 때문이다.

시각적 인지
시각적으로 알게 되는 것

11 아미는 BTS의 팬덤을 말한다.

집단 보수주의
집단적으로 급격한 변화를 피하고 현 체제를 유지하려는 상상이나 태도

다원적 무지
다른 사람들이 생각하는 일부 또는 대부분을 모르는 것

편승 효과(밴드왜건 효과)
어떤 행동이나 선택이 유행할 경우 이에 동조하는 현상

집단 보수주의도 따라하기의 일종으로 볼 수 있다. 새로운 필요성이 나타날 때도 정립된 관행을 고수하려는 집단적 경향이 있다. 이때 다른 사람들이 생각하는 일부 또는 대부분을 모르는 **다원적 무지**로 인해 잘못된 관행은 변하기 힘들다. (구)소련의 공산주의 체제가 유지되었던 이유 중의 하나도 사람들이 얼마나 공산주의를 경멸하는지를 알지 못했다는 것이었다. 하지만 오랜 관행들을 거부하는 극적인 변화가 **편승 효과**에 의해 나타날 수 있다.[12]

따라하기를 이용하여 넛지를 사용할 수도 있다. 건강 증진을 위해 많은 사람이 운동하고 있다는 것을 언급하면 된다. 또는 유명한 연예인들이 사회봉사하는 모습을 보여주면 많은 사람이 사회봉사를 따라 할 것이다. 이는 영향력 있는 소수의 사람이 올바른 행동에 대해 강력한 신호를 보내는 것으로 해석할 수 있다. 미국의 텍사스주에서는 고속도로 쓰레기 문제로 골머리를 앓고 있었다. 이를 해결하기 위해 주 정부는 텍사스의 자부심을 전달하는 자극적인 슬로건이 필요하다고 결정했다. 이에 댈러스 카우보이의 미식축구 선수들이 TV 광고에 출연하여 쓰레기를 줍고 맨손으로 맥주 깡통을 쳐버리며, 이렇게 소리쳤다. "텍사스를 망쳐 놓지 말라고!" 95%의 텍사스 사람들이 이 슬로건을 알게 되었고, 1년 후에 텍사스 쓰레기의 29%가 감소하였으며, 6년 후에는 도로변 쓰레기의 72%가 감소하였다.

사회적 넛지
단순히 사람들에게 다른 이들의 행위를 알려주기만 하여 올바른 행동으로 이끄는 넛지

그렇다면 선택 설계로서의 **사회적 넛지**는 어떻게 구사할 수 있을까? 따라쟁이를 위한 넛지는 단순히 사람들에게 다른 이들의 행위를 알려주기만 하면 된다. 미국 미네소타주의 납세율 증대를 위해 '이미 미네소타 주민들의 90% 이상이 납세 의무를 준수했어요.'라고 사실을 안내해 주었다. 바람직하건 아니건 다른 사람들의 행동을 주목하게 하여 주민들의 행동을 유도할 수 있다. 그렇다면 사회적 넛지에 의해 젊은이들의 음주나 흡연율을 낮출 수 있을까? 많은 대학생은 주변에서 같은 또래들이 심하게 음주나 흡연하는 것을 자주 목격한다. 이는 **이용 가능성 휴리스틱**에 의해 대학생들의 음주와 흡연이 실제보다 더 심하다고 믿게 만든다. 사회적 넛지는 사실은 그렇지 않다는 것을 알려주기만 하면 된다. 몬태나주는 대규모 교육 캠페인을 통해서 대학생 대부분(81%)은 음주량이 일주일에 4병 이하라는 것을 알려서 인식 오류를 교정하였다. 또한 청소년 대부분(70%)은 담배를 피우지 않는다는 사실을 홍보하였는데, 이는 청소년들의 흡연율 감소로 이어졌다.

이용 가능성 휴리스틱
빈도와 확률이 아니라 당장 이용 가능한 다른 요인에 의한 휴리스틱

12 편승 효과란 어떤 선택이 대중적으로 유행하고 있다는 정보가 그 선택에 더욱 힘을 실어주는 효과를 말한다. 이를 원어로 **밴드왜건(band wagon)** 효과라고도 한다.

사회적 넛지가 효과적이기 위해서는 미세한 영향들이 특정 정보를 더 쉽게 떠올릴 수 있도록 도와줄 필요가 있다. 이를 **기폭제**라고 한다. 예를 들어, 설문은 사람들의 의도를 측정하는 동안에 그들의 행동에 영향을 미치게 된다. 설문 자체가 기폭제가 된다는 것이다. 질문을 받았을 때 자신의 답변에 행동을 일치시킬 가능성이 높아지는데, 이를 **단순 측정 효과**라고 부른다. 이를 이용한 아래의 질문들은 올바른 사회적 넛지로 작용할 수 있다.

기폭제
미세한 영향들이 특정 정보를 보다 쉽게 떠올릴 수 있도록 도와주는 메커니즘

단순 측정 효과
질문을 받았을 때 자신의 답변에 행동을 일치시킬 가능성이 높아지는 성향

1. 다이어트를 하시겠습니까?
2. 건강을 위해 운동을 하시겠습니까?
3. (선거일 전날에 질문함) 투표할 의사가 있습니까?
4. 향후 6개월 내로 새 자동차를 구매할 계획이 있습니까?
5. 다음 주에 치실을 몇 번이나 사용하실 것입니까?
6. 다음 주에 기름진 음식을 섭취할 의향이 있습니까?

위와 같은 질문들은 답변자들에게 기폭제로 작용하여 상당한 효과를 얻게 된다. 세 번째 설문을 선거일 전날에 질문하면 투표율이 25% 상승하였다고 한다. 네 번째 설문은 새 자동차의 구매율을 35% 제고하였다.

한편, 관련성이 없어 보이는 간단한 단서들을 제공하여 특정 행동의 기폭제가 될 수도 있다. 예를 들어, 서류 가방이나 회의 탁자와 같이 비즈니스 특징을 지닌 물건들은 경쟁심을 부추기고 관용을 떨어뜨린다. 다목적 세정제의 냄새에 노출되면 식사를 하는 사람들이 주변 환경을 깨끗하게 하는 효과가 있고, 아이스커피를 마시면 이기적이고 사교성이 약한 차가운 사람으로 평가될 수도 있다.

언제 넛지가 필요한가?

사람들은 엄청난 업적을 이룩하기도 하고, 어처구니없는 실수를 유발하기도 한다. 사람들의 어리석은 행동을 방지하기 위해 넛지가 필요하다. 넛지는 유익할 가능성이 가장 높고 해가 될 가능성은 가장 낮아야 한다. 그렇다면 어떤 경우에 넛지가 필요할까? 첫째, 사람들이 좋은 대안을 선택할 가능성이 가장 낮은 상황이다. 둘째, 자유시장과 공개 경쟁이 인간 약점의 취약성을 줄여주기보다는 오히려 악화시키는 문제에 집중해야 한다. 이제부터 구체적인 경우들을 살펴보자.

혜택은 지금, 비용은 나중
당장 혜택을 보지만 그에 대한 대가로 나중에 비용이 발생하는 것

죄악 항목
흡연, 음주, 폭식, 늦잠 등과 같이 혜택은 당장, 비용은 나중인 것

투자 항목
운동, 치실 사용, 다이어트 등과 같이 당장 비용이 발생하지만, 나중에 혜택이 나타나는 것

난이도
선택의 어려움

빈도
반복되는 도수

당신의 선호도
당신이 좋아하는 성향

자본이익 펀드
자본 이익을 추구하는 펀드

동적배당 펀드
주기적으로 배당을 지급하는 주식 종목으로 구성된 펀드

우리의 삶에는 앞에서 언급하였던 여러 가지 문제로 인해 선택이 난처한 상황이 많다. 가장 대표적인 사례는 **혜택은 지금, 비용은 나중**에 발생하는 것들이다. 흡연, 음주, 폭식, 늦잠 등이 여기에 해당하는데, 탈러는 이들을 **죄악 항목**이라고 부른다. 지금 당장 즐거움이 있지만, 나중에 상응하는 결과가 기다리는 것들이다. 이런 것들에 대해서는 자기 통제 능력이 흔들리기 때문에 문제가 생길 가능성이 매우 높다. 이와 반대되는 **투자 항목**에는 운동, 치실 사용, 다이어트 등이 있다. 이들은 당장 비용이 발생하지만, 나중에 혜택이 나타나는 것들이다.

난이도가 높은 상황에서도 넛지가 필요하다. 난이도가 높을 때는 이용 가능한 해결책이 없는 경우가 많다. 베이커리에 가서 맛있는 빵을 선택하기보다는 은행에서 적절한 주택저당 대출 상품을 선택하는 것이 더 어렵다. 적절한 보험이나 투자 상품을 선택하는 것도 매우 어렵다. 앞에서 언급하였던 난치병을 치료하는 방법의 선택은 난이도가 가장 높은 것 중의 하나이다.

발생 **빈도**가 낮은 상황도 넛지가 필요할 때이다. 우리는 살아가면서 연습을 통해 많은 문제의 해결 방법을 숙지한다. 오랜 연습을 통해서 테니스공을 서비스 코트 안으로 강하게 서브할 수 있게 되고, 시행착오를 겪으면서 마트에서 구매할 우유의 개수를 쉽게 알게 된다. 하지만 인생에서는 연습할 기회도 없이 중요한 결정의 순간이 오기도 한다. 대학, 전공, 직업, 배우자, 퇴직 저축 등은 매우 중요한 인생의 선택이지만 단 한 번의 연습 기회도 없을 수 있다. 이렇게 드물고 어려운 선택들은 넛지를 적용하기에 좋은 후보들이다.

마지막으로 **당신의 선호도**를 알아야 할 때이다. 일상적인 선택에는 익숙하지만, 생소한 선택에서는 선호도를 알기 어렵다. 예를 들어, 뷔페가 아닌 이상 외국에서 처음 먹게 되는 낯선 요리에 대한 선호도는 전혀 알 수가 없다. 일본의 가이세키와 오마카세는 이런 경우에 적절한 식사 방법이다. (물론 가격은 매우 비싸다.) 가이세키는 연회용 코스 요리이고, 오마카세는 주방장이 알아서 음식을 준비하는 주방장 특선이다. 30~50대에게 더욱 현실적인 사례는 노후 대비용 투자 포트폴리오의 선택 문제이다.[13] 금융을 공부하지 않은 그들이 **자본이익 펀드**와 **동적배당 펀드** 중 어떤 것이 좋은지 판단할 수 있을

13 노후 준비는 소득이 발생할 수 있는 20대 말부터 시작하면 가장 좋겠지만, 퇴직이란 개념이 너무 먼 미래라고 생각하여 그들은 대부분 자신의 노후에 대해서 잘 생각하지 못한다. (물론 수많은 20대가 소득이 없거나 부족해서 노후 준비를 못 하는 경우가 대부분이다.) 많은 사람은 40대가 되어서야 자신의 노후를 생각하는 경향이 있다. 금융 이론의 관점에서는 금액과 관계없이 가장 먼저 시작하는 노후 준비가 가장 훌륭한 노후 준비이다.

까? 넛지가 가장 필요한 부문이라고 생각된다.

앞에서 언급한 많은 경우에 있어서 자유시장과 공개 경쟁이 이들을 해결해 준다. 하지만 시장이 이런 문제를 해결하지 못하는 경우도 많다. 소비자들의 구미에 맞추면서 이들을 부당하게 이용할 강력한 인센티브가 기업에 있기 때문이다. 표준 경제학에서는 이를 **시장 실패**라고 부른다. 앞에서 언급하였듯이, 당장 효과가 나타나지 않는 선택, 빈도가 낮고 적절한 피드백이 제공되지 않는 선택, 선택과 경험과의 관계가 분명하지 않은 선택인 경우에 그러하다. 보험 상품들은 이러한 특징들을 모두 가지고 있다. 보험 시장은 경쟁이 치열하지만, 자유시장과 공개 경쟁의 힘으로 어려운 문제들을 해결하기 어려울 수 있다. 보험 광고는 TV에서 가장 흔하게 볼 수 있다. 보면 볼수록 어떤 보험 상품이 좋은지를 구별하기는 더욱 어려워진다. 물론 이콘들이 사는 세상에서는 모두 잘 판단할 수 있겠지만, 인간들이 사는 이 세상에서는 너무 어려운 분야이다.

시장 실패
자유시장과 공개경쟁이 시장의 문제를 해결하지 못하고 실패하는 경우

시장이 효율적이라면 가격에 따라 상품을 선택하면 올바른 방법일 것이다. 가격이 공급자와 수요자에게 적절한 인센티브를 제공하기 때문이다. 하지만 많은 경우에 있어서 이런 예측은 빗나간다. 대개 와인은 비싼 것의 품질이 뛰어나지만, 사람들이 와인 라벨에 근거하여 와인을 선택하기 시작하면 매력적인 라벨을 붙인 와인의 가격이 과도하게 치솟는 경향이 있다. 유럽 연합은 와인을 테이블 와인과 VQPRD라는 기준으로 분류한다. 전자는 규격에 맞고, 위생적이어야 하고, 후자는 정해진 지역에서 나온 상급 포도주를 의미한다. 하지만 프랑스는 생산 지역별 분류 방법으로 크루, 프리미엄 크루, 그랑 크루의 세 가지를 사용한다. 이는 공식적인 분류 방법은 아니지만 널리 사용된다. 특히, 그랑 크루라는 라벨이 붙으면 소비자가 평가하는 품질과 관계없이 가격이 높아지는 경향이 있다.[14]

소비자의 수요가 증가하면 상대적인 가격이 증가하기도 한다. 1998년 우리나라에 처음 수입된 칠레의 **몬테스 알파**(카베르네 소비뇽) 와인은 당시 33,000원 정도에 판매되었다. 칠레 현지에서 $7~8(1만 원 정도) 정도에 판

몬테스 알파
한때 한국 사람들이 가장 선호하던 칠레 와인

14 샤또라는 이름을 붙여서 와인이 비싸게 판매되던 시절이 있었다. 예를 들어, 샤또 무똥 로칠드 로스차일드는 보르도 지역에서 생산된 특1급 프리미엄 와인으로 품질도 뛰어나고 가격도 매우 비싸다. 하지만 여기서 샤또라는 표현은 자체 포도 농장을 가진 와인 공장을 의미할 뿐이다. 포도 재배에서 와인의 병입까지 한 포도원에서 이루어진 경우에 샤또라는 라벨을 붙일 수 있다. (미국에서는 이를 에스테이트, 프랑스 부르고뉴 지방에서는 도메인이라고 부른다.) 따라서 샤또라는 이름과 품질과는 큰 관계가 없다. 실제로 프랑스 현지에서 샤또라는 이름이 붙은 수많은 와인들이 2~4 유로에 판매되고 있다.

매되는 이 와인이 여러 가지 수입 비용과 수요의 불확실성 때문에 상당히 비싸게 판매되었다. 하지만 품질에 비해 지나치게 비싸다고 생각되는 프랑스 와인에 비해 가성비가 뛰어났기 때문에 몬테스 알파는 우리나라의 와인 대중화에 크게 기여하였다. 몬테스 알파의 2022년 현재 가격은 지금도 그 정도에 머물고 있다. 이 가격이 과연 정당할까? 그렇지 않다. 2004년 4월에 칠레와의 자유무역협정이 체결되어서 관세도 철폐되었고, 아직도 칠레 현지 가격은 크게 변함이 없으며, 어느 정도의 수요도 확실하기 때문에 재고나 수입 비용이 크게 감소하였다. 따라서 절대적인 가격은 불변이지만, 상대적인 가격은 상승한 것이다. 몬테스 알파의 가격은 낮아져야 한다. 우리나라 와인 시장의 실패로 보인다.

주요 용어

401(k) 플랜
개입주의
계획 자아/행동 자아
관계없어 보이는 요인들
근시안적
기폭제
난이도
내일 더 저축하자(SMT)
다원적 무지
다이어트 게임
단순 측정 효과
당신의 선호도
동료 집단의 압력
동적배당 펀드
디폴트
멘탈 어카운팅
몬테스 알파
무심한 선택
베이비붐 세대
빈도
사회적 넛지
선택 설계
선택 설계자
숙고 시스템
시각적 인지
시장 실패
아미
오대양 집단 자살 사건
원시안적
유혹
이용 가능성 휴리스틱
일괄 절약 시간제
자기 통제
자동 시스템
자본이익 펀드
자유방임주의
자유주의적 개입주의
정보
죄악 항목
집단 보수주의
집단 행동
크리스마스 저축 클럽
투자 항목
편승 효과(밴드웨건 효과)
현시 선호
현재 바이어스
혜택은 지금, 비용은 나중
확정급여형 퇴직연금
확정기여형 퇴직연금

핵심 정리

- 밀턴 프리드먼 같은 경제학자에 의해 옹호되던 자유방임주의적 경제 정책들은 소비자 주권의 개념에 근거한다.
- 그 누구도 소비자 자신보다 자기의 선호도를 더 잘 알 수는 없다는 것이다.
- 새뮤얼슨의 현시 선호 개념은 선호 자체가 우리가 선택하는 것에 의해 결정된다고 한다.

- 탈러와 선스타인(2008b)은 신고전주의 경제학자의 이론에 반기를 드는 〈넛지〉라는 개념을 개발하였다.

내일 더 저축하자

- 지금 원하는 것이 나중에 원하는 것과 정합성을 가지지 않는 현상을 현재 바이어스라고 한다.
- 사람들이 현재 바이어스를 가지고 있다면 퇴직 후의 생활을 위한 저축을 하기는 어렵다.
- 확정기여형 퇴직연금에서 디폴트였던 적용 제외를 자동 가입으로 변경하는 것이 401(k) 플랜의 가입자 수 증가에 크게 기여했지만, 기여 금액이 부족하다는 문제가 남아있었다.
- 탈러와 베나르찌(2004)는 가입자들의 심리적 측면을 이용하여 〈내일 더 저축하자(SMT)〉라는 프로그램을 개발하였다.
- SMT의 심리학적 근거: 첫째, 사람들은 즉각적인 행동보다는 미래의 계획에 관련된 자기 통제 성향을 가진다. 둘째, 사람들은 명목 금액을 기준으로 손실 회피적이며, 이로 인해 즉각적으로 퇴직 저축률을 증가시킬 때 발생하는 가처분소득의 감소를 싫어한다. 셋째, 퇴직 저축자들은 강한 관성을 가지고 있다.
- 〈내일 더 저축하자〉: 급여가 인상될 때마다 (정해진 최대 기여율 수준 이하에서) 기여를 3%p씩 증가시킨다.
- 401(k) 플랜의 자동 가입과 자유주의적 개입주의는 행동 경제학의 엄청난 성공적 사례이다.

자유주의적 개입주의는 모순이 아니다

- 넛지는 자유주의적 선택을 보장하면서 사람들의 선택을 긍정적인 방향으로 유도하는 것이지만, 부정적인 방향으로 유도하는 경우도 있다. 탈러(2018b)는 전자를 넛지, 후자를 슬럿지라고 명명하였다.
- 자유주의적 개입주의라는 용어에 자유와 개입이라는 정반대의 의미가 내포되어 있어서 모순 같지만, 넛지의 정의에 의하면 그렇지 않다.
- 여기서 개입주의란 개입하려는 주체가 의도하는 긍정적인 방향으로 선택을 유도하는 것이다.
- 하지만 자유로운 선택이 가능하기 때문에 모순은 아니다.

선택 설계자

- 선택 설계자는 사람들이 선택할 대안을 준비해야 한다.
- 관계없어 보이는 요인들이 인간의 행동에 큰 영향을 미칠 수 있다.
- 선택 설계자는 관계없어 보이는 이런 것들을 고려하여 인간이 가장 올바른 결정을 내릴 수 있도록 시스템을 설계해야 한다.

유혹과 자기 통제

- 표준 경제학자들에 의하면 인간은 합리적이기 때문에 어떤 유혹과도 관계없이 자기의 선호도에 따라 행동해야 한다.
- 유혹 없이도 무심한 선택으로 인해 비합리적인 행동을 하는 경우가 많다.
- 유혹과 무심한 선택의 문제 해결을 위해 자기 통제를 위한 넛지가 도움이 될 수 있다.
- 정부에 의한 자기 통제로는 벤자민 프랭클린이 제안했던 일광 절약 시간제가 있다.
- 정부가 아닌 사적 기관이 자기 통제를 도와줬던 사례로는 크리스마스 저축 클럽이 유명하다.
- 자기 통제를 위하여 멘탈 어카운팅을 이용할 수도 있다.

떼지어 행동하기

- 사람들은 떼지어 행동하는 경우가 많다: 미국의 〈존스 타운 사건〉, 〈우리나라의 오대양 집단 자살 사건〉.
- 사회적 영향력은 두 가지 범주로 나눌 수 있다. 첫째는 정보이고, 둘째는 동료 집단의 압력이다.
- 집단 보수주의도 따라하기의 일종으로 볼 수 있다.
- 다원적 무지: (구)소련의 공산주의 체제가 유지되었던 이유 중의 하나도 사람들이 얼마나 공산주의를 경멸하는지를 알지 못했다는 것이었다.
- 하지만 오랜 관행들을 거부하는 극적인 변화가 편승효과에 의해 나타날 수 있다.
- 따라쟁이를 위한 넛지는 단순히 사람들에게 다른 이들의 행위를 알려주기만 하면 된다.
- 사회적 넛지가 효과적이기 위해서는 미세한 영향들이 특정 정보를 더 쉽게 떠올릴 수 있도록 도와줄 필요가 있다. 이를 기폭제라고 한다.

언제 넛지가 필요한가?

- 어떤 경우에 넛지가 필요할까? 첫째, 사람들이 좋은 대안을 선택할 가능성이 가장 낮은 상황이다. 둘째, 자유시장과 공개 경쟁이 인간 약점의 취약성을 줄여주기보다는 오히려 악화시킬 경우이다.
- 넛지가 필요한 경우: 혜택은 지금, 비용은 나중에 발생하는 것들; 난이도가 높은 상황; 발생 빈도가 낮은 상황; 선호도를 알아야 할 때.
- 자유시장과 공개 경쟁이 시장의 문제를 해결하지 못하는 경우를 시장 실패라고 한다.
- 이콘들이 사는 세상에서는 모두 잘 판단할 수 있겠지만, 인간들이 사는 이 세상에서는 그러기 어렵다.

참고 문헌

- Gross, D. and N. Souleles (2002), Do liquidity constraints and interest rates matter for consumer behavior? Evidence from the credit card data, Quarterly Journal of Economics 117, 149~185.
- Madrian, B. and D. Shea (2001), The power of suggestion: Inertia in 401(k) participation and savings behavior, Quarterly Journal of Economics 116, 1149~1187.
- Shefrin, H. and R. Thaler (1988), The behavioral life-cycle hypothesis, Economic Inquiry 26, 609~643.
- Sunstein, C. and R. Thaler, R. (2003), Libertarian paternalism is not an oxymoron, The University of Chicago Law review 70, 1159~1202.
- Thaler, R. (1994), Psychology and savings policies, American Economic Review 84, 186~192.
- Thaler, R. (2018a), From cashews to nudges: The evolution of behavioral economics, American Economic Review 108, 1265~1287.
- Thaler, R. (2018b), Nudge, not sludge, Science 361(6401), 431.
- Thaler, R. and S. Benartzi (2004), Save More Tomorrow: Using behavioral economics to increase employee saving, Journal of Political Economy 112, S164~187.
- Thaler, R. and H. Shefrin (1981), An economic theory of self-control, Journal of Political Economy 89, 392~410.
- Thaler, R. and C. Sunstein (2008a), Libertarian paternalism, American Economic Review 93, 175~179.
- Thaler, R. and C. Sunstein (2008b), Nudge: Improving decisions about health, wealth, and happiness. New Haven: Yale University Press.
- Wansink, B. (2006), Mindless eating: Why we eat more than we think, Newyork: Bantam.

13 넛지 2: 선택 설계의 원칙

앞 장에서는 탈러와 선스타인(2008a,b)이 제시한 자유주의적 개입주의로서의 선택 설계가 무엇인지에 대해 설명하였다. 여기서는 탈러 등(2013)이 제시한 선택 설계의 6가지 원칙을 자세히 설명하고자 한다: 디폴트; 실수의 예상; 피드백이 중요하다; 매핑의 이해; 복잡한 선택의 구조화; 인센티브.

디폴트: 최소 저항의 방법

게으름, 두려움, 산만함 등의 이유로 사람들은 저항이 가장 작은 옵션을 최소한의 노력으로 선택하게 된다. 이를 위해 선택이 필요한 경우에 아무런 선택을 하지 않아도 되는 디폴트 옵션이 주어지는데, 이것의 올바름 여부와 관계없이 많은 사람은 **디폴트**를 선택하는 경향이 있다. 디폴트 옵션이 규범적 또는 권장되는 선택으로 인식된다면, 아무것도 선택하지 않으려는 경향은 더욱 강화될 것이다.

디폴트
아무런 선택이 없을 경우 자동적으로 적용되는 대안

디폴트는 어디에나 있고 강력하다. 선택이 필요한 시스템에서 디폴트 옵션은 피할 수 없다. 예를 들어, 전기톱이나 잔디 깎는 기계는 데드맨 스위치가 있어서 손잡이를 놓으면 기계의 칼날이 멈추게 만든 경우가 많다. 놀이터에서 큰 애들이 타는 미끄럼틀의 첫 계단은 땅으로부터 약 60cm 높이로 만들어서 아주 어린 애들의 접근을 방지하고 있다. 또, 컴퓨터를 오랫동안 사용하지 않을 경우 스크린 세이버가 작동되어서 화면 손상을 막아준다. 이런 것들이 모두 디폴트 옵션에 해당한다.

다른 예로는 소프트웨어를 설치할 때, '자동 설치' 또는 '수동 설치'를 선택하게 되어 있다. 이때 자동 설치는 이 소프트웨어의 설치에 대해서 잘 모르는 사용자에게 디폴트가 되어 도움이 되도록 설계된다. 하지만 어떤 경우에는 자기 이익만을 챙기는 이기적 디폴트도 존재한다. 사용자의 이메일 주소로 원하지 않는 스팸 메일을 발송하도록 하는 경우나 불필요한 소프트웨어를 설치하도록 하는 경우가 이에 해당한다. 따라서 모든 디폴트 옵션이 사용자에게 도움이 된다고 할 수는 없다.

의도적인 잡지 구독의 중지 요청이 없을 때 구독이 자동으로 연장된다고 하자. 이 경우 의도하지 않았지만 읽고 싶지 않은 잡지를 오랫동안 구독하는 경우가 발생할 수 있다. 새로 휴대폰을 개통하거나 인터넷 서비스 회사를 바꿀 때 좋지 않은 디폴트의 효과가 심하게 나타나기도 한다. 신규 휴대폰 개통 또는 인터넷 서비스 회사 변경 시에 편리하지만 크게 필요하지도 않은 여러 서비스가 정해진 기간에 무료로 제공되는 경우가 있다. 이런 서비스들을 처음에 거절하지 않으면 무료 기간이 종료된 시점에 해지하는 것을 망각하여 오랫동안 비용이 지불될 수 있다.

낙제 학생 방지법
학생들의 낙제를 방지하기 위하여 2002년에 제정된 미국의 법

디폴트의 선택에 대해서는 많은 논쟁이 있다. 미국에서 제정된 2002년의 〈**낙제 학생 방지법**〉이 디폴트 선택 논쟁의 좋은 예라고 할 수 있다. 이 법에 따르면, 중고등학교 학생이나 그 학부모가 사전적인 서면 동의 없이 당해 학생의 이름, 주소, 전화번호가 다른 곳에 제공되지 않도록 요청할 수 있다. 지방 교육청 또는 사립학교는 그런 요청 옵션을 학부모에게 알려서 학부모의 의사를 준수해야 한다. 페어포트나 뉴욕 교육청 등은 이를 옵트-인 정책으로 해석하였다.[1] 즉, 학생 정보를 제공하지 않는 것이 디폴트이고, 학부모의 서면 동의가 있어야만 학생 정보를 다른 곳에 제공할 수 있다는 것이다.

그 당시 국방부 장관이었던 도널드 럼스펠드는 모병 자원의 부족을 걱정하여 이런 해석에 동의하지 않았다. 국방부와 교육부는 각 교육청에 연락하여 이 법이 **옵트-아웃**을 전제로 해야 한다고 주장하였다. 즉, 학부모의 요청이 있을 때만 학생 정보를 제공하지 않을 수 있다는 것이다. 국방부와 교육부는 전형적인 관료주의적 자세로 관계 법령에 따라, 학부모가 긍정적으로 동의하지 않으면 교육청이 학생의 정보를 제공하지 않는 정책을 사용할 수 없다고 주장하였다. 이는 교육청과 국방부가 옵트-인과 옵트-아웃 정책이 아주 다른 결과를 초래한다는 것을 인식했다는 것이다. 이로 인하여 많은 이견이 대립하게 되었다.

옵트-인(또는 적용 제외)
가입이 옵션이라는 의미로, 아무런 선택이 없으면 해당 제도에 가입이 안 된 것으로 간주하는 것이다.

옵트-아웃(또는 자동 가입)
탈퇴가 옵션이라는 의미로, 아무런 선택이 없으면 해당 제도에 가입된 것으로 간주하는 것이다.

1 **옵트-인(opt-in)**이란 가입이 옵션이라는 의미로, 아무런 선택이 없으면 해당 제도에 가입이 안 된 것으로 간주하는 것이다. 당해 제도 가입을 위해서는 본인이 직접 가입을 신청해야 한다. 이에 비해 **옵트-아웃(opt-out)**이란 탈퇴가 옵션이라는 의미로, 아무런 선택이 없으면 해당 제도에 가입된 것으로 간주한다. 따라서 당해 제도에서 탈퇴하고 싶으면 본인이 직접 탈퇴를 신청해야 한다.

디폴트 규정은 피하기 어려운 것이지만, 그런 경우도 있긴 하다. **요구 선택** 또는 **강제 선택**의 경우인데, 소프트웨어 설치 시에 적용되는 경우가 많다. 이를 **적극적 의사결정**이라고도 한다. 소프트웨어 설치 과정에 모든 선택 상자를 비워놓고, 단계마다 선택하지 않으면 다음 단계로 넘어가지 못하게 만드는 것이다. 군인 모병관에게 학생 정보를 제공하는 규정의 경우에도 모든 학생이 그들의 정보 제공 동의 여부를 표시하는 서류를 작성하도록 하는 강제 선택을 적용할 수 있다. 하지만 이런 강제 선택은 심각한 항의에 직면하게 될 것이다. 관성이나 명백한 사회적 압력 때문에 원하지 않는 잘못된 선택을 할 수 있기 때문이다.

요구 선택(또는 강제 선택)
반드시 선택이 강제되어 선택되지 않으면 다음 단계로 넘어가지 못한다.

적극적 의사결정
적극적으로 의사결정을 해야 하는 것으로 요구 선택을 의미한다.

존슨과 골드스타인(2003)은 강제 선택의 좋은 예로 장기 기증을 들었다. 유럽의 어떤 나라는 장기 기증에 동의를 가정하는 옵트-아웃 절차를 도입하였다. 이것이 장기 기증에 동의하는 사람들의 수를 확실히 증가시켰다고 한다.[2] 하지만 어떤 사람들은 정부가 국민의 장기 기증에 대해서는 어떤 전제를 해서도 안 된다고 하면서, 옵트-아웃 절차에 반대한다. 이의 해결을 위한 효과적인 절충안이 강제 선택이다. 미국의 일리노이주에서는 운전면허 갱신을 위해 사진을 찍을 때, "장기 기증자가 되기를 원하십니까?"라는 질문에 답하도록 하였다. 이 방법은 장기 기증 희망자 수를 60%로 끌어 올렸는데, 이는 전국 평균 38%보다 훨씬 높은 수치이다. 장기 기증 선택은 암묵적이라기보다 명시적이기 때문에 사망 기증자 가족들의 반대도 작아지는 경향이 있다.

자유를 선호하는 많은 사람에게도 선호되는 강제 선택이 종종 가장 좋은 방법일 수 있지만, 두 가지 점을 고려해야 한다. 첫째, 사람들이 강제 선택을 성가시거나 안 좋게 생각하여 좋은 디폴트 옵션을 원하는 경우이다. 예를 들어, 복잡한 매뉴얼을 모두 읽고 소프트웨어를 설치하는 사용자는 거의 없다. 주어진 선택이 복잡하고 어려우면 사람들은 합리적인 디폴트를 선호할 것이다. 따라서 이런 경우에는 강제 선택이 좋지 않을 것이다. 둘째, 강제 선택은 더욱 복잡한 선택보다는 "예" 또는 "아니오"로 답하기 좋은 경우에 적합하다. 예를 들어, 시카고의 어떤 유명한 식당에서는 주방장이 준비한 대로 음식이 나오는데, 고객들은 어떤 음식이 나올까를 기대하면서 만족도가 높아진다.

2 옵트-아웃을 도입한 오스트리아, 벨기에, 프랑스, 헝가리, 폴란드, 포르투갈, 스웨덴은 평균 95% 이상의 국민이 장기 기증 동의를 했지만, 그렇지 않은 덴마크, 네덜란드, 영국, 독일은 평균이 20%에도 못 미치고 있다. 1995년부터 2002년까지 45,000명의 미국인이 장기 기증을 기다리다가 사망하였다는 사실은 장기 기증 문제가 미국에서 얼마나 심각하지를 보여준다.

이때 중요한 것은 채식주의자 여부이다. "예" 또는 "아니오"로 채식주의자 여부를 밝히면 모든 음식은 주방장의 선택에 의해 만들어진다.

실수의 예상

인간은 실수하게 마련이다. 따라서 잘 설계된 시스템은 사용자의 실수를 예상하여 가능한 한 그런 실수가 불편한 상황을 초래하지 않도록 해야 한다. 예를 들어, 지하철표를 입력기에 넣으면 표의 앞뒷면이나 방향과 상관없이 출입구가 열린다. 이는 사용자의 편리함을 위해 어떤 면으로 넣어도 출입구가 작동하도록 만들었기 때문이다. 하지만 아직도 지하철표의 면과 방향을 정확히 맞추어야만 출입구가 작동하는 나라도 많다. 이는 사용자의 실수를 전혀 고려하지 않아서 좋은 시스템 설계라고 할 수 없다. 우리나라에도 사용법의 정확성을 요구하는 경우가 많다. 스타벅스의 결제 시스템은 신용카드를 정확한 방향으로 긁어야만 결제가 된다. 이는 사용자에게 불편함을 줄 뿐만 아니라 주문의 속도를 느리게 하여 영업에 지장을 주기도 한다.

몇 년 전에 나는 새로 만들어진 주유소 시스템으로 처음 결제했다. 이 시스템도 신용카드를 정확하게 카드 입력기에 넣어야 작동한다. 방향과 면을 정확히 맞추어야 한다는 불편함이 있었지만, 더 불편한 것은 시작부터 주유가 끝날 때까지 신용카드를 꽂아 놓은 상태로 있어야 한다는 것이다. 나는 주유를 마치고 차량의 연료 뚜껑을 닫은 후에 영수증을 확인하고 출발하였다. 그날 오후에 물건값을 결제하려고 하는데, 지갑에서 그 신용카드를 찾을 수가 없었다. "앗, 신용카드를 분실했네!" 그제야 카드 입력기에 넣어 두었던 신용카드가 생각났다. 곧 그 주유소로 돌아갔을 때, 주유소 직원은 약 50장 정도의 신용카드를 보여주면서 찾아보라고 했다. 나 같은 사람들이 상당히 많다는 것이었다. 불행하게도 나는 신용카드를 찾지 못했다. 그 신용카드를 부정하게 사용한 사람은 없었지만, 내 인생 최초로 신용카드를 분실한 경우였다. 아마 지금도 많은 사람이 주유소에서 신용카드를 분실할 것이다. 처음에 한 번만 긁으면 주유 후에 자동으로 결제가 되도록 하면 어떨까? 기술적으로 약간의 문제가 있을 수도 있겠지만, 충분히 극복할 수 있을 텐데.[3]

3 신용카드를 계속해서 꽂아 두는 이유는 예정했던 금액만큼 주유가 되지 않았을 경우에 처음 금액을 취소하고 다시 결제하기 위해서로 추정된다. 하지만 처음에 신용카드를 한 번만 긁게 하고, 첫 결제 금액과 주유 금액에 차이가 발생하면 차액을 신용카드 연계 계좌나 신용카드의 신용으로 반환하면 될 것이다. 아니면, 다시 신용카드를 집어넣으라고 하면 된다. 이 방법이 약간 귀찮을 수는 있겠지만 신용카드 분실의 위험은 방지할 것이 분명하다.

이러한 문제는 의학계에서도 중요한 의미가 있다. 예를 들어, 전문의에 의해 처방된 약이 1회 복용으로 끝난다면 아무런 문제가 없지만, 지속해서 복용해야 한다면 그 주기와 규칙성이 매우 중요하다. 왜냐하면, 약물 복용에서도 환자의 실수를 예상하여 그 주기를 설정해야 하기 때문이다. 하루 3회보다는 아침, 저녁 각 1회가 좋고, 그것보다는 하루 1회가 더 좋다. 2주일에 한 번보다는 1주일에 한 번 또는 한 달에 한 번이 좋을 것이다.

주의력 결핍 과잉행동 장애인 ADHD 증상이 있는 어린이의 경우, 메틸페니데이트 계열의 향정신성 의약품을 복용한다.[4] 그런데 초창기에 개발된 약들은 속방형이어서 효과가 빠르지만, 하루에 3번 복용해야 한다는 단점이 있었다. 아침과 저녁에는 부모가 약 복용을 지도할 수 있지만, 점심때에도 ADHD 어린이가 잊지 않고 약을 먹을 수 있을까? 이런 단점을 해결하기 위해, 아침과 저녁으로 두 번 복용하는 서방형 약이 개발되어 ADHD 치료에 도움이 되기도 했다. 이 경우에는 부모와 어린이 모두 잊지 않고 약을 먹는데 큰 문제가 없기 때문이었다. 그래도 하루 2회보다는 1회가 분명히 더 좋을 것이다.

주의력 결핍 과잉행동 장애 (ADHD)
주의력이 부족하고 과잉행동을 하는 장애로, 주로 어릴 적에 발생하여 어른이 되면서 없어지는 경우가 많다.

그러면 산아 제한용 약의 경우는 어떨까? 이 약은 3주일 동안 매일 복용하고, 1주일 동안은 쉬어야 한다. 주기는 하루지만, 규칙성이 없어져서 복용에 어려움이 있다. 이 문제를 해결하기 위해서는 복용 과정을 자동 시스템으로 만들면 된다. 28개로 분리된 약통에 날짜를 적어놓고 매일 아침에 하나씩 복용하면 된다. 물론 약통은 21번째까지는 진짜 약이지만, 22번째부터 28번째까지는 위약으로 구성된다. 이는 인간이 복용을 준수할 수 있게 하는 매우 좋은 방법이다.

한편, 의료계의 심각한 문제 중의 하나는 매우 어수선하고 흥분된 병원 분위기이다. 환자의 치료는 매일 수없이 많은 의사결정을 요구하기 때문에 의사와 병원 관계자들은 인간적 실수가 심각한 피해를 초래할 수 있는 처치에 대해서는 점검표를 이용하도록 훈련을 받는다. 이 점검표는 간단하고 일상적인 것들로 모두 의대에서 배우는 것들이지만, 여러 가지 제약과 스트레스 및 산

4 ADHD가 어린이에게만 있는 질병은 아니다. 어른에게 발병하기도 하고, 어릴 때 발병했지만 어른이 되어서도 남아있는 경우도 상당히 많다. ADHD 증상이 의심되면 반드시 전문의와 상담하고, 필요하면 약을 먹어야 한다. 약물 치료로 분명한 증상 호전이나 질병 치료가 이루어질 수 있기 때문이다. 우리나라에서는 ADHD 증상을 대수롭지 않게 여기고 약을 먹지 않다가 점점 악화되는 경우가 비일비재하다. 한편, 메틸페니데이트 계열의 약들은 각성제로써 중추신경계의 활동을 증가시키기 때문에 우리나라에서는 '공부 잘하는' 약으로 인식되어 오남용의 우려가 크다. 오남용으로 인한 중독의 가능성이 있으므로 전문의 처방 없이 이를 복용해서는 절대 안 된다.

만한 분위기로 인해 잊어버리기 쉽다. 예를 들어, 존스 홉킨스 병원의 중환자 전문가가 고안한 점검표는 비누로 손을 씻는 것으로부터 시작하여 약물 주입용 카테터가 인체에 삽입되면 그 부위에 멸균 드레싱을 씌우는 것까지의 다섯 가지 간단한 절차를 포함한다.[5]

중환자실 점검표의 의미는 두 가지이다. 첫째, 의료진의 기억을 회상시키는 것이다. 병원에서 고통으로 몸부림치는 환자를 보면 손 씻기를 쉽게 잊어버릴 수 있다. 둘째, 복잡한 전체 과정을 여러 단계로 나누어 직원들이 높은 수준의 치료 성과를 볼 수 있도록 한다. 이런 간단한 절차의 결과가 의사들을 감동시켰다. 10일간 약물 주입용 카테터의 감염률이 11%에서 0%로 떨어졌다. 15개월 후에는 단 두 명의 환자만 감염되었다. 43명의 감염과 8명의 죽음을 방지한 것이었다. 가완데(2010)에 의하면 $2백만이 절약되었다고 한다.

마지막으로, 관광객들이 영국 런던을 방문할 때 발생하는 보행자 안전 문제가 있다. 미국, 유럽, 중국, 한국에서는 자동차가 도로의 오른쪽으로 운행하므로 도로를 향해서 서 있을 때 사람들은 자동차가 왼쪽으로부터 온다고 생각한다. 건널목에서 항상 왼쪽을 보면서 조심하는 것은 너무 당연하다. 하지만 영국의 자동차들은 도로의 왼쪽으로 운행하기 때문에, 보행자들은 오른쪽을 조심해야 한다. 이런 결과로 많은 보행자 사고가 발생한다. 이런 실수를 방지하기 위해서 관광객이 많은 곳의 도로 위에는 "오른쪽을 보시오!"라는 표시가 적혀 있다.

피드백이 중요하다

피드백
어떤 행동에 대한 사람의 또는 기계적 반응

인간의 행동을 개선할 수 있는 가장 좋은 방법은 **피드백**을 제공하는 것이다. 잘 설계된 시스템은 올바르게 행동할 때와 실수할 때, 이를 사람에게 알려준다. 예를 들어, 디지털카메라는 필름 카메라보다 피드백을 잘 준다. 사진을 찍으면 곧 볼 수 있어서 어떤 실수를 했는지 쉽게 알 수 있다. 하지만 초창기 디지털카메라는 사진을 찍을 때 셔터 클릭 소리가 나지 않아서 카메라가 제대로 작동했는지를 알 수 없었다. 하지만 요즘은 임의로 셔터 클릭 소리가 나도록 하여 사진이 찍혔다는 것을 알려준다. 노인들을 위한 휴대폰은 번호를 누르면 다이얼 소리를 들려주기도 한다.

5 여기서 카테터는 약제나 세정액의 주입 등에 사용되는 고무 또는 금속제의 가는 관을 말한다.

시카고 동쪽 경계인 미시간 호수에는 시카고 레이크쇼어 드라이브가 있다. 이 길은 시카고의 멋진 스카이라인을 보여주지만, S자 모양으로 구부러져 있어서 매우 위험하다. 많은 운전자가 위험한 구간에서 25마일의 속도 제한을 지키지 못하여 차량이 전복되는 경우가 있었다. 2006년 9월에 시카고시는 차량 속도를 낮추기 위한 전략을 사용하였다. S자 곡선 구간에 차량 진행 방향과 수직으로 흰색 선들을 그려 놓았다. 운전자가 심한 곡선 구간에 들어서면 그 선들이 점점 좁아지게 하여 차량 속도가 높아진다고 착각하게 만들었다. 이런 넛지는 운전자가 가볍게 브레이크를 잡게 하여 차량의 안전을 제고할 수 있다. 이 전략의 시행 6개월 전후를 비교한 결과, 사고가 36% 감소하였다고 한다.

한편, 피드백의 중요한 기능 중의 하나는 일이 잘못되었다는 경고이고, 더 좋은 것은 잘못되려고 한다는 경고이다. 노트북 컴퓨터의 건전지가 거의 소모되었을 때 충전을 하거나 작동을 멈추라는 경고가 대표적이다. 하지만 '늑대가 나타났다고 외치는 소년'처럼 잦은 경고는 오히려 무시될 수 있다. 예를 들어, 컴퓨터를 사용할 때, "이 파일의 안전성이 의심스러우니 바이러스 검사를 하시겠습니까?"라는 메시지가 자주 나오면, '아니요'를 누르다가, 결국 아무 생각 없이 '예'를 누르게 되는 경우가 이에 해당한다. 결국 불필요한 검사로 인해 한참 동안 작업에 지장을 받을 수 있다.

기술의 발전에 따라 피드백이 점점 개선되기도 한다. 흰색 천장에 흰색 페인트를 칠하는 경우를 생각해 보자. 같은 색이기 때문에 칠한 부분과 칠하지 않은 부분을 구별하기가 힘들어서 덧칠되지 않은 부분이 생길 수 있다. 페인트가 모두 마른 후에는 덧칠이 되지 않은 부분이 매우 성가시게 보이게 된다. 이를 방지하기 위해 액체 상태에서는 빨간색이지만 마르면 흰색으로 변하는 페인트가 개발되었다. 이런 페인트를 사용하면 그런 염려를 할 필요가 없다.

이처럼 피드백은 인간의 행동에 매우 중요한 영향을 준다. 교육에서의 피드백은 무엇일까? 배운 부분에 대한 시험이 가장 중요한 피드백이다. 국어, 영어, 수학, 사회, 과학, 음악, 미술, 체육 모두 피드백이 필요하다. 시험을 통한 피드백은 학생의 능력 점검에 큰 도움이 되고 인생의 방향을 정하기 위한 기준이 된다. 그래서 모든 학교에서 시험을 실시하는 것이다. 시험은 등수에 의한 서열화가 아니라 피드백으로 학생의 학습과 생활에 도움을 주는 것이 목적이다. 하지만 최근에 우리나라 초등학교에서는 시험의 부작용 때문에 시험을 거의 실시하지 않는다고 한다. 시험의 부작용을 만든 것은 욕심이 지나쳤던 학부모와 학교인데, 그 피해는 학생과 국가가 당하게 된다. 피드백을 받지 못한 학생들은 적성 개발이나 부족한 부분의 보충 기회를 잃어버리게 되고 미래 인재의 학습 능력 저하는 국가 발전에 저해가 될 것이다.

매핑의 이해: 선택에서 후생으로

매핑
선택과 만족 또는 후생의 관계

어떤 일은 아이스크림의 맛을 선택하는 것처럼 쉽지만, 어떤 일은 의학적 치료법을 선택하는 것처럼 어렵다. 아이스크림의 맛은 이미 친근하므로 선택과 궁극적인 소비와의 관계를 거의 정확하게 알 수 있다. 이와 같은 선택과 만족 또는 후생의 관계를 **매핑**이라고 부른다. 어떤 이국적인 맛이 출시되어도 아이스크림 가게는 무료 시식을 제공하여 매핑의 문제를 쉽게 해결할 수 있다.

하지만 질병 치료의 경우에는 매핑이 확실하지 않다. 어떤 사람이 전립선암에 걸렸다고 하자. 그는 외과적 수술, 방사선 치료, 감시대기 요법 중 하나를 선택해야 한다. 감시대기 요법은 아무것도 하지 않는 것이다. 이 세 가지 옵션은 삶의 질, 남은 수명 등에 대한 부작용을 고려하여 수많은 결과를 초래할 수 있다. 이 옵션들의 비교는 수명 연장과 (발기부전이나 요실금 같은) 안 좋은 부작용의 상쇄 관계를 고려하는 것이다. 이는 두 가지 측면에서 매우 어려운 결정이다. 환자는 수명 연장과 부작용의 상쇄 관계를 잘 모르고, 요실금이 발생했을 때 삶이 어떻게 바뀌는지를 상상할 수 없다는 것이다.

두 가지의 무서운 사실은 다음과 같다. 첫째, 의사들이 난치병 진단을 내리자마자, 대부분의 환자는 치료 방법을 선택해야 한다. 하루, 이틀, 또는 일주일 정도의 생각할 시간이 주어지지 않는다. 대부분의 환자는 그 난치병에 대한 지식뿐만 아니라 치료 방법에 대해서도 아는 바가 전혀 없다. 이 상태에서 현명한 치료 방법을 선택해야 한다. 둘째, 환자들이 선택하는 치료 방법은 담당 의사의 전문성에 의존한다는 것이다. (외과 수술이 전문인 의사와 방사선 치료가 전문인 의사가 있을 수 있다. 물론 감시대기 요법이 전문인 의사는 없다.) 어떤 옵션이 가장 좋은 치료 방법이 될까?

매핑은 전자 제품의 구매에도 문제가 된다. 디지털카메라를 구매할 때 흔히 사용하는 성능의 기준은 메가픽셀이다. 메가픽셀의 수가 높을수록 사진의 화질이 더 좋아지고 카메라의 저장 용량도 더 커져야 하므로 가격은 올라간다. 하지만 소비자 입장에서 자신의 선택과 메가픽셀의 관계를 정확히 알아서 카메라의 가격을 제대로 평가할 수 있을까? 그럴 리가 없다. 메가픽셀보다는 권장되는 사진의 최대 크기로 카메라의 성능을 나타낸다면 소비자 입장에서 매핑이 아주 쉬울 것이다.

사람들은 어떤 상품의 선택에 의한 매핑 관계를 돈으로 환산하고 싶어 한다. 하루에 한 잔씩 스타벅스 아메리카노를 마시는 경우 소요되는 비용은 아주 확실하다. (물론 스타벅스 전용 카드를 이용하는 경우에는 샷 하나가 서비스로 제공되고 일정량 이상 소비하면 쿠폰이 제공되기 때문에 현금 소비보다 저렴하다.) 하지만 휴대폰을 구매할 때 요금제의 선택은 매핑 관계를 돈으로 환산하기 어려운 경우가 많다. 이럴 때 도움이 되는 방법이 **RECAP**이다. RECAP은 기록, 평가, 대안 가격의 비교라는 의미이다.[6]

RECAP
기록, 평가, 대안 가격의 비교라는 의미이다.

휴대폰 요금제를 처음 선택할 때는 어떤 요금제가 가장 저렴한가를 평가하기 어렵다.[7] 하지만 1년이 지나면 통신사는 사용자의 휴대폰 사용 기록 자료를 가지게 된다. 이 사용 기록을 이용하여 여러 요금제를 비교하면 가장 저렴한 요금제를 선택할 수 있다. (물론 휴대폰 사용 패턴이 매년 바뀐다면 이 논리는 적용될 수 없다.) 즉, RECAP을 이용하여 요금제 선택의 매핑 관계를 돈으로 환산할 수 있다는 것이다. 이런 RECAP 방법은 여러 분야에서 이용될 수 있다. 미국의 경우, 주택담보 대출부터 에너지 사용과 메디케어(노인 의료보험 제도)까지 다양하게 이용 가능성이 있다. 이 분야들은 일반인이 이해하기 어려울 정도로 복잡한 내용을 포함하고 있기 때문이다. 우리나라에서도 휴대폰 요금제 선택, 냉난방기의 구매, 자동차 구매 등에 활용할 수 있다. 결국 RECAP은 사람들의 선택 능력을 크게 제고하게 된다.

복잡한 선택의 구조화

사람들이 선택을 위해 사용하는 전략은 가능한 옵션의 규모와 복잡성에 따라 달라진다. 대안이 몇 개 안 될 때는 대안들의 모든 속성을 고려하여 그것들의 상쇄 관계를 비교하면 된다. 하지만 선택 대안들이 많아지면 심각한 문제가 발생한다. 예를 들어, 다른 도시에 있는 회사로부터 일자리를 제안받아서, 근

6 이는 Record(기록), Evaluate(평가), Compare Alternative Prices(대안 가격의 비교)의 첫 글자를 결합한 용어이다.
7 사용 기록이 없다면 개략적으로 사용 패턴을 예상하여 RECAP을 적용할 수 있다. 이런 방법은 휴대폰 판매처가 요금제 선택을 위해 지금도 사용하고 있다.

무지와 주거용 임대 아파트를 선택해야 한다고 하자. 세 개의 근무지가 대안이라면, 규모, 전망, 주변 환경, 화장실까지 거리 등의 속성을 고려하여 결정하면 된다. 이때 어떤 속성의 높은 가치(넓은 사무실)가 다른 속성의 낮은 가치(시끄러운 이웃)를 보상할 수 있으므로 이를 **보상 전략**이라고 한다.

보상 전략
어떤 속성의 높은 가치가 다른 속성의 낮은 가치를 보상하는 것

주거용 임대 아파트를 선택할 때는 너무 많은 대안이 존재하기 때문에 위와 같은 보상 전략을 사용할 수 없다. 대도시에는 수없이 많은 아파트가 있어서 이를 모두 살펴볼 방법은 없다. 따라서 선택 업무를 단순화해야 하는데, 그중의 하나는 트버스키(1972)가 명명한 **속성별 제거법**이다. 이 방법은 먼저 가장 중요한 속성(통근 거리)의 합격선(30분 미만의 통근 시간)을 정해서 이에 미달하는 대안들을 모두 제거한다. 이런 과정을 속성별로 진행하여 최종 선택을 하거나 보상 전략을 사용할 (평가 가능한 개수의) 최종 대안들을 결정할 때까지 반복한다. 이런 단순화 전략을 사용할 때는 다른 속성들이 아무리 훌륭해도 최소 한계점을 만족하지 못하면 그 대안은 제거될 수 있다. 예를 들어, 훌륭한 바다 전망을 가지면서 다른 대안들보다 $200이 저렴한 대안일지라도 35분의 통근 시간이 걸리는 아파트는 고려 대상이 되지 못한다.

속성별 제거법
가장 중요한 속성의 합격선을 정해서 이에 미달하는 대안들을 모두 제거하고 이런 과정을 속성별로 진행하여 최종 대안들을 결정한다.

많은 연구에 따르면, 선택 대안과 속성들이 많아지면 사람들은 단순화 전략을 사용하는 경향이 있다고 한다. 여기에 선택 설계의 시사점이 존재한다. 대안들이 많아지고 복잡해지면, 선택 설계자들은 생각할 것도 많아지고 여러 속성이 선택에 많은 (긍정적 또는 부정적) 영향을 주게 된다. 세 종류의 아이스크림을 판매하는 가게의 경우, 이들의 진열 순서가 아이스크림의 선택과는 거의 관계가 없다. 사람들은 이미 자기가 선호하는 맛을 이미 알고 있기 때문이다. 하지만 선택 대안들이 많아지면 좋은 선택 설계는 어떤 구조를 제공하게 되고, 그 구조는 선택 결과에 영향을 미치게 된다.

페인트 (또는 벽지) 가게를 생각해 보자. 페인트의 색깔은 헤아릴 수 없이 많고, 그 명칭도 가지각색이다. 비슷하거나 동일한 색깔도 제조 회사에 따라 천차만별이다. 만약 페인트 종류를 상상하기 어려운 명칭의 알파벳 기준으로 나열한다면, 페인트 선택에 아무런 도움이 되지 않을 뿐만 아니라 혼란스럽기만 하다. 하지만 몇 가지 기본 색깔 (파랑, 빨강, 노랑 등)을 기준으로 비슷한 색깔에 따라 진열한다면 비교적 선택이 쉬워진다.

아마존의 책과 구글의 웹페이지 선택은 페인트의 경우보다 훨씬 복잡할 것이다. 넷플릭스에서의 영화나 드라마 선택도 매우 복잡한 선택에 해당한다. 넷

플릭스는 비슷한 취향을 가지는 영화 애호가들의 선호도에 따라 영화의 종류를 제시해주는 구조화 방법을 사용하여 이 문제를 해결하였다. 이를 **협력적 필터링**이라고 한다. 이는 선택 설계의 문제를 해결하는 하나의 방법이다. 익숙하지 않은 것 중에서 선택할 때, 자기와 비슷한 취향을 가지는 사람들이 좋아하는 것을 알면 선택이 쉬워진다는 것이다. 협력적 필터링은 인지적 자원과 탐색 비용을 절약해서 어려운 선택을 쉽게 만들어준다.

협력적 필터링
비슷한 취향을 가지는 영화 애호가들의 선호도에 따라 영화의 종류를 제시해주는 구조화 방법

선택에 있어서 우리와 비슷한 사람들이 좋아하는 것들이 주요 정보가 되는 것에도 단점이 있다. 예를 들어서, 코난 도일을 좋아하는 사람들은 비슷한 종류의 추리 소설을 좋아할 것이므로, 협력적 필터링은 아마도 아가사 크리스티와 같은 작가들의 추리 소설들을 추천할 것이다. 하지만 이런 접근법은 사람들의 취향과 지식을 제한할 수 있다. 누구도 지혜를 독점할 수 없으므로 다양한 접근이 필요하다. 아마도 **2세대 협력적 필터링**은 뜻밖의 대안들을 제시해 줄 수 있을 것이다. 예를 들어, 진보적 경향의 사람들에게 보수적 논거들을 제시해주고 보수적 경향의 사람들에게는 진보적 논거들을 제시해주는 것이다.

2세대 협력적 필터링
어떤 성향을 가진 사람들에게 상반되는 성향의 상품을 소개하는 것

신문 편집인과 같은 공공적 선택 설계자들은 사람들이 미리 어떤 한쪽으로 치우치지 않도록 넛지를 사용하는 것이 올바르다는 것을 알고 있다. **복잡한 선택의 구조화**는 올바른 선택을 위해 사람들이 미리 학습하도록 도와주는 것이다.

복잡한 선택의 구조화
옵션의 규모가 복잡해짐에 따라 대상들을 구조화하여 선택을 도와주는 것

인센티브

대부분의 경제학자뿐만 아니라 선택 설계자에게도 중요한 요소는 **가격**과 **인센티브**이다. 수요와 공급의 이론을 설명하기 위해서 가격과 인센티브는 매우 중요한 역할을 한다. 어떤 제품의 가격이 오르면 공급자는 더 많이 생산할 것이고, 소비자의 수요는 줄어들 것이다. 가격에 따라 수요와 공급이 정해지기 때문에 인센티브가 확실하게 나타난다. 따라서 선택 설계자는 시스템을 설계할 때 인센티브에 대해 생각해야 한다. 합리적인 선택 설계자는 적합한 사용자에 대해 올바른 인센티브를 제공해야 한다. 이때 중요한 고려 사항이 다음과 같은 네 가지 질문이다.

가격
선택 설계의 요소로서의 가격을 의미함

인센티브
선택 설계의 요소로서의 인센티브를 의미함

누가 사용할까? 누가 선택할까? 누가 지불할까? 누가 혜택을 볼까?

자유시장 제도는 좋은 제품을 생산하여 적절한 가격에 판매할 수 있는 인센티브를 제공하여 의사결정의 주요 문제를 해결한다. 예를 들어, 운동화 시장이 올바르게 작동한다면, 격심한 경쟁이 좋지 않은 운동화(가격에 비해 좋은 가치를 제공하지 못하는 운동화)를 몰아내고, 사람들의 취향에 맞는 좋은 운동화는 살아남을 것이다. 이렇게 하여 운동화 생산자와 소비자는 올바른 인센티브를 가지게 된다. 하지만 종종 인센티브가 작동하지 않을 때도 있다. 두 친구가 매주 금요일에 점심을 같이 먹는다고 하자. 각자가 점심을 먹고 자기의 음식값을 지불하면 아무런 문제도 없고 갈등도 없다. 만약 번갈아 가면서 다른 친구의 점심값까지 지불한다면 어떻게 될까? 다른 친구가 음식값을 지불할 때는 좀 더 비싼 음식을 주문할 인센티브가 생긴다. (물론, 친구 간의 우정이 이 문제를 해결할 수는 있다.)

실제로 많은 경우에 인센티브 갈등이 존재한다. 가장 대표적인 것이 미국의 의료 서비스 시스템이다. 환자는 주치의에 의해 선택되고 보험회사에 의해 지불되는 의료 서비스를 받는데, 그 서비스에는 여러 이해관계자가 개입한다. 의료 장비업자로부터 제약회사와 변호사까지 관계되는데, 이들은 의료비용의 일부분을 가져간다. 다른 이해관계자들은 서로 다른 인센티브를 가지기 때문에 의료 서비스의 결과는 환자나 의사에게 이상적일 수 없다. 이 문제에 대해 생각해 본 사람에게 이러한 사실은 명백하다. 하지만 경제 내의 대리인들이 인간이라는 사실을 인정한다면 기존의 분석을 좀 더 정교하게 할 수 있다. 아무 생각이 없는 사람이라도 가격이 상승하였다는 것을 인식하면 수요를 줄이겠지만, 그것은 가격 변화에 대해 충분한 주의를 기울일 때만 그럴 수 있다. 즉, 가격 변화를 그때그때 인식할 수 있어야만 수요와 공급의 원칙이 적용된다는 것이다.

앞의 예에서 가격 변화는 소비자에게 인센티브가 되어 이에 따라 수요가 민감하게 반응하게 된다. 좋은 선택 설계는 사람들이 인센티브에 신경을 쓸 수 있는 단계를 마련해야 한다. 소비자들이 늘 가격 변화에 민감할까? 자주 구매하는 두부, 쌀, 고기 등 생활필수품에 대해서는 소비자의 가격 민감도가 매우 높다. 하지만 지금 당장 사용료가 눈에 보이지 않거나, 잊어버리기 쉽거나, 일반적인 소비 수준을 알기 어려운 품목일 경우에는 그렇지 않다. 따라서 인센티브를 소비자들이 확실히 인식할 수 있도록 하면 훌륭한 선택 설계라고 할 수 있다. 이를 **두드러짐 효과**라고 부른다.

두드러짐 효과
인센티브가 소비자들의 인식을 확실하게 하여 얻는 효과

전화 요금, 전기 요금, 난방비 등이 두드러짐 효과의 좋은 사례가 될 수 있다. 인터넷 전화 기술이 개발되기 전에는 장거리(또는 국제) 전화 요금이 매우 비쌌다. 아무 생각 없이 장거리 전화를 사용하다가 나중에 낭패를 보는 경우도 종종 있었다. 이를 방지하기 위해 프랑스의 유명한 INSEAD 경영대학은 장거리 전화 요금을 실시간으로 보여주는 방법을 채택하였다. 이를 보면서 전화한다면 불필요하게 길어질 통화 시간이 짧아질 것은 분명하였다. 전기 요금과 난방비의 경우에도 비슷한 논리가 적용된다. 국가가 에너지의 과소비를 방지하기 위해 전기 요금을 인상하는 것이 효과적이겠지만, 이 인상을 사용자들이 확실하게 인식하도록 하는 것이 더 효과적일 것이다. 가격 인상보다는 화면에 실시간으로 비용을 보여주는 자동 온도 조절기가 더 효과적일 수 있다. 구글은 에너지 사용 정보를 실시간으로 제공하는 구글 파워미터라는 소프트웨어를 2009년에 개발하였다. 이를 TED 5000이라는 기기에 연결하면 스마트 자동 온도 조절기 없이도 실시간으로 전기 사용량과 비용을 점검할 수 있다.

위와 같은 두드러짐 효과가 손실 영역과 이익 영역에서 동일하게 취급되어서는 안 된다. 예를 들어, 헬스클럽 걷기 기구를 이용할 때, 한걸음에 얼마씩 요금이 부과되는가를 나타내면 곤란할 것이다. 이는 손실을 계속 인식시켜서 걷기를 포기하게 할 가능성이 크기 때문이다. 그보다 걷기 기구는 소모되는 칼로리 수준을 화면에 보여주는 경우가 많다. 이는 이익 영역에서 다이어트 인센티브가 두드러지게 만드는 것이다.[8]

8 디폴트로부터 인센티브까지 여섯 가지 선택 설계 원칙의 영문 첫 글자를 이용하면 Nudges라는 단어를 합성할 수 있다. iNcentives, Understand mappings, Defaults, Give feedback, Expect error, Structure complex choices.

주요 용어

2세대 협력적 필터링	매핑	요구 선택(또는 강제 선택)
RECAP	보상 전략	인센티브
가격	복잡한 선택의 구조화	적극적 의사결정
낙제 학생 방지법	속성별 제거법	주의력 결핍 과잉행동 장애
두드러짐 효과	옵트-아웃(또는 자동 가입)	피드백
디폴트	옵트-인	협력적 필터링

핵심 정리

디폴트: 최소 저항의 방법

- 게으름, 두려움, 산만함 등의 이유로 사람들은 저항이 가장 작은 옵션을 최소한의 노력으로 선택하게 된다. 이를 위해 선택이 필요한 경우에 아무런 선택을 하지 않아도 되는 디폴트 옵션이 주어지는데, 이것의 올바름 여부와 관계없이 많은 사람은 디폴트를 선택하는 경향이 있다.
- 디폴트는 어디에나 있고 강력하다.
- 미국에서 제정된 2002년의 〈낙제 학생 방지법〉이 디폴트 선택 논쟁의 좋은 예라고 할 수 있다.
- 디폴트 규정을 피하는 방법은 요구 선택 또는 강제 선택이다. 이는 소프트웨어 설치 시에 적용되는 경우가 많은데, 이를 적극적 의사결정이라고도 한다.
- 자유를 선호하는 많은 사람에게도 선호되는 강제 선택이 종종 가장 좋은 방법일 수 있지만, 두 가지 점을 고려해야 한다. 첫째, 사람들이 강제 선택을 성가시거나 안 좋게 생각하여 좋은 디폴트 옵션을 원하는 경우이다. 둘째, 강제 선택은 더욱 복잡한 선택보다는 "예" 또는 "아니오"로 답하기 좋은 경우에 적합하다.

실수의 예상

- 잘 설계된 시스템은 사용자의 실수를 예상하여 가능한 한 그런 실수가 불편한 상황을 초래하지 않도록 해야 한다.
- 약물 복용에서도 환자의 실수를 예상하여 그 주기를 설정하는 것이 좋다. 하루 3회보다는 아침, 저녁 각 1회가 좋고, 그것보다는 하루 1회가 더 좋다. 2주일에 한 번보다는 1주일에 한 번 또는 한 달에 한 번이 좋다.
- 의사들의 실수 때문에 중환자실 점검표가 고안되었다. 점검표의 역할은 다음과 같다. 첫째, 의료진의 기억을 회상시키는 것이다. 둘째, 복잡한 전체 과정을 여러 단계로 나누어 직원들이 높은 수준의 치료 성과를 볼 수 있도록 한다.
- 관광객들이 영국 런던을 방문할 때 발생하는 보행자 안전 문제가 있다. 실수를 방지하기 위해서 관광객이 많은 곳의 도로 위에는 "오른쪽을 보시오!"라는 표시가 적혀 있다.

피드백이 중요하다.

- 인간의 행동을 개선할 수 있는 가장 좋은 방법은 피드백을 제공하는 것이다.
- 시카고 동쪽 경계인 미시간 호수의 S자 곡선 구간에 차량 진행 방향과 수직으로 흰색 선들을 그려 놓았다. 이런 넛지는 운전자가 가볍게 브레이크를 잡게 하여 차량의 안전을 제고할 수 있다.

매핑의 이해: 선택에서 후생으로

- 선택과 만족 또는 후생의 관계를 매핑이라고 부른다.
- 질병 치료의 경우에는 매핑이 확실하지 않다. 환자는 수명 연장과 부작용의 상쇄 관계를 잘 모르고, 요실금이 발생했을 때 삶이 어떻게 바뀌는지를 상상할 수 없다.
- 휴대폰을 구입할 때 요금제의 선택은 매핑 관계를 돈으로 환산하기 어려운 경우가 많다. 이럴 때 도움이 되는 방법이 RECAP이다. RECAP은 기록, 평가, 대안 가격의 비교라는 의미이다.

복잡한 선택의 구조화

- 사람들이 선택을 위해 사용하는 전략은 가능한 옵션의 규모와 복잡성에 따라 달라진다.
- 대안이 몇 개 안 될 때는 대안들의 모든 속성을 고려하여 그것들의 상쇄 관계를 비교하면 된다.
- 하지만 선택 대안들이 많아지면 심각한 문제가 발생한다.
- 선택 업무를 단순화해야 하는데, 그중의 하나는 트버스키(1972)가 명명한 속성별 제거법이다. 이 방법은 먼저 가장 중요한 속성(통근 거리)의 합격선(30분 미만의 통근 시간)을 정해서 이에 미달하는 대안들을 모두 제거한다.
- 이런 과정을 속성별로 진행하여 최종 선택을 하거나 보상 전략을 사용할 (평가 가능한 개수의) 최종 대안들을 결정할 때까지 반복한다.

인센티브

- 대부분의 경제학자뿐만 아니라 선택 설계자에게도 중요한 요소는 가격과 인센티브이다.
- 좋은 선택 설계는 사람들이 인센티브에 신경을 쓸 수 있는 단계를 마련해야 한다.
- 인센티브를 소비자들이 확실히 인식할 수 있도록 하면 훌륭한 선택 설계라고 할 수 있다. 이를 두드러짐 효과라고 부른다.

참고 문헌

- Gawande, A. (2010), The checklist manifesto: How to get things right. New York: Metropolitan Books.
- Johnson, E. and D. Goldstein (2003), Do defaults save lives?, Science 302, Issue 5649, 1338~1339.
- Thaler, R. and C. Sunstein (2008a), Libertarian paternalism, American Economic Review 93, 175~179.
- Thaler, R. and C. Sunstein (2008b), Nudge: Improving decisions about health, wealth, and happiness. New Haven: Yale University Press.
- Thaler, R., C. Sunstein, and J. Balz (2013), Choice architecture, Chapter 25 of The Behavioral Foundations of Public Policy, Princeton University Press.
- Tversky, A. (1972), Elimination by aspects: A theory of choice, Psychological Review 76, 31~48.

14 — 지나친 자신감이 일을 망친다

대학원 후배 중에 독특한 성격을 가진 인재가 하나 있었다. 뛰어난 신체적 조건을 가졌고 똑똑하며 재치 있는 입담으로 여학생들을 항상 즐겁게 하는 재주가 있었다. 그의 말에는 항상 자신감이 있었으며 확신을 두고 사람들을 설득하였다. 한 번은 매우 중요한 일이 있었는데, 돌다리도 두드려 보고 건너가는 성격인 나는 그 후배에게 "이번 일이 잘못될 수도 있겠지?"라고 물었다. 그러자 그는 "그런 일은 한 번도 없었고, 앞으로도 절대 없습니다."라고 대답했다. 그런데, 아뿔싸! 이게 어찌 된 일인가? 일이 잘못되어 틀어져 버렸다. 한 번도 그런 적이 없었고, 앞으로도 없을 일이 발생하다니!

블랙 스완
검은 백조라는 의미로 발생하기 어려운 사건을 지칭할 때 쓰는 말

이미 2007년에 나심 니콜라스 탈레브는 이런 일을 〈**블랙 스완**〉이라는 자신의 책에서 설명하고 있다. 서양인들은 호주 대륙을 발견하기 전까지 모든 백조는 흰색임을 의심하지 않았다. 이름이 백조라는 것은 동양에서도 흰색이라는 것을 인정하는 것이다. 이것은 경험적 근거에 의해서 뒷받침되는 사람들의 신념이었다. 그런데 호주에서 검은 백조가 두 명의 조류학자 앞에 나타났다. 얼마나 놀랍고도 황당한 일이었을까? 인간의 경험적 지식이 얼마나 제한적이고 허약한 것인가를 보여주는 확실한 일화이다. 탈레브는 그의 책 〈블랙 스완〉에서 0.1%의 가능성이 모든 것을 바꾼다는 주제로 매우 작으면서 의미심장한 사건이 세상을 바꿀 수 있다고 주장하였다. 그 책의 개정판에서 1929년 대공황, 2001년 9.11 테러, 2008년 서브프라임 모기지 사태 등을 그 사례로 제시하였다. 그는 2007년 9월에 최악의 파국이 월가를 덮칠 거라고 경고했지만, 학계와 금융계의 반응은 냉담하였다. 하지만 2008년에 월가의 파국은 결국 처참한 사실이 되었다. 파국이 없을 것이라는 지나친 자신감은 미국민에게 엄청난 비용을 치르게 했다.

과신
지나친 자신감으로 자신의 판단에 대한 개인의 주관적인 확신이 객관적인 정확도보다 훨씬 크게 되는 바이어스

착각
어떤 사물이나 사실을 실제와 다르게 지각하는 것

인지적 바이어스
어떤 사물이나 현상의 인식에 있어서 인지적 또는 감정적 오류에 의해서 발생하는 바이어스

사람들의 이런 지나친 자신감, 즉, 과신은 어디서 오는 것일까? 카너먼은 **과신**의 이유가 **착각**이라는 **인지적 바이어스**로부터 발생한다고 주장한다. 그는

〈씽킹 패스트 앤 슬로우〉에서 이런 인지적 바이어스를 제거하는 방법, 전문가에 대한 의구심, 외부 의견의 중요성 등을 강조하였다. 카너먼은 착각이 이해와 타당성 부족에서 발생한다고 하였다. 이해의 착각은 우리가 세상을 이해하려고 끊임없이 노력할 때 불가피하게 발생하는 바이어스이며, 타당성 착각은 사람이 가지는 확신을 뒷받침할 수 있는 증거가 부족할 때 발생하는 바이어스이다.

이해의 착각

이해의 착각을 먼저 살펴보자. 우리는 사람을 평가할 때 미리 일반적인 평가를 해 놓고 구체적인 다른 것들을 평가하는 경우가 많다. 사람의 용모가 마음에 들지 않으면 그 사람의 능력과 행동을 안 좋게 생각하는 경향이 있다. 하지만 좋은 인상을 받은 사람에게는 좋은 평가가 내려질 가능성이 크다. 이를 **후광 효과**라고 부른다. 이런 후광 효과 때문에 '히틀러가 개와 어린이들을 사랑했다.'라는 얘기를 들으면 아무리 들어도 인정하기 어렵다.

이해의 착각
사람을 평가할 때 미리 일반적인 평가를 해 놓고 구체적인 다른 것들을 평가하는 것

후광 효과
(안) 좋은 인상을 가진 사람에게는 (안) 좋은 평가가 내려질 가능성이 큰 것

기업인의 예를 들어 보자. 보통 매스컴에서는 성공한 기업인의 사례를 미화하고, 실패한 기업인은 평가 절하하여 방송한다. 같은 행위를 했어도 성공한 기업인은 강한 의지가 있고 뛰어난 판단력이 있으며 위험을 감수하는 결단력이 있다고 평가하고, 실패한 기업인은 고집이 세고 독단적이며 무모하게 위험한 결정을 한다고 평가한다. 성공한 기업인은 민첩하게 의사결정을 하지만, 실패한 기업인은 성급하게 의사결정을 한다. 하지만 이 모든 평가는 사전적이지 않고 사후적이라는 한계가 있음이 분명하다. 사실은 그들이 통제할 수 없는 상황적인 운이 작용하는 경우가 더 많다는 것이 일반적인 견해다.

카너먼은 강력한 **WYSIATI**(What You See Is All There Is.) 규칙이 여기에도 적용된다고 하였다. 이는 가지고 있는 제한적인 정보가 모든 정보인 것처럼 생각하고 행동한다는 것이다. 다른 정보가 있음에도 불구하고 사람들은 자신의 정보가 모든 것으로 생각하여 판단하는 경향이 있다. 이것이 이해의 착각을 유도하고 이해의 착각이 지나친 자신감의 원인이 되는 것이다. 사람들은 이를 근거 없는 자신감이라고 하고, 요즘에는 이를 줄여서 근자감이라고 부른다.

WYSIATI
보는 것이 모든 것이라는 생각으로 제한적인 정보가 모든 정보인 것처럼 생각하고 행동한다는 것을 의미함

1997년 말에 우리나라에 **외환 위기**가 발생하였다. 우리 경제는 갑작스러운

외환 위기
외환의 부족으로 발생하는 경제 위기

위기에 직면하였고 수많은 사람이 경제적 어려움에 봉착하였다. 그 이전까지만 해도 우리나라는 금융 실명제로 투명한 금융 환경을 이루었고, **경제협력개발기구(OECD)**에 가입하여 경제 성장을 과시하였으며, 가까운 미래에 경제 규모가 영국을 능가할 것이라는 행복한 분위기에 휩싸여 있었다. 그러나 외환 위기를 예측했던 학자와 위정자들은 아무도 없었던 것으로 알고 있다. 적어도 1997년 초까지는 그랬다. 1997년 중반부터 동남아 외환시장에 문제가 생기고 우리나라의 외환보유고가 감소하면서부터 경고의 발언이 나오기 시작했다. 그러면서도 정부는 IMF의 도움을 요청하기 한 달 전까지도 외환보유고가 충분하여 큰 문제가 없을 것이라고 했다. 이 사건에 대해 사전적으로는 전혀 몰랐지만, 사후적으로는 엄청나게 많은 경제 평론이 있었다. 이는 명백한 **사후 확신 바이어스**에 해당한다.

경제협력개발기구(OECD)
회원국 간 상호 정책 조정 및 협력을 통해 세계 경제의 발전 및 성장과 인류의 복지 증진을 도모하는 국제기구로, 여기에 가입하면 선진국으로 인정받는 경향이 있다.

사후 확신 바이어스
어떤 사건에 대해 사전적으로 아무것도 몰랐지만, 사후적으로 그럴 줄 알았다고 생각하는 바이어스

미국도 마찬가지였다. 누가 **서브프라임 모기지**로 촉발된 미국의 금융위기를 예측했단 말인가?[1] 일부 학자의 지적에도 불구하고 2008년 미국의 금융위기는 부시 대통령의 저소득층 주택 보유를 위한 저금리 정책과 금융시장의 탐욕에 의해 소리소문없이 다가왔다.[2] 그 영향은 대단해서 세계의 금융 경색으로 이어졌고 유럽 금융위기의 원인이 되기도 했다. 신흥 시장들은 1997년과 같은 외환 위기를 걱정하여 바짝 긴장하였던 사건이었다. 사후적으로 이

서브프라임 모기지
모기지 대출을 위한 등급인 프라임, 서브프라임, 알트에이 중에서 서브프라임 등급의 대출자에게 제공되는 모기지

1 예일 대학의 로버트 쉴러가 〈비이성적 과열〉이라는 책에서 미국 부동산 시장의 버블을 예측했다는 견해도 있다. 2000년에 발간된 이 책은 너무 일찍 미국의 부동산 버블을 언급하여서 시의성이 부족했지만, 2005년에 개정판이 나와서 미국의 금융위기를 예측했다는 평가를 받기도 한다. 뉴욕 대학의 누리엘 루비니 교수도 금융위기를 예측했던 학자로 볼 수 있으나, 그는 이미 오래전부터 금융시장에 대해 매우 비관적이었기 때문에 시의성이 떨어진다. 〈블랙 스완〉의 저자인 나심 탈레브가 어느 정도 금융위기를 예측하였다고 생각한다.

2 위키백과의 내용을 약간 수정한 2008년 미국 금융위기의 과정은 다음과 같다. 이는 2000년대 초반부터 시작되었다. 2000년대 초반 정보기술(IT) 산업의 버블 붕괴, 9.11테러, 아프간 · 이라크 전쟁 등으로 경기가 악화되자 미국 정부는 경기 부양책으로 초저금리 정책을 펼쳤다. 이에 따라 주택융자 금리가 인하되었고, 그러자 부동산 가격이 상승하였다. 금융기관들은 대출자가 파산하더라도 주택 가격 상승으로 보전되어 금융회사가 손해를 보지 않는 구조라고 생각하였기 때문에 대출을 크게 확대하였다. 증권화된 서브프라임 모기지론은 상대적으로 높은 수익률이 보장되며 신용등급이 높은 상품으로 알려져 거래량이 매우 증가하였다. 베어스턴스, 리먼 브라더스, AIG, 메릴린치, 골드만 삭스 등 대형 금융기관들은 서브프라임 모기지를 이용한 신용부도스와프(CDS)라는 새로운 금융 상품을 매도하여 상당한 수익성을 얻었는데, 욕심이 지나쳐서 그들이 감당할 수 있는 규모를 넘어섰던 것이 미국 금융위기의 직접적인 원인이 되었다. 신용부도스와프를 제대로 규제 및 감독하지 못한 것도 금융위기의 중요한 원인이었다고 생각한다. 2004년 미국이 저금리 정책을 종료하면서 미국의 부동산 버블이 꺼지기 시작했다. 서브프라임 모기지론 금리는 올라갔고, 경기 침체에 의한 실업으로 저소득층 대출자들은 원리금을 제대로 갚지 못하게 된다. 증권화되어 거래된 서브프라임 모기지론을 구매한 금융기관들은 대출금 회수 불능 사태에 빠져 손실이 발생했고, 그 과정에서 모기지 금융회사들이 부실화되었다. 모기지론의 부실화는 신용부도스와프 매도자의 배상을 촉발하게 되었다. 그 배상의 규모가 너무 거대하여 대형 금융기관들조차 감당할 수 없었다. 미국 정부는 개입을 공식적으로 부정했고, 대형 금융기관들의 파산이 이어졌다. 베어스턴스는 제이피 모간에 인수되어 사라졌고, 리먼 브라더스는 여러 부문으로 쪼개져서 다른 금융기관들에 팔렸으며, 메릴린치는 뱅크 오브 아메리카에 인수되었다. 골드만 삭스는 2008년에 구제금융을 받고 은행지주회사로 변신하였다. 보험회사로 가장 규모가 컸던 AIG는 타격이 가장 컸다. 회생이 불가능했던 이 회사는 $850억 규모의 구제금융을 받고 분사를 하는 등으로 위기를 넘겼다. 이것이 세계적인 신용 경색을 가져왔고, 실물 경제에 악영향을 주었으며, 세계 경제에까지 타격을 주어 2008년 이후에 세계적인 금융위기로까지 이어지게 되었다.

에 대한 분석과 해석은 놀라울 정도로 많았다. 진작부터 부시의 저금리 정책과 금융시장의 탐욕 때문에 금융위기가 발생할 줄 알았다는 전문가도 많았다. 그들이 대홍수를 대비해서 방주를 만들었던 노아란 말인가? 성경에 의하면 노아의 방주는 터키의 아라랏산에 있다고 하는데, 금융위기를 예측했다는 전문가들의 방주는 지금 어디에 있단 말인가? 아무도 몰랐다. 사후 확신 바이어스일 뿐이다.

의사결정자들의 평가에 안 좋은 영향을 미치는 사후 확신은 사회적으로 상당한 비용을 초래할 수 있다. 사후 확신 바이어스는 의사결정의 건전성이 아니라 결과가 좋고 나쁨에 따라 의사결정의 질을 평가하도록 유도하기 때문이다. **결과 바이어스**가 발생한다는 것이다. 결과 바이어스는 안 좋은 결과 때문에 의사결정 당시에는 합리적이었던 믿음들에 의해 적절히 평가하는 것을 불가능하게 만든다. 사후 확신은 주로 의사, 금융인, 최고경영자, 사회복지사, 외교관, 정치인처럼 타인을 대신해서 의사결정을 하는 전문가들에게 불리한 결과를 초래하는 경우가 많다.

결과 바이어스
안 좋은 결과 때문에 의사결정 당시에는 합리적이었던 믿음들에 의해 적절히 평가하는 것을 불가능하게 만드는 바이어스

위험하지 않은 수술이었지만 예상하지 못한 사고로 환자가 사망하여 재판이 열렸다고 하자. 판사는 이 수술이 사실 위험한 수술이었기 때문에 의사가 좀 더 신중했어야 한다고 할 가능성이 높다. 또 다른 예로, 높은 유가로 인해 심각한 숙고 끝에 최고경영자가 적절한 비용으로 유전 개발에 참여하기로 계약하였다. 그런데 갑자기 셰일 가스와 셰일 석유의 발견으로 유전 사업의 수익성이 크게 떨어졌다. 이 경우 최고경영자는 무능한 사람으로 낙인찍힐 가능성이 높다. 공무원인 외교관도 이런 상황이 가능하다. 무장 단체의 테러로 자국민이 피해를 보는 경우가 종종 있다. 이런 일이 발생하면 외교관들은 본질적 업무보다 자국민 보호를 위해 형식적인 서류 작업에 더 치중하는 경우가 많다. 자국민의 실질적인 보호는 하지 못하면서, 추정하기 어려운 자국 여행객들의 경로 파악을 위한 서류 작성에 더 신경을 쓸 수 있다. 여행객들의 경로 파악은 현실적으로 불가능한데도 말이다.

카너먼은 실제로 끔찍한 결과를 초래하였던 9.11테러의 경우를 예로 들었다. 9.11테러를 예상하지 못한 정부 관계자들이 무능했다고 평가되었다. 하지만 미국 정보기관인 CIA는 이미 2001년 7월 10일에 알카에다가 엄청난 공격을 계획 중이라는 첩보를 입수하여 국장과 국무장관에게 보고하였다. 나중에 이 사실이 알려지자, 워싱턴 포스트의 편집국장은 "이렇게 역사를 뒤흔들 정도로 중요한 첩보는 대통령에게 직접 보고했어야 한다."라고 하였다. 하

지만 7월 10일에는 아무도 이 정보가 역사를 뒤흔들 사고를 의미한다는 것을 알지 못했다. 아무도 몰랐다. 사후적인 비판일 뿐이다.

타당성 착각

시스템 1은 증거가 별로 없이 결론으로 비약하도록 하는데, 그 비약의 정도는 알지 못한다. 앞에서 설명한 WYSIATI 때문에 손에 쥔 정보만이 중요하다. 우연히 일치한 일관성 때문에, 우리가 가진 주관적 자신감은 시스템 1과 시스템 2가 만드는 이야기의 일관성을 만들어준다. 빈약한 증거도 아주 훌륭한 이야깃거리를 만들 수 있으므로 증거의 양은 중요하지 않다. 우리가 가지는 가장 중요한 믿음 중에는 우리가 사랑하고 신뢰하는 사람들이 그런 믿음을 가지고 있다는 것 이외에는 다른 증거가 없는 경우가 있다. 우리가 아는 것이 거의 없다는 것을 생각하면, 우리 믿음에 대한 자신감은 터무니없는 것이기도 하지만 필수적이기도 하다.

카너먼의 이야기로 돌아가자. 그가 병역의 의무를 수행하고 있을 때, 그는 대학에서 심리학을 전공했다는 이유로 장교 훈련을 받을 후보생들의 평가를 담당하였다. 기존의 방법인 적성 및 인성 검사와 면접을 통하여 정밀하게 훈련생들의 성과를 예측하였다. 그런데 안타깝게도 훈련생들의 실제 군 생활은 성과 예측과는 너무나 달랐다. 하지만 평가단은 장교 훈련생들이 또 들어와도 같은 방법에 따라 평가하였고, 그 방법이 예측력이 있다고 믿고 행동하였다. 이것이 바로 **타당성 착각**이다. 이는 앞에서 설명한 **대표성 바이어스**의 전형적인 산물이라고 할 수 있다.

대표성 바이어스
어떤 확률이 높다고 생각하면 그런 사물 또는 현상이 당해 집단을 대표한다고 생각하는 바이어스

타당성 착각은 우리나라 대학입시에서도 명백히 나타나고 있다. 수학능력 시험과 본고사 형태의 객관적인 답이 주어지는 논술의 경우에는 공정성이나 객관성이 담보되기 때문에 큰 문제가 없다. 하지만 학생부와 에세이 형식의 논술 및 면접으로 신입생을 선발할 때는 상당한 문제점이 드러나고 있다.

첫째, **학생부** 자체가 거의 믿기 어렵다. 예를 들어, 지침에 의하면 경영학과에 지원한 학생은 고등학교 모든 학년 동안 희망 학과를 경영학과로 쓰면 가점을 주라고 하였다. 대학에 들어와서도 자신의 학과에 적응하지 못하는 친구들이 부지기수인데, 고교 1학년부터 경영학과 진학의 신념을 일관되게 가진 학생이 과연 몇 명이나 될까? 그렇다고 그런 학생들이 정말 경영학과에

학생부
학교생활기록부의 줄임말로 학생의 기본 인적 사항과 성적, 특별 활동, 출결 상황, 행동 특성 등 학교생활 전반에 대한 기록부로 담임교사가 작성한다.

가장 적합하다는 말인가? 정말 터무니없는 발상이다. 정상적인 고등학교 환경이라면 그런 학생은 거의 한 명도 없어야 한다. 만약 있다면 교육부 시책을 눈치채고 그렇게 했을 수도 있겠지만, 3년 동안 지망 학과가 바뀌지 않을 수가 있을까? (이것은 나만의 착각일 수도 있다.) 하지만 내가 보았던 학생부에는 고교 3년 내내 경영학과 지망을 희망한다는 학생들이 다수 있었다. 이런 학생부를 면접 교수가 믿으란 말인가? 너무 유치한 발상이다. 나조차도 대입 예비고사를 보고 나서 학과를 결정했는데…. 또한, 같은 학교에서 많은 학생이 동일한 수상 실적을 보여주는 경우가 너무 많다. 아마 매월 돌아가면서 동일한 상을 수여하는 모양이다. 꿈과 희망을 주는 초등학교도 아닌 고등학교에서 동일한 상을 이렇게 많은 학생이 받다니….

둘째, **에세이식 논술**은 어떤가? 정답이 없다고 얘기하면서 모범 답안이 제시되는 경우가 많다. 이 답안을 준수하는 채점자가 있고, 준수하지 않고 주관적으로 채점하는 채점자가 있다. 당연히 같은 답안지라도 채점자에 따라서 논술 성적은 크게 달라질 수밖에 없다. 그런 경우를 제외한다고 해도 과연 논술이 학생의 실력을 제대로 평가할 수 있을까? 그렇지 않다. 그럴 수 없다. 한편, 채점자들이 오랫동안 외국 생활을 했거나 논술에 익숙하지 않다면 어떻게 될까? 그러면 논술 채점은 거의 무작위 점수 부여와 다를 바 없다. (우리나라 대학은 논술 채점자를 정할 때 그런 요소를 전혀 반영하지 않는다.) 미국 대학의 에세이 전문 평가자들은 한 학생에 대해 20~30분 정도 채점하고 다른 평가자와의 토론을 통해 또다시 평가한다고 한다. 그래서 상당히 정확하다고 자화자찬한다. 그럴 리가 없다. 한 학생의 모든 입시 자료를 20~30분 만에 정확히 파악할 수도 없고, 다른 사람과의 토론이 올바르게 이루어지기도 쉽지 않다. 거기도 무작위에 가까울 가능성이 매우 높다. 타당성 착각이 미국에도 있다니…. **로버트 루빈**은 1990년대 말에 미국의 재무장관을 지냈다. 그는 프린스턴 대학에 낙방하고 하버드 대학에 입학하여 경제학을 공부하였다. 그를 낙방시켰던 입학 사정관은 객관적으로 공정했을까? 그럴 리가….

에세이식 논술
대학입학을 위한 산문 형식의 논술 시험

로버트 루빈
1995년에서 1999년 5월까지 미국 재무부 장관을 역임한 인물로 2009년까지 씨티그룹 회장도 역임하였다.

셋째, 면접은 가장 주관적이며 학생들을 당황스럽게 만드는 요술이다. 일부 학생들은 학원에서 연습하고 면접에 참여하여 처음부터 자신감을 보여주기 위해 큰 소리로 의미 없는 구호를 외친다. 어떤 학생들은 너무 떨려서 아는 것도 대답하지 못한다. 15분의 면접이 학생들의 인생을 결정하다니…. 면접에서는 개인적인 내용이나 학생의 실력을 알기 위한 질문은 금지되고, 정해진 질문만을 해야 하는 경우가 많다. 면접은 대개 5분도 걸리지 않는다. 더 이상의 질문거리도 없고, 긴장한 학생들은 대개 아무런 답변도 하지 못하기 때문이다. 나머지 10분은 어색한 분위기 속에서 흘러간다. 따라서 면접에서 10점 차이는 수능에서 1점 차이보다 변별력이 없다고 봐도 무방하다. 내 경험으로 보면, 면접은 아무런 의미 없는 형식적인 절차에 불과하다. 아래에 설명할 폴 밀과 그 이후 50년간의 연구에 의해서도 이러한 사실이 증명되었다. 엄청나게 많은 정보와 면접이 간단한 통계적 알고리즘보다 고교 졸업 예정자의 대학 1학년 성적을 예측하지 못한다고 한다. 또한 심리학계에서는 '선발을 위한 면접은 아무런 의미가 없다'라는 것이 이미 널리 알려진 사실이다.

이런 상황에서 우리나라의 대학입시가 과연 타당성을 가질까? 객관성이 있을까? 수험생과 학부모들이 이런 사실을 제대로 알고 있을까? 교육부는 객관적 결과보다는 주관적 평가가 더 정확하다는 믿음에 대해 지나친 자신감을 가지고 있다. 아마도 그것은 교육부 공무원들을 평가하는 더 높은 직위에 있는 사람들이 심어놓은 믿음일 것이다. 그들은 그 믿음에 대한 아무런 과학적 증거도 없다. 그들은 **타당성 착각**을 하고 있다. 면접이나 에세이식 논술로 각 대학에 적합한 학생들을 뽑을 수 있다는 실현 불가능한 목표를 향해서 가고 있다. 그들은 오늘도 형식적인 보여주기식 대학입시 제도를 만들기 위해 열심히 연구하고 있을 것이다. 대학 시절 한 교수님의 말씀이 생각난다. "직원들이 열심히 일하면 일할수록 회사는 빨리 망하지?" 교육부는 대학입시의 타당성 착각을 되풀이하지 말자!

타당성 착각
사용하고 있는 방법이 타당하다고 굳게 믿는 바이어스

직관과 공식

폴 밀은 통계에 능통한 연구원이면서 임상 심리학의 공허한 주장을 격렬하게 비판했다. 그는 〈임상과 통계의 예측: 이론 분석과 증거의 검토〉라는 책에서 훈련된 전문가의 주관적 인상에 기초한 임상적 예측이 규칙에 따라 몇 가지 점수나 등급을 조합하여 만든 통계적 예측보다 더 정확한가를 분석한 20개 연구의 결과를 검토하였다. 이중 전형적인 한 연구에서는 고등학교 졸업 예정자들의 대학 1학년 성적을 예측했다. 상담사들이 한 학생당 45분씩 면접을 했고, 고등학교 성적 및 몇 가지 적성검사 결과와 4쪽짜리 자기소개서에 의해 학생의 대학 1학년 성적을 예측했다. 이에 비해 통계적 알고리즘은 상담사 정보의 일부인 고등학교 성적과 적성검사 결과를 사용하였다. 그럼에도 불구하고 통계 공식은 14명의 상담사 중 11명보다 더 정확했다.

밀의 연구는 임상 심리학계에 엄청난 충격을 주었다. 이 책이 출간된 이후 50년 동안 이와 비슷한 연구들이 200건으로 증가하였지만, 전체적으로 알고리즘이 인간보다 더 우수하였다. 60% 정도의 연구가 알고리즘이 우수한 것으로 보고하였다. 나머지 연구들은 정확성 차원에서 무승부를 보였는데, 알고리즘은 전문가의 판단보다 비용이 훨씬 저렴하기 때문에 알고리즘의 승리라고 할 수 있다. 어떤 설득력 있는 예외도 존재하지 않았다. 이러한 사실은 군대에서 신병의 전투병 적격 면접을 담당했던 카너먼도 경험한 바 있다. 그러나 통계적 알고리즘에 대한 적대감으로 인해 이런 사실을 사람들이 받아들이기 어려운 경우가 많다. 카너먼은 충고한다. "직접 해보시오."

전문가의 직관을 언제 믿을 수 있을까?

카너먼은 게리 클라인과 아주 대치되는 생각을 하고 있었다. 클라인은 인간의 판단을 대체하는 엄격한 통계적 알고리즘에 대해 매우 회의적이었으며, 이런 그의 믿음을 오랫동안 주장했다. 클라인은 자연주의적 의사결정 접근법, 카너먼은 휴리스틱과 바이어스 접근법을 사용한다고 알려졌다. 클라인은 전문가들을 신뢰하는 입장이고, 카너먼은 전문가들도 시스템 1에 근거한 휴리스틱을 사용하기 때문에 바이어스가 발생한다는 입장이었다. 이 둘의 주장은 결코 만날 수 없는 평행선을 달리고 있었다.

그러던 중 카너먼과 클라인은 공동 연구를 수행하기로 했다. 7~8년 동안의 많은 토론을 통해서 서로 간의 이견을 해소하였다. 그들은 서로 다른 전문가를 생각하고 있었던 것이다. 클라인은 소방관이나 체스 전문가들을 상정하였다. 그들은 시스템 1로 잠정적인 계획을 세우고, 시스템 2로 시뮬레이션을 통한 확인 과정을 거친다. 이에 비해, 카너먼이 상정한 전문가는 뒷받침하기 어려운 장기 예측을 하는 임상의, 주식 전문가, 정치 과학자들이다. 이들은 타당성이 존재하기 어려운 환경에서 활동한다. 기본적으로 예측이 불가능한 세상에서 일한다는 것이다. 타당성 착각이 만연한 환경이다.

클라인과 카너먼은 공동 연구를 통해서 전문가의 판단이 진정한 의미가 있는 경우가 언제인가에 드디어 합의했다. 다음과 같은 두 가지 경우다.

① 예측하기에 충분히 규칙성이 있는 환경

② 장기적인 연습을 통해서 이런 규칙성을 배울 기회가 있는 환경

내부인의 지나친 자신감이 객관적 예측을 방해한다

지나친 자신감은 공적인 프로젝트 수행에도 영향을 미친다. 카너먼이 경험했던 한 사례는 중요한 시사점을 가진다. 이스라엘 한 고등학교가 판단과 의사결정을 가르치는 교육과정 신설을 교육부에 건의하여 카너먼이 그 일을 책임지게 되었다. 전문가 집단으로 구성된 팀을 만들어서 순조롭게 프로젝트가 진행되고 있었다. 어느 날 이 팀이 완성된 교과서 초안을 교육부에 제출하는데 걸리는 시간을 추정하기로 했다. 카너먼은 각 구성원에게 추정 시간을 적어내라고 하였다. 이렇게 하는 것이 공개 토론보다 구성원들의 지식을 더욱 잘 활용하는 것이기 때문이다.

추정치들의 평균은 2년이었고, 추정 범위는 1.5년에서 2.5년이었다. 팀원 중의 하나였던 시모어는 히브리 대학 교육학과 학과장으로 교육과정 개발의 전문가였다. 카너먼은 그에게 다른 팀에서 새로운 교육과정을 개발하는 데 시간이 얼마나 걸렸는지를 물었다. 그러자 그는 망설이다가 이 팀과 비슷한 수준까지 교육과정을 개발한 팀들이 모두 프로젝트를 성공적으로 완료한 것은 아니라고 대답했다. 약 40% 정도의 팀들이 실패했다고 하였다. 덧붙여서 그는 7년 내로 개발을 끝낸 팀도 없었고, 10년 이상 걸린 팀도 없었다고 한다. 다시 그에게 이 팀의 수준을 물어보자, 그는 평균 이하지만 많이 낮은 수준은 아니라고 했다. 시모어의 답변을 다른 팀원들은 심각하게 받아들이지 않았다고 한다. 만약 이 프로젝트의 실패 확률이 40%이고 최소 7년이 걸린다면, 그들은 이 프로젝트를 포기했을 것이기 때문이다. 이런 추정 후에 다시 협력하여 프로젝트를 수행했지만, 실제로 이 프로젝트는 8년이 지나서야 개발이 끝났다. 카너먼은 오래전에 팀을 탈퇴하였고, 완료 시점에 이스라엘에 있지도 않았다.

내부 관점
어떤 집단 내부자의 관점

외부 관점
어떤 집단 외부자의 관점

계획 오류
어떤 계획에 대해 현실적 판단보다는 최적의 시나리오 가정으로부터 발생하는 기간, 금액, 안전성 등의 오류

비합리적 인내
어떤 프로젝트를 포기하지 않으면서 무조건적으로 참아내는 인내심

이 사례의 첫 번째 교훈은 **내부 관점**과 **외부 관점**의 차이이다. 두 번째는 현실적 판단보다는 최적의 시나리오 가정으로부터 발생했던 **계획 오류**이다. 세 번째는 프로젝트를 포기하지 않으면서 보여준 **비합리적 인내**라는 어리석음이다. 이런 공공 프로젝트에는 지나친 자신감에 기초한 내부 의견보다는 객관적인 합리성을 가지는 외부 의견에 따라 적절한 계획을 세워야 한다. 하지만 많은 공공사업의 경우 계획 오류가 발생하여 애초보다 더 많은 예산을 쓰

고, 기간도 더 오래 걸린다. 알려지지 않은 것들을 전혀 고려하지 않기 때문이다.

계획 오류를 보여주었던 우리나라의 공공사업 사례도 수두룩하다. 1967년부터 1971년까지 건설되기로 하였던 **경부고속도로**는 1970년 7월에 조기 완공되었지만, 초창기에 부실 도로의 오명을 벗지 못했다. 경부고속도로는 끊임없는 개보수를 통해 1976년이 되어서야 결국 기능을 제대로 갖춘 고속도로의 역할을 하게 되었다. **한국고속철도** 사업도 계획 오류의 대표적인 사례다. 2002년 월드컵에 대비하기 위하여 6년의 계획을 세우고 시행되었던 이 사업은 열차 방식 및 도입 국가, 문화재 훼손 논란, 잦은 설계 변경, 부실 공사 의혹, 외환 위기 등 여러 가지 문제로 지연되었고, 예산도 예정했던 금액을 훨씬 넘어섰다.

경부고속도로
1967년부터 1971년까지 건설된 서울에서 부산까지의 고속도로

한국고속철도
2002년 월드컵에 대비하기 위하여 6년의 계획을 가지고 시행되었던 서울에서 부산까지의 고속철도 사업

최근의 국제 사례로는 중국이 계획하는 일대일로 사업의 일환으로 말레이시아가 추진하는 동해안 철도 연결 사업이 있었는데, 이는 2018년 5월 말레이시아 총선의 최대 논쟁거리였다. 이 철도는 말레이반도 북동부의 태국 접경 지역을 시작으로 말레이시아의 동해안 주요 도시를 거쳐서 말라카 해협 연안의 글랑 항구로 연결된다. 전임 총리인 나집 라작이 경제적으로 낙후된 동해안 지역을 개발한다는 취지로 총연장 688km의 연결 철도를 추진하였다. 2016년에 총공사비의 85%를 차입하는 조건으로 중국의 국유기업인 중국교통건설과 공사 계약을 체결하여 2017년 7월에 착공식을 했다. 이 사업의 가장 큰 문제는 처음에 $70억으로 예상했던 총공사비가 계약 시점에 $130억 이상으로 증가하였다는 것이다. 최근에는 숨겨진 공사비까지 합하여 $200억에 이른다는 발표가 있었다. 마하티르 총리는 $70억이어도 경제성이 불확실한데, $200억까지 상승하면 정부가 감당할 수 없다고 주장하였다. 이 공사로 우리나라와 어깨를 견주는 공업국이었던 말레이시아가 당장 어려움에 처한 것은 사실이었다. 이런 사례는 국내외적으로 수도 없이 많았고, 지금도 있으며, 앞으로도 그럴 것이다. 공공사업에 있어서 계획은 계획일 뿐이다. 정치적 목적을 위한 지나친 자신감과 조급증 및 개인적인 욕심과 함께 알려지지 않은 사실들을 무시한 결과이다.

지나친 자신감이 인수 기업을 망친다

지나친 자신감은 기업 경영에서도 실패를 초래할 수 있다. 이에는 수많은 사

례가 있지만, 여기서는 기업을 인수할 때 인수 기업의 손익에 대한 사례를 간단하게 소개하고자 한다. 젠센과 루백(1983)은 40개 이상의 실증 연구를 기반으로 하여 기업 인수는 이익을 창출한다고 주장하였다. 피인수 기업의 주주들은 혜택을 얻고, 인수 기업의 주주들은 아무것도 잃지 않는다고 하였다. 총체적으로 기업 인수는 이익을 창출하게 된다. 하지만 인수 기업이 이익을 얻게 되는가에 대해서는 결론이 명확하지 않았다. 일반적으로 인수 기업의 경영진은 피인수 기업의 가치가 현재의 시장가치를 초과하는 경우에만 인수 입찰에 응한다.

피인수 기업은 인수 발표 이후에 주가가 상승하기 시작하지만, 인수가 무산되면 주가는 급락한다. 따라서 인수가 성사되면 피인수 기업의 주주들은 이익을 얻게 된다. 하지만 롤(1986)은 인수 발표 이후부터 인수 기업의 주가는 하락하기 시작한다고 하였다. 왜 그럴까? 인수 기업은 스스로 평가한 피인수 기업의 가치가 당해 기업의 현재 시가총액을 초과한 경우에만 인수 입찰에 응하고, 그렇지 않은 경우에는 입찰을 포기한다. 그런데 인수 기업의 의사결정자인 경영진에 의해 평가된 피인수 기업의 가치는 과대 평가되는 오류가 자주 발생한다. 결과적으로 피인수 기업을 위해 지나치게 많은 비용을 지불하게 될 것이므로 인수 기업의 주가가 하락하는 것은 당연하다. 그는 이를 **자만심 가설**에 의해서 설명하였다. 즉, 경영진들의 지나친 자신감으로 피인수 기업의 가치가 과대 평가되기 때문에 피인수 기업에 대해 지나치게 많은 금액을 지불한다는 것이다.

자만심 가설
경영진들의 지나친 자신감으로 피인수 기업의 가치가 과대평가되기 때문에 피인수 기업에 대해 지나치게 많은 금액을 지불한다는 가설

지나친 자신감이 통계를 왜곡한다

지나친 자신감을 과시하기 위해 통계 수치를 부풀리는 경우를 살펴보자. 여름 해수욕장의 입장객 통계에는 도저히 이해할 수 없는 비밀이 숨어있는 듯하다. 지자체들은 여름에 자기 지역의 해수욕장을 홍보하기 위해 엄청난 부풀리기를 한다. 그중 가장 심했던 부산 해운대의 경우를 보자. 매년 부산시와 해운대 구청은 해운대의 환경 보호와 유지를 위해 엄청남 양의 모래를 이용하여 해변을 보호하고 주변 시설들을 보수하고 있다. 또한, 해운대와 연계하여 주변 관광지들도 상당히 매력적으로 개발하였다. 도시와 자연이 이렇게 잘 어우러진 관광지는 세계적으로도 많지 않을 것이다. 이런 이유로, 해운대는 숙박, 안전, 비용, 환경, 놀이 시설 및 위생 등에서 명실상부한 국내 최고

의 휴양지 중 하나임은 틀림없다.

하지만 이에 대한 자신감이 너무 지나쳐서 입장객 수가 엄청나다는 것을 보여주려고 하였다. 2018년 여름은 너무 더워서 낮에 해운대 입장객이 비참할 정도로 적었다. 뜨거운 백사장을 걸어 다니는 것 자체가 위험할 정도였고, 파라솔 밑에 있어도 너무 더웠기 때문이다. 하지만 예전에는 해운대의 하루 입장객이 100만 명을 넘었다는 전국 방송이 자주 있었다. 옛날에 고구려를 침공한 수나라와 당나라 군대의 숫자가 100만 명이었다는 (믿기 어려운) 역사를 공부한 적은 있지만, 약 1.5km에 불과한 해변에 100만 명이 입장하였다는 것을 믿기는 어렵다. 이런 홍보는 오히려 조롱거리가 되어 해운대의 명성에 해가 될 뿐이다. 그렇다면 해운대의 최대 입장객 수는 얼마나 될까? 해변을 10개 정도로 나누어 눈대중으로 표본을 선정하여 추정한 결과 아무리 많아야 5만 명을 넘어설 수 없었다. 물론 5만 명이 들어오면 해수욕장의 쾌적함이란 전혀 없고 짜증만 배가될 것이다. 우리나라의 어떤 해수욕장도 마찬가지겠지만, 해운대에는 그 정도의 입장객을 수용할 수 있는 샤워나 탈의 시설이 준비되어 있지 않다. 입장객 회전이 1번 일어난다고 가정해도 해운대의 1일 최대 수용 인원은 10만 명에 불과하다. 하지만 그것도 현실적으로 불가능한 숫자이다.

좀 더 정확한 추정치를 얻을 수도 있다. 2008년쯤으로 기억된다. 해운대 백사장에 파라솔을 최대로 설치하여 기네스 기록에 도전한 적이 있었는데, 이 도전은 전국 방송을 타고 국민의 관심을 끌기도 했다. 10,000개 이상을 목표로 여름 내내 진행되었지만 설치된 파라솔 수가 가장 많았던 날에도 8,000개에 미달하였다. 10,000개 이상을 목표로 했던 기네스 도전에도 당연히 실패했다. 파라솔 하나에 최대 성인 3명을 수용한다고 가정하면 24,000명이고, 입장객 회전이 1번 있었어도 48,000명에 불과하다. 이때 해운대 상황을 직접 목격한 내 기억에 의하면, 빈 파라솔도 상당히 있었다. 파라솔 없이 한여름에 해운대에서 해수욕을 즐기는 것은 매우 어려우므로 해운대 1일 입장객 최대 수는 50,000명을 넘기 어려웠다. 그렇다면 1일 입장객 100만 명이라는 터무니없는 통계는 어디서 왔을까? 해운대 거주 인구가 45만 명 정도라고 한다. 거기에 2를 곱하고, 해수욕장 최대 수용 인원을 10만 명이라고 크게 부풀리면 아마 100만 명쯤 될 것 같다. 이런 무모한 통계는 해운대의 신뢰성만 떨어뜨릴 뿐이다.

주요 용어

WYSIATI	로버트 루빈	이해의 착각
결과 바이어스	블랙 스완	인지적 바이어스
경부고속도로	비합리적 인내	자만심 가설
경제협력개발기구(OECD)	사후 확신 바이어스	착각
계획 오류	서브프라임 모기지	타당성 착가
과신	에세이식 논술	학생부
내부 관점	외부 관점	한국고속철도
대표성 바이어스	외환 위기	후광 효과

핵심 정리

- 사람들의 지나친 자신감, 즉, 과신은 어디서 오는 것일까? 카너먼은 과신의 이유가 착각이라는 인지적 바이어스로부터 발생한다고 주장한다.
- 이해의 착각은 우리가 세상을 이해하려고 끊임없이 노력할 때 불가피하게 발생하는 바이어스이며, 타당성 착각은 사람이 가지는 확신을 뒷받침할 수 있는 증거가 부족할 때 발생하는 바이어스이다.

이해의 착각

- 우리는 사람을 평가할 때 미리 일반적인 평가를 해 놓고 구체적인 다른 것들을 평가하는 경우가 많다.
- (안) 좋은 인상을 받은 사람에게는 (안) 좋은 평가가 내려질 가능성이 크다. 이를 후광 효과라고 부른다.
- 보통 매스컴에서는 성공한 기업인의 사례를 미화하고, 실패한 기업인은 평가 절하하여 방송한다.
- 1997년 우리나라의 외환 위기에 대해 사전적으로는 전혀 몰랐지만, 사후적으로는 엄청나게 많은 경제 평론이 있었다. 이는 명백한 사후 확신 바이어스에 해당한다.
- 누가 서브프라임 모기지로 촉발된 미국의 금융위기를 예측했단 말인가?
- 사후 확신 바이어스는 의사결정의 건전성이 아니라 결과가 좋고 나쁨에 따라 의사결정의 질을 평가하도록 유도하기 때문에 결과 바이어스를 발생시킨다.
- 결과 바이어스는 안 좋은 결과 때문에 의사결정 당시에는 합리적이었던 믿음들에 의해 적절히 평가하는 것을 불가능하게 만든다.

타당성 착각

- 우리가 아는 것이 거의 없다는 것을 생각하면, 우리 믿음에 대한 자신감은 터무니없는 것이기도 하지만 필수적이기도 하다.
- 타당성 착각은 우리나라 대학입시에서도 명백히 나타나고 있다. 첫째, 학생부 자체가 거의 믿기 어렵다. 둘째, 에세이식 논술은 어떤가? 셋째, 면접은 가장 주관적이며 학생들을 당황스럽게 만드는 요술이다.

직관과 공식

- 폴 밀은 〈임상과 통계의 예측: 이론 분석과 증거의 검토〉라는 책에서 훈련된 전문가의 주관적 인상에 기초한 임상적 예측이 규칙에 따라 몇 가지 점수나 등급을 조합하여 만든 통계적 예측보다 더 정확한가를 분석한 20개 연구의 결과를 검토하였다.
- 결과는 통계적 예측이 더 정확하고 하였다.
- 그러나 통계적 알고리즘에 대한 적대감으로 인해 사람들이 이런 사실을 받아들이기 어려운 경우가 많다. 카너먼은 충고한다. "직접 해보시오."

전문가의 직관을 언제 믿을 수 있을까?

- 전문가의 판단이 진정한 의미가 있는 경우는 다음과 같다: ① 예측하기에 충분한 규칙성이 있는 환경, ② 장기적인 연습을 통해서 이런 규칙성을 배울 기회가 있는 환경.

내부인의 지나친 자신감이 객관적 예측을 방해한다

- 지나친 자신감은 공적인 프로젝트 수행에도 영향을 미친다.
- 공공 프로젝트에는 지나친 자신감에 기초한 내부 의견보다는 객관적인 합리성을 가지는 외부 의견에 따라 적절한 계획을 세워야 한다.

지나친 자신감이 인수 기업을 망친다

- 지나친 자신감은 기업 경영에서도 실패를 초래하는데, 기업을 인수할 때 인수 기업의 손실이 대표적인 사례이다.
- 피인수 기업은 인수 발표 이후에 주가가 상승하기 시작하지만, 인수가 무산되면 주가는 급락한다.
- 피인수 기업을 위해 지나치게 많은 비용을 지불하게 될 것이므로 인수 기업의 주가가 하락하는 것은 당연하다. 리처드 롤(1986)은 이를 자만심 가설에 의해서 설명하였다.

지나친 자신감이 통계를 왜곡한다

- 지나친 자신감을 과시하기 위해 통계 수치를 부풀리는 경우도 있다.

참고 문헌

- Jensen, M. and R. Ruback (1983), The market for corporate control, Journal of Financial Economics 11, 5~50.
- Kahneman, D. and G. Klein (2009), Conditions for intuitive expertise: A failure to disagree, American Psychologist 64(6), 515~526.
- Kahneman, D. (2011), Thinking, fast and slow, FSG.
- Meehl, P., (1954), Clinical versus statistical prediction: A theoretical analysis and a review of the evidence, University of Minnesota Press.
- Roll, R. (1986), The hubris hypothesis of corporate takeovers, Journal of Business 59, 197~216.
- Taleb, N. (2007), The black swan, Random House Publishing Group.

15 — 행동 재무론의 태동

경제학자들은 이기적인 인간이 항상 이성적이고 합리적인 의사결정을 한다고 가정하여 경제 이론을 개발하고, 이를 광범위한 정부 정책에 반영하려고도 한다. 하지만 심리학자들은 인간이 비합리적이라는 사실을 이미 오래전부터 알았다. 많은 대학교의 경제학과와 심리학과는 함께 사회과학대학에 속해 있으면서도 인간의 합리성에 대한 기본적인 가정을 달리하여 왔다는 것이 매우 흥미로우면서도 이상한 일이다. 심리학은 비합리적인 인간을 연구의 대상으로 하지만, 경제학은 인간을 합리적이고 이기적인 **'호모 이코노미쿠스'**로 정의하고 연구한다. 탈러는 합리적이고 이기적인 호모 이코노미쿠스를 간단하게 줄여서 **'이콘'**이라고 명명하였다. 1950년대부터 일부 경제학자들은 인간의 합리성에 대한 반론을 제기하였는데, 앞에 소개된 알레의 역설과 엘스버그의 역설이 가장 유명한 사례들이다.

호모 이코노미쿠스
경제적으로 합리적이고 이기적인 인간

이콘
호모 이코노미쿠스의 줄임말

경제학자들도 인간 행동의 기저에 심리적 요인이 작용한다는 것을 오래전부터 인식해 왔다. 애덤 스미스는 1759년에 이미 〈도덕적 감정 이론〉이라는 책에서 **위험 회피, 지나친 자신감, 자기 통제**와 같은 개념에 대해 언급했다. 존 메이너드 케인스도 1936년 〈고용, 이자 및 화폐에 관한 일반 이론〉이란 책에서 심리적 요인이 인간의 경제적 행동에 미치는 영향에 대해 관심을 가졌고, 1978년 노벨 경제학상 수상자인 허버트 사이먼도 1955년에 〈합리적 선택의 행동 모형〉이라는 연구로 행동 경제학의 기반을 구축하였다. 그의 이론을 한마디로 표현하면 제한된 합리성인데, 이에 대해서는 앞에서 이미 설명한 바와 같다. 이와같이, 심리적 요인이 인간의 경제적 행동에 미치는 영향에 대해 오랜 연구가 축적되면서 오늘날의 행동 경제학과 행동 재무론이 태동하기 시작하였다.

위험 회피
부의 수준에 증가함에 따라 효용의 증가 속도가 감소하는 위험 회피도로 오목한 효용 함수를 가진다.

지나친 자신감
자신의 판단에 대한 개인의 주관적인 확신이 객관적인 정확도보다 훨씬 크게 되는 바이어스

자기 통제
계획 자아와 행동 자아에 의해 스스로 통제하는 것

행동 경제학과 행동 재무론의 학문적 토대를 이루었던 연구는 카너먼과 트버스키가 1979년에 최고의 경제학 학술지 중 하나인 〈이코노메트리카〉에 발

표한 프로스펙트 이론이다. 어떤 기자가 카너먼과의 인터뷰에서 '**프로스펙트**'의 의미가 무엇인가를 질문하였다. 카너먼은 프로스펙트란 전망, 가능성, 미래 예측과는 아무런 관계가 없다고 하였다. 처음에 이 논문의 제목은 〈가치 함수〉였으나, 동료 학자들이 기존 논문 제목들과의 차별성이 없다고 지적하였다. 그는 이 논문을 최고의 학술지에 게재하기 위해서 논문 제목에 대해 트버스키와 의논을 했는데, 좀 멋있게 보이라는 취지에서 아무런 의미가 없이 프로스펙트라는 용어를 사용했다고 답변하였다. 프로스펙트 이론이 위험 선택을 위한 이론이므로 전망이라는 의미와는 아무런 관계가 없음이 분명하다. 굳이 프로스펙트를 정의한다면 그들의 논문에서 사용한 의미에 따라 **위험 선택권**이라고 할 수 있다.

프로스펙트(또는 위험 선택권)
확률적 위험을 가지는 선택 대안

1979년의 논문이 매우 획기적이긴 했지만, 현실적으로 경제 현실에 적용하기 어려웠다는 단점이 제기되었다. 이에 트버스키와 카너먼은 1992년에 〈저널 오브 리스크 앤 언서튼티〉에 누적 프로스펙트 이론을 발표하였다. 이 두 논문은 프로스펙트 이론을 확실하게 설명하고 있는데, 이의 다양한 응용에 대해서는 지금도 계속 연구가 되고 있고 앞으로도 후속 연구들이 나올 것으로 기대된다.

대니얼 카너먼과 아모스 트버스키의 만남

카너먼은 프랑스 파리에서 유대인 대학살인 **홀로코스트**를 경험했던 유대인이다. 프랑스 화장품 기업 로레알의 중요한 연구원이자 화학자였던 그의 아버지는 1941년 11월 나치에 의해 끌려갔다. 하지만 로레알의 대표였던 외젠 슈엘러와의 친분 덕분에 6주 만에 풀려났다. (외젠 슈엘러는 나치 협력자 중의 한 사람이었다.) 카너먼의 아버지는 1947년 4월에 사망했지만, 카너먼은 사망 이유를 전혀 알지 못했다. 1947년에 어머니, 누나와 함께 이스라엘로 이주한 카너먼은 삶과 죽음을 오가는 청소년기를 보냈다. 이미 친구들과 선생님으로부터 조심스럽고 신중하며 뛰어난 지적 능력을 지녔다고 평가받았던 그는 고등학교 졸업 후 군대에 입대해야 했지만, 뛰어난 실력을 인정받아서 히브리 대학 심리학과에 진학할 수 있었다. 대학 졸업 후 카너먼은 이스라엘 군대에서 소대장으로 군 복무를 마쳤다. 이후 카너먼은 캘리포니아 대학교 버클리 캠퍼스에서 심리학 박사 학위를 받고, 1961년에 이스라엘로 돌아와 히브리 대학 심리학과 교수가 되었다.

홀로코스트
제2차 세계대전 중 나치 독일이 자행한 유대인 대학살 사건 카너먼보다 3살 어린 트버스키는 주위로부터 가장 비범한 전형적인 이스라엘 사람으로 평가받았다. 그의 부모는 1920년대 초에 반유대주의를 피해 러시아를 탈출한 뒤 시오니즘 국가 건설을 이끈 선구자들이었다. 트버스키도 부모와 함께 이스라엘로 이주하여 험난한 청소년기를 보냈다. 그는 이스라엘의 낙하산 부대에 입대하여 곧 소대장이 되었다. 활발하고 유모가 넘쳤던 그는 1961년에 히브리 대학을 마치고, 1965년에 미시간 대학에서 인지 및 수리 심리학으로 박사 학위를 받았다. 1966년에 트버스키는 이스라엘로 돌아와서 히브리 대학 조교수가 되었다. 1967년에 3차 중동전쟁이 발생하자 그는 또 전쟁에 참전했다가 다시 대학으로 돌아왔다. 이 전쟁은 유대인이 **안식일**을 지키기 위해 최선을 다해서 6일 만에 승리하였기 때문에 학교생활에는 큰 지장이 없었다. 이스라엘은 이 전쟁으로 골란고원, 요르단강 서안, 시나이 반도를 차지하여 국토가 2배 이상으로 넓어졌다.

안식일
하나님이 정한 일곱 번째 날

1965년 미시간 대학에 박사 후 과정으로 공부하러 갔던 카너먼은 트버스키와 6개월 동안 같은 대학에서 생활했지만, 그들은 좀처럼 만나기 어려웠고 함께 연구할 계기도 없었다. 그 이후 그들은 히브리 대학의 심리학과 교수로 함께 재직하였다. 두 사람의 성격이 워낙 다르다는 것은 연구실 환경에서 드러났다. 사람들은 두 사람 모두의 연구실에서 찾고 싶은 물건을 찾을 수 없었다고 한다. 카너먼의 연구실은 너무 복잡해서 아무것도 찾을 수 없었고, 트버스키의 연구실에는 아무것도 없어서 찾을 수 없었다고 한다.

그러다가 1969년 봄에 카너먼의 히브리 대학 세미나에 트버스키가 초청되었다. 심리학계의 두 스타는 이때부터 서로의 천재성을 알아보고 공동 연구를 시작하기로 했다. 1973년에 카너먼과 트버스키는 연구를 위해 미국 캘리포니아에 체류 중이었다. 그러던 중 10월 6일에 4차 중동전쟁이 발발하였다. 이집트와 시리아군이 수에즈 운하 주변과 골란고원에 주둔하던 이스라엘군을 집중적으로 포격하여 이스라엘군은 전멸이라는 처참한 상황에 이르렀다. 이날은 고대 유대 달력에 의해 7월 10일인데, **욤 키푸르**라고 불리는 **속죄일**이었다.[1] 욤 키푸르는 큰 안식일로 이스라엘 사람들의 중요한 명절 중의

욤 키푸르
고대 유대 달력에 의해 7월 10일로 속죄일이라고 부르는 유대인의 명절

속죄일
욤 키푸르

1 구약성경 레위기 23장에 의하면 이스라엘에는 일곱 명절이 있는데, 이들은 토요일 안식일과 구별하여 큰 안식일이라고 불리었다. 일곱 명절은 유대 달력으로 다음과 같다: ① 유월절(니산월 또는 아빕월 1월 14일, 레위기 23:4–5), ② 무교절(니산월 1월 15일에서 21일까지, 레위기 23:6–8), ③ 초실절(니산월 1월 17일, 레위기 23:9–14), ④ 오순절(시반월 3월 17일, 레위기 23:15–21), ⑤ 나팔절(티쉬리월 7월 1일, 레위기 23:23–25), ⑥ 속죄일(티쉬리월 7월 10일, 레위기 23:26–32, 16:1–34), ⑦ 장막절(티쉬리월 7월 15일, 레위기 23:33–44). 그 중 속죄일은 구약의 첫 제사장인 아론이 이스라엘을 위해 속죄한 날로, 미래에 자기들의 땅으로 돌아온 이스라엘이 이 날 자기들이 찌른 메시아를 바라보며 자기들의 죄를 고백하고 민족적으로 속죄를 받는다고 한다.

하나였기 때문에 이스라엘군은 방심하고 있었다. 1967년 3차 중동전쟁에서 6일 전쟁의 쓴맛을 보았던 이집트와 시리아가 이스라엘의 약점인 이날을 틈타 공격한 것이었다. 이때 카너먼은 39세였고, 트버스키는 36세였다.

이들은 전쟁 소식을 듣자마자 이스라엘에 가려고 했지만, 비행기 편을 구할 수 없었다. 천신만고 끝에 프랑스 주재 이스라엘 대사관에 근무하던 카너먼 누나의 도움을 받아 이스라엘로 돌아갔다. 이때 이스라엘로 향하는 비행기는 참전하려는 사람들만 수송하였다. 그들은 이스라엘에 도착한 날에 바로 심리전 부대에 배치되어 전쟁에 참여했다. 매우 위험한 상황이었지만 둘은 전쟁에서 살아남았고, 이스라엘은 큰 희생 끝에 겨우 승리하였다. 이 전쟁에서 둘 중 하나라도 희생되었다면 행동 경제학과 행동 재무론은 지금과 같이 번창하지 않았을 것이다.

그러다가 카너먼이 아내와 이혼한 후 미국으로 떠나 그곳에서 재혼했다. 공동 연구를 하던 트버스키도 고민 끝에 큰 결심을 하게 되었다. 이스라엘을 무척 사랑하던 그도 1977년에 이스라엘을 떠나 미국으로 갔다. 하버드, 미시간, 스탠퍼드 등 19개 대학교에서 러브콜을 받을 정도로 이미 그는 심리학계의 스타였다. 미시간 대학교는 그에게 트버스키 부부와 카너먼 부부 모두를 심리학과 교수로 받아들이는 패키지를 제안하였다. 카너먼은 이 제안을 그가 받아들일 것으로 생각했지만, 트버스키는 1978년에 스탠퍼드를 선택했다. 이때부터 그들의 우정에는 금이 가기 시작했다. 카너먼은 캐나다의 밴쿠버에 있는 브리티시 컬럼비아 대학교로 자리를 옮겼다. 그들은 주말마다 미국의 팔로알토와 캐나다의 밴쿠버를 오가면서 연구를 진행하였지만, 공동 연구에도 불구하고 수리 심리학 분야의 스타가 된 트버스키에게만 인기가 집중되었다. 그는 여러 상을 받으면서 더욱 명성을 얻었지만, 카너먼은 그 정도는 아니었다.

1986년에 카너먼은 자신의 모교인 캘리포니아 대학교 버클리 캠퍼스로 옮겨왔지만, 트버스키와의 관계가 벌어지고 있다는 것을 느꼈다. 결국 1992년에 카너먼이 프린스턴 대학교로 옮기면서부터 둘의 사이는 완전히 갈라졌다. 트버스키가 사망할 때까지 서먹서먹한 관계는 계속되었지만, 그들의 수많은 연구는 그때부터 빛을 발하기 시작하였다. 트버스키는 1996년에 위암으로 세상을 떠났고, 카너먼은 2002년에 노벨 경제학상을 수상하게 되었다.

카너먼은 뛰어난 아이디어와 영감이 번뜩이는 천재형이었고, 트버스키는 아이디어를 수리적으로 깔끔하게 정리하여 이론화하는 천재형이었다. 그들은 오랜 시간 동안 매우 친밀하게 연구하여 논문의 아이디어가 누구에게서 나왔는지조차도 구별하기 어려웠다고 한다. 따라서 논문 저자의 순서도 번갈아 가면서 기재하기로 하였다. 그들의 협업은 수없이 많은 기념비적인 연구 논문들을 남기었고 심리학, 법학, 의학, 경제학, 경영학에 엄청난 영향을 미쳤다.

탈러가 카너먼과 트버스키를 만나다

리처드 탈러는 뉴욕 북부의 로체스터 대학에서 경제학 박사 과정을 공부하고 있었다. 그는 주위에서 기존 경제학이 가정하는 합리적 인간보다는 실수도 하고 비합리적으로 행동하는 인간들을 주로 만나게 되었다고 한다. 결국 경제학 이론에 대해 많은 의심을 하게 되었고, 박사 과정 공부도 순탄치 않았다. 그의 지도교수였던 셔윈 로젠은 그런 그에게 큰 기대를 하지 않았다고 한다. 하지만 탈러는 1976년에 셔윈 로젠과 공저로 〈생명 구제의 가치〉라는 논문을 발표하기도 했다. 이 연구로 그는 로체스터 대학교에서 정규 교수직을 얻었지만, 종신 교수직에는 실패하였다.

졸업 후 로체스터 대학 경영대학원에서 강의하던 탈러는 1977년 여름에 스탠퍼드 대학에서 연구할 생각이었던 셔윈 로젠 교수로부터 생명의 가치에 대해서 더 연구해 보자는 제안을 받았다. 여름 동안 스탠퍼드에 머무르던 그는 카너먼과 트버스키가 그해 9월부터 스탠퍼드에서 연구를 진행할 예정이라는 소식을 듣고 거기에 더 머무를 생각을 했다. 어렵게 **전미경제연구소**(NBER)의 도움을 받아 1978년까지 1년 동안 그는 카너먼과 트버스키와 친분을 쌓고, 이후로 그들과 여러 공동 연구를 진행할 수 있게 되었다. 또한 스탠퍼드에서 내로라하는 여러 심리학자(바루 피시호프, 폴 슬로빅, 사라 리히텐슈타인, 마야 바힐렐 등)와 우정과 친분을 맺게 되었다. 그는 이들을 모두 비공식적인 스승이라고 했다. 그야말로 탈러의 인생을 바꿔주는 계기가 되었다.

전미경제연구소(NBER)
미국의 민간 비영리 연구소 조직으로 정책 입안자, 경영자, 학계에 편견이 없는 연구 결과를 제시한다.

1978년에 로체스터로 돌아가야 할 시간이 되자, 탈러는 로체스터 대학이 그의 연구 인생을 계속하기에 적합하지 않은 곳이라는 생각이 들었다. 신고전주의 경제학의 방법론에 깊은 뿌리를 두고 있던 원로 교수들의 지적 성향 때문이었다. 그때까지 내세울 만한 연구 실적이 없던 그는 로젠 교수와 공저했던 〈생명 구제의 가치〉 논문과 다소 도발적인 주제인 **자기 통제** 등에 관한 미발간 연구를 여러 대학에 제출하였다. 이런 연구 업적들을 인정해 주는 대학이라면 자신의 미래 연구들에 대해 아주 개방적일 것으로 생각했기 때문이

자기 통제
계획 자아와 행동 자아에 의해 스스로 통제하는 것

다. 코넬 대학교와 듀크 대학교가 그에게 교수직을 제안했다. 탈러는 코넬 대학교에 가기로 하였다. 그는 1978년부터 1995년까지 코넬에 재직하면서 행동 경제학과 행동 재무론에 관한 주옥같은 논문들을 집필하였다. 그 공로를 인정받아 1995년에는 시카고 대학의 석좌교수로 임명되었다. 시카고에서도 뛰어난 연구 업적을 이루었고, 2008년에는 〈넛지〉, 2016년에는 〈미스비헤이빙〉이라는 책을 썼다. 특히, 하버드 대학의 선스타인과 공저한 〈넛지〉는 전 세계적인 공감을 받아서 정부 정책에 이를 적용하는 나라가 많았다. 결국, 2017년에 탈러는 노벨 경제학상을 단독으로 수상하게 된다.

탈러가 셰프린과 쉴러를 끌어들이다

탈러가 외롭게 로체스터 경영대학원에서 연구할 때, 그는 경제학에 심리학을 도입하기 위해서는 충분한 수학적 엄밀성을 확보해야 한다고 생각했다. 이를 위해 같은 기간에 로체스터 대학에 근무하던 수리 경제학자 허쉬 셰프린을 끌어들이기로 했다. 셰프린은 우선 수학에 능하고 탈러의 아이디어가 터무니없다고 생각하지 않았기 때문에 그들은 공동의 관심사를 가지게 되었고 공동 연구도 진행하게 되었다. 탈러가 코넬 대학교로 옮기게 될 즈음에 셰프린도 로체스터를 떠나 캘리포니아의 산타클라라 대학교 경제학과로 옮기게 되었고, 1990년에는 다시 재무학과로 옮겼다. 그는 산타클라라 대학교로 옮긴 이후에 동료인 마이어 스태트만과 함께 상당히 많은 행동 재무론 관련 연구를 진행하였다.

탈러의 연구는 경제학적 호기심에서 출발하여 재무론까지 다양하게 이어진 것에 비해, 셰프린의 연구는 주로 행동 재무론에 치중하여 이루어졌다. 셰프린의 동료인 스태트만도 행동 재무론의 역사에서 빠지기 어려운 인물이다.[2] 순수하게 행동 재무론에 대한 연구로만 평가하면 탈러보다 셰프린의 업적이 더 많다. 1984년에 스태트만과 공저한 〈현금 배당에 대한 투자자 선호도 설명〉이라는 논문은 최고의 재무금융 학술지 중 하나인 〈저널 오브 파이낸셜 이코노믹스〉에 게재되었다. 나중에 밝혀진 바에 의하면 이 논문의 심사위원은 피셔 블랙이었는데, 셰프린과 스태트만의 배당 연구에 대해 '멋진' 논문이

2 마이어 스태트만(Meir Statman)은 1960년대 말에 예루살렘의 히브리 대학교에서 경제학과 통계학을 공부하고, 대학원에 진학하여 재무금융을 전공하였다. 졸업 후 재무 분석가로 일하면서 인간의 행동에 관한 통찰력을 가지게 되어 1973년에 직장을 그만두고 뉴욕 컬럼비아 대학의 박사 과정에서 공부하였다.

라고 하였다. 하지만 이 저널의 일부 편집위원들은 이 논문의 게재를 큰 소리로 반대하였고, 이 논문이 게재되면 다시는 여기에 투고하지 않겠다고 협박한 사람들도 있었다고 한다.[3] 어찌 되었건, 내 생각으로는 이 논문이 저명 학술지에 게재된 최초의 행동 재무론 논문이다.

한편, 로버트 쉴러는 1981년에 〈아메리칸 이코노믹 리뷰〉에 〈주가는 미래의 배당 변화에 의해 정당화되기에 너무 많이 움직이는가?〉라는 논문을 게재하였다. 이 연구는 재무학계에 엄청난 충격을 주었다. 당연히 쉴러의 연구 방법론과 결과를 비판하는 논문들이 나오기 시작했다. 특히, 그 당시 재무론 대가의 반열에 있던 앨런 클라이든의 비판은 당혹스러울 정도였다. 하지만 미국 주식시장이 1987년 10월 19일에 20% 이상 하락하는 **블랙 먼데이**를 경험하면서 쉴러의 연구는 새로이 조명받기 시작했다. 월스트리트 저널은 주식시장이 지나치게 불안정한 것으로 보아 쉴러의 주장이 진실로 드러났다고 평가하였다. 1987년에 박사 과정을 시작했던 나는 쉴러의 논문을 읽게 되었고 매우 타당한 연구라고 생각했던 기억이 있지만, 그 논문의 진정한 의미를 이해할 수 있는 수준은 아니었다.

블랙 먼데이
1987년 10월 19일 월요일에 미국의 주식시장이 20% 정도 하락한 사건

쉴러의 연구는 매우 현실적이고 타당했지만, 심리학적 차원에서 접근한 것은 아니었다. 1982년 봄에 그가 코넬 대학에 논문을 발표하러 왔을 때, 탈러와 그의 제자였던 베르너 드봉은 쉴러와 함께 오랫동안 산책할 기회를 가졌다. 그때 탈러는 쉴러에게 행동 과학적 관점에서 그의 논문을 바라볼 수 있다는 견해를 제시하였다. 그때의 만남이 쉴러에게 어떤 영향을 주었는지는 몰라도 그는 1984년에 〈브루킹스 페이퍼스 온 이코노믹 액티비티즈〉라는 학술지에 〈주식 가격과 사회적 역동성〉이라는 행동 경제학 논문을 게재하였다. 그는 패션 시장과 마찬가지로 사회적 현상이 주식 가격에도 영향을 줄 수 있다는 혁신적인 아이디어를 제시하였다.

2000년에는 주식시장과 부동산시장의 버블을 설명하기 위해 〈**비이성적 과열**〉이라는 책을 발간하였는데, 이는 2006년에 발생한 부동산시장 버블을 예측한 연구로 높이 평가받았다. 2009년에는 2001년 노벨 경제학상 수상자인 조지 애컬로프 교수와 〈**야성적 충동**〉이라는 매우 획기적인 책을 공저하였다. 야성적 충동이란 케인스가 언급한 개념으로 사회의 변덕스러운 태도 변화를

비이성적 과열
투기적 시장의 불안정성을 나타내는 개념

야성적 충동
사람들이 합리적인 이유와 관계없이 행동하도록 하는 요인으로, 투자 의사결정에는 합리적이고 이성적인 판단보다는 감정이 매우 중요한 역할을 한다.

3 이는 〈저널 오브 파이낸셜 이코노믹스〉의 편집 위원장이었던 윌리엄 슈어트와 스태트만의 개인적인 대화였다고 한다. 스태트만(2019, 172쪽)을 보시오.

지칭하는 용어다. 결국 쉴러도 2013년에 행동 경제학에 대한 공헌을 인정받아서 노벨 경제학상을 수상하였다.

행동 재무론의 시작을 알리는 폭죽이 터지다

1985년에 재무 분야에서 최고의 권위를 가지는 미국 재무학회가 열렸을 때, 처음으로 행동 재무론 발표 세션 하나가 만들어졌다. 당시 학회장이었던 피셔 블랙은 이 세션의 준비를 허쉬 셰프린에게 맡겼다.[4] 셰프린은 행동 재무론 세션을 훌륭하게 조직하여 성공적으로 마무리했다.

이때 행동 재무론 세션 발표 논문에 행운이 찾아왔다. 발표 논문 중에서 하나를 엄정한 심사 과정 없이 〈저널 오브 파이낸스〉에 게재한다는 것이었다. 지금도 마찬가지지만 재무론과 경제학을 공부하는 사람에게 미국 재무학회지인 〈저널 오브 파이낸스〉 게재는 대단한 학문적 업적이자 성공으로 가는 열쇠와 같다. 이 학술지는 엄격하고 복잡한 심사 과정을 거치기 때문에 성공적으로 게재되더라도 보통 3~4년의 고통스러운 세월을 감내해야 한다. 미국 명문 대학의 교수 입장에서도 〈저널 오브 파이낸스〉 게재는 매우 영광스러운 일이다. 그런데 셰프린에게 고민이 생겼다. 자기와 동료인 스태트만이 공저한 〈**디스포지션 효과**〉라는 논문과 탈러와 그의 제자인 베르너 드봉이 공저한 〈**주식시장 과민 반응**〉이라는 논문이 모두 훌륭하다고 생각했기 때문이다. 셰프린은 블랙에게 두 개 논문 모두를 〈저널 오브 파이낸스〉에 게재해 달라고 요청하였고, 블랙은 예외적으로 이 요청을 기꺼이 받아들였다. 재무론의 주요 분야로 인정받지 못하던 행동 재무론 분야의 논문이 이 학술지의 심사 과정을 통과하는 것은 현실적으로 매우 어려웠기 때문에 피셔 블랙의 이 결정은 매우 높이 평가할 만한 사례였다.

디스포지션 효과
손실이 발생한 주식을 보유하고, 이익을 얻은 주식을 매도하는 행동

주식시장 과민 반응
드봉과 탈러가 발견한 것으로, 3~5년 상승(하락)했던 종목이 하락(상승)하는 현상

드디어 행동 재무론에 관한 두 논문이 〈저널 오브 파이낸스〉에 처음으로 게재된 것이다. 저자들에게는 모두 행운의 사건이었고, 특히 탈러에게는 이후의 연구 인생에 엄청난 도움이 되었다. 셰프린과 스태트만의 연구는 디스포지션 효과를 보여주고, 탈러와 드봉의 연구는 중장기 수익률 반전 효과를 보여준 것으로 이 두 주제는 아직도 행동 재무론의 중요한 이슈가 되고 있다.

4 피셔 블랙은 월리엄 숄즈와 함께 옵션 가격결정 이론을 만든 대학자인데, 비행기 추락 사고로 1995년에 사망하였다. 그렇지 않았다면 블랙도 1997년에 로버트 머튼, 마이론 숄즈와 함께 노벨 경제학상을 수상하였을 것이다.

1984년에 셰프린과 스태트만이 공저한 〈현금 배당에 대한 투자자 선호도 설명〉이 이미 〈저널 오브 파이낸셜 이코노믹스〉에 게재되었지만, 연구의 영향력으로 평가해 볼 때 〈저널 오브 파이낸스〉에 게재된 이 두 논문은 **행동 재무론**의 시작을 알리는 폭죽이 되었다고 생각한다.

행동 재무론
심리학적 요인에 의해 재무금융 현상들을 설명하는 이론 및 실증 분석

시카고 대학 컨퍼런스에서의 열띤 논쟁

1985년 10월에 신고전주의 경제학을 열렬하게 옹호하는 시카고 경영대학원에서 중요한 컨퍼런스가 이틀간 개최되었다. 주제는 표준 경제학과 행동 경제학의 논리적 타당성이었다. 당연히 전통 경제학의 본고장인 시카고에서의 컨퍼런스였고, 행동 과학자들은 아직 힘없는 젊은 학자들이었기 때문에 공정한 진행이 되기는 쉽지 않았다. 행동 과학자 진영은 허버트 사이먼, 대니얼 카너먼, 아모스 트버스키가 이끌었고, 전통적 경제학 진영은 이미 노벨 경제학상을 수상한 폴 새뮤얼슨, 케네스 애로 등 상당히 많은 저명 학자들에 의해 지휘되었다. 이 컨퍼런스에는 노벨상을 이미 받은 학자들도 많았지만, 그 이후에 노벨상을 받은 학자들이 더 많았다. 2021년 현재로 평가할 때, 재무금융학 및 경제학 차원에서 지적으로 가장 뛰어난 사람들이 가장 많이 참석했던 컨퍼런스 중 하나였을 것이다.

심리학자 카너먼과 재무학자 머튼 밀러 등이 발표했고 여러 학자가 토론에 임했다. 행동 경제학 진영에서 로버트 쉴러, 리처드 젝하우저, 리처드 탈러 등이 토론을 했지만, 비교적 젊었던 그들은 이미 저명했던 학자들에 의해 엄청난 공격을 받았다. 특히, 앨런 클라이든은 노벨상에 기여했던 쉴러의 1981년 논문을 심하게 비판했다. 산타클라라 대학의 셰프린과 스태트만도 젊은 학자로서 바라보고만 있을 수밖에 없었다고 한다. 표준 경제학이 그야말로 홈구장의 이점을 충분히 살렸다고 볼 수 있다. 하지만 쉴러는 "많은 실증적 예외들이 기존 지식의 타당한 침해로 여겨질 때 패러다임이 변화한다."라는 토머스 쿤의 과학적 혁명 이론을 인용하면서 (항상 그러하듯이) 침착하게 논리적으로 응수하였다.

컨퍼런스가 끝난 이후에 양 진영은 서로의 승리를 확신했다. 행동 경제학은 그 이후로 상당한 진전을 보이기 시작했다. 주로 미국의 명문 대학들을 중심으로 크게 발전하기 시작했다. 하지만 행동 재무론은 그 이후에도 상당한 어려움을 겪었다. 주요 학술지 게재도 어려웠고, 행동 재무론을 가르치는 학교

도 미국 최고의 30개 경영대학원을 제외하면 거의 드물었다. 이런 어려움 속에서도 재무론에 행동 과학의 꽃이 피기 시작했고, 행동 경제학 교육을 받은 젊은 엘리트들이 재무론 분야로 진출하였다.

〈저널 오브 이코노믹 퍼스펙티브즈〉에 연재 논문 작성을 의뢰받은 탈러

1980년대 중반, 행동 과학에 심취하여 연구 활동을 이어가던 탈러에게 〈저널 오브 이코노믹 퍼스펙티브즈〉로부터 매력적인 제안이 들어왔다. 이 학술지의 매 호에 경제적 이상 현상을 주제로 연재 논문을 집필해 달라는 것이었다. 〈저널 오브 이코노믹 퍼스펙티브즈〉는 미국 경제학회가 새로이 창간한 학술지로, 엄격한 경제학 논문들을 취급하던 기존의 학술지와는 달리 다양한 시각으로 경제 현상을 다루면서 비교적 읽기 쉬운 논문들을 게재하였다. 읽기 쉽고 시사점을 더 많이 얻을 수 있어서 기존 경제학 학술지보다 독자들이 더 많이 생겼다. 당연히 주요 학술지 반열에 진입하였다.

탈러는 그동안의 연구 성과를 바탕으로 분기마다 한 편씩 이 학술지에 정리된 논문을 게재하였다. 혼자의 힘으로 어려울 때는 각 분야에 정통한 학자들과 공저를 시도하였다. 빠른 시간에 탈러의 연재 논문들에 대한 기대가 커지고 독자 수는 기하급수적으로 증가하였다. 이런 성장은 뛰어난 신진 학자들에게 행동 경제학에 대한 관심을 불러일으켜서 이 분야 발전에 상당한 기여를 하게 되었다. 이와 함께 탈러의 명성이 높아지는 것은 당연한 결과였다. 중간에 몇 년 동안 쉬기는 했지만, 1987년부터 2006년까지 탈러는 행동 경제학과 행동 재무론에 대해 상당히 많은 논문으로 이 학술지에 공헌하였다. 바다 건너 먼 나라인 대한민국에서도 탈러의 논문들에 대해 많은 관심이 생겨났다. 이 책의 많은 부분도 〈저널 오브 이코노믹 퍼스펙티브즈〉에 게재된 논문들을 기반으로 작성되었다.

행동 재무론의 성장

이스라엘 출신의 심리학자인 트버스키와 카너먼은 1974년에 세계적인 과학 학술지인 〈사이언스〉에 〈불확실 상황에서의 판단: 휴리스틱과 바이어스〉라는 논문을 발표하여 인간의 행동이 얼마나 비합리적인가를 보여주었다. 그들은 심리학자임에도 불구하고 1979년에 〈이코노메트리카〉에 〈프로스펙트 이론〉이라는 논문을 발표하여 경제학이 인간의 비합리적 행동에 관심을 가지게 하는 결정적인 계기를 만들었다.

인지 심리학
인간이 지식을 획득하는 방법, 획득한 지식을 구조화하여 축적하는 메커니즘을 주된 연구 대상으로 하는 심리학의 한 분야

행동 경제학
심리학적 요인에 의해 경제 현상들을 설명하는 이론 및 실증 분석

행동 재무론
심리학적 요인에 의해 재무금융현상들을 설명하는 이론 및 실증 분석

카너먼과 트버스키의 1979년 논문을 계기로 다수의 경제학자가 **인지 심리학**에 근거하여 **행동 경제학**을 연구하기 시작하였다.[5] 재무학자들도 1980년대부터 인간의 재무 의사결정에 인지 심리학을 도입한 **행동 재무론**을 연구하기 시작하였다.[6] 1985년 〈저널 오브 파이낸스〉에 게재된 셰프린과 스태트만의 〈디스포지션 효과〉와 드봉과 탈러의 〈주식시장 과민 반응〉이 행동 재무론의 효시라고 해도 과언이 아닐 것이다. 하지만 1980년대 후반에는 기억될 만한 행동 재무론 논문이 주요 학술지에 발표되지 못했다.

1990년대 초에는 간간이 행동 재무론 분야의 논문들이 주요 학술지에 게재되기 시작하였다. 그러다가 1990년대 중후반으로 접어들면서 행동 재무론에 관한 실증 분석들과 이론들이 개발되기 시작하였고, 21세기에 들어서는 재무론의 주요 분야로 자리 잡게 되었다. 2022년 현재, 우리나라에는 이 분야를 공부한 학자들도 그리 많지 않고 정규 교과목으로 지정된 학교도 드문 상태다.

행동 재무론의 시각

이제 행동 재무론이나 경제학을 깊이 연구한 학자들은 상당히 많지만, 아직도 학술적 연구를 넘어서 현실과 실무에 적용하려는 연구 및 실무자들은 그리 많지 않다. 그런 의미에서 실러, 탈러, 셰프린은 충분히 의미 있는 공헌을 하였다고 평가된다.

로버트 실러는 사회적 역동성에 의해 주가가 움직이며, 케인스가 주장했던 야성적 충동에 의해 경제 전반이 움직이는 상황을 설명하였다. 또한 행동 경제학의 이론을 근거로 하여 불황, 일자리, 물가와 실업률, 저축, 금융시장의 변동성, 부동산시장의 사이클, 소수계의 빈곤 등을 설명하고 이에 대한 해결

5 인지 심리학이란 인간의 뇌에 의해 이루어지는 주의, 지각, 기억, 언어 및 사고 등의 정보 처리 과정을 탐구하고 그 결과를 응용하는 학문이다.

6 행동 재무론과 행동 경제학은 심리적, 사회적, 인지적, 감정적 요인이 개인과 기관의 경제적 또는 재무적 의사결정에 미치는 영향과 시장 가격, 수익률 및 자산 할당 등에 나타나는 결과를 연구하는 학문이다. 간단히 말하면, 심리학을 재무론 및 경제학에 응용한 분야라고 할 수 있다. 행동 재무론과 행동 경제학은 응용 분야만 다를 뿐 연구의 방향을 같이 하는 자매 학문이다.

책을 제시한다.

이에 비해, 리처드 탈러는 쉴러보다 미시적인 차원에서 경제와 금융시장을 분석한다. 특히, 자신이 개발한 **멘탈 어카운팅**과 **넛지** 개념에 의해 좀 더 바람직한 사회를 만들 수 있다고 주장한다. 그에 의하면 넛지란 **자유주의적 개입주의**로 자유로운 선택이 주어진 상태에서 긍정적인 의사결정을 하도록 도와주는 도구이다. 실제로 미국의 퇴직연금 등 여러 분야에서 활용 가능성을 인정받았다. 물론 넛지를 사용한 방법론에도 상당히 많은 비판과 반발이 있지만, 인간의 비합리성을 이용하여 큰 비용 없이 삶을 긍정적인 방향으로 이끌 수 있다는 점에서 큰 의미가 있다. 특히, 앞에서 설명하였던 401(k) 플랜의 자동 가입과 SMT는 미국인의 노후생활에 엄청난 기여를 하였다고 평가할 수 있다.

멘찰 어카운팅
거래와 투자 등을 할 때 마음속에 여러 개의 계정을 만들어서 인식과 평가를 달리 하는 것

넛지
강요 없이 올바른 방향으로 유도하는 자유주의적 개입주의

자유주의적 개입주의
강요 없이 올바른 방향으로 유도하는 넛지의 다른 말

셰프린은 쉴러 및 탈러와는 달리 재무경영 컨설팅의 관점에서 행동 재무론을 기업에 적용하였다. 그는 인간의 비합리성을 최대한 없애기 위해 바이어스를 제거하고 합리적인 의사결정을 내려야 한다고 주장한다. 바이어스 제거를 '**디바이어스**'라고 한다. 따라서 셰프린의 접근법은 3인 중에 가장 미시적이라고 할 수 있다.

디바이어스
바이어스를 제거한다는 의미로 셰프린이 만든 용어

행동 재무론을 이용한 자산운용의 실제

자산운용 실무 차원에서도 행동 재무론이 많이 이용되고 있다. 가장 활발한 자산운용사는 〈**AQR 캐피탈 매니지먼트**〉, 〈**풀러 앤 탈러 에셋 매니지먼트**〉, 〈**LSV 에셋 매니지먼트**〉를 들 수 있다. LSV는 라코니쇼크, 쉴라이퍼, 비쉬니가 1994년에 설립한 자산운용사로 지금은 쉴라이퍼와 비쉬니는 운영에서 물러났고, 2018년 현재 라코니쇼크가 최고경영자로 활동하고 있다. 이 회사는 판단 바이어스 등을 이용하여 2018년 현재 약 $1,180억 규모의 펀드를 운용하고 있다.

〈풀러 앤 탈러 에셋 매니지먼트〉는 1993년에 풀러와 탈러에 의해 설립되었으며, 재무론과 심리학의 교집합에 해당하는 행동 재무론을 이용하여 투자하고 있다. 재무론과 심리학을 연계하는 투자 전략으로 2018년 현재 약 $90억의 자산을 운용하면서 우수한 투자 성과를 달성하고 있다. 노벨 경제학상을 수상한 대니얼 카너먼과 리처드 탈러가 이론적 배경을 제공하고 있다. 그들

AQR 캐피탈 매니지먼트
시카고 대학교 파마 교수의 제자였던 클리프 아스네스 등이 1998년 코네티 컷주의 그리니치에 설립한 자산운용사

풀러 앤 탈러 에셋 매니지먼트
1993년에 풀러와 탈러에 의해 설립되었으며, 재무론과 심리학의 교집합에 해당하는 행동 재무론을 이용하여 투자하고 있다.

LSV 에셋 매니지먼트
라코니쇼크, 쉴라이퍼, 비쉬니가 1994년에 설립한 자산운용사

과잉 반응
좋은(나쁜) 뉴스에 지나치게 크게 반응하는 현상

과소 반응
좋은(나쁜) 뉴스에 너무 작게 반응하는 현상

은 투자자들이 나쁜 뉴스에 **과잉 반응**하여 패닉 현상이 발생하고, 좋은 뉴스에는 **과소 반응**하여 신경을 쓰지 않을 수 있다고 한다. 이러한 투자자의 행동적 엣지가 그들 투자 전략의 핵심이 되고 있다.

〈AQR 캐피탈 매니지먼트〉는 시카고 대학교 파마 교수의 제자였던 클리프 아스네스 등이 1998년 코네티컷주의 그리니치에 설립한 자산운용사로 2019년 6월 30일 현재 약 $1,940억의 자산을 운용하고 있다. 시카고 대학에서 재무금융 박사 학위를 받은 아스네스가 설립하였기 때문에 금융 및 자산운용에 대한 그의 시각이 이 회사에서는 매우 중요한 역할을 한다. AQR은 시카고 대학, 뉴욕 대학, 예일 대학 등의 가장 활발한 재무금융 교수들을 고용하여 전통적인 것부터 대안적인 것까지를 포함하여 약 40개의 투자 전략을 사용하고 있다. 종업원 중에 80명의 박사 학위 소지자를 포함할 정도로 자본시장에 대한 실무와 이론 및 실증 결과들이 거리낌 없이 융합하는 현장이다.

부스 경영대학원
시카고 대학교의 경영대학원에 〈디멘저널 펀드 어드바이저〉의 창립자인 데이빗 부스의 이름을 붙인 명칭

이 이외에도 〈디멘저널 펀드 어드바이저즈〉, 〈아카디안 에셋 매니지먼트〉, 〈리서치 어필리에이트〉, 〈포어프론트 어낼리틱스〉 등이 행동 재무론을 이용하여 과학적 투자를 하고 있다. 특히, 〈디멘저널 펀드 어드바이저즈〉는 학술적 연구를 실무 투자에 적용하기 위하여 데이빗 부스와 렉스 싱크필드가 1981년에 설립한 자산운용사이다. 지금은 1,200명의 종업원을 가지며 $5,820억의 자산을 관리하고 있다. 시카고 경영대학원을 **부스 경영대학원**이라고 부르는 이유도 데이빗 부스가 후원했기 때문이다.

주요 용어

AQR 캐피탈 매니지먼트	속죄일	지나친 자신감
과소 반응	안식일	풀러 앤 탈러 에셋 매니지먼트
과잉 반응	야성적 충동	LSV 에셋 매니지먼트
넛지	욤 키푸르	프로스펙트(또는 위험 선택권)
디바이어스	위험 회피	행동 경제학
디스포지션 효과	인지 심리학	행동 재무론
멘찰 어카운팅	자기 통제	호모 이코노미쿠스
부스 경영대학원	자유주의적 개입주의	홀로코스트
블랙 먼데이	전미경제연구소(NBER)	
비이성적 과열	주식시장 과민 반응	

핵심 정리

- 심리학은 비합리적인 인간을 연구의 대상으로 하지만, 경제학은 인간을 합리적이고 이기적인 '호모 이코노미쿠스'로 정의하고 연구한다.
- 애덤 스미스는 1759년에 이미 〈도덕적 감정 이론〉이라는 책에서 위험 회피, 지나친 자신감, 자기 통제와 같은 개념에 대해 언급했다.
- 행동 경제학과 행동 재무론의 학문적 토대를 이루었던 연구는 카너먼과 트버스키가 1979년에 최고의 경제학 학술지 중 하나인 〈이코노메트리카〉에 발표한 프로스펙트 이론이다.

대니얼 카너먼과 아모스 트버스키의 만남

- 카너먼과 트버스키는 히브리 대학교 교수로 출발하였다가 미국으로 옮겨서 함께 연구하였다.
- 카너먼은 뛰어난 아이디어와 영감이 번뜩이는 천재형이었고, 트버스키는 아이디어를 수리적으로 깔끔하게 정리하여 이론화하는 천재형이었다.

탈러가 카너먼과 트버스키를 만나다

- 1977년 여름 동안 스탠퍼드에 머무르던 리처드 탈러는 카너먼과 트버스키가 그해 9월부터 스탠퍼드에서 연구를 진행할 예정이라는 소식을 듣고 거기에 더 머무를 생각을 했다.
- 어렵게 전미경제연구소(NBER)의 도움을 받아 1978년까지 1년 동안 그는 카너먼과 트버스키와 친분을 쌓고, 이후로 그들과 여러 공동 연구를 진행할 수 있게 되었다.

탈러가 셰프린과 쉴러를 끌어들이다

- 셰프린은 수학에 능하고 탈러의 아이디어가 터무니없다고 생각하지 않았기 때문에 그들은 공동의 관심사를 가지게 되었고 공동 연구도 진행하게 되었다.
- 로버트 쉴러는 1981년에 〈아메리칸 이코노믹 리뷰〉에 〈주가는 미래의 배당 변화에 의해 정당화되기에 너무 많이 움직이는가?〉라는 논문을 게재하였는데, 이는 재무학계에 엄청난 충격을 주었다.
- 탈러는 쉴러에게 행동 과학적 관점에서 그의 논문을 바라볼 수 있다는 견해를 제시하였다.

행동 재무론의 시작을 알리는 폭죽이 터지다

- 1985년에 재무 분야에서 최고의 권위를 가지는 미국 재무학회가 열렸을 때, 처음으로 행동 재무론 발표 세션 하나가 만들어졌다.
- 셰프린과 스태트만이 공저한 〈디스포지션 효과〉라는 논문과 탈러와 베르너 드봉이 공저한 〈주식시장 과민 반응〉이라는 논문이 〈저널 오브 파이낸스〉에 게재되었다.
- 이 두 논문은 행동 재무론의 시작을 알리는 폭죽이 되었다.

시카고 대학 컨퍼런스에서의 열띤 논재

- 1985년 10월에 신고전주의 경제학을 열렬하게 옹호하는 시카고 경영대학원에서 중요한 컨퍼런스가 이틀간 개최되었다. 주제는 표준 경제학과 행동 경제학의 논리적 타당성이었다.
- 쉴러는 "많은 실증적 예외들이 기존 지식의 타당한 침해로 여겨질 때 패러다임이 변화한다."라는 토머스 쿤의 과학적 혁명 이론을 인용하면서 (항상 그러하듯이) 침착하게 신고전주의 경제학의 주장에 논리적으로 응수하였다.

〈저널 오브 이코노믹 퍼스펙티브즈〉에 연재 논문 작성을 위뢰받은 탈러

- 1980년대 중반, 행동 과학에 심취하여 연구 활동을 이어가던 탈러는 〈저널 오브 이코노믹 퍼스펙티브즈〉의 매 호에 경제적 이상 현상을 주제로 연재 논문을 집필하게 되었다.
- 빠른 시간에 탈러의 연재 논문들에 대한 기대가 커지고 독자 수는 기하급수적으로 증가하였다.
- 이런 성장은 뛰어난 신진 학자들에게 행동 경제학에 대한 관심을 불러일으켜서 이 분야 발전에 상당한 기여를 하게 되었다.

행동 재무론의 성장

- 1985년 〈저널 오브 파이낸스〉에 게재된 셰프린과 스태트만의 〈디스포지션 효과〉와 드봉과 탈러의 〈주식시장 과민 반응〉이 행동 재무론의 효시라고 할 수 있다.

• 하지만 1980년대 후반에는 기억될 만한 행동 재무론 논문이 주요 학술지에 발표되지 못했다.
• 1990년대 초에는 간간이 행동 재무론 분야의 논문들이 주요 학술지에 게재되기 시작하였다.
• 1990년대 중후반으로 접어들면서 행동 재무론에 관한 실증 분석들과 이론들이 개발되기 시작하였고, 21세기에 들어서는 재무론의 주요 분야로 자리 잡게 되었다.

행동 재무론의 시각

• 이제 행동 재무론이나 경제학을 깊이 연구한 학자들은 상당히 많지만, 아직도 학술적 연구를 넘어서 현실과 실무에 적용하려는 연구 및 실무자들은 그리 많지 않다.
• 로버트 쉴러는 사회적 역동성에 의해 주가가 움직이며, 케인스가 주장했던 야성적 충동에 의해 경제 전반이 움직이는 상황을 설명하였다. 또한 행동 경제학의 이론을 근거로 하여, 불황, 일자리, 물가와 실업률, 저축, 금융시장의 변동성, 부동산시장의 사이클, 소수계의 빈곤 등을 설명하고, 이에 대한 해결책을 제시한다.
• 리처드 탈러는 쉴러보다 미시적인 차원에서 경제와 금융시장을 분석한다. 특히, 자신이 개발한 멘탈 어카운팅과 넛지 개념에 의해 좀 더 바람직한 사회를 만들 수 있다고 주장한다.
• 셰프린은 쉴러 및 탈러와는 달리, 재무경영 컨설팅의 관점에서 행동 재무론을 기업에 적용하였다.

행동 재무론을 이용한 자산운용의 실제

• 자산운용 실무 차원에서도 행동 재무론이 많이 이용되고 있는데, 가장 활발한 자산운용사는 〈AQR 캐피탈 매니지먼트〉, 〈풀러 앤 탈러 에셋 매니지먼트〉, 〈LSV 에셋 매니지먼트〉를 들 수 있다.

참고 문헌

- Akerlof, G. and R. Shiller (2009), Animal Spirits, Princeton. 〈야성적 충동〉
- DeBondt, W. and R. Thaler (1985), Does the stock market overreact?, Journal of Finance 40, 793~805.
- Kahneman, D. and A. Tversky (1979), Prospect theory: An analysis of decision under risk, Econometrica 47, 263~291.
- Keynes, J. (1936), The general theory of employment, interest, and money.
- Lewis, M. (2017), Undoing project, W. W. Norton.
- Shefrin, H. and M. Statman (1984), Explaining investor preference for cash dividends, Journal of Financial Economics 13, 253~282.
- Shefrin, H. and M. Statman (1985), The disposition to sell winners to early and ride losers too long: Theory and evidence, Journal of Finance 40, 777~790.
- Shiller, R. (1981), Do stock prices move too much to be justified by subsequent changes in dividends?, American Economic Review 71, 421~436.
- Shiller, R. (2005), Irrational Exuberance, Broadway.
- Simon, H. (1955), A behavioral model of rational choice, Quarterly Journal of Economics 69 (1), 99~118.
- Smith, A. (1759), The theory of moral sentiments.
- Statman, M. (2019), Behavioral finance, CFA Institute Research Foundation.
- Thaler, R. (2016), Misbehaving, Norton.
- Thaler, R. and Sunstein, C. (2008), Nudge, Penguin Books.
- Tversky, A. and D. Kahneman (1992), Advances in Prospect theory: Cumulative representation of uncertainty, Journal of Risk and Uncertainty 5, 297~323.

제2부

경제적 비합리성과 경제 현장

▶ 미리보기

제2부는 경제적 비합리성과 경제 현장을 행동 경제학적 관점에서 검토하였다. 최초의 행동 경제학자인 애덤 스미스부터 출발하여 케인스와 쉴러의 경제학적 입장을 설명하였다. 그 이후부터는 행동 경제학의 여러 가지 중요한 이론들을 살펴보았고, 11장 승자의 저주부터는 실제 현장에서 발생하는 비효율성에 관해 서술하였다.

01 — 행동 경제학자 애덤 스미스[1]

보이지 않는 손
애덤 스미스가 주장한 개념으로 가격 기능에 의해 생산과 소비를 적절히 조화시키는 시장의 역할

열정
식욕과 성욕, 두려움과 분노 같은 감정, 그리고 고통 등의 행동 요인들을 포함한다.

공정한 관찰자
외부인의 관점에서 자기의 행동을 관찰하여 열정에 의한 행동을 억제한다.

경제학 전공 여부와 관계없이 대부분의 사람이 애덤 스미스의 '**보이지 않는 손**'이라는 개념은 알고 있다. 이는 1776년에 그가 저술한 〈국부론〉에 언급된 개념으로 국가가 시장에 개입하지 않는 경제 체계에서 시장을 효율적으로 움직이게 하는 무형의 존재이다.[2] 그는 또한 자기 이익의 동기에 의해 경제 활동이 이루어진다고 하였다. 이 개념들은 고전주의 경제학 이론의 근간을 이루게 되었고, 이를 계승한 20세기의 신고전주의 경제학은 케인스 경제학과 함께 현대 경제학의 주류가 되었다. 하지만 스미스는 이미 1759년에 〈도덕적 감정 이론〉이라는 저술에서 인간의 행동은 **열정**과 **공정한 관찰자** 간의 투쟁에 의해 결정된다고 하였다.[3] 열정이란 식욕과 성욕, 두려움과 분노 같은 감정, 그리고 고통 등의 행동 요인들을 포함한다. 그는 인간의 행동이 열정의 직접적인 통제 하에 있지만, 외부인의 관점에서 자기의 행동을 관찰하여 열정에 의한 행동을 억제한다고 하였다. 여기서 외부인은 공정한 관찰자인데, 그램프(1948)는 그것이 인간의 모든 움직임을 감시한다고 하였다.

스미스가 언급한 공정한 관찰자는 〈도덕적 감정 이론〉에서 매우 중요한 역할을 한다. 예를 들어, 장기적인 비용으로 단기 만족을 제공하는 선택에 직면할 때, 공정한 관찰자는 자기 부정과 자기 지배의 원천으로 작용한다. 이는 인간 본성의 모든 움직임을 존엄성과 명예 및 행동의 적절성에 따르도록 한다. 공정한 관찰자는 사회적 측면에서 여러 사람의 갈등 사이에서 양심적이고 공정한 역할을 하지만, 열정이 지나치면 길을 잃어 무력하게 될 수도 있다. 즉, 나약한 인간의 목소리나 열정의 격렬함을 억누를 수 없을 때가 있다는 것이다.

1 이 장은 아쉬라프 등(2005)의 에세이를 중심으로 행동 경제학자로서의 애덤 스미스에 대한 내용을 정리한다.
2 보이지 않는 손이라는 용어는 〈국부론〉에서 단 한 번만 언급되었다.
3 열정(passion)과 공정한 관찰자(impartial spectator). 〈The Theory of Moral Sentiments〉를 기존의 번역 관례에 따라 〈도덕적 감정 이론〉이라고 하였다. 이 책에서도 보이지 않는 손이라는 표현이 단 한 번 언급되었다. 〈국부론〉과 이 책의 내용이 상반된다는 견해도 있었지만, 대부분의 학자는 두 책 간에는 본질적인 모순이 없다는 것을 인정하였다.

스미스의 이런 심리적 관점은 오늘날 심리학자, 신경 과학자 및 행동 과학자들이 주장하는 **이중 처리** 체계와 상당히 유사하다. 즉, 열정과 공정한 관찰자의 상호 작용 때문에 인간의 행동이 이루어진다는 것이다. 이는 행동 경제학자들의 중요한 관심사인 손실 회피, 의지력, 공정성에 관한 다양한 성향과 관계가 있다.

이중 처리
열정과 공정한 관찰자의 상호 작용에 의해 인간의 행동이 이루어진다는 것

선호도와 이중 처리의 관점

손실 회피

카너먼과 트버스키(1979)보다 200년도 더 먼저 스미스는 **손실 회피**로 알려진 선택의 규칙성을 찾아냈다. 그는 손실 회피의 확실한 인식을 다음과 같은 경험적 현상으로 보여주었다: "고통은 … 거의 모든 경우에 있어서 그 반대의 동일한 기쁨보다 더욱 자극적인 느낌이다. 그것은 기쁨이 주는 행복의 크기보다 더 크게 우리를 우울하게 만든다." 또한 다음과 같이 기회비용은 지불비용에 비해 과소평가 된다고 하였다: "절도나 강도와 같이 소유하던 것을 빼앗기는 재산상의 피해는 기대했던 것에 실망을 안겨주는 계약 위반보다 더 큰 범죄이다."

손실 회피
동일한 금액의 이익과 손실의 경우 이익으로 얻게 되는 기쁨보다 손실로 얻게 되는 고통 또는 상실감이 더 크게되는 성향

최근 연구들은 스미스의 손실 회피 개념을 실험으로 보여주었다. 인간뿐만 아니라 꼬리감는원숭이도 손실 회피의 성향을 보였다. 뇌 영상 촬영 결과도 손실과 이익의 처리가 뇌의 다른 부분에서 이루어진다고 하였는데, 이는 손실과 이익이 질적으로 다르게 처리된다는 것을 의미한다. 여러 연구가 손실 회피가 의사결정의 편협한 범주화와 연계되어서 그 효과가 자산 수익률, 노동 공급, 가격이 하락한 주식과 주택을 매도하지 않으려는 성향, 매입 및 매도 금액의 큰 격차 등에서 명백히 나타난다고 하였다. 여기서 **편협한 범주화**는 전체 상황을 고려하지 않고 한 번에 하나씩 의사결정을 하는 성향으로 프레이밍과 비슷한 개념이다.

편협한 범주화
어떤 문제를 따로 떼어서 독립적으로 생각하는 성향

시점 간 선택과 자기 통제

시점 간 선택도 스미스의 이중 처리 모형의 직접적인 응용이라고 할 수 있다.[4] 스미스는 열정을 다음과 같이 근시안적 개념으로 보았다: "10년 뒤의

시점 간 선택
여러 기간에 걸친 선택을 의미한다.

4 여기서 시점 간 선택이란 여러 기간에 걸친 선택을 의미한다. 이때 일반적으로 사용하는 지수형 할인율이 아니라, 지연 할인 개념이 있는 쌍곡형 할인율을 사용한다는 것이 행동 경제학의 입장이다. 자세한 내용은 제1부의 〈자기 통제: 계획 자아와 행동 자아〉와 제2부의 〈시간 선호도와 시점 간 선택〉을 보시오.

기쁨은 오늘 당장의 기쁨과 비교할 때 너무 약해서 후자와 같은 격렬한 감정을 주지 못한다. 따라서 도덕적으로 적절하게 조화되지 않으면 양자 간에는 균형이 유지될 수 없다." 이와는 대조적으로 공정한 관찰자는 현재 욕구의 유혹을 느끼지 않는다. 그는 일주일 후 또는 일 년 후의 기쁨도 오늘의 기쁨처럼 흥미롭게 느낀다.

근시안적 열정과 원시안적 공정한 관찰자 간의 투쟁은 훗날에 탈러와 셰프린(1981)에 의해 각각 **행동 자아**와 **계획 자아**의 형태로 나타났다. 사람들은 부지불식중에 시점 간 선택을 위해 **지수형**이 아닌 **쌍곡형 할인 함수**를 사용한다.[5] 지수형 할인은 시점과 관계없이 할인되는 기간에 따라 할인 가치가 결정되지만, 쌍곡형 할인에서는 미래의 할인이 현재의 할인보다 작아지는 경향을 보인다. 레입슨(1997)은 **준쌍곡형 할인 함수**를 고안하였는데, 이는 라이프-사이클 저축과 유혹 등의 연구에 사용되고 있다.[6] 의사결정자의 뇌를 스캔한 맥클루어 등(2004)의 연구는 오늘의 기쁨이 지연된 기쁨과 관계가 없는 뇌의 감정 영역을 자극한다는 사실을 밝혀서 스미스의 견해를 입증하였다.

행동 자아
주어진 기간의 효용 최대화를 위해 행동하는 자아

계획 자아
전체 기간의 효용 최대화를 위해 계획을 세우는 자아

지수형 할인 함수
두 시점 간의 한계 대체율이 두 시점의 거리에만 의존하는 할인 방법으로 표준 경제학의 가장 일반적인 할인 함수이다.

쌍곡형 할인 함수
가까운 미래의 할인율이 가장 크고 먼 미래로 갈수록 할인율이 작아지는 유형의 할인 함수

준쌍곡형 할인 함수
쌍곡형 할인 함수의 성질을 가지지만 경제학에서 사용하기 편리하게 변형한 할인 함수로 많은 경우 지수형과 쌍곡형의 중간 정도 할인율을 가진다.

지나친 자신감

스미스는 "대부분의 사람은 그들의 능력을 과신하는 **우쭐대는 자부심**이 있다."라고 하였는데, 이는 위험 선택의 선호도에 영향을 미친다: "대부분의 사람은 이익의 가능성은 과대평가하고, 손실의 가능성은 과소평가한다. 웬만한 건강과 정신을 가진 사람들은 손실을 과대평가하지 않는다." 이런 우쭐대는 자부심은 경영진의 **자만심** 형태로 나타나서 합병 결과의 손실이나 사업의 실패 등으로 이어지기 쉽다. 건강과 정신이 온전하지 않은 사람들은 예외에 해당하는데, 그들은 낙관적이고 희망적인 사고를 하지 않는다.

우쭐대는 자부심
자신의 능력을 과신하는 것

자만심
자신이나 자신과 관련된 것을 자랑하며 뽐내는 마음

이타성

애덤 스미스는 **동정심**을 아주 중요한 열정 중의 하나로 보았다. 하지만 동정심은 도덕적 행동에 대해 극히 신뢰하기 어려운 안내자이기 때문에 때로는 부족할 때도 있고 가끔은 도덕적으로 요구되는 수준을 초과할 때도 있다.

동정심
타인의 어려운 상황을 안타깝게 생각하는 마음

5 지수형과 쌍곡형 할인 함수의 예는 각각 다음과 같다: $f(t)=e^{-rt}$; $g(t)=1/(1+rt)$. 단, r은 할인율에 해당하고, t는 기간이다.

6 준쌍곡형 할인 함수는 지수형 할인의 형태를 가지지만, 쌍곡형 할인 함수의 주요 질적 성질을 가진다: $f_{QH}(0)=1$, $f_{QH}(t)=\beta\times\delta^t$. 단, $0<\beta$, $\delta<1$, t는 기간.

스미스는 자연적인 동정심이 종종 대중의 고통에 도덕적으로 미달하는 경우가 있다고 하였다. 예를 들어, 지진이 중국을 초토화한다고 해도 유럽 사람들의 동정심은 상당히 부족할 것이라고 하였다: "불행한 사건에 대해 조의를 표한 이후에 그들은 일상생활을 하면서 즐거움을 추구할 것이다. 마치 그런 사고가 없었던 것처럼 예전과 같이 평온하게 휴식을 취하면서 주의를 딴 데로 돌릴 것이다. … " 오늘날에는 멀리서 발생하는 비극들을 방송화면으로 생생하게 전해주지만, 스미스의 관점과 같이 극히 선택적으로 우리의 동정심을 유발한다. 또한 우리가 적응해버린 문제이거나 아주 생동적이지 않으면 우리의 동정심을 유발하기에는 부족한 것이 사실이다.[7]

반대로, 스미스는 사람들이 불균형적으로 지나친 동정심을 느낀다고 하였다. 사람들은 때때로 해결할 수 없는 불행에 대해 동정심을 크게 느낀다. 예를 들어, 말을 못하는 아기가 약간의 질병으로 신음 소리를 내면 엄마의 고통은 이루 말할 수 없는 상태가 된다. 아기는 그 순간의 불편함을 표현한 것이지만 고통이 그 정도로 큰 것은 아니다. 스미스는 다음과 같은 언급을 덧붙였다: "우리는 아무것도 느낄 수 없는 죽은 사람에 대해서도 동정심을 느낀다."

인간이 열정의 통제 하에 있다면 극단적 냉혹함과 놀라울 정도의 관대함이 교차할 수 있는데 이에는 아무런 논리나 일관성이 없다. 예를 들어, 피해자를 모를 때보다 알고 있을 때 사람들의 동정심이 더 커진다. 이를 **확인할 수 있는 피해자 효과**라고 한다. 정치 경제학에서는 동정심의 변동이 공공 정책에 영향을 미칠 수 있다. 인간 생명을 구하는 서로 다른 정책의 내재적 가치에 정합성이 없기 때문이다.

확인할 수 있는 피해자 효과
피해자를 모를 때보다 알고 있을때 사람들의 동정심이 더 커지는 효과

통제된 경제학 실험에서도 사람의 동정심에는 변동성이 있다는 것이 알려져 있다. 예를 들어, 학생들을 대상으로 피실험자(독재자)에게 주어진 금액을 다른 사람과 나누는 **독재자 게임**을 생각해 보자.[8] 받는 사람을 모를 때는 평균

독재자 게임
피실험자(독재자)에게 주어진 금액을 수령자와 나누는 게임으로 수령자는 배분된 금액을 거절할 권한이 없다.

최후통첩 게임
피실험자(독재자)에게 주어진 금액을 수령자와 나누는 게임으로 수령자가 배분된 금액을 거절하면 모두 아무런 이익을 얻을 수 없다.

7 1948년 5월 14일 이스라엘의 독립 이후부터 중동에서의 분쟁은 끝이 없이 벌어지고 있고 수많은 사람들이 희생되었지만, 우리는 이미 그런 일들에 익숙해져 있기 때문에 크게 동정심을 느끼지 못한다. 그러다가 매스컴이 어떤 사건을 생생하게 중계하면 동정심의 정도가 크게 달라질 수 있다. 2011년 3월 11일 일본의 후쿠시마에서 발생했던 쓰나미는 그동안 생각하지도 못했던 대규모 피해로 매스컴에 의해 생생하게 현장의 소식들이 전해졌기 때문에, 우리 국민들의 동정심과 함께 두려움을 불러일으켰던 사건이었다.

8 독재자 게임은 **최후통첩 게임**에서 파생된 것이다. 최후통첩 게임은 두 참가자를 대상으로 단 한 번의 실험을 한다. 첫 번째 참가자에게 정해진 금액이 주어진다. 이 중 일부를 두 번째 참가자에게 제공하여야 한다. 물론, 하나도 주지 않을 수도 있고 모두 줄 수도 있다. 이때 두 번째 참가자가 제시한 금액을 받아들이면 두 참가자 모두 돈을 받게 된다. 하지만 두 번째 참가자가 제시한 금액을 거부하면 아무도 돈을 받지 못하게 된다. 이에 비해 독재자 게임에서는 두 번째 참가자가 거부할 권리가 없다. 이 게임들은 인간이 경제적 이익만이 아니라 공정성도 고려한다는 것을 검증하기 위한 실험이다.

20%를 제시하지만, 받는 사람이 동료 학생이 아니라 적십자사일 경우에는 제시 금액 평균이 두 배로 증가한다. 받는 사람이 일어서서 자기에 대해 아무 말이라도 하면 평균 금액은 50%까지 증가하고, 금액의 분산도 증가한다. 이는 마치 독재자가 그 사람에 대해서 조금이라도 알면 그가 돈을 받을 가치가 있는지를 판단할 수 있는 것처럼 느낀다는 것이다. 애덤 스미스에 의하면, 동정심의 변동은 공정한 관찰자에 의해 완화될 수 있다.

공정성

공정성
공평하고 올바른 성질

정의
사회를 구성하고 유지하는 공정한 도리

애덤 스미스는 이타심이 매우 불안정한 동력이지만, 다른 동기 요인들은 더 믿을만한 교화의 역할을 한다고 믿었다. 그중 대표적인 것이 **공정성**이다. 그는 "자연은 약자를 보호하고 폭력을 억제하며 죄인을 처벌하기 위하여 인류의 보호 장치로 악행을 인식하고 폭력에 따른 처벌을 두려워하는 마음을 인간의 가슴에 심어놓았다."라고 하였다. 공정성을 향한 자연적인 센티먼트가 **정의**라는 덕목의 원천이라고 하였는데, 이는 전체 조직을 유지하는 주요 기둥이다. 또한 다음과 같이 정의를 강조하여 공정성의 개념을 강조하였다: "정의가 없다면 위대하고 엄청난 인간 사회의 구조가 … 한순간에 무너질 것이다.", "모든 사람은 우매하고 생각이 없을지라도 사기, 배신, 부당함을 혐오하고 그런 사람들이 벌받는 것을 좋아한다. 그러나 사회의 존재를 위한 정의의 필요성을 성찰했던 사람은 거의 없다. 그 필요성은 너무나 명백해 보인다."

최근의 연구들은 공정성에 대해 타고난 성향이 인간을 넘어서 영장류에도 존재한다고 한다. 꼬리감는원숭이들은 자기들보다 보상을 받을 자격이 없다고 생각되는 다른 원숭이들이 더 많은 보상을 받으면 작은 보상을 거절한다. 목화머리타마린은 지난번에 이타심이 없었던 타마린들보다 자기들에게 이타심을 보였던 다른 타마린들에게 마시멜로를 주는 손잡이를 더 많이 당긴다고 한다. 매우 재미있는 실험이다.

공정한 관찰자는 다른 사람의 공정성 의식을 내적으로 평가하는 필수적인 역할을 한다. 스미스는 "보통의 정직한 사람들은 그런 행동의 내적 불명예를 두려워한다."라고 하였다.

이타성과 공정성 및 시장의 상호 작용

스미스는 공정성과 이타성은 신뢰, 반복적 거래, 물질적 이익이 발생할 수 있도록 하는 시장의 상호 작용에 있어서 필수적인 역할을 한다고 하였다. 이때 공정성은 공정한 관찰자에 의한 부정적인 평가를 두려워하기 때문에 발생한다. 그는 시장에서 교환은 다음과 같이 시작된다고 하였다: "사냥꾼들의 나라에서 어떤 사람이 다른 사람들보다 활과 화살을 더 잘 만드는 재주가 있으면 그는 먼저 그것들을 제공하고 사람들로부터 답례로 다른 것들을 받을 것이다. 그는 잉여 노동력을 효과적으로 사용하였기 때문에 이런 실행이 계속되면 전보다 더 잘 살 것이고 모든 물건을 혼자서 조달할 필요가 없다."

스미스는 위의 상황에서 두 사냥꾼이 만났을 때 폭력이 아닌 자발적인 합의가 왜 이루어지는가를 설명하기 위하여 인간의 도덕적 측면을 이용한 것이다. 간단한 설문에서 **신뢰**는 **경제 성장**과 강한 상관관계를 가진다고 한다. (하지만, 인과관계는 알려지지 않았다.) 15개의 소규모 사회를 대상으로 하는 인류학 실험에서 다음과 같은 사실이 밝혀졌다: 시장에서 매매가 덜 한 사회보다 매매가 빈번한 사회에서 최후통첩 게임에서 제시하는 금액이 50%에 가까워진다. 애덤 스미스는 시장이 자기 이익에 의해서만이 아니라 공정성, 이타성 및 신뢰의 동기에 의해 성립된다는 이런 발견들에 대해 놀라지 않을 것이다.

신뢰
굳게 믿고 의지하는 마음

경제 성장
경제의 생산 능력이 증가하여 실제 생산량이 증가하는 것

재산이나 지위가 영원한 행복이라는 착각과 보이지 않는 손

〈도덕적 감정 이론〉에서 애덤 스미스는 많은 경제 활동이 **예측 오류**의 산물이라고 하였다. 여기서 예측 오류란 부와 소유 및 지위를 얻으면 영원히 행복할 것이라는 인간의 착각이다. 스미스는 기쁨과 고통은 종종 일시적이라고 주장한다: "인간 본성의 구조에 의해 극도의 고통은 영원할 수 없다." 재난 이후에 인간은 "아무런 노력 없이 곧 일상적인 평온을 즐기게 된다." 스미스는 인간이 환경에 빠르게 적응하지만, 그런 적응을 과소평가하여 그 결과로 행복감과 슬픔의 지속 기간을 과대평가하게 된다고 하였다.[9]

예측 오류
여기서의 예측 오류란 부와 소유 및 지위를 얻으면 영원히 행복할 것이라는 인간의 착각

상당히 많은 경제학 연구들이 스미스의 주장을 뒷받침해주고 있다. 다양한 연구들이 건강 문제, 투옥, 가난, 많은 재산과 같은 현재의 조건들이 주관적인 행복에 장기적인 영향을 미치지 못한다는 것을 발견하였다. 하반신 마비

9 스미스는 다음과 같은 예를 들었다: 의족을 한 사람은 고통에 시달리고 의심할 바 없이 평생 이 고통과 상당한 불편함이 계속될 것으로 생각한다. 하지만 공정한 관찰자가 그러하듯이, 그는 불편함 속에서 고독과 사회의 일상적인 기쁨들을 즐길 것이다. 그는 처음에 나약한 사람이 했던 것처럼 더는 울지 않고 한탄하지 않고 슬퍼하지 않을 것이다.

가 된 사람이나 복권에 당첨된 사람들도 각각의 비극적인 사건과 신나는 인생 역전의 사건 이후에 놀라울 정도로 빠르게 정상적인 상태로 돌아온다는 연구도 있다.

경제학에서 심지어 더 중요한 것은 사람들이 현재 계속되는 조건들에 적응한다는 사실보다 어느 정도까지 적응하는가를 일반적으로 모른다는 것이다. 또한 현대 심리학의 많은 연구는 사람들이 기쁨과 고통이 실제보다 더 오래 지속된다고 믿는다는 것을 보여주었다. 스미스는 〈도덕적 감정 이론〉에서 이 두 가지 점을 이미 예측하였다. 그는 물질적인 조건에 적응하는 예를 들어 소유로부터 오는 기쁨은 회의적이라고 하였다: "얼마나 많은 사람이 하찮은 효용을 주는 값싼 장신구에 돈을 써서 자신을 스스로 파멸시키는가?" 또한 그의 책 여러 쪽에 걸쳐서 지위의 획득을 기대하는 것이 실제로 지위를 얻는 것보다 훨씬 좋다는 것을 서술하였다. 부자들은 그런 상황을 개선하기에 너무 늦은 인생의 말엽에 자기들의 판단이 잘못되었다는 것을 알게 된다고 스미스는 믿었다. 즉, 그들은 물질적인 것들을 얻기 위해서 엄청나게 노력하였지만, 그로부터 오는 기쁨이 매우 부족하다는 것이다.

부자들은 결국 자기들을 행복하게 할 수 없는 종말을 추구하기 때문에 스미스는 그들이 가난한 사람들보다도 행복하지 않은 종말을 맞게 될 것이라고 믿었다. "육체의 편안함과 평화로운 마음이 있으면 서로 다른 인생의 모든 계층이 하나의 수준에 존재하게 되고, 길거리에서 햇볕을 쬐는 거지는 왕이 얻기 위해 싸웠던 그 안전을 소유하게 된다. 인생의 진정한 행복이 있으면 가난한 사람도 그들보다 상류층인 사람들보다 열등하지 않다." 행복의 결정 요인에 관한 많은 연구가 동서고금을 통해 행복과 재산(이나 소득) 간에는 놀라울 정도로 큰 관계가 존재하지 않는다는 것을 발견하였다.

재산과 명성뿐만 아니라 물질적인 소비가 하찮은 효용만을 제공하는 반면, 스미스는 시장 경제의 생산성은 속임수(재산이 행복을 가져온다는 잘못된 믿음)에 의해 주도된다고 믿었다: "그것은 산업을 지속적으로 움직이게 하는 속임수이다. 그것 때문에 사람들은 처음으로 땅을 경작하고, 집을 짓고, 도시와 국가를 건설하고, 인간의 삶을 우아하게 만드는 모든 과학과 예술을 고안하였다. 그것이 세계의 모든 것을 완전히 변화시켰다."

애덤 스미스는 부자들이 궁극적으로 아무런 기쁨을 주지 못하는 재화와 지위를 추구하기 때문에 결국에는 가난한 자들의 선을 높이 평가하면서 생을 마감한다는 것을 주장하기 위해 그의 가장 위대한 유산인 보이지 않는 손을 언급하였다. 〈도덕적 감정 이론〉에서 보이지 않는 손이 언급된 부분을 살펴보자.

> 자연적인 이기심과 탐욕에도 불구하고 그들이 자신들의 편리함만을 추구해도 그들이 고용한 수천 명의 노동자에게 의도하는 유일한 목적은 그들 자신의 헛되고 채울 수 없는 욕구의 만족감임에도 불구하고 그들은 모든 개선의 결과를 가난한 사람들과 나누어 가진다. 지구가 모든 거주자에게 동일하게 나누어졌다면 그들은 **보이지 않는 손**에 이끌려서 이미 만들어진 생활필수품들을 거의 동일하게 나눌 것이다. 따라서 의도하지도 않았고 알지도 못한 채 사회의 이익을 증진시키게 된다.

보이지 않는 손
애덤 스미스가 주장한 개념으로 가격 기능에 의해 생산과 소비를 적절히 조화시키는 시장의 역할

위의 글은 전체적인 내용이 누락되었고 오래전에 쓰였기 때문에 정확한 의도를 이해하기 쉽지 않다. 하지만, 보이지 않는 손이 자기 이익만을 추구하는 합리적 인간의 가정을 바탕으로 작동하는 것이 아니라는 것을 쉽게 알 수 있다. 결론적으로, 애덤 스미스의 세상은 감정에 좌우되지 않고 합리적이며 전적으로 자기 이익만을 추구하는 사람들의 세상이 아니라, 다양하고 현실적인 인간들의 세상이다.

주요 용어

경제 성장	시점 간 선택	정의
계획 자아	신뢰	준쌍곡형 할인 함수
공정성	쌍곡형 할인 함수	지수형 할인 함수
공정한 관찰자	열정	최후통첩 게임
독재자 게임	예측 오류	편협한 범주화
동정심	우쭐대는 자부심	행동 자아
보이지 않는 손	이중 처리	확인할 수 있는 피해자 효과
손실 회피	자만심	

핵심 정리

- 보이지 않는 손이란 1776년에 애덤 스미스가 저술한 〈국부론〉에 언급된 개념으로 국가가 시장에 개입하지 않는 경제 체계에서 시장을 효율적으로 움직이게 하는 무형의 존재이다.
- 자기 이익의 동기에 의해 경제 활동이 이루어진다.
- 스미스는 이미 1759년에 〈도덕적 감정 이론〉이라는 저술에서 인간의 행동은 열정과 공정한 관찰자 간의 투쟁에 의해 결정된다고 하였다.
- 스미스의 심리적 관점은 오늘날 심리학자, 신경 과학자 및 행동 과학자들이 주장하는 이중 처리 체계와 상당히 유사하다.

선호도와 이중 처리의 관점

- 손실 회피: 카너먼과 트버스키(1979)보다 200년도 더 먼저 스미스는 손실 회피로 알려진 선택의 규칙성을 찾아냈다: "고통은 … 거의 모든 경우에 있어서 그 반대의 동일한 기쁨보다 더욱 자극적인 느낌이다. 그것은 기쁨이 주는 행복의 크기보다 더 크게 우리를 우울하게 만든다."
- 시점 간 선택과 자기 통제: 시점 간 선택도 스미스의 이중 처리 모형의 직접적인 응용이라고 할 수 있다: "10년 뒤의 기쁨은 오늘 당장의 기쁨과 비교할 때 너무 약해서 후자와 같은 격렬한 감정을 주지 못한다. 따라서 도덕적으로 적절하게 조화되지 않으면 양자 간에는 균형이 유지될 수 없다."
- 지나친 자신감: 스미스는 "대부분의 사람은 그들의 능력을 과신하는 우쭐대는 자부심이 있다.", "대부분의 사람은 이익의 가능성은 과대평가하고, 손실의 가능성은 과소평가한다. 웬만한 건강과 정신을 가진 사람들은 손실을 과대평가하지 않는다."
- 이타성: 애덤 스미스는 동정심을 아주 중요한 열정 중의 하나로 보았다. 하지만 동정심은 도덕적 행동에 대해 극히 신뢰하기 어려운 안내자이기 때문에, 때로는 부족할 때도 있고 가끔은 도덕적으로 요구되는 수준을 초과할 때도 있다. "불행한 사건에 대해 조의를 표한 이후에, 그들은 일상생활을 하면서 즐거움을 추구할 것이다. 마치 그런 사고가 없었던 것처럼 예전과 같이 평온하게 휴식을 취하면서 주의를 딴 데로 돌릴 것이다. … "
- 공정심: 애덤 스미스는 이타성이 매우 불안정한 동력이지만, 다른 동기 요인들은 더 믿을만한 교화의 역할을 한다고 믿었다. 그중 대표적인 것이 공정성이다. 그는 "자연은 약자를 보호하고 폭력을 억제하며 죄인을 처벌하기 위하여, 인류의 보호 장치로, 악행을 인식하고 폭력에 따른 처벌을 두려워하는 마음을 인간의 가슴에 심어놓았다."라고 하였다.
- 이타성과 공정성 및 시장의 상호 작용: 스미스는 공정성과 이타성은 신뢰, 반복적 거래, 물질적 이익이 발생할 수 있도록 하는 시장의 상호 작용에 있어서 필수적인 역할을 한다고 하였다. 이때 공정성은 공정한 관찰자에 의한 부정적인 평가를 두려워하기 때문에 발생한다.

재산이나 지위가 영원한 행복이라는 착각과 보이지 않는 손

- 〈도덕적 감정 이론〉에서 애덤 스미스는 많은 경제 활동이 예측 오류의 산물이라고 하였다. 여기서 예측 오류란 부와 소유 및 지위를 얻으면 영원히 행복할 것이라는 인간의 착각이다. 스미스는 기쁨과 고통은 종종 일시적이라고 주장한다: "인간 본성의 구조에 의해 극도의 고통은 영원할 수 없다." 재난 이후에 인간은 "아무런 노력 없이 곧 일상적인 평온을 즐기게 된다."
- 보이지 않는 손: "자연적인 이기심과 탐욕에도 불구하고, 그들이 자신들의 편리함만을 추구해도, 그들이 고용한 수천 명의 노동자에게 의도하는 유일한 목적은 그들 자신의 헛되고 채울 수 없는 욕구의 만족감임에도 불구하고, 그들은 모든 개선의 결과를 가난한 사람들과 나누어 가진다. 지구가 모든 거주자에게 동일하게 나누어졌다면, 그들은 보이지 않는 손에 이끌려서 이미 만들어진 생활필수품들을 거의 동일하게 나눌 것이다. 따라서 의도하지도 않았고 알지도 못한 채 사회의 이익을 증진시키게 된다."

참고 문헌

- Ashraf, N., C. Camerer, and G. Loewenstein (2005), Adam Smith, Behavioral Economist, Journal of Economic Perspectives 19, 131~145.
- Grampp, W. (1948), Adam Smith and the Economic man, Journal of Political Economy 56, 315~336.
- Kahneman, D. and A. Tversky (1979), Prospect theory: An analysis of decision under risk, Econometrica 47, 263~291.
- Laibson, D. (1997), Golden eggs and hyperbolic discounting, Quarterly Journal of Economics 112, 443~477.
- McClure, S., D. Laibson, G. Loewnstein, and J. Cohen (2004), Separate neural systems value immediate and delayed monetary rewards, Science 304:5695, 503~507.
- Smith, A. (1759) [1981], The theory of moral sentiments [도덕적 감정 이론], D. D. Raphael and A. L. Macfie, eds. Liberty Fund: Indianapolis.
- Smith, A. (1776) [1981], An inquiry into the nature and causes of the wealth of nations [국부론], Volumes I and II. R. H. Campbell and A. S. Skinner, eds. Liberty Fund: Indianapolis.
- Thaler, R. and H. Shefrin (1981), An economic theory of self-control, Journal of Political Economy 89, 392~406.

02 케인스의 야성적 충동과 혁신적 투자

야성적 충동
사람들이 합리적인 이유와 관계없이 행동하도록 하는 요인으로, 투자 의사결정에는 합리적이고 이성적인 판단보다는 감정이 매우 중요한 역할을 한다.

블랙 먼데이
1987년 10월 19일 월요일에 미국의 주식시장이 20% 정도 하락한 사건

세계 금융 위기
2007년에 미국의 서브프라임 모기지 사건으로 발생하여 2009년까지 진행된 전 세계적인 금융 위기

합리적 대리인
표준 경제학이 가정하는 합리성을 가진 경제 행위자

비합리적 대리인
표준 경제학과는 달리 합리성이 결여된 경제 행위자

합리적 기대
합리성을 가지고 계산된 기댓값 또는 기대 행위

미인 대회
다른 사람들이 평균적으로 추구하는 미인을 찾는 게임

경제학자들은 인간이 바보 같은 자기 의지대로 살아가지는 않는다고 생각한다. 따라서 존 메이너드 케인스가 인간의 비합리적 행동을 설명하기 위해 **'야성적 충동'**이라는 용어를 사용했을 때, 그것을 인정하고 따랐던 사람들은 거의 없었다.[1] 하지만 합리적 행동을 위한 경제학자들의 선호 이론이 사람들을 더 분별력 있게 만든 것도 아니다. 오히려 사람들은 비합리적이고 고집이 세며 어리석기까지 하다는 것이 밝혀졌다. 알레의 역설 이후에 인간 선택의 비합리성에 대한 증거는 너무 많이 발견되었다. 화이트(1990)는 1929년의 미국 주식시장 붕괴에도 인간의 비합리성이 작동하였다는 것을 밝혔다. 1987년 10월 19일의 **블랙 먼데이**와 2008년의 **세계 금융 위기** 등은 인간의 비합리적 행동이 분명히 존재한다는 것을 보여주었다. 자산 가격결정 이론에서도 **합리적 대리인**이라는 개념은 이제 **비합리적 대리인**에 자리를 내주고 있다.

결국 오래전에 케인스는 무언가를 해낸 것이다. 자산 가격결정 이론을 위해 인간의 행동을 설명하는 야성적 충동이라는 개념을 사용한 것이 그것이다. 인간이 기대 가치의 합리적 계산이 불가능할 때, 야성적 충동은 인간의 행동을 유발하는 원동력이 된다. 케인스는 합리적 행동의 조건이 만족하지 않을 때, 인간의 행동은 야성적 충동에 의해 지배된다고 주장하였다. 한편 케인스가 합리적이라는 단어를 사용했지만, 그가 **'합리적 기대'**라는 개념을 인지하고 있던 것은 아니었다.[2]

케인스는 야성적 충동이 투자로 이어진다고 하였다. 그는 야성적 충동으로 인해 주식시장이 심사자들의 평균적 의견을 알아내는 **'미인 대회'**와 같다고

1 번역 관례에 따라 'animal spirits'를 야성적 충동으로 번역하였다.
2 합리적 기대는 로버트 루카스(1995년 노벨 경제학상 수상)가 주장한 개념으로 이후 여러 경제학 분야에 사용되었으며, 현대 경제학의 매우 중요한 가정이다. 예를 들어, 정부가 어떤 경제 정책을 사용하더라도 사람들은 미리 합리적으로 예상하여 행동한다는 것이다.

하였다. 이를 이용한 투자 전략이 가치 투자라고 할 수 있다. 그 당시 미국의 혁신적 투자자이었던 벤자민 그레이엄과 데이비드 도드와 같이 케인스도 영국에서 가치 투자를 추구한 것이다. 또한 소규모 주식과 배당 수익률이 높은 주식에 투자하는 뛰어난 혜안을 보이기도 하였다. 그는 1921년부터 1946년까지 혁신적인 펀드 매니저의 역할을 훌륭하게 수행하였다.

경제학자로서의 케인스에 관한 연구는 충분히 이루어졌고, 거시 경제학 분야에서 케인스 학파의 위세는 매우 당당하다. 하지만 야성적 충동과 혁신적 투자자로서의 케인스에 대해서는 그의 거시 경제학적 업적보다는 관심이 덜했던 것이 사실이다. 다행히 다음의 연구자들이 근래까지 야성적 투자와 혁신적 투자에 대해서 자세한 내용을 제공하였다: 추아와 에드워드(1983a, 1983b), 코플(1991), 체임버스와 딤슨(2013, 2015), 체임버스 등(2015), 체임버스와 카비리(2016)는 야성적 충동과 기관 투자자로서의 케인스에 대해서 심도 있게 연구하였다. 이제부터 그들의 연구를 살펴보자.

야성적 충동의 역사

야성적 충동은 경제 용어가 아니라 의학 용어이었다. 케인스가 이 용어를 경제 이론에 응용하기 전에, 야성적 충동은 뇌에 의한 근육의 움직임을 설명하기 위해 초기 생리학 이론에 사용되었다. 그러다가 **데카르트**가 자아의식을 설명하기 위해서 야성적 충동이라는 용어를 사용하였고, 풍자적이면서 박식한 철학자이자 경제학자인 케인스가 이를 경제학에 응용한 것으로 추측된다.

클라우디오스 갈레노스는 2세기 소아시아에 살던 그리스의 내과 의사로 히포크라테스 이래 고대 최고의 의학자로 알려져 있다. 그는 간이 정맥에 의해 운반되는 자연적인 영혼을 생산하고, 심장이 동맥에 의해 운반되는 활력적인 영혼을 생산하며, 뇌가 신경에 의해 운반되는 생기 또는 동물적 영혼을 생산한다는 **영혼 이론**을 고안하였다.[3] 여기서 **생기** 또는 **동물적 영혼**이 야성적 충동이다. 갈레노스는 느낌과 움직임이 어떻게 발생하는가를 설명하기 위하여 야성적 충동이 중요하다고 하였다. 중세 시대까지 갈레노스의 이론을 넘어서는 의학적 지식은 거의 없었다. 16, 17세기에 피가 순환한다는 사실을

데카르트
17세기의 철학자로 "나는 생각한다. 고로 나는 존재한다."라는 유명한 말을 남겼다.

클라우디오스 갈레노스
2세기 소아시아에 살던 그리스의 내과 의사

영혼 이론
간이 자연적인 영혼을, 심장이 활력적인 영혼을, 뇌가 생기 또는 동물적 영혼을 생산한다.

생기 (또는 동물적 영혼)
야성적 충동의 원어적 개념

3 합리적 기대는 로버트 루카스(1995년 노벨 경제학상 수상)가 주장한 개념으로 이후 여러 경제학 분야에 사용되었으며, 현대 경제학의 매우 중요한 가정이다. 예를 들어, 정부가 어떤 경제 정책을 사용하더라도 사람들은 미리 합리적으로 예상하여 행동한다는 것이다.

윌리엄 하비
16, 17세기에 피가 순환한다는 사실을 밝힌 영국의 내과의사

영국의 내과 의사 **윌리엄 하비**가 발견하자, 야성적 충동이 등장했던 갈레노스의 영혼 이론이 종말을 맞이하게 되었다.

데카르트는 피의 순환에 대한 하비의 입장에서 야성적 충동의 아이디어를 응용하였다. 그는 피가 대동맥에서 뇌로 가기 전에 심장에서 따뜻해진다고 하였다. 야성적 충동은 물질적인 육체의 일부지만 극도의 미세함과 빠르게 움직이는 특징이 있다. 야성적 충동의 일부는 심장에서 솟아올라서 뇌의 빈 부분으로 들어가고, 다른 것들은 뇌의 모공 속으로 돌아다닌다. 모공들은 이것들을 신경으로 전달하고, 다시 근육으로 전달하여 여러 가지 방법으로 육체를 움직이게 한다. 야성적 충동은 심장에서 만들어져서 뇌에서 여과되어 신경 섬유의 빈 곳으로 스며들면서 근육을 움직이게 한다.

송과체
척추동물의 뇌 속에 위치하는 작은 내분비기관으로 솔방울샘, 송과선, 송과샘 등으로 불린다.

야성적 충동은 뇌에서 다양한 신경 섬유로 가는 도중에 뇌의 **송과체**라고 불리는 전환 정거장을 통과한다.[4] 데카르트의 이론에서 송과체는 혼이 있는 자리이다. 송과체를 통해서 혼은 육체의 안과 밖을 오가는 전달 사항들을 받아들인다. 혼이 육체에 영향을 주려고 하면, 송과체를 통해서 야성적 충동의 방향을 지시하면 된다. 데카르트의 이론은 인간이 어떻게 최선의 판단과 반대로 행동할 수 있는가를 설명한다. 육체의 움직임은 야성적 충동에 의해 발생하지만, 야성적 충동은 감정과 마음에 의해 영향을 받을 수 있다.

데카르트에 의하면, 인간의 하위 자아와 상위 자아 간에 존재하는 갈등은 육체적 활동에 의해 영향을 받는 야성적 충동의 자발적인 움직임과 혼이 야성적 충동에 지시하는 움직임 간의 갈등이다. 이때 송과체는 레슬링 매트가 된다. 혼이 한 방향으로 밀어붙이고, 육체는 다른 방향으로 밀어붙인다. 이 두 개의 충동이 종종 반대로 나타나는데, 그때에는 강한 것이 다른 것의 영향을 방해해서 영향력을 잃게 한다. 송과체에서의 이런 갈등이 도덕적 오류와 지적 오류를 유발할 수 있다. 종종 인간의 판단은 잘못되거나 의지가 완전히 실종되어 길을 잃게 하는 열정에 따르는 경우가 있다. 데카르트는 옳은 생각에 의한 행동을 잘못된 생각에 의한 행동과 구분한다. 옳은 생각에 의한 행동에는 후회가 없지만 잘못된 생각은 우리를 항상 후회하게 만든다.

4 위키백과에 의하면, 송과체는 척추동물의 뇌 속에 위치하는 작은 내분비기관으로, 솔방울샘, 송과선, 송과샘 등으로 불린다. 이 기관은 세로토닌에 의해 분비 신호를 받아 멜라토닌을 만들어내는데, 이렇게 만들어진 멜라토닌 호르몬은 계절과 일주기 리듬에 의해 수면 패턴의 조절에 영향을 미친다. 송과체는 그 이름에 걸맞게 작은 솔방울과 모양이 매우 흡사하고, 시상 상부에 위치하고 있다.

케인스의 야성적 충동

케인스는 그의 책 〈고용, 이자 및 화폐에 관한 일반 이론〉의 12장에서 야성적 충동에 대해 언급하였다. 여기서 기대 가치의 수학적 계산이 자산 가격과 관계가 크다고 하였다. 하지만 사람들은 현재가치의 믿을 만한 추정치에 대해서는 아는 것이 거의 없다. 이런 무지가 장기적 투자보다는 단기적 투기 거래로 이끌고, 단기적 관점은 불안정성을 유발한다. 이런 성향은 성공적으로 조직화된 유동적 투자 시장의 피할 수 없는 결과이다.

야성적 충동은 **행동의 요인**이자 **불안정성의 원천**이다. 케인스가 주장하듯이, 대부분의 우리 행동은 그것이 도덕적, 쾌락적, 또는 경제적이든 상관없이 수학적 기대치에 따르지 않는다. 야성적 충동이 우리의 행동을 시작하게 한다. 긍정적으로 무언가를 하려는 의사결정은 야성적 충동의 결과라고 할 수 있다. 케인스는 야성적 충동을 무기력이 아니라 행동하게 하는 자발적 충동이라고 정의하였다. 그는 야성적 충동에 의한 행동은 비합리적이라고 하였다. 따라서 야성적 충동과 합리적 행동 및 확률과는 전혀 관계가 없다. 야성적 충동에 의해 움직이는 사람들은 개연성과는 아무런 관계가 없어서 그들의 행동은 불안정하다. 케인스는 합리적 행동은 합리적 믿음에 따라야 한다고 하였다. 사람들이 야성적 충동에 의존하면 합리적 믿음에 따라 행동하는 것이 아니다. 그들의 행동은 비합리적이다.

행동의 요인
야성적 충동을 이름

불안정성의 원천
야성적 충동을 이름

불확실성은 믿을 만한 확률적 판단을 어렵게 한다. 여기서 불확실성은 급진적인 불확실성으로 전혀 알지 못하는 상태를 말한다. 어떤 지식이 불확실하다는 것은 사람들이 신뢰성 있게 확률을 추정할 수 없다는 것으로 미래에 대해서 아는 것이 전혀 없음을 의미한다. 즉, 도덕적, 쾌락적, 또는 경제적 의미에서 기대 가치를 전혀 계산할 수 없다. 충분히 불확실하다는 것은 간단히 말해서 아무것도 모른다는 것이다. 불확실성이 존재할 때는 행동의 합리적 근거가 매우 약하다. 이럴 때 야성적 충동은 경제적 행동이 얼어붙지 않도록 하는데, 이때의 행동은 습관, 본능, 선호도, 욕망, 의지 등에 의해 결정된다.

불확실성
주어진 확률도 없는 불확실한 상태

야성적 충동은 사업가들이 불확실성으로 인해 행동하지 못하는 것을 방지해 준다. 케인스는 발달된 유통시장에서 행동하려는 충동이 대중 심리의 과정을 통해 작동한다고 하였다. 주식시장에서 미래에 대해 무지한 투자자들은 다른 무지한 수많은 개인의 대중 심리에서 나오는 관습적인 가치 평가에 근거하여 매매한다. 그런 가치 평가는 어떤 외부 요인으로부터 발생하는 갑작스러운

동요에 의해 심하게 변할 수 있다. 케인스는 절대적 기준으로 볼 때, 이런 가치 평가가 임의적이라고 믿었다. 결국 관습적인 가치 평가에 의해 시장은 낙관적이거나 비관적인 센티먼트의 파동에 종속되는데, 이는 터무니없는 현상이기는 하지만 견고한 합리적 계산의 근거가 없는 상황에서는 어느 정도 타당성이 있다. 이는 우리의 지적 능력을 평균적인 의견이 무엇인지를 예측하기 위해 전념하게 하는 **'미인 대회'**와 같다. 케인스는 장기 투자를 위한 합리적 행동은 불가능하고, 주가에 대한 단기적 투기가 더 쉽다고 믿었다.

미인 대회
다른 사람들이 평균적으로 추구하는 미인을 찾는 게임

또한 케인스는 일반적으로 투자 수익률이 기대에 못 미친다고 생각하면서 투자의 실제 평균적 결과는 경제 발전의 시기에도 실망스러울 가능성이 크다고 하였다. 이와 같은 과거 실적의 실망에도 불구하고 야성적 충동은 투자로 이끄는 원동력이다. 따라서 야성적 충동은 경제적 활동을 자극하는 촉매의 역할을 한다. 사업가, 투자자, 또는 경제인들이 그들 자신에게 행동의 합리적 이유를 요구할 때, 그들은 어떤 행동도 못하는 상태가 될 수 있다. 야성적 충동은 그들을 행동하게 하는 사이렌 소리이다.

데카르트의 생리학과 케인스의 경제학에서 야성적 충동은 사람들이 합리적인 이유와 관계없이 행동하도록 한다. 합리적이지 않을 때는 오류를 범할 수도 있다. 그러나 그들의 야성적 충동 개념에는 미묘한 차이점이 있다. 데카르트의 이론에서는 야성적 충동에 의한 오류는 후회를 초래하지만, 케인스의 이론에서는 야성적 충동이 투자를 유도한다는 것이다. 케인스의 입장에서 야성적 충동은 일을 그르치게 만드는 임시변통의 기제가 아니다. 야성적 충동이 과열, 일시적 유행 및 시장 붕괴를 유도할 수도 있지만, 야성적 충동에 의한 투자자의 실수에 의해 일반적으로 긍정적인 투자가 발생한다. 케인스는 사업가와 투자자들이 합리적인 경제적 의사결정에 몰두한다면 종종 아무것도 하지 못하게 되겠지만, 야성적 충동은 경제를 합리적으로 도약시키고 북돋우는 데 필요하다고 주장하였다.

혁신적 투자자로서의 케인스

케인스의 야성적 충동은 투자로 이어져 그를 훌륭한 혁신적 투자자로 이끌었다. 케인스는 케임브리지의 킹스 칼리지를 졸업하였으며, 모교를 사랑하는 청년으로서 킹스 칼리지의 교수가 되었다. 그는 1911년에 킹스 칼리지의 재산 위원회에 들어갔고, 1912년에 재산 위원회를 지배하는 평의회의 일원이 되었다. 1921년에 최고 회계 담당자가 되면서 1946년 사망할 때까지 재량권과 책임을 가지고 킹스 칼리지의 체스터 펀드를 운용하였다.[5] 워런 버핏, 조지 소로스, 데이비드 스웬슨은 그들의 투자 전략과 믿음을 옹호하기 위하여 케인스의 투자 전략을 언급하기도 하였다. 많은 사람이 케인스가 훌륭한 펀드 매니저였다고 언급하였지만, 그의 투자 기록에 관한 자료가 거의 없어서 자세한 분석은 이루어지지 않았다. 하지만 케인스의 투자 기록에 관한 부분적인 정보를 이용하여 추아와 우드워드(1983a, 1983b)가 펀더멘탈리스트로서의 그의 투자 전략을 분석하였다. 최근에는 체임버스 등(2013, 2015)이 킹스 칼리지의 완전한 기록을 이용하여 케인스의 투자 업적을 분석하였다.

케인스는 혁신적 투자자이었다. 처음에는 선도 시장에서 외환을 거래하였고, 이후에 상품 선물과 주식을 거래하였다. 당시 영국에서는 채권과 부동산이 주요 투자 자산으로 선호되었고, 주식은 받아들일 수 없을 정도로 위험한 것으로 인식되었기 때문에 대안적 투자 자산이었다. 케인스는 자산 대부분을 당시의 대안적 투자 자산인 주식에 할당하는 최초의 기관 투자자이었다. 그 당시 미국에서 벤자민 그레이엄과 도드가 그랬던 것처럼 케인스는 영국에서 가치 투자에 도전하였다. 케인스(1936, 12장)의 경제 이론과 공식적 발언은 그가 '증권의 현재 가격이 당해 증권의 가치에 대한 좋은 지표'라는 주장을 믿지 않았다는 것을 확실히 보여준다.

케인스는 1921년에 거시 경제 지표에 따라 주식, 채권, 현금에 자산을 할당하는 **하향식 포트폴리오 관리자**로 시작하여, 1930년경부터는 내재가치로부터 할인되어 거래되는 주식을 찾아내는 **상향식 포트폴리오 관리자**로 전환하였다. 상향식 투자로 전환하면서부터 그의 체스트 펀드는 일관된 기준으로 시장을 앞서가기 시작했다. 그의 혁신적 사고의 결과는 소규모 주식과 배당수익률이 높은 주식에 투자하는 비전통적이었던 포트폴리오 운용에 나타나 있다. 주식 프리미엄, 소규모 주식 및 **가치 투자**에 대한 그의 확신은 오늘날 훌륭한 기관 투자자에게서 볼 수 있는 접근법이다.

하향식 포트폴리오 관리자
거시 경제 지표에 따라 주식, 채권, 현금에 자산을 할당하는 포트폴리오 운용 전략

상향식 포트폴리오 관리자
내재가치로부터 할인되어 거래되는 주식을 찾아내는 포트폴리오 운용 전략

가치 투자
주식의 본질적 가치(예: 장부가치/시장가치)가 높은 종목에 주로 투자하는 방법

케인스의 투자 실적

1921년에 케인스는 대학 관계자를 설득하여 기부금 펀드의 일부를 투자 제

5 다른 기업들에도 투자 자문 역할을 했지만, 킹스 칼리지의 체스터 펀드가 완전한 재량과 책임을 지고 운용한 펀드이었다.

제한된 펀드
신탁법에 따라 제한된 범위에서 운용이 가능한 펀드

자유재량 펀드
완전한 재량권을 가진 펀드

체스트 펀드
케인스가 운용했던 자유재량 펀드의 이름

한으로부터 자유롭게 하였다. 따라서 킹스 칼리지의 기부금은 다음과 같이 두 개의 펀드로 나뉘었다: 신탁법의 적용을 받는 **제한된 펀드**, 케인스가 완전한 재량권을 가진 **자유재량 펀드**. 케인스는 두 펀드 모두의 운용 책임을 졌지만, 두 번째의 자유재량 펀드만이 케인스가 마음대로 운용할 수 있었다. 두 번째 펀드의 이름은 **체스트 펀드**였는데, 1933년 9월부터 별개로 운용되던 군소 펀드들의 집합체인 펀드 B를 포함하였다. 두 펀드는 비슷한 스타일로 운용되었다. 1921년에 자유재량 펀드는 전체 £285,000에서 8%이었지만, 1946년에는 전체 £1,222,000 중 68%를 차지하였다.

위험(또는 주식) 프리미엄
주식의 연평균 수익률에서 무위험 자산 수익률을 차감한 수익률

표 2-1은 추아와 우드워드(1983) 및 체임버스 등(1995)이 추정한 케인스의 주식 투자 실적을 보여준다. 패널 A는 1927년부터 1945년까지 체스트 펀드의 상대적 실적을 패널 B는 1922년부터 1946년까지 체스트 펀드와 다른 운용 펀드를 포함하는 자유재량 펀드의 상대적 실적을 보여주고 있다. 패널 A에서 체스트 펀드의 연평균 수익률은 13.06%로 매우 높다. 주식의 연평균 수익률에서 무위험 자산 수익률을 차감한 수익률을 **위험(또는 주식) 프리미엄**이라고 하는데, 이 값도 11.50%로 상당히 높다. 딤슨 등(2008)이 100년 기간(1900~2005년) 동안 추정한 영국의 위험 프리미엄 6.14%와 미국의 위험 프리미엄 7.41%보다도 매우 높게 나타나고 있다.[6] 특히 체스트 펀드의 수익률은 산업주가지수 연평균 수익률인 -0.11%보다 훨씬 크게 추정되었다. 체스트 펀드의 이런 수익률은 케인스의 혁신적 운용 능력 때문이라고 평가할 수 있다.

표 2-1
케인스의 운용 실적: 연평균 수익률

패널 A: 체스트 펀드의 상대적 실적(1927~1945년)

	체스트 펀드	산업주가지수[a]	무위험 자산[b]	체스트 펀드의 위험 프리미엄
산술 평균	13.06%	-0.11%	1.56%	11.50%
표준편차	29.28%	12.55%	-	29.87%

패널 B: 자유재량 펀드의 상대적 실적(1922~1946년)

	자유재량 펀드	주가지수[c]	무위험 자산[d]	자유재량 펀드의 위험 프리미엄
산술 평균	15.97%	10.37%	7.06%	8.91%
표준편차	19.08%	17.11%	9.06%	-

a. 영국의 산업주식 주가지수　b. 영국의 단기국채 수익률
c. 전체 주식의 동일가중 수익률　d. 영국의 국채 수익률
출처: 패널 A는 추아와 우드워드(1983), 패널 B는 체임버스 등(2015)

6 주식 프리미엄에 대해서는 제3부의 〈주식 프리미엄은 왜 그렇게 클까?〉를 보시오.

패널 B에서 자유재량 펀드의 수익률도 패널 A에서의 체스트 펀드와 비슷하지만, 주가지수 수익률은 패널 A의 산업주가지수 수익률보다 매우 높다.[7] 또한 무위험 자산도 단기국채가 아니기 때문에 매우 높은 수익률을 보여주고 있다. 이를 이용하여 자유재량 펀드의 위험 프리미엄을 계산하면 8.91%로 패널 A의 값보다 2% 이상 작아진다. 하지만 패널 B의 결과 역시 케인스의 뛰어난 운용 능력을 보여주고 있다.

케인스 투자의 철학과 특징

약 25년 동안 케인스의 투자 철학은 기부금 펀드의 장기 투자로서 주식이라는 새로운 자산 클래스의 매력에 대한 믿음이었다. 케인스 시대에 영국의 기관투자자들은 채권에 지배되고 있었다. 사실 케임브리지와 옥스퍼드의 다른 칼리지들이 주식에 투자하기 시작한 것은 20세기 후반부터이다. 1920년대에는 미국의 대규모 종합대학들의 기부금 펀드가 보통주에 투자한 비중도 10%에 미달하였고, 1930년대에도 겨우 20% 정도로 증가한 정도에 불과하였다.

주식이 기관 투자자의 주요 자산이 아니던 시절에 케인스가 주식에 관심을 가졌던 이유는 간단하다. 기업 성장의 잔여 청구권인 주식의 수익률이 채권 수익률을 앞섰기 때문이었다. 1900~2020년 기간의 주식 프리미엄이 미국에서는 4.28%이었고, 영국에서는 4.26%이었다. 미국과 영국 보통주의 비슷한 수익 잠재력을 보고, 케인스는 채권을 능가하는 주식의 수익 가능성을 확인한 것이다. 그의 자유재량 펀드의 영국 주식 평균 비중은 1922~1929년 기간에 75%, 1930~1939년 기간에 46%, 1940~1946년 기간에 69%를 기록하였다. 여기에 1933년부터 미국 주식도 포함되었는데 이를 합산하면, 1930~1939년 기간에 57%, 1940~1946년 기간에 73%를 기록하였다. 케인스의 생각은 사전적으로도 옳았고, 사후적으로도 옳았다. 킹스 칼리지 기부금 펀드의 주요 투자 자산이 주식으로 변경되었던 1921~1946년 기간에 미국 주식의 실질 수익률은 8.01%, 영국 주식의 실질 수익률은 8.28%이었다.[8]

7 기부금 펀드 중 제한된 펀드의 동기간 연평균 수익률은 6.81%로 자유재량 펀드보다 매우 낮다. 부동산을 제외한 전체 펀드는 자유재량 펀드와 제한된 펀드를 포함하는데, 이의 동기간 연평균 수익률은 9.67%이다. 체스트 펀드와 자유재량 펀드의 연평균 수익률이 다른 이유 중의 하나는 1922년부터 1926년까지의 수익률이 반영되지 않았기 때문이다.

8 여기서 실질 수익률은 인플레이션을 차감한 수익률이다.

케인스가 강조했던 주식의 장점은 채권을 능가하는 배당 수입을 올릴 수 있다는 것이었다. 그의 투자 기간에 자유재량 펀드의 평균 배당 수익률은 영국 주식시장의 배당 수익률과 국채의 이자 수입을 지속적으로 압도하였다.

효율적 시장
자산 가격이 모든 이용 가능한 정보를 완전하고 신속하게 반영하는 시장

케인스는 **효율적 시장**의 신봉자가 아니었다. 그는 한 연설에서 이렇게 말하였다: "시장을 지배하는 것은 신념보다는 의심이고, 예측보다는 두려움이며, 미래에 대한 지식보다는 과거의 기억이다. 주가의 수준은 투자자들이 알고 있다는 것을 의미하는 것이 아니라, 그들이 모르고 있다는 것을 의미한다. 혼란스럽고 불확실한 세상에서 시장 가치는 사후적 관점에서 합리적이라고 느끼는 것보다 훨씬 심하게 요동칠 것이다." 쉴러(2003)도 이런 센티먼트에 크게 공감하였다. 다음은 케인스(1936)의 저서 12장에 나오는 주식시장과 전문가들에 대한 언급이다.

> 일반 개인 투자자의 판단력과 지식을 뛰어넘는 전문직 종사자 간의 경쟁이 무지한 개인의 엉뚱한 짓을 바로잡을 것으로 생각할 수도 있다. 그러나 전문 투자자와 투기꾼의 활력과 기술은 그렇지 않게 주로 사용된다. 대부분의 전문가는 사실 평생 동안 가능한 투자 수익률의 예측을 잘하는 것이 아니라, 일반 대중보다 조금 앞서서 관습적인 평가 기준에 의한 가치의 변화를 예측하는 일을 한다. 그들은 주식을 "보유하기 위해" 매입하는 사람에게 그 투자가 정말 가치 있는지가 아니라, 3개월 혹은 1년 후에 대중 심리의 영향에 따라 시장이 그것을 어떻게 평가할지에 관심이 있다. 이러한 행동이 그들의 비뚤어진 성향의 결과는 아니다. 그것은 조직화된 투자 시장의 피할 수 없는 결과이다. 만약 당신이 어떤 투자의 가치를 3개월 후에 시장이 20으로 평가할 것이라고 믿으면서도 개인적으로 30일 것이라고 믿는다면, 그것에 25를 지불하는 것은 비합리적이다.

투자의 신용 주기 이론
통화 및 경제적 지표에 따라 주식, 채권, 현금의 투자 비중을 바꾸어가는 포트폴리오 운용 전략

시장 효율성을 믿지 않았던 케인스의 적극적 투자는 1930년쯤에 크게 바뀌었다. 처음에는 통화 및 경제적 지표에 따라 주식, 채권, 현금의 투자 비중을 바꾸어가는 **투자의 신용 주기 이론**을 사용했는데, 이를 하향식 투자라고 한다. 1920년대 말에 이런 투자의 수익률에 실망한 그는 하향식 투자 방법을 포기하였다. 그는 다음과 같이 언급하였다: "신용 주기 방법은 비용과 이자 손실을 허용하면서 하락기에는 시장 주도 자산을 매도하고 상승기에는 그것을 매입하는 것인데, 그렇게 하려면 매입 및 매도 시점에 대한 기술적 판단이 요구된다. 하지만 그런 체계적인 움직임에 대한 우리의 판단이 옳다는 것을 증명할 수 없다." 결국 그는 1930년대 초에 투자 전략을 상향식 매입 보

유 및 주식 선택 방법으로 바꾸었다.[9]

1934년에 케인스는 새로운 주식 투자 전략을 다음과 같이 언급하였다: "시간이 갈수록, 투자의 올바른 방법은 잘 알고 있다고 생각하는 기업들에 큰 금액을 넣는 것이다." 1938년에 그는 킹스 칼리지 투자의 성공은 **내재가치**에 따라 몇 개의 투자 대안을 신중하게 선택한 것이었다고 밝혔다.[10] 케인스의 이런 **가치 투자** 전략은 그레이엄과 도드(1934)가 〈증권 분석〉이라는 저서에서 주장한 내용과 비슷하다. 케인스는 그들을 만난 적도 없으며, 그가 독립적으로 그런 가치 투자 전략을 개발하였다는 점이 흥미롭다.[11]

내재가치
상품의 본질적인 가치

가치 투자
주식의 본질적 가치(예: 장부가치/시장가치)가 높은 종목에 주로 투자하는 방법

케인스가 몇몇 주식 종목에 집중적으로 투자했다면, 그가 내부 정보를 이용했을 가능성이 있음을 의심할 수도 있다. 하지만 그런 의심은 시대착오적인 생각이다. 영국에서는 1980년까지 투자자에 의한 **내부자 거래**가 전혀 규제되지 않았기 때문이다.[12] 그의 내부자 거래를 확인할 수 있는 어떤 자료도 존재하지 않지만, 그가 내부자 거래를 했다면, 단기 투자의 이익을 얻기 위해서가 아니라 선호하는 몇 개 주식의 장기적 보유를 위해서였다고 할 수 있다.

내부자 거래
기업 내부자의 정보를 이용한 거래 행위

케인스와 월 스트리트

케인스는 1929년 4월에 미국의 매시 해리스 주식 100주를 주당 $51에 매입했지만, 8월에 약간의 손실을 보고 매도하였다. 1929년 10월 미국 주식시장의 폭락 이후에도 약간의 주식을 매입하였다가 적당한 손실을 보고 매도하였다. 그러다가 1931년에서 1932년 사이에 다시 월 스트리트에서 투자를 시작하여 1937년까지 매입을 지속적으로 이어갔다.

아래의 표는 미국 주식시장에서 케인스의 실적을 보여주고 있다. 킹스 칼리지의 수익률은 13.6%로 영국에서와 비슷하였고, 미국 주식시장 수익률 8.4%를 크게 앞서서 5.2%의 초과 수익률을 보여주었다. 그의 주식 투자를 보통주와 우선주로 나눌 수 있는데, 보통주의 수익률이 우선주보다 3.2% 높

9 체임버스 등(2015)은 통계적 방법에 의해 이를 보여주었다.

10 케인스는 주요 종목에 집중 투자하는 적극적 투자자로서 잘 분산된 포트폴리오에 대해서 다음과 같이 언급하였다: 잘 분산된 포트폴리오는 주식 투자에 필수적인 기법을 소유하지 않은 투자자에게 더 적합할 수 있다.

11 케인스의 가치 투자의 예를 금광 채굴 산업 투자에서 들 수 있다. 그는 1933~1946년 기간에 〈유니온 코르포레이션〉과 〈사우스 아프리칸 마이닝 컴퍼니〉에 금광 채굴 산업 전체의 평균 51%를 투자하였다. 1934년에 그는 이 기업들이 내재가치에 비해 30% 할인되어 거래되었기 때문에 투자했다고 하였다.

12 수탁 의무를 가지는 당해 기업 이사에 의한 내부자 거래만이 규제되었다.

게 나타났다. 이는 미국 주식시장에서도 케인스의 투자 능력이 돋보였다는 것을 의미한다.

표 2-2
킹스 칼리지의 미국 주식 수익률[a] (1930~1945년, 우선주: 1933~1945년)

	킹스 칼리지[b]	미국 시장[c]	초과 수익률[d]	보통주	우선주
산술 평균	13.6%	8.4%	5.2%	21.0%	17.8%
표준편차	37.2%	28.2%	17.5%	44.2%	34.8%

a. 투자 대상은 보통주, 우선주, 채권이었는데, 채권 부문은 제외함
b. 킹스 칼리지 펀드의 미국시장 전체 수익률
c. 미국 주식시장의 보통주 수익률로 카울스 인덱스 수익률
d. 킹스 칼리지 수익률에서 미국 시장 수익률을 차감한 값
출처: 체임버스와 카비리(2016)

미국 시장에서 케인스의 투자는 3가지 특징을 가진다. 첫째, 보통주 투자의 매력과 관계없이 미국에서 그는 보통주와 마찬가지로 우선주에도 상당히 많은 금액을 투자하였다. 1920년대와 1930년대의 월 스트리트에서는 세제상의 이점이 있어서 우선주 공급도 매우 많았기 때문이다. 20세기 중반부터는 우선주 발행이 급속히 감소하였다. 둘째, 케인스는 기본적인 증권 분석에 중점을 두어서, 자연스럽게 가치 주식에 치우친 운용을 하였고 시장을 복제하는 인덱스 운용을 지양하였다. 그가 보유했던 주요 주식들은 투자신탁, 산업주식 및 공익 (전기, 전화 및 가스) 주식들이었다. 마지막으로 그는 미국에서도 내재가치를 이용한 가치 투자 전략을 추구하였다. 앞에서도 언급하였듯이, 이는 벤자민 그레이엄과 데이비드 도드의 가치 투자와 맥을 같이 한다.

기관 투자자로서 케인스의 영향

최근에 미국 대학들의 기부금 펀드 운용이 관심을 끌고 있다. 기부금은 뛰어난 학생들을 모집하여 학교 발전에 기여할 수 있는 중요한 수단이기 때문이다. 러너 등(2008)에 의하면, 하버드와 프린스턴 대학은 신입생 수를 늘리고 등록금을 줄여서 엘리트 교육을 확대하기 위해 기부금 펀드를 사용하였다고 한다. 따라서 학교 발전에는 기부금 펀드의 규모 증가가 결정적인 역할을 한다고 할 수 있다. 기부금 규모를 증가시키기 위해서는 지속적인 기부금 수입과 함께 기부금 펀드의 운용 수입이 매우 중요하다. 뛰어난 기부금 운용으로 유명한 학교가 예일 대학교이다. 비용을 제외한 예일 기부금 펀드의 2020년 수

익률은 6.8%이었다.[13] 이로 인해서 2019년 6월에 $30.1십억이었던 기부금 펀드 규모가 2021년 6월에 $31.2십억으로 증가하였다. 이 규모는 하버드($40.58십억), 텍사스 A&M 대학($31.96십억)에 이어 미국 내 3위이다.

기부금 펀드의 모범적 사례로 예일 모형이 유명하다. 예일 모형은 '잘 분산된 주식 중심과 비유동성 자산의 포트폴리오'이다. 예일 모형을 운영하던 최고 투자 책임자는 데이비드 스웬슨이었다.[14] 영국의 경제학자 케인스는 데이비드 스웬슨의 투자 철학에 지대한 영향을 미쳤다. 케인스의 영향을 받은 스웬슨(2009)의 주요 투자 아이디어는 다음과 같다: 장기 투자의 중요성; 주식 편향의 혜택; 마켓 타이밍의 무용론; 컨트래리안 투자의 매력; 상향식 증권 선택; 집단적 의사결정의 태생적 어려움.[15] 케인스의 투자 전략은 이제 미국 기부금 펀드 모형의 모범이 되었다.

주요 용어

가치 투자	상향식 포트폴리오 관리자	체스트 펀드
내부자 거래	생기(또는 동물적 영혼)	크라우디오스 갈레노스
내재가치	세계 금융 위기	투자의 신용 주기 이론
데카르트	송과체	하향식 포트폴리오 관리자
미인 대회	야성적 충동	합리적 기대
미인 대회	영혼 이론	합리적 대리인
불안정성의 원천	위험(또는 주식) 프리미엄	행동의 요인
불확실성	윌리엄 하비	효율적 시장
블랙 먼데이	자유재량 펀드	
비합리적 대리인	제한된 펀드	

핵심 정리

- 경제학자들은 인간이 바보 같은 자기 의지대로 살아가지는 않는다고 생각한다. 따라서 존 메이너드 케인스가 인간의 비합리적 행동을 설명하기 위해 '야성적 충동'이라는 용어를 사용했을 때, 그것을 인정하고 따랐던 사람들은 거의 없었다.
- 자산 가격결정 이론에서도 합리적 대리인이라는 개념은 이제 비합리적 대리인에 자리를 내주고 있다.

13 예일 기부금 펀드의 회계는 2020년 6월 30일 기준이다.

14 스웬슨은 안타깝게도 2021년 5월에 사망하였다. 그는 1985년부터 사망할 때까지 예일 대학교의 투자 책임자를 역임하였다.

15 마켓 타이밍은 매매 시점을 포착하여 자산 할당을 하는 하향식 운용 방법이고, 컨트래리안 투자는 현재의 센티먼트와 반대로 투자하는 방법이다.

- 인간이 기대 가치의 합리적 계산이 불가능할 때, 야성적 충동은 인간의 행동을 유발하는 원동력이 된다.

야성적 충동의 역사

- 클라우디오스 갈레노스는 2세기 소아시아에 살던 그리스의 내과 의사로 간이 정맥에 의해 운반되는 자연적인 영혼을 생산하고, 심장이 동맥에 의해 운반되는 활력적인 영혼을 생산하며, 뇌가 신경에 의해 운반되는 생기 또는 동물적 영혼을 생산한다는 영혼 이론을 고안하였다. 여기서 생기 또는 동물적 영혼이 야성적 충동이다.
- 데카르트가 자아의식을 설명하기 위해서 야성적 충동이라는 용어를 사용하였고, 풍자적이면서 박식한 철학자이자 경제학자인 케인스가 이를 경제학에 응용한 것으로 추측된다.
- 데카르트에 의하면, 인간의 하위 자아와 상위 자아 간에 존재하는 갈등은, 육체적 활동에 의해 영향을 받는 야성적 충동의 자발적인 움직임과 혼이 야성적 충동에 지시하는 움직임 간의 갈등이다.

케인스의 야성적 충동

- 케인스는 그의 책 〈고용, 이자 및 화폐에 관한 일반 이론〉의 12장에서 야성적 충동에 대해 언급하였다. 여기서 기대 가치의 수학적 계산이 자산 가격과 관계가 크다고 하였다. 하지만 사람들은 현재가치의 믿을 만한 추정치에 대해서는 아는 것이 거의 없다. 이런 무지가 장기적 투자보다는 단기적 투기 거래로 이끌고, 단기적 관점은 불안정성을 유발한다. 이런 성향은 성공적으로 조직화된 유동적 투자 시장의 피할 수 없는 결과이다.
- 야성적 충동은 행동의 요인이자 불안정성의 원천이다.
- 불확실성은 믿을 만한 확률적 판단을 어렵게 한다.
- 야성적 충동은 사업가들이 불확실성으로 인해 행동하지 못하는 것을 방지해 준다.
- 데카르트의 생리학과 케인스의 경제학에서 야성적 충동은 사람들이 합리적인 이유와 관계없이 행동하도록 한다. 그들 간의 차이점은 데카르트의 이론에서는 야성적 충동에 의한 오류는 후회를 초래하지만, 케인스의 이론에서는 야성적 충동이 투자를 유도한다는 것이다. 케인스의 입장에서 야성적 충동은 일을 그르치게 만드는 임시변통의 기제가 아니다.

혁신적 투자자로서의 케인스

- 케인스는 1921년에 케임브리지 대학교 킹스 칼리지의 최고 회계 담당자가 되면서 1946년 사망할 때까지 재량권과 책임을 가지고 킹스 칼리지의 체스터 펀드를 운용하였다.
- 케인스는 혁신적 투자자이었다.
- 케인스는 1921년에 거시 경제 지표에 따라 주식, 채권, 현금에 자산을 할당하는 하향식 포트폴리오 관리자로 시작하여, 1930년경부터는 내재가치로부터 할인되어 거래되는 주식을 찾아내는 상향식 포트폴리오 관리자로 전환하였다.
- 주식 프리미엄, 소규모 주식 및 가치 투자에 대한 그의 확신은 오늘날 훌륭한 기관 투자자에게서 볼 수 있는 접근법이다.

케인스의 투자 실적

- 1927년에서 1945년까지 케인스가 운영했던 체스트 펀드의 연평균 수익률은 13.06%로 매우 높았다. 주식의 연평균 수익률에서 무위험 자산 수익률을 차감한 수익률을 위험(또는 주식) 프리미엄이라고 하는데, 이 값도 11.50%로 상당히 높았다.

케인스 투자의 철학과 특징

- 약 25년 동안 케인스의 투자 철학은 기부금 펀드의 장기 투자로서 주식이라는 새로운 자산 클래스의 매력에 대한 믿음이었다.
- 케인스는 효율적 시장의 신봉자가 아니었다. 그는 한 연설에서 이렇게 말하였다: "시장을 지배하는 것은 신념보다는 의심이고, 예측보다는 두려움이며, 미래에 대한 지식보다는 과거의 기억이다. 주가의 수준은 투자자들이 알고 있다는 것을 의미하는 것이 아니라, 그들이 모르고 있다는 것을 의미한다. 혼란스럽고 불확실한 세상에서 시장 가치는 사후적 관점에서 합리적이라고 느끼는 것보다 훨씬 심하게 요동칠 것이다."

케인스와 월 스트리트

- 케인스가 운용하던 킹스 칼리지 펀드의 수익률은 13.6%로 영국에서와 비슷하였고, 미국 주식시장 수익률 8.4%를 크게 앞서서 5.2%의 초과 수익률을 보여주었다. 그의 주식 투자를 보통주와 우선주로 나눌 수 있는데, 보통주의 수익률이 우선주보다 3.2% 높게 나타났다.
- 이는 미국 주식시장에서도 케인스의 투자 능력이 돋보였다는 것을 의미한다.

기관 투자자로서 케인스의 영향

- 영국의 경제학자 케인스는 데이비드 스웬슨의 투자 철학에 지대한 영향을 미쳤다. 케인스의 영향을 받은 스웬슨(2009)의 주요 투자 아이디어는 다음과 같다: 장기 투자의 중요성; 주식 편향의 혜택; 마켓 타이밍의 무용론; 컨트래리안 투자의 매력; 상향식 증권 선택; 집단적 의사결정의 태생적 어려움.
- 케인스의 투자 전략은 이제 미국 기부금 펀드 모형의 모범이 되었다.

참고 문헌

- Chambers, D. and E. Dimson (2013), John Maynard Keynes, investment innovator, Journal of Economic Perspectives 27, 213~228.
- Chambers, D. and E. Dimson (2015), The British origins of the US endowment model, Financial Analysts Journal 71, 10~14.
- Chambers, D., E. Dimson, and J. Foo (2013), Journal of Financial and Quantitative Analysis 50, 843~868.
- Chambers, D. and A. Kabiri (2016), Keynes and Wall Street, Business History Review 90, 301~328.
- Chua, J. and R. Woodward (1983a), J. M. Keynes's investment performance: A note, Journal of Finance 38, 232~235.
- Chua, J. and R. Woodward (1983b), The investment wizardry of J. M. Keynes, Financial Analysts Journal, May–June, 35~37.
- Dimson, E., P. Marsh, and M. Staunton (2008), The worldwide equity premium: A smaller puzzle, Handbook of Equity Risk Premium, 467~514, edited by R. Mehra.
- Graham, B. and D. Dodd (1934), Security analysis.
- Keynes, J. (1936), The general theory of employment, interest, and money, Cambridge University Press.
- Koppl, R. (1991), Animal spirits, Journal of Economic Perspectives 5, 203~210.
- Lerner, J., A. Schoar, and J. Wang (2008), Secrets of the academy: The drivers of university endowment success, Journal of Economic Perspectives 22, 207~222.
- Swensen, D (2009), Pioneering portfolio management, New York: Free press.
- White, E. (1990), The stock market boom and crash of 1929 revisited, Journal of Economic Perspectives 4, 67~83.

03 쉴러의 피드백 이론과 야성적 충동

주식시장의 효율성
주식시장이 모든 이용 가능한 정보를 완전하고 신속하게 반영한다.

효율적 시장 이론
시장의 자산 가격이 모든 이용 가능한 정보를 완전하고 신속하게 반영한다는 이론

유진 파마는 1964년 시카고 대학에서 박사 학위를 받으면서 "주가는 예측이 불가능하다."라고 하였다. 일별 주가 수익률의 자기상관 계수가 너무 작아서 주가의 예측은 불가능하고, 이 결과에 따라 **주식시장의 효율성**을 주장하였다. 같은 해에 폴 쿠트너도 〈주가의 무작위 특성〉이라는 책을 저술하였는데, 여기서도 효율적 시장을 주장하였다. 1970년대에 들어서 **효율적 시장 이론**은 학문적 절정기를 이루었다.[1] 또한 1973년에 버튼 말키엘이 〈에이 랜덤 워크 다운 월 스트리트〉라는 이해하기 쉽고 매우 실무적인 책을 출간하면서 효율적 시장 이론은 대중적 인기까지 얻게 되었다.

그 당시에 로버트 쉴러도 효율적 시장 이론의 거대한 움직임에 속해 있었다. 그는 1972년에 〈합리적 기대와 이자율의 기간 구조〉라는 주제로 박사 학위 논문을 썼는데, 이것도 장기채권 시장의 효율성에 관한 연구이었다. 사람들은 효율적 시장과 합리적 기대에 대한 이론들이 우리 세상에 대한 올바른 설명이기를 원했고, 학계에서는 이를 엄청난 진보라고 평가하였다. 아무런 의심도 없이 효율적 시장 이론은 1970년대를 지배하였지만, 효율적 시장 이론과 일치하지 않는 증거들도 학술지에 발표되기 시작하였다. 물론 그런 연구들도 학술지 게재를 위해, 효율적 시장 이론에 대해 반기를 들 정도는 아니었다.

전미경제연구소
미국의 민간 비영리 연구소 조직으로 정책 입안자, 경영자, 학계에 편견이 없는 연구 결과를 제시한다.

행동 재무론
심리학적 요인에 의해 재무금융 현상들을 설명하는 이론 및 실증 분석

소비 베타
위험 자산의 수익률이 소비 변화율에 비례하는 계수

그러다가 쉴러는 1981년에 〈주가는 배당에 의해 정당화될 수 있는 것보다 너무 많이 움직이는가?〉라는 논문을 발표하면서부터 합리적 기대와 효율적 시장 이론으로부터 이탈하기 시작하였다. 그는 1991년부터 2015년까지 리처드 탈러와 함께 **전미경제연구소**에서 **행동 재무론** 프로그램도 운영하면서

1 효율적 시장 이론이란 '주가는 시장의 정보를 즉각적이고 정확하게 반영한다.'는 것으로 유진 파마가 1970년에 개발한 개념이다. 1973년에 로버트 머튼이 〈시점 간 자본자산 가격결정 모형〉, 1978년에 로버트 루카스가 〈교환 경제에 있어서 자산 가격〉이라는 논문을 발표하였고, 1979년에 더글라스 브리든은 '**소비 베타**'라는 개념을 개발하면서 효율적 시장 이론은 완벽한 모습을 갖추었다. 이들의 논문들은 그 당시 효율적 시장과 합리적 기대에 대한 매우 흥분할 정도의 이론적 진보를 이루었다.

효율적 시장 이론의 반대 진영에 포진하였다.[2] 이런 쉴러가 2013년에 효율적 시장 이론의 창시자인 유진 파마와 함께 노벨 경제학상을 받았다는 것은 매우 역설적인 사건이었다.[3]

효율적 시장 이론에서 행동 재무론으로

쉴러(2003)는 효율적 시장에 대해 끊임없이 의심하면서 학술 연구의 중심이 효율적 시장 이론에서 행동 재무론으로 옮겨갔다고 하였다. 이제 그의 주장을 살펴보자. 행동 재무론의 태동을 알리는 여러 가지 이상 현상들이 발견되었지만, 그중에서도 주식시장의 **초과 변동성**이 가장 대표적인 현상이다. 즉, 실제 주식시장의 변동성은 효율적 시장에서 추정되어야 하는 변동성보다 훨씬 크다는 것이다. 주식시장의 초과 변동성은 효율적 시장의 기본적인 요인보다는 **태양의 흑점**, **야성적 충동** 또는 **대중 심리**에 의해 발생한다고 하였다. 이는 매우 엉뚱한 주장 같지만, 상당히 현실적인 설명이었다.

실제로 쉴러(1981)는 효율적 시장 모형에 의한 주식의 현재가치에 비해 주식시장에는 초과 변동성이 존재한다는 것을 증명하였다. 그의 연구 이후에 쉴러를 공격하는 많은 연구 논문들이 효율적 시장 이론을 방어하려고 하였다. 효율적 시장이 완전히 잘못된 개념은 아니었지만, 주식시장을 움직이는 실질적인 노이즈가 존재한다는 사실을 아무도 부정할 수는 없었다. 기본적인 요인들에 의해 주식시장의 변동성을 설명하려는 어떤 연구도 효율적 시장 이론을 지지하지 못했기 때문이다. 이렇게 되자, 1980년대가 끝나갈 무렵에 학계의 많은 연구자는 다른 이론으로 눈을 돌리기 시작했다. **행동 재무론**으로!

1990년대에 들어서면서 학계의 관심사는 주식 수익률 시계열의 계량 경제학적 분석에서 인간 심리를 금융 시장에 연계시키는 모형 개발로 이동하기 시작하였다. 효율적 시장에 대해 너무 많은 이상 현상들이 발견되었고 기존의 이론은 주식시장의 변동성을 거의 설명하지 못했기 때문이다. 이 당시에 행동 재무론에 관해 수많은 워크숍과 세미나가 진행되기도 하였다.[4] 시장의 지나친 변동성에 특별히 관심을 두었던 쉴러(2003)는 다양한 행동 재무론의 이

초과 변동성
실제 주식시장의 변동성에서 효율적 시장에서 추정되어야 하는 변동성을 차감한 수치

태양의 흑점
자기장으로 인해 대류가 방해받아 평균적인 태양 표면의 온도보다 낮아지면서 검게 보이는 부분

야성적 충동
사람들이 합리적인 이유와 관계없이 행동하도록 하는 요인으로, 투자 의사결정에는 합리적이고 이성적인 판단보다는 감정이 매우 중요한 역할을 한다.

대중 심리
많은 사람이 모였을 때 자제력을 잃고 쉽사리 흥분하거나 다른 사람의 언동에 따라 움직이는 일시적인 심리 상태

행동 재무론
심리학적 요인에 의해 재무금융 현상들을 설명하는 이론 및 실증 분석

러셀 세이지 재단
1907년 마가렛 올리비아 세이지가 미국의 사회 및 생활 조건 개선을 위해 설립한 미국의 민간 비영리 단체이다.

2 이는 이미 몇 년 전부터 진행되어오던 **러셀 세이지 재단**의 워크숍을 이어받은 것이었다.
3 2013년에 노벨 경제학상을 받은 학자는 파마, 쉴러와 함께 피터 핸슨이었다.
4 행동 재무론에 대한 일반적인 내용은 셰프린(2002), 스태트만(2017), 또는 스태트만(2019), 행동 기업재무론은 셰프린(2018), 기술적인 투자 전략은 페더슨(2015)을 참고하시오.

피드백 이론
투기적 가격 상승이 공공의 관심을 불러일으켜 입소문을 타고 확산되어 가격 상승에 대한 기대감을 높인다는 이론

스마트 머니
시장 및 투자 전문가 또는 기관투자자에 의해 운용되는 자본으로, 이익을 얻기 위해 정보를 가지고 재빠르게 움직이는 현명한 투자자를 말하기도 한다.

입소문
입에서 입으로 전해지는 소문

네거티브 버블
가격 하락이 추가적인 가격 하락을 유도하고, 입소문에 의해 비관 주의가 팽배하게 되어 시장은 지속이 불가능할 정도로 낮은 수준에 이르게 되는 것

튤립 버블
16세기 중후반부터 네덜란드에서 튤립 구근의 가격이 상승하기 시작하여 1630년대에 발생한 버블 현상

슈 중에서 다음 두 주제를 선택하여 언급하였다: **피드백 이론**과 **스마트 머니**.

피드백 이론

신문이나 잡지에 오래전부터 언급되었던 금융 시장의 가장 오래된 이론을 학술적 용어로 표현하면 가격에서 가격으로의 **피드백 이론**이다: 투기적으로 가격이 상승하면 일부 투자자들에게는 성공을 가져다주고, 이는 공공적인 관심을 불러일으키게 되며, 이런 관심은 **입소문**을 통해서 더 확산하여 향후 가격 상승에 대한 기대를 높인다. 피드백 과정은 투자자 수요를 증가시키고 다시 가격 상승을 불러일으킨다. 피드백이 멈추지 않으면 결국 여러 번의 반복을 통해서 투기적 버블이 발생한다. 미래의 가격 상승에 대한 기대로 인해서 가격이 높은 것이기 때문에 높은 가격은 지속될 수가 없고, 버블은 궁극적으로 터지게 되어 가격이 하락하게 된다. 버블은 기본적인 요인과는 전혀 관계가 없다. 동일한 피드백이 **네거티브 버블**로도 작동할 수 있다. 가격 하락이 추가적인 가격 하락을 유도하고, 입소문에 의해 비관주의가 팽배하게 되어 시장은 지속이 불가능할 정도로 낮은 수준에 이르게 되는 것이 네거티브 버블이다.

피드백 이론은 1841년 찰스 맥케이(1996)의 영향력 있는 저술인 〈특별한 대중 망상의 추억〉에서 설명된 1630년대 네덜란드의 **튤립 버블**까지 올라간다. 이는 튤립 구근에 대한 투기적 버블 사건을 말하는데, 그는 이에 대해 다음과 같이 서술하였다.

> 많은 사람이 갑자기 부자가 되었다. 금빛 미끼가 유혹적으로 사람들 앞에 내걸렸고, 그들은 꿀단지 주변의 파리들처럼 튤립 시장으로 달려갔다. 그러나 마침내 더 신중한 사람들이 이런 어리석음이 영원히 지속될 수 없다는 것을 알기 시작했다. 부자들은 더는 튤립을 그들의 정원에 가지고 있기 위해 매입하지 않았고, 확실한 이익을 보고 다시 매도하였다. 누군가는 결국 두려움 속에 손실을 볼 수밖에 없었다. 이런 확신이 널리 퍼지자 가격은 하락했고 다시는 오르지 않았다.

피드백 이론을 재무론이나 경제학 교과서에서 찾아보기는 힘들다. 그 이유는 피드백 이론이 교과서가 아니라 일상적인 대화로 전달되었기 때문이다. 결과적으로 피드백 이론은 학술적 연구에서 신뢰를 얻지 못했다. 하지만 피드백 현상이 심리학 실험에 의해서 인정되기 시작하자, 실험 경제학자들이 피드백에 의한 버블 현상을 검증하였다. 버논 스미스 등(1988)은 피드백 거래와 정

합성이 있는 버블을 만드는 실험적 시장을 만들 수 있었고, 마리몬 등(1993)은 피실험자들이 버블이 기대되는 과거 경험을 가졌을 때 반복된 버블이 생성되는 실험을 보여주었다.[5] 마침내 대니얼 등(1998)이 **자기 귀속 바이어스**의 심리적 원칙이 피드백을 조장할 수 있음을 보여주었다. 자기 귀속 바이어스란 심리학 연구의 오래된 개념으로 성공은 자기의 능력 때문이고 실패는 통제할 수 없는 요인 때문이라고 생각하는 인간의 성향이다.

자기 귀속 바이어스
성공은 자기의 능력 때문이고 실패는 통제할 수 없는 요인 때문이라고 생각하는 인간의 성향

피드백을 지지하는 자연적 실험의 증거도 있다. 이는 정보 통신의 대중매체 속에서, 실시간으로, 실제 돈으로, 사회적 네트워크와 대인 관계 속에서, 친구들의 성공적 투자를 실제로 부러워하면서 피드백이 발생하는 것이기 때문에 실험실 실험보다 더욱 설득력이 있다. **폰지 사기**(폰지 게임 또는 피라미드 사기)는 그러한 **자연 실험**의 대표적인 사례이다. 폰지 사기는 겉으로는 그럴듯하지만, 후속 투자자들이 투자한 돈을 그들에게 주어서 초기 투자자들에게 높은 수익을 창출하는 사기 수법이다. 초기 투자자들의 반응은 약하게 나타나지만, 단계가 증가할수록 수익률이 높아지기 때문에 투자자들의 믿음과 흥분이 고조된다. 폰지 사기는 투자자들을 엄청나게 열광시키기도 한다. 이를 방지할 수 있는 효과적인 규제와 감시가 없는 국가에서 폰지 사기는 엄청난 피해를 발생시키기도 한다. 1996~1997년 동안 알바니아에서 폰지 사기가 너무 많이 퍼지자 이로 인한 부채가 연간 GDP의 절반에 달했다. 결국, 2,000명 이상의 목숨을 앗아가는 사회적 붕괴가 발생하였고 무정부 상태와 내전을 초래하였다.

폰지 사기
투자자들에게 수익을 보장한다며 투자를 받아 이 돈으로 기존 투자자들에게 약속한 수익을 지급하는 금융 사기

자연 실험
실험실이 아닌 현실에서 실험자가 의도하였던 실험이 진행되는 것

스마트 머니와 공매도

효율적 금융 시장 이론은 모든 사람이 합리적 최적화를 한다고 가정한다. 하지만 모든 사람이 복잡한 최적화 문제를 푼다고 생각하는 것처럼 어리석은 일도 없다. 주식시장에서 이런 이론적 모형이 성립하려면 많은 투자자의 어리석은 행동을 상쇄하여 시장을 효율적으로 만드는 **스마트 머니(또는 한계 거래자)**가 존재해야 한다.[6] 효율적 시장 이론에 따르면, 비합리적인 투자자가 주식을 매입(매도)하면 스마트 머니는 매도(매입)하여 비합리적 거래자의 시장 가격에 대한 영향을 완전히 제거해야 한다. 하지만 현실적으로 스마트

스마트 머니(또는 한계 거래자)
시장 및 투자 전문가 또는 기관 투자자에 의해 운용되는 자본으로, 이익을 얻기 위해 정보를 가지고 재빠르게 움직이는 현명한 투자자를 말하기도 한다.

5 버논 스미스는 실험 경제학에 대한 공로를 인정받아 2002년에 대니얼 카너먼과 함께 노벨 경제학상을 수상하였다.
6 스마트 머니는 시장 및 투자 전문가 또는 기관 투자자에 의해 운용되는 자본이지만, 이익을 얻기 위해 정보를 가지고 재빠르게 움직이는 현명한 투자자를 말하기도 한다.

머니가 일반 투자자들의 효과를 완전히 상쇄시킬 이유는 없다.

한 연구에 의하면, 스마트 머니와 피드백 거래자가 있을 때 스마트 머니는 피드백 거래자의 효과를 오히려 더 증폭시킬 수 있는데, 가격 증가(하락)를 예상하여 피드백 거래자들에 앞서서 주식을 매입(매도 또는 공매도)하기 때문이다. 또 다른 연구는 기대효용 최대화를 하는 스마트 머니는 합리적 관점에서 비합리적 투자자에 의해 발생하는 위험에 관심이 있으므로 비합리적 투자자의 효과를 상쇄하려 하지 않는다고 하였다.

한편, 투기적 버블은 특정 스타일 투자에 나타나고 다른 스타일 투자에는 나타나지 않을 때도 있다. 예를 들어, 2000년 미국에서 있었던 주식시장 버블은 나스닥의 기술주에 국한된 것이었다. 피드백 거래자들이 기술주에 집중하면, 그들은 다른 스타일에서는 탈출한다. 이때 스마트 머니는 피드백 거래자들의 효과를 완전히 상쇄하지 못했고, 피드백 거래 때문에 나스닥 기술주는 지나친 호황을 누리다가 결국 급락하게 되었다.

스마트 머니가 비합리적 투자자의 효과를 상쇄하기 어려운 때가 있는데, 이는 주식 공매도에 제한이 있는 경우이다. 어떤 주식을 광적인 투자자들이 매입하면 그들 간에만 거래가 이루어질 것이고 주가도 그들에 의해 정해질 것이다. 주가가 터무니없다고 생각한 스마트 머니가 최대한의 **공매도**를 하면 더는 공매도를 할 수도 없게 된다. 하지만 주가는 계속 높은 상태로 유지되기 때문에 이익을 취할 수도 없다. 일찍이 밀러(1977)는 효율적 시장의 논란에서 이런 허점을 지적하였고, 그의 연구는 그 이후로도 계속해서 회자되고 있다.

공매도
보유하지 않은 주식을 매도하는 행위

광적인 투자자가 대부분의 주식을 보유해서 공매도가 어려웠던 경우가 2000년 3월에 있었다. 3Com이 손바닥 컴퓨터를 개발하는 Palm 부문을 분사한 사례이다. 미리 Palm 주식의 5%만 기업 공개를 하고 나머지 95%에 대해서는 6개월 후에 3Com 주식 1주를 가진 주주에게 1.525주를 제공하기로 하였다. 하지만 5%의 Palm 주식이 공개되자 Palm의 주가가 지나치게 상승하여 향후 3Com 주주에게 제공될 95%의 Palm 주식 시가총액이 3Com의 시가총액보다 훨씬 크게 되었다. 이는 3Com 주식의 내재가치가 음(–)이라는 것을 의미하였다. 정말 터무니없는 사건이었다.[7]

공매도의 부족이 지나친 주가 상승이나 버블을 일으킬 수 있다는 밀러의 이

7 더 자세한 내용은 제3부의 〈금융시장에 일물일가의 법칙이 적용될까?〉를 보시오.

론을 실증적으로 평가하기 어려운 이유는 어떤 주식의 공매도가 어려운지에 대한 자료가 거의 없기 때문이다. 하지만 미국에서 개별 주식의 공매도 잔고에 대한 시계열 자료는 충분히 있다. 이를 이용한 연구에서 공매도 잔고가 클수록 향후 개별 주식의 수익률이 낮아진다는 사실이 밝혀졌지만, 예측가능성은 그리 높지 않았다.[8] 공매도 비용에 대한 시계열 자료가 존재했던 1926~1933년 기간의 연구에서 주가를 시가/장부가 비율로 평가할 때 공매도 비용이 비쌀수록 주가가 고평가되는 경향이 있다는 사실이 밝혀지기도 하였다. 또한 공매도 비용이 높을수록 향후 주식 수익률이 작아진다고 하였다. 이러한 사실들은 모두 공매도 제한이 있는 경우 주가가 과대평가 될 수 있다는 밀러의 이론과 정합성을 가지는 결과이다. 이는 주식시장의 안정성을 위해 공매도가 중요한 도구가 될 수 있다는 것을 의미한다.

1933년 이후에 공매도 비용에 대한 자료가 존재하지 않는 이유는 1929년의 주식시장 대폭락으로 인해 공매도에 대한 적대감이 너무 컸기 때문이다. 1929년 이후에 공매도 투자자에 대한 정치적 반감이 매우 높았다. 이런 분위기 속에서 미국의 FBI 국장이었던 에드가 후버가 주가 하락의 음모를 수사하겠다고 발표하였다. 결국 공매도를 중개하던 업자들의 활동이 급격하게 위축되어 중단되었고, 1933년경부터 주식 공매도의 비용 등에 대한 자료가 발표되지 않았다.

주식시장의 효율성과 야성적 충동

사회학자들은 이미 오래전부터 버블의 생성 과정에 관해 설명하였다. 모리스 알박스는 어떤 시점에 널리 기억되는 사실의 집합을 '**집단 기억**'이라고 하였는데, 이는 입소문과 활동적인 뉴스 미디어가 그 기억을 재생산하지 않으면 결국 잊히게 된다. 뉴스 미디어는 독자들이 이제는 관심 없는 유용한 사실들보다는 지금 당장 흥미로운 생각들을 편향되게 보도하는 경향이 있다. 과거의 경험을 잊어버리는 것이 대중의 판단에 영향을 미치는 것은 분명하다. 그리 멀지 않은 과거지만, 우리나라에서 발생했던 1978년의 **건설주 파동**이나 1999년의 **우선주 파동**을 누가 기억하고 있을까? 1987년의 **블랙 먼데이**가 다시 올 것으로 생각하면서 주식에 투자하는 사람들이 얼마나 될까? 그 당시

집단 기억
어떤 시점에 널리 기억되는 사실의 집합

건설주 파동
1978년 우리나라에서 건설주 가격이 지나치게 상승하였다가 폭락한 사건

우선주 파동
1999년에 우리나라에서 우선주의 가격이 지나치게 상승하였던 사건

블랙 먼데이
1987년 10월 19일 월요일에 미국의 주식시장이 20% 정도 하락한 사건

8 전체 주식시장 차원에서는, 미국과 일본에서, 공매도 잔고와 향후 주식 수익률 간에 양(+)의 관계가 발견되었다. 각각 울리지와 디킨슨(1994)과 고광수와 임태진(2006)을 보시오.

에는 누구나 그 사건에 대해 이해할 수 있었지만, 지금은 거의 모든 사람이 모르고 있다. 버블이 만들어졌을 때 미디어와 대중들이 다시는 기억을 되살리지 않으면 집단 기억은 약화되어서 사라져 버린다.

한편, 투기적 시장에서 주식 가격이 미래 배당에 대한 확률의 모든 정보를 반영하기는 어렵다. 전체 주식시장의 가격 변화는 변덕스러운 인식을 반영할 가능성이 더 크다. 케인스는 이를 야성적 충동이라 하였는데, 이는 시장에서 **스마트 머니**에 영향을 준다. 그는 또한 확률이란 의사결정 이론의 입장에서 정확히 측정될 수 없고 항상 애매모호하다고 하였다. 이런 기본적인 애매모호함 때문에 금융 거래에는 변덕스러운 요소가 있을 수밖에 없다. 따라서 중요한 의사결정이 정확한 계산보다는 충동적으로 이루어질 수 있다. 어떤 사람들은 확률 계산을 할 수 있지만, 다른 사람들은 자신의 계산을 믿지 못하기 때문에 직감적으로 행동한다.

스마트 머니
시장 및 투자 전문가 또는 기관 투자자에 의해 운용되는 자본으로, 이익을 얻기 위해 정보를 가지고 재빠르게 움직이는 현명한 투자자를 말하기도 한다.

쉴러(1984)는 일찍이 〈주식 가격과 사회적 역동성〉이라는 논문에서 주가의 모형으로 기존 이론과는 다른 기대 현재가치 모형을 제시하였다. 그 모형은 객관적으로 정량화할 수 없는 시간 가변적 요인에 의존하는데, 그는 이 요인을 일반 투자자에 의한 주식의 수요라고 했지만, 지금은 야성적 충동이라고 부른다. **야성적 충동**이란 스마트 머니가 아니고, 심각하고 체계적이지도 않으며, 조사연구 없이 우연히 획득한 정보를 이용하는 모든 사람의 주식에 대한 수요이다. 대부분의 투자자가 그럴 것이고, 그들의 모형은 극단적일 가능성이 크다. 그들의 생각은 쉽게 변하는 일시적 유행과 쓸데없는 이야기, 그리고 아무런 상관이 없는 뉴스에 대한 과민 반응 등을 반영한다. 그들은 집단적으로 즉시 자기 생각을 바꾸지 않기 때문에 야성적 충동은 시간이 흐름에 따라 천천히 나타난다. 여기서 핵심적 아이디어는 착각에 흔들리지 않는 스마트 머니 투자자들이 존재하고, 그들은 주식 투자에 매우 조심스럽다는 것이다. 왜냐하면 미래의 배당이 확실히 알려진 것도 아니고, 일반 투자자들의 행동은 예측이 불가능하며, 그들의 주식 투자 규모가 매우 클 때 그들의 변덕스러운 행동은 스마트 머니의 손실을 초래할 수도 있기 때문이다.

야성적 충동
사람들이 합리적인 이유와 관계없이 행동하도록 하는 요인으로 투자 의사 결정에는 합리적이고 이성적인 판단 보다는 감정이 매우 중요한 역할을 한다.

이제 쉴러의 모형에 대해 간단하게 알아보자. 만약 일반 투자자들의 변덕스러운 투자가 없다면 그의 모형은 효율적 시장 이론에서의 배당 평가 모형과 같아진다. 반대로 일반 투자자들의 영향이 스마트 머니에 비해 매우 크다면 그들이 주가를 완전히 결정할 것이다. 실제 주식 가격은 이런 두 가지 경우의 중간쯤에 있을 것이다. 이런 경우에는 일별이든 월별이든 상관없이 주가의 예측성은 낮다. 즉, 주가 수익률의 자기상관 계수가 매우 작다는 것이다. 야성적 충동이 주가의 지배 요인이라 할지라도 주가의 낮은 예측성은 **효율적 시장 이론**과 정합성을 가진다. 그렇다고 해서 주식시장이 효율적이라고 주장할 수는 없다. 매일 매일의 주가 움직임이 시계열 자기상관이 거의 없을지라도 야성적 충동의 길고 느린 움직임(몇 년 동안 강세 또는 약세 시장)은 주가에서도 동일한 움직임을 유도하기 때문이다. 이런 주가의 움직임은 미래의 배당 뉴스가 아니라 야성적 충동 뉴스에 반응한다.

효율적 시장 이론
시장의 자산 가격이 모든 이용 가능한 정보를 완전하고 신속하게 반영한다는 이론

스마트 머니가 계속 부를 축적하면서 결국 시장을 접수하게 되어 효율적 시장이 된다는 견해도 있다. 하지만 투자자 능력의 자연적인 순환이 있기 때문에 그런 일은 벌어지지 않을 것이다. 스마트 머니 투자자들은 처음엔 적은 자금을 가지고 시작하여 오랜 시간이 걸려 영향력 있는 위치에 이르게 된다. 그러는 동안 그들은 나이가 들어 은퇴할 것이기 때문에 더는 자신의 장점을 살려 돈을 버는 일에 관심이 없게 된다. 시장은 어느 정도 효율적이어서 시장을 능가하는 능력이 많지도 않고, 불확실하며, 그런 능력에 대한 보상도 매우 늦게 이루어진다.[9] 진정한 스마트 머니 투자자도 평생 그들의 자금을 효율적으로 관리한다는 것을 증명할 정도로 충분한 성공 사례들을 보여주기는 어렵다. 그것을 증명하기에는 너무 오랜 시간이 걸리고 기본적인 불확실성이 너무 많다.

행동 재무론의 역할

쉴러(2014)는 그의 노벨 경제학상 수락 연설에서 1980년대 이후 행동 재무론의 발전을 강조하였다. 재무론과 심리학의 협업에 의해 탄생한 행동 재무론은 금융 시장에 대한 이해를 더욱 심도 있게 하였다. 물론 행동 재무론 연구가 금융 시장의 비효율성을 이용해서 아주 신뢰성 있고 신속하게 돈을 벌게 해준다고 기대해서는 안 된다. 또한 시장 효율성이 아주 터무니없이 잘못된 것이어서 즉각적인 이익 창출이 가능하다고 생각해서도 곤란하다. 하지만 다른 관점에서 시장 효율성은 황당할 정도로 잘못된 것일 수도 있다. 효율적

9 페더슨(2015)은 시장을 '효율적으로 비효율적'이라고 표현하였다. 이는 시장이 펀드 매니저들이 우수한 성과를 통해서 비용과 위험을 보상받을 정도로 충분히 비효율적이지만, 비용을 차감한 이후의 보상이 새로운 경쟁자나 추가적인 자본의 유입을 조장하지는 못할 정도로 충분히 효율적이라는 것이다. 이 개념에 대해서는 제3부의 〈효율적으로 비효율적인 시장과 헤지 펀드〉를 보시오.

시장 이론이 주요 주식시장의 버블에 대해 완전히 잘못된 해석을 제공했기 때문이다.

재무론 연구에 있어서 시장 효율성은 치명적인 약점을 가지고 있으므로 절충적인 방법을 도입할 필요가 있다. 효율적 시장의 이론적 모형들이 이상적인 세상의 사례와 특징을 가지고 있으므로 그 모형들이 실제 시장을 정확히 대변한다고 생각해서는 곤란하다. 또한 금융 시장이 항상 잘 작동되고, 가격 변화는 항상 올바른 정보를 반영한다고 생각해서도 안 된다. 행동 재무론은 1990년대 중후반의 미국 주식시장 호황, 2000년의 주식시장 붕괴, 2008년 글로벌 금융 위기가 인간의 심리적 약점과 임의적인 피드백 거래에 그 원인이 있으며, 실질적으로 자원이 잘못 할당되었다는 것을 지적하였다. 이제 실제 시장을 좀 더 현실적으로 설명할 수 있는 행동 재무론의 시대가 도래한 것이다.

주요 용어

건설주 파동	야성적 충동	초과 변동성
공매도	우선주 파동	태양의 흑점
네거티브 버블	입소문	튤립 버블
대중 심리	자기 귀속 바이어스	폰지 사기
러셀 세이지 재단	자연 실험	피드백 이론
블랙 먼데이	전미경제연구소	행동 재무론
소비 베타	주식시장의 효율성	효율적 시장 이론
스마트 머니(또는 한계 거래자)	집단 기억	

핵심 정리

- 1970년대에, 로버트 쉴러도 효율적 시장 이론의 거대한 움직임에 속해 있었다. 그는 1972년에 〈합리적 기대와 이자율의 기간 구조〉라는 주제로 박사 학위 논문을 썼는데, 이것도 장기채권 시장의 효율성에 관한 연구이었다.
- 쉴러는 1981년에 〈주가는 배당에 의해 정당화될 수 있는 것보다 너무 많이 움직이는가?〉라는 논문을 발표하면서부터 합리적 기대와 효율적 시장 이론으로부터 이탈하기 시작하였다.
- 그는 1991년부터 2015년까지 리처드 탈러와 함께 전미경제연구소에서 행동 재무론 프로그램도 운영하면서 효율적 시장 이론의 반대 진영에 포진하였다.

효율적 시장 이론에서 행동 재무론으로

- 쉴러(2003)는 효율적 시장에 대해 끊임없이 의심하면서, 학술 연구의 중심이 효율적 시장 이론에서 행동 재무론으로 옮겨갔다고 하였다.

효율적 시장 이론에서 행동 재무론으로

- 쉴러(2003)는 효율적 시장에 대해 끊임없이 의심하면서, 학술 연구의 중심이 효율적 시장 이론에서 행동 재무론으로 옮겨갔다고 하였다.

- 실제 주식시장의 변동성은 효율적 시장에서 추정되어야 하는 변동성보다 훨씬 크다. 주식시장의 초과 변동성은 효율적 시장의 기본적인 요인보다는 태양의 흑점, 야성적 충동 또는 대중 심리에 의해 발생한다.
- 쉴러(1981)는 효율적 시장 모형에 의한 주식의 현재 가치에 비해 주식시장에는 초과 변동성이 존재한다는 것을 증명하였다.
- 1990년대에 들어서면서, 학계의 관심사는 주식 수익률 시계열의 계량 경제학적 분석에서 인간 심리를 금융 시장에 연계시키는 모형 개발로 이동하기 시작하였다. 효율적 시장에 대해 너무 많은 이상 현상들이 발견되었고 기존의 이론은 주식시장의 변동성을 거의 설명하지 못했기 때문이다.
- 시장의 지나친 변동성에 특별히 관심을 두었던 쉴러(2003)는 다양한 행동 재무론의 이슈 중에서 다음 두 주제를 선택하여 언급하였다: 피드백 이론과 스마트 머니.
- 피드백 이론: 투기적으로 가격이 상승하면 일부 투자자들에게는 성공을 가져다주고, 이는 공공적인 관심을 불러일으키게 되며, 이런 관심은 입소문을 통해서 더 확산되어 향후 가격 상승에 대한 기대를 높인다.
- 스마트 머니: 많은 투자자의 어리석은 행동을 상쇄하여 시장을 효율적으로 만드는 스마트 머니(또는 한계 거래자)가 존재해야 한다. 하지만 현실적으로 스마트 머니가 일반 투자자들의 효과를 완전히 상쇄시킬 이유는 없다.

주식시장의 효율성과 야성적 충동

- 투기적 시장에서 주식 가격이 미래 배당에 대한 확률의 모든 정보를 반영하기는 어렵다. 전체 주식시장의 가격 변화는 변덕스러운 인식을 반영할 가능성이 더 크다. 케인스는 이를 야성적 충동이라 하였는데, 이는 시장에서 스마트 머니에 영향을 준다.
- 쉴러(1984)는 일찍이 〈주식 가격과 역동성〉이라는 논문에서 주가의 모형으로 기존 이론과는 다른 기대 현재가치 모형을 제시하였다. 그 모형은 객관적으로 정량화할 수 없는 시간 가변적 요인에 의존하는데, 그는 이 요인을 일반 투자자에 의한 주식의 수요라고 했지만, 지금은 야성적 충동이라고 부른다.
- 야성적 충동이 주가의 지배 요인이라 할지라도 주가의 낮은 예측성은 효율적 시장 이론과 정합성을 가진다. 그렇다고 해서 주식시장이 효율적이라고 주장할 수는 없다. 매일 매일의 주가 움직임이 시계열 자기상관이 거의 없을지라도, 야성적 충동의 길고 느린 움직임(몇 년 동안 강세 또는 약세 시장)은 주가에서도 동일한 움직임을 유도하기 때문이다.

행동 재무론의 역할

- 행동 재무론은 1990년대 중후반의 미국 주식시장 호황, 2000년의 주식시장 붕괴, 2008년 글로벌 금융 위기가 인간의 심리적 약점과 임의적인 피드백 거래에 그 원인이 있으며, 실질적으로 자원이 잘못 할당되었다는 것을 지적하였다.
- 이제 실제 시장을 좀 더 현실적으로 설명할 수 있는 행동 재무론의 시대가 도래한 것이다.

참고 문헌

- Breedon, D. (1979), An intertemporal asset pricing model with stochastic consumption and investment opportunities, Journal of Financial Economics 7, 265~296.
- Cootner, P. (1964), The random character of stock market prices. Cambridge, MA: MIT Press.
- Daniel, K., D. Hirshleifer, and A. Subrahmanyam (1998), Invesor psychology and security market under- and over-reactions, Journal of Finance 53, 1839~1885.
- Fama, E. (1970), Efficient capital markets: A review of theory and empirical work, Journal of Finance 25, 383~417.
- Ko, K and T. Lim (2006), Short selling and srock prices with regime switching in the absence of market makers: The case of Japan, Japan and the World Economy 18, 528~544.
- Lucas, R. (1978), Asset prices in an exchange economy, Econometrica 46, 1429~1445.
- MacKay, C. (1996), Memoirs of extraordinary popular delusions, 1841, in Extraordinary Popular Delusions and the madness of Crowds and Confusion de Confusiones. Martin Fridson, ed. New York: John Wiley.
- Malkiel, B. (1973), A random walk down wall street, New York: W. W. Norton.
- Marimon, R., S. Spear, and S. Sunder (1993), Expectationally driven market volatility: An experimental study, Journal of Economic Theory 61, 74~103.
- Merton, R. (1973), An intertemporal capital asset pricing model, Econometrica 41, 867~887.
- Miller, E. (1977), Risk, uncertainty and divergence of opinion, Journal of Finance 32, 1151~1168.
- Pedersen, L. (2015), Efficiently inefficient, Princeton University Press.
- Shefrin, H. (2002), Beyond greed and fear, Oxford University Press.
- Shefrin, H. (2018), Behavioral corporate finance, McGraw Hill.
- Shiller, R. (1972), Rational expectations and the term structure of interest rates, Ph.D. dissertation, Massachusetts Institute of Technology.
- Shiller, R. (1981), Do stock prices move too much to be justified by subsequent changes in dividends?, American Economic Review 71, 421~436.
- Shiller, R. (2003), From efficient markets theory to behavioral finance, Journal of Economic Perspectives 17, 83~104.
- Shiller, R. (1984), Stock prices and social dynamics, Brookings Papers on Economic Activity, 457~498.
- Shiller, R. (2014), Speculative asset prices, American Economic Review 104, 1486~1517.
- Smith, V., G. Suchanek, and A. Williams (1988), Bubbles, crashes, and endogenous expectations in experimental spot asset markets, Econometrica 56, 1119~1153.
- Statman, M. (2017), Finance for normal people, Oxford University Press.
- Statman, M. (2019), Behavioral finance, CFA Institute Research Foundation.
- Woolridge, J. and A. Dickinson (1994), Short selling and common stock prices, Financial Analysts Journal 50, 20~28.

04 — 경험적 효용과 효용 최대화

신고전주의 경제학은 효용 극대화에 따르는 **합리적 선택 이론**에 근거하고 있다. 합리적 선택은 효용을 최대화하는 의사결정으로 항상 **선택의 정합성**을 유지해야 한다. 여기서 선택의 정합성이란 경제학의 네 가지 공리(완전성, 이전성, 연속성 및 독립성)가 언제나 성립한다는 의미이다. 이때 사용하는 효용을 **의사결정 효용**이라고 한다. 의사결정 효용은 관찰된 선택으로부터 추론될 수 있고, 또 선택을 설명하기 위해서도 사용될 수 있다. 이에 비해, **경험적 효용**은 사후적 개념으로 선택에 의한 실제 결과의 **쾌락적 경험**을 말한다.

경험적 효용은 18~19세기에 최대 다수의 최대 행복을 주장하였던 **공리주의**자 제레미 벤담과 깊은 관계를 맺는다.[1] 그의 주장에 따르면, 효용은 기쁨과 고통에 관계된 것으로 우리가 무엇을 결정할지와 무엇을 해야 하는가를 가르쳐 준다고 하였다. 그의 경험적 효용 개념은 경제학자들이 받아들이는 효용으로 인정되었지만, 신고전주의 경제학이 등장하면서 의사결정 효용에 의해 효용으로서의 위치를 상실하게 되었다. 하지만 오랫동안 경제학의 중심으로 큰 역할을 하던 의사결정 효용은 행동 경제학이 대두하면서 점점 그 가치를 의심받기 시작하였다. 카너먼 등(1997)이 경험적 효용을 옹호하면서 벤담으로 돌아가야 한다고 주장하자, 경험적 효용의 중요성이 다시 강조되기 시작하였다.

합리적 선택 이론
효용을 최대화하는 의사결정으로 항상 선택의 정합성을 유지해야 한다는 이론

선택의 정합성
선택이 경제학의 네 가지 공리(완전성, 이전성, 연속성 및 독립성)와 정합성이 있다는 의미이다.

의사결정 효용
선택의 정합성이 유지되는 경제학적 의미의 효용

경험적 효용
사후적 개념으로 선택에 의한 실제 결과의 쾌락적 경험을 말한다.

쾌락적 경험
쾌락의 느낌

공리주의
18~19세기에 최대 다수의 최대 행복을 주장했던 제레미 벤담의 사상

효용 이론의 역사

효용의 개념은 대니얼 베르누이가 **세인트 피터스버그 역설**을 해결하기 위하여 만들어졌다.[2] 그가 제시한 효용은 오늘날과 같이 구체적인 의미를 가진

세인트 피터스버그 역설
니콜라스 베르누이가 제안한 문제로, 기댓값에 의한 의사결정 기준에 문제가 있음을 지적한다.

1 공리주의란 19세기 이후 영국의 윤리주의 사상으로 인간 행위의 윤리적 기초를 개인의 이익과 쾌락의 추구에 둔다. 이에 의하면, 이익의 결정 요인은 행복이며 도덕의 목적을 최대 다수의 최대 행복이라고 한다. 공리주의는 고전 경제학의 사상적 기초로 자본주의 체계의 토대가 되었지만, 개인의 사익 추구와 공익이 배치될 수도 있다는 비판을 받는다.

2 여기에 대해서는 제1부의 〈합리적 의사결정의 오류〉를 보시오.

한계 효용 체감의 법칙
부의 수준이 증가함에 따라 한계효용이 감소한다는 경제학의 이론

개념은 아니었지만, **한계효용 체감의 법칙**을 분명하게 지적하였다: 부의 증가에서 발생하는 만족감은 이전에 소유한 재화의 양에 반비례한다. 그 이후로 경제학자와 심리학자들은 효용 이론들을 개발하였고, 궁극적으로 오늘날 사용하는 여러 가지의 효용 개념들로 발전시켰다.

이기적 쾌락주의
경험으로부터 기쁨과 고통이 발생하며, 이런 기쁨과 고통은 원칙적으로 측정할 수 있다.

선택
필요한 것을 골라서 뽑음

제레미 벤담의 도덕 철학은 세 가지 주장을 하고 있다. 첫째, 경험으로부터 기쁨과 고통이 발생한다. 둘째, 이런 기쁨과 고통은 원칙적으로 측정할 수 있다. 셋째, 이렇게 얻어진 사람들의 기쁨과 고통은 합산될 수 있다. 앞의 두 주장을 **이기적 쾌락주의**라고 부른다. 여기서 기쁨과 고통의 가치는 다음 네 가지 상황에 따라 달라진다: ① 강도 또는 강렬함, ② 지속 기간, ③ 확실성, ④ 근접성. 결국, 행동의 목적은 사회 전체의 효용을 최대화하는 것이다. 벤담의 의미에서 효용은 전체의 행복을 증가 또는 감소시키는 행동의 경향이다. 여기서 중요한 효용의 특징은 논리적으로 **선택**과 분리되어 있다는 것이다. 이 이론에는 사람이 자신에게 가장 좋은 대안을 선택한다는 내용이 전혀 없다. 예를 들어, 흡연은 전체 효용을 감소시키지만, 사람들이 흡연을 선택하지 않는 것은 아니다. 즉, 효용이 감소하여도 사람들은 흡연을 선택한다. 공리주의 입장에서 선택과 효용은 분리된 (또는 독립된) 개념이다. 하지만 신고전주의 경제학자들에 의해 효용의 정의가 바뀌면서부터 효용과 선택의 논리적 분리가 사라져버렸다.

기대효용 이론
기대효용을 최대화하여 선택한다는 경제학 이론

제레미 벤담의 사상은 후세대에 지대한 영향을 미쳤다. 윌리엄 제번스, 앨프레드 마셜, 프란시스 에지워스 등이 그의 영향을 받아서 고전주의 경제학의 기반을 닦았다. 그들이 주장했던 기쁨과 고통은 효용 경제학의 형이상학적 기반이 되었지만, 효용의 측정과 존재에 대해서는 뚜렷한 언급이 없었다. 앨프레드 마셜(1920)은 효용이 선택으로 이어지기 위하여 어떤 가정이 필요한지와 약점들을 지적하였다. 그러다가 1944년에 대니얼 베르누이의 개념에 근거하여 폰 노이만과 모겐스턴이 확률과 효용의 추정에 의한 의사결정 방법을 개발하였다. 그것이 바로 오늘날 신고전주의 경제학이 전가의 보도로 사용하는 **기대효용 이론**이다. 기대효용 이론은 현대 경제학에 엄청난 영향을 미쳤고, 기대 이익과 확률이 쉽게 계산되면 매우 잘 작동한다. 이는 포커와 같은 게임에는 쉽게 적용될 수 있지만, 우리 인생에 있어서 대부분의 의사결정에는 쉽게 적용되지 못한다. 왜냐하면 인생에서는 결과와 확률을 쉽게 계산할 수 없기 때문이다.

쾌락적 예측의 오류

카너먼과 탈러(2006)는 기존의 연구를 종합적으로 검토하여 쾌락적 예측의 오류와 그 원인에 대해서 체계적으로 정리하였다. 이제 그들의 연구 결과들을 살펴보자. 제레미 벤담은 선택과 효용을 분리하여 생각하였지만, 선택이 효용을 최대화하는가라는 질문을 고전적 의미의 효용 관점에서 해석하면 다음과 같다: 사람들이 가장 기뻐할 선택을 할까? 하지만 신고전주의 경제학에서는 그 질문의 의미가 크게 달라져서 선호도가 합리적 선택의 공리들과 정합성을 가지는지가 중요하다. 이미 제1부에서 설명한 알레의 역설, 엘스버그의 역설 및 프레이밍 효과에서 합리적 의사결정에 오류가 있음을 보여주었다. 또한 카너먼(1994)은 사람들이 의사결정에 있어서 근시안적이고 미래의 취향을 예측할 수 없으므로, 기억 오류와 과거 경험에 대한 그릇된 평가에 의해 선택 오류가 존재할 수 있다는 것을 보여주었다. 즉, 미래의 선호도를 항상 아는 것은 아니기 때문에 선호도 예측에서 체계적 오류가 발생하고, 이로 인하여 경험적 효용을 최대화하는 것에 실패한다는 것이다.

t_0 시점의 소비자 선택을 위해서는 미래의 t_1 시점에 경험하게 될 결과의 효용을 예측해야 한다. 이를 **쾌락적 예측**이라고 하는데, 이는 t_0 시점의 선택으로부터 추론되어야만 한다. 이런 쾌락적 예측은 체계적 오류를 가지게 된다. 예를 들어, 점심을 놓쳐서 매우 배가 고픈 사람이 월요일 오후에 마트에서 장을 본다고 하자. 지금 그는 배가 고프기 때문에 주중의 저녁을 위해서 지나치게 많은 양의 식품을 구매할 수 있다. 이는 쾌락적 예측의 오류가 잘못된 선택을 하게 만든 결과이다. 쾌락적 예측은 신중함보다는 본능적으로 이루어지기 때문에 본능적 판단에 개입되는 바이어스에 민감하다. 본능적 판단은 자연스럽게 생각나는 느낌을 나타낸다.

쾌락적 예측
t_0 시점의 소비자 선택을 위해서는 미래의 t_1 시점에 경험하게 될 결과의 효용을 예측해야 한다.

이런 본능적 판단을 지배하는 휴리스틱에는 **대체** 과정이 작용한다. 사람들은 어려운 질문을 받게 되면 그와 관련된 질문에 대한 답변이 먼저 떠오르게 된다. 여기서 대체란 머릿속에서 어려운 질문을 대답할 수 있는 관련된 질문으로 바꾸는 것이다. 배고픈 사람의 쇼핑에서도 마찬가지다. 배고픈 사람의 쇼핑은 현재의 배고픈 상태 때문에 맛있는 음식을 보고 흥분하게 되어 지나치게 많은 식품을 구매하게 된다. 평상시의 침착한 상태를 배고파서 흥분한 상태로 대체한 것이다. 이러한 대체의 결과는 **닻 내림**이라고 알려진 일종의 방향적 바이어스이다.

대체
다른 것으로 대신함

닻 내림
심리적 사고의 기준을 정하는 것

t_0 시점의 의사결정은 t_1 시점의 소비에 영향을 미치게 된다. 이때 t_0 시점의 개인적 상황과 정신적 상태는 의사결정 시점에 생각나는 본능적 평가에 영향을 미친다. t_0와 t_1 시점의 상황이 다르면 t_0 시점의 상황을 반영하는 판단과 의사결정이 바이어스될 가능성이 크다.

의사결정에 영향을 미치는 요소들: 효용 최대화의 반증

현재의 감정적 상태 효과

배고픈 사람의 쇼핑 사례는 다른 연구에서도 체계적으로 검토되었다. 미래의 쾌락적, 감정적 상태의 예측이 현재의 감정적 상태에 의존한다는 것이다. 소비자들은 현재의 정신 상태를 미래로 투영하는 성향이 있는데, 로웬스타인 등(2003)은 이를 **예측 바이어스**라고 하였다. 그들은 **흥분과 냉정함의 감정 격차**를 다음과 같이 설명하였다: 사람들은 흥분했을 때 냉정한 상태의 행동을 예측하지 못하고, 냉정할 때 흥분한 상태의 영향을 예측하지 못한다. 즉, 현재 상태에서 변화했을 때의 영향을 과소평가하게 된다는 것이다. 배고픈 사람은 그 상태가 영원히 지속될 것처럼 생각하고 식품을 지나치게 많이 구매한다. 하지만 미리 머핀을 하나라도 먹은 사람은 쇼핑 목록에 기재된 식품만을 구매하는 경향이 있다고 한다. 음식의 매력이 현재의 배고픈 정도에 따라 달라지기 때문이다. 배고픈 사람이 참을 수 없을 정도로 먹고 싶었던 음식들이 나중에 실제로 소비될 때는 그 정도로 맛있지 않을 것이다.

예측 바이어스
소비자들이 현재의 정신 상태를 미래로 투영하는 성향

흥분과 냉정함의 감정 격차
사람들은 흥분했을 때 냉정한 상태의 행동을 예측하지 못하고, 냉정할 때 흥분한 상태의 영향을 예측하지 못한다.

예측 바이어스의 또 다른 사례는 헤로인 중독자의 경우이다. 부프레놀핀에 함유된 헤로인(BUP) 1회분을 받지 못한 중독자는 이미 그것을 받아서 약에 취한 사람보다 5일 뒤에 배달될 예정인 추가적인 BUP에 대해서 더 많은 금액을 지불할 용의가 있다고 한다. 한편, 전화로 카탈로그에 따라 쇼핑하는 사람들은 현재의 날씨에 영향을 많이 받아서 나중에 원하지 않을 품목들을 구매하는 경향이 있다. 예를 들어, 몹시 추운 날에 구매한 옷은 반품되기 쉽다.

예측 바이어스는 효용 최적화를 위반하는 사례이다. 왜냐하면 선택 순간의 상태가 미래의 효용에 영향을 주지 않아야 하기 때문이다. 선택 결과의 중요성이 선택 시점과 미래 시점 간에 동일하지 않다면, 현재 상태로의 닻 내림이 오류를 불러일으킬 수 있다.

선택 상황의 효과

선택이 이루어지는 시점의 상황도 선택에 영향을 준다. 이의 대표적인 사례는 어떤 상품이 단일 품목으로 평가될 때와 다른 상품과 비교되어 평가되는 경우이다. 단일 품목으로 평가될 때와 다른 상품과 비교되어 평가될 때의 소비자 선택이 크게 달라질 수 있다. 예를 들어, 소비자가 전자제품 상점에서 스테레오 스피커를 구매한다고 하자. 여러 제품 중에서 두 개의 제품 A와 B로 선택이 좁혀졌다. 두 개의 스피커는 거의 비슷한 가격이지만, A가 B보다 음향이 약간 더 좋고 디자인은 안 좋다. 둘 중 하나를 선택해야 한다. 이 소비자는 어떤 스피커를 선택할까? 이 사람이 음향에 집중한다면 소리의 미묘한 차이 때문에 A 스피커를 선택할 수 있다. 하지만 이 사람은 집에서 음악을 들을 때 스피커에서 나오는 음향의 효용을 예측하여 선택해야 한다. 집에서 하나의 스피커만으로 음악을 들을 (단일 스피커만을 평가할) 때에는 두 개를 비교할 때의 미묘한 차이가 느껴지지 않을 것이다. 오히려 열등한 디자인의 차이가 크게 느껴질 수 있다. 선택의 오류가 발생한 것이다. 음향의 미묘한 차이에 너무 집중하여 디자인에 대한 관심이 전혀 없었기 때문이다.

선택 상황에 따라 선택이 달라지는 또 다른 사례는 동시 선택과 순차 선택 간에도 발생한다. 즉, 선택의 다양성은 한 번에 하나씩 선택할 때는 두드러지지 않지만, 한 번에 모든 것을 선택해야 할 때는 매우 중요하다. 예를 들어, 학생들이 여섯 가지의 과자 중에서 세 개를 선택해야 하는 경우를 생각해 보자. 학생들을 두 집단으로 나누어서 한 집단은 첫 번째 수업 시간에 세 개를 모두 선택하도록 하고, 다른 집단은 연속된 세 번의 수업 시간에 각각 과자 한 종류씩을 선택하도록 하였다. 동시 선택을 하는 학생들은 대개 서로 다른 세 개의 과자를 선택하였지만, 연이은 수업 시간마다 순차적으로 선택하는 학생들은 동일한 과자를 선택하는 경우가 꽤 있었다. 이런 성향은 요거트나 아이스크림을 구매할 때도 동일하게 적용된다. 즉, 여러 번 나누어서 구매할 때보다 한 번에 구매할 때 여러 가지 맛을 다양하게 구매하는 경우가 많다. 동시 선택에 있어서 이렇게 다양성을 지나치게 추구하는 성향을 **다양성 바이어스**라고 한다. 이는 순차적 선택이 경험적 효용을 더 잘 반영한다는 것을 의미한다.

다양성 바이어스
동시 선택에 있어서 다양성을 지나치게 추구하는 성향

과거로부터의 학습

친숙한 식단을 제공하는 식당에 가는 것처럼 소비자 선택은 이미 경험한 것과 관련이 있는 경우가 많다. 이런 경우에 선호도와 쾌락적 예측이 개인적 기억으로 이루어지기 때문에 매우 정확할 것이라고 기대할 수 있다. 하지만 과거에 대한 기억이 바이어스되어 있다면 쾌락적 예측도 바이어스될 수밖에 없다. 닻 내림 효과가 여기에도 작용하기 때문에 이런 **기억된 효용**의 바이어스들에 관해서는 많은 연구가 이루어졌다. 한편, 연이은 결과들의 전체적 평가에 있어서 경험의 일부분을 과대평가하고 다른 것들은 과소평가하는 체계적 경향이 있다는 것도 밝혀졌다. 효용 최대화의 위배가 이런 바이어스들에 의해서도 설명될 수 있다.

기억된 효용
이미 경험한 것으로부터 얻어진 개인적 기억의 효용

기억된 효용에 관한 연구들은 대개 유쾌하거나 무서운 영화를 보여주기, 성가시게 시끄러운 소리를 들려주기, 고통스러운 의학적 시술 등의 실험을 한다. 참가자들은 실험 이후에 쾌락적 가치와 지속 기간의 효과에 대하여 사후적 평가를 해야 한다. 실험에서는 중간에 지속적 또는 간헐적으로 그때그때의 느낌을 조이스틱이나 음성으로 표현하기도 한다. 이런 연구들은 대개 두 가지 결과를 공통적으로 보여준다. 첫째, 실험의 지속 기간은 소급된 기억에 거의 영향을 주지 못한다. 즉, 기쁨이나 고통의 지속 시간이 약간 길어져도 쾌락적 가치에는 큰 영향을 미치지 않는다는 것이다. 둘째, 기쁨과 고통의 쾌락적 평가에는 다음과 같은 **피크-엔드 규칙**이 적용된다: 실험에서 기쁨이나 고통이 가장 극심했던 순간과 마지막 순간의 쾌락적 가치 평균이 기억된 효용을 매우 정확하게 예측한다. 피크-엔드 규칙은 **시간적 단조성**이라는 합리적 평가의 기본 원칙에 위배된다. 시간적 단조성이란 고통스러운 (기쁜) 사건의 지속 기간이 길어지면 고통(기쁨)의 크기가 더 커진다는 것이다. 따라서 피크-엔드 규칙이 성립한다는 것은 경험적 효용의 시간적 단조성이 성립하지 않는다는 것을 의미한다.

피크-엔드 규칙
실험에서 기쁨이나 고통이 가장 극심했던 순간과 마지막 순간의 쾌락적 가치 평균이 기억된 효용을 매우 정확하게 예측한다.

시간적 단조성
고통스러운 (기쁜) 사건의 지속 기간이 길어지면 고통(기쁨)의 크기가 더 커진다는 것

이제 카너먼 등(1993)의 연구 사례를 통해 이에 대해 구체적으로 알아보자. 여성 실험자는 피실험자들에게 '찬물의 느낌'이라는 세 가지 실험을 할 것이라고 얘기한다. 하나는 영상 14도의 물통에 60초간 손을 담그는 **단기 실험**이고, 다른 하나는 영상 14도의 물통에 60초간 손을 담그고 있으면 다음 30초간 물의 온도가 영상 15도로 상승하는 **장기 실험**이다.[3] 두 실험 간에는 7분의 휴식 시간을 두었고, 두 실험의 순서는 피실험자 간에 균형적으로 이루어졌다. 피실험자들은 조이스틱을 이용하여 실험 기간에 지속적으로 고통의

단기 실험
영상 14도의 물통에 60초간 손을 담그는 실험

장기 실험
영상 14도의 물통에 60초간 손을 담그고 있으면 다음 30초간 물의 온도가 영상 15도로 상승하는 실험

3 영상 14도의 물에 손을 담그는 것은 고통스럽지 않을지라도 약간의 불편함을 느끼게 된다. 실제 실험에서는, 영상 14.1도(±0.3도)의 물이었고, 추가적인 30초 동안 1.1도(±0.3도) 상승한다.

정도를 밝혀야 했다. 실험 중 느끼게 되는 즉각적인 기쁨이나 고통을 **순간 효용**이라고 한다. 단기 실험에서 60초 동안의 평균 고통은, 0~14의 수준에서, 8.4이었지만, 장기 실험에서는 6.5로 나타났다. 6.5도 약간 고통스러운 것이지만 피크-엔드 규칙에 따라 뚜렷한 개선이 이루어진 것으로 해석할 수 있다.

순간 효용
실험 중 느끼게 되는 즉각적인 기쁨이나 고통

두 번째 실험 이후에 피실험자들에게 세 번째 실험으로 두 실험 중 하나를 다시 실행할 것이라고 얘기한 뒤에 둘 중 하나를 선택하라고 한다.[4] 32명의 피실험자 중 22명이 찬물에 손을 30초 동안 더 담그는 장기 실험을 선택했다. 32명 중 21명이 마지막 30초 동안 고통이 감소한다고 하였는데, 그중 80%(17명)가 장기 실험을 선택하였다. 나머지 11명은 단기 실험과 장기 실험을 비슷하게 선택했다. 이는 피크-엔드 규칙을 옹호하는 결과로 시간적 단조성과는 괴리가 있다. 또한 장기 실험을 더 선호한다는 것은 고통의 지속 기간이 약간 긴 것이 전체적인 기억된 효용에 큰 영향을 미치지 못한다는 것이다.

시간적 단조성에 위배되는 경우가 대장내시경 실험에서도 발견되었다. 레델마이어 등(2003)은 대장내시경 환자들을 반으로 나누어 이들에게는 검사 이후에 안정된 상태에서 기기들이 제거되기 전까지 1분 동안 기기들을 그대로 두었다. 추가 1분은 불편하지만 고통스러운 시간은 아니다. 이런 조작은 고통의 기억에 아주 놀라운 개선을 이루어서 5년 이내에 동일한 대장내시경 재검사 비율을 근소하게 상승시켰다. 짜증스러울 정도로 큰 소리의 효과 실험에서도 시간적 단조성에 위배되는 결과가 나왔다. 이 또한 시간적 단조성에 위배되기 때문에 기억된 효용에 바이어스가 존재한다는 것을 의미한다.[5] 즉, 사람들이 각자의 기억으로 선택할 때, 그들의 선호도는 지나간 사건의 평가에 있어서 지속 기간을 무시한다는 것이다.

잘못 예측된 적응

사람들은 환경에 있어서 장기적인 변화의 쾌락적 효과를 예측한다. 예를 들어, "날씨가 매우 쾌적한 곳으로 이사하면 행복해질 거야"라고. 이런 생각을

4 피실험자들의 선택을 알기 위한 것이므로 실제로 세 번째 실험은 없었다.

5 기억된 효용에 바이어스가 있는 내시경 검사의 다른 사례도 있다. 내시경 검사의 고통을 없애기 위해서 사람들은 수면 내시경 검사를 받는 경우가 많다. 하지만 충분한 마취가 안 된 경우에는 내시경 검사를 받는 동안 환자는 온갖 고통을 호소한다. 하지만 마취로 인해서 환자는 내시경 검사가 완료된 이후에 잠이 들어버린다. 잠시 후에 깨어난 환자는 마취로 인해서 검사받을 동안의 고통을 잊게 된다. 그리고서는 다음과 같이 말한다: "수면 내시경을 해서 고통이 하나도 없었네. 다음에도 수면 내시경을 해야지."

정서적 예측
환경에 있어서 장기적인 변화의 쾌락적 효과를 예측하는 것

정서적 예측이라고 한다. 사람들이 추구하는 환경적 변화는 행복을 증진하거나 불행을 감소시키기 위한 것으로 환경 변화의 쾌락적 효과를 도모하는 것이다. 이런 정서적 예측의 실수는 잘못된 선택으로 이어지는데, 이는 자신을 행복하게 해줄 수 있는 무언가가 있다고 착각하면서 그것을 원하는 행위이다.

집중 오류
당신이 무언가를 생각할 때, 세상의 그 어떤 것도 당신이 중요하다고 생각하는 것만큼 중요하지 않다.

정서적 예측과 행복의 직관적 이론에 관한 연구들은 **집중 오류**의 중요성을 강조한다. 쉬케이드와 카너먼(1988)은 집중 오류를 다음과 같이 설명하였다: "당신이 무언가를 생각할 때, 세상의 그 어떤 것도 당신이 중요하다고 생각하는 만큼 중요하지는 않다." 즉, 어떤 것에 집중하면 사람들이 그것의 중요성을 너무 과장하는 경향이 있다는 것이다. 예를 들어, 캘리포니아로 이사가는 것을 생각하거나 "캘리포니아 사람들은 더 행복한가"를 평가할 때는 날씨에 대한 생각이 지배적일 수 있다. 하지만 이런 선택적 집중은 잘못된 판단으로 이어질 수 있다. 왜냐하면 결과의 한 속성에 지나치게 치우치면 예측에 오류가 있을 수 있고, 정서적 예측이 고려하는 결과가 영원히 관심의 초점이 되지는 않을 것이기 때문이다.

집중 오류의 사례를 살펴보자. 쉬케이드와 카너먼(1998)은 캘리포니아와 미국 중서부에 사는 대학생들에게 행복에 대한 여러 가지 사항들을 질문하였다. 자신의 행복에 대해 스스로 평가하라고 하면 두 지역 학생들은 모두 비슷한 행복감을 보였다. 하지만 어느 지역 학생이 더 행복한가를 질문하면, 두 지역 학생들 모두 캘리포니아 학생이 더 행복하다고 답변하였다. 왜 그럴까? 스스로 행복을 평가할 때는 좀 더 중요한 인생의 관점에 집중하여 날씨에 대해서는 거의 신경 쓰지 않는다. 하지만 서로 다른 지역에 사는 것의 행복을 비교할 때는 두 지역의 차이점이 크게 부각되어 정서적 예측에 있어서 날씨가 중요한 평가 요인이 되기 때문이다. 이는 정서적 예측의 바이어스를 보여주는 중요한 사례이다.

한편, 사람들은 인생에 있어서 커다란 변화가 발생하면 그 효과가 영원할 것으로 생각한다. 하지만 실제로는 사람들이 놀라울 정도로 짧은 시간 내에 잘 적응하여 그 효과가 예상했던 것만큼 길어지지 않는다. 예를 들어, 양측 하지가 마비되는 불행이나 복권에 당첨되는 행운과 같은 엄청난 일이 일어나도 그 효과는 그렇게 오래 가지 않는다고 한다. 그런 불행과 행복은 대개 1년 이내에 사라져 버린다. 결론적으로 인생을 행복 또는 불행하게 만드는 환경에 대한 예측에는 체계적 오류가 있다. 따라서 행복을 추구하는 사람들의 선택에도 오류가 있을 가능성이 크다.

효용 최대화를 위하여

효용 최대화는 경제 행위자의 목적으로서 매우 유용한 도구이다. 사람들은 자신의 선택으로 효용 최대화를 달성하고자 한다. 이를 위해서는 미래의 결과에 대한 예측이 정확히 이루어져야 하지만, 예측에 체계적인 바이어스가 존재한다면 효용 최대화는 이루어질 수 없다. 이미 우리는 미래의 효용 예측에 바이어스가 존재하는 사례를 충분히 살펴보았다. 우리는 아주 사소한 선택에 있어서 많은 실수를 한다. 그렇다면, 노후 준비를 위한 저축이나 퇴직연금 투자와 같이 매우 중요한 인생의 선택일 경우에는 어떨까? 그럴 때도 사람들은 체계적인 실수를 하여 효용 최대화에 실패한다.

사람들이 효용 최대화에 실패한다는 사실이 다른 사람(배우자, 부모, 사용자, 또는 정부)이 그들의 선택 권리를 빼앗아야 한다는 것을 의미하지는 않는다. 다른 사람들도 실수한다. 가장 훌륭한 부모는 아이들이 실수하는 것을 허용하는 부모라고 한다. 하지만 책임이 있는 사람이라면 선택의 권리를 제한하지 않으면서 올바른 선택을 위한 방향을 제시할 수 있어야 한다. 이것이 제1부의 〈넛지 1〉과 〈넛지 2〉에서 제시한 자유주의적 개입주의이다. 디폴트 옵션이 슬럿지가 아닌 넛지로 올바르게 제시되어 있으면 효용 최대화에 성공할 가능성이 커질 것이다.

주요 용어

경험적 효용
공리주의
기대효용 이론
기억된 효용
다양성 바이어스
단기 실험
닻 내림
대체
선택
선택의 정합성
세인트 피터스버그 역설
순간 효용
시간적 단조성
예측 바이어스
의사결정 효용
이기적 쾌락주의
장기 실험
정서적 예측
집중 오류
쾌락적 경험
쾌락적 예측
피크-엔드 규칙
한계 효용 체감의 법칙
합리적 선택 이론
흥분과 냉정함의 감정 격차

핵심 정리

- 의사결정 효용은 관찰된 선택으로부터 추론될 수 있고, 또 선택을 설명하기 위해서도 사용될 수 있다. 이에 비해, 경험적 효용은 사후적 개념으로 선택에 의한 실제 결과의 쾌락적 경험을 말한다.

- 경험적 효용은 18~19세기에 최대 다수의 최대 행복을 주장하였던 공리주의자 제레미 벤담과 깊은 관계를 맺는다.
- 그의 주장에 따르면, 효용은 기쁨과 고통에 관계된 것으로 우리가 무엇을 결정할지와 무엇을 해야 하는 가를 가르쳐 준다고 하였다.
- 그의 경험적 효용 개념은 경제학자들이 받아들이는 효용으로 인정되었지만, 신고전주의 경제학이 등장하면서 의사결정 효용에 의해 효용으로서의 위치를 상실하게 되었다.
- 카너먼 등(1997)이 경험적 효용을 옹호하면서 벤담으로 돌아가야 한다고 주장하자, 경험적 효용의 중요성이 다시 강조되기 시작하였다.

효용 이론의 역사

- 제레미 벤담의 도덕 철학: 첫째, 경험으로부터 기쁨과 고통이 발생한다. 둘째, 이런 기쁨과 고통은 원칙적으로 측정할 수 있다. 셋째, 이렇게 얻어진 사람들의 기쁨과 고통은 합산될 수 있다. 앞의 두 주장을 이기적 쾌락주의라고 부른다.
- 벤담의 의미에서, 효용은 전체의 행복을 증가 또는 감소시키는 행동의 경향이다. 여기서 중요한 효용의 특징은 논리적으로 선택과 분리되어 있다는 것이다. 예를 들어, 흡연은 전체 효용을 감소시키지만, 사람들이 흡연을 선택하지 않는 것은 아니다.
- 그러다가 1944년에, 대니얼 베르누이의 개념에 근거하여 폰 노이만과 모겐스턴이 확률과 효용의 추정에 의한 의사결정 방법을 개발하였다. 그것이 바로 오늘날 신고전주의 경제학이 전가의 보도로 사용하는 기대효용 이론이다.

쾌락적 예측의 오류

- t_0 시점의 소비자 선택을 위해서는 미래의 t_1 시점에 경험하게 될 결과의 효용을 예측해야 한다. 이를 쾌락적 예측이라고 하는데, 이는 t_0 시점의 선택으로부터 추론되어야만 한다. 이런 쾌락적 예측은 체계적 오류를 가지게 된다.
- 쾌락적 예측은 신중함보다는 본능적으로 이루어지기 때문에 본능적 판단에 개입되는 바이어스에 민감하다.
- t_0 시점의 의사결정은 t_1 시점의 소비에 영향을 미치게 된다. 이때 t_0 시점의 개인적 상황과 정신적 상태는 의사결정 시점에 생각나는 본능적 평가에 영향을 미친다. t_0와 t_1 시점의 상황이 다르면 t_0 시점의 상황을 반영하는 판단과 의사결정이 바이어스될 가능성이 크다.

의사결정에 영향을 미치는 요소들: 효용 최대화의 반증

- 현재의 감정적 상태 효과: 미래의 쾌락적, 감정적 상태의 예측이 현재의 감정적 상태에 의존한다는 것이다. 소비자들은 현재의 정신 상태를 미래로 투영하는 성향이 있는데, 로웬스타인 등(2003)은 이를 예측 바이어스라고 하였다.
- 선택 상황의 효과: 선택이 이루어지는 시점의 상황도 선택에 영향을 준다. 선택 상황에 따라 선택이 달라지는 또 다른 사례는 동시 선택과 순차 선택 간에도 발생한다.
- 과거로부터의 학습: 선호도와 쾌락적 예측이 개인적 기억으로 이루어지기 때문에 매우 정확할 것이라고 기대할 수 있다. 하지만 과거에 대한 기억이 바이어스되어 있다면 쾌락적 예측도 바이어스될 수밖에 없다.
- 잘못 예측된 적응: 사람들은 환경에 있어서 장기적인 변화의 쾌락적 효과를 예측한다. 예를 들어, "날씨가 매우 쾌적한 곳으로 이사하면 행복해질 거야"라고. 이런 생각을 정서적 예측이라고 한다. 정서적 예측의 실수는 잘못된 선택으로 이어지는데, 이는 자신을 행복하게 해줄 수 있는 무언가가 있다고 착각하면서 그것을 원하는 행위이다.

효용 최대화를 위하여

- 사람들은 자신의 선택으로 효용 최대화를 달성하고자 한다. 이를 위해서는 미래의 결과에 대한 예측이 정확히 이루어져야 하지만, 예측에 체계적인 바이어스가 존재한다면 효용 최대화는 이루어질 수 없다.

참고 문헌

- Kahneman, D. (1994), Neww challenges to the rationality assumption, Journal of Institutional and Theoretical Economics 150, 18~36.
- Kahneman, D., B. Fredrickson, C. Schreiber, and D. Redelmeier (1993), When more pain is preferred to less: Adding a better end, Psychological Science 4, 401~405.
- Kahneman, D. and R. Thaler (2006), Utility maximization and expected utility, Journal of Economic Perspectives 20, 221~234.
- Kahneman, D.,, P. Wakker, and R. Sarin (1997), Back to Bentham? Explorations of experienced utility, Quarterly Journal of Economics 112, 375~406.
- Loewenstein, G., T. O'Donoghue, and M. Rabin (2003), Projection bias in predicting future utility, Quarterly Journal of Economics 118, 1209~1248.
- Marshall, A. (1920), Principles of economics, New York: Macmillan & Co., Ltd. (Online: Library of Economics and Libertu, www.econlib.org/library/Marshall/marP0.html.)
- Redelmeier, D., J. Katz, and D. Kahneman (2003), Memories of colonoscopy: A randomized trial, Pain 104, 187~194.
- Schkade, D. and D. Kahneman (1998), Does living in California make people happy? A focusing illusion in judgements of life satisfaction, Psychological Science 9, 340~346.

05 — 선호도 역전

표준 경제학은 항상 일관된 선호도를 기반으로 이론을 개발한다. 사실 선호도의 일관성이 없다면 경제 현상을 설명하는 체계적인 수리적 모형을 만들기는 어려울 것이다. 하지만 많은 연구에서 선호도가 바뀔 수 있다는 것을 보여주었다. **선호도 역전**이 존재한다는 것이다.

선호도 역전
선호도가 바뀌는 현상

선호도 역전의 사례

트버스키 등(1988)은 선호도 역전의 사례와 원인을 보여주기 위하여 여러 실험을 진행하였다. 아래의 표는 직장 지원자 선택에 관한 실험의 내용으로, 응답자들은 20~30세의 남녀들이다. 이 실험은 지원자 X와 Y의 속성별 점수가 주어졌을 때, 생산 엔지니어 직위를 위해 어떤 지원자를 선발하겠는가를 질문한다. 여기서 지원자 X는 (기술적 지식, 인간관계)=(86, 76)의 점수를 얻었고, 지원자 Y는 (78, 91)의 점수를 얻었다. 이 실험 결과에 의하면 65%의 응답자가 지원자 X를 선호하였는데, 이는 생산 엔지니어 직위를 위해서는 기술적 지식이 더 중요하기 때문이다. 즉, 더 중요한 속성에 따라 선호도가 결정된다는 것이다.

생산 엔지니어의 선발

기업의 임원으로서 당신은 생산 엔지니어를 선발하기 위하여 두 명을 고려 중이다. 그들을 면접한 위원회는 두 개의 속성에 대해 40(약함)에서 100(탁월)까지의 점수를 주었다. 두 속성은 생산 엔지니어 직위를 위해 모두 중요하지만, 기술적 지식이 인간관계보다 더 중요하다. 다음 점수들에 근거하여 당신은 누구를 생산 엔지니어로 선발하겠는가?

	기술적 지식	인간관계	선호도 (N=63)
지원자 X	86	76	65%
지원자 Y	78	91	35%

출처: 트버스키 등(1988)

이어진 다음 실험에서는 다른 피실험자들이 4개의 점수 중 하나가 누락된 설문지를 받는다. 그리고 지원자 X와 Y의 선택 선호도를 동일하게 하게 만드는 **대응 점수**를 채워 넣어야 한다. 예를 들어, 지원자 Y의 기술적 지식 점수 78이 누락되었다고 하자. 그러면 실험자는 "지원자 Y가 X보다 인간관계 점수가 높기 때문에 Y는 기술적 지식 점수가 X보다 더 낮아야 한다."라는 것을 알려 준다. 높은 점수가 낮은 점수보다 더 선호된다고 가정할 때, 대응 점수에 대한 응답으로부터 선호도에 대한 추론을 할 수 있다. 예를 들어, 이 실험에서 80이라고 답한 사람이 있다고 하자. 그는 지원자 Y의 점수 (80, 91)과 X의 점수 (86, 76)을 동일하게 인정한다는 것이다. 대응 점수인 (80, 91)은 지원자 Y의 실제 점수 (78, 91)을 **지배**하기 때문에, 이 사람은 지원자 X를 Y보다 더 선호한다는 것을 의미한다.[1] 지배란 더 우월하다는 의미이다. 대응 점수가 78보다 작으면 Y를 더 선호하고, 78과 같으면 무차별하다는 것이며, 78보다 크면 X를 더 선호한다는 것이다. 이런 대응 점수 답변으로 X를 Y보다 선호하는 백분율을 추정한다.

대응 점수
지원자 X와 Y의 선택 선호도를 동일하게 하게 만드는 점수

지배
어떤 경우에 A는 B보다 좋고, 다른 경우에는 A와 B가 동일하면 A는 B를 지배한다.

C는 지원자 X를 Y보다 선호하는 응답자의 백분율이고, M은 대응 답변이 X를 Y보다 선호하는 피실험자의 비중이라고 하자. 즉, M은 대응 답변으로 78점보다 큰 점수를 제시한 피실험자의 비중이다. 피실험자의 무작위 할당을 가정했을 때, 신고전주의 경제학 입장에서 선호도가 불변이라면 (C=M) 관계가 성립하여야 한다. 이런 선호도 불변을 **절차적 불변**이라고 한다.[2] 만약 (C>M) 관계가 성립하면 **선호도 역전**이 발생한 것이다. 아래의 표는 누

절차적 불변
문제나 상황의 설명이 변해도 선택이 바뀌지 않는 현상

선호도 역전
선호도가 바뀌는 현상

1 (80, 91)과 (78, 91)을 비교해 보자. 인간관계 점수는 91점으로 같지만, 기술적 지식 점수에서 80이 78보다 크기 때문에 (80, 91)은 (78, 91)을 지배한다.

2 트버스키 등(1988)의 절차적 불변 정의에 의하면, 규범적으로 동일한 선호도 평가 절차는 동일한 선호도를 나타내어야 한다. 즉, 평가의 방법 또는 응답을 이끌어내는 절차와는 상관없이 선호도 순위는 동일하게 유지되어야 한다는 것이다. 이는 신고전주의 경제학이 가정하는 불변의 원칙을 의미한다. 하지만 트버스키와 카너먼(1986)이 주장한 바와 같이 프레이밍에 따라 의사결정의 결과는 달라진다. 그들도 프레이밍의 관점에서 선호도 역전의 사례들을 보여주었다. 제1부의 〈합리적 선택과 의사결정의 프레이밍〉을 보시오.

락된 각 점수에 대한 대응 답변에 따라서 지원자 X가 지원자 Y보다 선호되는 백분율을 보여주고 있다. 결과는 선호도 불변과는 거리가 멀었다. 지원자 Y의 기술적 지식에 대한 대응 답변의 비중은 44%로 C=65%에 크게 미달(C=65%>44%=M)하여 선호도 역전이 발생했다. 이제는 지원자 X와 Y의 기술적 지식과 인간관계에 대한 대응 답변 4개의 비중 모두로 평가해 보자.[3] 지원자 X가 선호되는 대응 답변 별 백분율의 평균도 34%로 직접적인 선호도 65%에 크게 못 미치고 있다.[4] 즉, (C=65%>34%=M)이므로 선호도가 역전된 것이다.

누락된 각 점수에 따라서 지원자 X가 지원자 Y보다 선호되는 백분율: M
(괄호 안은 위원회에 의해 부여된 원래 점수)

	기술적 지식	인간관계
지원자 X	32%(86)	33%(76)
지원자 Y	44%(78)	26%(91)

출처: 트버스키 등(1988)

이제 이스라엘의 교통사고 사례를 살펴보자. 이스라엘 교통부는 현재 600명이 사망하는 교통사고 위험을 감소시키기 위해 2개의 프로그램을 구상 중이다. 아래의 표는 각 프로그램의 연별 비용과 예상되는 사망자 수를 보여주고 있다. 프로그램 X는 예상 사망자 수가 600명에서 500명으로 크게 감소하지만, 연비용이 $55백만씩 소요된다. 이에 비해 프로그램 Y는 연비용이 $12백만으로 상당히 낮지만, 예상 사망자 수가 570명으로 30명밖에 감소하지 않는다.

교통사고 감소 프로그램의 선택

이스라엘에서는 매년 교통사고로 약 600명이 사망한다. 교통부는 사망자 수를 줄이기 위해 여러 가지 프로그램을 구상 중이다. 아래의 내용은 각 프로그램을 시행할 때 기대되는 연별 비용과 사망자 수를 보여주고 있다. 어떤 프로그램을 선호하는가?

3 지원자 X와 Y의 선호도를 동일하게 만드는 X의 인간관계 대응 점수는 76점보다 낮아야 한다. 다른 조건이 동일할 때 76점이면 X를 선호하는 비중이 현재와 같은 65%이므로 선호도가 동일하지 않게 된다. 즉, 76점보다 낮은 점수를 제시한 피실험자의 비중이 M 값이다.

4 (32%+33%+44%+26%)÷4=34%

	예상 사망자 수	연비용	선호도(N=96)
프로그램 X	500	$55M	67%
프로그램 Y	570	$12M	33%

출처: 트버스키 등(1988)

이 설문에 대한 참여자들의 반응은 67%가 프로그램 X를 선호하였다. 이는 사람들이 비용보다는 사망자 수의 감소에 중점을 두어 선택한다는 것을 의미한다.[5] 이번에도 앞에서와 마찬가지로 각각의 비용을 누락시켜서 두 프로그램이 동일한 선호도를 보이는 비용을 다른 두 피실험자 집단에 평가하도록 하여 프로그램 X를 선호하는 대응 답변을 알아보았다. 두 집단의 대응 답변 모두 인명 구조가 덜한 프로그램 Y를 선호하였다. 이에 의하면 M=4%이어서 선호도 역전 현상이 발생한 것이다.

교통사고의 사례에서, 모든 정보를 제공하고 두 프로그램 중 하나를 선택하라고 하면 많은 사람이 프로그램 X를 선택한다. 하지만 두 프로그램의 비용을 질문하는 대응 답변에서 사람들은 프로그램 Y를 선택한다. 전자의 직접적 선택에 의한 생명 가치는 대응 답변에 의한 생명 가치의 두 배를 넘어선다. 이런 현상은 구직자, 소비자 제품 및 구조 계획을 포함하는 여러 문제에서 광범위하게 발생한다. 이는 선호도 답변을 요구하는 방법에 따라 상이한 선호도가 나온다는 것으로, 표준 경제학이 가정하는 선택의 불변 원칙과는 크게 배치되는 결과이다.

위험 선택의 선호도 역전

위험 선택과 관계된 선호도 역전의 오래된 사례는 거의 비슷한 기대 가치를 가지는 두 개의 갬블에 대한 선택이다. 하나는 적당한 금액을 높은 확률로 얻는 베팅이고, 나머지 하나는 큰 금액을 낮은 확률로 얻는 베팅이다. 전자를 **확률 베팅**, 후자를 **금액 베팅**이라고 하자. 확률 베팅과 금액 베팅에 대한 예

확률 베팅
적당한 금액을 높은 확률로 얻는 베팅

금액 베팅
큰 금액을 낮은 확률로 얻는 베팅

5 생산 엔지니어의 선발과 교통사고 감소 프로그램의 선택 모두 선호도 역전의 사례를 보여준다. 트버스키 등(1988)이 검증하고자 했던 것은 사람들의 선택이 더 중요하게 생각하는 기준에 의해 결정되는데, 대응 점수와 같이 절차가 변경되면 다른 결과가 나온다는 것을 보여주는 것이었다. 즉, 선택은 대응 답변보다 사전 편집의 순서(lexicographic)처럼 중요한 기준에 따라 먼저 결정된다는 것이다.

제는 많은 연구자에 의해 제시되었지만, 여기서는 트버스키 등(1990)이 제시한 예제를 소개한다. 다음의 확률 베팅과 금액 베팅을 보자.

갬블	갬블의 내용	갬블의 기대 가치
확률 베팅	28/36의 확률로 $10을 얻음: ($10, 28/36)[a]	약 $7.78
금액 베팅	3/36의 확률로 $100을 얻음: ($100, 3/36)	약 $8.33

a. 당해 갬블을 프로스펙트 표현에 따라 표시한 것

출처: 트버스키 등(1990)

위의 확률 베팅과 금액 베팅 중에서 하나를 선택하라고 하면, 대부분의 응답자는 확률 베팅을 선택한다. 하지만 위의 두 갬블을 소유하고 있다는 가정 하에 각 갬블의 최저가를 말하라고 하면, 대부분의 응답자가 금액 베팅에 더 높은 가격을 책정한다. 선택은 확률 베팅이지만, 가격은 금액 베팅이 더 높다. 이것이 학자들이 가장 큰 관심을 가지고 연구했던 전형적인 선호도 역전 현상이다.

이런 선호도 역전은 역사적 흐름을 가진다. 1968년부터 심리학자들에 의해 이 문제가 제기되어 큰 반향을 일으켰다. 이에 1970년대 말부터 경제학자들이 절차에 변화를 주고 유인을 제고하여 선호도 역전을 제거하려는 비판적 복제 연구를 진행하였다. 그들은 "심리학자들이 실험을 진행하였기 때문에 참여자들이 의심을 품고 특이하게 행동했다."라고 심하게 비판하기도 하였다. 많은 비판적 연구가 진행됐지만, 선호도 역전을 부정할 수는 없었다. 그 이후에 심리학자와 경제학자들에 의해 이루어진 연구들은 모두 선호도 역전의 존재가 강건함을 보여주었다. 더는 이런 선호도 역전을 부정하는 경제학자는 없다.

선호도 역전의 원인

현금 등가
베팅의 소유자가 이를 판매할 때 제시하는 가격(또는 최저가)

이제 트버스키 등(1990)과 트버스키와 탈러(1990)가 밝힌 선호도 역전의 발생 원인을 살펴보자. 위의 확률 베팅을 H, 금액 베팅을 L이라 하고, 각각의 **현금 등가**를 C_H, C_L이라고 하자.[6] 즉, C_H과 C_L은 각각 H와 L의 가격이다. 앞의 선호도 역전에서 확률 베팅을 금액 베팅보다 선호하고, 금액 베팅의 가

6 현금 등가(cash equivalent)란 각 베팅의 소유자가 이를 판매할 때 제시하는 가격(또는 최저가)을 의미한다.

격이 확률 베팅의 가격보다 높다. 따라서 절차적 불변이 성립한다면, 다음과 같은 관계가 성립한다.

$$C_H \approx H > L \approx C_L > C_H$$

여기서, ≈는 동일 선호도, >는 왼쪽을 오른쪽보다 선호한다는 것이다. 금액 X와 Y를 비교할 때, 금액이 클수록 더 좋기 때문에 (X>Y)는 (X>Y)를 말한다. 절차적 불변이 성립하면, 어떤 베팅과 그것의 현금 등가가 동일할 때($C_H \approx H$; $L \approx C_L$)에만 양자 사이에 무차별성이 존재한다. 따라서 위의 관계에서 두 개의 선호도 차이($H > L$; $C_L > C_H$)는 선호도 역전을 말하고, 두 개의 동일성($C_H \approx H$; $L \approx C_L$)은 절차적 불변을 말한다.

경제학에서 절차적 불변은 널리 받아들여지기 때문에 많은 사람이 선호도 역전을 비이전성으로 해석하지만, 선호도 역전이 **순환 선택**을 의미하는 것은 아니다.[7] 직접적인 선호도 선택과 가격 결정 간의 불일치가 표준적인 선호도 역전을 만들어낸다. 말하자면, 확률 베팅을 선호하지만, 금액 베팅의 가격을 높게 책정하는 것이다. 금액 베팅의 높은 가격은 금액 베팅의 과대 가격 책정 또는 확률 베팅의 과소 가격 책정 때문일 수 있다. 다른 상황에서 금액 베팅과 그것의 현금 등가 중에서 선택할 것을 요구받았을 때 금액 베팅의 가격을 베팅 그 자체보다 더 선호한다면 ($C_L > L$), 금액 베팅 가격의 과대평가가 발생한 것이다. 확률 베팅의 과소평가도 마찬가지다. 다른 상황에서 확률 베팅을 그것의 가격보다 더 선호하기($H > C_H$) 때문에 발생할 수 있다.

순환 선택
비이전성에 의해 발생하는 선호도 역전

또 다른 선호도 역전의 가능성은 현금 등가를 이끌어내는 지불 방법 때문일 수 있다. 카르니와 사프라(1987)는 BDM 절차에 의해 관찰된 선호도 역전은 **비선형 확률**을 가지는 일반화된 효용 함수와 정합성이 있다고 하였다.[8]

비선형 확률
선택이 확률과 비선형 관계를 가질 때의 확률

7 여기서 순환 선택이란, B보다 A를 선호하고 C보다 B를 선호하는데, 다시 A보다 C를 선호하는 경우이다: A>B>C>A. 이는 직접적인 선택에 있어서 선호도 역전이 발생하는 것이다.

8 BDM 절차란 베커, 디그루트, 마르샥(1964)에 의해 개발된 실험용 갬블의 다음과 같은 보상 지불 방법이다. 피실험자는 어떤 갬블에 대한 판매 가격을 제시한 뒤에, 컴퓨터에 의해 무작위로 제공되는 갬블의 제안 가격을 받는다. 무작위 제안 가격이 피실험자가 제시한 가격보다 높으면 제안을 받아들인다. 즉, 무작위 제안 가격을 받고 실험이 끝난다. 하지만 제시한 가격이 무작위 제안 가격보다 낮으면 갬블을 진행한다. 여기서 피실험자가 제시한 가격은 그가 갬블을 진행하거나 아니면 제안된 가격을 현금으로 받는가를 결정할 뿐이지, 그 갬블의 실제 가치를 결정하는 것은 아니다. 피실험자가 기대효용 최대화를 추구한다면 이 절차는 인센티브에 부합(incentive compatible)한다. 즉, 제시된 가격이 그 갬블의 실제 현금 등가와 동일하지 않을 인센티브가 없다는 것이다. 카르니와 사르파(1987)의 연구에 의하면, 기대효용 이론의 독립성 공리가 성립하지 않을 때에는 BDM 절차는 제시한 가격이 갬블의 현금 등가와 일치하지 않는다. BDM 절차를 따르면 선호도 역전이 독립성 공리 위배 때문인지의 여부를 알 수 있다는 것이다. 즉, BDM 절차를 따를 때, 선호도 역전이 발생하면 기대효용 이론의 독립성 공리에 위배된다.

이 문장을 쉽게 이해하기는 어렵지만, 비선형 확률이라는 의미는 기대효용이 확률과 효용의 선형 결합 때문에 결정되지 않는다는 것이다.[9] 확률이 선형으로 결합되지 않으면 효용 함수의 네 가지 공리 중 독립성에 위배된다. 따라서 BDM 절차를 따를 때 선호도 역전이 발생하면 독립성 공리가 성립하지 않기 때문이라고 할 수 있다.

이전성 위배
순환 선택이 이루어지는 경우

절차적 불변의 위배
문제나 상황의 설명이 변해도 선택이 바뀌지 않는다는 원칙에 위배됨

독립성 위배
경제학의 4가지 원칙 중에서 독립성 가정에 위배됨

트버스키 등(1990)은 선호도 역전의 원인으로 다음과 같은 세 가지 가능성을 제시하였다: **이전성 위배, 절차적 불변의 위배, 독립성 위배.** 그들은 BDM 방법을 포함하는 면밀한 실험을 통하여 이전성과 독립성은 유지되지만, 절차적 불변이 성립하지 않기 때문에 선호도 역전이 발생한다고 하였다. 그들의 실험에서 위험 선택의 선호도 역전이 발생하는 궁극적인 원인은 절차적 불변이 성립하지 않는 것으로 금액 베팅의 가격을 과대평가하기 때문이었다.

신고전주의 경제학에 의하면, 답변을 이끌어내는 방법이나 절차가 달라도 동일한 의미의 선호도 질문에 대해서는 선호도가 동일해야 한다. 하지만 선호도 역전이 발생한다는 것은 절차적 불변이 유지되지 않는다는 것이다. 즉, 직접적인 선호도 선택과 가격 결정이라는 절차는 신고전주의 경제학 입장에서는 동일한 의미의 선호도 질문이지만, 다른 절차이기 때문에 선호도 역전이 발생하게 된다. 이는 제1부의 〈합리적 선택과 의사결정의 프레이밍〉에서 프레이밍에 따라 선택의 결과가 달라지는 것과 동일한 원리이다.

양립성 가설과 시간 선호도

자극과 반응의 양립성
자극과 그에 의해 나타나는 반응에 정합성이 있어야 함

자극과 반응의 양립성 개념은 이미 인간의 지각과 자동차의 성과와 같은 인간적인 요인을 연구했던 학자들에 의하여 연구되었다. 이것도 일종의 바이어스로 이의 가장 이해하기 쉬운 사례는 3구와 4구 가스레인지의 가장 효율적인 손잡이 배치 방법이다. 불이 켜지는 위치와 손잡이의 위치가 직관적으로 일치하여야 양립성이 있는 가스레인지의 손잡이 배치이다. 노르만(2013)은 자극과 반응이 양립성을 가지는 사물 디자인에 대해서 자세히 설명하였다. 이런 관점에서 슬로빅 등(1990)은 판단이나 선택에 있어서 자극이 적절한 반응으로 이어질 수 있으면 자극의 효과가 더 커진다고 하였다. 판단이나 선

9 제1부의 〈멋진 경제학과 재무 이론에 대한 의심〉에서 기대효용은 다음과 같이 계산된다: . 비선형 확률이라는 의미는 기대효용이 확률과 효용의 선형 결합으로 결정되지 않는다는 것이다. 기대효용 이론에서 선형 확률은 독립성 공리의 근간이 되는 요소이다. 따라서 비선형 확률은 독립성 공리가 성립하지 않는다는 의미이다.

택에서는 답변을 이끌어내는 방법이나 절차가 자극이다. 자극과 반응이 적절히 어울리지 않으면 양자를 일치시키기 위해 추가적인 정신적 노동이 필요하고, 인간의 노력과 실수를 증가시키며, 자극의 효과를 감소시킬 수 있다. 따라서 사람들은 자극에 맞는 특성을 찾는 데 집중하게 된다.

트버스키와 탈러(1990)는 자극과 반응의 양립성 개념을 선호도 역전에 적용하였다. 양립성 가설에 따라, 갬블의 현금 등가는 금액으로 표시되기 때문에 동일한 금전 단위로 표시되는 보상 금액의 영향이 직접적인 선택보다는 가격 결정에서 영향력이 더 커진다. 확률 베팅보다는 금액 베팅의 보상 금액이 더 크기 때문에 **양립성 바이어스**가 금액 베팅의 과대평가로 나타나게 된다. 즉, 위험 선택의 선호도 역전에 가격과 갬블 보상의 양립성이 중요한 원인이 된다는 것이다. 그렇다면 비금전적 결과를 가지는 선호도에서는 역전 현상이 크게 감소해야 한다. 실제로 비금전적 결과를 가지는 선호도 선택에서는 선호도 역전이 50% 감소한다고 한다. 피실험자가 직접적인 선택보다는 가격 결정에서 보상 금액에 더 신경 쓴다는 사실은 사람들이 반응의 양립성을 가장 크게 만드는 자극 요소에 더 집중한다는 것이다.

양립성 바이어스
자극과 반응의 양립성이 이루어지지 않는 바이어스

양립성 가설이 위험 선택의 선호도 역전만을 설명하는 것은 아니다. 위험이 없는 경우의 선호도 역전도 양립성 가설이 적용될 수 있다. 트버스키와 탈러(1990)는 금액과 지불 시간이 다른 선택의 선호도 역전을 보여주었다: ($X, T년)은 T년 뒤에 $X를 지불하는 프로스펙트이다. **장기 프로스펙트** ($2,500, 5년)=L과 **단기 프로스펙트** ($1,600, 1.5년)=S 중의 선택을 생각하자. 피실험자들은 L과 S 중에 선호하는 것을 선택해야 한다. 그리고 두 프로스펙트에 대해 이들과 교환할 수 있는 가장 작은 현재 가격을 말해야 한다. 이 실험에서도 양립성 가설이 옳다면, 금전적 보상이 직접적인 선택보다는 가격 결정에서 더 중요한 의미가 있어야 한다. 결과적으로 직접 선택에서는 S를 선호하지만, 가격 결정에서는 L의 가격이 더 높아야 한다: $S>L$; $C_L>C_S$. 예상대로, 74%가 단기 프로스펙트 S를 선택하지만, 75%가 장기 프로스펙트 L의 가격을 S보다 높게 평가하였다. 선호도 역전도 50%를 초과하였다.[10] 추가적인 분석에 의해 선호도 역전의 주요 원인은 장기 프로스펙트 L의 가격을 과대평가하였기 때문임을 알 수 있었다. 이는 양립성 가설과 정합성이 있는 결과이다.

장기 프로스펙트
금액이 크고 지불 시간이 먼 위험 선택권

단기 프로스펙트
금액이 적고 지불 시간이 가까운 위험 선택권

10 L을 선택하지만 S의 가격을 더 높게 평가하는 기대하지 않았던 선호도 역전은 10% 미만이었다.

선호도 역전 현상의 정리

선호도 역전의 가장 일반적인 사례는 앞에서 언급하였던 확률 베팅과 금액 베팅 중의 선택이다. 이의 원인은 이전성이나 독립성 공리의 위배가 아닌 절차의 불변이 성립하지 않기 때문이다. 응답을 이끌어내는 방법이 다르면 속성들에 대한 상대적 중요성이 달라지기 때문에 서로 다른 선호도를 보일 수 있다. 심리학적 실험의 결과들은 다음의 두 가지 결과를 가르쳐주고 있다. 첫째, 사람들이 모든 경우에 대해서 미리 정해져 있는 선호도를 보이고 있지는 않다. 선호도는 선택이나 판단 과정에서 만들어진다. 둘째, 선택이나 판단 과정에 관련된 맥락과 절차가 응답에 의해 추론되는 선호도에 영향을 미친다. 이러한 결과들은 신고전주의 경제학의 불변 원칙과 크게 배치된다. 선호도 역전의 발견 초창기에는 이를 부정하려는 시도가 있었지만, 지금은 이를 일반적인 현상으로 받아들이고 있다.

주요 용어

금액 베팅	선호도 역전	절차적 불변
단기 프로스펙트	순환 선택	절차적 불변의 위배
대응 점수	양립성 바이어스	지배
독립성 위배	이전성 위배	현금 등가
비선형 확률	자극과 반응의 양립성	확률 베팅
선호도 역전	장기 프로스펙트	

핵심 정리

- 표준 경제학은 항상 일관된 선호도를 기반으로 이론을 개발한다.
- 하지만 많은 연구에서 선호도가 바뀔 수 있다는 것을 보여주었다.

선호도 역전의 사례

- 생산 엔지니어의 선발과 이스라엘의 교통사고 감소 프로그램의 선택을 통해서 선호도 역전이 발생한다는 것을 알 수 있다.
- 이런 선호도 역전은 절차적 불변이라는 표준 경제학적 가정이 설립하지 않기 때문이다.

위험 선택의 선호도 역전

- 확률 베팅: 적당한 금액을 높은 확률로 얻는 베팅
- 금액 베팅: 큰 금액을 낮은 확률로 얻는 베팅
- 확률 베팅과 금액 베팅 중에서 하나를 선택하라고 하면, 대부분의 응답자는 확률 베팅을 선택한다. 하지만 두 갬블을 소유하고 있다는 가정 하에 각 갬블의 최저가를 말하라고 하면, 대부분의 응답자가 금액 베팅에 더 높은 가격을 책정한다. 선택은 확률 베팅이지만, 가격은 금액 베팅이 더 높다. 이것이 학자들이 가장 큰 관심을 가지고 연구했던 전형적인 선호도 역전 현상이다.

선호도 역전의 원인

- 선호도 역전의 세 가지 원인: 이전성 위배, 절차적 불변의 위배, 독립성 위배
- 선호도 역전이 발생한다는 것은 절차적 불변이 유지되지 않는다는 것이다. 즉, 직접적인 선호도 선택과 가격 결정이라는 절차는 신고전주의 경제학 입장에서는 동일한 의미의 선호도 질문이지만, 다른 절차이기 때문에 선호도 역전이 발생하게 된다.

양립성 가설과 시간 선호도

- 자극과 반응의 양립성 개념은 이미 인간의 지각과 자동차의 성과와 같은 인간적인 요인을 연구했던 학자들에 의하여 연구되었다. 이것도 일종의 바이어스로 이의 가장 이해하기 쉬운 사례는 3구와 4구 가스레인지의 가장 효율적인 손잡이 배치 방법이다. 불이 켜지는 위치와 손잡이의 위치가 직관적으로 일치하여야 양립성이 있는 가스레인지의 손잡이 배치이다.
- 확률 베팅보다는 금액 베팅의 보상 금액이 더 크기 때문에 양립성 바이어스가 금액 베팅의 과대평가로 나타나게 된다. 즉, 위험 선택의 선호도 역전에 가격과 갬블 보상의 양립성이 중요한 원인이 된다는 것이다.

선호도 역전 현상의 정리

- 첫째, 사람들이 모든 경우에 대해서 미리 정해져 있는 선호도를 보이고 있지는 않다. 선호도는 선택이나 판단 과정에서 만들어진다.
- 둘째, 선택이나 판단 과정에 관련된 맥락과 절차가 응답에 의해 추론되는 선호도에 영향을 미친다.

참고 문헌

- Becker, G., M. DeGroot, and J. Marschak (1964), Measuring utility by a single-response sequential method, Behavioral Science 9, 226~232.
- Karni, E. and Z. Safra (1987), 'Preference reversal' and the observability of preferences by experimental methods, Econometrica 55, 675~685.
- Norman, D. (2013), The design of everyday things, Revised and expanded edition, Basi Books (A member of the Perseus Books Group, New York).
- Slovic, P., D. Griffin, and A. Tversky (1990), Compatibility effects in judgement and choice, In Hogarth, Robin M., ed., Insights in decision making: Theory and applications. Chicago: The University of Chicago Press.
- Tversky, A. and D. Kahneman (1986), Rational choice and the framing of decision, Journal of Business 59, S251~S278.
- Tversky, A., S. Sattath, and P. Slovic (1988), Contingent weighting in judgement and choice, Psychological Review 95, 371~384.
- Tversky, A., P. Slovic, and D. Kahneman (1990), The causes of preference reversal, American Economic Review 80, 204~217.
- Tversky, A. and R. Thaler (1990), Preference reversals, Journal of Economic Perspectives 4(2), 201~211.

06 — 효용 함수가 위험 회피를 제대로 보여줄까?

오목한 효용 함수
부의 수준이 증가함에 따라 효용의 증가 속도가 감소하는 효용 함수

우리는 제1부의 〈멋진 경제학과 재무론에 대한 의심〉에서 효용 함수에 대해 충분히 검토하였다. 오목한 모양을 가지는 효용 함수는 신고전주의 경제학의 든든한 버팀목 역할을 하는 아주 중요한 개념이다. **오목한 효용 함수**는 기대효용 이론의 근본이 되면서 세인트 피터스버그 역설을 해결하는 무기와도 같다. 효용 함수의 모양이 오목하므로 부의 수준이 증가함에 따라 위험 회피가 커지는 것을 이용하여 경제 현상들이 설명된다. 부의 수준이 증가하면서 한계 효용이 체감하는 것은 심리적으로 이해하기 쉽고 대규모 위험에 대한 회피 성향을 잘 설명할 수 있다. 그래서 사람들은 인생에 큰 영향을 미칠 정도의 엄청난 위험을 좋아하지 않는다. 또한 빈곤 상태에서 백만 원의 가치는 부자일 때보다 훨씬 크다. 여기서 중요한 것은 효용 또는 행복의 평가가 의사결정 시점의 부의 수준에서 오목한 모양의 효용 함수에 따라 이루어진다는 것이다.

위험 중립
부의 수준이 증가함에 따라 효용의 증가 속도가 일정한 효용 함수

그럼에도 불구하고 기대효용 이론은 갬블의 금액이 적을 때 사람들이 위험에 대해 거의 중립적 성향을 지니게 된다. 애로우(1971)는 양(+)의 기대 가치를 가지는 갬블에서 금액이 충분히 적을 때, 미분 가능한 효용 함수에 의한 기대효용 최대화 의사결정자는 거의 어디서나 **위험 중립**에 가깝다는 것을 보여주었다. 대부분의 경제학자가 이런 제한성을 알고 있지만, 무시할 정도의 금액뿐만 아니라 경제적으로 의미 있는 큰 금액에 대해서도 근사적 위험 중립이 있어야 한다는 것을 인식하지 않는 경우가 많다. 경제학자들은 이론적으로 위험 중립이어야 하는 규모의 갬블에서 관찰된 위험 회피 현상을 설명하기 위해 기대효용 이론을 사용하기도 한다.

그렇다면 우리가 사는 세상은 어떨까? 기대효용 이론이 적당한 금액의 갬블에 대한 위험 회피 성향을 설명하지 못한다는 사실이 여러 학자에 의해 연구

되었다.[1] 이런 관점에서 라빈(2000)은 오목한 효용 함수를 가정하는 기대효용 이론 하에서 적은 금액과 큰 금액의 갬블 간에 성립하는 위험 회피 성향의 관계에 대한 다음의 정리를 제시하였다: 기대효용을 최대화하는 의사결정자가 언제나 적당한 금액의 갬블을 거절하면 큰 금액의 갬블도 거절해야 한다. 이의 대우 명제는 다음과 같다: 기대효용을 최대화하는 의사결정자가 큰 금액의 갬블을 거절하지 않으면 적당한 금액의 갬블도 거절하지 않아야 한다. 뒤에 제시하겠지만, 비현실적으로 유리한 큰 금액의 갬블을 거절할 사람은 거의 확실히 없다. 따라서 기대효용 이론 하에서 사람들은 적은 금액의 갬블도 거절해서는 안 된다. 그런데 실제로 적은 금액의 갬블을 거절하는 경우는 많다. 이것은 기대효용 이론이 옳지 않다는 것을 의미한다. 즉, 기대효용 이론이 실제를 설명하지 못한다는 것이다.

이 정리에 의하면, 위험 중립이 아닌 다른 어떤 것도 큰 금액의 갬블에 대해 **비현실적인 위험 회피**를 명백하게 설명할 수 없다. 이를 위해서 오목한 효용 함수 이외의 어떤 것도 가정하지 않았다. 특정한 효용 함수를 가정할 필요도 없다. 이제 라빈과 탈러(2001)의 연구에 따라, 기대효용 이론이 잘못되었다는 것과 위험 회피에 대해 좀 더 현실적인 설명을 제시하고자 한다.

비현실적인 위험 회피
극단적으로 위험을 회피하는 선호도

이렇게까지 위험을 회피할까?

기대효용의 최대화를 추구하는 당신은 50/50의 확률로 손실 $10 또는 이익 $11을 얻는 갬블을 언제나 거절한다. 여기서 '언제나'라는 의미는 당신의 부의 수준이 어느 정도인가에 관계없다는 것이다. 이때 당신이 각각 50/50의 확률로 $100의 손실이나 Y의 이익을 얻는 갬블을 받아들일 수 있는 Y는 얼마일까?

① $10 ② $221 ③ $2,000 ④ $20,242 ⑤ $1.1백만 ⑥ $2.5백만

⑦ 당신은 Y에 상관없이 이 갬블을 거절한다.

⑧ 당신의 효용 함수에 대해 더 많은 정보를 알지 못하면 아무런 얘기를 할 수 없다.

출처: 라빈과 탈러(2001)

위의 질문에 대한 답을 선택해야 한다. 과연 당신이 선택한 답은 무엇인가? 어떤 다른 부수적인 가정은 필요 없다. 당신이 부의 수준에 따라 증가하는 오

1 그중 가장 대표적인 경우가 엡스타인과 진(1990)의 연구이다.

목한 효용 함수를 가졌다는 가정뿐이다. 이제 추측해 보시오.

①, ②, 또는 ③을 선택했나요? 그렇다면 틀렸다. 너무 작은 값을 선택했다. 다시 추측해서 선택하시오. ④를 선택했나요? 당연히 깜짝 놀랄 문제를 냈을 것으로 생각해서 ⑤나 ⑥을 선택했을 수도 있다. 그랬다면 이번에도 틀렸다. 너무 빈약한 정보를 가지고 이 문제에 답하는 것이 불가능하다고 생각해서 ⑧을 선택했을 수도 있다. 또 틀렸다. 정답은 ⑦이다. 당신은 50%의 확률로 적어도 $100의 손실이 있다면 50%의 확률로 이겼을 때 아무리 많은 금액의 이익이 있더라도 이 갬블을 거절해야 한다.

하지만 실제로 ④, ⑤, ⑥번을 거절한다면 당신은 제정신이 아닐 것이다. 그렇다면 당신은 왜 그런 거절을 해야 할까? 전통적인 기대효용 이론에 따르면, 위험 회피는 모든 부의 수준에 대해 정의된 오목한 효용 함수의 특징이기 때문이다. 적은 갬블 금액에 대한 당신의 위험 회피는 부가 증가할수록 한계 효용이 믿을 수 없을 정도로 빠르게 감소한다는 것을 의미한다. 따라서 믿기 어려울 정도의 큰 이익도 그가 갬블을 받아들이기에는 너무 작은 한계 효용을 가진다. 이 문제를 좀 더 일반화해보자. 예를 들어, $10, $100, 또는 $1,000 정도의 갬블 금액에 대해 경제적으로 무시할 정도의 위험 회피가 있을 때, 기대효용 이론을 사용하면 엄청나게 큰 기대 금액을 가지는 비현실적으로 좋은 갬블도 거절해야 한다. 하지만 현실에서 불법이 아니라면 그런 갬블을 거절할 사람은 없다. 따라서 기대효용 이론이 경제학자들이 연구하는 여러 위험 회피 현상들을 설명하기에 타당하지 않다고 얘기할 수 있다.

왜 비현실적으로 위험을 회피해야 할까?

부의 수준 W에서 한계 효용이 체감하기 때문에 50/50의 확률로 $10을 잃거나 $11을 얻는 갬블을 거절한다는 것은 다음과 같은 관계가 성립한다는 것이다.

$$U(W+11)-U(W) \leq U(W)-U(W-10)$$

이는, (W, W+11) 구간의 $1을 (W−10, W) 구간의 $1보다 상대적으로 작게 평가한다는 것이다. 기껏해야 평균적으로 10/11로 인식한다. 즉, (W, W+11) 구간의 $1은 기껏해야 (W−10, W) 구간의 $1의 10/11 정도밖에 안 된다. 효용 함수의 오목성 때문에 당신의 재산에서 (W+11)번째 $1은 (W−10)번째 $1의 10/11 정도의 가치를 가진다는 것이다. 이 갬블을 부의 수준 (W+21)에서 반복하면, 동일한 갬블이 거절될 것이므로, (W+21+11)=(W+32)번째 $1은 (W+21−10)=(W+11)번째 $1의 기껏해야 10/11의 가치를 가진다. 따라서 당신의 (W+32)번째 $1은 (W−10)번째 $1의 10/11×10/11≈5/6 정도의 가치밖에 안 된다. 이런 갬블을 계속 반복하면 (W+210)번째 $1은 기껏해야 (W−10)번째 $1의 40%가 안 되고, (W+882)번째 $1은 기껏해야 2%에 불과하다.[2] 이렇듯 오목한 효용 함수에서 돈의 상대적 가치 하락은 매우 빠르기 때문에 터무니없는 위험 회피가 발생한다.

따라서 적당한 양(+)의 기대 가치를 가지는 갬블을 거절하면, 매우 큰 양(+)의 기대 가치를 가지는 갬블도 거절해야 한다. 표 6−1은 그런 사례를 정리하였다. 왼쪽은 적당한 금액의 갬블이고, 오른쪽은 큰 금액의 갬블이다. 상식적으로 왼쪽의 갬블은 쉽게 거절할 수 있지만, 오른쪽 갬블을 거절하기는 쉽지 않다.[3] 따라서 신고전주의 경제학에서 가정하는 오목한 모양의 효용 함수와 기대효용 이론이 실제로는 타당하지 않다는 것을 알 수 있다.

그렇다면 50/50의 확률로 손실 $100 또는 이익 $105를 주는 갬블을 거절하면 매우 큰 부의 수준까지는 큰 금액의 갬블을 거절해야 하지만, 그것을 넘어서는 부의 수준에서도 그럴까? 그렇다. 효용 함수가 볼록하지 않다는 것을 제외하고는 그 수준 이상에서의 효용 함수에 대해 어떤 정보도 없다고 하자. 예를 들어, $350,000 이상의 부의 수준에서는 효용 함수에 대한 정보가 전혀 없다. 그런 사람도 $340,000의 부의 수준에서 50/50의 확률로 손실 $10,000 또는 이익 $5.5백만의 갬블을 거절해야 한다. 여기서 직관적인 것은 ($340,000, $350,000) 구간에서 효용 함수의 극심한 오목성으로 인해서 350,000번째 $1의 효용이 $340,000 이전의 $1에 비해 효용이 매우 작다는 것이다. 따라서 $350,000 이상의 부의 수준에서 한계 효용이 감소하지 않는다고 할지라도 의사결정이 크게 달라지지 않는다.

2 $(\frac{10}{11})^{10} \approx 0.3855$이고, $(\frac{10}{11})^{42} \approx 0.0183$이다.

3 여기서도 부의 수준에 비해 매우 큰 금액의 손실이 가능한 경우에는 거절할 수도 있다.

표 6-1
적당한 양(+)의 기대 가치를 가지는 갬블을 거절한 사례

기대효용 최대화에 의해 다음의 50/50 갬블을 거절하면…	그는/그녀는 다음의 50/50 갬블을 거절한다.
손실 $10 / 이익 $10.10	손실 $1,000 / 이익 $∞
손실 $10 / 이익 $11	손실 $100 / 이익 $∞
손실 $100 / 이익 $101	손실 $10,000 / 이익 $∞
손실 $100 / 이익 $105	손실 $2,000 / 이익 $∞
손실 $100 / 이익 $110	손실 $100,000 / 이익 $∞
손실 $1,000 / 이익 $1,010	손실 $20,000 / 이익 $∞
손실 $1,000 / 이익 $1,050	손실 $10,000 / 이익 $∞
손실 $1,000 / 이익 $1,100	손실 $6,000 / 이익 $∞
손실 $10,000 / 이익 $11,000	손실 $100,000 / 이익 $∞
손실 $10,000 / 이익 $12,500	손실 $60,000 / 이익 $∞

출처: 라빈과 탈러(2001)

기대효용 이론이 아니면 위험 회피를 어떻게 설명할까?

다시 소규모 갬블을 생각해보자: 50/50의 확률로 손실 $10 또는 이익 $11의 갬블. 기대효용 이론이 이처럼 소규모 금액의 갬블에 대한 위험 회피를 설명하지 못한다면 도대체 어떻게 해야 할까? 기대효용 이론을 떠나서 생각하자. 이를 설명하기 위해서 다음의 두 가지 개념을 이용할 수 있다: **손실 회피**와 **멘탈 어카운팅**.

손실 회피
동일한 금액의 이익과 손실의 경우, 이익으로 얻게 되는 기쁨보다 손실로 얻게 되는 고통 또는 상실감이 더 크게 되는 성향

멘탈 어카운팅
거래와 투자 등을 할 때 마음속에 여러 개의 계정을 만들어서 인식과 평가를 달리 하는 것

먼저, 카너먼과 트버스키(1979)에 의하면 동일한 양의 고통의 크기가 기쁨의 크기보다 약 2배 정도 크다고 한다. 이것이 손실 회피이다. 손실 회피의 성향 때문에 양(+)의 기대 가치를 가지는 적은 금액의 갬블마저도 거절할 수 있다.

두 번째 중요한 요인은 멘탈 어카운팅이다.[4] 멘탈 어카운팅은 개인과 가계가 금융 거래를 평가하는 방법이다. 소규모의 갬블에 대한 위험 회피는 이 위험만을 따로 떼어 독립적으로 평가하는 편협한 성향 때문에 발생한다. 양(+)의 기대 가치를 가지는 소규모 갬블을 광범위한 관점에서 평가하면, 사람들은 그것을 받아들일 가능성이 크다. 예를 들어, 그런 갬블을 반복적으로 하면 장기적으로 이익이 손실보다 매우 크게 된다. 또는 다른 재산과 함께 고려하면 그 갬블의 비중이 아주 작아질 것이다. 다른 재산과 함께 생각한다면 소규모 갬블을 받아들이겠지만, 멘탈 어카운팅에 의해 소규모 갬블을 독립적으로 생

4 멘탈 어카운팅에 대한 자세한 내용은 제1부의 〈멘탈 어카운팅〉을 보시오.

각하기 때문에 거절하게 된다.

어떤 문제를 따로 떼어서 독립적으로 생각하는 성향을 **의사결정의 고립화**, **편협한 프레이밍**, **편협한 범주화**, 또는 **근시안적 손실 회피**로 표현할 수 있다. 근시안적 손실 회피는 기대효용 이론이 설명하지 못하는 많은 현상을 설명한다. 제3부의 〈주식 프리미엄은 왜 그렇게 클까?〉와 〈근시안적 손실 회피와 퇴직연금 투자〉 부분에 이 개념을 이용하여 실제 문제를 해결하는 사례가 소개되어 있다.

의사결정의 고립화
어떤 문제를 따로 떼어서 독립적으로 생각하는 성향

편협한 프레이밍
어떤 문제를 따로 떼어서 독립적으로 생각하는 성향

편협한 범주화
어떤 문제를 따로 떼어서 독립적으로 생각하는 성향

근시안적 손실 회피
편협한 범주화에 의해 손실 회피의 성향이 발생하는 것

머니 펌프의 실제

양(+)의 기대 가치를 가지는 적당한 금액의 갬블을 거절하는 사람은 기대효용 이론을 위배하는 것이라고 주장했다. 하지만 경제학자들은 기대효용 이론의 일상적인 위배는 존재할 수 없다고 한다. 왜냐하면 그런 위배는 잠재적인 머니 펌프가 될 수 있기 때문이다. **머니 펌프**란 확실하게 손실을 보게 하는 일련의 갬블을 받아들이는 것이다. 일반적으로 머니 펌프란 **이전성** 공리가 성립하지 않을 때 아무런 이익을 얻지 못하면서 반복적으로 돈을 기꺼이 지불하게 되는 구조를 말한다. 결국 이전성이 성립하지 않으면 머니 펌프가 만들어지는데, 현실적으로 그럴 수는 없기 때문에 이전성은 반드시 성립해야 한다는 것이 신고전주의 경제학의 논리이다.

머니 펌프
이전성 공리가 성립하지 않는 경우에 아무런 이익을 얻지 못하면서 반복적으로 돈을 기꺼이 지불하게 되는 구조를 말한다.

이전성
순환 선택이 불가능한 경우

간단한 머니 펌프의 예를 살펴보자. 세 가지 상품 x, y, z 중에서, y보다 x를, z보다 y를, x보다 z를 선호하는 사람이 머니 펌프이다. 예를 들어, 어떤 사람은 잔디 깎는 기계 x가 y보다 더 크기 때문에 선호하고, 같은 이유로 y를 z 보다 선호한다. 하지만 고장 날 때 수리점에 가져가기가 극히 어려우므로 x보다 z를 선호할 수 있다. 그 사람이 x를 소유하고 있다면 판매원은 약간의 수수료를 받고 x를 z로 교체해 주고, 다시 z를 y로 교체해 주고 약간의 수수료를 받으며, 또 y를 x로 교체해 주고 약간의 수수료를 받는다. 이런 과정을 계속해서 반복하면 그 사람은 파산에 이르게 된다.[5] 이는 결국 참가자가 질 것을 보장하는 일련의 베팅 과정이다.

하지만 어떤 사람의 어리석은 행동 때문에 아무런 위험 없이 몇 번 이익을 얻

5 이 개념은 영국의 철학자이고 수학자이며 경제학자이었던 프랭크 램지(1903~1930)에 의해 소개되었다.

었다고 항상 그의 모든 돈을 가져갈 수 있다고 생각하기는 어렵다. 실제로 머니 펌프를 설명하기 위한 사례들은 기대효용 이론보다는 오히려 **근시안적 손실 회피**를 보여주는 경우가 많다. 특히, 기대효용 최대화는 우리가 알지 못하는 극단적인 머니 펌프와 관련이 있지만, 근시안적 손실 회피는 우리가 실제로 세상에서 보는 적은 금액의 소규모 머니 펌프와 관련이 있다. 이를 좀 더 살펴보기 위해서 머니 펌프의 정의를 참여자가 확실히 파산에 이르게 하는 과정보다는 매우 높은 확률과 매우 작은 위험으로 돈을 벌 수 있는 의사결정이라고 하자.

근시안적 손실 회피
편협한 범주화에 의해 손실 회피의 성향이 발생하는 것

사람들은 인생에서 수없이 많은 소규모 위험 속에서 사는데 각각의 위험에 대해 위험 회피적이기 때문에 이 모든 소규모 위험에 대한 보험을 판매해서 이익을 얻으려는 업자들이 있다. 그들이 어떻게 사람들을 파산으로 이끄는 개별적 보험을 제공해야 할까? 그들의 입장에서 가장 저렴하고 직접적인 방법은 한 사람의 모든 위험을 하나로 묶어서 과도한 가격에 판매하는 보험이다. 이는 각 개인의 위험을 판별할 필요가 없고 하나의 거래로 끝나기 때문에 정보 및 거래비용이 무시할 정도로 작아지기 때문이다. 하지만 한 사람의 위험들을 모두 묶어서 하나의 보험을 만들면 이 경우에는 근시안적 손실 회피자도 합리적으로 위험 중립이 된다. 위험들을 모두 묶으면 위험 분산 때문에 전체 인생이 매우 위험하게 될 확률이 아주 낮아지기 때문이다. 당연히 이런 보험에 대해서는 과도한 가격을 지불할 수 없다. 그 사람이 과도한 가격의 보험을 구매하려는 이유는 개별적으로 하나의 소규모 위험만을 방지하기 위한 것이다.

한 사람의 모든 위험에 대한 하나의 보험은 사람들에게 비싼 가격으로 판매되지 않을 것이기 때문에, 보험업자는 근시안적인 손실 회피자들로부터 이익을 얻기 위해서 신중해져야 한다. 보험업자에게 매력적이지는 않겠지만 그들에게 개별 보험을 하나씩 판매해야 한다. 정보와 거래 비용들로 인해서 이런 소규모 보험을 판매해서 큰 이익을 얻기는 힘들지만, 막대한 마케팅 비용을 발생시키지 않는 소규모 보험은 판매될 수 있다. 따라서 근시안적 손실 회피자들의 경제에서 기대효용 이론과 정합성이 없는 아주 비싼 가격으로 소규모 보험을 광범위하게 판매하는 것을 보기도 하지만, 보험이 없이 존재하는 비슷한 크기의 더 많은 위험도 볼 수 있다.

기대효용 이론은 사람들이 공제가 많고 아주 보상이 큰 보험을 구매한다고 예상한다. 하지만 대부분의 자동차와 건강 보험은 그와는 정반대이어서 공제가 작고 보상 수준에 제한이 있는 경우가 많다. 렌터카의 파손 보험이나 가전 제품의 보장 기간 연장들은 사람들이 근시안적으로 손실 회피적일 때 구매하는 보험의 종류이다. 손실 회피자들은 평생 그런 보험을 구입하기도 하지만, 엄청나게 많이 구매하지는 않는다. 결국 기대효용 이론은 우리가 모르는 엄청난 머니 펌프를 예측하지만, 근시안적 손실 회피는 우리가 일상적으로 관찰하는 많은 소규모의 머니 펌프 사례들을 설명해 준다.

기대효용은 지나간 과거의 가설이다.

기대효용 이론은 합리적 선택의 규범적 모형으로 경제학자들에게 매우 설득력이 있었지만, 초창기부터 실제 선택의 이유를 설명할 수 있는지에 대한 의심이 있었다. 알레(1953)는 사람들이 결과와 확률의 선형 결합에 의한 기대치에 따라 의사결정을 한다는 것에 의심하였고, 트버스키와 카너먼(1981)은 사람들의 의사결정이 객관적인 특성보다는 프레이밍에 따라 변할 수 있다는 것을 보여주었다. 라빈(2000)과 라빈과 탈러(2001)는 그들의 연구가 기대효용 이론의 치명적 결점을 보여주는 마지막 연구가 되기를 원했다. 하지만 많은 경제학자가 기대효용 이론의 부적절함을 인정하지 않으려고 한다. 오히려 기대효용 이론을 지키려고 노력한다.

기대효용 이론을 지키려는 노력은 비현실적이고 의미 없는 노력이다. 기대효용 이론은 인생에 있어서 전체 부의 수준에 큰 영향을 미치는 프로스펙트일 경우에만 사람들이 위험 중립에서 벗어난다고 설명한다. 이는 명백한 오류이다. 그렇지 않다. 전체 재산에 영향을 미치지 않는 적당한 금액에 대해서도 손실 회피와 멘탈 어카운팅에 의해서 위험 회피 성향이 나올 수 있다. 이제 기대효용은 지나간 과거의 가설이다!

주요 용어

근시안적 손실 회피	손실 회피	이전성
머니 펌프	오목한 효용 함수	편협한 범주화
멘탈 어카운팅	위험 중립	편협한 프레이밍
비현실적인 위험 회피	의사결정의 고립화	

핵심 정리

- 기대효용 이론은 갬블의 금액이 적을 때 사람들이 위험에 대해 거의 중립적 성향을 지니게 된다. 애로우(1971)는 양(+)의 기대 가치를 가지는 갬블에서 금액이 충분히 적을 때, 미분 가능한 효용 함수에 의한 기대효용 최대화 의사결정자는 거의 어디서나 위험 중립에 가깝다는 것을 보여주었다.
- 대부분의 경제학자가 이런 제한성을 알고 있지만, 무시할 정도의 금액뿐만 아니라 경제적으로 의미 있는 큰 금액에 대해서도 근사적 위험 중립이 있어야 한다는 것을 인식하지 않는 경우가 많다.
- 라빈(2000)은 오목한 효용 함수를 가정하는 기대효용 이론 하에서 적은 금액과 큰 금액의 갬블 간에 성립하는 위험 회피 성향의 관계에 대한 다음의 정리를 제시하였다: 기대효용을 최대화하는 의사결정자가 언제나 적당한 금액의 갬블을 거절하면 큰 금액의 갬블도 거절해야 한다.
- 이 정리에 의하면, 위험 중립이 아닌 다른 어떤 것도 큰 금액의 갬블에 대해 비현실적인 위험 회피를 명백하게 설명할 수 없다.

이렇게까지 위험을 회피할까?

- 기대효용의 최대화를 추구하는 당신은 50/50의 확률로 손실 \$10 또는 이익 \$11을 얻는 갬블을 언제나 거절한다. 여기서 '언제나'라는 의미는 당신의 부의 수준이 어느 정도인가에 관계없다는 것이다. 이때 당신이 각각 50/50의 확률로 \$100의 손실이나 Y의 이익을 얻는 갬블을 받아들일 수 있는 Y는 얼마일까?
- 당신은 Y에 상관없이 이 갬블을 거절한다.

왜 비현실적으로 위험을 회피해야 할까?

- U(W+11)−U(W)≤U(W)−U(W−10): (W, W+11) 구간의 \$1을 (W−10, W) 구간의 \$1보다 상대적으로 작게 평가한다는 것이다. 기껏해야 평균적으로 10/11로 인식한다.
- 이 갬블을 부의 수준 (W+21)에서 반복하면 (W+32)번째 \$1은 (W+11)번째 \$1의 기껏해야 10/11의 가치를 가진다.
- 이는 (W+32)번째 \$1은 (W−10)번째 \$1의 10/1110/11≈5/6 정도의 가치밖에 안 된다.
- 이런 갬블을 계속 반복하면 (W+210)번째 \$1은 기껏해야 (W−10)번째 \$1의 40%가 안 되고, (W+882)번째 \$1은 기껏해야 2%에 불과하다.
- 이렇듯 오목한 효용 함수에서 돈의 상대적 가치 하락은 매우 빠르기 때문에 터무니없는 위험 회피가 발생한다.
- 따라서 적당한 양(+)의 기대 가치를 가지는 갬블을 거절하면, 매우 큰 양(+)의 기대 가치를 가지는 갬블도 거절해야 한다.

기대효용 이론이 아니면 위험 회피를 어떻게 설명할까?

- 프로스펙트 이론의 손실 회피와 멘탈 어카운팅으로 설명이 가능하다.
- 어떤 문제를 따로 떼어서 독립적으로 생각하는 성향을 의사결정의 고립화, 편협한 프레이밍, 편협한 범주화, 또는 근시안적 손실 회피로 표현할 수 있다.

머니 펌프의 실제

- 양(+)의 기대 가치를 가지는 적당한 금액의 갬블을 거절하는 사람은 기대효용 이론을 위배하는 것이라고 주장했다.
- 경제학자들은 기대효용 이론의 일상적인 위배는 존재할 수 없다고 한다. 왜냐하면 그런 위배는 잠재적인 머니 펌프가 될 수 있기 때문이다.
- 머니 펌프란 확실하게 손실을 보게 하는 일련의 갬블을 받아들이는 것이다.
- 기대효용 이론은 사람들이 공제가 많고 아주 보상이 큰 보험을 구매한다고 예상한다. 하지만 대부분의 자동차와 건강 보험은 그와는 정반대이어서 공제가 작고 보상 수준에 제한이 있는 경우가 많다. 렌터카의 파손 보험이나 가전제품의 보장 기간 연장들은 사람들이 근시안적으로 손실 회피적일 때 구매하는 보험의 종류이다. 손실 회피자들은 평생 그런 보험을 구입하기도 하지만 엄청나게 많이 구매하지는 않는다.

결국 기대효용 이론은 우리가 모르는 엄청난 머니 펌프를 예측하지만, 근시안적 손실 회피는 우리가 일상적으로 관찰하는 많은 소규모의 머니 펌프 사례들을 설명해 준다.

기대효용은 지나간 과거의 가설이다.

- 기대효용 이론을 지키려는 노력은 비현실적이고 의미 없는 노력이다.
- 기대효용 이론은 인생에 있어서 전체 부의 수준에 큰 영향을 미치는 프로스펙트일 경우에만 사람들이 위험 중립에서 벗어난다고 설명한다. 이는 명백한 오류이다. 그렇지 않다.
- 전체 재산에 영향을 미치지 않는 적당한 금액에 대해서도 손실 회피와 멘탈 어카운팅에 의해서 위험 회피 성향이 나올 수 있다.
- 이제 기대효용은 지나간 과거의 가설이다!

참고 문헌

- Allais, M. (1953), Le comportement de l'homme rationnel devant le risque: critique des postulats et axiomes de l'école Américaine, Econometrica 21 (4), 503~546.
- Arrow, K. (1971), Essays in the theory of risk bearing, Markham Publishing Company.
- Epstein, L. and S. Zin (1990), 'First order' risk aversion and the equity premium puzzle, Journal of Monetary Economics 26, 387~407.
- Kahneman, D. and A. Tversky (1979), Prospect theory: An analysis of decision under risk, Econometrica 47, 263~292.
- Rabin, M. (2000), Risk aversion and expected-utility theory: A calibration theorem, Econometrica 68, 1281~1292.
- Rabin, M. and R. Thaler (2001), Risk aversion, Journal of Economic Perspectives 13, 219~232.
- Tversky, A. and D. Kahneman (1981), the framing of decisions and the psychology of choice, Science 211, 453~458.

07 — 시간 선호도와 시점 간 선택

시간 선호도
재화나 현금에 대해 지금 당장 받는것과 미래에 받을 가치를 상대적으로 비교하여 평가하는 것

시점 간 선택
시간 선호도에 따라 서로 다른 시점에 발생하는 비용과 혜택을 평가하는 것

할인된 효용
효용 함수를 할인율로 할인하여 얻는 효용

경제학에서 **시간 선호도**는 재화나 현금에 대해 지금 당장 받는 것과 미래에 받을 가치를 상대적으로 비교하여 평가하는 것이다. 시간 선호도에 따라 서로 다른 시점에 발생하는 비용과 혜택을 어떻게 평가하는가를 **시점 간 선택**이라고 한다. 이는 건강, 재산, 행복 등에 영향을 미칠 뿐만 아니라 애덤 스미스는 국가의 경제적 번영을 결정한다고 하였다. 애덤 스미스 이후에 많은 경제학자는 시점 간 선택을 수많은 심리적 동기들의 갈등에 의한 산물이라고 하였다. 그러다가 1937년에 폴 새뮤얼슨이 할인된 효용의 개념을 제안한 이후부터 모든 것이 바뀌었다. **할인된 효용**이란 현재의 효용과 비교하기 위해 미래의 효용을 적당한 할인율로 할인한 것을 말한다. 할인율 r로 할인된 다기간 효용 함수는 다음과 같다.

$$U(c_t, c_{t+1}, \cdots) = U(c_t) + \frac{U(c_{t+1})}{(1+r)} + \frac{U(c_{t+2})}{(1+r)^2} + \frac{U(c_{t+3})}{(1+r)^3} + \cdots$$

할인율
시점 간 선택의 기저에 있는 이질적 동기들에 의해 할인하는 하나의 모수

여기서 할인은 기간과 관계없이 상수 r에 의해서 이루어진다. 새뮤얼슨은 할인된 효용의 규범적, 서술적 타당성에 대해서는 의구심이 있다고 언급하였지만, 그런 사실은 무시되었다. 할인된 효용은 얼마 되지 않아 공공 정책의 규범적 표준뿐만 아니라 실제 행동을 위한 정확한 인식으로 받아들여졌다. 할인된 효용의 핵심적 가정은 시점 간 선택의 기저에 있는 이질적 동기들을 하나의 모수인 **할인율**로 압축시켰다는 것이다. 이제 시점 간 선택에서 나타나는 여러 가지 이슈에 대해서 검토한 로웬스타인과 탈러(1989) 및 프레드릭 등(2002)의 연구를 중심으로 시간 선호도에 대해서 알아보자.

할인된 효용의 가정

새뮤얼슨(1937)은 논문의 마지막 부분에 할인된 효용과 복지 개념 간에는 아무런 연관성이 없다고 하였다. 1975년에 노벨 경제학상을 수상한 쿠프먼

스(1960)도 새뮤얼슨처럼 할인된 효용 모형이 심리적으로 그리고 규범적으로 타당하다고 주장하지는 않았다. 그럼에도 불구하고 할인된 효용은 표준 경제학에 의해 널리 인정되었다. 프레드릭 등(2002)은 할인된 효용의 가정들을 다음과 같이 검토하였다.

할인된 효용의 가정	경제적 실제
1. 기존의 소비 계획과 새로운 소비의 통합	새로운 시점 간 선택이 독립적임
2. 효용의 독립성	시점 간 효용은 독립적이지 않음
3. 소비의 독립성	시점 간 소비는 독립적이지 않음
4. 안정적인 즉각적 효용	인간의 선호도는 시간에 따라 변함
5. 소비와 할인의 독립성	모든 소비가 동일하게 할인되지 않음
6. 상수 할인율과 시간의 정합성	시간에 따라 할인율은 달라짐
7. 한계효용 체감과 양(+)의 시간 선호도	시간 선호도가 반드시 양(+)은 아님

먼저, 할인된 효용을 포함하는 대부분의 시점 간 선택 모형들의 주요 가정은, 사람들이 새로운 소비를 기존의 소비 계획과 함께 평가한다는 것이다. 이는 마지막 부의 수준에 의해 결정되는 경제학 효용 함수의 특징이다. 하지만 사람들은 대개 미래의 소비에 대해서 구체적인 계획을 세우고 있지도 않으며, 시점 간 선택을 할 때마다 새로운 최적 계획을 수립하지도 않는다. 여러 연구 결과들에 의하면, 사람들은 미래의 소비 계획과는 독립적으로 시점 간 선택의 결과를 평가한다.

둘째, 할인된 효용의 개념은 할인된 미래 각 시점 효용들의 합계이다. 따라서 각 효용은 현재로부터 멀리 떨어질수록 할인이 더 되는 것을 제외하고는 동일한 취급을 받는다. 효용의 독립성 가정은 거의 논의된 바가 없지만 검토할 필요가 있는 주제로, 현실적이라고 하기는 어렵다. t 시점의 효용이 t−1 시점의 효용과 독립적일 수 있을까? 쉽지 않다. 예를 들어, t−1 시점에 가난했던 경우와 부유했던 경우를 생각해 보자. t 시점에 주어진 소비를 한다고 할지라도, t 시점의 효용은 t 시점의 소비와 함께 t−1 시점의 효용에 따라 달라질 것이다.[1] 따라서 각 기간의 효용이 독립성을 가지기는 어렵다.

셋째, 할인된 효용에서는 각 시점의 소비가 항상 독립적으로 평가된다. 이런 소비의 독립성은 마치 기대효용 이론의 독립성 공리와 비슷하다. 즉, 기대효

4 이를 경제학적으로 표현하면 다음과 같다: $u_t=u(c_t, u_{t-1})$.

용 이론에서 각 재화의 소비 효용은 독립적으로 더해진다. 이처럼 시점 간 선택에서의 독립성도 이전과 이후의 소비가 현시점의 소비와 아무런 관계가 없다는 것이다. 하지만 이런 설정은 비현실적이다. 예를 들어, 오늘 저녁에 이탈리아 음식이나 태국 음식에 대한 선호도가 어젯밤이나 내일 밤에 이탈리아 음식을 먹는 것과 관계가 없을까? 새뮤얼슨과 쿠프먼스는 이런 시점 간 소비의 독립성은 성립하기 어렵다고 하였다.

안정적
여기서는 시간이 흘러도 동일한 효용이 유지됨을 의미함

넷째, 표준 경제학이 가정하는 효용이 시간과 관계없이 **안정적**이라고 한다. 여기서 안정적이라는 의미는 시간이 흘러도 동일한 효용이 유지된다는 것이지만, 이 가정은 성립하기 어렵다. 왜냐하면 사람들의 선호도는 예측 가능할 수도 있고 불가능할 수도 있지만 시간에 따라 변하는 것이 확실하기 때문이다. 이 가정이 분석에 편리해서 많이 사용하지만, 시간에 따라 변하는 취향을 고려할 때 적절하다고 할 수 없다.

다섯째, 할인 함수가 소비의 유형과 관계없이 항상 변하지 않는다고 가정한다. 하지만 사람들이 서로 다른 소비에 대해 다른 할인율을 적용한다면 일정한 시간 선호도는 아무런 의미가 없을 것이다. 예를 들어, 바나나의 시간 선호도와 휴가의 시간 선호도는 다를 것이다.

시간-정합성
시간 선호도가 항상 일정하다는 것을 의미함

여섯째, 할인된 효용에서 할인율은 항상 상수로 고정되어 있다. 이는 사람들의 **시간 선호도**가 항상 일정하다는 것을 의미한다. 이를 달리 표현하면, 시점 간 선호도가 **시간-정합성**을 가진다고 한다. 사람들의 시간 선호도가 시점에 따라 다르다면 이런 가정은 의미를 상실한다. 그 경우에는 시점마다 서로 다른 할인율이 적용되어야 한다.

소비의 영원한 연기
음(−)의 시간 선호도가 있을 경우 소비의 효용을 증가시키기 위해 소비를 영원히 미루는 행위

마지막으로, 표준 경제학은 한계효용 체감과 양(+)의 시간 선호도를 가정한다. 한계효용 체감은 사람들이 소비를 시간에 따라 분산시키고, 양(+)의 시간 선호도는 현재의 소비를 선호하도록 한다. 사람들이 소비를 분산시키는 성향이 있으므로 한계효용 체감에는 큰 문제가 없다. 하지만 양(+)의 시간 선호도는 의심할 수도 있다. 여러 연구자는 0 또는 음(−)의 시간 선호도가 있을 수 있다고 하였다. 이런 주장이 저축에 대한 양(+)의 이자율과 결합하면 **소비의 영원한 연기**도 가능하다. 이런 결론이 비현실적이기 때문에 양(+)의 시간 선호도가 정당한 제약이라고 주장하기도 한다.

물론, 할인된 효용의 문제점들을 모두 해결할 수 있는 심리학이나 행동 경제학 이론이 존재하지는 않는다. 다만 이러한 문제점들로 인하여 할인된 효용

이 시점 간 선택의 실제 의사결정을 잘 설명하지 못한다는 것이다. 위에서 제시된 대부분의 문제를 해결하지 못한다고 할지라도, 실제로 인간의 시점 간 선택을 잘 설명할 수 있는 모형 또는 방법이 있다면 그것으로 충분하다.

할인된 효용의 이상 현상

쌍곡형 할인

할인된 효용의 가장 대표적인 이상 현상은 **쌍곡형 할인**이다. 표준 경제학의 할인된 효용에서는 오직 하나의 상수인 할인율을 가정하지만, 실제 시점 간 선택을 할 때는 시간이 흐름에 따라 할인율이 감소한다는 것이다. 쌍곡형 할인의 구체적인 형태에 대해서는 뒤에 다시 설명하겠지만, 많은 연구가 이 사실을 뒷받침하고 있다.

쌍곡형 할인
가까운 미래의 할인율이 가장 크고 먼 매래로 갈수록 할인율이 작아지는 유형의 할인

먼저, 가까운 미래의 작은 보상과 먼 미래의 큰 보상을 비교할 때 가까운 미래보다는 먼 미래의 할인율이 더 낮았다. 예를 들어, 탈러(1981)는 지금 당장 $15를 받는 것과 1개월 후, 1년 후, 10년 후에 얼마를 받는 것이 무차별한가를 질문하였다. 이 질문에 대한 답변의 중간값은 각각 $20, $50, $100이었다. 이는 1개월, 1년, 10년에 적용되는 할인율이 각각 345%, 120%, 19%임을 의미한다. 즉, 할인율이 시간이 흐름에 따라 점점 감소한다. 실제 실험 결과에 맞는 할인 함수를 추정해 보면 상수 할인율을 사용하는 할인 함수보다는 쌍곡형 할인 함수가 확실히 더 적합하다. 이러한 결과는 많은 연구에 의해 지지되고 있다.

한편, 보상을 받는 기간 차이가 동일한 두 개의 선택이 있을 때, 현재에 가까운 경우와 먼 경우 사이에 선호도 역전이 발생한다. 예를 들어, 사람들은 내일의 $110보다 오늘의 $100을 선호하지만, 30일 뒤의 $100보다는 31일 뒤의 $110을 선호한다. 두 선택의 기간 차이가 동일함에도 불구하고 선호도 역전이 발생한다는 것은 할인율이 기간과 관계없이 동일하지 않다는 것이다. 할인율이 시간이 흐름에 따라 감소한다는 것이다.

이익과 손실

할인율을 계산하는 사례는 대부분 이익의 경우이다. 하지만 손실이면 어떻게 될까? 이를 알아보기 위하여 탈러(1981)는 다음과 같이 재미있는 실험을 하였다. 그는 피실험자들에게 교통 위반 딱지를 발급받았는데, 지금 당장 지불

할 수도 있고 나중에 지불할 수도 있다고 하였다. 지금 당장 지불하면 $15인데, 그 대신에 3개월 뒤, 1년 뒤, 3년 뒤에 지불할 용의가 있는 금액들을 질문하였다. 이 금액에 따라 할인율을 계산하였더니 이는 비슷한 크기의 이익인 경우보다 훨씬 작은 할인율이 계산되었다. 이익보다는 손실의 경우에 더 낮은 할인율이 적용되는 것이다.

규모 효과

대부분의 연구는 보상의 규모가 작은 경우보다 큰 경우에 할인율이 낮아진다고 한다. 탈러(1981)는 구체적인 실험을 통해 이를 증명하였다. 실험 결과는 당장의 $15와 1년 뒤의 $60이 무차별하고, 당장의 $250과 1년 뒤의 $350이 무차별하며, 당장의 $3,000과 1년 뒤의 $4,000이 무차별하다고 하였다. 이들 각각의 할인율은 139%, 34%, 29%가 된다. 즉, 보상의 규모가 커질수록 할인율이 낮아지는 것을 알 수 있다.

지연과 가속의 불균형: 기준점 의존

지연
소비를 미래 시점으로 미루는 것

가속
소비를 앞당기는 것

사람들의 실제 시점 간 선택에서는 지연과 가속의 관계가 합리적으로 이루어지지 않는다. 로웬스타인(1988)은 보상에 대한 평가가 정해진 기준점으로부터 발생하기 때문에 **지연**과 **가속**에 적용되는 할인율이 달라진다고 하였다. 그의 실험에서 VCR을 1년 동안 받지 못할 것으로 생각했던 응답자는 지금 당장 받는다면 $54을 지불할 수 있다고 하였다. 하지만, VCR을 즉시 받을 것으로 생각했던 응답자가 그것을 1년 뒤에 받는 대가로 요구하는 금액은 $126이었다. 전자는 1년 가속이고 후자는 1년 지연에 해당하는데, 가속과 지연의 가치가 서로 큰 차이를 보였다. 표준 경제학 입장에서 두 응답자 간에 교환할 수 있다면 두 금액은 같아야 하지만 그렇지 않았다. 이를 프로스펙트 이론에 의해 설명할 수 있다. 1년 뒤에 VCR을 받을 것으로 생각했던 응답자가 당장 받는 것은 이익의 영역에 해당한다. 하지만 당장 VCR을 받을 것으로 생각했던 응답자가 1년 뒤에 받는 것은 손실의 영역에 해당한다. 따라서 이익의 기쁨이 손실의 고통보다 작기 때문에 전자가 후자보다 작은 것이다.

순서에 대한 선호

표준 경제학 입장에서, 여러 시점 간의 선택에 있어서 양수의 할인율을 이용하는 할인은 규범적 원칙이다. 이런 할인에 의하면 이익은 현재에 가까울수록 좋고, 손실은 현재로부터 멀수록 더 좋아야 한다. 하지만 연속적인 결과의 선호도 연구들은 이런 규범적 원칙이 반드시 성립하는 것은 아니라고 하였다. 할인되지 않은 전체 금액이 동일한 급여 지급 계획에서, 점점 증가하는 급여와 점점 감소하는 급여 중에서 선택하라고 하면 대부분의 사람은 점점 증가하는 급여 계획을 선택한다. 왜 그럴까? 표준 경제학의 규범적 원칙에 의하면, 급여는 이익의 영역에 속하므로 큰 금액을 빨리 받는 것이 유리하기 때문에 감소하는 급여 일정이 선호되어야 한다. 그렇지 않다는 것은 이익의 영역에 반드시 양수의 할인율이 적용되는 것은 아니라는 것이다.

불편함이나 고통이 따를 때는 어떻게 될까? 규범적 원칙에 의하면 큰 불편함 또는 고통은 현재로부터 멀리 있으면 더 좋다. 양수의 할인율로 할인하면 고통의 현재 효용이 크게 감소할 것이기 때문이다. 그렇다면, 전체 고통이 동일하다고 가정할 때, 사람들은 고통이 증가하는 것을 좋아할까, 아니면 감소하는 것을 좋아할까? 많은 실험 결과들은 처음엔 큰 고통이 있을지라도 감소하는 고통을 선호한다고 하였다. 따라서 손실 영역에서도 규범적 할인 원칙은 성립하지 않는다.

독립성 위반과 스프레드 선호

로웬스타인과 프렐렉(1993)은 다음의 실험을 통하여 연속적인 결과의 선호도가 표준 경제학의 독립성 원칙을 위반한다고 주장하였다.

이제부터 5주 동안의 토요일 밤을 지낼 계획을 세워야 한다. 연속 5주의 토요일 저녁 선택 두 개에 대해서 각각 하나씩 결정하시오. '멋진 프랑스 식당'은 멋진 프랑스 식당에서의 저녁 식사를, '멋진 랍스터 식당'은 아름다운 4성급 랍스터 식당에서의 저녁 식사를 말합니다. 현재의 당신 계획을 무시하고 선택하시오.

선택		첫 주	둘째 주	셋째 주	넷째 주	다섯째 주	응답
1	A1	멋진 프랑스 식당	집에서 저녁 먹기	집에서 저녁 먹기	집에서 저녁 먹기	집에서 저녁 먹기	11%
	B1	집에서 저녁 먹기	집에서 저녁 먹기	멋진 프랑스 식당	집에서 저녁 먹기	집에서 저녁 먹기	89%
2	A2	멋진 프랑스 식당	집에서 저녁 먹기	집에서 저녁 먹기	집에서 저녁 먹기	멋진 랍스터 식당	49%
	B2	집에서 저녁 먹기	집에서 저녁 먹기	멋진 프랑스 식당	집에서 저녁 먹기	멋진 랍스터 식당	51%

출처: 로웬스타인과 프렐렉(1993)

선택 1에서 대부분(89%)의 응답자가 첫 주의 프랑스 식당보다는 셋째 주의 프랑스 식당을 선택하였다. 멋진 프랑스 식당에서 즐기는 것은 이익의 영역이므로 효용을 높이기 위해서는 첫 주에 먼저 소비하는 것이 좋아야 하는데, 이를 위반하는 선택이다. 선택 2에서는 A1과 B1에 각각 다섯째 주의 랍스터 식당이 추가된 것만 다르다. 독립성 공리가 성립한다면 선택 1에서와 비슷한 선택이 나왔어야 하지만, A2와 B2에 거의 비슷한 수의 응답이 나왔다. 이는 표준 경제학의 독립성 공리가 성립하지 않는다는 것이다. 왜 그럴까? 그들은 이러한 선호도 변화가 멋진 저녁 식사를 5주 중에 골고루 배치하기 위해서라고 하였다. 이를 **스프레드 선호**라고 부른다.

스프레드 선호
선호하는 것들을 시간상으로 골고루 배치하는 것

할인율 적용의 일관성 결여

자본시장이 존재하기 때문에 소비자는 스스로 차익거래 기회를 얻을 수 있다. 예를 들어, 이자율 r보다 높은 수익률을 주는 무위험 투자 대안이 있다면, 이자율 r로 차입하여 이 대안에 투자해야 한다. 이자율 r보다 낮은 수익률을 주는 무위험 투자 대안은 당연히 기각되어야 한다. 따라서 사람들은 시간 선호도의 한계 비율이 이자율과 같도록 시점 간 선택을 할 것이다. 즉, 모든 시점 간 선택에 관계된 소비자 선택은 이자율과 같은 기준에 의해 이루어져야 한다. (여기서는 차입 및 대출의 이자율이 동일한 것으로 가정한다.) 하지만 실제 상황에서 관찰된 행동의 **내재적 할인율**은 음(−)의 값에서부터 수백 퍼센트에 이르기도 한다. 내재적 할인율이란 관찰된 실험 결과에 따라 계산된 할인율이다.

내재적 할인율
관찰된 선택 자료에 의해 계산된 할인율

음(−)의 할인율이 적용되는 가장 유명한 사례는 미국이나 한국의 많은 납세자가 매년 국세청으로부터 세금 환급을 받는다는 것이다. 이는 연중 과도한 세금을 원천 징수하기 때문에 국가의 입장에서는 무위험 대출을 받는 것과 동일하다. 한편, 생애주기 소비 선택 연구들에 따르면 은퇴 시점까지 소비가 계속 증가해야 한다. 차입 제한이 없으면, 이런 형태의 소비 유형은 사람들이 음(−)의 할인율을 가졌을 때만 생애주기 이론과 정합성을 가진다.

지나치게 높은 할인율이 적용되는 경우도 찾기 쉽다. 사람들은 추가적인 비용에 대한 혜택이 1년 안에 발생하고 벽에 단열재를 사용하거나 더 비싸지만, 에너지 효율이 높은 가전제품을 구매하지 않는 경향이 있다. 한 연구에 의하면 에어컨 구매에 있어서 구매 가격과 차후에 발생할 에너지 비용 절감의 관계에 따라 할인율을 계산하면 25%에 이른다고 한다. 냉장고의 경우에는 45%~130% (킬로와트시 당 3.8센트인 경우), 또는 120%~300% (킬로와트시 당 10센트인 경우) 정도라고 하였다. 이런 현상은 다른 가전제품에서도 모두 나타나는 현상이다. 표준 경제학 이론에 의하면 비효율적인 가전제품은 생산되지 않아야 한다. 하지만 비효율적인 가전제품들은 계속 생산되고 있고 구매도 이어지고 있다.

비효율적 가전제품의 구매에 대해서 두 가지 다른 설명이 있기도 하다. 첫 번째는 **무지 가설**로, 소비자들이 더 효율적인 제품을 구매하는 것이 어느 정도의 장점이 있는지를 모른다는 것이다. 하지만 정부 지침에 따라 그런 정보들은 보기 쉽게 제공되고 있으므로 무지 가설이 받아들여지기는 쉽지 않다. 두 번째는 **비유동성 가설**이다. 소비자들이 더 효율적인 제품을 살 정도의 현금을 가지고 있지 않다는 것이다. 하지만 대부분의 가전제품은 할부로 구입하고 에너지 절약 가전제품의 추가적인 비용이 상대적으로 작으므로 비유동성 가설도 타당하지 않다.

무지 가설
소비자들이 더 효율적인 제품을 구매하는 것이 어느 정도의 장점이 있는지를 모른다는 것

비유동성 가설
소비자들이 더 효율적인 제품을 살 정도의 현금을 가지고 있지 않다는 것

표준 경제학의 할인된 효용과 쌍곡형 할인

표준 경제학은 현재 시점 t에서 미래의 소비에 대한 효용 함수($U(c_{t+k})$)를 할인하기 위해 다음과 같은 할인 함수를 사용한다: $f(k)=1/(1+r)^k$. 여기서 r은 1기간 할인율이고, f(k)는 미래 k 시점에 발생하는 혜택의 할인 함수이다. 할인율과 할인 함수는 다르다. 할인율은 이자율과 유사한 개념으로 할인에 사용되는 모수이고, 할인 함수는 미래의 혜택 또는 보상에 곱해져서 할인해주는 요소이다. 할인 함수는 일반적으로 미래가치를 현재가치로 할인하는 수단이기 때문에 쉽게 이해할 수 있다. 이에 따라 현재 시점에서 미래 k 시점의 소비 효용을 현재 효용으로 할인하면 다음과 같다: 미래 k 시점 소비의 할인된 효용 = $U(c_{t+k})/(1+r)^k$.

그런데 $1/(1+r)^k$는 정해진 시점마다 적용되는 이산형 형태이기 때문에, 학술적 이론 전개에 약간의 불편함이 있을 수 있다. 경제학에서는 이를 다음과 같은 **연속형 할인 함수**로 전환하여 사용하기도 한다: e^{-rk}.[2] 연속형 할인 함수는 지수 형태로 표현되기 때문에 표준 경제학적 할인 함수를 **지수형 할인 함수**

연속형 할인 함수
연속된 시간에 따라 할인하는 함수

지수형 할인 함수
지수 형태로 표현되는 연속형 할인 함수

2 이산형 할인 함수는 기간을 매우 작게 자르면 연속형으로 쉽게 전환된다.

라고 부른다. 이렇게 할인된 효용 함수가 시점 간 선택을 위해 〈경제학 원론〉 강의에서 공부하는 내용이다. 이는 경제학뿐만 아니라 표준 재무금융 이론에서도 상당히 많이 사용되는 개념으로, 여기서 모든 심리적 동기들은 할인율 r에 집약되어 있다. 할인율 r은 이자율 개념이기 때문에, 안정된 경제 상황에서 대개 1년 동안의 r은 0보다 크면서 매우 작은 양(+)의 값이다. 시점이 현재에서 멀어질수록 k 값이 증가하고 할인 함수도 급속히 감소한다. 이 할인 함수는 1 기간마다 1/(1+r)이라는 일정한 비율로 감소한다. 시점과 관계없이 시간이 흐름에 따라 할인 함수는 일정한 비율로 감소하여, (할인율에 따라 다르지만) 충분한 기간이 지나면 미래 보상의 현재가치는 0에 가까워진다.[3] 하나의 할인율로 할인하는 것이 올바른 방법이라면, 이는 매우 합리적이고 과학적이며 정확한 방법일 수 있다.

현재 바이어스
지금 원하는 것이 나중에 원할 것과 정합성을 가지지 않는 현상

그렇다면 이런 표준 경제학적 논리처럼, 실제로 사람들이 미래의 효용을 이런 방법으로 할인할까? 안타깝게도 많은 경우에 사람들은 위와 같은 할인 방법을 사용하지 않는다. 이제 심리적 요인을 함께 생각해 보자. 사람들은 가까운 미래의 보상에는 높은 할인율을 적용하지만, 상대적으로 먼 미래의 보상에는 낮은 할인율을 적용하여 할인한다. 왜냐하면 미래의 보상보다는 현재의 보상을 매우 선호하기 때문이다. 이를 **현재 바이어스**라고 한다. 결국 현재와 미래의 보상을 비교하기 위해서 가까운 미래의 보상을 너무 심하게 할인하는 성향이 있게 된다. 하지만 사람들은 같은 기간 차이를 가지는 먼 미래의 두 보상 간에는 그렇게 심한 할인을 적용하지 않는다. 왜 그럴까? 이의 의미를 알기 위하여 앞의 〈쌍곡형 할인〉에서 설명한 내용을 반복하고자 한다. 다음의 두 가지 선택을 생각해 보자.

선택	설명	의사결정
1	현재의 $100과 1개월 뒤의 $110 중 선택함	현재의 $100
2	1년 뒤의 $100과 1년 1개월 뒤의 $110 중 선택함	1년 1개월 뒤의 $110

1개월 뒤의 $110은 합리적 관점에서 평가할 때 현재의 $100에 비해 상당히 큰 금액이다. 하지만 가까운 미래인 1개월 뒤의 시점에는 매우 높은 할인율이 적용되기 때문에 $110의 현재가치가 $100에 미달할 수 있어서 사람들은

3 이는 복리에 의해 시간이 지나면 원금이 엄청나게 커지는 것과 정반대의 현상이다. 10%(5%)의 할인율을 적용하면 50년 뒤 $100의 현재가치는 $0.85($8.72)에 불과하다.

지금 당장의 $100을 받으려고 할 것이다.[4] 이에는 보상을 지금 당장 받으려는 현재 바이어스가 작용한 것이다. 1년 뒤에는 상황이 달라진다. 1년 뒤 또는 1년 1개월 뒤는 모두 현재로부터 먼 미래이기 때문에 서로 비슷하지만, 상대적으로 낮은 할인율이 적용되어 선택 1에서와 같은 효용 차이가 발생하지 않는다. 결국 선택 2에서는 1년 1개월 뒤의 $110을 받으려고 할 것이다. 두 선택은 보상의 시점(지금 당장 또는 1년 뒤)만 다르고 보상 지급의 기간 차이가 동일하므로 표준 경제학적 입장에서 동일한 의사결정이 이루어져야 한다. 그럼에도 불구하고 사람들은 다른 의사결정을 하는 경우가 많다.

이러한 사실은 사람들의 시점 간 선택 의사결정이 지수형 할인 함수에 따르지 않는다는 것을 의미한다. 동물과 사람에 대한 실험을 통해서 에인슬리(1992)와 많은 심리학자는 할인 함수가 지수형이 아니라 거의 쌍곡형이라고 결론을 내렸다. **쌍곡형 할인 함수**를 사용하기 때문에 현재로부터 가까운 미래에 대해서는 상대적으로 높은 할인율을 적용하고, 먼 미래에 대해서는 상대적으로 낮은 할인율을 적용하는 것이다. 헤른슈타인(1961)은 이런 현상을 처음으로 발견하여 쌍곡형 할인의 개념을 도입하였다. 가까운 미래에는 가혹할 정도로 큰 할인율이 적용되지만, 먼 미래에는 할인율이 상대적으로 작아지는 것이 쌍곡형 할인의 특징이다. 시간이 지날수록 할인 함수의 감소가 매우 작아지기 때문에 오랜 시간이 흐르면 할인 함수는 거의 감소하지 않는다. 표준 경제학의 할인 함수는 시점과 관계없이 항상 $1/(1+r)$로 감소하지만, 쌍곡형 할인에서는 시간이 흐를수록 할인 함수의 감소가 작아져서 궁극적으로는 더 이상의 할인이 거의 되지 않는다. 이를 체계화하기 위해서 로웬스타인과 프렐렉(1992)은 다음과 같은 일반화 쌍곡형 할인 함수를 제시하였다: $\varnothing(t)=(1+\alpha t)^{-\beta/\alpha}$, $\alpha, \beta>0$. 여기서 α가 0에 가까워질수록 $\varnothing(t)=e^{-\beta t}$가 되어 지수형 할인과 동일하게 된다.[5]

쌍곡형 할인 함수
가까운 미래의 할인율이 가장 크고 먼 매래로 갈수록 할인율이 작아지는 유형의 할인 함수

레입슨(1997)은 쌍곡형 할인 함수에서 벗어나 경제학에서 다루기 편한 다음과 같은 **준쌍곡형 할인 함수**를 제안하였다: $f_{QH}(t)=\beta\times\delta^t$, $(0<\beta, \delta<1)$.[6] 이 준쌍곡형 할인 함수를 **베타–델타 선호도**라고도 한다. $\beta=0.55$이고, $\delta=0.97$이라고 하면, 1 시점의 가치는 $0.53(=0.55\times0.97)$로 크게 감소하지만, 그다

준쌍곡형 할인 함수
쌍곡형 할인 함수의 성질을 가지지만 경제학에서 사용하기 편리하게 변형한 할인 함수로, 많은 경우 지수형과 쌍곡형의 중간 정도 할인율을 가진다.

베타–델타 선호도
베타와 델타에 의해 정해지는 준쌍곡형 할인 함수의 선호도

4 이 경우에는 1개월에 10% 이상의 할인율이 적용되는 것이다. 1년의 무위험 이자율이 10%라면, 1개월 뒤의 $100 대신에 당장 $100을 받는 것은 분명히 손해이다.
5 헤른슈타인(1981)은 $(\alpha=\beta)$인 특수한 경우의 쌍곡형 할인 함수를 다음과 같이 제시했다: $(1+\alpha t)^{-1}$.
6 준쌍곡형 할인 함수는 이미 펠프스와 폴락(1968)에 의해 제시된 바가 있다.

음 시점부터는 감소율이 둔화한다. 2 시점부터는 할인 함수의 값이 전기 값의 δ=0.97배로 감소한다.

그림 2-1은 시점에 따른 지수형 할인(r=0.1), 준쌍곡형 할인(β=0.55, δ=0.97), 쌍곡형 할인(α=2, β=0.6)의 추세를 보여주고 있다. 물론, 각 할인 함수에서 모수의 선택은 임의로 정했다. 실험의 결과에 가장 근접하는 할인 함수를 찾기 위하여 모수를 조정하기 때문에, 임의적인 모수의 선택이 큰 문제가 될 것은 없다. 지수형 할인은 빠르게 감소하여 50 시점에는 거의 0에 가까워진다. 즉, 시간이 흐를수록 미래 보상의 현재가치가 매우 작아진다는 것이다. 이에 비해, 쌍곡형 할인은 가까운 미래에는 할인이 급속하게 이루어지지만, 시간이 흐를수록 할인 함수 값이 크게 변하지 않는다. 레입슨이 제시한 준쌍곡형 할인 함수는 첫 기간에 할인이 심하게 발생하지만, 그다음부터는 서서히 감소하는 모습을 보여주고 있다. 감소하는 추세는 지수형과 쌍곡형 할인의 중간 정도를 보여준다.

그림 2-1
할인 함수 값의 추세

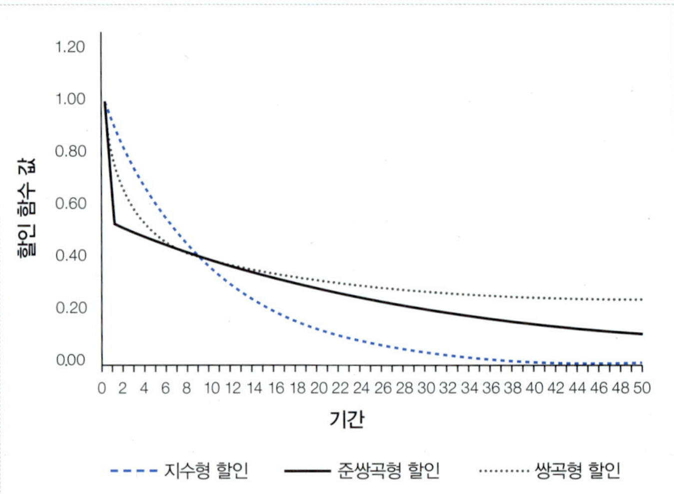

주요 용어

가속	시간 선호도	준쌍곡형 할인 함수
내재적 할인율	시간-정합성	지수형 할인 함수
무지 가설	시점 간 선택	지연
베타-델타 선호도	쌍곡형 할인	할인된 효용
비유동성 가설	쌍곡형 할인 함수	할인율
소비의 영원한 연기	안정적	현재 바이어스
스프레드 선호	연속형 할인 함수	

핵심 정리

- 시간 선호도는 재화나 현금에 대해 지금 당장 받는 것과 미래에 받을 가치를 상대적으로 비교하여 평가하는 것이다.
- 시간 선호도에 따라 서로 다른 시점에 발생하는 비용과 혜택을 어떻게 평가하는가를 시점 간 선택이라고 한다.
- 폴 새뮤얼슨의 할인된 효용:

$$U(c_t, c_{t+1}, \cdots) = U(c_t) + \frac{U(c_{t+1})}{(1+r)} + \frac{U(c_{t+2})}{(1+r)^2} + \cdots$$

- 할인된 효용의 핵심적 가정은 시점 간 선택의 기저에 있는 이질적 동기들을 하나의 모수인 할인율로 압축시켰다는 것이다.

할인된 효용의 가정

- 새뮤얼슨(1937)은 논문의 마지막 부분에 할인된 효용과 복지 개념 간에는 아무런 연관성이 없다고 하였다.
- 1975년에 노벨 경제학상을 수상한 쿠프먼스(1960)도 새뮤얼슨처럼 할인된 효용 모형이 심리적으로 그리고 규범적으로 타당하다고 주장하지는 않았다.
- 그럼에도 불구하고 할인된 효용은 표준 경제학에 의해 널리 인정되었다. 프레드릭 등(2002)은 할인된 효용의 가정들을 다음과 같이 검토하였다.
- 할인된 효용의 가정(경제적 실제): ① 기존의 소비 계획과 새로운 소비의 통합(새로운 시점 간 선택이 독립적임); ② 효용의 독립성(시점 간 효용은 독립적이지 않음); ③ 소비의 독립성(시점 간 소비는 독립적이지 않음); ④ 안정적인 즉각적 효용(인간의 선호도는 시간에 따라 변함); ⑤ 소비와 할인의 독립성(모든 소비가 동일하게 할인되지 않음); ⑥ 상수 할인율과 시간의 정합성(시간에 따라 할인율은 달라짐); ⑦ 한계효용 체감과 양(+)의 시간 선호도(시간 선호도가 반드시 양(+)은 아님)

할인된 효용의 이상 현상

- 쌍곡형 할인: 실제 시점 간 선택을 할 때 시간이 흐름에 따라 할인율이 감소하는 할인 방법
- 이익보다는 손실의 경우에 더 낮은 할인율이 적용되는 것이다.
- 보상의 규모가 작은 경우보다 큰 경우에 할인율이 낮아진다고 한다.
- 보상에 대한 평가가 정해진 기준점으로부터 발생하기 때문에 지연과 가속에 적용되는 할인율이 달라진다.
- 처음엔 큰 고통이 있을지라도 감소하는 고통을 선호한다. 따라서 손실 영역에서도 규범적 할인 원칙은 성립하지 않는다.
- 연속적인 결과의 선호도가 표준 경제학의 독립성 원칙을 위반한다.

할인율 적용의 일관성 결여

- 내재적 할인율이란 관찰된 실험 결과에 따라 계산된 할인율이다.
- 음(−)의 할인율이 적용되는 가장 유명한 사례는 미국이나 한국의 많은 납세자가 매년 국세청으로부터 세금 환급을 받는다는 것이다.
- 사람들은 추가적인 비용에 대한 혜택이 1년 안에 발생하고 벽에 단열재를 사용하거나 더 비싸지만, 에너지 효율이 높은 가전제품을 구매하지 않는 경향이 있다.

표준 경제학의 할인된 효용과 쌍곡형 할인

- 표준 경제학의 할인 함수: $f(k) = 1/(1+r)^k$
- 미래 k 시점 소비의 할인된 효용 $= U(c_{t+k})/(1+r)^k$
- 이산형 할인 함수 $= 1/(1+r)^k$
- 연속형 할인 함수 $= e^{-rk}$
- 미래의 보상보다는 현재의 보상을 매우 선호하는 현재 바이어스가 있다.
- 쌍곡형 할인 함수: $\phi(t) = (1+\alpha t)^{-\beta/\alpha}$, $\alpha, \beta > 0$.
- 준쌍곡형 함린 함수: $f_{QH}(t) = \beta \times \delta^{-t}$, $(0 < \beta, \delta < 1)$

참고 문헌

- Ainslie, G. (1992), Piconomics, Cambridge, UK, Cambridge University Press.
- Frederick, S., G. Loewenstein, and T. O'Donoghue (2002), Time discounting and time preference: A critical review, Journal of Economic Literature 40, 351~401.
- Herrnstein, R. (1961), Relative and absolute strength of response as a function of frequency of reinforcement, Journal of the Experimental Analysis of Behavior 4, 267~272.
- Herrnstein, R. (1981), Self-control as response strength, in Qunatification of Steady-State Operant Behavior, C. M. Bradshaw, E. Szabadi, and C. F. Lowe, eds. (Amsterdam: Elsevier/North-Holland).
- Koopmans, T. (1960), Stationary ordinal utility and impatience, Econometrica 28, 287~309.
- Laibson, D. (1997), Golden eggs and hyperbolic discounting, Quarterly Journal of Economics 112, 443~477.
- Loewenstein, G. (1988), Frames of mind in intertemporal choice, Management Science 34, 200~214.
- Loewenstein, G. and D. Prelec (1992), Anomalies in intertemporal choice: Evidence and an interpretation, Quarterly Journal of Economics 107, 573~597.
- Loewebstein, G. and D. Prelec (1993), Preferences for sequences of outcomes, Psychological Review 100, 91~108.
- Loewenstein, G. and R. Thaler (1989), Intertemporal choice, Journal of Economic Perspectives 3, 181~193.
- Pelphs, E. and R. Polak (1968), On second-best national savings and game-equilibrium growth, Review of Economic Studies 35, 185~199.
- Samuelson, P., 1937, A note on measurement of utility, Review of Economic Studies 4, 155~161.
- Thaler, R. (1981), Some empirical evidence on dynamic inconsistency, Economic Letters 8, 201~207.

08 선택 범주화에 의한 의사결정

선택 범주화란 개별적 선택을 집합으로 분류하는 것을 말한다. 어떤 선택들이 같은 범주에 속해 있으면, 각 선택이 당해 선택 집합 내의 다른 선택들에 미치는 영향을 모두 고려하여 의사결정을 한다. 하지만 당해 선택 집합에 포함되지 않은 선택의 영향은 고려하지 않는다. 이때 선택 집합에 포함된 선택의 개수가 한 개이거나 아주 적으면 범주화가 편협한 것이고, 많으면 광범위한 것이다. 리드 등(1999)은 한 번에 하나의 선택만을 고려하여 의사결정 하는 것을 **편협한 범주화**, 여러 선택의 모든 쾌락적 결과들을 고려하여 의사결정 하는 것을 **광범위한 범주화**라고 하였다.[1] 탈러(1999)도 선택 범주화를 언급하면서, 여러 가지 선택 오류를 편협한 범주화에 의한 **근시안적 손실 회피**의 결과라고 하였다.[2] 이렇듯 선택 범주화는 인간 행동의 중요한 결정 요인으로 작용한다. 너무나 당연하게도 광범위한 범주화가 효용의 수준을 더 높일 수 있을 것이다. 하지만 사람들은 여전히 편협한 범주화에 사로잡혀 있는 경우가 많다. 이제 리드 등(1999)의 연구 결과를 살펴보자.

선택 범주화
개별적 선택을 집합으로 분류하는 것

편협한 범주화
한 번에 하나의 선택만을 고려하여 의사결정하는 것

광범위한 범주화
여러 선택의 모든 쾌락적 결과들을 고려하여 의사결정하는 것

근시안적 손실 회피
편협한 범주화에 의해 손실 회피의 성향이 발생하는 것

치케티와 두빈(1994)이 제시한 소비자의 보험 구매 사례로부터 선택 범주화의 개념을 알아보자. 현재 우리나라에서는 유선전화에 문제가 생기면 전화국에서 무료로 수리해준다. 하지만 예전에 미국에서는 유선전화에 배선 문제가 생기면 $55를 지불하고 수리를 했다. 배선 문제가 발생할 확률은 0.5%에 불과하였다. 따라서 $55의 월별 기대치는 $0.275(=$55×0.005)인데, 이를 방지하기 위해 월 $0.45의 보험을 구매해야 했다. 소비자의 편협한 월별 관점에서 보면 이 정도의 위험 회피도가 의미가 있을 수 있다. 하지만 평생 소

1 이에 대해서는 이미 많은 연구들이 이루어졌다. 편협한/광범위한 범주화를, 시몬슨(1990)은 순차적/동시적 선택, 카너먼과 로발로(1993)는 편협한/광범위한 의사결정 프레임, 헤른슈타인과 프렐렉(1992)은 고립된/분산된 선택, 헤이만(1996)은 지역적/종합적 의사결정이라고 하였다.

2 근시안적 손실 회피 성향으로 인한 퇴직연금 투자의 결과에 대해서는 제4부 〈근시안적 손실 회피와 퇴직연금 투자〉를 보시오.

비(광범위한 범주화)의 입장에서 보면 유선전화 배선 문제가 발생할 위험은 너무 작다. 이런 작은 문제에 대해 위험 회피가 의미가 있다는 것은 소비자가 선택을 너무 고립시켜서 생각하기 때문이다. 즉, 배선 보험을 구매한다는 것은 소비자가 의사결정을 편협하게 범주화한 결과이다.

상황에 따른 선택 범주화

결과의 편집
특정 대안의 결과들을 통합하거나 분리하여 평가하는 것

결합 및 분리 평가
특정 선택의 대안들을 한 번에 하나씩, 그리고 서로 비교하여 평가하는 것

선택 범주화와 관계가 깊은 선택 분할의 두 가지 유형이 있다. 바로 **결과의 편집**과 **결합 및 분리 평가**이다. 결과의 편집은 특정 대안의 결과들을 통합하거나 분리하여 평가하는 것이고, 분리 및 결합 평가는 각각 특정 선택의 대안들을 한 번에 하나씩, 그리고 서로 비교하여 평가하는 것이다. 이제 그들의 개념들을 자세히 알아보자.

선택 범주화

이미 언급하였듯이 선택 범주화는 편협한 범주화와 광범위한 범주화로 나눌 수 있다.[3] 이를 구체적으로 알아보기 위하여 제1부 〈합리적 선택과 의사결정의 프레이밍〉에 제시된 트버스키와 카너먼(1986)의 실험 사례를 다시 살펴보자. 아래와 같은 두 가지 선택 또는 의사결정이 있다.

문제 (N=150) 다음 두 개의 동시적 의사결정을 읽고, 선호도를 결정하시오.		
의사결정 1: 다음 둘 중 하나를 선택하시오.		**선호도**
A	$240 확실한 이익	84%
B	25% 확률로 $1,000 이익, 75% 확률로 아무것도 없음	16%
의사결정 2: 다음 둘 중 하나를 선택하시오.		
C	$750 확실한 손실	13%
D	75% 확률로 $1,000 손실, 25% 확률로 아무것도 없음	87%

위 문제에 대한 설명은 이미 앞에서 충분히 이루어졌지만, 선택 범주화의 관점에서 다시 살펴보자. 첫 번째 의사결정은 이익 영역에 대한 선택이므로, 확실한 이익을 선호하는 성향 때문에 피실험자의 84%가 $240의 확실한 이익을 주는 A를 선택하였다. 두 번째 의사결정에서는 손실 영역에 대한 선택이

시간적 범주화
순차적으로 발생하는 선택 범주화

3 우리는 일상생활에서 흔히 선택 범주화를 경험하게 된다. 생활에서의 선택 범주화는 순차적으로 발생하는 경우가 많은데, 이를 **시간적 범주화**라고 한다. 즉, 여러 선택이 시간적으로 차이를 두고 발생하는 경우이다.

므로, 87%가 75% 확률로 $1,000의 손실을 주는 D를 선택하였다. 즉, 각각의 의사결정 문제를 따로 생각하면 (A,D)가 가장 많은 선택의 조합이다. 하지만 이는 편협한 범주화의 결과이다.

이제 의사결정 1과 2를 함께 생각하는 광범위한 범주화의 결과를 보자. 광범위한 범주화에서도 (A,D)가 가장 많은 선택의 조합이 될 수 있을까? 그렇지 않다. 각각의 선택에서 열등한 조합인 (B,C)가 (A,D)보다 확실히 더 좋은 선택이다. 왜냐하면 다음과 같이 (B,C)의 결합이 (A,D)의 결합보다 좋기 때문이다.

(A,D)	75% 확률로 $760 손실, 25% 확률로 $240 이익
(B,C)	75% 확률로 $750 손실, 25% 확률로 $250 이익

어떤 사람이라도 (A,D)보다는 (B,C)를 선택할 것이다. 따라서 편협한 범주화와 광범위한 범주화의 선택 결과가 달라진다.

결과의 편집

결과의 편집은 제1부 〈심리학과 경제학의 만남: 프로스펙트 이론〉의 프로스펙트 이론에서 편집으로 설명하였으며, 〈멘탈 어카운팅〉 멘탈 연산 1에서 자세히 설명하였다. 여기서는 그 내용을 선택 범주화의 관점에서 설명하고자 한다. 앞의 실험 사례를 이용하여 살펴보자. 편협한 범주화에서는 각 선택의 결과들이 개별적으로 평가되어서, A와 B 중에서 선택한 이후에 C와 D 중에서 선택해야 한다. 이에 비해 광범위한 범주화에서는 다음과 같은 네 가지 결과의 효용에 의해 선택할 수 있다: (A,C), (A,D), (B,C), (B,D). 이 네 가지 결과를 비교 평가하여 선택이 이루어지면 광범위한 범주화가 이루어진 것이다. 하지만 광범위한 범주화에서도 (A,D)는 다음과 같이 분리될 수도 있고, 결합될 수도 있다.

분리된 (A,D)	$240의 확실한 이익; 75% 확률로 $1,000 손실, 25% 확률로 아무것도 없음
결합된 (A,D)	75% 확률로 $760 손실, 25% 확률로 $240 이익

이처럼 선택 범주화와 결과의 편집은 밀접한 관련이 있지만, 그 차이는 편집이 이루어질 때 발생한다. 위의 사례에서 네 가지의 결과로 나누어 평가할 수 없다면 범주화 효과가 작용한 것이다. 하지만 네 가지로 나누었지만, 결합에

실패했다면 그것은 결과의 편집에 오류가 발생한 것이라고 할 수 있다.

결합 및 분리 평가

아래 선택의 분할은 시 등(1999)이 제시한 결합 및 분리 평가이다. 분리 평가는 하나의 선택 내에서 각 대안이 다른 것들과 관계없이 평가된다. 이에 비해서 결합 평가에서는 대안들이 그들 간의 비교를 통해서 선택이 이루어진다. 다음은 시(1996)가 제시한 사례로, 어떤 컨설팅 기업이 KY라는 컴퓨터 언어를 사용할 수 있는 프로그래머를 찾고 있다. 실험 참가자들은 다음의 두 지원자에 대한 연봉을 결정해야 한다.

	경험	학점 (GPA)
J 지원자	지난 2년 간 70개의 KY 프로그램 작성	3.0
S 지원자	지난 2년 간 10개의 KY 프로그램 작성	4.9

결합 평가에서는 두 지원자의 모든 정보가 제시되고, 분리 평가에서는 오직 한 지원자에 대한 정보만 제시된다. 이때 결합 및 분리 평가라는 두 가지 방법에서 다음과 같은 선호도 역전 현상이 발생하였다.

	J 지원자		S 지원자	귀무가설: 평가 결과가 동일하다.
결합 평가	$33,200	>	$31,200	통계적으로 동일하지 않다.[4]
분리 평가	$26,800	<	$32,700	

위와 같은 선호도 역전 현상이 발생한 원인은 무엇일까? 다른 모든 조건은 동일하고 평가의 방법만 달랐기 때문에 발생한 차이이다. 즉, 결합 및 분리 평가에서 발생한 선호도 역전 현상이다. 제2부 〈선호도 역전〉에서도 비슷한 사례들을 설명하고 있다.

범주화 효과

출현 속성

출현 속성이란 조직 또는 집합에는 존재하지만, 개별 구성 요소에는 나타나

4 귀무가설에 대한 t-값은 4.92로 1% 수준에서 통계적으로 유의적이었다.

지 않는 성질이다. 출현 속성의 대표적 사례는 특정 성질이 그 집단을 나타내주는 대표성이다. 예를 들어, 동질적인 것보다는 다양성을 좋아한다거나, 기쁨과 고통이 시간적으로 분산되기를 바라거나, 아니면 여러 위험 선택을 조합하여 위험을 감소시키려는 마음을 일컫는다. 이들 각각에 대해 알아보자.

사람들은 옷, 서적, 영화 등의 상품에서 동질성보다는 **다양성**을 추구하는 성향이 있다. 시몬슨(1990)은 연속적 3주에 걸친 수업에서 학생들이 6개의 과자 중에서 하나를 선택하는 실험을 하였다. 과자를 받는 것은 각 주의 수업시간에 이루어진다. 선택은 한꺼번에 할 수도 있고 각 주에 하나씩 할 수도 있다. 한 번에 3개를 선택하는 것은 동시적 선택으로 광범위한 범주화이고, 각 주에 하나씩 선택하는 것은 순차적 선택으로 편협한 범주화에 해당한다. 실험 결과에 따르면, 서로 다른 과자를 선택한 학생들의 비중은 광범위한 범주화에서는 64%이었고, 편협한 범주화에서는 9%이었다. 이는 다양성이라는 출현 속성 때문에 광범위한 범주화와 편협한 범주화에 의한 선택이 달라진 것이다. 다른 실험에서도 한 번에 여러 개의 요거트를 구매할 때는 희귀한 맛이 나는 요거트가 포함되지만, 한 번에 1~2개의 요거트를 구매할 때는 요거트의 맛이 거의 딸기나 블루베리로 한정된다고 하였다. 이 역시 **다양성 바이어스**의 사례이다.[5]

다양성
모양, 빛깔, 형태, 양식 따위가 여러가지로 많은 특성

다양성 바이어스
동시 선택에 있어서 다양성을 지나치게 추구하는 성향

출현 속성의 두 번째 성향은 **미래 경험의 계획**이다. 미래에 경험할 내용이 시간에 따라 분포되어 있을 때, 경험의 효용은 지나간 일과 앞으로 발생할 일에 의해 영향을 받게 된다. 예를 들어, 좋은 일들은 시간이 흐름에 따라 정도가 점점 더 커지고, 안 좋은 일들은 정도가 점점 작아지기를 바란다. 하지만 편협한 범주화에 의해 한 번에 하나의 경험만을 계획한다면 사람들은 가장 좋은 경험을 가장 빨리하고, 안 좋은 경험을 미루고자 한다. 로웬스타인과 프렐렉(1993)은 실험을 통해 이를 증명하였다. 그들은 한 피실험자 집단에 멋진 프랑스 식당에서의 금요일 저녁 식사를 한 달 또는 두 달 후 중에서 선택하도록 하였다. 대부분이 한 달 후를 선택하였다. 다른 피실험자 집단에는 금요일 저녁 식사를 한 달 후에는 집에서 하고 두 달 후에는 멋진 프랑스 식당에서 하는 선택을 하거나, 아니면 그 순서를 바꿀 수 있도록 하였다. 이 경우에는 다수가 두 달 후에 프랑스 식당에서의 금요일 저녁 식사를 원했다. 집에서의 금요일 저녁 식사는 언제나 프랑스 식당에 대한 대안이기 때문에 두 실험

미래 경험의 계획
미래에 경험할 내용이 시간에 따라 분포되어 있을 때, 경험의 효용은 지나간 일과 앞으로 발생할 일에 의해 영향을 받게 된다.

5 비슷한 상황에 대해서는 제2부 〈경험적 효용과 효용 최대화〉의 의사결정에 영향을 미치는 요소들을 참조하시오.

은 사실 동일한 것이었다. 하지만 두 저녁 식사의 순서를 명확하게 표현해 줄 때만 순서의 변경이 이루어졌다. 광범위한 범주화에 의해 순서의 개선이 이루어진 것이다.[6]

위험 통합
여러 개의 위험을 통합하여 전체 위험을 감소시키는 것이다.

출현 속성의 마지막 성향은 **위험 통합**이다. 위험 통합이란 여러 개의 위험을 통합하여 전체 위험을 감소시키는 것이다. 위험 갬블 하나를 거절하는 의사결정자가 비슷한 두 개 이상인 여러 개의 갬블들을 받아들이는 것을 일컫는다. 통계학적으로 완전한 양(+)의 상관관계를 갖지 않는 위험 갬블들은 여러 개의 통합으로 전체 위험이 감소하는 성질을 가진다. 따라서 편협하게 범주화되면 각각의 위험 갬블은 거절될 수 있지만, 광범위하게 범주화되어 통합되면 충분히 받아들일 수 있다.[7]

Thaler(1999, 2015)가 제시한 사례를 보면 위험 통합의 경영학적 의미를 쉽게 이해할 수 있다. 어떤 출판사의 독립된 사업 영역을 가진 25명의 임원과 그들의 최고경영자에 대한 의사결정 교육에서 그는 다음과 같은 질문을 하였다: "50 대 50의 확률로 $2백만의 이익이 있거나 $1백만의 손실이 있는 프로젝트를 받아들이시겠습니까?" 이 프로젝트의 기대가치는 $50만이고, 이 출판사는 몇백만 달러의 손실을 충분히 감당할 정도로 큰 기업이었다. 이 질문에 3명만 프로젝트를 수행하겠다고 대답하였다. 그가 최고경영자에게 질문하자 25개 프로젝트들을 모두 진행할 것이라고 답하였다. 이에 그는 최고경영자에게 다시 말하였다. "3명만 수락하는 것으로 보아 당신은 뭔가 잘못하고 있네요. 위험 감수를 너무 싫어하는 임원들을 뽑았거나 위험 감수에 대한 인센티브가 잘못된 것 같습니다." 그러자 최고경영자는 알고 있다는 듯이 미소만 지었다. 사실 25개의 프로젝트가 광범위한 범주화에 의해 통합되어 모두 실행되면 출판사가 손해 볼 확률은 거의 없다. 하지만 한 임원이 다음과 같은 거절 이유를 덧붙였다: "프로젝트에 성공하면 칭찬을 받고 세 달 치 월급 정도의 상여금을 받겠지만, 실패하면 해고될 가능성도 있어요. 저는 제 일을 좋아하기 때문에 세 달 치 월급을 위해서 동전 던지기 같은 위험을 감수할 수는 없습니다."

6 로웬스타인과 프렐렉(1993)의 추가적인 실험 결과는 제2부 〈시간 선호도와 시점 간 선택〉의 독립성 위반과 스프레드 선호를 보시오.

7 이에 대한 또 다른 사례는 제3부 〈주식 프리미엄은 왜 그렇게 클까?〉의 근시안적 손실 회피에 의한 설명과 〈근시안적 손실 회피와 퇴직연금 투자〉의 '새뮤얼슨도 헷갈린 대수의 오류'를 보시오.

합산 효과

합산 효과에 의한 범주화 효과는 어떤 선택에 따른 비용의 누적이 혜택과 다른 속도로 진행될 때 발생한다. 한 번의 비용 또는 혜택은 매우 작아서 큰 의미가 없지만, 그 횟수가 누적되면 매우 크고 중요할 수 있는 경우를 말한다. 아주 미세한 효과라고 할지라도 오랫동안 쌓이면 누적된 효과가 임계치를 넘어서 아주 심각하거나 중요한 결과를 초래할 수 있다. 부정적인 측면에서 보면, 매일 조금씩 담배를 피워서 치명적인 질병을 초래하거나, 식사 때마다 달콤한 디저트를 먹거나 밤늦게 야식하는 버릇이 심각한 비만을 불러오게 된다. 또한 수업에 자주 결석하는 나쁜 습관은 결국 성적에 안 좋은 영향을 미치게 된다. 긍정적인 사례는 매일 1시간씩 유산소 및 근육 운동을 하면 1년 후에 아주 건강하고 멋진 몸매를 얻게 되는 것이다. 부정적인 것은 혜택이 먼저, 비용은 나중에 발생하고, 긍정적인 것은 비용이 먼저, 혜택은 나중에 발생한다. 사람들이 편협하게 범주화를 하여 행동 한 번의 비용과 혜택을 고려하면 대개 혜택을 선호하게 된다. 하지만 광범위하게 범주화를 하여 누적된 행동의 비용과 혜택을 고려하면 균형을 추구할 수 있을 것이다.

합산 효과
어떤 선택에 따른 비용의 누적이 혜택과 다른 속도로 진행될 때 발생하는 효과

하찮아 보이는 거래가 반복되어 큰 비용을 초래하게 되는 **땅콩 효과**도 편협한 범주화의 결과이다. 여기서 땅콩은 적은 돈을 의미한다. 예를 들어, 사람들은 $1을 땅콩으로 취급하기 때문에, 확실한 $1보다 10%의 확률로 $10을 얻을 수 있는 갬블을 선호할 수 있다. 확실한 $100과 10% 확률로 $1,000을 얻을 수 있는 갬블의 경우에는 어떨까? 대개 확실한 $100을 선호할 것이다. $100은 하찮은 금액이 아니기 때문이다. 이렇듯 사람들은 적은 돈을 하찮게 생각하는 성향 때문에 하찮은 물품들에 많은 돈을 소비하기도 한다. 어떤 사람이 하루에 $2짜리 커피 한 잔을 마신다면 큰 부담이 없을 것이다. 하지만 이런 행동이 1년 동안 지속되면 그의 연간 비용은 $730이 된다. 개인 재무 설계사들은 이렇게 적은 금액들이 쌓여서 아주 큰 금액이 될 수 있다고 조언한다.

땅콩 효과
하찮아 보이는 거래가 반복되어 큰 비용을 초래하는 효과

취향 변화

어떤 옵션을 선택하는 것이 나중에 그것의 효용을 증가시켜서 재선택의 가능성을 높일 때 **취향 변화**가 일어났다고 한다. 사람들이 각각의 선택을 별개로 받아들여서 편협한 범주화를 하면, 이런 취향 변화의 효과를 고려하지 않기 때문에 범주화가 매우 중요하다. 가장 중요한 취향 변화의 효과를 **습관 형성**

취향 변화
어떤 옵션을 선택하는 것이 나중에 그것의 효용을 증가시켜서 재선택의 가능성을 높이게 되는 것

습관 형성
취향 변화에 의해 습관이 형성되는 것

이라고 한다. 습관 형성의 대표적인 사례는 마약 중독이다. 편협한 범주화에 의해 마약을 하게 되면 중독성으로 인해 마약에서 빠져나오기 어렵게 된다.

선택 간 균형

두 주체가 여러 문제에 대해서 협상할 때 각 주체는 덜 중요한 부문에서는 양보하고 중요한 부문에서는 많이 얻어낸다. 예를 들어, 노사가 협상할 때는 노조는 고용 안정을 위해서 임금 인상을 양보하여 협상한다. 이러한 통합적 합의는 동시에 여러 문제를 협상할 때만 가능하다. 노사 협상과 마찬가지로 여러 선택을 가지는 개인의 의사결정에서도 범주화가 가능하다면 통합적 합의가 이루어질 수 있다.

노동자, 판매원, 어부, 학자, 음악인들에 있어서 노동과 여가의 균형을 생각해 보자. 그들은 노동과 휴식에 필요한 시간을 자기 마음대로 할당하지만, 노동 시간당 수입은 매일 달라질 수 있다. 어부에게 어떤 날은 물고기가 많이 잡히지만 어떤 날은 물고기가 별로 잡히지 않는다. 음악인에게 어떤 날은 음악적 영감이 끝없이 솟아나지만 어떤 날에는 아무런 생각이 없을 수 있다. 이럴 때 가장 효율적인 방법은 시간당 수입이 가장 높을 때 오래 일하고, 시간당 수입이 적을 때 휴식을 취하는 것이다. 표준 경제 이론의 예측에 의하면 이런 통합적 해결책이 작동해야 하지만, 사람들의 편협한 범주화로 인하여 정반대의 현상이 관찰되는 경우가 많다.

이를 알아보기 위하여 캐머러 등(1997)은 뉴욕 택시 기사들의 일별 운전 시간에 관해 연구하였다. 택시 기사들은 하루 중 마감 시간을 마음대로 정할 수 있고 수입은 하루 중에는 안정적이지만 날에 따라서는 크게 변동하기도 한다. 그들의 연구 결과에 따르면, 경제 이론과 달리 뉴욕 택시 기사들은 수입이 좋은 날에는 영업을 빨리 종료하고 수입이 안 좋은 날에는 늦게까지 일했다. 즉, 기사들은 하루에 정해진 금액을 벌 때까지 일하고 영업을 종료한다는 것이다. 이는 택시 기사들이 한 번에 하루치의 임금을 벌 정도의 노동력을 제공한다는 것을 의미한다. 이 얼마나 비효율적인 노동력 공급 방법인가? 편협한 범주화로 인한 비효율성이다. 동일한 전체 노동 시간을 매일 동일하게 할당했다면 그들의 수입은 10% 증가했을 것이다. 또한 수입이 좋은 날에는 더 오래 일하고, 수입이 안 좋은 날에는 덜 일 했으면 수입이 20% 증가했을 것이라고 한다. 광범위한 범주화에 의해 노동 시간을 조절했더라면 훨씬 좋았을 텐데.

가계의 **멘탈 예산**도 편협하게 생각하는 성향으로 인해서 구입 항목 간의 균형에 실패할 수 있다. 예산은 항목, 항목별 예산 금액, 기간의 3가지 요소를 가진다. 멘탈 예산에 따르면, 가계의 소비 지출은 공공요금, 교통비, 식비, 의복비 등으로 나누어져서, 정해진 기간에 정해진 금액 내에서 소비가 이루어져야 한다. 이렇게 하면 자기 통제에는 도움이 될 수도 있지만, 멘탈 항목 간의 금액 전용이 불가능하므로 최적화 혜택을 얻을 수 없다. 어떤 항목의 금액이 소진되었을 때 다른 항목으로부터 예산을 전용하거나 예산 기간을 확대하면 더 큰 효용을 얻을 수 있다. 즉, 광범위한 범주화를 한다면 효용이 더 커지지만, 사람들은 편협한 범주화에 의한 멘탈 예산을 편성하는 경우가 많다.

멘탈 예산
마음속의 여러 계정에 세워놓은 예산

한편, 범주화는 공정한 배분에도 큰 영향을 미친다. 자원의 분배 의사결정에 있어서 편협한 범주화는 광범위한 범주화에 비해 동등한 배분을 하겠지만, 이는 비효율적일 수 있다. 광범위한 범주화를 한다면 효용을 최대화하는 배분 방법을 선택할 수 있다.

선택 범주화의 결정 요인

선택 범주화의 결정 요인에 관해서는 충분한 연구가 이루어지지 않았기 때문에 많은 것이 밝혀지지는 않았다. 따라서 이 분야는 향후 연구의 주요 방향이지만, 리드 등(1999)은 네 가지 결정 요인들을 제시하였다.

인지적 능력의 제한

인지적 제한은 중요한 범주화의 결정 요인으로 이미 여러 학자에 의해 연구되었다. 그중에서 사이몬(1957)은 인간의 인지적 제한으로 인한 제한된 합리성을 주장하기도 하였다. 이러한 인지적 능력 제한으로 인해 동시에 여러 가지의 의사결정을 하는 데는 제한이 있다. 두 가지 대안을 가지는 두 가지의 선택이 있다고 해보자. 편협한 범주화를 하면 각 선택 당 두 가지의 대안만을 고려하면 된다. 선택의 수가 증가하여도 항상 두 개의 대안만을 생각하면 된다. 하지만 광범위한 범주화를 하면 총 네 가지 대안을 한꺼번에 고려해야 한다. 선택의 수가 증가할수록 생각해야 할 대안의 수는 점점 (2^3=8, 2^4=16, 2^5=32, …) 증가하여 어느 순간부터는 평가하기 어렵게 된다. 따라서 인지적 능력의 제한은 범주화를 결정하는 주된 요인이다.

인지적 타성

인지적 버거움 때문에 사람들은 주어진 의사결정 문제를 그대로 받아들이는 성향이 있다. 따라서 선택들이 차례대로 하나씩 주어지면 편협한 범주화를 하고, 선택들이 한꺼번에 주어지면 광범위한 범주화를 하게 된다. 즉, 인지적 타성에 따라 주어진 대로 선택을 범주화하게 된다.

리드 등(1999)은 레델마이어와 트버스키(1992)의 실험을 약간 변형하여 다음과 같은 질문을 143명의 카네기멜론 대학생들에게 제시하였다.

당신은 다음 중 하나를 5일 동안 선택할 것이다.

A : 50:50의 확률로 $25의 손실 또는 $40의 이익

B : 아무것도 하지 않는다.

이때 학생들을 두 집단으로 나누어 한쪽은 5일 동안의 선택을 한 번에 모두 하도록 하고, 다른 한쪽은 매일 한 번씩 선택하도록 한다. 첫 번째 학생 집단은 광범위한 범주화를, 두 번째 집단은 편협한 범주화를 한 것이다. 모든 학생은 다섯 번의 선택을 한다는 사실을 알지만, 두 번째 집단의 학생들은 5일 동안 매일 선택하기 때문에 선택의 유연성을 가진다. 위의 선택권은 양(+)의 기대 이익을 가지고 있으며, 각 선택이 독립적이기 때문에 시행 횟수가 증가할수록 이익의 크기와 이익을 볼 확률이 매우 커지게 된다.[8]

여기서 시행 횟수는 5회이므로 학생들이 모든 시행을 받아들이지 않을 수는 있지만, 두 집단의 실질적 기회는 동일하기 때문에 두 집단은 동일한 선택을 해야 한다. 하지만 광범위한 범주화 집단에서는 50%가 첫날 갬블을 받아들였지만, 편협한 범주화 집단에서는 32%만이 받아들였다. 양 집단의 선택은 통계적으로 유의적인 차이를 보였다.[9] 여기서 인지적 타성은 선택 방법에 따른 범주화이다. 5회의 시행을 한 번에 받아들이는 것은 대수의 법칙에 따라 통계적으로 매우 유리하기 때문에 광범위한 범주화의 학생 집단은 위의 갬블을 받아들일 가능성이 크다. 이에 비해, 하루에 한 번씩 시행을 결정하는 편협한 범주화 학생 집단은 단 한 번의 시행에 의한 손익을 평가하기 때문에 대

8 이 선택권 1회의 기대 이익은 $7.5이다.

9 두 집단 선택 차이의 통계량은 $\chi^2(1)=4.57$로 5% 수준에서 유의적이다.

수의 법칙이 적용되지 않을 가능성이 크다. 따라서 갬블을 받아들일 가능성이 상대적으로 적다. 실험 결과는 예측한 바와 같았다. 이는 선택 방법의 범주화가 인지적 타성으로 작용한다는 것을 보여준 사례이다.

기존 휴리스틱의 사용

범주화 의사결정은 이미 사회적으로 사용하는 휴리스틱과 의사결정 규칙에 따라 정해질 수도 있다. 예를 들어, 일주일을 평일과 주말로 나누거나, 세 끼 식사 중간에 먹는 음식을 간식이라고 부르는 것이다. 이렇게 구분하는 관습은 그럴만한 이유가 있지만 범주화 의사결정에 영향을 미치기도 한다. 일주일을 평일과 주말로 나누지 않고 질문할 때(광범위한 범주화)와 평일과 주말을 나누어서 질문할 때(편협한 범주화)의 답변이 달라질 수 있다.

동기가 부여된 범주화

사람들은 특별한 목적을 달성하기 위해서 범주화 방법을 선택하는데, 대부분 자기 통제의 문제를 해결하기 위해서이다. 안 좋은 행동을 하지 않기 위하여 범주화를 한다는 것이다. 예를 들어, 금주하는 알코올 중독자는 한 번에 하루 금주를 목표로 잡도록 하는데, 한 번에 1년을 금주 목표로 하는 것은 너무 힘들기 때문이다. 돈, 시간, 칼로리와 같이 동기가 부여된 의사결정에서는 편협한 범주화가 도움이 될 수 있다. 일주일 오락비를 $70으로 정하는 것보다 하루 오락비를 $10으로 정하는 것이 자기 통제를 위해서 더 효과적이다. 뉴욕 택시 운전사들도 일주일 수입을 목표로 정하는 것보다 일별 수입을 목표로 정하는 것이 자기 통제를 위해서 더 좋을 수 있다. 또한 다이어트를 위해서 일주일에 14,000칼로리 소비를 목표로 정하는 것보다 하루에 2,000칼로리 소비로 하는 것이 자기 통제에 더 효과적이다. 이 사례들은 모두 편협한 범주화에 해당하지만 자기 통제의 목적을 위한 동기 관점에서는 더 유리한 경우이다.

광범위한 범주화가 항상 더 좋은 것은 아니다.

편협한 범주화보다는 광범위한 범주화가 더 유익하다는 것은 너무나도 당연한 전제이다. 하지만 일상생활에서 광범위한 범주화가 편협한 범주화보다 항상 더 좋다고 얘기할 수는 없고, 어떤 경우에는 편협한 범주화가 더 좋을 수도 있다. 광범위한 범주화가 더 좋기 위한 조건을 알아보자.

첫째, 광범위한 범주화에 따른 선택이 장기적 이익을 얻기 위해서는 종종 약간의 불편함이나 성가심을 참아내야 한다. 따라서 광범위한 범주화에 의한 효용이 이런 불편함이나 성가심에 의한 비효용보다 커야 한다. 그렇지 않다면 편협한 범주화가 더 좋을 수 있다. 예를 들어, 퇴직 소득을 위해서는 채권보다 주식 투자가 더 좋지만, 몇십 년 동안 주식시장의 변동성을 참아야 하는 비용이 요구된다. 또한 뉴욕 택시 기사가 수입을 더 증가시키기 위해서는 매일 동일한 시간을 근무하거나, 아니면 벌이가 좋은 날에 더 일하고 안 좋은 날에는 짧게 일하는 것이 좋다. 하지만 그러기 위해서는 자기 통제가 확실해야 하고 수입 장부 관리를 꼼꼼하게 해야 한다. 그렇지 않다면 편협한 범주화가 오히려 더 유리할 수 있다.

둘째, 대안 간의 선호도 상호 작용(예: 다양성)이 정말 중요한 경우에만 광범위한 범주화가 더 좋은 선택을 할 수 있다. 광범위한 범주화의 경우에는 큰 의미가 없는 요인을 너무 지나치게 고려하기 때문에, 사람들은 그 요인이 경험적 효용에서 차지하는 역할을 제대로 평가할 수 없다. 예를 들어, 편협한 범주화에서는 다양성 바이어스가 큰 의미가 없지만 광범위한 범주화에서는 중요하게 생각될 수도 있다. 광범위한 범주화를 하면서 다양성 바이어스에 너무 치우치게 되면 올바른 선택을 할 수 없다. 다양성 바이어스가 의사결정에 방해가 되는 경우가 많기 때문이다. 따라서 다양성 바이어스와 같이 사소한 선호도 오류가 나타나면 광범위한 범주화가 오히려 더 좋지 않은 결과를 초래하게 된다.

셋째, 앞에서 언급한 바와 같이 자기 통제와 같은 동기 부여가 있을 때는 편협한 범주화가 더 유리할 수 있다. 해결하기 어려울 정도로 너무 큰 문제가 있을 때 문제를 여러 개로 나누어 하나씩 해결해 나가는 방법이 있을 수 있다. 이를 **살라미 전술**이라고 한다. 살라미 전술은 한 번에 해결하기 어려워 보이는 문제의 해결을 위해서 계획 자아가 행동 자아를 설득하는 방법이다.[10] 금주와 같은 자기 통제를 위해서는 먼저 하루 동안 술을 안 마시는 것은 가능하지만 영원히 술을 마시지 말아야 한다고 하면 실행하기가 너무 힘들다. 이럴 때 살라미 전술에 따라 하루씩 술을 마시지 않도록 한다면 금주에

살라미 전술
해결하기 어려울 정도로 너무 큰 문제가 있을 때 문제를 여러 개로 나누어 하나씩 해결해 나가는 방법

10 계획 자아와 행동 자아에 대해서는 제1부 〈자기 통제: 계획 자아와 행동 자아〉를 보시오.

성공할 가능성이 크다. 학생들이 어렵다고 생각하는 재무금융 대학원 과정을 생각해 보자. 교수들은 쉽지 않은 대학원 과정의 학습 내용을 체계적이고 효율적으로 가르치기 위해서 광범위한 범주화의 관점에서 교육 과정을 작성해야 한다. 하지만 학생들에게는 살라미 전술에 따라 전체 교육 과정을 학기별로 나누어 조금씩 알기 쉽게 가르쳐야 한다. 한 번에 모든 교육 과정에 대해 알려 주면, 엄청난 학습량에 의해 너무 겁에 질려서 공부를 포기할 수도 있기 때문이다. 살라미 전술은 최고경영자, 스포츠 감독, 교육자 등이 목표 달성을 위해 사용할 수 있는 유용한 방법이다.

마지막으로, 광범위한 범주화는 공짜가 아니라는 것이다. 많은 선택을 한꺼번에 결정하면 유리한 혜택이 있겠지만 그에 따르는 비용이 요구되기 때문이다. 비용이 혜택을 압도하거나 광범위한 범주화가 개인의 인지적 능력을 초과할 수 있다. 편협한 범주화를 피할 수 없을 때는 제약이 있는 최적화 의사결정 규칙을 따라야 한다. 아주 간단한 휴리스틱을 사용하면 편협한 범주화보다 더 좋을 수 있다는 것이다. 예를 들어, 뉴욕 택시 기사들은 매일 정해진 수입을 가져갈 정도로 일하기보다는 매일 정해진 시간 동안 일하는 휴리스틱을 사용하는 것이 더 유리할 수도 있다.

주요 용어

결과의 편집	떵콩 효과	시간적 범주화
결합 및 분리 평가	멘탈 예산	위험 통합
광범위한 범주화	미래 경험의 계획	취향 변화
근시안적 손실 회피	살라미 전술	편협한 범주화
다양성	선택 범주화	합산 효과
다양성 바이어스	습관 형성	

핵심 정리

- 선택 범주화란 개별적 선택을 집합으로 분류하는 것을 말한다.
- 한 번에 하나의 선택만을 고려하여 의사결정 하는 것을 편협한 범주화라고 한다.
- 여러 선택의 모든 쾌락적 결과들을 고려하여 의사결정 하는 것을 광범위한 범주화라고 한다.
- 탈러(1999)도 선택 범주화를 언급하면서, 여러 가지 선택 오류를 편협한 범주화에 의한 근시안적 손실 회피의 결과라고 하였다.

상황에 따른 선택 범주화

- 선택 범주화와 관계가 깊은 선택 분할의 두 가지 유형이 결과의 편집과 결합 및 분리 평가이다.

- 결과의 편집은 특정 대안의 결과들을 통합하거나 분리하여 평가하는 것이고, 분리 및 결합 평가는 각각 특정 선택의 대안들을 한 번에 하나씩, 그리고 서로 비교하여 평가하는 것이다.

범주화 효과

- 출현 속성이란 조직 또는 집합에는 존재하지만, 개별 구성 요소에는 나타나지 않는 성질이다. 이에는 다양성, 미래 경험의 계획, 위험 통합 등이 있다.
- 합산 효과에 의한 범주화 효과는 어떤 선택에 따른 비용의 누적이 혜택과 다른 속도로 진행될 때 발생한다. 한 번의 비용 또는 혜택은 매우 작아서 큰 의미가 없지만, 그 횟수가 누적되면 매우 크고 중요할 수 있는 경우를 말한다. 하찮아 보이는 거래가 반복되어 큰 비용을 초래하게 되는 땅콩 효과도 편협한 범주화의 결과이다.
- 어떤 옵션을 선택하는 것이 나중에 그것의 효용을 증가시켜서 재선택의 가능성을 높일 때 취향 변화가 일어났다고 한다. 가장 중요한 취향 변화의 효과를 습관 형성이라고 한다.
- 두 주체가 여러 문제에 대해서 협상할 때 각 주체는 덜 중요한 부문에서는 양보하고 중요한 부문에서는 많이 얻어내는데, 이를 선택 간 균형이라고 한다.
- 가계의 멘탈 예산도 편협하게 생각하는 성향으로 인해서 구입 항목 간의 균형에 실패할 수 있다.

선택 범주화의 결정 요인

- 인지적 능력의 제한: 사이몬(1957)은 인간의 인지적 제한으로 인한 제한된 합리성을 주장하였다.
- 인지적 타성: 인지적 버거움 때문에 사람들은 주어진 의사결정 문제를 그대로 받아들이는 성향이 있다.
- 기존 휴리스틱의 사용: 범주화 의사결정은 이미 사회적으로 사용하는 휴리스틱과 의사결정 규칙에 따라 정해질 수도 있다.
- 동기가 부여된 범주화: 사람들은 특별한 목적을 달성하기 위해서 범주화 방법을 선택하는데, 대부분 자기 통제의 문제를 해결하기 위해서이다.

광범위한 범주화가 항상 더 좋은 것은 아니다.

- 첫째, 광범위한 범주화에 따른 선택이 장기적 이익을 얻기 위해서는 종종 약간의 불편함이나 성가심을 참아내야 한다.
- 둘째, 대안 간의 선호도 상호 작용(예: 다양성)이 정말 중요한 경우에만 광범위한 범주화가 더 좋은 선택을 할 수 있다.
- 셋째, 자기 통제와 같은 동기 부여가 있을 때는 편협한 범주화가 더 유리할 수 있다. 해결하기 어려울 정도로 너무 큰 문제가 있을 때 문제를 여러 개로 나누어 하나씩 해결해 나가는 방법이 있을 수 있다. 이를 살라미 전술이라고 한다.
- 마지막으로, 광범위한 범주화는 공짜가 아니다.

참고 문헌

- Camerer, C., L. Babcock, G. Lowenstein, and R. Thaler (1997), Labor supply of New York city cab drivers: One day at a time, Quarterly Journal of Economics 112, 407~441.
- Cicchetti, C., L. Babcock, G. Loewenstein, and Thaler (1997), Labor supply of New York city cab drivers: One day at a time, Quarterly Journal of Economics 112, 407~441.
- Cicchetti, C. and J. Dubin (1994), A microeconomic analysis of risk aversion and the decision to self-insure, Journal of Political Economy 102, 169~186.
- Herrnstein, R. and D. Prelec (1992), Melioration, Choice Over Time edited. by G. Loewenstein and J. Elster, New York: Russell Sage Foundation.
- Heyman, G. (1996), Resolving the contradictions of addiction, Behavioral and Brain Sciences 19, 561~610.
- Hsee, C. (1996), The evaluability hypothesis: An explanation of preference reversals between joint and separate evaluations of alternatives, Organizational Behavior and Human Decision Processes 46, 247~257.
- Hsee, C, G. Loewenstein, S. Blount, and M. Bazerman (1999), Preference Reversals between joint and separate evaluations of options: A review and theoretical analysis, Psychological Review 125, 576~590.
- Kahnman, D. and D. Lovalo (1993), Timid choices and bold forecasts: A cognitive perspective on risk taking, Management Science 39, 17~31.
- Loewebstein, G. and D. Prelec (1993), Preferences for sequences of outcomes, Psychological Review 100, 91~108.
- Read, D., G. Loewenstein, and M. Rabin (1999), Choice bracketing, Journal of Risk and Uncertainty 19, 171~197.
- Redelmeir, D. and A. Tversky (1992), On the framing of multiple prospects, Psychological Sceince 3, 191~193.
- Simon, H. (1957), Models of man: Social and rational, New York: Wiley.
- Simonson, I. (1990), The effect of purchase quantity and timing on variety seeking behavior, Journal of Marketing Research 32,150~162.
- Thaler, R. (1999), Mental accounting matters, Journal of Behavioral Decision Making 12, 183~206.
- Thaler, R. (2015), Misbehaving, W. W. Norton & Company, Inc.
- Tversky, A. and D. Kahneman (1981), The framing of decisions and the psychology of choice, Science 211, 453~458.
- Tversky, A. and D. Kahneman (1986), Rational choice and the framing of decisions, Journal of Business 59, S251~S278.

09 — 집단적 행동과 협조

죄수의 딜레마
두 범인이 협조할 수 없는 환경에서 발생할 수 있는 비협조적 게임의 하나

공유재의 비극
사용에 제한이 없는 공유재의 경우 무임승차(남용)에 의해서 황폐해지는 것

무임승차
아무런 비용 없이 마음대로 사용하는 행위

합리적 이기심
합리적으로 자기 이익만을 최대화하는 것

경제학의 게임 이론은 사람들이 모두 합리적이고 이기적이라는 가정 하에 출발한다. 널리 알려진 **죄수의 딜레마**에서 각 죄수의 배신과 **공유재의 비극**에 있어서 **무임승차**는 모두 이러한 **합리적 이기심**에 근거한다.

먼저 죄수의 딜레마에 대해서 알아보자. 두 명의 공범이 검거되어 각기 다른 방에서 심문을 받는다. 이때 경찰은 공범 A와 B에게 범행에 대한 자백을 요구한다. 그들 각각의 자백과 묵비권 행사에 따른 형량은 다음과 같다. 그들은 어떻게 행동해야 할까?

공범 B의 행동 / 공범 A의 행동	묵비권 (협조)	자백 (배신)
묵비권 (협조)	A, B 모두 징역 6개월	A: 징역 5년, B: 석방
자백 (배신)	A: 석방, B: 징역 5년	A, B 모두 징역 3년

내쉬 균형
다른 사람의 선택을 고려하여 최선의 선택을 한 후에 서로 자신의 선택을 바꾸지 않는 균형 상태

A와 B가 모두 묵비권을 행사하면 그들은 징역 6개월의 가장 경미한 벌을 받게 된다. 따라서 묵비권을 행사하는 것이 가장 좋다. 하지만 각기 다른 방에 있으므로 협조가 어려운 상황에서 한쪽만 자백(배신)하고 다른 한쪽은 묵비권을 행사할 경우, 묵비권을 행사한 범인은 징역 5년을 받고 자백한 범인은 석방이 된다. 두 공범은 서로를 믿을 수 없으므로 묵비권을 행사할 수 없다. 이런 상황에서 A와 B는 모두 자백하게 되어 징역 3년을 받게 된다. 즉, 게임 이론에 의한 이 문제의 **내쉬 균형**은 둘 다 자백하여 모두 징역 3년을 받는 것이다.[1] 이는 두 범인이 합리적 이기심에 의해 행동할 때 서로에게 가장 좋은 방법을 선택할 수 없게 된 경우이다.

1 두 범인이 협조할 수 없는 환경이므로 이를 비협조적 게임(non-cooperative game)이라고 한다. 여기서 내쉬 균형이란 수학자 존 내쉬에 의해 고안된 게임의 균형 개념으로, 다른 사람의 선택을 고려하여 최선의 선택을 한 후에 서로 자신의 선택을 바꾸지 않는 균형 상태를 말한다.

공유재의 비극은 미국의 생태학자인 개릿 하딘이 1968년 〈사이언스〉에 게재한 짧은 논문에서 제기된 문제이다. 양을 키우는 마을 근처에 공동으로 사용하는 목초지가 있다고 하자. 사용에 제한이 없어서 주민들은 양의 먹이를 위해 목초지를 마음대로 사용한다. 이는 공유재 사용에 대한 무임승차이다. 하지만 목초지의 풀이 무한하지 않기 때문에 결국 목초지는 황폐하게 될 것이다. 이런 사례는 실생활에서 얼마든지 찾아볼 수 있다. 예를 들어, 어자원이 풍부한 해역이 있을 때, 어민들이 모두 합리적 이기심에 따라 물고기 성체뿐만 아니라 치어까지 잡아버리면 어떻게 될까? 그 해역은 황폐화되어 결국 어자원이 고갈될 것이다.[2] 많은 경우에 이에 대한 해결책으로 물고기 할당량을 정하여 남획을 막고, 치어잡이를 금지하며, 휴어기를 정하는 등의 규제를 시행하고 있다.

이 두 가지 사례로 볼 때, 합리적 이기심에 의한 집단적 행동이 바람직하지 못한 결과를 초래한다는 것을 알 수 있다. 사람들이 배신과 무임승차를 하는 것이 우월적 전략이라는 것을 잘 알고 있으며, 다른 사람들의 사정에 대해서는 아무런 관심도 없다는 것이 죄수의 딜레마와 공유재의 비극에 내재된 가정이다. 사람들이 옳은 일을 하지 않는 것에 대해 이처럼 거리낌이 없을까? 많은 연구와 실제 사례들은 그렇지 않다고 한다. 도스와 탈러(1988)의 연구를 바탕으로 이에 대해 알아보자.

공공재 실험

사람들이 왜 협조하는지를 알기 위해서는 실제로 그들의 행동을 실험으로 관찰할 필요가 있다. 그들의 행동을 단 한 번의 실험으로 관찰할 수도 있고 여러 번의 반복 실험으로 학습 효과를 알아볼 수도 있다.

단독 시행

도스와 탈러(1988)는 4~10명으로 구성된 여러 집단에 대해서 그들이 공공재 기부에 협조적인가를 예를 들어 설명하였다. 각 집단의 모든 사람에게 각각 $5가 지급된다. 그들은 이를 개인적으로 가지거나, 아니면 '**집단 교환**'이

집단 교환
일종의 공공 펀드로 n명이 소속된 집단에서 기부된 돈이 1보다 크고 n보다 작은 k배로 증가하여 그 집단의 모든 사람에게 동일하게 분배된다.

2 2009년에 노벨 경제학상을 받은 정치학자 엘리노 오스트롬(Elinor Ostrom)은 이의 해결책으로 정부의 개입이 없는 각 구성원의 자치적인 문제 해결 방법을 제시하였다.

라고 부르는 당해 집단의 **공공재**에 기부할 수 있다.[3] 집단 교환은 일종의 공공 펀드이다. n명이 소속된 집단에서 집단 교환에 기부된 돈은 1보다 크고 n보다 작은 k배로 증가하여 그 집단의 모든 사람에게 동일하게 분배된다. 사람들은 $5 모두를 기부하거나 일부분만을 기부할 수도 있다.

(k=2, n=4)이라고 해보자. 모든 사람이 $5를 공공재에 기부하면, 각자 $10을 갖게 될 것이다. 다른 어떤 기부 방법 또는 해법도 모두를 더 좋게 할 수 없으므로 이는 **파레토 최적**이다. 하지만 어떤 한 사람만 $5를 기부하면 그 사람은 $2.5를 갖게 되고 나머지 $7.5는 다른 사람의 몫이 되기 때문에, 우월적인 내쉬 균형은 전혀 기부하지 않는 것이다. 합리적이며 이기적인 전략은 자기는 전혀 기부하지 않고 다른 모든 사람이 $5를 기부하는 것이다. 이렇게 되면 그 사람은 $12.5를 가지게 된다.

이 실험의 결과를 설명하기 위하여 다음과 같은 두 가지 가설이 제시되었다: **강한 무임승차 가설; 약한 무임승차 가설**. 강한 무임승차 가설은 합리적 이기심에 따른 모형으로 아무도 기부하지 않는 것이다. 이에 비해, 약한 무임승차 가설은 몇몇 사람들은 기부하지만, 나머지 모두는 기부하지 않는다는 것이다. 실제 실험 결과에 의하면, 강한 무임승차 가설은 완전히 기각되었고 약한 무임승차 가설도 정확한 예측력이 있다고 하기는 어려웠다. 피실험자들은 파레토 최적의 40~60%를 기부하였기 때문이다.[4] 이는 상당한 비중으로 마웰과 아메스(1981)는 피실험자가 이 게임을 처음 하건 두 번째로 하건, 4명 집단이건 80명 집단이건, 금전적 규모를 다양하게 하건 상관없이 이런 결과가 얻어진다고 하였다.[5] 하지만 위스콘신 대학교 경제학과 대학원생을 대상으로 했을 때는 기부율이 파레토 최적의 20%로 떨어졌다. 이를 경제학자들의 합리적 이기심 때문이라고 할 수도 있겠지만, 그들은 여기에 대해서 추가적인 해석을 하지는 않았다.

공공재
모든 사람이 공공으로 이용할 수 있는 재화 또는 서비스

파레토 최적
다른 사람의 손해 없이 어떤 사람의 복리를 증진할 수 없는 최적 상태

강한 무임승차 가설
합리적 이기심에 따라 아무도 기부하지 않는다는 가설

약한 무임승차 가설
몇몇 사람들은 기부하지만, 나머지 모두는 기부하지 않는다는 가설

사유재
대가를 지불하지 않은 사람들을 쉽게 배제할 수 있으며, 한 사람이 소비하면 다른 사람이 소비할 수 없는 재화 또는 서비스

배제성
대가를 지불하지 않으면 사용할 수 없는 성질

경합성
다른 사람이 소비하면 내가 소비 할 수 없는 성질

비배제성
배제성이 없음

비경합성
경합성이 없음

클럽재
배제성이 있으면서 비경합성이 있는 재화 또는 서비스

3 집단 교환이란 마웰과 아메스(1979)가 사용한 'group exchange'를 번역한 용어이다. 그들은 **사유재**와 **공공재**의 집단 교환을 표현하기 위하여 각각 'private exchange'와 'group exchange'라는 용어를 사용하였다. 사유재는 대가를 지불하지 않으면 사용할 수 없는 **배제성**과 다른 사람이 소비하면 내가 소비할 수 없는 **경합성**의 특징을 가지고 있다. 이에 비해 공공재는 **비배제성**과 **비경합성**의 특징을 가지는데, 이에는 국방, 치안 및 지상파 TV 방송 등이 있다. 앞에서 설명한 **공유재**는 비배제성이 있지만 경합성이 있는 것으로, 물, 물고기, 목초지 등이 있다. 배제성이 있으면서 비경합성이 있는 것을 **클럽재**라고 부르는데, 이에는 케이블 TV 방송, 전력, 수도 등이 있다.
4 앞에서 언급한 바와 같이 파레토 최적은 주어진 모든 금액을 기부하는 것이다.
5 금전적 규모가 가장 컸을 때는 기부율이 28~35%에 머물렀다.

반복 시행

여러 학자가 이 실험을 다시 시행하였는데, 그들의 실험이 마웰과 아메스(1979, 1981)와 다른 점은 대개 10번의 반복 실험이 있었다는 것이다. 그들 실험의 결과는 대개 다음과 같았다. 첫째, 첫 번째 실험에서는 기부율이 기존의 결과와 비슷하였다. 이삭 등(1985)은 53%의 기부율을 얻었다. 둘째, 몇 번의 반복 실험을 하면서 협조의 수준이 급속하게 감소하였다는 것이다. 그렇다면 반복된 실험에서 협조의 수준이 왜 감소하기 시작했을까? 첫 번째 가능성은 학습 효과에 의해서 우월적인 무임승차 전략의 우수성을 알게 되었다는 것이다. 두 번째 가능성은 처음에는 게임의 내용을 잘 모르다가 실험이 반복되면서 완전히 이해하였다는 것이다.

학습 효과에 의한 이런 두 가지 가능성은 안드레오니(1988)의 실험으로 기각되었다. 그는 10회의 반복 실험을 두 차례 반복하였다. 첫 번째 10회의 반복 실험은 기존 연구와 같은 결과를 보여주었지만, 두 번째 10회 반복 실험의 첫 번째 실험의 결과는 44%로 첫 번째 10회 반복 실험의 첫 번째 결과이었던 48%와 비슷했다. 이는 피실험자가 실험의 내용을 잘 몰랐거나 학습 효과 때문이라는 가능성을 불식시키는 결과이었다.

상호적 이타성

실험실 안팎에서 왜 이타적 행동이 관찰되는 것일까? 액설로드(1984)는 이를 **상호적 이타성**에 의해 설명했다. 사람들은 다른 이들의 행동에 따라 응답한다는 것이다. 친절에는 친절로, 협조에는 협조로, 적대감에는 적대감으로, 배신에는 배신으로 응답한다. 따라서 자신의 협조에 대해 다른 사람들이 무임승차 하여 불공정한 이익을 취하기는 어렵다. 협조 그 자체 또는 협조적인 사람이라는 평판을 위해서 다른 이들과 협조할 가능성이 커지고, 이는 결국 협조에 의한 궁극적인 혜택으로 이어진다는 것이다.

상호적 이타성
다른 사람의 대응에 따라 동일하게 대응하는 성향

팃포탯은 상호적 이타성의 원칙에 근거한 가장 체계적인 전략으로, 반복되는 게임에서 사용되는 전략 중 하나이다.[6] 처음에 협조로 시작하여 상대가 협조하면 협조하고 상대가 배신하면 배신하여 결과적으로 모두에게 유리한 상태로 유도하는 전략이다. 팃포탯은 합리적 의사결정, 반복 게임, 상대방의 정체

팃포탯
상호적 이타성의 원칙에 근거한 가장 체계적인 전략으로, 반복되는 게임에서 사용되는 전략 중 하나이다.

6 팃포탯(Tit-for-Tat)은 동일한 복수라는 의미이다.

및 행동을 정확하게 기억한다는 전제 하에서 가장 성공적인 게임 전략이다. 한편, 상호적 이타성이 의미하는 것은 다음과 같다: 다른 사람들이 미래에 상호 협조를 안 할 가능성이 있는 딜레마 상황에서는 사람들이 협조하지 않을 것이다. 여기서 **딜레마 상황**이란 게임에 익명성이 있거나 단 한 번만 게임이 이루어지는 경우이다. 하지만 앞에서 단 한 번의 게임에서도 50%의 기부율이 있었던 것으로 보아 상호적 이타성이 게임의 결과를 설명할 수는 없다. 또한 공공재 게임에서와같이 3명 이상의 게임이면 팃포탯 전략을 사용하기는 어렵다.[7]

딜레마 상황
게임에 익명성이 있거나 단 한 번만 게임이 이루어지는 경우

반복 실험에서 점점 감소하는 기부율을 설명하는 이론이 있을까? 이에 크렙스 등(1982)은 **횟수가 정해진 죄수의 딜레마 게임**에 대한 이론적 해법을 제시하였다. 횟수가 정해진 반복 게임에서는 두 게임 참가자들은 모두 마지막 게임에서는 상대방이 배신한다는 것을 알고 있다.[8] 따라서 마지막의 두 번째 게임에서도 협조할 이유가 전혀 없다. 이렇게 계속해서 역진 귀납법을 적용하면 처음부터 협조하지 않는 것이 합리적인 방법이다. 한편, 게임 상대방이 비합리적이라면 (횟수가 정해진 반복 게임에서도 팃포탯 전략을 사용한다면), 게임 초창기부터 협조하는 것이 합리적일 것이다. 그들의 이론이 죄수의 딜레마와 비슷한 구조로 되어 있는 공공재 게임도 설명할 수 있을까? 실험 결과들은 그들의 예측과는 전혀 달랐다. 왜냐하면 기부율이 0으로 떨어진 적이 한 번도 없었고, 협조하는 것이 합리적일 수 없는 1회 게임이나 반복 실험의 마지막 게임에서도 기부율이 0이 되었던 적은 없었기 때문이다. 이는 결국 상호적 이타성으로 공공재 게임의 실험 결과를 설명할 수 없다는 것이다.

횟수가 정해진 죄수의 딜레마 게임
죄수의 딜레마 게임을 정해진 횟수만큼 실행하는 것

이런 실험 결과로부터 얻을 수 있는 결론은 다른 사람이 나를 이용하여 이익을 취한다는 경험을 할 때까지 사람들은 협조하는 성향이 있다는 것이다. 이런 **협조적 규범**은 무한 반복 게임에서의 상호적 이타성과 유사할 수 있지만, 앞에서 본 바와 같이 상호적 이타성으로 협조를 설명할 수는 없다. 프랭크(1987)는 이를 다음과 같이 설명하였다. 협조적 규범을 가진 사람은 다른 사람들로부터 협조를 이끌어내어 협조자들과 상호 소통한다. 그 주장의 핵심은 사람들이 수없이 많은 거짓말을 믿도록 할 수 없듯이, 오랫동안 협조적인 것처럼 다른 사람들을 속일 수 없다는 것이다. 또한 협조자들은 상대방의 실

협조적 규범
다른 사람이 나를 이용하여 이익을 취한다는 경험을 할 때까지 사람들이 협조하는 성향

7 어떤 사람들은 배신하는데 다른 사람들은 협조한다면 팃포탯 전략을 사용할 수 없다.
8 다음 게임이 없기 때문에 배신하여 자신의 이익을 취하는 것이 합리적이다.

체를 확인할 수 있어서 그들은 선택적으로 상호 작용하고 배신자들을 거부할 수 있다.

이타성

사람들이 협조하는 이유 중의 하나로 다른 사람의 즐거움을 기뻐하는 것을 들 수 있는데, 이를 **순수 이타성**이라고 한다. 순수 이타성은 이미 애덤 스미스(1759)의 도덕적 감정 이론에 언급된 바 있다. 사람들은 협조적 행동을 통해 남들이 즐거워하는 결과를 만들어 낼 수 있다. 예를 들어, 어떤 사회복지 기금에 기부금을 내는 것을 생각해 보자. 이 기금에 기부금을 냄으로써 기부자가 얻는 것은 이 기금에 의해 도움을 받는 사람들의 즐거움을 보는 것뿐이다. 협조를 이끌어내는 다른 유형의 이타성으로 협조적 행동 그 자체의 정당성이 있을 수 있다. 즉, 옳은 일을 한다는 것 자체가 협조의 동기가 된다는 것이다. 이를 **비순수 이타성**이라고 한다. 이는 양심 또는 비기계적 윤리 의식의 만족이라고 할 수 있다.

순수 이타성
다른 사람의 즐거움을 기뻐하는 것

비순수 이타성
옳은 일을 한다는 것 자체가 협조의 동기가 되는 것

이타성의 역할과 다른 협조의 원인을 찾기 위하여 도스 등(1986)은 무임승차의 동기를 살펴보았다. 그들이 한 실험은 간단하다. 서로 알지 못하는 7명으로 구성된 집단의 각자에게 $5를 준다. 충분히 많은 사람(실험에 따라 3명 또는 5명)이 각자의 돈을 모두 공공재에 기부하면, 기부 여부와는 상관없이 그 집단의 모든 사람이 $10을 받게 된다. 따라서 충분히 많은 사람이 기부하면 기부자는 $10을 받고 비기부자는 $15를 얻게 된다. 기부가 부족하면 (3명 또는 5명 미만 기부) 기부자는 아무것도 받지 못하고 비기부자는 $5를 얻게 된다. 피실험자들은 다른 사람과 얘기할 수 없다. 아래 제시된 표와 같이 이 게임의 기부율은 51%이었다.

이때 어떤 사람들은 왜 기부를 하지 않을까? 왜 무임승차를 하려는 것일까? 첫 번째 이유는 자기는 기부하는데 다른 사람들이 기부하지 않아서 자신의 기부가 무의미하게 될 것 같은 걱정 때문이다. 즉, 무임승차의 동기가 **두려움**이라는 것이다. 두 번째 이유는 충분히 많은 사람이 기부할 수 있으므로 $10보다는 $15를 얻기 위해서 무임승차 하는 것이다. 이 배신의 동기는 **탐욕**이다. 결국 무임승차의 동기는 탐욕과 두려움이다. 이 둘 중에 어떤 것이 더 중요한지를 알기 위하여 그들은 다음과 같은 두 가지 조건 하에서 다시 실험하였다. 위에 설명하였던 실험을 표준 실험이라고 하였고, 탐욕이 없는 조건 실

두려움
자기는 기부하는데 다른 사람들이 기부하지 않아서 자신의 기부가 무의미하게 될 것 같은 걱정

탐욕
충분히 많은 사람이 기부할 수 있으므로 더 많은 이익을 얻기 위하여 무임승차하는 것

험과 두려움이 없는 조건 실험의 내용을 제시하였다.

조건	실험의 내용	기부율
표준 게임	① 충분히 많은 사람이 기부하면 기부자는 $10을 받고 비기부자는 $15를 얻음 ② 기부가 부족하면 (3명 또는 5명 미만 기부) 기부자는 아무것도 받지 못하고 비기부자는 $5를 얻게 된다.	51%
탐욕이 없음	① 충분히 많은 사람이 기부하면 모든 사람이 $10을 얻음 ② 기부가 부족하면, 표준 게임과 동일함	87%
두려움이 없음	① 충분히 많은 사람이 기부하면 표준 게임과 동일함 ② 기부가 부족하면 기부한 돈을 돌려받음(환불 보장)	58%

표준 게임에서 기부율이 51%라는 것은 이타성이 존재한다는 것이다. 여기서 두려움이 없다는 조건으로 진행한 실험의 기부율은 58%로 표준 게임보다 그렇게 크지 않다. 이에 비해 탐욕이 없다는 조건으로 진행한 실험의 기부율은 87%로 표준 게임의 기부율보다 매우 크다. 따라서 기부하지 않는 무임승차의 원인으로 탐욕이 두려움보다 훨씬 크다는 것을 알 수 있다.

합리적 이기심
합리적으로 자기 이익만을 최대화하는 것

한편, 자신의 기부가 아주 결정적일 확률이 0.5 이상이라고 생각할 때는 기부하는 것이 **합리적 이기심**을 가진다고 할 수 있다. 하지만 기부한 사람들은 대체로 자신의 기부가 꼭 필요하다고 생각하지는 않는다. 실제로 모든 조건에 대한 실험을 고려했을 때, 기부자의 67%가 다른 사람의 기부 때문에 자신의 기부가 중복일 것이라고 믿었다. 따라서 기부하는 것이 합리적 이기심에 의해 결정되는 것은 아니라고 할 수 있다.

맺음말

표준 경제학자들은 인간의 본성에 대한 판단을 회피하거나, 아니면 아주 이기적이라고 가정한다. 실제로 세상에는 무임승차의 문제가 존재하는 것으로 보아 그들의 가정이 아주 틀린 것은 아니다. 하지만 모든 사람이 그런 가정에 따라 행동하지는 않는다. 실험 사례들은 무임승차의 문제가 그렇게 심한 것은 아니라고 한다. 사람들의 집단적 행동을 보면 무임승차보다는 협조의 성향이 있다는 것을 부인할 수 없다. 이는 이타성을 기반으로 하는 행동이다. 그러므로 경제학에서 합리적 이기심이 가지는 역할은 재고되어야 한다.

주요 용어

강한 무임승차 가설	비경합성	클럽재
경합성	비배제성	탐욕
공공재	비순수 이타성	팃포탯
공유재의 비극	사유재	파레토 최적
내쉬 균형	상호적 이타성	합리적 이기심
두려움	순수 이타성	협조적 규범
딜레마 상황	약한 무임승차 가설	횟수가 정해진 죄수의 딜레마 게임
무임승차	죄수의 딜레마	
배제성	집단 효환	

핵심 정리

- 경제학의 게임 이론은 사람들이 모두 합리적이고 이기적이라는 가정 하에 출발한다.
- 널리 알려진 죄수의 딜레마에서 각 죄수의 배신과 공유재의 비극에 있어서 무임승차는 모두 이러한 합리적 이기심에 근거한다.
- 사람들이 배신과 무임승차를 하는 것이 우월적 전략이라는 것을 잘 알고 있으며, 다른 사람들의 사정에 대해서는 아무런 관심도 없다는 것이 죄수의 딜레마와 공유재의 비극에 내재된 가정이다.
- 사람들이 옳은 일을 하지 않는 것에 대해 이처럼 거리낌이 없을까?

공공재 실험

- n명이 소속된 집단에서 집단 교환에 기부된 돈은 1보다 크고 n보다 작은 k배로 증가하여 그 집단의 모든 사람에게 동일하게 분배된다. 사람들은 $5 모두를 기부하거나 일부분만을 기부할 수 있다.
- (k=2, n=4)이라고 해보자. 모든 사람이 $5를 공공재에 기부하면, 각자 $10을 갖게 될 것이다. 다른 어떤 기부 방법 또는 해법도 모두를 더 좋게 할 수 없으므로 이는 파레토 최적이다.
- 강한 무임승차 가설은 합리적 이기심에 따른 모형으로 아무도 기부하지 않는 것이다.
- 약한 무임승차 가설은 몇몇 사람들은 기부하지만, 나머지 모두는 기부하지 않는다는 것이다.
- 강한 무임승차 가설은 완전히 기각되었고 약한 무임승차 가설도 정확한 예측력이 있다고 하기는 어려웠다.
- 10번의 반복 시행에서 첫 번째 실험에서는 기부율이 기존의 결과와 비슷하였다.

상호적 이타성

- 사람들은 친절에는 친절로, 협조에는 협조로, 적대감에는 적대감으로, 배신에는 배신으로 응답한다. 따라서 자신의 협조에 대해 다른 사람들이 무임승차 하여 불공정한 이익을 취하기는 어렵다.
- 팃포탯은 반복되는 게임에서 사용되는 전략 중 하나로 상호적 이타성의 원칙에 근거한 가장 체계적인 전략인데, 처음에 협조로 시작하여 상대가 협조하면 협조하고 상대가 배신하면 배신하여 결과적으로 모두에게 유리한 상태로 유도하는 전략이다.
- 협조적 규범을 가진 사람은 다른 사람들로부터 협조를 이끌어내어 협조자들과 상호 소통한다. 그 주장의 핵심은 사람들이 수없이 많은 거짓말을 믿도록 할 수 없듯이, 오랫동안 협조적인 것처럼 다른 사람들을 속일 수 없다는 것이다. 또한 협조자들은 상대방의 실체를 확인할 수 있어서 그들은 선택적으로 상호 작용하고 배신자들을 거부할 수 있다.

이타성

- 사람들이 협조하는 이유 중의 하나로 다른 사람의 즐거움을 기뻐하는 것을 들 수 있는데, 이를 순수 이타성이라고 한다.
- 옳은 일을 한다는 것 자체가 협조의 동기가 된다는 것이다. 이를 비순수 이타성이라고 한다.
- 결국 무임승차의 동기는 탐욕과 두려움일 수 있는데, 실험 결과에 의하면 탐욕이 두려움보다 훨씬 크다.
- 기부하는 것이 합리적 이기심에 의해 결정되는 것은 아니다.

맺음말

- 사람들의 집단적 행동을 보면 무임승차보다는 협조의 성향이 있다는 것을 부인할 수 없다. 이는 이타성을 기반으로 하는 행동이다.
- 그러므로 경제학에서 합리적 이기심이 가지는 역할은 재고되어야 한다.

참고 문헌

- Andreoni, J. (1988), Why free ride? Strategies and learning in public goods experiments, Journal of Public Economics 37, 291~304.
- Axelrod, J. (1984), Evolution of cooperation, New York: Basic Books.
- Dawes, R. and R. Thaler (1988), Cooperation, Journal of Economic Perspectives 2, 187~197.
- Dawes, R., J. Orbell, R. Simmons, and A. van de Kragt (1986), Organizing groups for collective actions, American Political Science Review 80, 1171~1185.
- Isaac, M., K. McCue, and C. Plott (1985), Public goods provision in an experimental environment, Journal of Public Economics 26, 51~74.
- Frank, Robert (1987), If homo economicus could choose his own utility function, would he want one with a conscience? American Economic Review 77, 593~605.
- Kreps, D., P. Milgrom, J. Roberts, and R. Wilson (1982), Rational cooperation in finitely repeated prisoner's dilemmas, Journal of Economic theory 27, 245~252.
- Marwell, G. and R. Ames (1979), Experiment on the provision of public goods I: resources, interest, group size, and the free rider problem, American Journal of Sociology 84, 1335~1360.
- Marwell, G. and R. Ames (1981), Economists free ride, does anyone else? Experiments on the provision of public goods, IV, Journal of Public Economics 15, 295~310.
- Smith, A. (1759), The theory of moral sentiments.

10 — 최후통첩 게임과 공정성

탈러(1988)는 어느 경제학자의 가설적 사례를 통해서 공정성에 대한 궁금증을 제시하였다. 어느 소도시 대학 근처의 모텔 주인이 그에게 컨설팅 문의를 하였다. 대학 졸업과 홈커밍데이 때에는 사람이 너무 많고 숙박 시설이 부족하여 이곳에서 80km 떨어진 곳에 머무르는 사람들도 있다. 이 모텔의 평상시 하루 숙박료는 $65이다. 졸업 시기에 이 도시의 일반적인 관행은 평상시 숙박료를 유지하되 적어도 3박을 요구하는 것이다. 그는 3박을 요구하지만, 하루 숙박료를 $50으로 정했다고 하였다. 하지만 그는 이렇게 하는 것이 약간 불편했다. 사기꾼이라는 소리를 들을 수도 있고, 그의 모텔 영업에 방해가 될 수도 있기 때문이다. 이에 그는 다음과 같이 문의하였다. "당신은 경제학자니까 제 입장을 잘 알 것입니다. 저는 어떻게 해야 할까요?" 이런 질문을 경제학 이론으로 답변하기는 매우 어렵다. 그렇다면 어떻게 해야 할까?

위의 가설적 사례는 모텔 주인과 방문자 간의 흥정에 해당한다. 주인이 너무 높은 숙박료나 지나친 숙박 일수를 요구하면, 방문자들은 숙박을 거절할 것이고 안 좋은 소문이 나서 모텔 영업에 지장이 있을 것이다. 그렇다고 3박 요구 없이 평상시와 같은 숙박료를 제시하면 모텔이 손실을 본다고 생각할 수도 있다. 이에 루빈스타인(1982)은 표준 경제학적 입장에서 두 주체가 합리적으로 행동하는 것을 가정하여 **협상(또는 흥정)**의 균형을 찾아내었다. 그의 이론은 합리적 규범 경제학 입장에서의 합의를 의미한다. 하지만 실제로 경제 행위자 간에 어떤 합의가 이루어질지에 대한 내용은 아니었다. 이런 합의 또는 협상의 실제를 밝히기 위하여 귀스 등(1982)은 간단한 최후통첩 게임이라는 실험을 고안하였다. 이에 대한 설명을 시작으로 공정성에 대해 살펴보자.

협상(또는 흥정)
둘 이상의 주체가 어떤 목적을 위해 의논하는 것

최후통첩 게임
피실험자(독재자)에게 주어진 금액을 다른 사람과 나누는 게임으로 다른 사람이 거절하며 모두 아무런 이익을 얻을 수 없다.

최후통첩 게임

귀스 등(1982)이 제안한 **최후통첩 게임**은 다음과 같다. 그들은 42명의 경제

배분자
자금의 배분을 결정하는 자

수령자
자금의 수급 여부를 결정하는 자

학 수강생들을 **배분자**와 **수령자** 집단으로 나누었다. 각 배분자는 도이치 마르크 c를 본인과 수령자의 몫으로 나누어야 한다. 수령자 몫으로 제안된 x가 받아들여지면, 배분자는 c−x를 가지고 수령자는 x를 가지게 된다. 수령자가 제안된 금액을 거절하면 배분자와 수령자 모두 아무것도 가지지 못한다. 전체 금액인 c는 4마르크와 10마르크 사이에서 변한다. 이 실험이 끝나고 1주일 후에 동일한 학생들을 대상으로 동일한 실험을 재실시하였다.

포지티브 이론
경제 행위자의 관찰된 과거 행동으로부터 논리적 결론을 이끌어내는 이론

루빈스타인(1982)의 모형이 **포지티브 이론**이었다면 그의 예측이 최후통첩 실험의 결과와 같아야 하지만, 안타깝게도 그렇지 않았다.[1] 그의 이론에 의하면 배분자는 수령자의 몫을 0에 가깝게 제안해야 한다. 또한 수령자는 제안된 몫이 양(+)이라면 어떤 값이라도 받아들여야 한다. 하지만 최후통첩 실험의 결과는 그의 예측과는 너무 달랐다. 가장 빈도가 높은 제안 금액은 절반이었고(21명 중 7명), 평균 제안 금액은 0.37c이었다. 전체 금액이 4마르크일 때 두 명의 학생이 제안 금액을 0마르크로 했는데, 이 중 하나는 받아들여졌고, 하나는 기각되었다. 다른 모든 제안 금액들은 1마르크 이상이었고, 1.2 마르크가 거절된 경우도 있었다.

일주일 뒤에 있었던 재실험 결과는 첫 번째보다 야박해졌지만, 그래도 평균 제안 금액은 0.32c로 0과 크게 달랐고 두 명의 배분자만이 절반을 제안하였다. 이번에도 1마르크보다 적은 제안 금액이 있었지만 기각되었다. 1마르크의 제안 3개가 기각되었고, 3마르크 제안 하나도 기각되었다. 따라서 21개 중 5개의 제안이 기각되었다.

배분자와 수령자의 행동은 표준 경제학적 이론과는 크게 달랐다. 수령자의 행동을 어떻게 해석해야 할까? 수령자가 제안 금액을 거절했다는 것은 그의 효용 함수가 금전적인 요인만을 가진 것은 아니라는 것을 의미한다. 그는 너무 적은 금액에 대해서는 불공정하다고 생각하여 차라리 그 금액을 안 받고 말겠다는 것이다. 그의 효용에는 공정이라는 개념이 포함되어 있다. 배분자의 행동을 두 가지로 해석할 수 있다. 상당히 높은 양(+)의 금액을 제안하는 배분자는 공정성에 대한 선호도를 가졌거나, 아니면 불공정하게 낮은 금액을 제안하면 기각될 것이라는 걱정이 있었기 때문일 수 있다. 이어지는 연구들

1 경제학은 규범적인 이론과 포지티브 이론으로 구성된다. 규범적인 이론은 사전적인 가치 판단에 의해 경제 행위자의 행동을 예측한다. 따라서 모든 예측에는 당위성이 존재한다. 하지만 포지티브 이론은 경제 행위자의 관찰된 과거 행동으로부터 구성된다.

은 두 가지 해석이 모두 타당성을 가진다고 하였다.

그들은 37명의 새로운 학생을 대상으로 두 번째 실험을 진행하였다. 이번에는 게임이 두 번 진행되었는데, 피실험자들은 한 번은 배분자로 한 번은 수령자의 역할을 한다. 7마르크를 배분하는 실험이다. 피실험자들은 배분자로서 제안 금액을 제시해야 하고, 다음에는 수령자로 받아들일 수 있는 최소 금액을 제시해야 했다. 이 실험에서 배분자의 답변은 앞에서의 실험보다 좀 더 너그러워져서 평균 제안 금액은 0.45c이었다. 2명을 제외한 나머지 모든 학생의 가장 적은 제안 금액은 1마르크이었고, 받아들일 수 있는 제안 금액의 중간값은 2.5마르크이었다.

이런 결과들은 실험 조건들을 바꾸어도 최후통첩 게임의 결과는 크게 바뀌지 않는다는 것을 의미한다. 이후에도 많은 연구에서 이 실험의 조건을 변경하거나 확대하여 새로운 실험을 시도하였다. 이제 그 사례들을 알아보자.

공정성과 경제적 효율성

카너먼 등(1986a)은 사람들이 생각하는 공정성이 무엇인가에 관심을 가졌다. 이에 그들은 191명의 밴쿠버 지역 성인들에게 다음 질문을 전화로 문의하였다.

풋볼팀은 대개 게임 당일에 일부 티켓을 판매하는 경우가 있다. 최근에는 다음 게임에 대한 관심이 크게 증가하여 티켓 수요가 대단하게 되었다. 어떤 팀의 소유자는 티켓을 다음 중 하나의 방법으로 판매할 수 있다.

(1) 경매: 가장 높은 응찰 가격에 판매함
(2) 추첨: 추첨으로 판매함
(3) 줄 서서 구매하기: 먼저 온 사람이 먼저 구매하는 방식

이 중 가장 공정하다고 생각하는 순서를 정하고, 가장 불공정하다고 생각하는 순서를 정하시오.

답변 결과		
판매 방법	가장 공정함(%)	가장 불공정함(%)
(1) 경매	4	75
(2) 추첨	28	18
(3) 줄 서서 구매하기	68	7

출처: 카너먼 등(1986)

표준 경제학적 효율성 관점에서는 가장 높은 가격을 제시하는 고객에게 판매하는 경매가 가장 좋고, 불필요한 노력을 요구하지 않는 추첨이 그다음이며 마지막으로 가장 낭비적인 방법이 줄 서서 구입하기다. 하지만 공정성에 의한 판매 방법의 순위는 그것과는 정확히 역순이었다. 밴쿠버 주민들은 줄 서서 티켓을 구매하는 것이 가장 공정하고, 그다음은 추첨이며, 마지막이 경매 방법이라고 하였다. 표준 경제학적 관점에서 가장 효율적인 방법은 위의 표에서 가장 불공정한 방법의 순서와 같다. 즉, 사람들이 공정하다고 생각하는 순서는 경제적 효율성과는 정반대이었다.

한편, 공정성의 지역 사회 기준이 초과 수요를 부당하게 이용하려는 기업을 어떻게 방지할까? 이를 설명하는 한 가지 급진적인 가설은 기업이 다른 아무런 요인 없이 단순히 공정성을 위해서 초과 수요를 부당하게 이용하지 않는다는 것이다. 규제 등의 위협 없이도 기업이 스스로 공정하게 행동하는 경우이다.[2] 이보다 약간 완화된 대립 가설은 불공정하다고 생각한 소비자들의 저항이 있기 때문이라는 것이다. 고객이나 종업원들이 불공정한 거래나 기업들에 대해 그들 스스로 비용을 지불하면서까지 저항한다면 가장 효과적인 방법일 것이다.[3] 이에 대한 판단을 위해 아래의 독재자 게임의 실험이 진행되었다.

독재자 게임

카너먼 등(1986b)은 전체 금액을 $10으로 해서 귀스 등(1982)의 실험을 다시 시도하였다. 실험 대상은 브리티시 컬럼비아 대학의 심리학과와 상학과 학생들이었는데, 배분자와 수령자의 짝을 서로 모르게 하였다. 실험 결과는 귀스 등(1982)의 결과와 크게 다르지 않았다. 수령자들은 불공정한 거래에 참여하기를 싫어하거나, 아니면 비용(제안을 수락할 때 받게 되는 적은 금액의 기회비용 포기)을 지불하고라도 불공정한 배분자에게 불이익을 주고자 하는 마음이 있다는 것을 확인하였다.

2 기업이 스스로 공정하게 행동한 사례로, 1920년 미국 서부 해안의 석유 부족 사태를 들 수 있다. 제1차 세계대전 이후의 경기 팽창으로 인한 석유 부족으로 유가 급등이 촉발되었다. 이에 캘리포니아 석유 시장을 지배하던 스탠더드 오일(Standard Oil)이 석유 부족으로 인한 유가 상승을 방지하기 위하여 스스로 석유 배급 제도를 실시하였다. 1920년 4월 초부터 시작하여 석유 수입이 증가하기 시작한 8월 말까지 진행된 이 방법에 의해 유가와 경제 활동은 정상 상태로 돌아왔다.

3 제1부 〈멘탈 어카운팅〉의 거래 효용 부분에 있는 사례를 보자. 더운 날 해변에 누워 있는 사람이 허름한 식료품점에서 사 온 맥주보다 호텔에서 사 온 맥주에 더 높은 가격을 지불할 용의가 있었다. 이는 식료품점과 호텔의 맥주 가격 차이를 감수하겠다는 소비자의 의지를 대변한 것이다.

여기서 관심 사항은 최후통첩 게임의 많은 수령자가 양(+)의 제안 금액을 거절하였다는 것이다. 왜 그랬을까? 불공정한 거래에 참여하기 싫어서일까, 아니면 불공정한 배분자에게 벌을 주기 위해서였을까? 어떤 경우이건 이런 저항은 경제 행위자나 기업이 불공정하게 이익을 최대화하려는 시도를 방지할 수 있다. 따라서 이는 경쟁적 환경에서 기업에 매우 위협적인 요인이 될 수 있다. 이를 좀 더 확인하기 위하여 카너먼 등(1986b)은 다음 실험을 하였다.

이 실험이 최후통첩 실험과 다른 점은 수령자가 거절할 권한이 없으므로 배분자는 독재자처럼 행동할 수 있다는 것이다. 이런 이유로 이를 **독재자 게임**이라고 한다. 첫 단계에서는 코넬 대학교의 심리학과 학생 161명을 대상으로 $20을 같은 반의 누군지 모르는 다른 학생과 다음과 같이 나누도록 하였다: 본인이 $18을 갖고 다른 학생에게 $2를 제안하거나, 본인이 $10을 갖고 다른 학생에게 $10을 제안한다. 앞의 배분자를 공정한 학생, 뒤의 배분자를 불공정한 학생이라고 하자. 161명 중 무작위로 8팀만 제안 금액에 따라 실제로 보상받을 것임을 알려주었다.[4]

독재자 게임
피실험자(독재자)에게 주어진 금액을 다른 사람과 나누는 게임으로 다른 사람은 거절할 권한이 없다.

두 번째 단계는 첫 단계에서 보상을 받지 못한 학생들을 대상으로 다음과 같이 진행되었다. 한 학생은 다른 두 학생과 무작위로 한 팀이 된다. 만약 두 수령자가 첫 단계에서 서로 다른 선택을 했다면 (한 사람은 $10을 제안한 공정한 학생이고, 다른 사람은 $2를 제안한 불공정한 학생임), 당신의 선택은 다음 두 가지 중 하나이다: ① $12를 당신과 불공정한 학생이 각각 $6씩 나누어 가지고, 공정한 학생은 아무것도 갖지 못함; ② $10을 당신과 공정한 학생이 각각 $5씩 나누어 가지고, 불공정한 학생은 아무것도 갖지 못함. 하지만 두 수령자가 첫 단계에서 동일한 선택을 했다면(두 사람 모두 공정했거나, 아니면 두 사람 모두 불공정했다면), 당신은 $6을 가지고 수령자 두 사람은 각각 $3씩 나누어 가진다. 두 번째 단계에서는 15개 팀만이 실제로 보상을 받는다.

익명성과 보복이 없는 첫 단계 실험의 결과는 배분자의 공정한 배분을 확인해 주었다. 161명의 학생 중 76%인 122명이 수령자와 공평하게 $10씩 나누어 가졌다. 물론 이 실험에서는 두 가지 ($18:$2, $10:$10) 선택밖에 없었기 때문에 기존의 실험보다 더 강한 공정성을 보여주었다고 생각된다. 이 결과는 최후통첩 게임에서 나타난 공정성이 수령자가 제안 금액을 거부할 것이라는 두려움 때문만은 아니라는 것이다.

4 여기서는 수령자의 역할이 없기 때문에 실제로 수령자가 있을 필요는 없다.

두 번째 실험의 목적은 불공정한 배분자를 벌하기 위해서 $1을 지불함과 동시에 공정한 배분자에게 보상할 것인가를 알아보는 것이다.[5] 그 결과는 대부분의 사람(74%)이 불공정한 배분자와 $12를 나눠 갖기보다는 공정한 배분자와 $10을 나눠 갖기를 선택하였다는 것이다. 이런 결과는 첫 단계의 결과와도 높은 상관관계를 가진다. 첫 단계에서 $10을 선택했던 122명의 학생 중 107명(88%)이 공정한 배분자와 $10을 나눠 갖기로 하였지만, $18을 선택했던 39명의 학생 중에서는 12명(31%)의 학생만이 그렇게 하였다.[6]

그들은 이와 같은 두 단계 실험의 결과가 기업들이 종종 합법적이지만 불공정한 이익의 기회를 이용하지 못하는 이유를 설명한다고 하였다. 두 번째 단계의 실험 결과에 따르면, 비용을 지불하면서도 불공정한 이익을 벌하려는 소비자들의 의지 때문에 기업의 활동이 제한된다는 것이다. 한편, 공정성이 강요되지 않는 독재자 실험의 결과는 기업의 소유자와 경영자들이 공정한 행동을 선호하는 성향도 있다는 것이다.

2단계 협상 게임

귀스 등(1982)은 최후통첩 게임의 협상 행동을 설명하기 위하여 게임 이론이 크게 도움이 되지 않는다고 하였다. 이에 빈모어 등(1985)은 최후통첩 게임을 수정하여 2단계 협상 게임을 실험하였다. 이 게임은 영국 화폐로 100펜스를 전체 금액으로 한다. 1단계는 전통적인 최후통첩 게임이다. 참가자 1(배분자)이 제안한 금액을 참가자 2(수령자)가 받아들이면 게임은 끝난다. 하지만 받아들이지 않으면 게임은 2단계로 넘어가는데, 이때는 전체 금액이 1단계 금액의 $\delta(0<\delta<1)$배로 감소한다. 그들은 $\delta=0.25$로 하였다.[7] 따라서 2단계의 전체 금액은 25(=0.25×100)펜스가 되고 참가자 1과 참가자 2의 역할이 뒤바뀐다. 즉, 참가자 1이 수령자가 되고 참가자 2는 배분자가 된다.

5 배분자가 $6이 아닌 $5를 받는 것은 $1을 지불하는 것과 같다.

6 이 실험이 심리학과의 같은 반 친구들에게 국한된 결과일 수도 있기 때문에 그들은 코넬 대학교의 산업 및 노동관계 대학원 학생들을 대상으로 동일한 실험을 하였다. 수령자들은 첫 단계 실험에서 보상 받지 못했던 심리학과 학생들이었다. 이런 절차적 차이에도 불구하고 32명의 학생 중 26명(81%)이 불공정한 배분자들과 $12를 나누기보다는 공정한 배분자들과 $10을 나눠 갖기로 선택하였다.

7 빈모어 등(1985)은 δ라는 표현 없이 1단계에서의 금액은 100펜스이고, 2단계에서의 금액은 25펜스라고 하였다. 그들은 이 실험을 게임 A와 게임 B로 나누어 실시하였다. 게임 A에서는 2단계에서 참가자들의 역할을 서로 바꾸지는 않았지만, 게임 B에서는 참가자의 역할을 서로 바꾸었다. 즉, 배분자가 수령자로, 수령자가 배분자로 바뀌었다.

역진 귀납법을 사용하면 이 게임의 균형을 쉽게 알 수 있다.[8]

역진 귀납법
실험 진행 과정의 뒷부분으로부터 각 경우를 모두 살펴보아 정답을 찾는 방법

이 게임이 2단계로 넘어가면 전체 금액이 25펜스이므로, 참가자 2는 참가자 1에게 기껏해야 1페니를 제안하고 나머지 24펜스를 취하는 것이 최선이다. 이런 논리에 따르면, 참가자 2는 1단계에서 24펜스보다 큰 금액은 무조건 받아들일 것이므로, 참가자 1은 1단계에서 25(=δ×100) 펜스를 제안하는 것이 게임 이론의 균형이 된다. 즉, 참가자 1은 1단계에서 24~26펜스를 제안할 것이므로 이 게임은 2단계로 진행되지 않아야 한다. 이런 게임 이론의 균형이 실제 실험에서 달성되어야 한다.

이 실험은 두 번 반복되었다. 첫 번째 실험(게임 A)에서 배분자의 제안 금액은 기존 실험과 비슷하였다. 가장 많았던 제안 금액은 50펜스이었고, 10% 정도가 24~26펜스를 제안하였다. 게임 이론의 균형에 의하면 2단계로 넘어가지 않아야 하는데, 15% 정도가 2단계로 진행되었다. 이 결과는 사람들이 일반적으로 공정성이 있다는 것을 지지해 준다고 할 수 있다. 두 번째 실험(게임 B)에서는 첫 번째 실험(게임 A)에서 참가자 2의 역할을 하였던 피실험자가 참가자 1의 역할을 하게 된다. 이번에는 배분자의 행동을 관찰하는 것이 목적이기 때문에 수령자가 지정될 필요는 없다. 두 게임의 결과는 크게 달랐다. 두 번째 실험에서 가장 많았던 제안 금액은 균형 금액인 25펜스이었다. 이는 참가자들이 공정성보다는 게임 이론의 균형을 지지하는 결과이다. 이에 그들은 참가자들이 이 게임의 구조를 완전히 이해하면 전략적 이익을 계산하기 때문에 공정성보다는 게임 이론의 균형을 추구한다고 주장하였다.

탈러(1988)는 빈모어 등(1985)의 실험에 다음과 같은 허점이 있어서 그들의 결과가 올바르지 않다고 하였다. 첫째, 피실험자들은 첫 번째 실험이 끝날 때까지 두 번째 실험이 있다는 것을 몰랐다. 처음부터 그것을 알았다면 게임을 반복하지 않았어도 배분자가 평균적으로 75펜스를 가지는 것이 공정한 배분이었을 것이다. 둘째, 그들은 피실험자들에게 다음과 같은 행동 지침을 알려주었다: "상금이 가장 크도록 결정하면 됩니다." 이런 문구가 어떤 영향을 줄지는 정확히 알기 어렵지만, 비슷한 상황 지시들이 상당한 영향력을 미칠 수

8 역진 귀납법이란 실험 진행 과정의 뒷부분으로부터 각 경우들을 모두 살펴보아 정답을 찾는 방법이다.

있다는 사실이 이미 널리 알려져 있다.[9] 셋째, 그들의 2단계 게임은 간단한 최후통첩 게임과는 다르다. 제안 금액의 균형 값이 25펜스가 나왔는데, 수령자가 이 균형 값을 거절하는 것은 희생이 큰 것이다. 0.25였던 δ 값이 옳은지를 알아보기 위하여 귀스와 티에츠(1987)는 δ를 0.1과 0.9로 해서 2단계 실험을 다시 진행하였다. δ가 0.1일 때 균형 값은 10(0.1×100) 펜스인데, 이는 공정하다고 주장하기 어렵다. δ가 0.9일 때 균형 값 90(0.9×100) 펜스는 배분자에게 공정하다고 할 수 없다. 귀스와 티에츠(1987)의 결과는 참가자가 게임을 완전히 이해하게 되면 합리적 결정을 하게 된다는 빈모어 등(1985)의 결론을 지지하지 않았다.

최후통첩 게임의 결과가 비정상적 현상인가?

누군가가 기존의 이론에 반하는 실험 또는 실증 결과를 제시하면 그 실험 환경의 문제점을 찾아내거나 실험의 강건성을 검증하는 작업이 이루어진다. 앞에서의 여러 실험 사례들뿐만 아니라 다른 많은 실험이 최후통첩 게임의 결과는 매우 강건하다는 것을 보여주었다. 실험의 조건을 바꾸어도 평균 제안 금액이 매우 적은 경우는 없었고, 제안 금액이 아주 적을 경우에 수령자가 이를 받아들이는 경우도 없었다. 하지만 최후통첩 게임에 대해서는 아직도 두 가지 의문이 남아 있었다. 캐머러와 탈러(1995)는 이 두 가지 비판에 대해서 다음과 같은 결론을 내렸다.

첫째는 최후통첩 게임의 실험이 실험실 속에서 상대적으로 적은 금액으로 진행되었기 때문에 게임 이론에 반하는 결과가 도출되었다는 것이다. 최후통첩 게임의 실험은 대개 $10~20을 전체 금액으로 진행되었다. 이 금액이 상대적으로 적어서, 배분자들이 공정하게 배분하려는 의지가 있고 수령자들도 너무 적은 금액은 거절한다는 것이다. 한 경제학 학회에서 게임 이론가들과

9 호프만과 스피처(1982)는 비슷한 최후통첩 실험을 진행하였다. 그들의 실험에서는 동전 던지기에 의해 정해진 배분자는 $12를 모두 갖고 수령자는 아무것도 갖지 못하거나, 두 참가자가 모두 동의하면 배분자가 $14를 나눠 가질 수 있다. 경제학 이론에 의하면 $14를 나누되 배분자가 $12보다 적지 않은 금액을 가지는 것이 정답이다. 하지만 모든 참가자는 $14를 각각 $7씩 동일하게 나누어 가졌다. 호프만과 스피처(1985)는 왜 그런 결과가 나왔는지를 알기 위하여 앞의 실험에 두 가지 변형을 주었다. 먼저, 배분자를 결정하기 위하여 동전 던지기를 하거나 배분자가 되기 위한 게임을 하였다. 간단한 게임을 했다고 해서 배분자의 자격을 경쟁을 통해서 얻는 것은 아니다. 두 번째 변형은 배분자 자격을 획득하였다고 하거나 배분자로 지정되었다고 하였다. 배분자 자격의 획득은 경쟁을 통해서 배분자 자격을 얻은 것임을 의미한다. 동전 던지기나 게임에 의해서 배분자가 되었다고 하는 것은 실험 결과를 크게 바꾸지 못했지만, 배분자 자격을 획득했거나 지정되었다고 하는 것은 실험 결과를 크게 바꾸었다. 배분자 자격을 획득하였다고 하면 배분자가 확실히 더 많은 금액을 가져가는 경향을 보였다.

실험 경제학자들이 최후통첩 게임을 $1백만을 걸고 한다면 배분자들의 제안 금액은 $50,000~100,000 정도가 될 것이라고 하였다. 하지만 한 경제학자는 배분자의 위험 회피 성향 때문에 역시 절반을 제안할 것이라고 주장하였다. 그의 논리는 다음과 같다: 배분자가 괴짜 수령자를 만날 수 있다. 그러면 배분자가 불공정한 금액을 제안하여 $1백만이라는 큰 금액을 놓칠 수 있어서 절반을 제안한다는 것이다. 그러나 $1백만의 금액으로 실험할 수는 없으므로 그 결과를 성급하게 예측할 수는 없다.

이에 호프만 등(1996)은 $5,000의 금액을 연구비용으로 투자하여 최후통첩 게임의 실험을 다시 하였다. 이번에는 팀당 금액을 $100으로 하여 50팀을 대상으로 하되, 비교를 위하여 사전적으로 $10을 팀당 금액으로 하는 실험도 진행하였다. 또한 배분자 결정을 위해 무작위 선정과 의미 없는 경합에 의한 두 가지 방법을 사용하였다. 배분자 결정 방법에 따라서는 꽤 다른 결과가 나왔지만 $10 실험과 $100 실험의 결과는 크게 다르지 않았다. 재미있는 것은 $100/경합 실험에서 4개의 $10 제안 중 3개가 거절되었고, 5개의 $30 제안 중 2개가 거절되었다. 충분히 큰 금액을 제안했다고 생각했던 배분자들은 놀랐을 수밖에 없었다. 여기서 의미 없는 경합으로 배분자를 결정한 것은 경쟁으로 배분자를 선정했다는 의미로 해석될 수 있다. 결국 배분자 결정 방법에 따라서는 실험 결과가 달라지지만, 금액에 따라서 실험 결과가 달라진다고 주장하기는 어렵게 되었다.

둘째는 나라마다 문화가 달라서 실험의 결과가 달라질 수 있다는 것이다. 대부분의 실험이 독일, 미국, 영국에서 실시되었기 때문이다. 이에 로스 등(1991)은 이스라엘의 예루살렘, 슬로베니아의 류블랴나, 미국의 피츠버그, 일본의 도쿄에서 최후통첩 게임의 실험을 진행하였다. 이들 4개국에 대한 실험에서도 가장 많았던 제안 금액은 40~50%로 기존 연구의 결과와 크게 다르지 않았다. 따라서 그들은 문화적 환경에 따라서 최후통첩 게임의 결과가 달라지지 않는다는 것을 확인하였다.

최후통첩 게임의 경제적 의미

최후통첩 게임이 시장에서 어떤 의미가 있을까? 독점적 지위를 가진 기업이 가격을 정했다면 이는 최후통첩 게임의 틀에서 생각할 수 있다. 최후통첩 게임에서 수령자가 양(+)의 값이지만 너무 적은 금액을 거절하는 것처럼, 구매

소비자 잉여
소비자가 지불할 수 있는 최대 금액(구매로부터 얻게 되는 효용)에서 시장에서 실제로 지불하는 가격을 차감한 금액

자들은 **소비자 잉여**를 너무 작게 만드는 가격일 경우에는 제품 구매를 거부할 수 있다.[10] 일반적으로 소비자들은 상대방이 지나치게 많은 이익을 가져가는 거래에 참여하지 않으려는 성향이 있다. 이러한 성향은 판매자가 결정한 공식적 가격에 시장 균형이 발생하지 않는 이유를 설명한다. 따라서 판매자(기업)들은 소비자가 판매 가격이 불공정하게 높다고 생각하면 그들과 원만한 관계를 유지하기 위하여 가격을 낮추게 되는 유인을 가진다.

주요 용어

독재자 게임	수령자	최후통첩 게임
배분자	역진 귀납법	포지티브 이론
소비자 잉여	최후통첩 게임	협상(또는 흥정)

핵심 정리

- 루빈스타인(1982)은 표준 경제학적 입장에서 두 주체가 합리적으로 행동하는 것을 가정하여 협상(또는 흥정)의 균형을 찾아내었다. 그의 이론은 합리적 규범 경제학 입장에서의 합의를 의미한다.
- 하지만 실제로 경제 행위자 간에 어떤 합의가 이루어질지에 대한 내용은 아니었다.
- 이런 합의 또는 협상의 실제를 밝히기 위하여 귀스 등(1982)은 간단한 최후통첩 게임이라는 실험을 고안하였다.

최후통첩 게임

- 42명의 경제학 수강생들을 배분자와 수령자 집단으로 나누어서 각 배분자는 도이치 마르크 c를 본인과 수령자의 몫으로 나누어야 한다. 수령자 몫으로 제안된 x가 받아들여지면, 배분자는 c−x를 가지고 수령자는 x를 가지게 되는데, 수령자가 제안된 금액을 거절하면 배분자와 수령자 모두 아무것도 가지지 못한다.
- 표준 경제학에 의하면 배분자가 제안하는 어떤 양(+)의 금액이라도 수령자는 받아야 한다.
- 배분자와 수령자의 행동은 표준 경제학적 이론과는 크게 달랐다. 수령자의 행동을 어떻게 해석해야 할까?
- 수령자가 제안 금액을 거절했다는 것은 그의 효용 함수가 금전적인 요인만을 가진 것은 아니라는 것을 의미한다.

공정성과 경제적 효율성

- 풋볼 게임의 당일 티켓 판매 방법에 대해 사람들은 공정성 순서를 다음과 같이 정하였다: 줄 서서 구매하기(68%), 추첨(28%), 경매(4%).
- 이는 표준 경제학적 효율성 개념과는 정반대의 결과이다.

독재자 게임

- 이 실험이 최후통첩 실험과 다른 점은 수령자가 거절할 권한이 없으므로 배분자는 독재자처럼 행동할 수 있다는 것이다: $20을 다른 학생과 동일하게 나누거나, 본인이 $18, 다른 학생이 $2를 가진다.
- 익명성과 보복이 없는 이 실험의 결과는 배분자의 공정한 배분을 확인해 주었다.

10 소비자 잉여란 소비자가 지불할 수 있는 최대 금액(구매로부터 얻게 되는 효용)에서 시장에서 실제로 지불하는 가격을 차감한 금액이다. 이는 제품 구매로부터 소비자가 얻게 되는 순효용이다.

2단계 협상 게임

- 빈모어 등(1985)이 실시한 게임은 영국 화폐로 100펜스를 전체 금액으로 한다. 1단계는 전통적인 최후통첩 게임이다. 참가자 1(배분자)이 제안한 금액을 참가자 2(수령자)가 받아들이면 게임은 끝난다. 하지만 받아들이지 않으면 게임은 2단계로 넘어가는데, 이때는 전체 금액이 1단계 금액의 $\delta(0<\delta<1)$배로 감소한다(δ=0.25).
- 역진 귀납법에 따르면 이 게임의 균형은 24~26펜스를 제안하는 것이다.
- 두 번 반복된 게임의 결과는 다음과 같다. 첫 번째 게임에서 배분자의 제안 금액은 기존 실험과 비슷하였다. 가장 많았던 제안 금액은 50펜스이었고, 10% 정도가 24~26펜스를 제안하였다. 게임 이론의 균형에 의하면 2단계로 넘어가지 않아야 하는데, 15% 정도가 2단계로 진행되었다. 두 번째 게임에서 가장 많았던 제안 금액은 균형 금액인 25펜스이었다. 이는 게임 이론의 균형을 지지하는 결과이다.
- 탈러(1988)는 빈모어 등(1985)의 실험에 다음과 같은 허점이 있어서 그들의 결과가 올바르지 않다고 하였다. 첫째, 피실험자들은 1단계가 끝날 때까지 2단계 실험이 있다는 것을 몰랐다. 둘째, 그들은 피실험자들에게 다음과 같은 행동 지침을 알려주었다: "상금이 가장 크도록 결정하면 됩니다." 셋째, 그들의 2단계 게임은 간단한 최후통첩 게임과는 다르다. 제안 금액의 균형 값이 25펜스가 나왔는데, 수령자가 이 균형 값을 거절하는 것은 희생이 큰 것이다. 즉, δ 값에 따라서 결과가 달라진다.

최후통첩 게임의 결과가 비정상적 현상인가?

- 여러 실험 사례들뿐만 아니라 다른 많은 실험이 최후통첩 게임의 결과는 매우 강건하다는 것을 보여주었다.
- 표준 경제학의 두 가지 반론: 첫째는 최후통첩 게임의 실험이 실험실 속에서 상대적으로 적은 금액으로 진행되었기 때문에 게임 이론에 반하는 결과가 도출되었다는 것이다. 둘째는 나라마다 문화가 달라서 실험의 결과가 달라질 수 있다는 것이다.
- 추후 실험은 위의 두 가지 반론에 타당성이 없음을 보여주었다.

최후통첩 게임의 경제적 의미

- 최후통첩 게임에서 수령자가 양(+)의 값이지만 너무 적은 금액을 거절하는 것처럼, 구매자들은 소비자 잉여를 너무 작게 만드는 가격일 경우에는 제품 구입을 거부할 수 있다.
- 판매자(기업)들은 소비자가 판매 가격이 불공정하게 높다고 생각하면 그들과 원만한 관계를 유지하기 위하여 가격을 낮추게 되는 유인을 가진다.

참고 문헌

- Binmore, K., A. Shaked, and J. Sutton, (1985), Testing noncooperative bargaining theory: A preliminary study, American Economic Review 75, 1178~1180.
- Camerer, C., and R. Thaler (1995), Ultimatum, dictators and manners, Journal of Economic Perspectives 9, 109~219.
- Güth, W., R. Schmittberger, and John Sutton (1982), An experimental analysis of ultimatum bargaining, Journal of Economic Behavior and Organization 3, 367~388.
- Güth, W. and R. Tietz (1987), Ultimatum bargaining for a shrinking cake: An experimental analysis, J. W. Goethe-Universität, unpublished.
- Hoffman, E. and M. Spitzer (1982), The Coase theorem: Some experimental tests, Journal of Law and Economics 25, 73~98.
- Hoffman, E., K. McCabe, and V. Smith (1996), On expectations and the monetary stakes in ultimatum games, International Journal of Game Theory 25, 289~301.
- Kahneman, D., J. Kentsch, R. Thaler (1986a), Fairness and the assumptions of economics, Journal of Business 59, S285~S300.
- Kahneman, D., J. Kentsch, R. Thaler (1986b), Fairness as a constraint on profit seeking: Entitlements in the market, American Economic Review 76, 728~741.
- Roth, A., V. Prasnikar, S. Zmir, M. Okuno-Fujiwara (1991), Bargaining and market behavior in Jerusalem, Ljubljana, Pittsburgh, and Tokyo: An experimental study, American Economic Review 81, 1068~1095.
- Rubinstein, A. (1982), Perfect equilibrium in a bargaining model, Econometrica 50, 97~109.
- Thaler, R. (1988), The ultimatum game, Journal of Economic Perspectives 2, 195~206.

11 승자의 저주

승자의 저주 현상

1센트짜리 동전이 들어 있는 투명한 단지를 경매로 판매한다고 하자. 최고가를 써낸 입찰자에게 단지 안의 동전 가치와 동일한 금액이 지폐로 전달된다. 여기서 중요한 것은 단지 안의 금액을 정확히 알 수는 없지만, 개략적인 추정이 가능하다는 것이다. 이 경우 다음 두 가지 결과가 나올 가능성이 매우 크다. 첫째, 평균 입찰 금액은 동전의 가치보다 훨씬 작을 것이다. 둘째, 승리한 입찰가격은 이 단지의 동전 가치를 초과할 것이다. 이 경매를 통해서 승자의 저주가 무엇인지를 이해할 수 있다.

승자의 저주는 석유 회사인 애틀랜틱 리치필드의 엔지니어이었던 카펜 등(1971)이 처음으로 제기했던 개념이다. 많은 석유 회사들이 특정 지역의 시추권 매입에 관심이 있다. 시추권은 모든 입찰자에게 동일한 가치를 가지기 때문에 이 경매를 **공통 가치 경매**라고 한다.[1] 입찰자들의 시추권 추정 가치가 공통 가치를 반영한다면, 모든 입찰가격의 평균은 공통 가치가 된다.[2] 이 경매에서 어떤 일이 벌어질까? 주어진 지역의 석유 매장량을 추정하기가 어려우므로 전문가들의 추정치는 매우 높을 수도 있고 낮을 수도 있다. 소속 전문가가 높은 가격을 제시한 석유 회사가 낮은 가격을 제시한 회사보다 더 높은 입찰가격을 낼 것이므로, 경매에서의 승리자는 전문가가 가장 높은 가격을 제시한 회사일 것이다.

공통 가치 경매
모든 입찰자에게 동일한 가치를 가지는 경매

하지만, 다음의 두 가지 이유로 이 회사는 저주를 받았다고 한다: (1) 승리한

1 **공통 가치 경매**란 대상물의 매도 가치가 모든 입찰자에게 동일하지만, 그들은 그 가치에 대해 서로 다른 정보를 가지고 있는 경우이다. 이와 상대적인 의미로 **사적 가치 경매**가 있는데, 이는 경매 참가자별로 물건에 대한 가치가 서로 다른 경우이다. 공통 가치 경매의 대표적인 실험실 사례가 본문에서 제시하고 있는 동전 단지 경매이다. 다른 실무적 사례로는 미국 재무성 단기채권의 경매, 기업공개(IPO), 주파수 경매, 고가의 예술품 및 골동품 경매 등이 있다.

2 공통 가치를 반영한다는 것은 통계적으로 불편 추정치라는 의미이다.

사적 가치 경매
경매 참가자별로 물건에 대한 가치가 서로 다른 경매

입찰가격이 시추권의 가치를 초과하여 회사가 손실을 보게 된다. (2) 시추권의 가치가 전문가의 추정치보다 작으면 승리 회사는 실망할 것이다. 이들을 두 가지 유형의 **승자의 저주**라고 부른다. (승자가 다른 이를 저주하는 것이 아니라 저주의 대상이 된다는 의미이다.) 첫 번째 경우는 당연히 승자의 저주가 적용될 것이다. 두 번째 경우에, 이익의 규모가 경매 당시의 예상보다 작으면 이익이 발생했다고 할지라도 약하게 승자의 저주가 발생한 것이라고 할 수 있다. 모든 입찰자가 경제학적 입장에서 합리적이라면, 정확한 정보를 가지고 입찰할 것이므로 승자의 저주가 발생할 수 없다. 따라서 여러 시장에서 승자의 저주에 대한 증거는 이상 현상이다.

승자의 저주
승리한 입찰가격이 시추권의 가치를 초과하거나 시추권의 가치가 전문가의 추정치보다 작은 경우, 승리회사는 손실을 보거나 실망한다.

경매에는 두 가지 특징이 있다. 첫째, 입찰자의 수가 늘어나면 경매에 이기기 위해서 더욱 적극적으로 입찰에 응해야 한다. 둘째, 입찰자 수가 많을 때 경매에 이기면 대상물의 판매 가치를 너무 높게 추정했을 가능성이 커진다. 경매는 그리 쉬운 일이 아니다. 따라서 입찰자가 제대로 행동했는지 아니면 저주를 받았는지에 대한 판단은 실증적으로 검증할 필요성이 있다.

실험에 의한 증거

앞에서 제시했던 투명한 동전 단지 사례는 베이저맨과 새뮤얼슨(1983)의 실험 중 하나이다. 그들은 보스턴 대학교 경영대학원 미시경제학 수업의 12개 반(34명에서 54명 규모)을 대상으로 네 가지 실험을 하였다. 네 가지 실험은 투명한 단지 안에 각각 1센트 동전 800개, 5센트 동전 160개, 4센트 가격의 대형 종이 클립 200개, 2센트 가격의 소형 종이 클립 400개로 이루어진다. 각 단지는 모두 $8의 가치를 가지지만 학생들은 정확한 금액은 알 수 없고 개략적인 추정만 가능하다. 물론 이 경매들에서 승리하면 $8에서 최고 입찰가격을 차감한 금액을 받게 된다. 단지 안의 금액을 잘 추정할 수 있는 유인으로 단지 안의 상품 가치($8)와 가장 가까운 금액을 제시한 학생에게는 $2가 상으로 주어진다. 이 실험의 결론은 경매 승자의 입찰가격이 단지 안의 금액을 초과하여 승자의 저주가 나타나며, 참가자 수가 증가할수록 승자의 저주 현상이 더 심화된다는 것이었다.

새뮤얼슨과 베이저맨(1985)은 좀 더 현실적으로 다른 실험을 진행하였다. 기업 A가 기업 T의 주식 100%를 **공개 매입**하려고 한다. 하지만 매입가를 책정하기가 어려운 상황이다. 기업 T의 가치는 현재 수행하고 있는 석유 시추

공개 매입
특정 기업을 주식시장 이외에서 공개적으로 매입하는 것

프로젝트의 결과에 따라 달라지기 때문이다. 이 프로젝트가 완전히 실패하면 현 경영진 하에서 기업 T의 가치는 주당 $0이다. 완전히 성공하면 현 경영진 하에서 기업 T의 가치는 주당 $100이다. 즉, 프로젝트의 결과에 따라 기업 T의 가치는 주당 $0에서 $100 사이에 존재한다. 만약 현 경영진이 모두 교체되어 기업 A가 경영을 하면, 어떤 경우에도 기업 T의 가치는 50% 상승할 것이다. 기업 A의 경영진이 당신에게 기업 T의 주당 매입 가격을 결정하라고 한다. 매입가는 시추 프로젝트의 결과가 알려지기 전인 지금 제시해야 한다. 당신은 매입가를 제시할 때 프로젝트의 결과를 모르지만, 기업 T는 매입가의 수락 여부를 결정할 때 프로젝트의 결과를 알고 있다. 기업 T는 기업 A가 제시하는 매입 가격이 현 경영진 하에서의 기업 가치보다 크면 매도를 승인할 것이다. 당신은 기업 A의 대리인으로서, $0과 $150 사이에서 어떤 매입 가격을 제시하겠는가?

피실험자들은 이 문제를 다음과 같이 생각할 것이다. 기업 T의 기대 가치가 $50이라면 기업 A는 $75의 가치가 있게 된다. 따라서 내가 $50와 $75 사이의 가격을 제시하면 기업 A가 이익을 볼 것이다. 하지만 이는 이 문제에 내재해 있는 비대칭 정보를 고려하지 않은 것이다. 즉, 기업 T는 자신의 가치를 결정하는 석유 시추 프로젝트의 결과를 알고 있고, 기업 A는 모르고 있다는 것이다. 올바른 분석을 위해서는 수락된 매입 가격을 조건으로 하는 기업의 기대 가치를 계산해야 한다. 매입 가격 B가 수락되면 현 경영진 하에서 기업 T의 가치는 B보다 작을 것이다. 기업 T의 실제 가치는 $0에서 $B 사이의 어딘가에 있을 것이므로, 평균 가치는 B/2가 된다. 결국 새 경영진 하에서의 평균 가치는 3B/4(=1.5×B/2)가 되지만, 역시 B보다 작아서 공개입찰에 응하지 않는 것이 제일 좋다. 따라서 최적 입찰가격은 $0이다. 이 문제는 양(+)의 매입 가격이 매입자에게 기대 손실을 안겨주는 사례로, 승자의 저주에 관한 이론적 사례이다. 실제 실험에서, 피실험자들의 90%가 양(+)의 매입 가격을 제시하였는데, 대다수의 매입 가격이 $50에서 $75 사이에 있었다. 양(+)의 매입 가격을 제시하면 평균적으로 실패할 수밖에 없음에도 불구하고 이런 결과를 얻었다는 것은 놀라운 일이다.

바이너 등(1991)이 실제로 노스웨스턴 대학교 경영대학원 학생 69명을 대상으로 이 실험을 다시 진행했다. 새로운 실험의 목적은 지난 실험의 결과를 다시 확인하고, 반복된 실험으로부터 학습 효과가 있는가를 알아보기 위해서이다. 모든 피실험자는 이런 실험을 20회 반복하였고, 매번 실험이 끝날 때마

피드백
어떤 행동에 대한 사람의 또는 기계적 반응

다 기업의 가치, 입찰의 수락 여부, 그들의 손익이 **피드백**으로 주어졌다. (제시한 입찰가격이 기업의 가치보다 크면 낙찰될 것이고, 작으면 유찰될 것이다.) 만약 실험 과정으로부터 학습이 이루어진다면 양(+)의 매입 가격을 제시하지 않을 것이다. 실험 결과는 이런 기대와는 거리가 멀었다. 실험이 끝날 때까지 69명의 피실험자 중 5명만이 $1 이하의 매입 가격을 제시해야 한다는 것을 학습했다. 그 다섯 명이 $1 이하의 매입 가격을 제시한 것은 평균 8번째부터이다. 다른 사람들에게는 학습의 증거가 전혀 나타나지 않았다. 사실 마지막 몇 번에서는 평균 매입 가격이 상승하기도 하였다. 이 문제는 승자의 저주를 회피하는 학습을 허용할 수도 있지만, 학습이란 것이 그렇게 쉽지도 않고 빠르게 이루어지지도 않는다는 것을 보여주었다.

미국에서의 경험적 증거

실험에 의한 증거들은 승자의 저주를 피하기가 쉽지 않다는 것을 보여준다. 충분한 학습 경험이 있는 피실험자들도 기업 매입 문제를 해결하지 못하고, 입찰자 수가 증가할수록 더 보수적이어야 한다는 사실을 이해하지 못한다. 그렇다면 큰 이익이 걸려있는 실제 경매에서도 동일한 실수를 저지를까? 많은 연구에서 시장 환경에서 승자의 저주를 옹호하는 증거들을 발견하였다. 카싱과 더글라스(1980)는 프로야구 **자유계약 선수 시장**에서 그들이 과대평가 된다고 주장하였다. 메이저 리그의 팀들도 동일한 생각을 하고 있으므로 이를 해결하기 위해 담합이라는 효과적 전략을 사용한다고 하였다. 결국 **담합**으로 자유계약 선수의 몸값이 떨어지게 된다.

자유계약 선수 시장
프로 스포츠에서 자유계약 선수들을 매매하는 시장

담합
프로 스포츠 구단들이 서로 공모하여 자유계약 선수의 몸값을 높이지 않는 행위

이제 실제 시장 환경에서 승자의 저주가 발생했던 경우를 살펴보자. 카펜 등(1971)이 처음으로 이 개념을 만들었으므로 그들이 제시한 사례를 살펴보자. 석유 시추 산업에서 주인들이 땅을 임대하기 위해 주로 사용하는 방법은 **경쟁적 비밀 입찰**이다. 가장 대표적인 경우가 멕시코만이었다. 대부분의 분석가는 이 지역에 엄청난 석유와 가스가 매장되어 있을 것으로 추정했지만, 실제로 석유업체들은 이 지역에서 큰돈을 벌지 못하고 있었다. 땅값이 저렴했던 1950년대를 제외하면 멕시코만에서의 석유 시추업은 지방 신용금고보다도 수익성이 떨어졌다. 그들은 경쟁이 치열해질수록 입찰가격들의 분포가 넓게 퍼진다고 하였는데, 이는 다른 입찰자들이 없을 것이라는 희망으로 매우 낮은 입찰가격을 제시하는 입찰자들 때문이라고 하였다. 실제로 표본 중에서 15개의 시추 지역에서는 낮은 가격에 낙찰되는 경우가 나타났다.

경쟁적 비밀 입찰
서로 정보를 공유하지 않으면서 경쟁적으로 입찰하는 것

메드 등(1983)은 **시추권**의 수익성을 검토하였다. 그들은 카펜 등(1971)의 발표 이전 기간인 1954년부터 1969년까지 멕시코만에서 허가된 1,223개의 리스에 대해 세전 순이익을 계산하였다. 1,223개의 리스에 대해 12.5%의 할인율을 적용할 때 기업들은 평균적으로 리스 당 $192,128의 현재가치 손실을 보았다. 모든 리스 중에서 62%는 말라 있었다. 결과적으로 리스한 기업들은 보너스, 임차 비용, 시추 비용을 감당하기에 충분한 수입을 얻지 못했다. 다른 16%의 리스에서는 약간의 생산이 있었지만, 세후 기준으로 수익성이 없었다. 22%의 리스만이 수익성이 있었는데 세후 기준으로 18.74%의 수익성을 얻었다.

시추권
지하자원을 탐사하여 개발할 수 있는 권리

이 결과들은 처음에 제시하였던 승자의 저주 개념의 두 번째 유형이다: 어떤 재산권에 대해 입찰할 때 낙찰자는 기대했던 것보다 낮은 수익을 올리게 된다. 한편, 수익성이 좋았던 사례들은 1970년~1981년 동안에 배럴 당 원유 가격이 $3에서 $35로 상승한 것에 영향을 받은 것이다. 이런 인상은 리스 때는 기대하지 못했다. (승자의 저주를 엄격하게 평가하자면 리스 당시의 가치로 판단해야 한다.) 수익성이 낮고 음(−)의 값을 가지는 것에 대해 그들은 처음 (1954년 10월 13일에서 1959년 8월 11일까지의) 다섯 개의 리스 기업이 석유 매장량에 대해 지나친 자신감과 열정을 가졌기 때문이라고 하였다.

뛰어난 재무금융학자인 롤(1986)은 승자의 저주 개념을 **기업 인수**에 적용하였다. 기업 인수 시에 발생하는 퍼즐은 기업들이 다른 기업을 인수할 때 시장 가격 이상의 프리미엄을 지불하는 것이다. **피인수 기업**의 주주들은 상당한 이익을 얻고, **인수 기업**의 주주들은 이익을 얻지 못하는데, 왜 기업 인수가 발생할까? 그는 **기업 인수 퍼즐**을 설명하기 위해 **자만심 가설**을 제시하였다. 현금이 넘쳐나는 입찰 기업은 목표 기업을 발견하고 그 기업의 가치가 시장 가치를 초과할 때만 입찰에 참여한다. **효율적 시장 가설**의 신봉자인 리처드 롤도 (시너지 효과나 내부 정보 없이) 시장보다 목표 기업의 가치를 더 잘 추정할 수 있다는 그들의 믿음이 잘못이라고 주장했다. 효율적 시장 가설이란 주식 가격이 정보를 신속하고 정확하게 반영하기 때문에 시장 가격이 그 기업의 가치라는 것으로 이 개념도 신고전주의 경제학에 뿌리 깊은 토대를 두고 있다. 그의 연구 결과도 역시 입찰 기업들이 기업 인수를 통해서 이익을 얻지 못한다는 것으로 이는 두 번째 유형의 승자의 저주와 일치한다. 리처드 롤이 자만심 가설을 인정한 것으로 보아 그도 이미 행동 재무론에 진입한 것으로 보인다.

기업 인수
기업을 매입하는 행위

피인수 기업
기업 인수의 대상이 되는 기업

인수 기업
기업 인수의 주체가 되는 기업

기업 인수 퍼즐
피인수 기업의 주주들은 상당한 이익을 얻고, 인수 기업의 주주들은 이익을 얻지 못하는 현상

자만심 가설
인수 기업의 경영자들이 시장보다 목표 기업의 가치를 더 잘 추정할 수 있다고 착각한다는 가설

효율적 시장 가설
주식 가격이 정보를 신속하고 정확하게 반영하기 때문에 시장 가격이 그 기업의 가치라는 가설

RBS의 ABN 암로 인수

RBS
영국 스코틀랜드 왕립 은행

ABN 암로
암스테르담에 본점을 둔 네덜란드 3위의 은행으로 2009년에 새로 설립되었다.

바클레이즈
글로벌 금융 기업으로 RBS, 로이드, HSBC와 함께 영국을 대표하는 은행 중 하나이다.

대표적인 승자의 저주 사례로 2007년 10월 10일에 있었던 **RBS**(스코틀랜드 왕립은행)의 **ABN 암로** 인수를 들 수 있다. RBS는 증권투자 업무 부문을 확장하기 위해서 ABN 암로를 인수하려고 했지만, **바클레이즈**와 경쟁하게 되었다. 이에 RBS는 다른 금융기관과 컨소시엄을 구성하여 710억 유로(당시 $1,010억)에 ABN 암로를 인수하였다.[3] RBS는 ABN 암로를 인수하면서 단숨에 $3조 8,079억의 자산을 보유한 세계 최대 은행으로 부각되었다. 문제는 바클레이즈가 제시한 675억 유로보다도 35억 유로가 많은 710억 유로를 지불하였다는 것이다.[4]

이 기업 인수가 승자의 저주를 불러왔다. 지나친 고가 인수의 후유증과 글로벌 금융 위기로 인하여 RBS는 혹독한 대가를 치르게 되었다. RBS 주가는 ABN 암로 인수 직후부터 하락하여 468.10파운드였던 것이 2009년 1월 14일에 46.8파운드가 되었다. 90% 정도의 하락이었다. S&P는 1998년 이후 처음으로 RBS의 신용등급을 AA에서 A+로 낮추었다. RBS는 자금난 해소를 위해 120억 파운드의 신주를 발행하고 계열사인 엔젤트레인스를 36억 파운드에 매각하였다. 계속된 위기로 인해 2011년 11월 18일에 영국 정부로부터 200억 파운드의 공적자금을 수혈받기도 했다. 영국 역사상 상업은행에 공적 자금이 투입된 사례는 처음이었다고 한다.

금호아시아나의 대우건설 인수

2006년 11월 15일에 금호아시아나 건설 부문은 한국자산관리공사로부터 대우건설 주식 72%를 6조 4,255억 원에 매입하여 대우건설을 인수하였다. 이는 국내 일반기업 인수합병으로는 최대 규모였다. 대우건설의 뛰어난 인력들과 업적들을 고려할 때 금호아시아나는 매우 만족하였다. 매각 작업에 관여했던 재정경제부(현 기획재정부) 산하의 공적자금관리위원회도 매우 흡족하였다. 그동안 지지부진한 공적자금 회수율 때문에 고민하던 중에 대우건설의 70%가 넘는 지분을 프리미엄을 얹어서 매도할 수 있었기 때문이다. 금

3 현재 ABN 암로는 암스테르담에 본점을 둔 네델랜드 3위의 은행으로, 2009년에 새로 설립이 되었다. 2007년에 ABN 암로를 인수하기 위한 컨소시엄은 RBS, 방코 산탄데르, 포티스로 구성되었다. ABM 암로의 네덜란드 영업을 담당하던 포티스가 무너지자 그 영업 부문을 2009년에 네덜란드 정부가 국유화하였고, 2015년에 다시 공개 기업으로 상장하였다.

4 결과적으로 바클레이즈가 제출했던 675억 유로도 지나친 고가였다고 볼 수 있다.

호아시아나 그룹은 또 2008년 3월 13일에 4조 1,040억 원으로 대한통운을 인수하기도 하였다.

하지만 금호아시아나는 2조 9,000억 원의 인수 자금을 금융기관들로부터 차입하였고 회사채도 발행하였다. 나머지 3조 5,000억 원은 재무적 투자자(연기금과 사모펀드)들을 동원하여 조달하였으며, 이들은 대우건설의 의결권을 금호아시아나에 위임하였다. 금호아시아나는 주당 15,000원 정도로 거래되던 대우건설 주식을 26,200원의 프리미엄 가격으로 매입하였다. 재무적 투자자들에 대해서는 2009년 12월에 그들이 보유한 대우건설 주식을 34,000원에 매입하겠다는 계약을 하였다. 당시 시장 가격 대비 2배가 넘는 금액이었고, 최초 인수가격보다 30%의 프리미엄이 붙은 가격이었다. 하지만 2008년 말에 글로벌 금융 위기가 발생하면서 대우건설 주가는 계속 하락하여 10,000원 수준까지 떨어졌다. 대우건설 주가가 재매입 수준까지 회복될 가능성은 전혀 없었다. 재무적 투자자가 재매입을 요구하면 4조 원 이상의 자금이 필요했다.

유동성 위기로 금호아시아나의 재무 상태는 악화되어서 대우건설과 대한통운을 매각해야 하는 처지에 몰렸다. 그러던 중 박삼구 회장과 동생 박찬구 금호석유화학 회장 간에 경영책임을 둘러싼 분쟁으로 인해 그룹이 쪼개지게 되었다. 대우건설 인수 이후 2년여 만에 다시 이를 매물로 내놓게 되었다. 이런 상황에 대해 업계에서는 승자의 저주가 발생했다고 하였다. 글로벌 금융 위기가 와서 금호아시아나의 위기가 더 빨리 찾아왔지만, 정상적인 상황이었을지라도 그 위기를 막을 수는 없었다는 것이 일반적인 평가이다. 왜냐하면 너무 높은 프리미엄을 지불하고 대우건설을 인수하였고 계열사들의 수익성이 그렇게 좋지 않았기 때문이다.[5]

현대자동차 그룹의 삼성동 한전 부지 매입

현대자동차 그룹은 2014년 9월 강남구 삼성동에 있는 한국전력 부지 7만 9,342㎡를 10조 5,500억 원(평당 4억 4,000만 원)에 인수하였다. 여기에

5 21세기 들어 현재까지 대형 기업의 인수 현황을 보면 금호아시아나의 대우건설 (2006년 11월) 및 대한통운 (2008년 3월) 인수, 웅진의 극동건설 인수(2007년 6월), SK의 하이닉스 반도체 인수(2011년 11월)를 들 수 있다. 이 중 앞의 세 개는 승자의 저주에 해당하고, 마지막 하이닉스 반도체는 반도체 호황으로 엄청난 수익을 거두었다.

글로벌 비즈니스 센터를 105층 규모로 건설한다는 야심찬 계획도 발표했다. 강력한 경쟁자였던 삼성 그룹을 제치고 강남의 마지막 요지를 매입했으나 공시지가(1조 4,837억 원)의 7배, 감정가(3조 3,000억 원)의 3배에 달하는 거액을 투자하여 고가 매입 논란이 시작되었다. 삼성전자가 한국전력 부지 매입을 위해 4조 6,700억 원의 입찰가격을 써낸 것으로 볼 때 현대자동차 그룹의 한전 부지 매입은 승자의 저주 조건을 갖추었다.

한국전력 부지 매입 이후에 현대자동차가 심각한 위기에 직면하지는 않았다는 것과 그 이후에 강남 삼성동의 땅값이 50% 이상 상승하였다는 점에서 승자의 저주가 적용되지 않는다는 견해도 있다. 하지만 승자의 저주는 그 당시의 시장 가치와 입찰가격에 의해 평가해야 하므로 이것이 승자의 저주 사례라는 것을 부인하기는 어렵다. 10조 5,500억 원이란 금액은 자동차 조립 공장을 최대 10개 건설하거나, 20여종의 신형차 모델을 개발하거나, 글로벌 완성차 기업을 인수할 수 있는 금액이었다. 매입 가격에 3% 정도의 금리를 적용해도 2021년 9월 현재 12조 9,752억 원 수준이 된다. 만약 5조 원 정도로 매입했다면 어땠을까? 나머지 금액으로 경기도 지역에 현대자동차 도시를 건설하여 상당한 고용을 창출하고, 지역 사회 발전에 공헌하여 브랜드 가치를 엄청나게 높일 수도 있었을 것이다. 따라서 앞으로 삼성동 한전 부지의 이용 가치가 어떻게 변하는가와 상관없이 현대자동차 그룹의 한전 부지 매입은 승자의 저주에 해당한다고 할 수 있다.

주요 용어

ABN 암로	기업 인수 퍼즐	인수 기업
RBS	담합	자만심 가설
경쟁적 비밀 입찰	바클레이즈	자유계약 선수 시장
공개 매입	사적 가치 경매	피드백
공통 가치 경매	승자의 저주	피인수 기업
기업 인수	시추권	효율적 시장 가설

핵심 정리

승자의 저주 현상

- 1센트짜리 동전이 들어 있는 투명한 단지를 경매로 판매하는데, 최고가를 써낸 입찰자에게 단지 안의 동전 가치와 동일한 금액이 지폐로 전달된다. 여기서 중요한 것은 단지 안의 금액을 정확히 알 수는 없지만, 개략적인 추정이 가능하다는 것이다.

- 이 경우 다음 두 가지 결과가 나올 가능성이 매우 크다. 첫째, 평균 입찰 금액은 동전의 가치보다 훨씬 작을 것이다. 둘째, 승리한 입찰가격은 이 단지의 동전 가치를 초과할 것이다.
- 시추권은 모든 입찰자에게 동일한 가치를 가지기 때문에 이 경매를 공통 가치 경매라고 한다.
- 승자의 저주: ① 승리한 입찰가격이 시추권의 가치를 초과하여 회사가 손실을 보게 된다. ② 시추권의 가치가 전문가의 추정치보다 작으면 승리 회사는 실망할 것이다. 이들을 두 가지 유형의 승자의 저주라고 부른다.
- 경매에는 다음과 같은 두 가지 특징이 있다. ① 입찰자의 수가 늘어나면 경매에 이기기 위해서 더욱 적극적으로 입찰에 응해야 한다. ② 입찰자 수가 많을 때 경매에 이기면 대상물의 판매 가치를 너무 높게 추정했을 가능성이 커진다.

실험에 의한 증거

- 기업 A가 기업 T의 주식 100%를 공개 매입하려고 한다. 기업 T의 가치는 현재 수행하고 있는 석유 시추 프로젝트의 결과에 따라 달라진다. 실패하면 주당 $0, 성공하면 주당 $100이다. 따라서, ($0기업 T의 가치 $100). 만약 현 경영진이 모두 교체되어 기업 A가 경영을 하면, 어떤 경우에도 기업 T의 가치는 50% 상승할 것이다. 매입가는 시추 프로젝트의 결과가 알려지기 전인 지금 제시해야 한다. 당신은 매입가를 제시할 때 프로젝트의 결과를 모르지만, 기업 T는 매입가의 수락 여부를 결정할 때 프로젝트의 결과를 알고 있다. 기업 T는 기업 A가 제시하는 매입 가격이 현 경영진 하에서의 기업 가치보다 크면 매도를 승인할 것이다. 당신은 기업 A의 대리인으로서 $0과 $150 사이에서 어떤 매입 가격을 제시하겠는가?
- 매입가격을 B라고 할 때, ($0기업 T의 가치$B). 평균 가치는 B/2. 결국 새 경영진 하에서의 평균 가치는 3B/4(=1.5×B/2)가 되지만, 역시 B보다 작아서 공개 입찰에 응하지 않는 것이 제일 좋다. 따라서 최적 입찰가격은 $0이다.

미국에서의 경험적 증거

- 카싱과 더글라스(1980)는 프로야구 자유계약 선수 시장에서 그들이 과대평가 된다고 주장하였다. 메이저 리그의 팀들도 동일한 생각을 하고 있으므로 이를 해결하기 위해 담합이라는 효과적 전략을 사용한다고 하였다. 결국 담합으로 자유계약 선수의 몸값이 떨어지게 된다.
- 석유 시추 산업에서 주인들이 땅을 임대하기 위해 주로 사용하는 방법은 경쟁적 비밀 입찰이다. 가장 대표적인 경우가 멕시코만이었다.
- 재무금융학자인 롤(1986)은 승자의 저주 개념을 기업 인수에 적용하였다.

RBS의 ABN 암로 인수

- 대표적인 승자의 저주 사례로 2007년 10월 10일에 있었던 RBS(스코틀랜드 왕립은행)의 ABN 암로 인수를 들 수 있다.
- 계속된 위기로 인해 2011년 11월 18일에 영국 정부로부터 200억 파운드의 공적자금을 수혈받기도 했다. 영국 역사상 상업은행에 공적 자금이 투입된 사례는 처음이었다.

금호아시아나의 대우건설 인수

- 2006년 11월 15일에 금호아시아나 건설 부문은 한국자산관리공사로부터 대우건설 주식 72%를 6조 4,255억 원에 매입하여 대우건설을 인수하였다. 이는 국내 일반기업 인수합병으로는 최대 규모였다.

현대자동차 그룹의 삼성동 한전 부지 매입

- 현대자동차 그룹은 2014년 9월 강남구 삼성동에 있는 한국전력 부지 7만 9,342㎡를 10조 5,500억 원(평당 4억 4,000만 원)에 인수하였다.

참고 문헌

- Bazerman, M and W. Samuelson (1983), I won the auction but don't want the prize, Journal of Conflict Resolution 27, 618~634.
- Capen, E., R. Clapps, and W. Campbell (1971), Competitive bidding in high-risk situations, Journal of Petroleum Technology 23, 641~635.
- Cassing, J. and R. Douglas (1980), Implications of the auction mechanism in baseball's free agent draft, Southern Economic Journal 47, 110~121.
- Mead, W., A. Moseidjord, and P. Sorensen (1982), The rate of return earned by lessees under cash bonus bidding of OCS oil and gas leases, The Energy Journal 4, 37~52.
- Roll, R. (1986), The hubris hypothesis of corporate takeovers, Journal of Business 59, 197~216.
- Samuelson, W. and M. Bazerman (1985), The winner's curse in bilateral negotiations, Research in Experimental Economics 3, 105~137.
- Weiner, S. M. Bazerman, and J. Carroll (1991), An evaluation of learning in the bilateral winner's curse, Organizational Behavior and Human Decision Processes 48, 1~22.

12 — 패자의 저주

신고전주의 경제학의 두 가지 구성 요소는 **합리적 기대**와 **시장 효율성**이다. 이에 따르면 경제 행위자들은 어떤 자산의 미래 가치에 대해 바이어스가 없는 예측을 하므로 이런 모든 개인의 예측을 통합하여 자산의 **기본적 가치**를 알 수 있다고 가정한다. 하지만 실생활에서 이를 검증하기 위한 자료가 거의 없으므로 이런 개념들의 현실적 증명이 쉽게 이루어질 수는 없었다. 이미 실험실 차원에서 많은 연구가 사람들의 판단과 의사결정에 바이어스가 존재한다는 것을 보여주었지만, 충분히 큰 금액을 대상으로 하는 실생활에서의 검증은 거의 없었다. 금융시장에서는 이런 검증을 쉽게 할 수 있을 것으로 보이지만, 위험 자산의 기본적 가치를 정확히 측정할 수 없어서 비슷한 어려움이 있다.[1]

합리적 기대
합리성을 가지고 계산된 기댓값 또는 기대 행위

시장 효율성
시장이 모든 이용 가능한 정보를 완전하고 신속하게 반영한다.

기본적 가치
어떤 자산의 본질적인 가치

이에 매시와 탈러(2013)는 **NFL**(미국의 프로 풋볼 리그)의 신인 드래프트에서 **지명권** 가치를 대상으로 합리적 기대와 시장 효율성을 검증하였다. NFL 드래프트 및 트레이드 시장은 좀 특수한 환경이다. 특화된 전문가들에 의해서 예측이 이루어지고, 오랜 시간 동안 충분한 학습이 가능하며, 상당한 금액의 지명권 거래가 이루어지는 시장이다.[2] 따라서 NFL 환경은 그동안 실생활이나 금융시장에서 어려웠던 합리적 기대와 시장 효율성을 검증할 수 있게 하였다.[3]

NFL
미국의 프로 풋볼 리그

지명권
신인 선수를 스카웃하기 위해 지명하는 권리

1 금융시장에서는 이론적 모형에 의해 기본적 가치를 계산하고, 이로부터의 편차를 이용해 합리적 기대와 시장 효율성을 검증한다. 하지만 이론적 모형에 의한 기본적 가치가 적절한지에 대한 의심이 있기 때문에 검증에 어려움이 있다.

2 미국의 4대 프로 스포츠 리그인 MLB(야구), NBA(농구), NHL(아이스하키), NFL(풋볼)은 모두 특색 있는 드래프트 제도를 가지고 있다. NFL 드래프트는 다른 스포츠와는 달리 3일 동안 드래프트의 모든 과정이 텔레비전으로 생중계될 정도로 인기가 높다.

3 신고전주의 경제학자들은 실험실에서 밝혀낸 행동 과학적 증거들을 다음과 같은 세 가지 이유로 반박하는 경우가 많다: ① 실험 참가자들이 전문가가 아니다. ② 관찰된 이상 현상은 반복된 학습에 의해 제거될 수 있다. ③ 충분히 큰 금액을 대상으로 검증이 이루어지지 않았다.

2021년 현재 NFL에는 32개의 프로팀이 있다.[4] 드래프트에서는 지난해 꼴찌 팀이 첫 번째 지명권을 가지고, 지난해 슈퍼볼에서 우승한 팀이 마지막 32번째 지명권을 가진다. 즉, 드래프트를 위한 지명권 순서는 지난해 성적의 역순으로 주어지며, 총 7번의 지명 라운드가 진행된다. 신인 선수들의 드래프트 참고 가격은 〈**차트**〉라는 책에 명시되어 있고 프로팀들은 지명권 거래 시에 이 자료를 이용하므로, 이로부터 통상적인 지명권 가격을 알 수 있다.[5] 지명권 가격을 알기 위해 차트가 널리 사용되고 있음에도 불구하고, 매시와 탈러(2013)는 이 가격들이 잘못되었다고 주장한다. 즉, 관찰 가능한 선수들의 성과로 볼 때, 차트의 가격들이 선수들의 상대적 가치를 올바르게 반영하지 못한다고 했다. 이런 결과들에 근거하여, 그들은 시장 효율성 가설을 강하게 기각하고 실생활에서 합리적 기대가 반드시 성립하는 것은 아니라고 주장하였다.

〈차트〉
미국 프로 풋볼의 드래프트 지명권 거래 가치 목록으로, 총 일곱 라운드에 대한 32 팀의 지명권 224(=32×7)명에 대한 가치를 제시하고 있다.

한편, NFL 선수들의 **성과 가치**는 사후적으로 선수들의 객관적인 실력에 따라 노동 시장으로부터 추정되는데, 이 가치에서 **보상**(연봉)을 차감하면 각 선수의 팀에 대한 **잉여 가치**를 얻을 수 있다. 만약 NFL 시장이 합리적이고 효율적이라면 차트의 지명권 가격과 잉여 가치는 정합성이 있어야 한다. 차트에 의하면 신인 지명권 시장 가격은 후순위로 가면서 급격하게 떨어진다. 예를 들어, 첫 번째 지명권 가격(3,000)은 16번째 지명권 가격(1,000)에 비해 세 배 높게 책정되어 있다. 하지만, 드래프트의 첫 라운드에서 선수 지명권의 잉여 가치는 후순위로 가면서 증가한다. 이는 우선순위를 가지는 지난해 패자 팀이 지명한 선수의 잉여 가치가 승자 팀이 지명한 선수의 잉여 가치보다 작다는 것을 의미한다. 따라서 첫 번째 지명권을 **패자의 저주**라고 부른다.[6]

성과 가치
사후적으로 선수들의 객관적인 실력에 따라 노동 시장으로부터 추정됨

보상
각 선수의 연봉

잉여 가치
각 선수의 성과 가치에서 연봉을 차감한 금액

패자의 저주
우선순위를 가지는 지난해 패자 팀이 지명한 선수의 잉여 가치가 승자 팀이 지명한 선수의 잉여 가치보다 작은 현상

슈퍼볼
NFL 풋볼의 챔피언십으로 최종 우승자를 가리는 경기

4 NFL은 두 개의 풋볼 컨퍼런스(아메리칸과 내셔널)를 가지고 있고, 각 컨퍼런스는 각각 4개의 디비전을 가지고 있으며, 각 디비전은 4개의 팀을 가진다. 매년 9월 초에 개막해서 팀당 정규 시즌 16 경기를 뛰고, 이듬해 1월부터 포스트 시즌 플레이오프에 돌입하여 2월 첫째 주 일요일에 열리는 슈퍼볼에서 우승팀의 승부를 가린다. 각 컨퍼런스별로 디비전 우승팀 네 팀과 성적이 좋은 와일드 카드 두 팀이 플레이오프에 진출하는데, 시드는 승률 순으로 결정된다. 컨퍼런스별 승률 1, 2위는 1라운드를 면제받아서 디비저널 라운드에 직행하며, 상위 시드팀이 홈경기 이점을 가진다. 와일드 카드 라운드에서 승리한 팀 중 성적이 나쁜 팀이 컨퍼런스 1위 팀과, 성적이 좋은 팀이 컨퍼런스 2위 팀과 상대한다. 챔피언십인 **슈퍼볼**까지는 모두 단판으로 승부가 난다.

5 〈차트〉는 드래프트 지명권 거래 가치 목록(draft pick trade value chart)으로, 총 일곱 라운드에 대한 32팀의 지명권 224(=32×7)명에 대한 가치를 제시하고 있다. 차트는 1991년에 달라스 카우보이스의 감독 지미 존슨에 의해 고안되었고, 부분 소유자였던 마이크 맥코이에 의해 추정되었다. 차트는 지명권의 가치 결정보다는 단순히 과거 트레이드의 특징을 알기 위해서 만들어졌지만, 그 후 NFL에서 지명권 트레이드의 가치 결정을 위해 사용되고 있다.

6 홀트와 셔만(1994)은 다른 의미에서 〈패자의 저주〉 개념을 정의하였다. 그들은 승자의 저주가 발생하는 이유는 승리의 전율을 느끼고 싶어서 지나치게 높은 금액을 제출하는 것도 있지만, 그 반대의 바이어스도 있다고 하였다. 즉, 낙찰을 위한 정보 내용을 제대로 추정하지 못해서 최적 입찰가보다 적은 금액을 제출하게 되는 것이다. 그들은 최적 입찰가보다 적은 금액을 제출하는 행위를 패자의 저주로 정의하였다.

NFL 드래프트 제도의 특징

패자의 저주를 이해하기 위해서 라인배커나 쿼터백 같은 풋볼 선수들의 포지션을 알 필요는 없지만 약간의 배경지식을 이해할 필요는 있다. 이를 위해서 세 가지 특징을 알아보자. 첫째, NFL에서 신인 선수들은 드래프트를 통해서 각 팀에 배분된다. 앞에서 설명한 바와 같이, 지난해 성적의 역순으로 지명권이 주어지고, 7라운드까지 지명이 이어진다. 지명된 선수는 지명한 팀과 4~6년의 계약을 해야 했다. 2020년 현재는 4년 계약이 원칙이지만, 1라운드에서 지명된 선수들에 대해서는 지명 팀이 1년을 더 보유할 수 있는 옵션을 가진다. 이런 드래프트 제도는 팀들 간의 평준화를 도모하고, 적은 비용으로 훌륭한 선수를 지명할 수 있다는 장점이 있다.

둘째, 당해 연도에 한 팀이 지불할 수 있는 연봉의 최대 금액이 정해져 있다. 이를 팀 **연봉 상한제**라고 하는데, 모든 팀에 동일하게 적용된다. 팀 연봉 상한은 1994년 $34.6백만에서 2020년 $198.2백만으로 증가하였다. 선수가 다년 계약에 들어가면 보장된 선불 보너스와 연봉을 받는데, 연봉 상한제는 보너스를 계약 연도에 걸쳐서 동일하게 지불할 수 있도록 하였다. 한편, 미국의 프로야구나 유럽의 축구에서는 부유한 구단들이 그들의 선호도에 따라 스타 선수들을 엄청난 연봉으로 스카웃할 수 있다. 하지만 그들의 효용 함수를 모르기 때문에 그들이 너무 많이 지불한다고 얘기하기는 어렵다. 이에 비해 NFL의 연봉 상한제에서는 그럴 가능성이 없으므로 시장 효율성 검증에서 강건한 결론을 얻을 수 있다. 즉, 정해진 예산에서 스타 선수에게 지나친 연봉을 주면 다른 선수들의 연봉을 제한하기 때문에 구단은 아주 효율적으로 행동해야 한다. 대부분의 팀에 연봉 상한은 강력한 제약이어서 거의 모든 상한액이 소진된다.

연봉 상한제
당해 연도에 한 팀이 지불할 수 있는 연봉의 최대 금액이 정해져 있다.

셋째, 드래프트 여부와 상관없이 팀이 첫해 신인 선수들에게 지불할 수 있는 금액을 제한하는 특별한 **신인 연봉 상한제**도 있다.[7] 이를 **연봉 상한제 내의 상한제**라고 하는데, 이는 추가적인 제약이 된다. 신인 연봉 상한은 팀에 따라 달라진다는 특징이 있다. 신인 선수 상한은 지명권(과 이후의 트레이드) 포트폴리오에 따라 달라지는데, 첫 라운드에 선순위 지명권을 가질수록 높아지게 된다.

신인 연봉 상한제
드래프트 여부와 상관없이 팀이 첫 해 신인 선수들에게 지불할 수 있는 금액을 제한하는 제도

연봉 상한제 내의 상한제
신인 연봉 상한제를 일컬음

7 드래프트를 통해 신인 선수들을 선발하지만, 드래프트를 통하지 않고 신인 선수들을 선발할 수도 있다. 대부분의 팀들이 대개 일 년에 몇 명의 신인 선수를 이렇게 선발한다.

이 외에도 여러 가지 특징들이 있지만, 구단의 수입 구조도 중요하다. 각 팀은 대부분의 수입을 **텔레비전 중계**로부터 얻는데, 이 수입은 동일하게 분배된다. 다음은 **스폰서십** 수입으로 이것도 상상을 뛰어넘는 금액이다. 마지막으로 모자와 셔츠 같은 **팀 용품**들을 판매한 수입이 더해진다.

텔레비전 중계
텔레비전에서 NFL 경기를 중계하는 것

스폰서십
NFL 팀을 경제적으로 후원하는 능력이나 잠재력

팀 용품
NFL 팀의 수입을 목적으로 판매하는 여러 가지 상품들

지명권 가치에 대한 의문과 연구의 결과

이미 언급한 바와 같이 차트는 NFL의 공통적인 지명권 가치로 사용되고 있다. 차트의 특징은 지명권 순위가 증가할수록 지명권 가치는 급격히 감소한다는 것이다. 따라서 팀들은 차트를 통해서 좋은 선수와 훌륭한 선수를 구별할 수 있다고 믿는다. 여기서 다음과 같은 의문이 생길 수 있다: 정해진 포지션(예: 라인배커)에서 어떤 선수가 다음 순위를 가지는 다른 선수보다 더 잘할 가능성이 얼마나 될까? (합리적인 성과는 드래프트 이후 다섯 번의 시즌에서 측정될 수 있다.) 결국 이것이 특정 신인 선수를 얻기 위해 트레이드를 결정할 때 풋볼팀이 당면하게 되는 질문이다.

그 대답은 52%이다. 모든 라운드, 모든 포지션, 모든 해에 걸쳐서, 어떤 선수가 차선의 다른 선수보다 잘할 가능성은 동전 던지기보다 약간 높은 수준이다. 동일 포지션의 선수 간 지명권 순위 차이의 중간값은 7이다. 그들 간의 연봉 차이는 상당하지만 실력 차이는 거의 없다는 의미이다. 즉, 유망한 선수들의 실제 실력과 팀들이 느끼는 실력 간에는 차이가 존재한다고 할 수 있다. 매시와 탈러(2013) 연구의 핵심 내용이 여기에 있다.

그들은 지명권 순위와 잉여 가치의 관계를 그림 12-1과 같이 추정하였다. 가로축은 드래프트 순위이고, 세로축은 금액(단위: $백만)으로 표현된 선수들의 성과 가치, 보상(연봉), 잉여 가치를 보여주고 있다. 선수들의 성과 가치와 보상은 지명권이 후순위로 가면서 점점 감소하고 있다. 하지만 보상의 감소 속도가 성과의 감소 속도보다 빨라서 양자의 차이인 잉여 가치는 33 지명권 근처까지 증가하다가 그 이후에는 감소하는 모습을 보인다. 이는 32순위까지가 드래프트 1라운드이므로 여기에서는 후순위 지명권의 잉여 가치가 선순위보다 더 크다는 것을 의미한다. 따라서, 1라운드 첫 번째 지명권의 잉여 가치가 가장 작고, 마지막 지명권의 잉여 가치가 가장 크다는 것이다. 이는 첫 번째 지명권을 가지게 되는 지난해 패자에게는 저주가 됨을 의미한다.

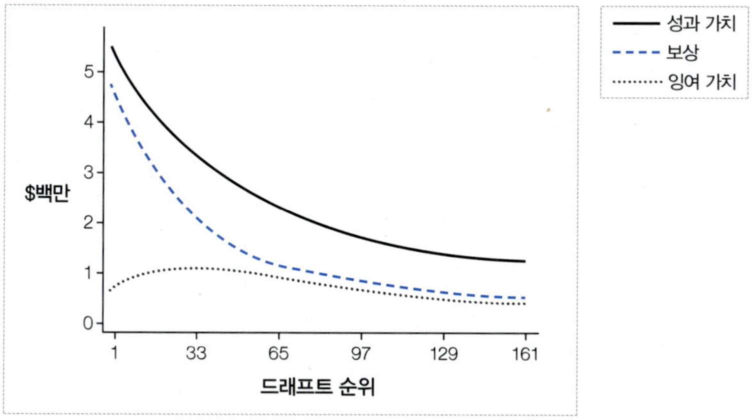

그림 12-1
지명권 순위와 잉여 가치의 관계
출처: 매시와 탈러 (2013)

위와 같은 결과에 대해서 반론이 있을 수 있다. 스타 선수들의 진정한 가치를 고려하지 않았다는 것이다. 하지만 프로 풋볼팀은 많은 선수를 보유하기 때문에 야구나 농구처럼 한 선수가 대단한 실력을 보여주기는 어렵다. (선수 명단에 팀당 53명이 있고, 정규 선발 선수는 22명이며, 출전 선수는 11명이다. 공격과 수비에 따라 출전 선수 11명을 모두 교체하기도 한다.) 또한 훌륭한 모든 선수가 드래프트에서 첫 번째 지명으로 선발되는 것은 아니며, 이미 최고의 선수들을 매우 높이 평가하였기 때문에 **슈퍼스타**들의 가치가 과소평가 되어서 결과가 왜곡되기는 어렵다. 그럼에도 불구하고 그들은 시즌당 7명(최고 0.4%)의 선수들을 슈퍼스타 엘리트 그룹으로 선정하여 이들의 성과 가치를 50%씩 증가시켜 검증하였지만, 연구 결과는 바뀌지 않았다. 따라서 슈퍼스타 선수들이 과소평가 되어서 결과가 왜곡되지는 않았다고 할 수 있다.

슈퍼스타
NFL에서 최고의 선수들

매시와 탈러(2013)의 연구 결과는 선순위 지명권을 후순위 지명권들과 트레이드하는 것이 바람직하다는 것을 보여주었다. 선순위를 후순위와 바꾸는 것을 **하향 트레이드**, 그 반대를 **상향 트레이드**라고 한다. 대개의 트레이드는 당해 연도에 선순위 지명권 한 개와 후순위 지명권 두 개를 바꾸는 것이다. (당해 연도의 지명권을 다음 연도의 지명권과 트레이드할 때도 있다.) 그렇다면 과연, 선순위 지명권을 후순위 지명권들과 바꾸는 하향 트레이드가 효과적일까? 즉, 승리의 가능성을 높일 수 있을까? 이 가설의 검증에는 약간의 문제가 있다. NFL 팀들은 수많은 선수를 보유하고 있어서 한 번의 지명권 트레이드가 승리의 가능성에 영향을 미치기는 어렵기 때문이다. 또 한 시즌에 16회의 경기만을 하는데 다른 요인들도 작용하기 때문에 하향 트레이드만의 효과를 구별하기란 쉽지 않다. 그럼에도 불구하고 통계적 분석은 하향 트레이드

하향 트레이드
선순위 선수를 후순위 선수와 바꾸는 것

상향 트레이드
후순위 선수를 선순위 선수와 바꾸는 것

가 승리의 가능성을 높인다고 한다. 이는 지명권 트레이드가 풋볼팀의 전체적인 경영 수단으로 이용될 수 있음을 의미한다.

매시와 탈러(2013)의 연구는 드래프트에서 첫 지명권은 저주로 작용한다는 것을 보여주었다. 한편, 프로 풋볼팀은 신인 선수들의 실력을 이미 잘 파악하고 있어서 다른 고용 환경보다 효율성 측면에서 확실히 더 유리한 조건에 있다. 그럼에도 불구하고 패자의 저주가 존재하는데, 다른 고용 환경에서는 어떨까? 예를 들어, 최고경영자나 MBA(경영학 석사)의 고용을 생각해 보자. 최고경영자 시장이 풋볼 선수 시장보다 더 효율적이라고 하기는 어렵다. 여기서 중요한 문제는 미래 성과의 예측이 힘들어서가 아니고, 의사결정자들이 그것이 얼마나 힘든 것인가를 잘 모른다는 것이다.

주요 용어

〈차트〉
NFL
기본적 가치
보상
상향 트레이드
성과 가치
슈퍼볼
슈퍼스타
스폰서십
시장 효율성
신인 연봉 상한제
연봉 상한제
연봉 상한제 내의 상한제
잉여 가치
지명권
텔레비전 중계
팀 용품
패자의 저주
하향 트레이드
합리적 기대

핵심 정리

- 매시와 탈러(2013)는 NFL(미국의 프로 풋볼 리그)의 신인 드래프트에서 지명권 가치를 대상으로 합리적 기대와 시장 효율성을 검증하였다.
- NFL 드래프트 및 트레이드 시장은 특화된 전문가들에 의해서 예측이 이루어지고, 오랜 시간 동안 충분한 학습이 가능하며, 상당한 금액의 지명권 거래가 이루어지는 시장이다.
- NFL 환경은 그동안 실생활이나 금융시장에서 어려웠던 합리적 기대와 시장 효율성을 검증할 수 있게 하였다.
- NFL 선수들의 성과 가치는 사후적으로 선수들의 객관적인 실력에 따라 노동 시장으로부터 추정되는데, 이 가치에서 보상(연봉)을 차감하면 각 선수의 팀에 대한 잉여 가치를 얻을 수 있다.
- NFL 시장이 합리적이고 효율적이라면 〈차트〉의 지명권 가격과 잉여 가치는 정합성이 있어야 한다.
- 〈차트〉에 의하면 신인 지명권 시장 가격은 후순위로 가면서 급격하게 떨어진다.
- 우선순위를 가지는 지난해 패자 팀이 지명한 선수의 잉여 가치가 승자 팀이 지명한 선수의 잉여 가치보다 작다. 따라서 첫 번째 지명권을 패자의 저주라고 부른다.

NFL 드래프트 제도의 특징

- 첫째, NFL에서 신인 선수들은 드래프트를 통해서 각 팀에 배분된다. 지난해 성적의 역순으로 지명권이 주어지고, 7라운드까지 지명이 이어진다.

- 둘째, 당해 연도에 한 팀이 지불할 수 있는 연봉의 최대 금액이 정해져 있다. 이를 팀 연봉 상한제라고 하는데, 모든 팀에 동일하게 적용된다.
- 셋째, 드래프트 여부와 상관없이 팀이 첫해 신인 선수들에게 지불할 수 있는 금액을 제한하는 특별한 신인 연봉 상한제도 있다.
- 마지막으로, 각 팀은 대부분의 수입을 텔레비전 중계로부터 얻는데, 이 수입은 동일하게 분배된다. 다음은 스폰서십 수입으로 이것도 상상을 뛰어넘는 금액이다. 마지막으로 모자와 셔츠 같은 팀 용품들을 판매한 수입이 더해진다.

지명권 가치에 대한 의문과 연구의 결과

- 1라운드 첫 번째 지명권의 잉여 가치가 가장 작고, 마지막 지명권의 잉여 가치가 가장 크다. 이는 첫 번째 지명권을 가지게 되는 지난해 패자에게는 저주가 됨을 의미한다.

참고 문헌

- Holt, C. and R. Sherman (1994), The loser's curse, American Economic Review 84, 642~652.
- Massey, C. and R. Thaler (2013), The loser's curse: Decision making and market efficiency in the national football league draft, Management Science 59, 1479~1495.

13 카지노에서 생긴 일: 하우스 머니 효과와 손익 분기 효과

학술회의에 참석하기 위해 라스베이거스에 갔다가 카지노를 방문하게 되었다. 블랙잭을 하기 전에 우연히 슬롯머신을 보게 되어서 $1을 넣고 당겼는데 $1,000이 쏟아져 나왔다.[1] 이 결과가 그날 블랙잭을 하는 동안 베팅에 어떤 영향을 미칠까? 탈러와 존슨(1990)은 이런 문제를 실험을 통해 검증하고, 이를 앞에서 살펴보았던 프로스펙트 이론을 기반으로 설명하였다.

카지노 문제를 경영 의사결정으로 옮겨와 보자. 당신이 관리하는 부서에서 $1,000만의 손실이 발생한 상태에서 두 가지 프로젝트 중 하나를 선택해야 한다. 프로젝트 A는 확실하게 $500만을 버는 것이고, 프로젝트 B는 50%의 확률로 $2,000만의 이익을 얻거나 50%의 확률로 $500만의 손실을 보는 것이다. 이전에 발생한 $1,000만의 손실이 의사결정에 어떤 영향을 미칠까? 그렇다면 이때의 의사결정은 어떻게 될까? 프로젝트 A와 B를 현재의 손실 $1,000만을 함께 고려하여 마지막 부의 수준을 기준으로 다시 표현하면 다음과 같다. 프로젝트 A는 확실히 $500만의 손실이 발생하고, 프로젝트 B는 50%의 확률로 $1,000만의 이익이 발생하거나 50%의 확률로 $1,500만의 손실이 발생한다. 이렇게 서술하면 의사결정이 달라질까? 이 의사결정 문제는 동일한 손익을 가져오는 경우를 전자의 2-단계 문제와 후자의 1-단계 문제로 서술한 것이다. 전자에서 $1,000만의 손실이 발생한 것이 1단계이고 프로젝트 A와 B 중에 선택하는 것이 2단계가 된다. 후자에서는 프로젝트 A와 B를 선택하는 것만 존재하므로 1-단계 문제이다.

위의 예에서 선택이 바뀔 수 있다면 이전에 발생한 결과가 현재의 의사결정

1 블랙잭은 2장 이상의 카드로 숫자 합을 21이 되게 하는 게임이다. 카드의 합계가 (21을 초과하지 않은 상태에서) 큰 사람이 이기는데, 플레이어가 먼저 카드를 선택하므로 그 합계가 21을 초과하면 딜러의 승리로 끝나버린다. 10이나 알파벳(J, Q, K) 카드와 A 카드가 나오면 2장으로 합이 21이 되어 블랙잭이 되는데, 가장 높은 등급이다. 플레이어가 블랙잭인데, 딜러가 블랙잭이면 비기고 블랙잭이 아니면 플레이어가 승리한다. 3장 이상의 카드로 21이 되면 블랙잭보다는 낮은 등급이 되고, 21을 초과하면 그 게임은 진 것이다.

에 영향을 미친다는 것이다. 신고전주의 경제학의 합리성 원칙에서는 이미 발생한 이익이나 손실은 앞으로의 의사결정에 영향을 주지 않아야 한다고 배웠는데 어찌 된 일인가? 그렇다면 매몰 비용이 중요한 의미가 있다는 것인가? 경영학과의 재무관리 수업 시간에 모든 교수는 지금까지의 손익과 관계없이 신규 사업의 의사결정은 **증분 이익**에 따라 이루어져야 한다고 가르친다. 모든 교과서에 그렇게 서술되어 있기 때문이다. 증분 이익이란 당해 신규 사업에 의해서 발생하는 순이익으로, 이것만을 고려하여 의사결정을 해야 한다는 것이다. 그런데 실제로는 사람들의 의사결정이 과거의 손실과 이익에 의존한다고?

증분 이익
신규 사업의 의사결정으로 증가하게 되는 이익

탈러와 존슨(1990)은 과거의 이익과 손실이 현재의 선택에 어떤 영향을 미치는가를 연구하였다. 그들은 심리학적 실험을 통해 다음과 같은 결과를 발견하였다. 첫째, 이익을 얻은 이후에 사람들은 위험을 감수하려는 의지가 증가하는데, 이를 **하우스 머니 효과**라고 한다.[2] 이 장의 첫 부분에 소개했던 카지노 경험에서 $1,000의 슬롯머신 이익 이후에 블랙잭을 한다면, 그렇지 않은 경우보다 좀 더 공격적인 게임을 할 가능성이 크다. 즉, 이익을 얻은 이후에는 그렇지 않은 경우보다 위험 감수의 수준이 높아진다는 것이다. 둘째, 손실을 본 이후에는 위험을 감수하려는 의지가 감소한다. 하지만 손실을 본 이후라도 기존의 손실을 만회할 가능성이 있다면 위험을 기꺼이 감수하려는 성향이 있다. 이를 **손익 분기 효과**라고 한다. 그들은 이러한 발견을 **준쾌락적 편집**에 의해 설명하였다.

하우스 머니 효과
이익을 얻은 이후에 위험을 감수하려는 사람들의 의지가 증가하는 것

손익 분기 효과
손실을 본 이후에 기존의 손실을 만회할 가능성이 있으면 위험을 기꺼이 감수하려는 성향

준쾌락적 편집
쾌락적 편집을 바탕으로 하되, 하우스 머니 효과와 손익 분기 효과를 설명할 수 있도록 수정한 이론 또는 편집 규칙

제1부 〈멘탈 어카운팅〉을 설명할 때 사람들이 효용을 최대화하는 쾌락적 편집을 한다고 하였다. 쾌락적 편집에 의하면 이익은 분리하고, 손실은 통합한다. 또한 작은 이익과 큰 손실은 분리(실버 라이닝)하며, 큰 이익과 작은 손실은 통합한다. 준쾌락적 편집이란 쾌락적 편집을 바탕으로 하되, 하우스 머니 효과와 손익 분기 효과를 설명할 수 있도록 수정한 이론 또는 편집 규칙이다. 물론 준쾌락적 편집 이론도 탈러와 존슨(1990)의 실험 결과에 의해 지지되었다. 이에 대해 자세한 내용은 약간 복잡하고 기술적이기 때문에 〈제13장 부록〉에 서술하였다.[3]

2 하우스 머니란 카지노에서 이미 번 돈을 지칭한다. 뒤에서 언급될 '그들의 돈'도 하우스 머니와 같은 의미이다.
3 기술적인 설명은 모두 제1부 〈심리학과 경제학의 만남: 프로스펙트 이론〉과 〈멘탈 어카운팅〉의 내용을 기반으로 한다. 모든 기호의 정의는 제1부에서와 동일하다.

이전의 손실이나 이익이 존재할 때의 선택

탈러와 존슨(1990)의 발견을 정리하면 다음과 같다: ① 이전의 손실 이후의 위험 회피; ② 이전의 이익 이후의 위험 추구; ③ 어떤 결과가 손익 분기가 가능하게 할 때 위험 감수 행동의 변화. 이제 각각에 대해 살펴보자.

이전의 손실

카너먼과 트버스키(1979)는 가치 함수가 손실 영역에서 볼록한 형태를 가지기 때문에 사람들은 (단순한 프로스펙트에 대해) 손실 영역에서 위험을 추구한다고 하였다. 이런 예측은 뒤이은 연구들에서도 입증되었다. 이에 따라서 이전의 손실이 이후의 결과와 통합되면 (손실과 관계된 단순한 프로스펙트의 경우처럼) 의사결정자가 위험을 추구하게 될 것으로 예측할 수 있다. 하지만 탈러와 존슨(1990)이 제안한 준쾌락적 편집 가설은 좀 다른 예측을 한다. 통합이라는 것이 자동적으로 발생하는 것이 아니기 때문에 이전의 손실이 위험 회피 성향을 증가시킨다는 것이다. 특히 이후의 손실 가능성이 손익 분기의 기회를 주지 않을 때는 더욱 그렇다. 그들은 이전의 손실이 비슷한 크기의 손실까지 사람들을 매우 민감하게 만든다고 하였다. 이런 손실 회피 성향은 추가적인 손실이 가능한 선택에 대해 위험 회피 성향을 증가시킨다.

하우스 머니 효과: 이전의 이익

준쾌락적 편집 가설에 의하면 이전과 이후의 손실이 통합되지 않기 때문에 손실 이후에 위험 회피 성향이 관찰될 수 있다. 하지만 이익을 얻은 이후에는 이후의 손실이 이전의 이익과 통합될 수 있어서 위험 회피 성향을 감소시키고 위험 추구 성향을 증가시키게 된다. 카지노에서는 이런 성향을 '하우스 머니를 가지고 놀기'라고 한다. 이런 생각의 본질은 자신이 준비했던 돈을 잃지 않는 범위에서 '그들의 돈'을 잃는 것이 가슴 아프지 않기 때문에 이전에 얻은 이익이 모두 소진될 때까지 이후의 손실은 이익에 대한 감소로 인식된다는 것이다. 하지만 1-단계 의사결정 문제에서는 그런 효과가 없으므로 프로스펙트 이론의 위험 회피 성향이 나타나야 한다.

손익 분기 효과

카너먼과 트버스키(1979)는 이전의 손실에 제대로 적응하지 않을 때는 위험 추구 성향이 증가한다고 하였다. 경마장에서 손실이 누적되면 승리할 가능성이 없는 말에 베팅하는 성향이 시간이 흐를수록 증가한다는 사실이 이의 증거라고 할 수 있다. 하지만 이전의 손실이 항상 위험 추구 성향을 높이는 것은 아니다. 이전의 손실이 있을 때 위험 추구 성향이 증가하는 것은 처음의 기준점 또는 손익 분기점으로 돌아갈 가능성이 있을 때만 그렇다.

위험 추구 성향 증가와 이전의 손실에 대한 적응 실패가 그날의 경마가 끝날 때쯤에 승리할 가능성이 없는 말에 베팅하는 선호도를 설명하기에는 약간 부족하다. $30을 잃은 사람이 본전을 찾기 위하여 $30을 베팅할 수도 있지만, 증가한 손실 회피 성향으로 인해 이 전략이 매력적이지 않을 수 있다. 그것보다는 1/15의 승률을 가지는 말에 $2의 베팅을 하는 것이 더 매력적일 것이다.[4] 왜냐하면 많은 돈을 잃게 되는 위험을 감수할 필요가 없기 때문이다.

손익 분기 효과는 주식시장에서 개인 투자자의 행동을 통해 나타나기도 한다. 주식시장에서 매우 큰 손실을 본 사람들은 대개 대부분의 자금을 잃은 상태이다. (실제로 1997년의 외환위기 때에 이런 일이 많이 발생하였다.) 하지만 남은 자금으로 본전을 찾고 싶은 마음 때문에 주식시장을 떠나기 어렵다. 이런 경우에 선택할 수 있는 투자 수단이 주가지수 선물이다. 그리 크지 않은 증거금으로 레버리지를 이용해 손실을 회복할 가능성이 있다고 생각하기 때문이다. 하지만 이미 급등락했던 주식시장이 안정을 되찾았다면 여기서도 손실을 볼 가능성이 크다. 이럴 때 마지막 수단이 주가지수 옵션이다. 얼마 남지 않은 자금으로 주가지수 선물보다 레버리지 효과가 더 높은 옵션을 이용하여 그동안의 모든 손실을 회복하기 위해서다. 여기서도 손실을 보면 주식시장을 완전히 떠나게 된다고 한다.

하우스 머니 효과와 손익 분기 효과의 시사점

매몰 비용이 선택에 미치는 영향에 대해서는 많은 연구가 이루어졌다. 아르케스와 블루머(1985)는 10개의 실험을 통해서 매몰 비용 효과가 확실하다는 것을 보여주고, 이를 프로스펙트 이론에 의해 설명했다. 탈러와 존슨(1990)은 매몰 비용의 효과가 최소화되거나 악화되는 여러 가지 상황을 제시하였다. 특히 선택 문제를 1-단계 또는 2-단계 형식으로 재구성하면 매몰 비용의 효과가 충분히 바뀔 수 있다고 하였다. 예를 들어, 손익 분기의 기회가 있

4 거래 비용을 무시할 경우, 1/15의 확률 게임에서 승리하면 15배를 받기 때문에 $30을 얻을 수 있다.

으면 손실 영역에서의 위험 추구 성향이 증가할 수 있다. 그렇다면 망해가는 기업일지라도 현재의 손실을 모두 만회할 수 있는 실낱같은 희망이라도 존재한다면 투자를 기대할 수 있을 것이다. 반대의 경우도 있다. 수익성이 좋은 기업의 경영자가 성공적 투자에 흥분하여 위험 추구 성향이 증가할 수 있다. 이런 하우스 머니 효과에 대해서는 아직도 실증 연구가 진행되지 않았지만, 재미있는 연구 분야가 될 것이다.

한편 투자자들이 손실을 본 멘탈 어카운트를 마감하기 싫어하는 것은 손익 분기 효과와 관련이 있다. 이는 손실이 발생한 주식의 매도 회피 현상을 말한다. 셰프린과 스태트만(1985)은 가격이 하락한 주식의 매도를 회피하는 **디스포지션 효과**를 발견하였는데, 이는 손익 분기 효과의 결과라고 할 수 있다.[5] 그렇다면 손익 분기의 기회가 없을 때는 어떨까? 개인 투자자는 주식 투자에서 큰 손실을 본 이후에도 투자 위험을 계속 유지하기는 힘들 것이다. 왜냐하면 큰 손실 이후에 위험 회피 성향이 증가하기 때문이다.

디스포지션 효과
이익을 본 주식을 너무 일찍 매도하고, 손실을 본 주식을 보유하려는 성향

하지만 펀드 매니저의 경우에는 손익 분기를 추구하기 위해서 자기 포트폴리오의 위험을 증가시킬 가능성이 크다. 왜냐하면 손실을 만회하지 못하면 연봉이 크게 감소하거나 실직할 위험이 있기 때문이다. 브라운 등(1996)은 당해 연도의 전반기에 손실이 큰 펀드일수록 손실을 만회하기 위해서 하반기에 포트폴리오 위험을 증가시키는 경향이 있다고 하였다. 또한 하연정과 고광수(2017)는 펀드 포트폴리오의 위험을 증가시키면 그 이후에 펀드로의 현금 유입이 증가한다는 것을 발견하였다. 현금 유입의 증가는 펀드의 수익률과 관계없이 펀드로부터 수익성을 증가시키기 때문에 펀드 매니저에게 매우 유리한 결과가 된다. 따라서 그들은 큰 손실 이후에 포트폴리오의 위험을 증가시킬 유인이 매우 크다.

주요 용어

디스포지션 효과	손익 분기 효과	증분 이익
비대칭 디스포지션 효과	준쾌락적 편집	하우스 머니 효과

비대칭 디스포지션 효과
이익을 본 주식을 너무 빨리 매도함 없이 손실을 본 주식의 매도만을 회피하려는 성향

5 원래 디스포지션 효과란 이익을 본 주식을 너무 일찍 매도하는 성향을 함께 일컫는 용어이다. 따라서 가격이 하락한 주식의 매도를 회피하는 성향만을 지칭할 경우에는 **비대칭 디스포지션 효과**라고 한다.

핵심 정리

- 탈러와 존슨(1990)은 과거의 이익과 손실이 현재의 선택에 어떤 영향을 미치는가를 연구하였다: ① 첫째, 이익을 얻은 이후에 사람들은 위험을 감수하려는 의지가 증가하는데, 이를 하우스 머니 효과라고 한다; ② 손실을 본 이후에는 위험을 감수하려는 의지가 감소한다. 하지만 손실을 본 이후라도 기존의 손실을 만회할 가능성이 있다면 위험을 기꺼이 감수하려는 성향이 있다. 이를 손익 분기 효과라고 한다.
- 그들은 이러한 발견을 준쾌락적 편집에 의해 설명하였다.
- 준쾌락적 편집이란 쾌락적 편집을 바탕으로 하되, 하우스 머니 효과와 손익 분기 효과를 설명할 수 있도록 수정한 이론 또는 편집 규칙이다.

이전의 손실이나 이익이 존재할 때의 선택

- 이전의 손실이 있을 경우: 위험 회피 성향이 증가한다.
- 이익을 얻은 이후에는 이후의 손실이 이전의 이익과 통합될 수 있어서 위험 회피 성향을 감소시키고 위험 추구 성향을 증가시킨다.
- 이전의 손실이 있을 때 위험 추구 성향이 증가하는 것은 처음의 기준점 또는 손익 분기점으로 돌아갈 가능성이 있을 때만 그렇다.

하우스 머니 효과와 손익 분기 효과의 시사점

- 탈러와 존슨(1990)은 매몰 비용의 효과가 최소화되거나 악화되는 여러 가지 상황을 제시하였다.
- 망해가는 기업일지라도 현재의 손실을 모두 만회할 수 있는 실낱같은 희망이라도 존재한다면 투자를 기대할 수 있다.
- 수익성이 좋은 기업의 경영자가 성공적 투자에 흥분하여 위험 추구 성향이 증가할 수 있다.
- 셰프린과 스태트만(1985)은 가격이 하락한 주식의 매도를 회피하는 디스포지션 효과를 발견하였는데, 이는 손익 분기 효과의 결과라고 할 수 있다.
- 펀드 매니저의 경우에는 손실을 만회하지 못하면 연봉이 크게 감소하거나 실직할 위험이 있으므로 손익분기를 추구하기 위해서 자기 포트폴리오의 위험을 증가시킬 가능성이 크다.

참고 문헌

- Arkes, H. and C. Blumer (1985), The psychology of sunk cost, Organization behavior and huma decision processes 35, 124~140.
- Brown, K, W. Harlow, and L. Satrks (1996), Of tournaments and temptations: An analysis of managerial incentives in the mutual fund industry, Journal of Finance 51, 85~110.
- Ha, Y. and K. Ko (2017), Why do fund managers increase risk? Journal of Banking and Finance 78, 108~116.
- Kahneman, D. and A. Tversky (1979), Prospect theory: An analysis of decisions under risk, Econometrica 47, 263~291.
- Shefrin, H. and M. Statman (1985), The disposition to sell winners too early and ride losers too long: Theory and evidence, Journal of Finance 40, 777~790.
- Slovic, P. (1972), From Shakespeare to Simon: Speculationsand some evidenceabout man's ability to process information, Oregon Research Institute Research Bulletin, April 1972.
- Thaler, R. (1985), Mental accounting and consumer choice, Marketing Science 4, 199~214.
- Thaler, R. and E. Johnson (1990), Gambling with the house money and trying to break even: The effects of prior outcomes on risky choice, Management Science 36, 643~660.

부록 — 준쾌락적 편집의 이해를 위한 이론과 실험

이익과 손실의 인식

탈러와 존슨(1990)은 이전에 발생한 손익이 현재의 의사결정에 미치는 영향을 분석하기 위해서 프로스펙트 이론을 이용하였다. 프로스펙트 이론의 가치함수는 다음과 같은 세 가지 특징을 가지고 있다: ① 가치 또는 효용은 마지막 부의 수준이 아니라 현재 상태로부터의 이익과 손실에 따라 결정됨; ② 이익 영역에서는 오목한 형태(**위험 회피** 성향)를, 손실 영역에서는 볼록한 형태(**위험 추구** 성향)를 가짐; ③ 이익 영역보다 손실 영역의 기울기가 더 가파르다: **손실 회피** 성향. 어떤 프로스펙트 (x, p; y, 1−p)가 있다고 하자. 여기서 x와 y 중 하나는 이익이고 나머지는 손실이라면, 이 프로스펙트의 가치는 다음과 같이 정의된다.

위험 회피
부의 수준이 증가함에 따라 효용의 증가 속도가 감소하는 위험 회피도로 오목한 효용 함수를 가진다.

손실 회피
동일한 금액의 이익과 손실의 경우, 이익으로 얻게 되는 기쁨보다 손실로 얻게 되는 고통 또는 상실감이 더 크게 되는 성향

$$V = \pi(p)v(x) + \pi(1-p)v(y) \tag{1}$$

하지만 x와 y가 모두 이익($x>y>0$)이거나 모두 손실($x<y<0$)이라면, 이 프로스펙트의 가치는 편집을 거쳐 다음과 같이 표현될 수 있다.

$$V = v(y) + \pi(p)[v(x) - v(y)] \tag{2}$$

이는 확실한 이익 또는 손실은 분리되어 평가되고, 두 가지 선택 결과에 의한 나머지 가치 또는 효용 차이가 적절한 가중치에 의해 곱해지는 형태이다. 재미있는 것은 동일한 프로스펙트도 편집에 따라 평가가 달라질 수 있다는 것이다.

과연 이전의 결과가 현재의 의사결정에 어떤 영향을 미칠까? 카너먼과 트버스키(1979)는 이전의 결과가 **코딩**되는 두 가지 방법을 제시하였다. (여기서 코딩이란 이익과 손실을 정의하기 위해서 기준점을 정하는 것이다.) 첫째는 모든 사건이 개별적으로 코딩되는 것이다. 이 경우에는 이전의 결과가 향후

선택에 전혀 영향을 미치지 못한다. 두 번째는 이익과 손실이 현재 상태와는 달리 기대나 목표 수준에 따라 정해지는 것이다. 이를 설명하기 위하여 그들은 다음과 같은 예를 들었다. 어떤 손실에 대해 불편한 사람은 그 손실이 없었다면 받아들이지 않았을 선택을 받아들일 수 있다. 왜냐하면 손실이 발생하여 기준점이 달라졌기 때문이다.

이제 다음의 선택 문제를 살펴보자.

[2-단계 의사결정]

방금 $30을 벌었다. 이제 다음 둘 중에 하나를 선택하시오.

(a) 더 이상의 손익이 없다.

(b) 50%의 확률로 $9를 얻거나 50%의 확률로 $9를 잃는다.

이는 이전에 발생한 $30의 이익이 현재의 선택과 분리되었기 때문에 2-단계 의사결정 문제이다. 동일한 선택을 1-단계 의사결정 문제로 바꾸면 다음과 같다.

[1-단계 의사결정]

(a) 확실한 $30의 이익.

(b) 50%의 확률로 $39를 얻거나 50%의 확률로 $21을 얻는다.

각 의사결정 문제는 (a) 또는 (b)를 선택하는 것이다. (a)는 확실한 것이므로 편집이 필요 없고, (b)는 위험 선택이므로 편집 규칙에 따라 선택 결과가 달라질 수 있다. 이제부터는 (b)를 여러 가지 편집 규칙에 따라 평가해 보자.

기억이 있는 프로스펙트 이론

기억이 있다는 의미는 이전의 이익 $30을 2 단계 의사결정에 고려한다는 의미이다. 위의 의사결정 문제를, 이전 이익에 대한 기억이 있다고 가정하여, 프로스펙트 이론으로 편집해 보자. 기억이 있으므로 $30의 이익과 위험 프로스펙트를 통합하되 $21의 이익을 따로 떼면, 2-단계 의사결정 문제는 (2)가 적용되어 다음과 같다.

$$v(21)+\pi(0.5)[v(39)-v(21)] \quad (3)$$

이 선택은 확실한 $21의 이익과 함께 50%의 확률로 이익을 $21에서 $39로 증가시킬 수 있다.

동일한 편집이 1-단계 의사결정 문제에도 적용될 수 있다.

$$v(21)+\pi(0.5)[v(39)-v(21)] \quad (3)$$

기억이 없는 프로스펙트 이론

이전의 이익에 대한 기억이 없는 프로스펙트 이론에서는 이전의 이익이 코딩되어 평가되지만 잊힌다. 따라서 이전의 결과가 이후의 의사결정에 아무런 변화를 주지 못한다. 이에 따라 2-단계 의사결정 문제를 편집하면 다음과 같다.

$$v(30)+[\pi(0.5)v(9)]+\pi(0.5)v(-9) \quad (4)$$

이는 이미 $30을 얻었고 50%의 확률로 $9을 얻거나 50%의 확률로 $9의 손실을 보는 선택이다.

하지만 1-단계 의사결정 문제는 잊혀야 하는 이전의 결과가 없기 때문에 (3)과 같이 편집된다.

$$v(21)+\pi(0.5)[v(39)-v(21)] \quad (3)$$

구체성 편집

구체성 편집
적극적인 편집이 없이 의사결정 문제를 주어진 그대로 받아들이는 것

또 다른 편집 규칙으로는 **구체성 편집**이 있다. 이는 적극적인 편집이 없이 의사결정 문제를 주어진 그대로 받아들이는 것으로 슬로빅(1972)에 의해 제안되었다. 즉, 의사결정자는 선택의 대상에 명백하게 표현된 정보만을 이용하여 표시된 형태로만 편집한다는 것이다. 이에 의하여 2-단계 의사결정 문제를 편집하면 기억이 없는 프로스펙트 이론에서의 (4)와 같이 된다.

$$v(30)+[\pi(0.5)v(9)+\pi(0.5)v(-9)] \quad (4)$$

하지만 1-단계 의사결정 문제는 다음과 같이 편집된다.

$$\pi(0.5)v(39)+\pi(0.5)v(21) \quad (5)$$

쾌락적 편집

지금까지 살펴본 편집 규칙들은 의사결정자를 기계적이거나 수동적인 존재로 보았다. 이에 대한 대안적 편집 규칙으로 **쾌락적 편집**이 있다. 이는 의사결정자가 가장 기분 좋아지는 방식으로 프로스펙트를 편집하는 것이다. 탈러(1985)는 프로스펙트 이론에 근거하여 쾌락적 편집에 대해 자세히 검토하였다. 그는 두 개의 결과 x, y가 존재할 경우 다음과 같은 쾌락적 편집을 제시하였다.

쾌락적 편집		
선택의 결과		편집
x: 이익;	y: 이익	분리
x: 손실;	y: 손실	통합
x: 큰 손실;	y: 작은 이익	분리(실버 라이닝)
x: 작은 손실;	y: 큰 이익	통합

쾌락적 편집은 위와 같은 네 가지 원칙이 적용된다. 앞의 2-단계 의사결정 문제에 쾌락적 편집을 적용해 보자. 손실이 개입되면 효용이 감소하므로 손실이 없이 이익으로만 편집해야 한다. 그러기 위해서 \$30의 확실한 이익을 위험 선택과 통합하면, 각 50%의 확률로 \$39 또는 \$21을 얻을 수 있다. 하지만 \$39와 \$21 각각에 대해서 평가하면 가치 또는 효용을 최대화하지 못한다.[6] 확실한 이익인 \$21을 따로 떼어내고, 50%의 확률로 얻을 수 있는 (\$31과 \$21의 차이인) \$18을 가치 함수로 평가하면 가장 큰 효용을 얻을 수 있다. 따라서 쾌락적 편집의 결과는 다음과 같다.

$$v(21)+\pi(0.5)v(18) \tag{6}$$

(6)의 의미는 \$21의 확실한 이익과 함께 50%의 확률로 \$18을 더 얻을 수 있다는 것이다.

이것이 의사결정자를 가장 기분 좋게 하는 쾌락적 편집이므로 1-단계 의사결정도 동일한 편집 결과를 가진다.

6 이는 다음과 같은 의미를 가진다: $[v(21)+\pi(0.5)v(18)]-[\pi(0.5)v(39)+\pi(0.5)v(21)]>0$. 이 부등식은 $(\pi(0.5)<0.5)$와 가치 함수가 이익 영역에서 오목하다는 사실을 이용하면 쉽게 증명할 수 있다.

쾌락적 편집과 준쾌락적 편집의 검증

탈러(1985)는 이미 실험을 통해 쾌락적 편집을 검증하여 이를 지지하였다. 하지만 탈러와 존슨(1990)은 탈러(1985)의 검증은 쾌락적 편집 가설의 검증이 아니라고 하였다. 쾌락적 편집 가설은 피실험자들이 체계적인 방법으로 사건과 결과를 적극적으로 재구성한다는 것인데, 1985년의 검증은 피실험자들이 선호하는 프레임이 무엇인지만을 판단하였기 때문이다. 그들은 쾌락적 편집의 검증을 위해 다시 다음과 같은 실험을 하였다.

쾌락적 편집: 시간적 거리 두기

지시 사항: 아래에 3개의 사건 짝이 제시된다. 각 경우에 동일한 사건들이 같은 날(A) 또는 2주의 차이(B)를 두고 발생한다. (1)의 경우에, A와 B중 누가 더 행복할까? (2)와 (3)의 경우에, A와 B 중 누가 더 불행할까? 대부분의 사람이 A 또는 B일까? 감정적으로 동일하다면 '차이가 없음'을 선택하면 된다. 모든 경우에 있어서 사건들은 동일한 금전적 결과를 주도록 의도되었다.

(1) 다음 사건들이 있다.

(i) 복권에서 $25가 당첨되다.

(ii) 복권에서 $50이 당첨되다.

누가 더 행복할까?

A. 25% B. 63% 차이가 없음 12% N=65

(2) 다음 사건들이 있다.

(i) 국세청으로부터 계산 실수 때문에 $100을 지불해야 한다는 편지를 받는다.

(ii) 국세청으로부터 계산 실수 때문에 $50을 지불해야 한다는 편지를 받는다.

누가 더 불행할까?

A. 57% B. 34% 차이가 없음 9% N=65

(3) 다음 사건들이 있다.

(i) 주차 위반으로 $20의 티켓을 받는다.

(ii) 양식이 잘못 기재되어 등기소로부터 $25의 청구서를 받는다.

누가 더 불행할까?

A. 75% B. 17% 차이가 없음 7% N=65

출처: 탈러와 존슨(1990)

좋은 일(이익)이 발생하는 첫 번째 경우에는 시간적으로 분리되는 것을 더 많이 선호하므로 쾌락적 편집을 지지하는 결과이다. 하지만 나쁜 일(손실)이 발생하는 두 번째와 세 번째 경우에도 시간적으로 분리되는 것을 더 선호하는데, 이는 쾌락적 편집과 정합성이 없는 결과이다. 왜냐하면 쾌락적 편집에 의하면 두 개의 손실은 통합되어야 하기 때문이다. 그들은 손실의 규모를 감소 또는 증가시켜 보기도 하고, 금전적 또는 비금전적 결과로도 실험하였으며, 사건들이 관계가 있는 경우와 없는 경우로도 실험하였지만 동일한 결과를 얻었다. 이 결과들은 쾌락적 편집 가설에 대한 심각한 충격이었다.

그들은 손실을 통합하지 않으려는 성향을 다시 한번 실험으로 검증하였다. 그 실험의 발견을 요약하면 다음과 같다. 피실험자들이 이익은 적극적으로 분리하지만, 손실은 통합하지 않으려고 한다. 또한 피실험자들은 주어진 의사결정 문제를 적극적으로 재구성하지 않는데, 이는 문제의 제시 형태가 결과의 마지막 편집에 중요한 역할을 한다는 것이다. 이에 따라 그들은 관찰된 결과들과 정합성이 있는 준쾌락적 편집 규칙을 제안하였다.

그들은 두 가지 관점에서 쾌락적 편집이 거부되었다고 주장하였다. 첫째, 쾌락적 편집 가설에서는 편집 과정을 지나치게 적극적으로 정의해야 하는데, 이는 그리 쉬운 일이 아니다. 따라서 편집 과정을 좀 더 정확하게 묘사하기 위해서는, 쾌락적 편집 가설이 구체성 편집에 가깝도록 수정되어서 의사결정자가 적극적으로 편집하지 않도록 해야 한다. 표현 방법이 다르면 선택의 결과도 달라질 수 있다. 둘째는 피실험자들이 손실을 통합하기에 어려움이 있다는 것이다. 예를 들어, 2-단계 의사결정 문제에서도 피실험자들은 이전의 손실과 이후의 손실을 통합하지 않았다. 그러나 이익 이후의 손실은 이익과 통합되어 없어지도록 하였다.

그들은 쾌락적 편집이 부분적으로만 성립하므로, 이런 과정을 **준쾌락적 편집**이라고 하였다. 준쾌락적 편집 가설에 따르면, 앞에서의 2-단계 의사결정 문제를 다음과 같이 쓸 수 있다.

준쾌락적 편집
쾌락적 편집을 바탕으로 하되, 하우스 머니 효과와 손익 분기 효과를 설명할 수 있도록 수정한 이론 또는 편집 규칙

$$\pi(0.5)[v(30)+v(9)]+\pi(0.5)v(21) \tag{7}$$

이것은 50%의 확률로 \$30과 \$9를 얻고, 50%의 확률로 \$21을 얻게 된다는 것이다.

1-단계 문제는 구체성 편집에 의한 (5)와 같다.

$$\pi(0.5)v(39)+\pi(0.5)v(21) \tag{5}$$

동일한 선택에서 이전의 이익 \$30을 손실로 대체하면 준쾌락적 편집 가설은 2-단계 선택을 다음과 같이 표현할 수 있다.

$$\pi(0.5)[v(-30)+v(-9)]+\pi(0.5)[v(-30)+v(9)] \tag{8}$$

여기서 이익과 손실은 이전의 손실과 분리된다.

그래도 1-단계 문제는 구체성 편집에서와 같다.

$$\pi(0.5)v(-39)+\pi(0.5)v(-21) \tag{9}$$

탈러와 존슨(1990)은 위에 소개된 4가지 편집 규칙과 함께 준쾌락적 편집 규칙을 위험 선택의 관점에서 평가하였다. 여기서 의사결정은 확실한 손익과 위험 대안 중 하나를 선택하는 것이며, 이전의 손익 또는 최초 결과가 있을 때의 선택을 2-단계와 1-단계로 표현한 것이다. 확실한 손익과 위험 대안(2-단계 또는 1단계 문제)의 선택 중에서 위험 대안을 선택한 사람들은 위험 추구형이다.

위험 선택 (실험) 결과에 의해 편집의 규칙을 평가하기 위해서는 다음과 같은 기준이 필요하다. 첫째, 앞에서도 검토하였듯이, 쾌락적 편집과 기억이 있는 프로스펙트 이론은 2-단계와 1-단계 선택의 결과가 같아야 한다. 따라서 백분율로 나타낸 위험 추구 비중이 비슷하면 쾌락적 편집이나 기억이 있는 프로스펙트 이론이 실험 결과와 정합성이 있는 것이다. 위험 추구 비중이란 확실한 대안과 위험 대안이 주어졌을 때 위험 대안을 선택하는 사람들의 비중이다. 정합성 여부는 두 피실험자 그룹의 비교를 통해 쉽게 알 수 있다.

둘째, 기억이 없는 프로스펙트 이론과 구체성 편집은 최초 결과가 위험 선택에 영향을 주지 못하여야 한다. 동일 피실험자 집단 속에서 최초 결과를 여러 개로 변화시켜도 위험 추구 비중이 같으면 기억이 없는 프로스펙트 이론과 구체성 편집이 실험 결과와 정합성이 있는 것이다.

마지막으로 2-단계와 1-단계 선택의 실험 결과가 다르고, 2-단계 선택이 최초 결과에 따라 달라지면 실험 결과들은 준쾌락적 편집 규칙과 정합성을 가지는 것이다. 그렇다고 하여 준쾌락적 편집만이 옳다는 것은 아니지만 가장 현실적 설명을 제공한다고는 할 수 있다.

표 13-1의 실험 결과는 탈러와 존슨(1990)이 제시한 결과 일부만을 발췌한 것이다. 실험 1의 2-단계 선택은 최초 결과를 \$15로 하고, 확실한 손익과 위험 대안 중 하나를 선택하는 것이며, 1-단계 선택은 최초 결과를 위험 선택에 포함한 것이다. 실험 2(또는 3, 4)의 2-단계 선택은 최초 결과를 \$0(또

는 −$2.25, −$7.50)으로 하고, 확실한 손익과 위험 대안 중 하나를 선택하는 것이며, 1−단계 선택은 최초 결과를 위험 선택에 포함한 것이다. 실험 결과에 다섯 가지 편집 가설을 검증하는 방법은 표 13−1에 제시한 바와 같다.

표 13−1
편집 가설의 검증 기준

편집 가설	편집	검증 기준
① 기억이 있는 프로스펙트 이론	항상 $v(21)+\pi(0.5)[v(39)-v(21)$	2−단계와 1−단계의 선택이 같음
② 기억이 없는 프로스펙트 이론	2−단계: $v(30)+[\pi(0.5)v(9)+\pi(0.5)v(-9)]$ 1−단계: $v(21)+\pi(0.5)[v(39)-v(21)]$	최초 결과가 선택에 영향을 주지 못함
③ 구체성 편집	2−단계: $v(30)+[\pi(0.5)v(9)+\pi(0.5)v(-9)]$ 1−단계: $\pi(0.5)v(39)+\pi(0.5)v(21)$	최초 결과가 선택에 영향을 주지 못함
④ 쾌락적 편집	항상 $v(21)+\pi(0.5)v(18)$	2−단계와 1−단계의 선택이 같음
⑤ 준쾌락적 편집	2−단계: $\pi(0.5)[v(30)+v(9)]+\pi(0.5)v(21)$ 1−단계: $\pi(0.5)v(39)+\pi(0.5)v(21)$ 이전 손실 $30인 경우 2−단계: $\pi(0.5)[v(-30)+v(-9)]$ $+\pi90.5)[v(-30)+v(9)]$	① 2−단계와 1−단계의 선택이 다름 ② 2−단계 선택이 최초 결과에 따라 달라짐

실험 1~4에서 2−단계와 1−단계 선택의 실험 결과는 상당히 다르다. 쾌락적 편집과 기억이 있는 프로스펙트 이론은 선택 문제의 표현 방법과는 관계없이 동일한 선택을 한다고 하였지만, 실험 결과는 그렇지 않았다. 따라서 이 두 편집 규칙은 기각되어야 한다.

실험 2~4에서 2−단계 선택의 실험 결과는 최초 결과가 위험 추구 비중에 영향을 준다는 것을 보여주고 있다. 이는 실험 결과가 기억이 없는 프로스펙트 이론과 구체성 편집과 정합성을 가지지 못한다는 것을 의미한다. 따라서 이 두 편집 규칙도 기각되어야 한다.

한편 실험 결과들은 준쾌락적 편집과 가장 정합성이 높다. 실험 1에서 하우스 머니 효과를, 실험 3에서 손익 분기 효과를 실험 4에서는 손실 후 위험 회피 성향을 확인할 수 있다. 또한 실험 1, 3, 4에서 2−단계 선택과 1−단계 선택의 결과가 다른 것은 문제의 표현 방법에 따라 선택이 달라질 수 있다는 준쾌락적 편집 규칙과 정합성을 가진다.

표 13-2
2-단계 의사결정과 1-단계 의사결정의 선택
출처: 탈러와 존슨(1990)

실험	2-단계 선택			위험 추구 비중		1-단계 선택	
	최초 결과	손익	확률	N=95	N=111	손익	확률
1	+$15	$0	1	77%	44%	$15	1
		$4.50	0.5			$19.50	0.5
		−$4.50	0.5			$10.50	0.5
2	$0	$0	1	41%	50%	$0	1
		$2.25	0.5			$2.25	0.5
		−$2.25	0.5			−$2.25	0.5
3	−$2.25	$0	1	69%	87%	−$2.25	1
		$2.25	0.5			$0	0.5
		−$2.25	0.5			−$4.50	0.5
4	−$7.50	$0	1	40%	77%	−$7.50	1
		$2.25	0.5			−$5.25	0.5
		−$2.25	0.5			−$9.75	0.5

실험 4는 −7.50이라는 이전의 손실을 가지는데, 이 경우에 준쾌락적 편집은 1−단계 선택이 2−단계 선택보다 더 매력적이라는 것을 다음과 같이 알 수 있다.

$$\text{2−단계 선택의 가치=}$$
$$\pi(0.5)[v(-7.50)+v(-2.25)]+\pi(0.5)[v(-7.50)+v(2.25)] \qquad (10)$$

$$\text{1−단계 선택의 가치=}\pi(0.5)v(-9.75)+\pi(0.5)v(5.25) \qquad (11)$$

(10)은 (11)보다 작기 때문에 1−단계 선택이 더 매력적이다.[7] 따라서 1−단계 선택의 위험 추구 비중이 77%로 2−단계의 40%보다 훨씬 크게 나타난 것이라고 할 수 있다.

그렇다면 실험 1에서 2−단계 선택이 1−단계 선택에 비해 위험 추구 비중이 높은 이유는 무엇일까? 다음의 준쾌락적 편집의 가치에서 (12)가 (13)보다 크기 때문이다.

$$\text{2−단계 선택의 가치=}\pi(0.5)[v(15)+v(4.50)]+\pi(0.5)v(11.50) \qquad (12)$$

$$\text{1−단계 선택의 가치=}\pi(0.5)v(19.50)+\pi(0.5)v(11.50) \qquad (13)$$

v가 이익 영역에서 오목하므로 (12)>(13).

7 π 항을 제거하고 (9)와 (10)의 차이를 표현하면 다음과 같다.

$$(10)-(9)=[v(-9.75)+v(5.25)]-[v(-7.50)+v(-2.25)]-[v(-7.50)+v(2.25)]$$
$$=[v(-9.75)+v(-5.25)-2v(-7.50)]-[v(-2.25)+v(2.25)]>0$$

(∵ v는 이익 영역에서는 오목하고, 손실 영역에서는 볼록하며, $v(-2.25)<v(2.25)$.)

14 — 경마와 복권

주식시장은 **시장 효율성**과 합리성을 검증하기 위하여 재무금융학자나 경제학자들이 가장 많이 사용하는 대상이다. 하지만 시장 효율성 검증 차원에서 주식시장의 단점은 진정한 가격이 정해지는 시점이 없다는 것이다. 주식은 끊임없이 거래되지만 어떤 가격을 진정한 가격으로 인정해서 가격 효율성을 검증해야 하는지 알 수 없다. 따라서 주식시장의 효율성 또는 합리성을 검증하는 데에는 현실적인 한계가 있다.[1] 탈러와 짐바(1988)는 이런 단점으로부터 자유로운 것이 경마와 복권 시장이라고 하였다. 그들은 **경마**와 **복권** 시장이 효율적이지 않다는 것을 기존의 실증 연구를 정리하여 보여주었다. 여기서는 그들의 검토를 바탕으로 경마와 복권 시장의 비효율성을 살펴보고자 한다.

시장 효율성
시장이 모든 이용 가능한 정보를 완전하고 신속하게 반영한다.

경마
여러 마리의 말들을 동시에 출발시켜서 정해진 거리를 달린 뒤 결승선을 통과하는 순서에 따라 순위를 겨루는 경기

복권
돈으로 표를 구입하고 당첨 조건에 맞으면 해당 당첨금을 매입자에게 주는 제도

경마 시장

경마 시장의 비효율성을 알아보기 위해서는 경마 시장의 기본적인 내용을 숙지해야 한다. 경마는 대개 6~12마리의 경주마들이 달리는 경기로, 말 번호에 베팅하는 마권을 구매하여 자신이 선택한 경주마가 승리하면 상금을 받는 게임이다. 경마의 종류를 승식이라고 하는데, 승식에 따라 환급금을 다르게 지급한다. 표 14-1은 주요 승식의 종류를 보여주고 있다.

표 14-1 승식의 종류

일반 경마	단승식	1등을 맞히는 방식
	연승식	연승식 플레이스(place): 2등 이내의 경주마를 맞히는 방식 연승식 쇼우(show): 3등 이내의 경주마를 맞히는 방식

1 재무금융 이론에서는 주식의 수익률과 가격을 같은 정보로 취급한다. 가격에 의해서 수익률이 결정되고, 수익률이 결정되면 주식의 가격을 알 수 있기 때문이다. 주식시장의 효율성을 검증하기 위해서는 일단 이론적 모형을 정해서, 그 모형에 의한 값이 주식의 진정한 수익률이라고 가정한다. 그리고 실제 관찰된 수익률이 모형에 의한 수익률과 정합성이 있는가를 검증하는 것이 주식시장의 효율성 검증이다. 따라서 주식시장의 효율성 검증은 주식시장의 효율성과 모형의 타당성을 동시에 검증하는 것이다. 결과적으로 모형에 의한 효율성 검증이 기각되어도, 그 원인이 시장의 비효율성 때문이지 아니면 모형의 불합리성 때문인지는 분별할 수 없다는 한계가 있다.

이색 경마	쌍승식	1등과 2등을 순서에 맞게 맞히는 방식
	복승식	1등과 2등을 순서와 관계없이 맞히는 방식
	복연승식	3등 이내의 경주마 두 마리를 순서와 관계없이 맞히는 방식

예시장
말들이 경주에 출주하기 전에 20~30분 동안 고객들에게 미리 선보이는 장소

다음 경주를 위해 20~30분 동안 **예시장**이 진행되는 동안 참가자들은 베팅을 한다. 예시장은 말들이 경주에 출주하기 전에 고객들에게 미리 선보이는 장소이다. 경주 출발 30분 전부터 10분 전까지 경주마들은 예시장에 나와 준비 운동을 하는데, 여기서 말들의 건강 상태와 걸음걸이 등을 관찰하면 우승마를 예상하는 데 도움이 되기도 한다.

패리뮤추얼
거래 비용을 차감하고 패배한 모든 베팅의 자금을 모아서 승리한 베팅에 반환하는 방식

거래 비용
제세금, 운영 경비, 마사회의 이익금 등으로 구성된다.

경마의 각 베팅에 할당된 돈은 각각 분리된 자금으로 보관된다. 반환금은 **패리뮤추얼 방식**으로 결정되는데, 이는 **거래 비용**을 차감하고 패배한 모든 베팅의 자금을 모아서 승리한 베팅에 반환하는 방식이다.[2] 거래 비용은 세금, 운영 경비, 이익금 등을 포함하여 전체 베팅 금액의 백분율 t로 나타낸다. 거래 비용은 상당히 많이 들어서 미국의 경우에는 15~25% 정도이고, 한국마사회의 경우에는 2021년 현재 27%이다.[3] 미국에서는 $1당 모든 수익이 가장 가까운 5 또는 10센트로 내림 되기 때문에 추가적인 비용이 발생하기도 한다. 한국마사회는 소수점 첫째 자리에서 사사오입 한다. 이제 패리뮤추얼 방식에 대해 알아보자. 예를 들어, 8마리가 출전하는 단승식에서 각 경주마에 다음과 같이 베팅 되었다고 하자. 여기서 4번이 승리하면 반환금은 어떻게 결정될까?

마번	1	2	3	4	5	6	7	8	합계
금액	$60	$140	$24	$110	$220	$94	$300	$80	$1,028

t=14.25%라고 하면 거래 비용은 $1,028×0.1425=$146.49가 된다. 나머지 금액 $881.51이 4번 말에 베팅한 참가자들에게 다음과 같이 분배된다. $881.51을 $110.00으로 나누면 8.01이 되므로, $1 베팅에 대해 $8.01을 받게 된다. $1이 베팅 금액이고 $7이 이익금이 되므로, 자연수로 표현되는

2 우리나라의 경우, 베팅이 진행되는 동안 30초 간격으로 토트 보드(tote board)라는 전광판을 통하여 변화하는 배당률(odds)이 게시된다. 최종적인 배당률은 베팅이 모두 끝나야 결정된다. 영국과 다른 지역 등에서는 승리했을 때 정해진 반환금을 받는 고정 배당률 체계의 베팅을 허용하기도 한다.

3 27%는 제세금 16%p, 운영 경비 7~8%p, 마사회의 이익금 3~4%p로 구성되어 있다. 마사회의 이익금은 이익준비금 10%, 사업확장적립금 20%, 특별적립금 70%로 나누어진다. 우승마를 적중할 경우 환급금에서 기타소득세가 공제되는 경우도 있다.

배당률은 7–1(또는 7:1, 7/1)이 된다. 나머지 말에 대해서도 동일한 패리뮤추얼 방식에 의해 배당률이 결정된다. 어떤 경우에는 반환금이 1.01 또는 1.03과 같이 매우 작아질 때가 있다. 이럴 때는 최저 반환금을 1.10으로 한다.

어떤 말에 베팅된 자금의 비중은 그 말이 경주에서 승리할 **주관적 확률**로 해석될 수 있다. 수많은 경주에 대해 합산을 하면, 어떤 범위의 주관적 확률(예를 들어, 20%와 25% 사이)을 가진 말들이 경주에서 승리했던 비율을 확인할 수 있다. 그 분석 결과는 아주 인상적이었다. 대중에 의해서 가장 승리 확률이 높게 평가된 말들이 가장 자주 (약 30% 정도) 우승하고, 주관적 확률과 객관적 확률의 상관관계는 매우 높았다. 이 시장에서의 참가자들은 상당한 전문성을 가지는 것으로 보인다.

주관적 확률
베팅된 자금의 비중에 의해 계산된 확률

주관적 확률과 객관적 확률의 높은 상관관계가 경마 시장이 효율적이라는 것을 의미할까? 이는 시장 효율성의 정의에 따라 다를 수 있다. 만약 모든 참가자가 합리적 기대를 가진 기대 가치 최대화를 추구한다면, 다음과 같은 시장 효율성의 두 가지 정의가 적절할 수 있다.

시장 효율성 조건 1(약형): 어떤 베팅도 양(+)의 기대 가치를 가질 수 없다.[4]

시장 효율성 조건 2(강형): 모든 베팅이 베팅 금액의 (1–t)에 베팅 금액을 곱한 값의 기대 가치를 가져야 한다.

경마 시장은 놀라울 정도로 효율적이지만, 이 두 조건이 위배되는 충분한 증거들이 존재한다. 그런 이례적 현상의 가장 확실한 증거가 **페이버릿–롱샷 바이어스**이다. 페이버릿은 승리 확률이 가장 높은 인기 경주마이고, 롱샷은 승리 확률이 거의 없는 비인기 경주마이다. 페이버릿–롱샷 바이어스는 '페이버릿은 과소평가 되고 롱샷은 과대평가 된다'라는 것이다. 즉, 페이버릿은 주관적 확률보다 더 많이 승리하고, 롱샷은 주관적 확률보다 훨씬 적게 승리한다. 이는 페이버릿이 롱샷보다 더 좋은 베팅이라는 것을 의미한다. 예를 들어, 3–10보다 작은 배당률을 가지는 (이 경우 승리 확률이 70%보다 높음) 극단적 페이버릿은 실질적으로 양(+)의 기대 가치를 가지는데, 이는 시장 효율성 조건 1에 위배된다.[5]

페이버릿–롱샷 바이어스
페이버릿은 과소평가 되고 롱샷은 과대평가 되는 현상

4 탈러와 짐바(1988)가 명시적으로 언급한 바는 없지만, 여기서의 기대 가치는 순기대 가치를 의미한다고 보아야 한다.

5 경마에서의 주관적 확률은 배당률을 이용하여 계산할 수 있다. 어떤 경주마의 배당률이 "x to 1" 또는 "x–1"이라면 그 말이 승리할 내재적 확률은 (1–t)/(x+1)이다. 배당률 3–10은 0.3–1과 같으므로, 확률로 계산하면 (1–t)/1.3이다. t=0이라면 이 값은 약 77%이다.

그림 14-1은 짐바와 하우쉬(1986)가 50,000번 이상의 경마를 대상으로 한 연구들로부터 수집된 자료들을 이용하여 조사한 페이버릿-롱샷 바이어스의 결과이다. 이는 캘리포니아주에 적용된 거래 비용 t=15.33%를 이용하여 배당률과 $1 베팅의 기대 수익을 보여주고 있다. 가로축의 배당률은 주관적 확률과 반비례하는 개념이다. 수평선은 기대 수익이 0.8467인 수준을 의미하는데, 이는 배당률 9-2에 해당하고 승리 확률은 약 15%로 볼 수 있다. 배당률 18-1이 넘어서면 기대 이익은 심하게 떨어지기 시작하고 배당률 100-1에서는 단지 13.7 센트밖에 안 된다. 배당률 3-10 미만에서는 기대 수익률이 양(+)의 값을 가지는데, 가장 배당률이 작은 경주마들의 기대 수익률은 4~5%에 이른다. 그렇게 흥분할 정도로 압도적인 인기 마는 매우 드물다.

표 14-1
거래 비용을 제외한 배당률과 반환금의 관계
출처: 짐바와 하우쉬(1986)

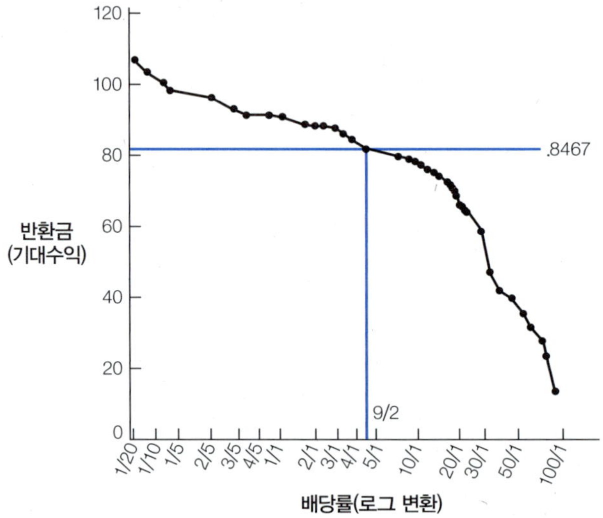

다른 효율성 검증으로는 대등한 베팅의 반환금을 비교하는 것이다. 예를 들어, 대부분의 경마장은 첫 두 경주의 승자를 선택하는 2단승식을 제공한다.[6] 첫 경주에서 A를 선택하고, 두 번째 경주에서 B를 선택한다고 가정하자. 이와 동일한 대안적 베팅 전략은 첫 경주에서 A에 베팅하고, A가 승리하면 두 번째 경주에서 모든 반환금을 B에 베팅하는 것이다. 시장이 효율적이라면 두 베팅 전략의 기대 수익은 같아야 한다.[7] 알리(1979), 애쉬와 콴트(1987)가 이를 검증하였는데, 두 전략 사이에는 효율성이 존재하는 것으로 나타났다.

6 당일 마지막 또는 중반 두 경주의 승자를 선택하는 2단승식도 있다.
7 두 베팅 전략은 2단승식의 대안적 베팅을 말한다.

하지만 2단승식의 거래 비용이 작으므로 참가자들은 대안적 베팅보다는 **2단승식**을 선호해야 한다.

2단승식
첫 두 경주의 승자를 선택하는 방식

비슷한 검증이 1등과 2등을 순서에 맞게 맞히는 쌍승식 경마에서도 가능하다. 승리 선택에 들어있는 서로 다른 말에 베팅된 금액으로 승리 확률의 내재적 확률을 계산할 수 있듯이, **쌍승식**에 대해서도 하빌(1973) 공식에 의해 비슷한 계산이 가능하다. 단승식에서 경주마 i가 승리할 확률을 q_i라고 하면, i가 1등을 하고 j가 2등을 할 확률은 $q_iq_j/(1-q_i)$가 된다.[8] 애쉬와 콴트(1987)는 하빌 공식을 이용하여 주관적 승리 확률을 비교하였다. 검증 결과는 참가자들이 수학적으로 계산된 확률과는 다르게 베팅하였다고 한다. 이는 경마 시장의 효율성을 지지하지 않는 결과이다.

쌍승식
1등과 2등을 순서에 맞게 맞히는 방식

베팅 전략

주식시장과 마찬가지로 경마에서의 베팅 전략도 기본적 방법과 기술적 방법이 있다. 기본적 방법은 핸디캡 경주에 사용되는 공개된 정보를 사용한다.[9] 기본적 방법을 사용하는 참가자는 시장에서 결정되는 배당률을 초과하는 승리 확률의 경주마를 선택하여 거래 비용을 차감하고도 충분한 수익을 올리려고 노력한다. 기술적 방법은 베팅 자료만을 이용하기 때문에 정보 요구량이 훨씬 적다. 기술적 방법을 사용하는 참가자들은 시장의 비효율성을 이용하는데, 양(+)의 기대 가치를 가지는 과소평가된 경주마에 베팅한다. 대부분의 학술적 연구들은 기술적 방법에 치우쳐 있다.

하우쉬 등(1981)은 **연승식 플레이스**와 **연승식 쇼우** 시장에 대해서 베팅 전략을 개발하여 검증하였다. 그들은 **단승식** 베팅 금액을 이용하여 앞에서 소개한 하빌 공식에 의해 연승식 플레이스와 쇼우의 확률을 계산하였다. 이 방법을 이용하여 연승식 플레이스와 쇼우에서 상대적으로 베팅 금액 비중이 적은 경주마들을 찾아낼 수 있었다. 이 전략의 기본적 아이디어는 단승식에서 경주마 i에 베팅 된 금액 비중을 플레이스와 쇼우 시장에서 경주마 i에 베팅

연승식 플레이스
2등 이내의 경주마를 맞히는 방식

연승식 쇼우
3등 이내의 경주마를 맞히는 방식

단승식
1등을 맞히는 방식

8 비슷한 개념에 의해 i가 1등, j가 2등, k가 3등을 할 확률은 $q_iq_jq_k/(1-q_i)(1-q_i-q_j)$이다. 하빌 공식은 요구 자료가 많지 않음에도 불구하고 상당히 정확하다. 그러나 낮은 배당률을 가지는 경주마가 정확히 2등이나 3등을 할 확률을 과대평가하는 경향이 있다. 스턴(1987)은 좀 더 정확한 공식을 유도하였지만, 그 공식은 경주에 참여하는 모든 말의 자료를 필요로 한다는 단점이 있다.

9 핸디캡 경주는 출전하는 말들에게 승리 기회를 균등하게 하기 위해 핸디캡 전문위원들이 말들의 경주 능력에 따라 부담 중량을 차등하여 부여하는 경주이다. 즉, 강한 말에게 중량을 무겁게 부담시키고, 약한 말에게는 중량을 가볍게 부담시켜 승리의 기회를 균등하게 함으로써 출주 의욕을 고취하고 경주의 박진감을 배가시키려는 제도이다.

된 금액과 비교하는 것이다. 예를 들어, 단승식에서 경주마 i에 40%가 베팅되었는데 연승식 플레이스에서는 15%만 베팅되었다면 플레이스에서 경주마 i에 베팅하는 것이 수익성 있는 전략이다. 그런 수익성 베팅 기회가 하루에 대개 2~4번 발생한다. 두 시즌의 경마에 대해 이 전략을 검증한 결과, 연승식 플레이스와 쇼우 시장에서 베팅마다 11% 상당의 이익을 얻을 수 있다고 하였다. 이는 앞에서 정의하였던 약형 시장 효율성에 위배되는 결과이다.[10]

짐바와 하우쉬(1986)는 쌍승식 시장에서의 비효율성을 찾아내어 비슷한 기법을 개발하였다. 가장 수익성이 좋은 베팅은 페이버릿을 2등으로 하는 것이다. 확률이 높은 말들이 2등을 할 확률이 상당히 높다. 하지만 참가자들은 이런 가능성을 쉽게 과소평가할 수 있다. 또 다른 수익성 전략은 페이버릿-롱샷 바이어스에서 찾을 수 있다. 극단적으로 성적이 좋은 페이버릿을 1등으로 베팅하는 것이다. 대부분의 사람이 뛰어난 말에 상당한 금액을 베팅하지만 사실 그것도 효율적 베팅 금액보다는 작다. 한편, 롱샷을 함께 조합하는 것은 결코 좋은 쌍승식 경마 베팅이 될 수 없다. 그렇게 하면 보통 $1 베팅에 10~30센트밖에 돌려받지 못한다.

스마트 머니
시장 및 투자 전문가 또는 기관투자자에 의해 운용되는 자본으로, 이익을 얻기 위해 정보를 가지고 재빠르게 움직이는 현명한 투자자를 말하기도 한다.

애쉬 등(1984, 1986)과 애쉬와 콴트(1986)는 베팅 기간의 후반부에 배당률이 하락하는 경주마가 내부 정보를 반영하여 양(+)의 기대 수익률을 가질 수 있을지를 연구하였다. 일반적인 경마 관습에 의하면 **스마트 머니**가 지연 베팅한다고 한다.[11] (스마트 머니란 시장의 속성에 대해 매우 잘 알고 있어서 수익성 높은 투자를 쫓아다니는 투자자를 말한다.) 애쉬 등(1982)은 다양한 자료를 이용한 검증을 통해 스마트 머니의 지연 베팅을 지지하였다. 그들은 승리하는 경주마의 마지막 배당률은 아침의 배당률(핸디캡 전문위원이 정한 예상 배당률)보다 낮아지는데 비해, 패배하는 경주마들의 마지막 배당률은 아침의 배당률보다 높아지는 경향이 있다는 것을 발견하였다. 수익성과 지속성을 가지는 이런 전략들은 경마 시장이 효율적이지 않다는 직접적인 증거이다.

10 그들은 이 전략이 알려진 이후에도 수익성 있는 베팅 기회가 없어지지 않았다고 한다. 1987년 브리더스 컵(Breeders' Cup) 경마 대회에서 위에서 소개된 시스템 베팅을 하루에 5번 적용한 결과, 운 좋게도 5번 모두 성공했다.

11 여기서 지연 베팅이란 그날의 마지막 2~3번째 경주에 하는 베팅을 말한다. 애쉬와 콴트(1986)는 스마트 머니는 자기의 베팅이 전달할 수 있는 정보를 유보하고 싶기 때문에 이런 일이 일어난다고 하였다. 대중들은 배당률이 기대보다 낮아지면 당해 경주마에 더 베팅한다는 것이다. 배당률이 낮아지면 승리 확률이 높아지는 것이기 때문에 가격이 상승하는 것이고, 그렇다면 이는 우상향하는 수요 곡선을 의미한다. 하지만 다른 참가자들이 어떤 말에 대해서 특별한 정보가 있다면, 그들은 배당률이 기대보다 높아졌을 때 당해 경주마에 더 많이 베팅할 수도 있다. 아마도 대중들은 각각의 전략을 사용하는 참가자들의 혼합일 것이다.

복권 시장

복권 시장은 성서 시대까지 올라갈 정도로 오래되었다고 한다. 이탈리아의 복권은 1530년 이후 계속되고 있고 현재 100개 국가 이상에서 복권 제도가 시행되고 있다.[12] 북아메리카의 복권은 순례자들과 함께 도입되어서 하버드, 프린스턴, 예일 대학교 등의 설립 자금의 일부로 활용되기도 하였다. 복권 시장은 지나친 부패와 타락으로 인해 19세기 말에 종말을 고하게 되어 미국과 캐나다에서 금지되었다. 그러다가 1964년에 미국 뉴햄프셔에서 다시 시작되었고, 캐나다에서는 1967년 몬트리올 엑스포의 빚을 갚기 위해서 다시 도입되었다.[13] 하지만 $1 투자에 40~60센트에 불과한 기대 수익을 고려할 때, 합리적 투자자의 입장에서는 결코 좋은 투자가 될 수 없다.

이렇게 낮은 수익에도 불구하고 양(+)의 순이익을 얻는 것이 가능할 수도 있다. 왜냐하면 모든 숫자가 동일하게 나오지 않기 때문이다. 앞에서 설명하였던 **도박사의 오류**(**몬테카를로의 오류**)가 이와 관계가 있다.[14] 도박사의 오류는 앞에서 일어난 사건과 그 뒤에 일어날 사건이 서로 독립이라는 확률 이론의 가정을 받아들이지 않기 때문에 발생한다. 무한한 시행에서 모든 숫자가 동일 비중으로 나와야 하는데, 잘 나오지 않은 숫자가 있다면 그 번호가 나올 확률이 높다고 믿을 수 있다.

도박사의 오류(몬테카를로의 오류)
어떤 사건이 한동안 기대했던 것보다 많이(적게) 발생했으면 앞으로 그런 사건이 덜(더) 발생할 것이라고 기대하는 가능성 오류

이런 패턴을 이용하는 전략이 체르노프(1980)에 의해 매사추세츠 숫자 게임의 맥락에서 처음으로 공식화되었다. 이는 0000에서 9999까지의 숫자 중에서 하나를 고르는 것이다. 체르노프는 0, 9, 8이 포함된 숫자들은 잘 나오지 않았다는 것을 발견하였다. 그의 이론적 분석에 따라 양(+)의 기대 수익률을 가지는 숫자 조합이 있었고, 그의 학생들은 체계적으로 '좋은' 번호에 베팅하였다. 하지만 학생들의 실적은 좋지 않았다. 그 이유는 첫째, 잘 나오지 않는

12 보통 복권을 '로또'라는 용어로 표현한다. 로또는 이탈리아 말로 행운이라는 뜻이다. 지금의 로또 복권 개념은 1530년에 이탈리아의 플로렌스에서 탄생하였다.

13 우리나라 최초의 복권은 1948년 제14회 런던 올림픽 경비 충당을 위해 1947년 12월에 발행되었다. 2021년 현재 가장 대표적인 동행복권은 6/45 방식인데, 이는 45개의 숫자 중 순서와 관계없이 6개를 맞히면 1등에 당첨된다. 따라서 1등 확률은 $1/{}_{45}C_6$=1/8,145,060이다. 1등은 대개 7~19명이고, 당첨금은 세전 평균 23억이며, 제세공과금이 33%이다. 1등은 총 당첨금 중 4등, 5등 금액을 제외한 금액의 75%를 받고, 2등과 3등은 각각 총 당첨금 중 4등과 5등 금액을 제외한 금액의 12.5%를 받는다. 4등은 50,000원, 5등은 5,000을 받는다.

14 1913년 모나코 몬테카를로 보자르 카지노의 룰렛 게임에서 우연히 구슬이 20번 연속 검은색으로 떨어지는 일이 벌어졌다. 그러자 사람들은 이제 붉은색 구슬이 떨어질 차례라고 확신하며 붉은색에 돈을 걸었다. 그러나 모두의 예상을 깨고 구슬은 26번째까지 검은색에서 멈추었다. 많은 사람은 이미 많은 돈을 잃었다. 이는 유한한 시행에서 이론적 확률대로 결과가 발생하기를 기대하였기 때문에 발생한 사건이다. 이에 몬테카를로의 오류(Monte Carlo fallacy)라는 말이 생겼고, 이를 도박사의 오류(gambler's fallacy)라고 부르게 되었다.

도박사의 파산
이길 확률이 1/2을 초과하는 경우에 도박사가 파산할 확률은 유한하고, 1/2 이하인 경우에는 거의 확실하게 파산한다.

숫자가 학습되면서 유리할 것도 없게 되었고, 둘째는 학생들의 자금이 충분하지 않아서 **도박사의 파산** 문제에 걸렸기 때문이다. 도박사의 파산 문제란 한정된 자금을 가진 도박사가 도박을 계속하면 파산할 수 있다는 것이다.[15] 결국 학생들은 운이 안 좋았다. 잘 나오지 않았던 숫자가 기대했던 것보다 덜 나왔다.

북아메리카에서 가장 매력적이었던 복권은 로또 6/49와 그 비슷한 종류들이었다. 이는 49개의 숫자 중에서 6개를 선택하여 모두 당첨 번호와 일치하면 1등에 당첨되는 것이다. 3~5개의 숫자가 당첨 번호와 일치하면 당첨금이 작아진다. 이 게임에서 1등에 당첨될 확률은 13,983,816분의 1이다. 일주일에 두 번 이 게임을 하면 134,360년 만에 1등에 당첨될 것으로 기대할 수 있지만, 이 기간은 합리적인 경제학자에게도 너무 긴 시간이다.

하지만 다음과 같은 두 가지 이유로 이 게임이 합리적인 투자자에게도 흥미를 불러일으킨다. 첫째, 매사추세츠 숫자 게임처럼 어떤 숫자들은 다른 것들에 비해 자주 나왔다는 것이다. 둘째는 1등 당첨이 없으면 다음 주로 상금이 이월된다는 것이다.[16] 이 금액은 어마어마하다. 학자들은 이런 요인들이 로또 6/49가 매력적 투자 기회가 될 수 있는가를 연구하였다. 여러 방법이 최선의 숫자를 계산하기 위해 사용되었다: 나온 숫자들의 빈도 계산; 상금의 로그 값을 당첨 번호에 회귀분석 함; 복잡한 수리적 최대화 모형. 모든 분석이 15에서 20까지의 숫자가 잘 나오지 않는다는 결론에 이르렀다. 매년 학습이 이루어졌지만, 그 숫자들은 진짜로 잘 나오지 않았다. 안 나오는 숫자는 계속 안 나오는 경향이 있었다.

이월이 안 된다고 할지라도 $1 베팅에 $1을 초과하는 기대 수익을 가지는 수천 가지의 숫자 조합이 있다. 최선의 숫자에 베팅하는 것의 기대 가치는 이월이 될수록 커지고, 아주 금액이 큰 로또의 경우 $1 당 $2.25 정도 된다. 최선의 숫자들은 0, 9, 8로 끝나는 큰 숫자들이다. 회귀분석에 의하면 12개의 가장 잘 안 나오는 숫자는 32, 29, 10, 30, 40, 39, 48, 12, 42, 41, 38, 18이다. 이 숫자들은 평균적 숫자들보다 15~30% 덜 나오는 경향이 있었다. (평균−2표준편차)보다 낮은 빈도를 가지는 숫자들을 분석하면 다음과 같은

15 도박사의 파산(gambler's ruin) 문제는 통계학의 유명한 정리이다. 이길 확률이 1/2을 초과하는 경우에 도박사가 파산할 확률은 유한하고, 1/2 이하인 경우에는 거의 확실하게 파산한다.

16 우리나라의 동행 복권에서는 2회까지 이월이 가능하며, 3회째에도 1등 당첨자가 없을 경우에는 2등 당첨자에게 지급된다.

19개의 숫자를 얻을 수 있었다: 40, 39, 20, 30, 41, 38, 42, 46, 29, 49, 48, 32, 10, 47, 1, 37, 28, 34, 45. 이에 비해, 가장 잘 나오는 숫자는 7이고 평균적 숫자보다 거의 50% 더 나왔다.

여기서 문제는 "로또 게임에서 잘 나오지 않은 숫자를 선택하여 돈을 벌 수 있을까?"이다. $1 베팅에 $2의 기대 가치를 얻을 수 있다고 할지라도 차익거래의 기회가 없을 수 있다. 백만 개의 가능성을 가지는 다음의 게임을 계속한다고 가정하자: $1을 내고, 1에서 백만까지의 숫자 중 당신이 선택한 하나가 나오면 $2백만을 준다. 기댓값으로 보면 유리한 게임이지만 확률이 너무 낮아서 당첨되기 전에 파산할 가능성이 매우 크다. 그렇다면 잘 나오지 않는 숫자로 게임을 하면 부자가 될 수 있을까? 그런 베팅이 최선의 전략이 될 수는 있지만 당첨되기 전에 너무 오랜 시간 동안 게임을 해야 한다는 것을 알아야 한다.

이제 로또 게임의 가장 매력적인 특성인 이월에 대해 알아보자. 1등 당첨자가 없어서 상금이 이월되면 모든 숫자를 사서 돈을 벌 수 있을까? 이것은 마치 당첨을 훔치는 것과 같다. 이 전략이 수익성이 있으려면 두 가지 조건이 만족하여야 한다. 첫째, 이월 금액이 커야 한다. 예를 들어, 6/49 로또에서 (1988년 현재) $77만 이상이어야 한다. 둘째, 로또 티켓이 너무 많이 팔리지 않아야 한다. 이 두 조건이 만족하기는 어렵지만 그런 경우가 있을 수도 있다. 이때는 모든 번호를 모두 사는 것이 합리적일 수 있다. 하지만 그렇다고 할지라도 모든 번호의 로또 티켓을 혼자서 매입할 수 없으므로 현실적으로 불가능하다.

행동의 이해

경마 행동의 이해

경마 시장은 놀라울 정도로 효율적이어서 배당률은 승리 확률의 좋은 추정치가 된다. 이는 경마 참가자들이 상당한 전문가라는 것을 의미한다. 그럼에도 불구하고, 분명한 두 가지의 이례적 현상이 존재한다. 첫째는 페이버릿-롱샷 바이어스이고, 두 번째는 연승식 플레이스와 쇼우 시장의 비효율성이다. 이런 이례적 현상들은 어떻게 설명될 수 있을까?

콴트(1986)는 페이버릿-롱샷 바이어스에 관해서 다음과 같이 설명하였다:

지역적 위험 추구형
위험–수익 관계가 뒤집히는 것으로, 균형 상태에서 높은 위험이 있는 베팅이 낮은 위험이 있는 것보다 수익률이 더 낮아지는 현상

사람들이 음(–)의 기대 수익률을 가지는 경마에 베팅하는 것은 그들이 **"지역적" 위험 추구형**이기 때문이다. 이는 일반적인 위험–수익 관계가 뒤집히는 것으로 균형 상태에서 높은 위험(분산)이 있는 베팅(투자)이 낮은 위험이 있는 것보다 수익률이 더 낮다는 것이다.

위험 회피형
오목한 효용 함수를 가지는 유형

경마에 베팅한다는 사실로부터 그들이 위험 추구형이라고 추론하는 것이 타당할까? 지역적 위험 추구형이란 무엇을 말할까? 경마에 베팅하는 사람들도 보험을 구매하는데, 이는 그들의 효용 함수도 오목한 형태의 **위험 회피형**이란 것을 의미한다. 하지만 현재 부의 수준을 초과하는 큰 금액의 영역에서는 볼록한 효용 함수를 가진다는 것이다. (위험 회피형의 효용 함수는 오목하고, 위험 추구형의 효용 함수는 볼록한 모양이다.) 이런 가정이 경마에 베팅하는 사람들의 행동을 설명하는 것 같지만, 그들의 투자 행위를 생각하면 적당한 설명이라고 하기 어렵다. 왜냐하면 그들도 큰 금액의 투자인 연금 저축을 할 때는 높은 위험을 위해서 낮은 평균 수익률을 받아들이지는 않을 것이기 때문이다. 연금 저축과 같은 투자 행위를 할 때는 그들도 오목한 효용 함수를 가진다. 따라서 경마에 베팅하는 사람들이 지역적 위험 추구형이란 말은 부의 수준이 아니라, 실제적 지역인 '경마장'에 적용되는 것으로 받아들여야 한다. 즉, 지역적이라는 표현은 경마장 장소를 의미하는 것이다. 경마장에서 베팅할 때만 효용 함수가 볼록하게 된다고 보아야 한다.

손익 분기 효과
손실을 본 이후에 기존의 손실을 만회할 가능성이 있으면 위험을 기꺼이 감수하려는 성향

이런 상황에서 한 가지 설명하기 어려운 다른 현상은 페이버릿–롱샷 바이어스가 당일 마지막 두 경주에 더 심화된다는 사실이다. 당일 경마가 끝나갈수록 평균적으로 사람들은 손실을 보게 된다. 그들은 승자로 집에 돌아가고 싶지만, 더 이상의 돈을 잃고 싶지 않기 때문에 본전을 찾기 위한 시도로 롱샷에 베팅한다. 손실을 본 상태에서 왜 위험 추구 성향이 증가할까? 탈러와 존슨(1990)은 이를 **손익 분기 효과**를 이용하여 설명하였다.[17] 일반적으로 손실을 보게 되면 사람들은 위험 회피 성향을 보이게 된다. 하지만 그들은 손실을 본 상황에서도 본전을 다시 찾을 수 있는 위험 선택이 있다면 위험 추구형이 된다는 사실을 실험을 통하여 증명하였다. 이를 경마에 적용해 보자. 사람들은 그동안의 손실을 만회하기 위해 배당률이 높은 롱샷에 무리하게 베팅하게 된다. 따라서 당일 경마가 끝나갈 때쯤에 페이버릿–롱샷 바이어스가 더 심화될 수 있다.

17 이에 대한 자세한 설명은 제2부 〈카지노에서 생긴 일: 하우스 머니 효과와 손익 분기 효과〉를 보시오.

페이버릿-롱샷 바이어스에 대해서는 여러 가지 행동 과학적 설명이 가능하다. 첫째, 사람들이 롱샷의 승리 확률을 과대평가할 수 있다. 둘째, 프로스펙트 이론에 따라 사람들이 롱샷의 작은 승리 확률에 더 큰 비중을 준다. 셋째, 베팅을 즐기는 적은 금액은 기분 좋은 흥분을 느끼기에 알맞은 수준이다. 넷째, 승리 말로 롱샷을 선택하는 것은 페이버릿보다 더 재미있다. 예를 들어, 1-5의 배당률을 가지는 페이버릿을 우승마로 예측하는 것은 당연하기 때문에 다른 사람들에게 큰 신뢰감을 주지 못한다. 하지만 20-1의 배당률을 가지는 롱-샷을 선택해서 승리하면 자기의 예측 능력을 충분히 자랑할 수 있다. 마지막으로, 어떤 사람들은 말 이름과 같은 비합리적인 이유로 선택하기도 한다. 이러한 행동 과학적 이유가 있음에도 불구하고 공매도가 불가능하므로 차익거래는 발생할 수 없다. 다만, 스마트 머니가 페이버릿에 대한 베팅을 더 많이 하여 롱샷의 배당률을 더 낮출 수는 있다.

연승식 플레이스와 쇼우 경마가 단승식보다 효율성이 떨어진다는 것도 재미있는 현상이다. 중요한 사실은 이런 베팅들이 좀 더 복잡하다는 것이다. 예를 들어, 연승식 쇼우에 대한 반환금은 선택한 말이 3등 이내로 들어올 가능성뿐만 아니라 다른 말이 3등 이내로 들어올 가능성과 각 말에 베팅 된 금액에도 달려있다. (3등 이내로 들어온 말들에 베팅 된 금액이 클수록 반환금은 작아진다.) 사람들은 복잡한 베팅보다는 간단한 베팅을 선호한다. 왜냐하면 연승식 플레이스와 쇼우 경마에서 매력적인 베팅이 언제인가를 결정하기가 어려울 수 있기 때문이다.

복권 행동의 이해

경제 이론이 복권에 대해서 어떤 얘기를 할 수 있을까? 가혹한 보상을 생각할 때, 아무도 복권을 사지 말아야 한다. 하지만 $1에 복권을 사는 것을 합리화할 수 있는 논리는 50센트로 환상을 산다고 보는 것이다. 이건 괜찮은 거래라고 할 수 있다. 잘 나오는 숫자와 잘 나오지 않는 숫자로 합리화하는 것은 더욱 어렵다. 경제 이론은 다음과 같은 역설적 예측을 한다: 아무도 가장 잘 나오는 숫자를 선택하지 않을 것이다.

정말 그렇다면 사람들은 자기의 성향에 맞게 숫자를 선택할 수 있을 때 복권을 많이 구매해야 한다. 실제로 그랬다. 뉴저지 주가 복권 구매자가 스스로 숫자 선택을 허용할 때까지 북아메리카에서 복권은 그리 인기를 끌지 못했다. 이런 현상은 랭거(1975)의 **통제의 착각**에 의해 설명될 수 있다. 완전한

통제의 착각
완전한 확률 게임이라 할지라도 완전히 우연에 의한 경우보다 스스로 선택을 통제할 수 있으면 이길 확률이 더 크다고 생각하는 성향

확률 게임이라 할지라도 사람들은 완전히 우연에 의한 경우보다 스스로 선택을 통제할 수 있으면 이길 확률이 더 크다고 생각한다. 예를 들어, 그의 실험에서 피실험자들은 무작위로 뽑힌 복권보다 스스로 선택한 숫자의 복권을 더 높이 평가하였다. 실제로 복권 1등 당첨자와 인터뷰를 해보면 황당한 이유로 복권 숫자를 선택했다고 답하는 경우가 많았다: "왜 48번을 선택했나요?"; "으음 … 연속해서 7일 동안 꿈에서 7이라는 숫자를 봤어요. 7 곱하기 7은 48이니까…"

주요 용어

2단승식	복권	예시장
거래 비용	손익 분기 효과	위험 회피형
경마	스마트 머니	주관적 확률
단승식	시장 효율성	지역적 위험 추구형
도박사의 오류(몬테카를로의 오류)	쌍승식	통제의 착각
도박사의 파산	연승식 쇼우	패리뮤추얼
	연승식 플레이스	페이버릿-롱샷 바이어스

핵심 정리

- 시장 효율성 검증 차원에서 주식시장의 단점은 진정한 가격이 정해지는 시점이 없다는 것이다.
- 탈러와 짐바(1988)는 이런 단점으로부터 자유로운 것이 경마와 복권 시장이라고 하였다.

경마 시장

- 시장 효율성 조건 1(약형): 어떤 베팅도 양(+)의 기대 가치를 가질 수 없다.
- 시장 효율성 조건 2(강형): 모든 베팅이 베팅 금액의 (1-t)에 베팅 금액을 곱한 값의 기대 가치를 가져야 한다. (여기서 t는 거래 비용이다.)
- 페이버리-롱샷 바이어스는 경마 시장 비효율성의 대표적인 사례이다.
- 연승식 플레이스와 연승식 쇼우 시장에서 비효율성이 관찰되었다.

복권 시장

- 복권 시장에서도 숫자를 이용한 전략에 의해 비효율성이 발견되었지만, 너무 오랜 반복이 요구되는 등의 현실적인 이유로 차익거래의 기회가 없다.

행동의 이해

- 경마 행동의 이해: 페이버릿-롱샷 바이어스는 사람들이 지역적 위험 추구형이기 때문이다. 여기서 지역은 경마장을 의미한다.
- 복권 행동의 이해: $1에 복권을 사는 것을 합리화할 수 있는 논리는 50센트로 환상을 산다고 보는 것이다. 또한 사람들은 완전히 우연에 의한 경우보다 스스로 선택을 통제할 수 있으면 이길 확률이 더 크다고 생각한다.

참고 문헌

- 한국마사회 웹사이트, www.kra.co.kr
- Ali, M. (1979), Some evidence of the efficiency of a speculative market, Econometrica 47, 387~392.
- Asch, P., B. Malkiel, and R. Qu andt (1982), Racetrack betting and informed behavior, Journal of Financial Economics 10, 187~194.
- Asch, P., B. Malkiel, and R. Quandt (1984), Market efficiency in racetrack betting, Journal of Business 57, 65~75.
- Asch, P., B. Malkiel, and R. Quandt (1986), Market efficiency in racetrack betting: Further evidence and a correction, Journal of Business 59, 157~160.
- Asch, P. and R. Quandt (1987), Efficiency and profitability in exotic bets, Economica 59, 278~298.
- Asch, P. and R. Quandt (1986), Racetrack betting: The professors' guide to strategies. Dover, MA: Auburn House.
- Chernoff, H. (1980), An analysis of the Massachusetts numbers game, Cambridge, Massachusetts, MIT Department of Mathematics, Technical Report No. 23.
- Harville, D. (1973), Assigning probabilities to the outcome of multi-entry competitions, Journal of the American Statistical Association 68, 312~316.
- Hausch, D., W. Ziemba, and M. Rubinstein (1981), Efficiency of the market for racetrack betting, Management Science 27, 1435~1452.
- Langer, E. (1975), The illusion of control, Journal of Personality and Social Psychology 32, 311~328.
- Quandt, R. (1986), Betting and equilibrium, Quarterly Journal of Economics 101, 201~207.
- Stern, H. (1987), Gamma processes, paired comparisons and ranking, Ph.D. dissertation, Department of Statistics, Stanford University.
- Thaler, R., and E. Johnson (1990), Gambling with Mental accounting and consumer choice, Marketing Science 4, 199~214.
- Thaler, R. and W. Ziemba (1988), Parimutuel betting markets: Racetracks and lotteries, Journal of Economic Perspectives 2(2), 161–174.
- Ziemba, W. and D. Hausch (1986), Betting at the racetrack, Vancouver and Los Angeles: Dr. Z. Investments, Inc.

제 3 부

이해하기 쉬운 자본시장

▶ 미리보기

제3부는 자본시장에서 발생하는 현상들을 제1부에서 제시된 이론적 틀에 의해 검토하고 있다. 리처드 탈러가 주장한 행동 재무론의 종말로 시작하여 자본시장에서 설명하기 어려웠던 주제들을 프로스펙트 이론, 자기 통제 및 멘탈 어카운팅 이론 등으로 알기 쉽게 설명하였다. 그리고 주식, 채권, 부동산시장의 여러 가지 현상들을 쉴러의 비이성적 과열 개념으로 해석하였다. 마지막으로 헤지 펀드들이 많이 사용하는 모멘텀 투자 전략으로 제3부를 마감하였다.

01 — 행동 재무론의 종말

초창기의 어려움

인지적 바이어스
어떤 사물이나 현상의 인식에 있어서 인지적 또는 감정적 오류에 의해 발생하는 바이어스

가격결정 오류
실제 가격과 표준 경제학적 모형에 의해 계산된 가격과의 차이

앞에서 언급한 것처럼 행동 재무론의 기폭제가 되었던 두 연구 중의 하나는 드봉과 탈러(1985)의 〈주식시장 과잉 반응〉 논문이었다. 이 논문은 **인지적 바이어스**가 주식의 예측 가능한 **가격결정 오류**를 발생시킨다는 가설을 지지하였기 때문에 매우 논란이 많았다. 이런 아이디어가 실무자들에게는 큰 충격이 되지 않았지만, 재무금융학자들은 그들의 연구에 어떤 실수가 있었을 것이라고 하였다: 자료 분석을 위한 프로그래밍에 오류가 있다; 결과는 올바르지만 데이터 마이닝에 의해 설명될 수 있다; 결과는 옳고 데이터 마이닝도 없지만, 인지적 바이어스에 의한 가격결정 오류라기보다는 새로운 위험 요인을 발견한 것이다. 많은 학자는 그들의 연구 결과가 설명 불가능하다고 생각했다. 행동 재무론의 종말이 긍정적인 의미에서 희미하게 보였던 사건이었다.

오랜 시간이 흐른 뒤에 탈러(1999)는 다음과 같이 말했다: "15년이 흐른 지금 많은 훌륭한 재무금융학자들이 행동 재무론 분야에서 활동하고 있다. 이 분야는 이제 논란의 대상이 아니다. 행동 재무론은 단순히 금융시장 연구에 중도적이고 불가지론적인 접근이었다. 그럼에도 불구하고, 나도 (처음에 제기되었던 이유 때문이 아님에도 불구하고) 행동 재무론의 종말을 예측한다. 행동 재무론이 무엇이고 그것이 초창기에 스쳐 지나갈 이단으로 치부되었던 이유를 이해하기 위해서는 먼저 해야 할 일이 있다. 즉, 재무금융학의 표준적인 접근법과 함께 이를 이용했던 학자들이 이론적 입장에서 인지적 바이어스가 자산 가격에 영향을 미칠 수 없다고 믿은 이유를 알아야 한다." 이제 그의 주장을 알아보자.

행동 재무론이 사라질 수 없는 이유

재무금융 이론은 경제에서의 **대리인**이 다음의 두 가지 측면에서 합리적이라는 가정을 기반으로 한다:[1] ① 대리인은 기대효용 이론의 원칙에 따라 의사결정을 한다. ② 대리인은 미래에 대해 바이어스가 없는 예측을 한다. 이 이론의 극단적인 가정은 모든 대리인이 이런 가정에 따라 행동한다는 것이다. 대부분의 경제학자는 이런 극단적인 가정이 비현실적이라고 하면서, 그들의 친척과 지인들(배우자, 학생, 대학장, 정부 지도자 등)이 모두 엉터리 의사결정자들임을 인정한다. 아직도 전통적 모형의 방어자들은 어떤 투자 의사결정을 하는 **한계 투자자**가 합리적이라면 경제 내의 어떤 대리인이 최적이 아닌 의사결정을 하여도 아무런 문제가 없다고 한다. 한계 투자자란 최종적으로 자산의 가격에 가장 큰 영향을 미치는 투자자이다.

대리인
다른 사람을 대신하는 경제 행위자

한계 투자자
마지막으로 거래를 하여 가격을 결정하는 투자자

자산 가격이 합리적 투자자에 의해 결정된다는 주장은 경제학에서 대단한 구전적 전통이었다. 이는 20세기의 위대한 경제학자이자 토론자였던 밀턴 프리드먼에게서 기원한다. 어떤 시장에, 경제학 교과서의 대리인 같은 **합리적 투자자**와 훌륭한 의사결정을 하기 위해 노력은 하지만 예측 가능한 실수를 하는 **준합리적 투자자**가 있고, 객관적으로 같은 가치를 가지는 X와 Y라는 두 개의 자산이 있다고 하자. 합리적 투자자는 X와 Y가 동일한 가치를 가진다고 생각하고, 준합리적 투자자는 X가 Y보다 더 가치가 있다고 생각하지만, 이 생각은 바뀔 수도 있다. 합리적 투자자만 존재하는 세상에서처럼 X와 Y가 같은 가격을 갖는 데 필요한 조건은 무엇일까? 약간 복잡할 수도 있지만, 필수적인 조건들은 다음과 같을 것이다.

합리적 투자자
표준 경제학 이론에 따르는 투자자

준합리적 투자자
합리적 투자자와 다른 가격 결정을 하는 투자자

첫째, 합리적 한계 투자자가 있기 위해서는 총액 기준으로 준합리적 투자자가 너무 많지 않아야 한다. 둘째, 가격이 너무 높으면 합리적 투자자가 가격을 끌어내릴 수 있도록 무비용 공매도가 가능하여야 한다. 셋째, 합리적 투자자들만이 공매도를 할 수 있어야 한다. 그렇지 않으면 두 개의 가격이 동일할 때 준합리적 투자자가 Y를 공매도할 것이기 때문이다. 그럴 경우 균형이 달성될 수 없다. 넷째, 언젠가는 X와 Y의 진정한 관계가 모든 투자자에게 밝혀져야 한다. 다섯째, 합리적 투자자는 두 가격이 같아질 그 언젠가를 포함할 정도로 충분한 투자 기간을 기다려야 한다. 현실에서 이런 조건들을 모두 만족시키기는 매우 어렵다.

1 경제학에서는 경제 행위자를 대리인(representative agent)이라고 표현한다.

위와 같은 경제학의 주장을 반박하는 실제 사례들은 수없이 많고 그중 일부를 뒤에 소개하겠지만, 1998년 롱텀 캐피탈 매니지먼트(LTCM)의 파산은 가장 대표적인 사건이었다. LTCM은 합리적 의사결정에 의해 (진정한 가치에 비해) 높은 가격을 가지는 단기 채권을 매도하고, 낮은 가격을 가지는 장기 채권을 매입하였다. 언젠가는 단기 채권의 가격이 하락하고, 장기 채권의 가격이 상승하여 이익을 얻을 수 있을 것으로 생각했다. 이 전략은 언제일지는 모르지만, 분명히 이익을 얻을 수 있다. 하지만 그날이 오기 전인 1998년 7월에 러시아 외환 위기가 발생했다. 이로 인해 단기 채권의 가격은 더 상승하고 장기 채권의 가격은 더 하락하여 비합리성이 더 확대되었다. 결국, 매도한 단기 채권과 매입한 장기 채권에서 모두 손실을 보게 되었고, 비슷한 종류의 손실이 가중되면서 LTCM은 파산을 선언하게 되었다. 조금만 더 버틸 수 있었다면 분명히 이익을 얻었겠지만, LTCM은 투자 기간이 충분히 길 정도로 자금력이 풍부하지 않았다.

20세기 말의 닷컴 버블도 상식적으로 이해하기 힘든 사건이었다. 인터넷 기반 기업들의 주가는 1999년까지 엄청나게 상승하다가 갑자기 하락하였다. 신고전주의 경제학에 기반을 둔 표준 재무론으로는 도저히 설명할 수 없는 사건이었다. 대부분은 아니지만 전문 분석가들은 대개 인터넷 주식들의 가격이 너무 높다고 생각했다. 탈러가 1999년 봄에 5개의 인터넷 주식들(AOL, 아마존, 이베이, 프라이스닷컴, 야후)에 대해 전문 투자자들을 대상으로 한 설문조사에서 그 5개 주식의 내재가치 중간값은 시장 가격의 50% 수준이라고 하였다. 전문가들이 옳고, 수십억 달러 기업들의 내재가치가 그때 가격의 50% 정도라고 하자. 더 나아가서 이것이 **월 스트리트**의 합의된 가격이라고 생각해 보자. 어떻게 이런 상황이 존재할 수 있을까? 월 스트리트의 전문가들이 이 주식들의 한계 투자자들이 아니라면, 합리적 균형은 아닐지라도 그때의 가격도 균형이 될 수 있다. 개인 투자자들이 이 주식들의 주요 보유자라면 공매도의 공급이 제한되기 때문에 월 스트리트의 비관주의가 주가를 하락시키지 못할 것이다.[2] 헤지 펀드들도 인터넷 광란의 종말에 베팅할 수 없었다.

월 스트리트
미국의 주식시장을 일컫는 말

탈러는 인터넷 주식들의 분석이 미국 주식시장에도 적용될 수 있다고 하였다. 보통 월 스트리트의 전문가들은 미국 주식시장이 20~30% 정도 과대평가 되었다고 한다. 하지만, 주가 하락에 베팅하는 금액이 너무 적기 때문에 주가가 높게 유지될 수 있다는 것이다. 이런 상황에서 미국의 투자자들은 주

2 공매도는 주로 기관이 보유한 주식을 대상으로 한다.

가에 민감하지 않다는 특징을 가지게 된다. 첫째, 연금 펀드, 기부금 펀드, 부유한 개인들과 같은 대형 투자자들은 일반적으로 **휴리스틱**에 의해 자산의 60% 정도를 주식에 투자하고 있으며, 자산 가격 수준에 상대적으로 둔감하다. 둘째, 그런 둔감성은 401(k) 플랜에 투자하는 개인들에게 더욱 뚜렷하여, 그들은 포트폴리오를 거의 재조정하지 않는다.

휴리스틱
최적 또는 완벽함을 보장하지는 않지만, 즉각적인 목적 달성을 위해 실용적으로 문제를 해결하는 방법

효율적 시장 지지자들을 성가시게 하는 증거들

앞의 주장들은 인지적 바이어스가 자산 가격에 영향을 미칠 수 있으므로 행동 재무론의 전제가 적어도 이론적으로 가능하다는 것을 보여 주었다. 하지만 이것이 말썽을 일으킬 만한 가치가 있을까? 기존의 모형들이 제 역할을 잘하지 못한다는 증거는 무엇일까? 탈러는 5가지 증거를 제시하였다. 이에 대한 자세한 설명은 이 책의 곳곳에서 설명하고 있어서 여기서는 간단하게 언급하고자 한다.

첫 번째는 주식시장의 지나친 거래량이다. 이미 제1부에서 설명하였듯이 표준 경제학의 합리적 모형에 의하면 주식시장에서 거래량이 거의 없어야 한다. 왜냐하면, 모든 사람이 합리적 거래자라는 사실을 알고 있기 때문이다. (내가 당신이 합리적이라는 것을 알고, 당신도 내가 합리적이라는 것을 알며, 내가 합리적이라는 것을 당신이 안다는 것을 내가 안다. …) 내가 아마존 주식을 매입하려고 하고 당신은 그 주식을 매도하려고 한다면, 나는 당신이 내가 모르는 정보를 가졌다고 의심하게 된다. 이럴 때 내가 주식을 엄청나게 많이 살 가능성은 거의 없다. 물론 일상에서 금전적 유동성 부족을 해결하거나 포트폴리오 재구성을 하려고 거래가 필요할 수는 있겠지만 그렇게 많은 거래가 이루어질 수는 없다. 뮤추얼 펀드 매니저들은 1년에 100% 정도의 회전율을 가지는데, 이를 표준적 모형이 설명할 수는 없다.

두 번째는 주식시장의 지나친 변동성이다. 합리적 세상에서는 새로운 소식이 도착했을 때 주식 가격이 변한다. 표준 재무론에 의하면 주가는 미래 배당의 현재가치이다. 하지만 쉴러(1981)가 표준 경제학 모형에 의해 검증했더니 주가지수가 미래 배당들에 의한 내재가치의 움직임보다 훨씬 많이 움직인다는 것을 발견하였다. 쉴러의 연구는 오랫동안 복잡한 논란을 일으켰지만, 그의 결론에는 전혀 오류가 없었다. 즉, 주식과 채권 가격은 합리적 · 효율적 시장 이론이 예측하는 것보다 훨씬 변동성이 크다는 것이다. 이 연구는 2013년에 쉴러가 노벨 경제학상을 받는 계기를 만들어 주었다.

배당소득세율
현금 배당에 적용되는 세율

자본이익세율
자본 이익에 적용되는 세율

세 번째는 배당 정책이 주가와 관계가 있다는 것이다. 모딜리아니와 밀러(1958)는 세금이 없는 효율적 시장에서 배당 정책이 주가와 아무런 관계가 없다는 것을 증명하였다. 하지만 미국에서는 **배당소득세율**이 **자본이익세율**보다 높았기 때문에 배당을 지급하는 것보다 자사주를 매입하는 것이 주주들의 부를 더 증가시킨다고 하였다. 이런 상황에서 대부분의 대기업은 왜 현금 배당을 지급할까? 배당이 증가하면 주식 가격이 왜 상승할까? 탈러가 이런 의문을 제기할 때, 배당소득세율은 40%이었고, 자본이익세율은 28%이었다. (물론 이 자본이익세율은 1년 이상의 장기 투자에 적용되는 것이다.) 2020년 현재의 배당소득세율과 자본이익세율은 모두 20%이다. 이 상황에서도 위의 두 질문은 여전히 유효하다. 표준 재무론의 모형들은 역시 아무런 대답을 하지 못하고 있다.

주식 프리미엄 퍼즐
실제 주식 프리미엄이 이론적 모형에 의해 계산한 수익률보다 매우 크게 되는 현상

네 번째는 **주식 프리미엄 퍼즐**이다. 1927년부터 2019년까지의 주식 프리미엄(=주가지수 수익률−무위험 수익률)은 8.57%인데, 표준 경제학 모형에 의해서 메라와 프레스콧(1985)이 유도한 값은 1.4% 정도에 불과하다. 왜 이렇게 큰 차이가 발생했을까? 이런 현상은 전 세계적으로 존재하고, 항상 존재해 왔다. 미국의 전문가들은 주식 프리미엄이 2% 이하라면 주식에 투자하지 않을 것이라고 했다. 따라서 역사적 주식 프리미엄 값인 8.57%에 큰 문제가 없지만, 신고전주의 경제학은 그것이 1.4% 정도여야 한다고 주장한다. 현실과는 너무 동떨어져 있다. 그들의 모형이 맞고, 역사적 사실이 틀려야 할까? 역사에도 오류가 있나?

마지막은 수익률 예측이 어느 정도 가능하다는 것이다. 효율적 시장에서는 현재의 정보를 이용하여 미래 수익률을 예측할 수 없다. 파마(1970)가 효율적 시장에 대한 논문을 썼던 1970년쯤에 재무금융학자들은 효율적 시장 가설의 이런 기본적 가정을 사실로 받아들였다. 하지만 이제는 모든 사람이 과거 수익률, 주가/수익 비율, 기업의 이익 발표, 배당의 변화 등을 이용하여 주가를 예측할 수 있다는 것에 적어도 부분적으로 동의한다.

위와 같은 실증적 증거들로부터 어떤 결론을 내려야 할까? 실제 금융시장은 재무금융 교과서에서 읽었던 세상과는 다른 것일까, 아니면 시장이 효율적이라는 강력한 증거일까? 말키엘(1995)은 적극적으로 운용되는 뮤추얼 펀드와 연금 펀드가 소극적으로 운용되는 인덱스 펀드보다 수익률이 낮다고 하였다. 또한 명백히 성공적인 거래 규칙을 보고하는 학술적 연구 결과가 있음에도 불구하고, 실제 포트폴리오 매니저들은 시장을 이기기 위해 쉽지 않은 시

간을 보내고 있다. 물론 21세기 들어서는 상당히 많은 미국의 자산운용사들이 학술적 검증의 내용을 바탕으로 과학적 운용을 하고 있고, 유명한 학술지들도 믿을 만한 실무적 검증 내용을 게재하고 있다. 학계와 실무계가 상호 보완적으로 움직이기 시작한 것이다.[3]

재무금융의 학술적 검증 내용에 대한 논의는 독자들에게 혼란스러운 인상을 준다. 시장은 합리적이고 효율적이지 않은 경우가 많지만, 이런 이상 현상들은 적극적 펀드 매니저들이 집단적으로 비정상적 초과 이익을 얻을 정도로 큰 이익 기회를 제공하지는 않기 때문이다. 페더슨(2015)은 이런 시장을 **효율적으로 비효율적**이라고 표현하였다. 그는 가격이 펀드 매니저들의 격심한 경쟁에도 불구하고 다양한 수요 압박과 기관의 마찰적 요소들 때문에 기본적 가치로부터 이탈하지만, 경쟁적 과정이 시장을 효율적인 수준에서 비효율적이게 만든다고 하였다: 시장은 펀드 매니저들이 우수한 성과를 통해 그들의 비용과 위험을 보상받을 수 있을 정도로 비효율적이지만, 모든 비용을 감안한 후의 보상은 새로운 펀드 매니저 또는 추가적인 자본의 진입을 조장하지 않을 정도로 효율적이다. 즉, 시장 참가자들이 열심히 노력하여 보상을 받을 정도로만 비효율적이라는 것이다.

효율적으로 비효율적인 시장
전문적 투자자들 사이의 경쟁이 시장을 거의 효율적으로 만들지만, 시장은 그들의 비용과 위험을 보상할 정도로만 비효율적이다.

그동안의 연구 결과들

행동 재무론의 연구들은 그동안의 노력에 대한 결실을 보기 시작하여, 인간적 요소를 가미하여 금융시장의 이해를 제고시킬 수 있었다. 일찍이 탈러(1980)는 행동 경제학과 재무론의 기반이 되는 개념들을 제시하였고, 다른 연구(탈러, 1985)에서는 재무적 상황에 대한 인간의 행동을 **멘탈 어카운팅**으로 설명하였다. 자산 가격결정 관점에서 이론적 모형이 없어서 공격을 받던 행동 재무론에 바버리스 등(1998), 대니얼 등(1998), 홍과 스타인(1999)은 **센티먼트** 개념을 도입하여 행동 재무론의 위상을 굳건하게 세웠다. 베나르찌와 탈러(1995)도 **근시안적 손실 회피**로 다음과 같이 주식 프리미엄 퍼즐을 설명하였다. 주식 프리미엄이 추정된 값과 같기 위해서는 효용 측면에서 1년에 한 번씩 포트폴리오를 평가해야 하는데, 1년이라는 기간은 세금 보고 및 일반적인 평가 기간과 같다. 따라서 관찰된 주식 프리미엄은 인간의 행동과 정합성을 가진다고 하였다.

멘탈 어카운팅
거래와 투자 등을 할 때 마음속에 여러 개의 계정을 만들어서 인식과 평가를 달리 하는 것

센티먼트
정서적 감정

근시안적 손실 회피
근시안적 선택에 의해 발생하는 손실 회피의 성향

3 이에 대해서는 제1부의 〈행동 재무론의 태동〉 부분을 보시오.

큰 논란 없이 투자 행동과 관계된 연구들도 함께 진행되었다. 이들은 주로 인간의 심리적 속성이 투자 행동에 반영된다는 것을 보여 주었다. 셰프린과 스태트만(1985)은 이익을 보면 주식을 팔고 손실을 보면 주식을 보유하는 **디스포지션** 효과를 발견하였다. 오딘(1998)은 세금의 관점에서 이익을 본 주식보다 손실을 본 주식을 매도하는 것이 바람직하지만, 투자자들은 심리적으로 손실을 인식하기 싫어서 그런 주식을 계속 보유하게 되는 경향이 있다고 하였다. 또한 오딘(1999)은 지나친 자신감으로 인해 투자자들이 지나치게 거래를 많이 한다는 것을 발견하였다. 투자 전략 관점에서도 많은 연구가 진행되었다. 제가디쉬와 티트만(1993)은 주식 수익률에 횡단면 모멘텀이 존재한다는 것을 발견하였고, 대니얼과 모스코비쯔(2016)는 대량 손실을 방지하는 횡단면 모멘텀 전략을 개발하였다. 모스코비쯔 등(2012)은 실무계에서 오랫동안 사용되었던 시계열 모멘텀 전략의 효용성을 광범위하게 보여 주었다. 이 이외에도 센티먼트 전략, 복권 성향의 주식 전략, 가치 전략 등이 개발되어 실무에서 사용되기 시작하였다.

디스포지션 효과
손실이 발생한 주식을 보유하고, 이익을 얻은 주식을 매도하는 행동

실로 다양한 영역에서 행동 재무론의 이론과 실증 결과들이 제시되고 있다. 특히 바람직스러운 것은 인간의 심리와 행동을 기반으로 하기 때문에 행동 재무론은 금융 시장의 실무와 깊은 관계를 맺으면서 성장하고 있다는 것이다.[4]

행동 재무론의 종말

탈러(1999)는 젊은 학자들이 행동 재무론에 많이 뛰어들 것으로 예상했다. 왜냐하면 그들은 오래된 패러다임(신고전주의 경제학)에 많은 투자를 하지 않아서 거기에 부담이 없기 때문이다. 그의 예상대로 21세기에 접어들면서 더욱 많은 젊은 학자들이 이 분야에 뛰어들었다. 행동 재무론은 미국의 명문대학교에서 박사학위를 받은 젊은 교수들과 실무자들을 중심으로 매우 빠르게 발전하고 있다. 하지만 아직도 미국의 상위 30여 개 대학 정도에만 행동 재무론 전공과 과목이 개설되어서 이 분야의 전문가에 대한 학술적 · 실무적 수요와 비교해 공급이 부족한 실정이다. 특히 우리나라에서는 행동 재무론을 전공한 젊은 교수가 거의 없고 실무계에서도 이를 활용하려는 시도가 매우 부족한 상황이다.

4 그동안의 표준 재무론은 효율적 시장을 강조하여 시장 그 자체를 올바른 것으로 보았기 때문에 실무적 응용의 가능성이 크게 제한되었다. 예를 들어, 지금 거래되는 주식의 가격이 항상 올바르다고 생각하면, 인덱스 펀드만의 정당성을 인정하게 되고 다른 모든 운용 전략들의 유용성을 부정하게 된다.

허버트 사이먼의 선지적 연구와 카너먼과 트버스키의 프로스펙트 이론으로 시작하여 조지 애컬로프, 로버트 쉴러, 리처드 탈러가 행동 재무론의 번영을 알렸다. 그들이 수상한 노벨 경제학상은 행동 경제학과 행동 재무론이 더는 논쟁의 대상이 아니라 확실하고 중요한 학문 분야가 되었음을 확인하였다. 이제 재무금융학자들은 주가의 움직임에 인간 행동의 역할을 고려하기 시작하였다. 그렇다면 행동 재무론이란 학문 분야의 이름이 과연 타당할까? 탈러는 재무론이 원래 인간이 주체가 되어 이루어진 학문이기 때문에 '행동'이란 표현이 중복된다고 하였다. 어떤 재무론이 행동적 요소를 고려하지 않을 수 있다는 말인가? 이제 재무금융학자들은 일상적으로 실생활에서 관찰된 인간의 행동을 그들의 모형에 반영할 것이므로 그렇게 하지 않는 것이 비합리적이다. 그렇다면 '행동 재무론'이란 용어가 필요할까? 탈러(1999)는 그런 용어가 더는 필요 없다고 하였다. 그래서 행동 재무론의 종말이라고! 이제 그냥 '재무론' 또는 '재무금융학'이라고 해야 한다.

주요 용어

가격결정 오류	센티먼트	한계 투자자
근시안적 손실 회피	월 스트리트	합리적 투자자
대리인	인지적 바이어스	효율적으로 비효율적인 시장
디스포지션 효과	자본이익세율	휴리스틱
멘탈 어카운팅	주식 프리미엄 퍼즐	
배당소득세율	준합리적 투자자	

핵심 정리

초창기의 어려움

- 드봉과 탈러(1985)의 〈주식시장 과잉 반응〉 논문이 신고전주의 경제학을 신봉하던 재무금융 학자들에게 엄청난 충격을 주었다.
- 오랜 시간이 흐른 뒤에 탈러(1999)는 다음과 같이 말했다: "15년이 흐른 지금 많은 훌륭한 재무금융학자들이 행동 재무론 분야에서 활동하고 있다. 이 분야는 이제 논란의 대상이 아니다. 행동 재무론은 단순히 금융시장 연구에 중도적이고 불가지론적인 접근이었다. 그럼에도 불구하고, 나도 (처음에 제기되었던 이유 때문이 아님에도 불구하고) 행동 재무론의 종말을 예측한다. 행동 재무론이 무엇이고 그것이 초창기에 스쳐 지나갈 이단으로 치부되었던 이유를 이해하기 위해서는 먼저 해야 할 일이 있다. 즉, 재무금융학의 표준적인 접근법과 함께, 이를 이용했던 학자들이 이론적 입장에서 인지적 바이어스가 자산 가격에 영향을 미칠 수 없다고 믿은 이유를 알아야 한다."

행동 재무론이 사라질 수 없는 이유

- 표준 재무론의 대리인 가정: ① 대리인은 기대효용 이론의 원칙에 따라 의사결정을 한다. ② 대리인은 미래에 대해 바이어스가 없는 예측을 한다.
- 대부분의 경제학자는 이런 극단적인 가정이 비현실적이라고 하면서, 그들의 친척과 지인들(배우자, 학생, 대학장, 정부 지도자 등)이 모두 엉터리 의사결정자들임을 인정한다.
- 표준 경제학의 주장을 반박하는 실제 사례들은 수없이 많지만, 1998년 롱텀 캐피탈 매니지먼트(LTCM)의 파산은 가장 대표적인 사건이었다.
- 20세기 말의 닷컴 버블도 상식적으로 이해하기 힘든 사건이었다.
- 보통 월 스트리트의 전문가들은 미국 주식시장이 20~30% 정도 과대평가 되었다고 한다. 하지만, 주가 하락에 베팅하는 금액이 너무 적기 때문에 주가가 높게 유지될 수 있다는 것이다.
- 미국의 투자자들은 주가에 민감하지 않다는 특징을 가지게 된다. 첫째, 연금 펀드, 기부금 펀드, 부유한 개인들과 같은 대형 투자자들은 일반적으로 휴리스틱에 의해 자산의 60% 정도를 주식에 투자하고 있으며, 자산 가격 수준에 상대적으로 둔감하다. 둘째, 그런 둔감성은 401(k) 플랜에 투자하는 개인들에게 더욱 뚜렷하여, 그들은 포트폴리오를 거의 재조정하지 않는다.

효율적 시장 지지자들을 성가시게 하는 증거들

- 첫 번째는 주식시장의 지나친 거래량이다.
- 두 번째는 주식시장의 지나친 변동성이다.
- 세 번째는 배당 정책이 주가와 관계가 있다는 것이다.
- 네 번째는 주식 프리미엄 퍼즐이다.
- 마지막은 수익률 예측이 어느 정도 가능하다는 것이다.
- 시장은 합리적이고 효율적이지 않은 경우가 많지만, 이런 이상 현상들은 적극적 펀드 매니저들이 집단적으로 비정상적 초과 이익을 얻을 정도로 큰 이익 기회를 제공하지는 않는다. 페더슨(2015)은 이런 시장을 효율적으로 비효율적이라고 표현하였다.

그동안의 연구 결과들

- 일찍이 탈러(1980)는 행동 경제학과 재무론의 기반이 되는 개념들을 제시하였고, 다른 연구(탈러, 1985)에서는 재무적 상황에 대한 인간의 행동을 멘탈 어카운팅으로 설명하였다.
- 자산 가격결정 관점에서 이론적 모형이 없어서 공격을 받던 행동 재무론에 바버리스 등(1998), 대니얼 등(1998), 홍과 스타인(1999)은 센티먼트 개념을 도입하여 행동 재무론의 위상을 굳건하게 세웠다.
- 베나르찌와 탈러(1995)도 근시안적 손실 회피로 다음과 같이 주식 프리미엄 퍼즐을 설명하였다.
- 셰프린과 스태트만(1985)은 이익을 보면 주식을 팔고 손실을 보면 주식을 보유하는 디스포지션 효과를 발견하였다.
- 오딘(1998)은 세금의 관점에서 이익을 본 주식보다 손실을 본 주식을 매도하는 것이 바람직하지만, 투자자들은 심리적으로 손실을 인식하기 싫어서 그런 주식을 계속 보유하게 되는 경향이 있다고 하였다.

행동 재무론의 종말

- 탈러(1999)는 젊은 학자들이 행동 재무론에 많이 뛰어들 것으로 예상했다. 왜냐하면 그들은 오래된 패러다임(신고전주의 경제학)에 많은 투자를 하지 않아서 거기에 부담이 없기 때문이다.
- 행동 재무론은 미국의 명문대학교에서 박사학위를 받은 젊은 교수들과 실무자들을 중심으로 매우 빠르게 발전하고 있다.
- 탈러는 재무론은 원래 인간이 주체가 되어 이루어진 학문이기 때문에 '행동'이란 표현이 중복된다고 하였다. 어떤 재무론이 행동적 요소를 고려하지 않을 수 있다는 말인가?
- 이제 재무금융학자들은 일상적으로 실생활에서 관찰된 인간의 행동을 그들의 모형에 반영할 것이므로, 그렇게 하지 않는 것이 비합리적이다.
- 그렇다면 '행동 재무론'이란 용어가 필요할까? 탈러(1999)는 그런 용어가 더는 필요 없다고 하였다.
- 그래서 행동 재무론의 종말이라고! 이제 그냥 '재무론' 또는 '재무금융학'이라고 해야 한다.

참고 문헌

- Barberis, N., A. Shleifer, and R. Vishny (1998), Journal of Financial Economics 49, 307~343.
- Benartzi, N. and R. Thaler(1995), Myopic loss aversion and the equity premium puzzle, Quarterly Journal of Economics 110, 73~92.
- Daniel, K., D. Hirshleifer, A. Subrahmanyam (1998), Investor psychology and security market under- and over-reactions, Journal of Finance 53, 1839~1885.
- Daniel, K. and T. Moskowitz (2016), Momentum crashes, Journal of Financial Economics 122, 221~227.
- DeBondt, W. and R. Thaler (1985), Does the stock market overreact? Journal of Finance 40, 793~808.
- Fama, E. (1970), Efficient capital markets: A review of theory and empirical work, Journal of Finance 25, 383~417.
- Hong, H. and J. Stein (1999), A unified theory of underreaction, momentum trading, and overaction in asset markets, Journal of Finance 54, 2143~2184.
- Jegadeesh, N. and S. Titman (1993), Returns to buying winners and selling losers: Implications for stock market efficiency, Journal of Finance 48, 65~91.
- Malkiel, B. (1995), Returns from investing in equity mutual funds, Journal of Finance 50, 549~572.
- Mehra, R. and E. Prescott (1985), The equity premium: A puzzle, Journal of Monetary Economics 15, 145~161.
- Modigliani, F. and M. Miller (1958), The cost of capital, corporate finance, and the theory of investment, American Economic Review 48, 655~669.
- Moskowitz, T., Y. Ooi, and L. Pedersen (2012), Time series momentum, Journal of Financial Economics 104, 228~250.
- Odean, T. (1998), Are investors reluctant to realize their losses, Journal of Finance 53, 1775~1798.
- Odean, T. (1999), Do investors trade too much, American Economic Review 89, 1279~1298.
- Pedersen, L. (2015), Efficiently inefficient, Princeton University Press.
- Shefrin, H. and M. Statman (1985), The disposition to ride winners too long and sell losers too soon: Theory and evidence, Journal of Finance 41, 774~790.
- Shiller, R. (1981), Do Stock Prices Move Too Much to be Justified by Subsequent Changes in Dividends?, Journal of Finance 71, 421~436.
- Thaler, R. (1980), Toward a positive theory of consumer choice, Journal of Economic Behavior and Organization 1, 39~60.
- Thaler, R. (1985), Mental accounting and consumer choice, Marketing Science 4, Summer, 199~214. (Reprinted in 2008, Vol. 27, No. 1, 15~25.)
- Thaler, R. (1999), The end of behavioral finance, Financial Analysts Journal 55, 12~17.

02 — 금융시장에 일물일가의 법칙이 적용될까?[1]

일물일가의 법칙

일물일가의 법칙
동일한 상품의 가격은 어디서나 동일해야 한다는 경제학 원칙

차익거래
아무런 비용 없이 무위험으로 이익을 얻기 위하여 동일하거나 유사한 증권을 서로 다른 시장에서 다른 가격으로 동시에 매입하고 매도하는 행위

중력의 법칙과 같이 만고불변의 진리를 가지고 있는 물리학에 비해 사회과학은 그렇지 않다. 그런대로 과학적 체계를 가지고 있는 경제학도 몇 가지 중요한 법칙을 가진다. 그 첫 번째가 수요와 공급의 법칙이고, 두 번째가 일물일가의 법칙이다. **일물일가의 법칙**은 완전 (또는 효율적) 시장을 가정할 때 모든 상품은 전 세계 어디에서나 동일한 가격을 가져야 한다는 것이다.[2] 만약 일물일가의 법칙이 성립하지 않는다면 사람들은 동일한 상품을 비싼 가격으로 팔고 동시에 싼 가격으로 사서 그 차익을 취할 수 있다. 이런 거래를 **차익거래**라고 한다. 완전 시장에서는 운반비, 거래 비용, 세금이 없어서 일물일가의 법칙이 성립하지 않으면 이런 차익거래에 의해 아무런 위험 없이 무위험 이익을 얻을 수 있다.

이 법칙을 두 국가 간의 환율 결정에 응용한 것이 절대적 구매력 동일(일반적으로 PPP라고 부름)의 원칙이다. 예를 들어, 두 국가에서 동일한 상품의 현재 가격이 존재할 때 그 가격은 동일해야 하므로 양 국가 간의 환율은 두 가격의 비율에 따라 결정된다는 것이다. 이를 약간 현학적으로 표현하면, 화폐의 구매력이 동일하도록 두 국가 간의 환율이 결정된다는 것이다. 맥도날드 햄버거 빅맥의 예를 들어보자. 빅맥 가격이 우리나라에서는 3,000원, 미국에서는 $3인 경우, 두 가격이 동일하기 위해서는 원/달러 환율이 1,000(₩/$)이어야 한다.[3]

1 이 장은 2003년 〈저널 오브 이코노믹 퍼스펙티브즈〉라는 학술지에 게재된 라몽과 탈러(2003b)의 논문을 정리하여 설명한다.

2 경제학 모형의 개발에서 완전 시장의 가정은 물리학의 중력 실험에서 공기의 저항이 없는 진공 상태를 가정하는 것과 유사하다고 할 수 있다. 물리학의 진공 상태는 우주에 실제로 존재하지만, 경제학의 완전 시장은 실제로 존재하지 않는다는 것이 본질적 차이점이다. 따라서 물리학은 우주의 원리를 설명하는 데 큰 문제가 없지만, 경제학은 존재하지 않는 세상을 기반으로 이론을 개발하여 인간의 경제 활동을 설명할 수도 있다.

사실 맥도날드의 빅맥 햄버거는 전 세계 어느 매장에서나 쉽게 살 수 있고 거의 동일 품질의 상품이기 때문에, 이를 통해 물가를 예측할 수도 있고 환율 결정의 기본적인 지표로 사용할 수도 있다. 1986년 9월에 영국의 이코노미스트지는 구매력 동일의 원칙을 이용해 전 세계의 PPP 환율을 계산하여 발표하였다. 이는 현재의 실제 환율에 대한 기준치로 고려될 수 있다. 현재 원/달러의 실제 환율이 1,100(₩/$)인데 PPP 환율이 1,000(₩/$)이라면, 중장기적으로 달러의 가치가 하락하여 1,000(₩/$)이 될 가능성이 있다는 것이다. 이렇게 계산된 PPP 환율에 의해 1인당 GDP를 계산하면 매우 재미있는 현상이 나타난다. 2022년 기준으로 일본과 우리나라의 1인당 GDP는 (IMF의 계산에 의하면) 각각 $34,358, $33,592로, 우리나라가 약간 뒤지고 있다. 하지만 PPP로 계산한 일본과 우리나라의 GDP는 각각 $48,813, $53,574로, 우리의 PPP GDP가 일본을 $4,761 앞서게 되었다. 이는 우리 국민의 평균 생활 수준이 실질적으로 일본보다 낫게 되었다는 것을 의미한다. 이는 우리나라에 비해 높은 일본의 물가 때문에 발생한 현상이다. 물론 일본의 인구가 우리의 2.5배 수준이기 때문에 총 GDP는 일본에 크게 뒤지고 있다. 국가의 경쟁력은 총 GDP로 평가하기 때문에 아직도 국력에 있어서는 일본이 크게 앞선 상황이다.

다시 일물일가의 법칙으로 돌아와서 생각해 보자. 이 법칙이 현실에서 정말 성립할까? 그런 경우는 많지 않다는 것이 일반적인 결론이다. 간단한 예로, 바이엘 아스피린을 생각해 보자. 바이엘 아스피린은 이미 판매점 브랜드 복제약이 많이 나와 있고 약효도 똑같지만, 사람들의 믿음 때문에 바이엘 아스피린이 판매점 브랜드 복제약의 두 배 가격으로 팔리고 있다. 즉, 같은 제품이지만 바이엘 아스피린의 가격이 두 배이다. 그렇다면 이 경우에 차익거래로 이익을 취할 수 있을까? 차익거래를 위해서는 가격이 비싼 바이엘 아스피린을 공매도하고, 가격이 저렴한 복제약을 매입해야 한다. (공매도란 없는 상품을 빌려와서 매도하는 것이다.) 하지만 소비자 상품인 바이엘 아스피린을 공매할 방법도 없고, 바이엘 아스피린과 복제약의 가격이 언젠가 같아질 가

절대적 구매력 동일의 원칙
두 국가에서 동일한 상품의 현재 가격이 존재할 때 그 가격은 동일해야 하므로 양 국가 간의 환율은 두 가격의 비율에 의해 결정될 수 있다.

상대적 구매력 동일의 원칙
두 시점 간의 환율 변화는 그 기간에 발생한 양 국가의 인플레이션의 상대적 크기에 따라 정해진다.

3 이를 **절대적 구매력 동일의 원칙**이라고 한다. 이에 비해 **상대적 구매력 동일의 원칙**은 두 시점 간의 환율 변화는 그 기간에 발생한 양 국가의 인플레이션의 상대적 크기에 따라 정해진다는 것이다. 예를 들어, 어느 시점에 빅맥의 우리나라 가격은 3,000원이고 미국 가격은 $3이며 원/달러 환율은 1,000(₩/$)이라고 하자. 이는 절대적 구매력 동일의 원칙이 성립하는 경우다. 그 이후 1년 동안 인플레이션은 우리나라가 10%이고 미국이 0%라면 빅맥 가격이 우리나라에서는 3,300원, 미국에서는 그대로 $3일 것이다. 따라서 1년 후의 원/달러 환율은 1,100(=3,300원/$3)이 되어야 한다. 즉, 우리나라에서만 10%의 인플레이션이 발생한 경우, 화폐의 구매력이 동일하기 위해서는 원/달러 환율도 10% 상승하여야 한다는 것이 상대적 구매력 동일의 원칙이다.

능성도 거의 없다. 따라서 아스피린의 경우에는 일물일가의 법칙이 성립하지 않아도 아무런 일이 벌어지지 않는다.

위와 같은 경우 이외에도 일물일가의 법칙이 성립하지 않는 이유는 여러 가지가 있을 수 있다. 하지만 금융 상품의 경우에는 거래 비용이 거의 없고 매매 시스템이 잘 정비되어 있으며, 어느 정도 유동성이 보장되기 때문에 일물일가의 법칙이 성립되어야 한다. 일물일가의 법칙이 성립하지 않으면 차익거래가 쉽게 발생할 수 있다. 그런데도 자본시장에서도 일물일가의 법칙이 성립하지 않는 경우가 많이 발견되고 있다. 이제 그 사례들을 살펴보자.

폐쇄형 컨트리 펀드

순자산가치
구성 종목의 가치에 따라 계산된 펀드의 진정한 가치

폐쇄형 펀드
정해진 금액을 모집하여 만들어진 펀드로 판매회사에서 사거나 팔 수 없고 증권거래소에서 주식처럼 매매된다.

폐쇄형 컨트리 펀드
특정 국가를 투자 대상으로 하는 미국의 폐쇄형 펀드

코리아 펀드
대한민국을 투자 대상으로 하는 미국의 폐쇄형 펀드

타이완 펀드
타이완을 투자 대상으로 하는 미국의 폐쇄형 펀드

저팬 펀드
일본을 투자 대상으로 하는 미국의 폐쇄형 펀드였으나, 1985년에 개방형 펀드로 전환하였다.

우리가 흔히 접하는 뮤추얼 펀드는 판매회사에서 **순자산가치**로 사거나 팔 수 있는 펀드이다. 여기서 순자산가치란 당해 펀드가 보유하고 있는 모든 유가증권과 현금의 총 가치를 발행 좌수로 나눈 금액이다. 대부분의 개인 투자자가 투자하는 펀드는 뮤추얼 펀드다. 이와는 달리 폐쇄형 펀드는 판매회사에서 사거나 팔 수 없고, 증권거래소에서 주식처럼 매매하게 되어 있다. 따라서 증권거래소에서 결정되는 **폐쇄형 펀드**의 매매 가격은 대개 순자산가치와 다르게 결정된다. 그렇다면 왜 폐쇄형 펀드를 만들까? 투자 대상의 수익성은 좋을 것으로 예상하지만 투자의 유동성이 떨어져서 환매에 대처하기 어려울 때는 자금의 유출입이 자유롭지 않은 폐쇄형 펀드를 만드는 것이 일반적이다.

이의 가장 좋은 예는 신흥시장에 투자하는 펀드로 이를 **폐쇄형 컨트리 펀드**라고 부른다. 신흥시장의 경우 높은 경제 성장률로 인하여 주식시장의 수익성이 매우 좋을 수 있지만, 유가증권의 유동성이 부족하여 대규모 환매를 위해 보유 증권을 매도하면 큰 손실을 볼 수 있다. 이런 손실을 방지하기 위하여 미국에서는 유망한 신흥시장에 투자하는 펀드를 폐쇄형 컨트리 펀드로 만드는 경우가 많았다. 신흥시장 입장에서도 일정 규모로 제한된 외국인 투자를 유치한다는 것은 경제에도 도움이 되고 해외 자금 유출입 관리에도 도움이 되기 때문에 환영받는 경우가 많았다. 뉴욕증권거래소에 상장되어 거래되고 있는 **코리아 펀드**와 **타이완 펀드**가 대표적인 폐쇄형 컨트리 펀드이다. 일본에 투자하는 **저팬 펀드**는 폐쇄형 컨트리 펀드로 시작했다가 지금은 개방형인 뮤추얼 펀드로 유형을 바꾸었다.

거래소에서 결정되는 폐쇄형 펀드의 매매 가격이 순자산가치와 같을 필요는 없지만, 너무 큰 차이가 발생하면 이는 비정상적인 현상이다. 왜냐하면 일물일가의 법칙에 따라 매매 가격은 순자산가치와 같아야 하기 때문이다. 하지만 리 등(1990)에 의하면 폐쇄형 펀드가 순자산가치에 비해 30% 할인 또는 할증으로 거래되는 경우도 많다고 한다. 물론 투자자는 펀드 매니저에게 운용 수수료를 지급해야 하고 펀드 매니저의 운용 능력을 높이 평가할 수 있으므로 폐쇄형 펀드와 그 펀드가 보유한 포트폴리오가 정확히 같은 상품이라고 보기는 어렵다. 하지만 폐쇄형 펀드의 운용 수수료는 대개 1년에 1%도 안 되고, 운용 능력과 할인(또는 할증)은 큰 관계가 없다. 따라서 폐쇄형 펀드의 지나친 할인 또는 할증 거래는 분명히 일물일가의 법칙에 위배된다.

1980년대에 폐쇄형 컨트리 펀드의 규모가 상당히 크게 성장하였던 적이 있었다. 클리바노프 등(1998)은 폐쇄형 컨트리 펀드를 연구하여 그들의 매매 가격이 합리적인 기대와는 상당히 거리가 멀다는 것을 발견하였다. 예를 들어, 뉴욕증권거래소의 타이완 펀드는 설립 초기인 1987년 초에 205%의 할증으로 거래되었다. 이는 순자산가치의 300% 정도로 거래되었다는 것을 의미한다. 그 후, 10주 동안은 100% 할증으로 30주 동안은 50% 할증으로 거래되었다. 이러한 할증 거래는 미국 투자자들이 직접 대만 주식시장에 투자할 수 없었기 때문에 발생한 것일 수도 있지만, 아직도 초창기의 205% 프리미엄은 도저히 이해하기 어려운 현상이다.

또 하나의 극단적인 예는 베를린 장벽이 무너졌던 1989년 말의 저먼 펀드이다. 독일에 투자하는 저먼 펀드는 1989년 초에 9% 할인되어 거래되고 있었다. 하지만 1989년에 공산 정권이 무너지고 독일 통일이 임박하자 독일 주식시장은 상승하였고, 1989년 9월에 저먼 펀드는 할인에서 할증으로 전환되었다. 1990년 1월에는 100% 할증으로 거래되었지만, 그 이후 행복감이 사라지면서 1990년 4월에 저먼 펀드의 할증은 완전히 사라졌다. 미국 투자자들은 독일에 자유롭게 투자할 수 있는 상황이었기 때문에, 이 사례는 타이완 펀드보다 훨씬 더 이해하기 어려운 퍼즐로 남아 있다.

폐쇄형 펀드 퍼즐이 21세기에도 존재할까?

1990년 이전에 폐쇄형 컨트리 펀드에 존재했던 이상 현상들이 21세기에도 존재할까? 탈러(2016)는 2016년 미국 경제학회 회장 취임 연설에서 CUBA

라는 표식으로 거래되는 폐쇄형 펀드에 아직도 그런 현상이 존재한다는 것을 보여 주었다. 1994년에 만들어진 CUBA 펀드의 공식 명칭은 허즈펠트 캐리비안 펀드로 69%의 자산이 미국 주식에 투자되고 나머지는 주로 멕시코 등의 외국 주식에 투자되었다. 이 펀드는 쿠바의 유가증권을 보유하고 있지도 않으며, 미국 기업은 (약간의 변동은 있었지만) 1960년부터 쿠바에서 합법적으로 사업을 할 수도 없었다. 또한 쿠바는 증권거래소가 없는 공산주의 국가이어서 거래되는 유가증권도 없었다. 이러한 사실은 이 펀드가 이름과는 달리 쿠바라는 나라에 대한 투자와는 아무런 관계가 없다는 것을 의미한다. CUBA 펀드도 다른 폐쇄형 펀드와 마찬가지로 10~15% 할인된 가격으로 거래되었다.

CUBA 펀드는 2014년 9월경부터 순자산가치보다 10~15% 할인된 가격으로 거래되었지만, 2014년 12월 18일에 갑자기 이상한 일이 벌어졌다. 순자산가치는 거의 변함이 없었지만, 이 펀드의 거래 가격에 70%의 할증이 발생했다. 알기 쉽게 설명하면, 캐리비안 자산 $100을 $90에 살 수 있었는데 그 다음 날 $170이 된 것이다. 왜 그랬을까? 쉽게 짐작할 수 있듯이, 12월 18일은 오바마 미국 대통령이 쿠바와의 외교 관계를 완화하겠다고 발표한 날이다. 이 발표가 CUBA 펀드의 거래 가격을 상승시킨 것이다. 순자산가치는 안정적으로 유지되었지만, 할증 상태인 가격은 여러 달 동안 지속되다가 거의 1년이 지나서 사라져 버렸다. 이는 분명히 일물일가의 법칙에 어긋나는 현상으로, 앞에서 언급하였던 폐쇄형 펀드의 이상 현상이 2014년에도 여전히 존재한다는 것을 의미한다.

ADR

ADR(미국주식예탁증서)
미국 이외 국가의 주식을 미국의 신탁은행에 예탁하고 이를 담보로 발행한 증권

ADR은 미국 이외 국가의 주식을 미국의 신탁은행에 예탁하고 이를 기반으로 발행한 증권으로, 미국주식예탁증서라고 부르기도 한다. 2017년 1월 현재 뉴욕증권거래소에 상장된 우리나라의 ADR로는 KB금융, 한전, KT, LG디스플레이, 포스코, 신한금융, SK텔레콤, 우리은행 등이 있다. ADR은 기초자산인 주식을 기반으로 발행되기 때문에 주식의 성질을 그대로 가지고 있다. 미국의 ADR 투자자는 의결권과 배당 등 주식에 대한 모든 권리를 그대로 누릴 수 있다. 다만 여러 개의 원래 주식을 미국의 실정에 맞게 1주로 병합하는 것 등이 유일한 차이다.

ADR은 원래 주식의 간단한 변환이기 때문에 원래 주식의 가격과 다를 이유가 거의 없지만, 이 시장에서도 가격 차이가 존재한다면 일물일가의 법칙에 위배되는 것이다. 특이하다고 할 만한 사례는 미국에 최초로 상장된 인도의 정보기술 주식인 인포시스이다. 2000년 3월 7일에 인포시스 ADR은 $335로 거래되었는데, 이는 봄베이에서 거래되고 있는 원래 주식보다 136%의 프리미엄이 존재하는 것이었다. 이 경우에는 미국인들이 봄베이의 원래 주식을 살 수 없어서 차익거래가 발생할 수 없다는 것이 가격 차이의 이유였지만, 그런데도 136%의 프리미엄은 도저히 설명할 수 없는 수준이었다.

인도와 같이 외국인 투자자가 투자할 수 없는 분할된 시장에서 거래되는 주식의 경우, 인도 봄베이의 거래 가격과는 큰 관계없이 수요와 공급으로 ADR 가격이 형성되는 것이 합리적일 수도 있다.[4] 투자 이론에 따르면, 미국 주식과의 상관관계가 낮은 인포시스 ADR의 가격은 봄베이에 비해 상대적으로 높게 형성될 수 있다. 하지만 그 정도가 136%라는 것은 어떤 이유에서도 정당화되기 어렵다. 2003년 여름에 인포시스 ADR의 프리미엄은 41%로 감소하였다. 41%는 136%의 1/3에 불과하지만, 프리미엄 규모가 이렇게 변동성이 크다는 것도 합리적이었던 것은 아니다.

쌍둥이 주식: 로열 더치와 셸 주식의 예

이번에는 로젠탈과 영(1990)이 언급했던 샴쌍둥이 주식인 로열 더치 셸에 관한 얘기다. 로열 더치 셸은 영국과 네덜란드계의 가스 및 석유 기업으로 영국에서 조직되었고 네덜란드에 본사가 있으며 간단히 셸이라고 불린다. 셸은 1907년에 네덜란드의 **로열 더치** 석유회사와 영국의 **셸** 운송 및 무역회사가 법적으로 합병하여 탄생하였다. 하지만 하나의 회사로 완전한 통합이 이루어지기까지 로열 더치는 네덜란드의 암스테르담 증권거래소에서 셸은 영국의 런던 증권거래소에서 서로 다른 회사로 거래되었다. 하나의 회사로 완전히 합병된 2005년부터 로열 더치 셸은 런던 증권거래소에 상장되어 거래되고 있으며, FTSE 100 주가지수의 구성 주식으로 2018년 말 현재 런던 증권거래소뿐만 아니라 전 세계에서 시가총액이 가장 큰 종목 중의 하나이다. 또한 유로넥스트 암스테르담과 뉴욕증권거래소에서도 동시 상장되어 거래되고 있다.

로열 더치
네덜란드의 암스테르담 증권거래소에서 거래되던 석유회사

셸
영국의 런던 증권거래소에서 거래되던 운송 및 무역회사

4 분할된 시장이란 자본의 투자와 현금 유출입이 자유롭지 못한 시장을 말한다. 우리나라의 주식시장은 1992년에 10%를 시작으로 해서 1998년 5월 1일부터는 100% 개방했기 때문에 완전히 자유화된 시장이다.

1907년 양 회사의 합병 조건에 따르면, 두 회사로부터 발생하는 모든 현금흐름의 60%는 로열 더치 주주가 가지고 40%는 셸의 주주가 가지기로 하였다. 표준 재무론에 따르면, 주식의 가치는 모든 미래 현금흐름의 현재가치이므로 로열 더치의 가격은 항상 셸 가치의 1.5배이어야 한다. 그렇지 않다면 차익거래가 발생하여 가격의 균형이 다시 이루어져야 한다. 라몽과 탈러(2003a)는 1990년부터 2002년 8월까지 이 두 회사의 상대적인 가격 관계를 그림 2-1로 보여 주었다. 그림 2-1에서 가격 편차가 0%라는 것은 로열 더치의 주식 가격이 셸의 1.5배가 되는 경우이고, 0%보다 크다면 로열 더치가 할증으로 거래된다는 것을 의미한다. 셸에 대한 상대적인 가격을 보여 주는 그림 2-1은 두 회사의 주식 가치가 1.5배를 유지하는 경우가 많지 않았다는 것을 보여 주고 있다.

그림 2-1
셸에 대한 로열 더치의 상대적 가격 편차
출처: 라몽과 탈러(2003a)

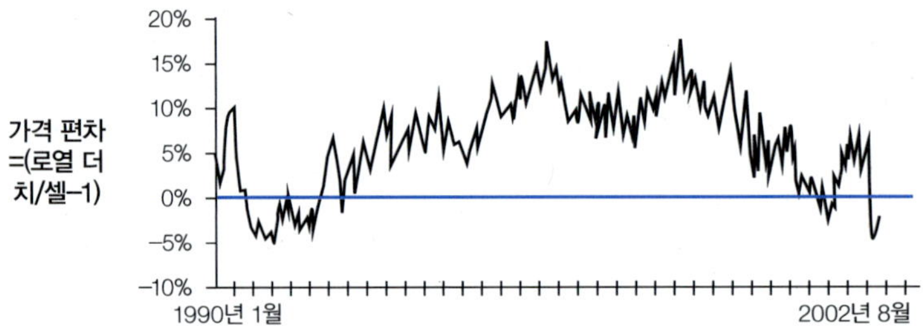

로열 더치와 셸은 유동성이 매우 풍부한 주식이기 때문에 위와 같은 비합리적 가격의 움직임을 이용하여 차익거래를 하는 것은 너무나 쉬운 일이었다. 단순히 과대평가 된 주식을 공매하고 과소평가 된 주식을 매입하여 두 주식의 가격이 균형이 될 때까지 보유하면 된다. 하지만 얼마나 오랫동안 기다려야 할까? 이 질문에 대해서는 쉽게 대답하기 힘들다. 차익거래를 위하여 과대평가 된 주식을 공매하고 과소평가 된 주식을 매입하였는데, 가격 차이가 줄어들지 않고 더 커지면 손실이 발생할 수 있기 때문이다. 이 손실을 얼마나 오랫동안 견딜 수 있는가에 차익거래의 성공 여부가 달려있다.

1990년대에는 로열 더치가 셸에 비해서 할증으로 거래된 경우가 많았다. 로열 더치가 S&P 500의 구성 종목이어서 주요 기관 투자자인 뮤추얼 펀드의 매입 대상이었기 때문이다.[5] 2002년 7월 10일에 로열 더치가 S&P 500에서

5 2002년 7월 19일을 끝으로 S&P 500 주가지수는 미국계가 아닌 기업을 지수 구성에서 제외하기로 하였다. 이로 인하여 로열 더치, 유니레버(유럽계), 노텔 네트워크, 알칸, 배릭골드, 플레이서돔, 인코(캐나다) 등이 S&P 500에서 제외되었다.

제외될 것이라는 사실이 발표되자, 6%의 할증이 1%로 하락하였다. 어찌 되었건, 로열 더치와 셸의 상대적 가격 편차는 일물일가의 법칙을 위배했던 대표적 경우로 알려져 있다.

듀얼 클래스 주식

우리나라의 경우 보통주는 한 종류로 구성되어 있지만, 미국의 경우에는 보통주에 여러 개의 클래스가 존재할 수 있다. 대개 두 개 클래스의 주식이 거의 비슷한 가격에 거래되지만, 한 개의 클래스는 의결권이 없다는 것이 유일한 차이다.[6] 이 경우에도 일물일가의 법칙에 위배되는 경우가 있다. 몰렉스는 배당 및 현금흐름에 대해 동일한 권리를 가지는 **듀얼 클래스 주식**을 가지고 있다. 이전 연도에 비의결권 주식보다 0~10% 할증으로 거래되던 의결권 주식이 1999년 8월에는 15% 할증으로 거래되었다. 이에 대해 몰렉스의 한 관계자는 그렇게 큰 차이에 대한 합리적 이유를 잘 모르겠다고 하였다. 그런데 재미있게도 1999년 11월에 S&P 500이 몰렉스의 의결권 주식을 S&P 500 주가지수에 편입하겠다고 발표하자 할증이 12%p에서 24%p로 증가하였고, 2000년 3월에는 49%p로 더 커졌다.

듀얼 클래스 주식
두 개의 클래스를 가지는 주식

그림 2-2는 1990년 7월부터 2002년 7월까지 몰렉스의 할증 규모를 보여주고 있다. 몰렉스 의결권의 가치가 어느 정도인지는 정확히 알기 어렵지만, 그림 2-2에서 알 수 있을 정도로 변동성이 크다는 것은 상식적으로 이해하기 힘들다. 여기서 자세히 설명하지는 않겠지만, 더 이상했던 사례는 2001년 5월에 맥데이터의 보통주 중에서 더 우월한 의결권을 가지는 주식이 22%의 할인으로 거래되었다.[7]

6 의결권 없이 배당에 대한 권리가 더 많은 우리나라의 우선주와는 다르다.

7 우리나라에서도 이와 비슷한 사례가 있었다. 바로 우선주의 경우다. 1999년 우선주 파동은 우선주의 가격을 보통주보다 훨씬 높게 만들었다. 우리나라의 우선주는 대부분 의결권은 없고 배당이 보통주보다 1%p 정도 높은 수준으로 발행되었다. 이런 우선주를 발행했던 가장 큰 이유는 재벌들이 의결권 상실 없이 쉽게 자본을 조달할 수 있었기 때문이다. 배당이 1%p 높다는 것은 그 당시의 이자율에 비하면 아무것도 아니었기 때문에 우선주의 가격은 보통주보다 할인되어 거래되는 것이 적절했다. 평상시에 우선주는 보통주보다 많이 할인되어 거래되었다. 하지만 1999년에는 우선주의 가격이 보통주를 훨씬 능가하는 이상 현상이 발생했다. 그 당시에 투자자들이 그냥 우선주를 선호하였다는 황당한 이유 이외에는 다른 설명을 할 수 없었다. 그 이후에 우선주의 가격은 하락하여 다시 할인되어 거래되었다.

그림 2-2
롤렉스 의결권 주식의 비의결권 주식에 대한 프리미엄 (1990년~2002년)
출처: 라몽과 탈러(2003b)

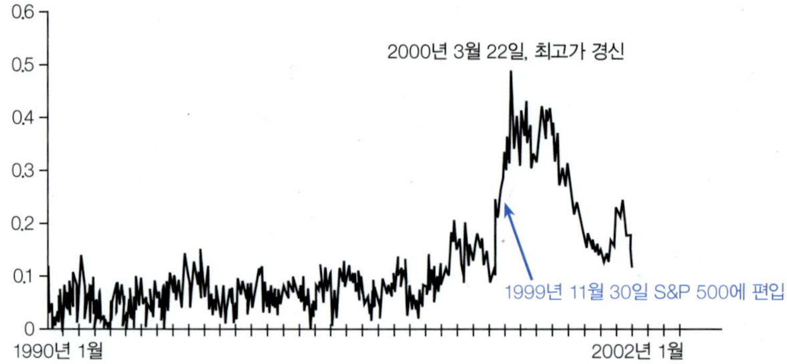

기업 분할: 3Com과 Palm의 예

기업이 분할될 때, 일물일가의 법칙에 위배되었던 사례가 3Com과 Palm의 사례이다. 1999년에 실리콘 밸리의 기술 기업인 3Com은 새로운 초소형 컴퓨터 생산자인 Palm 부문을 소유하고 있음에도 불구하고 자사의 주식 가격이 시장에서 충분히 인정받지 못한다고 생각하였다. 이에 Palm 부문을 본사인 3Com으로부터 분사하기로 하였다. 현금흐름이 동일하다면 주식 가격도 동일해야 한다는 재무론의 원칙을 고려할 때, 이러한 결정이 어떤 의미가 있을까? 하나의 기업으로 운영하든 아니면 두 개의 기업으로 분리하여 운영하든 미래의 현금흐름이 달라지는 것이 아닌데 주식 가격에 무슨 영향이 있다는 말인가?

분사를 위하여 3Com은 두 개의 단계를 진행하였다. 첫 번째 단계는 3Com이 Palm 부문 가치의 일부분을 떼어내어 기업 공개를 하는 것이다. 이 단계에서 Palm 가치의 4%만이 기업 공개를 통해 일반 투자자에게 매도되었고, 1%는 기관 투자자 컨소시엄에 매도되었다.[8] 두 번째 단계는 6개월 뒤에 이루어진 기업 분할로 Palm의 나머지 95% 주식을 3Com 주주들에게 분배하는 것이었다. Palm이 분할될 때 3Com 주주들은 1주당 Palm 주식 1.525주를 받았는데 이는 이미 예정되어 있던 일이다. 따라서 Palm 주식이 거래될 때 3Com의 주가는 Palm 주가의 1.525배보다 적어도 크거나 같아야 한다.

기업 공개 하루 전날, 3Com의 주가는 $104이었다. Palm 주식은 기업 공개

주식 떼어내기
기업의 일부분을 사외 투자자에게 매도하는 행위

8 이를 **주식 떼어내기**(equity carve-out)라고 부른다.

를 위해 일반 투자자에게 $38에 매도되었는데, 기업 공개일에 Palm의 주가는 $165까지 치솟았다가 $95로 마감하였다. 같은 날에 3Com은 21% 하락하여 $82가 되었다. Palm의 가치를 제외한 3Com의 나머지 가치를 계산해 보면 이러한 가격 형성이 얼마나 황당한 일인가를 쉽게 알 수 있었다. 3Com 주주들은 한 주당 Palm 1.525 주식을 가지게 될 것이므로, Palm 가치를 제외한 3Com 주식의 가치는 다음과 같아야 한다.

$$\begin{aligned} \text{3Com 주식의 가치} &= \text{1.525 Palm 주식의 가치} + \text{3Com의 나머지 가치} \\ &= \$145\ (=1.525 \times \$95) + \text{3Com의 나머지 가치} \\ \text{3Com의 나머지 가치} &= \text{3Com 주식의 가치} - \$145 = \$82 - \$145 = -\$63 \end{aligned}$$

기업 공개 첫날의 3Com 주식 가치는 3Com의 나머지 가치와 같아야 하는데, 이것이 −$63이라고? 시장은 흑자로 운영되는 3Com 나머지 부문의 전체 가치를 −$220억으로 평가하였다는 것이다. 재미있게도 그 당시 3Com은 주당 $10의 잉여 현금을 보유하고 있었다. 투자자들은 Palm 주식의 인수권을 가지고 있는 저렴한 3Com 주식을 사기보다는 비싼 Palm 주식을 사려고 했다.

이 사례는 폐쇄형 펀드보다 더 이상한 현상이다. 3Com과 Palm의 가격 오류를 이용하여 차익거래로 이익을 취할 수 있었다. 한 개의 3Com 주식을 매입하고 Palm 1.5 주식을 공매도하여 6개월을 기다리면 아무런 위험 없이 확실한 이익을 얻을 수 있었기 때문이다. 그림 2-3은 Palm 사업 부문을 제외한 3Com의 나머지 가치를 보여 주고 있다. 몇 개월 후에 3Com의 나머지 가치는 상식적인 수준으로 돌아왔지만, Palm의 열광적인 기업 공개 효과는 월 스트리트 저널, 뉴욕타임스, 유에스에이 투데이에서 널리 다뤄지기도 하였다.

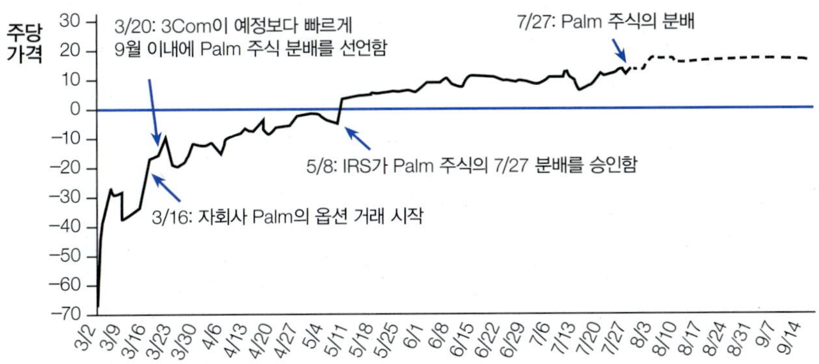

그림 2-3
3Com의 나머지 가치(2000년 3월 2~2000년 9월 18일)
출처: 라몽과 탈러(2003)

투자자들이 Palm 1.5 주식의 권리를 가지는 저렴한 3Com 주식을 마다하고 $95에 Palm 주식을 샀던 이유는 무엇이었을까? 주식 떼어내기에 의해 소량의 자회사 주식이 판매되어 수요가 공급을 크게 앞질렀기 때문에 발생한 현상으로 나머지 95%의 Palm 주식이 공급되면 가격이 하락하여 이런 문제가 해결될 것이라고 설명하기도 하였다. 물론 이런 설명도 일리가 있을 수 있지만, 시장 효율성과는 전혀 정합성이 없다. 그렇다면 왜 차익거래가 발생하지 않았을까? 그 이유는 4%의 주식을 개인 투자자들이 보유하고 있어서 공매도가 어려웠기 때문이다. 차익거래를 하기 위해서는 주식을 빌려와서 매도하는 공매도를 해야 하는데, 주식을 빌려줄 기관 투자자들이 Palm 주식의 1%밖에 보유하고 있지 않아서 차익거래는 현실적으로 어려웠다는 것이다.

이러한 사례들은 주식시장의 역사를 통해서 셀 수 없이 많다고 해도 과언이 아니다. 1998년에서 2000년까지 존재했던 인터넷 버블 사건이 대표적이다. 좀 더 역사적인 사건은 1920년대에도 있었다. 1923년에 (나중에 '증권분석'이라는 불후의 명저의 공저자가 되었던) 젊은 벤자민 그라함이 펀드 매니저로 일하고 있었다. 그는 GM 주식을 상당히 많이 보유하고 있던 듀퐁의 시가총액이 GM과 거의 비슷하다는 것을 알게 되었다. 이는 그 당시 미국의 대표적 산업 기업으로 엄청난 가치를 가진 듀퐁의 (GM 가치를 제외한) 잔여 가치가 0에 가까웠다는 것이다. 그라함은 GM을 공매도하고 듀퐁을 매입하여 큰 이익을 볼 수 있었다. 이 또한 3Com과 Palm 사건과 매우 유사했다. 이러한 사례들은 미국의 주식시장에서 항상 일물일가의 법칙이 성립하지는 않는다는 근거를 제시하고 있다.

롱텀 캐피탈 매니지먼트

롱텀 캐피탈 매니지먼트는 1994년 2월에 자본금 $13억으로 설립된 헤지 펀드이다. 그중 $1억 이상은 제너럴 파트너가 투자하였다. 파트너는 살로먼 브라더스의 채권 투자 본부장이었던 존 메리웨더, 미국 FRB 부회장이었던 데이빗 멀린스, 옵션 이론으로 1997년에 노벨 경제학상을 타게 될 마이론 숄즈와 로버트 머튼을 포함하였다.[9] 최소 투자 금액은 $1,000만이었고 3년 동안 환매가 금지되었으며, 연 2%의 운용 보수와 이익의 25%가 성공 보수

9 이를 **주식 떼어내기**(equity carve-out)라고 부른다.

로 지급되었다. 설립 후 엄청난 성과를 보여 1994년에 19.9%, 1995년에 42.8%, 1996년에 40.8%, 1997년에 17.1%의 보수 차감 후 순이익을 투자자들에게 돌려주었다. 그러나 1997년 말에 투자 기회가 감소하여 투자자들에게 $27억을 돌려주어서 1998년 초에는 $48억의 자본금만 남아 있었다.

롱텀 캐피탈 매니지먼트의 주요 투자 기법은 **시장-중립형 차익거래**이었다. 이는 주로 저평가된 증권을 매입하고 고평가된 증권을 매도하는 투자 기법으로, 시장 상승 또는 하락의 방향과는 관계없이 이익을 얻는 방법이다. 저평가된 증권의 가격이 상승하고, 고평가된 증권의 가격이 하락하면 이익을 얻게 되는 것이다. 롱텀 캐피탈 매니지먼트가 엄청난 레버리지를 이용하여 시장-중립형 차익거래를 시도한 대상은 주로 채권과 파생상품이었지만, 앞에서 언급하였던 로열 더치와 셸의 주식도 있었다.[10]

시장-중립형 차익거래
저평가된 증권을 매입하고 고평가된 증권을 매도하여 시장의 영향을 제거하여 절대적인 수익률을 추구하는 차익거래

로열 더치와 셸의 주가에는 이론적으로 정확한 관계가 존재하기 때문에 평가하기가 매우 쉬웠다. 그들은 고평가된 로열 더치를 매도하고 저평가된 셸을 매입하기 위하여 $23억을 사용하였다.[11] 로열 더치의 주가는 하락하고 셸의 주가는 상승하여 이들이 이론 가격에 가까워지면 이익을 보는 것은 너무나 당연한 일이었다. 즉, 두 주식 가격의 차이인 스프레드가 작아지면 성공하는 것이다. 그런데 1997년의 아시아 금융 위기에 이어 1998년에 러시아 정부가 채권에 대한 지급 불능을 의미하는 모라토리엄을 선언하자 주식시장의 불안으로 인해 두 주식의 가격 스프레드는 오히려 더 커졌다. 결과적으로 이 포지션으로부터의 손실이 매우 커지게 된 것이다. 물론 더 오랜 시간 동안 이 포지션을 유지했다면 이익이 발생할 가능성이 컸었겠지만, 엄청난 레버리지를 이용하여서 투자하였기 때문에 당장 발생한 손실을 감내할 수 있는 상황이 아니었다.

10 1998년 초에 롱텀 캐피탈 매니지먼트의 자본금은 $48억 정도이었는데, 그들이 은행과 증권회사로부터 차입한 금액은 $1,250억이었다. 따라서 20배가 넘는 레버리지를 이용하였는데, 이는 어떤 기준에 의해서 평가해도 너무 지나친 수준이다. 1/3의 헤지 펀드는 차입을 전혀 하지 않고, 차입을 이용하는 헤지 펀드의 54%도 자본금 수준을 넘지 않는다고 하며, 차입이 상당한 헤지 펀드의 경우에도 자본금의 10배를 잘 넘지 않는다고 한다. 롱텀 캐피탈 매니지먼트의 경우는 파트너들이 최고의 시장 전문가와 학자들로 구성되었고 과거 성과가 너무 좋았기 때문에 자신들의 거래에 대한 자신감이 너무 지나쳤다고 평가할 수 있다.

11 1998년 초에 롱텀 캐피탈 매니지먼트의 자본금은 $48억 정도이었는데, 그들이 은행과 증권회사로부터 차입한 금액은 $1,250억이었다. 따라서 20배가 넘는 레버리지를 이용하였는데, 이는 어떤 기준에 의해서 평가해도 너무 지나친 수준이다. 1/3의 헤지 펀드는 차입을 전혀 하지 않고, 차입을 이용하는 헤지 펀드의 54%도 자본금 수준을 넘지 않는다고 하며, 차입이 상당한 헤지 펀드의 경우에도 자본금의 10배를 잘 넘지 않는다고 한다. 롱텀 캐피탈 매니지먼트의 경우는 파트너들이 최고의 시장 전문가와 학자들로 구성되었고 과거 성과가 너무 좋았기 때문에 자신들의 거래에 대한 자신감이 너무 지나쳤다고 평가할 수 있다.

결국 롱텀 캐피탈 매니지먼트는 1998년 9월 초에 이러한 상황을 FRB 뉴욕에 알렸고, FRB 뉴욕의 의장은 이 회사에 대출한 금융기관의 최고 경영자들을 모두 소집하였다. 이들은 반강제적으로 추가 자본 약 $36억2,500만을 투자하여 롱텀 캐피탈 매니지먼트의 남아 있는 자본 90%를 매입하게 되었다. 금융기관들이 반강제적으로 투자하게 되었지만, 롱텀 캐피탈 매니지먼트에 더 이상의 손실이 발생하지 않았기 때문에 그들의 피해는 전혀 없었다. FRB 뉴욕의 입장에서는 금융시장에 미치는 악영향을 우려하여 금융기관들에 반강제적인 투자를 하게 하였지만, 과연 그럴 필요가 있었는가에 대해서는 의견이 분분하였다. 롱텀 캐피탈 매니지먼트는 2000년에 청산되어 해체되었다. 롱텀 캐피탈 매니지먼트사의 사례도 일물일가의 법칙이 성립하지 않았던 대표적인 사례로 인정되고 있다.

롱 아일랜드 아이스드 티 코퍼레이션

롱 아일랜드 아이스드 티 코퍼레이션은 뉴욕 롱 아일랜드의 파밍데일에 있는 미국 기업으로 바로 마실 수 있는 냉차나 레모네이드를 주로 판매한다.[12] 이 기업은 나스닥 상장 기업으로 2017년에 **블록체인** 기술의 이점을 활용하고 블록체인 관련 인수를 수행하기 위하여 사명을 롱 블록체인으로 변경하였다. 그러자 2017년 12월 20일 $2.44였던 종가가 12월 21일에 $6.61로 271% 상승하였다. 아직 구체적인 사업을 시작하지도 않은 상태에서 사명만을 변경하였는데 주가가 2.71배로 상승한 것이다. 이는 상식적으로 이해하기 힘든 사건 중의 하나였다.

블록체인
분산 컴퓨팅 기술 기반의 데이터 위변조 방지 기술

2018년 4월 10일에 롱 블록체인은 나스닥 상장 폐지를 통보받아서 장외시장에서만 거래될 수 있게 되었다. 이로 인하여 그들은 비트코인 채굴 장비의 구매를 포기하였다. 미국 증권거래위원회는 2018년 7월 10일에 사명 변경과 관련된 서류의 제출을 요구하였고, 이 기업은 2018년 8월 현재 수사를 받게 되었다. 사명 변경으로 상당한 자본이익을 얻게 되었지만, 이것이 투자자와 주주들을 기망하였다는 혐의를 받은 것이다.

12 이 사례는 이병욱(2018)을 참고하였다.

주요 용어

ADR(미국주식예탁증서)	순자산가치	차익거래
듀얼 클래스 주식	시장-중립형 차익거래	코리아 펀드
로열 더치	일물일가의 법칙	타이완 펀드
블록체인	저팬 펀드	폐쇄형 컨트리 펀드
상대적 구매력 동일의 원칙	절대적 구매력 동일의 원칙	폐쇄형 펀드
셸	주식 떼어내기	

핵심 정리

일물일가의 법칙

- 일물일가의 법칙은 완전 (또는 효율적) 시장을 가정할 때 모든 상품은 전 세계 어디에서나 동일한 가격을 가져야 한다는 것이다.
- 일물일가의 법칙이 성립하지 않는다면 차익거래가 가능할 수 있다.
- 두 국가에서 동일한 상품의 현재 가격이 존재할 때 그 가격은 동일해야 하므로 양 국가 간의 환율은 두 가격의 비율에 따라 결정될 수 있다: 절대적 구매력 동일의 원칙.
- 두 시점 간의 환율 변화는 그 기간에 발생한 양 국가의 인플레이션의 상대적 크기에 따라 정해진다: 상대적 구매력 동일의 원칙.
- 그런데도 자본시장에서도 일물일가의 법칙이 성립하지 않는 경우가 많이 발견되고 있다.

폐쇄형 컨트리 펀드

- 폐쇄형 펀드는 판매회사에서 사거나 팔 수 없고, 증권거래소에서 주식처럼 매매하게 되어 있다.
- 따라서 증권거래소에서 결정되는 폐쇄형 펀드의 매매 가격은 대개 순자산가치와 다르게 결정된다.
- 리 등(1990)에 의하면 폐쇄형 펀드가 순자산가치에 비해 30% 할인 또는 할증으로 거래되는 경우도 많다.
- 뉴욕증권거래소의 타이완 펀드는 설립 초기인 1987년 초에 205%의 할증으로 거래되었다.
- 1989년에 공산 정권이 무너지고 독일 통일이 임박하자 독일 주식시장은 상승하였고, 1989년 9월에 저먼 펀드는 할인에서 할증으로 전환되었다.

폐쇄형 펀드 퍼즐이 21세기에도 존재할까?

- CUBA 펀드는 2014년 9월경부터 순자산가치보다 10~15% 할인된 가격으로 거래되었지만, 2014년 12월 18일에 갑자기 이상한 일이 벌어졌다. 순자산가치는 거의 변함이 없었지만, 이 펀드의 거래 가격에 70%의 할증이 발생했다.

ADR

- ADR은 미국 이외 국가의 주식을 미국의 신탁은행에 예탁하고 이를 기반으로 발행한 증권으로, 미국주식예탁증서라고 부르기도 한다.
- 2000년 3월 7일에 인포시스 ADR은 $335로 거래되었는데, 이는 봄베이에서 거래되고 있는 원래 주식보다 136%의 프리미엄이 존재하는 것이었다.

쌍둥이 주식: 로열 더치와 셸 주식의 예

- 1907년 로열 더치와 셸의 합병 조건에 따르면, 두 회사로부터 발생하는 모든 현금흐름의 60%는 로열 더치 주주가 가지고 40%는 셸의 주주가 가지기로 하였다. 표준 재무론에 따르면, 주식의 가치는 모든 미래 현금흐름의 현재가치이므로 로열 더치의 가격은 항상 셸 가치의 1.5배이어야 한다.
- 1990년대에는 로열 더치가 셸에 비해서 할증으로 거래된 경우가 많았다. 로열 더치가 S&P 500의 구성 종목이어서 주요 기관 투자자인 뮤추얼 펀드의 매입 대상이었기 때문이었다.

- 2002년 7월 10일에 로열 더치가 S&P 500에서 제외될 것이라는 사실이 발표되자, 6%의 할증이 1%로 하락하였다.

듀얼 클래스 주식

- 미국의 경우에는 보통주에 여러 개의 클래스가 존재할 수 있다.
- 1999년 11월에 S&P 500이 몰렉스의 의결권 주식을 S&P 500 주가지수에 편입하겠다고 발표하자 할증이 12%p에서 24%p로 증가하였고, 2000년 3월에는 49%p로 더 커졌다.

기업 분할: 3Com과 Palm의 예

- 1999년에 3Com은 초소형 컴퓨터 부문인 Palm을 분사하기로 하였다.
- 첫 번째 단계는 3Com이 Palm 부문 가치의 일부분을 떼어내어 기업 공개를 하는 것인데, 이 단계에서 Palm 가치의 4%만이 기업 공개를 통해 일반 투자자에게 매도되었고, 1%는 기관 투자자 컨소시엄에 매도되었다. 두 번째 단계는 6개월 뒤에 이루어진 기업 분할로, Palm의 나머지 95% 주식을 3Com 주주들에게 분배하는 것이었다.
- Palm이 분할될 때 3Com 주주들은 1주당 Palm 주식 1.525주를 받았는데 이는 이미 예정되어 있던 일이다.
- 기업 공개 하루 전날, 3Com의 주가는 $104이었다. Palm 주식은 기업 공개를 위해 일반 투자자에게 $38에 매도되었는데, 기업 공개일에 Palm의 주가는 $165까지 치솟았다가 $95로 마감하였다.
- 공개일 종가로 Palm 부문을 떼어낸 3Com의 나머지 가치는 –$63이었다.

롱텀 캐피탈 매니지먼트

- 롱텀 캐피탈 매니지먼트(LTCM)의 주요 투자 기법은 시장-중립형 차익거래이었다.
- 1997년의 아시아 금융 위기에 이어 1998년에 러시아 정부가 채권에 대한 지급 불능을 의미하는 모라토리엄을 선언하자 주식시장의 불안으로 인해 로열 더치와 셸의 가격 스프레드는 오히려 더 커져서 LTCM은 엄청난 손실에 직면하였다.
- LTCM에 관계된 금융기관들은 반강제적으로 추가 자본 약 $36억2,500만을 투자하여, 롱텀 캐피탈 매니지먼트의 남아 있는 자본 90%를 매입하게 되었다.
- 롱텀 캐피탈 매니지먼트에 더 이상의 손실이 발생하지 않았기 때문에 금융기관들의 피해는 전혀 없었다.

롱 아일랜드 아이스드 티 코퍼레이션

- 이 회사는 블록체인 관련 사업을 시작하지도 않은 상태에서 사명만을 변경하였는데 주가가 2.71배로 상승하였다.

참고 문헌

- 이병욱 (2018), 비트코인과 블록체인: 탐욕이 삼켜버린 기술.
- Klibanoff, P., O. Lamont, and T. Wizman (1998), Investor reaction to salient news in closed-end country funds, Journal of Finance 53, 189~216.
- Lamont, O. and R. Thaler (2003), Can the market add and subtract? Mispricing in tech stock carve-outs, Journal of Political Economy 111, 227~267.
- Lamont, O. and R. Thaler (2003), The law of one prices in financial markets, Journal of Economic Perspectives 17, 191~202.
- Lee, Charles, A. Shleifer, and R. Thaler (1990), Closed-end mutual fund, Journal of Economic Perspectives 4, 153~164.
- Rosental, L. and C. Young (1990), The seemingly anomalous price behavior of Royal Dutch/Shell and Unilever N.V./PLC., Journal of Financial Economics 26, 123~41.

03 — 쉽지 않은 차익거래와 공매도

이미 언급한 바와 같이 파마(1970)는 경제학의 효율성 개념을 자본시장에 도입하여 **효율적 자본시장**의 개념을 제시하였다. 그의 정의에 의하면 자본시장은 효율적이고 시장 가격은 당해 금융자산의 진정한 현재가치이다. 여기서 효율적이라는 의미는 모든 정보가 신속하고 정확하게 금융자산의 가격에 반영된다는 것이다.[1] 금융자산의 가격이 잠시 효율적이지 않을 수 있는데, 그 때는 합리적인 **한계 투자자**의 거래로 가격은 다시 효율성을 찾게 된다.[2] 한계 투자자에 의한 **가격 발견 과정**은 다음과 같다.[3] 금융자산의 가격에 오류가 있다고 판단되면, 한계 투자자는 적절한 거래를 하여 가격을 다시 정상적인 수준으로 돌아오게 한다. 금융자산의 가격을 절대적으로 평가할 수 있다면, 저평가된 (고평가된) 자산을 매입(매도)하면 된다. 자산의 매입(매도)은 초과 수요(공급)를 유발하여 가격을 상승(하락)시키고, 상승(하락)한 가격에 자산을 매도(매입)하면 한계 투자자는 이익을 얻게 된다.

효율적 자본시장
자산 가격이 모든 이용 가능한 정보를 완전하고 신속하게 반영하는 자본시장

한계 투자자
마지막으로 거래를 하여 가격을 결정하는 투자자

가격 발견 과정
시장 메커니즘에 의해 효율적인 가격을 찾아가는 과정

차익거래란?

하지만 금융자산의 가격을 절대적으로 평가하기는 쉽지 않다. 그보다는 동일한 또는 유사하면서 비교 가능한 다른 금융자산과의 상대적 가격을 비교하여 평가하는 것이 일반적인 방법이다. 이때의 가격 발견 과정에 가장 중요한 것

1 그에 의하면 자본시장의 효율성은 크게 다음과 같은 3가지로 나누어진다: 약형 효율성, 준강형 효율성, 강형 효율성. 약형 (준강형, 강형) 효율성은 과거의 가격과 거래량(공적인 정보, 사적인 정보)을 이용하여 시장을 예측해도 초과 이익을 얻을 수 없다는 것이다.

2 한계 투자자(marginal investor)란, 금융자산의 보유 여부와 관계없이, 시장에 대해 풍부한 지식을 가지고 시장 가격에 영향을 미칠 수 있는 투자자이다. 이에 반대되는 개념이 노이즈 투자자(noise investor)로, 이들은 당해 금융자산의 가격과 관계없는 정보를 믿고 매매하는 투자자이지만 유동성 형성에 매우 중요한 역할을 한다. 전통적인 재무금융 및 경제학자들은 수없이 많은 노이즈 투자자에 의해 비효율적인 자산 가격이 형성되면, 한계 투자자의 거래에 의해 가격은 다시 효율성을 되찾는다고 한다.

3 가격 발견 과정이란 시장 메커니즘에 의해 효율적인 가격을 찾아가는 과정을 의미한다.

차익거래
아무런 비용 없이 무위험으로 이익을 얻기 위하여 동일하거나 유사한 증권을 서로 다른 시장에서 다른 가격으로 동시에 매입하고 매도하는 행위

이 차익거래이다. **차익거래**의 교과서적 의미는 다음과 같다: 아무런 비용 없이 무위험으로 확실한 이익을 얻기 위해 동일한 또는 유사한 자산들을 서로 다른 시장에서 매입하고 매도하는 행위. 이론적으로 차익거래에는 자본이 필요하지 않고 아무런 위험이 없어야 한다. 하지만 이런 교과서적 차익거래가 실제 자본시장에서 그 의미를 그대로 간직할 수 있을까? 결코 아니다. 실제 자본시장은 교과서적 세상이 아니라 현실이다. 공기 저항 때문에 피사의 사탑에서 떨어뜨린 종이와 돌이 같은 속도로 떨어질 수 없듯이, 차익거래에도 비용이 발생하며 그에 따른 위험도 분명히 존재한다.

쉴라이퍼와 비쉬니(1997)가 제시한 사례를 살펴보자. 두 개의 독일 국채 선물 가격이 런던에서는 240,000마르크, 프랑크푸르트에서는 245,000마르크에 거래되고 있다. 이 두 선물은 만기가 T로 동일하고 액면가 250,000마르크를 인도하는 조건이므로 사실상 동일한 상품이지만, 현재 런던과 프랑크푸르트에서 다른 가격으로 거래되고 있다. 이런 가격 괴리는 차익거래의 조건을 만족하므로 독일 국채 선물을 런던에서 240,000마르크에 매입하고 프랑크푸르트에서는 245,000마르크에 매도하면 된다. 만기 시점 T에 두 선물의 가격은 일치해야 하므로 차익거래자는 완벽하게 헤지한 것이다. 즉, 이론상으로 아무런 위험이 없다. 하지만 실무적으로 이 차익거래자는 런던에 3,000마르크, 프랑크푸르트에 3,500마르크의 증거금을 내야하기 때문에 6,500마르크의 비용이 필요하다.

차익거래 이후에 두 선물의 가격이 모두 242,500마르크가 되어 두 시장이 효율성을 찾았다고 하자. 이 차익거래자는 6,500마르크의 비용이 필요했지만, 두 포지션을 모두 해소하여 각각 2,500마르크를 회수하게 되고, 5,000마르크의 이익을 얻게 된다. 하지만 시장 상황이 항상 이렇게 순조롭게 흘러가는 것은 아니다. 예를 들어, 런던의 선물 가격은 그대로인데 프랑크푸르트의 선물 가격이 250,000마르크로 상승하였다고 하자. 이렇게 되면 5,000마르크의 손실이 발생했기 때문에 프랑크푸르트 거래소는 차익거래자에게 5,000마르크를 추가 증거금으로 요구할 것이다. 이후에 두 선물 가격이 같아져서 차익거래자가 이익을 얻게 된다고 할지라도, 차익거래자는 짧은 기간 동안 손실을 경험하게 되고 추가적인 비용이 필요했다. 이 경우에는 무비용 차익거래 모형이 적용되지 않는다. 그래도 차익거래자가 항상 필요한 비용을 조달할 수 있다면 그는 확실히 이익을 볼 수 있다. 그렇지 않다면, 그는 비용 조달에 실패하여 손실 상태로 선물 포지션을 해소해야 한다. 이런 경우에는

손실의 위험이 존재한다.[4]

실제 자본시장은 그렇게 단순하지 않다. 차익거래 기회가 있다고 할지라도 거래 시간, 결제일, 만기가 다른 경우가 대부분이다. 이들은 모두 차익거래의 위험 요소이다. 따라서 대부분의 실제 차익거래는 **위험 차익거래**이다. 즉, 이론적 모형과는 달리, 실제 차익거래는 비용이 필요하며 위험도 수반한다. 이런 의미에서 리(2001)는 차익거래를 시장 가격의 불완전성으로부터 이익을 얻기 위한 정보 거래로 다시 정의할 필요가 있다고 하였다.

위험 차익거래
위험을 수반하는 차익거래

쉴라이퍼와 비쉬니(1997)의 성과 기반 차익거래

수많은 차익거래자가 시장 가격의 오류로부터 이익을 얻기 위해서 아주 작은 규모의 차익거래를 한다고 하자. 그들의 차익거래 규모가 너무 작아서 그들은 비용 제약에도 걸리지 않고 차익거래 포지션에 대해서 위험 중립이 된다.[5] 그들의 집단적 거래는 가격을 움직여서 금융자산의 가격은 기본적 가치로 수렴하게 될 것이다. 이런 논리가 파마(1970) 연구에 내재된 효율적 시장의 의미이다. 하지만 실제로 지식과 정보를 가지고 차익거래에 임하는 자본시장 참가자들은 수많은 소규모 차익거래자들이 아니다. 매우 특화된 소수의 전문가가 외부 투자자들의 대규모 자금을 이용하여 차익거래를 한다. 따라서 차익거래를 위한 두뇌와 자금이 대리인 관계에 의해 분리된다. 즉, 자금은 전문적 지식이 부족한 투자자들로부터 조달되고, 차익거래는 매우 특화된 지식을 가진 전문가에 의해 이루어진다는 것이다.

위험이 있든지 없든지 상관없이 차익거래는 비용이 필요하고, 이는 대리인 문제 관점에서 매우 중요하다. 대리인 문제가 없다면 차익거래자들은 금융자산 가격이 기본적 가치로부터 이탈할수록 더 적극적으로 차익거래에 몰두할 것이다. 하지만 다른 사람들의 자금으로 투자할 때는 대리인 문제가 존재한

4 손실을 본 상태로 포지션을 해소해야 할 위기에 처했던 것이 1998년 롱텀 캐피탈 매니지먼트(LTCM) 사례이다. 그들은 채권 스프레드를 이용하여 엄청난 규모의 차익거래를 했는데, 동아시아 외환 위기와 러시아 정부의 디폴트 선언에 겁먹은 투자자들이 이 스프레드를 더 커지게 만들었다. 결국 LTCM은 계속되는 증거금 납입 요구를 받게 되게 되자, 손실을 보면서 차익거래 포지션 해소를 하게 되었고 미국 정부에 도움을 요청하였다. 미국 정부는 대형 금융기관들을 동원하여 LTCM에 $36억의 자금을 제공하였고, LTCM은 증거금을 납입할 수 있게 되었다. 이후에 LTCM의 차익거래 포지션은 엄청난 이익을 얻었기 때문에 자금을 제공하였던 대형 금융기관들은 아무런 손해가 없었다. 그럼에도 불구하고 LTCM은 2000년에 해산 절차를 밟게 되었다.

5 여기서 위험 중립이란 위험에 대해 지나치게 두려워하지 않는 것으로 해석하자.

다.[6] 대리인 문제가 있을 때는 차익거래자의 행동이 제한될 수밖에 없다. 앞의 사례에서 런던과 프랑크푸르트의 선물 가격이 근접하지 않고 더 벌어지면 차익거래 기회는 더 커지지만, 차익거래자는 손실을 경험하게 된다. 차익거래자에게 자금을 맡긴 일반 투자자들은 이러한 손실로 인해 차익거래자의 경쟁력이 없다고 생각하여 더 이상의 자금을 맡기지 않거나 자금을 회수할 수 있다. 이렇게 되면 운용 자금이 부족해진 차익거래자는 더 커진 차익거래 기회에도 불구하고 손실을 보면서 포지션을 해소할 수밖에 없다. 결국, 차익거래자는 본래의 의도와는 다르게 손실을 보면서 차익거래 포지션을 해소할 수 있다.

성과 기반 차익거래
펀드의 과거 실적에 따라 달라지는 차익거래

실라이퍼와 비쉬니(1997)는 펀드의 과거 실적에 따라 차익거래 행동이 변하는 펀드의 대응 현상을 **성과 기반 차익거래**라고 하였다. 자기 자금으로 기대수익률에 따라 자금을 할당하는 차익거래와는 달리, 성과 기반 차익거래에서는 투자자들이 차익거래자의 과거 수익률에 따라 합리적으로 자금을 할당한다. 가격 왜곡이 차익거래 시점보다 더 심해지면 차익거래자는 손실을 보게 되지만 차익거래 기회는 더 커진다. 펀드가 손실을 보면 차익거래자에게 자금을 맡긴 투자자들은 자금을 회수하게 된다. 결국 차익거래를 위한 비용 조달이 어려워서 더 이상의 차익거래는 불가능할 뿐만 아니라 기존의 차익거래 포지션도 해소할 수 있다. 이를 **차익거래의 한계**라고 한다. 이런 이유로 차익거래가 시장 효율성으로 이어질 수 없다. 장기적으로는 차익거래에 아무런 위험이 없을 수 있지만, 단기적으로는 가격 오류가 더 심해질 수 있다.

차익거래의 한계
차익거래를 위한 비용 조달이 어려워서 더 이상의 차익거래는 불가능할 뿐만 아니라 기존의 차익거래 포지션도 해소할 수 있다.

교과서적 의미에서 차익거래의 한계가 존재하는 이유에는 세 가지 정도가 있다. 첫째, 차익거래의 실행 비용이 많이 들기 때문이다. 이는 차익거래를 위한 **공매도**가 어려울 뿐만 아니라, 비용도 많이 소요되고, 규제 때문에 제한될 수도 있다는 것이다. 공매도란 소유하지 않은 주식을 매도하는 행위이다.[7] 둘째, 금융자산의 가격 오류를 판단하기 위한 이론적 모형이 적절하지 않을 수 있기 때문이다. 잘못된 모형의 사용은 차익거래의 위험을 지나치게 높일 수 있다. 셋째, 가격 오류가 있어서 차익거래 기회가 존재할지라도 가격 오류

공매도
보유하지 않은 주식을 매도하는 행위

6 다른 사람들의 자금으로 투자하는 전문가로는 헤지 펀드와 뮤추얼 펀드 매니저 등이 있다. 이들은 전문 지식이 없는 일반 투자자들을 대신해서 투자하기 때문에, 그들과 일반 투자자 사이에 대리인 문제가 발생할 수 있다. 자금을 공급하는 투자자들의 이익이 아닌 펀드 매니저 스스로 이익을 위해 투자할 수 있다는 것이다.

7 공매도에는 차입 공매도와 무차입 공매도가 있다. 차입 공매도는 주식을 먼저 차입하여 매도를 실행하는 것이고, 무차입 공매도는 먼저 매도하고 결제일 이전에 차입하여 매매 결제가 이루어진다. 무차입 공매도는 결제 불이행 위험 때문에 우리나라를 포함하여 대부분의 나라에서 금지되고 있다.

가 더 심각해지면 차익거래가 실패할 가능성이 커진다. 이를 **기본적 위험**이라고 하는데, 이제부터 이에 대해서 자세히 알아보자.

기본적 위험
가격 오류가 있어서 차익거래 기회가 존재할지라도 가격 오류가 더 심각해지면 차익거래가 실패할 가능성이 커진다.

차익거래의 기본적 위험

전문적인 차익거래는 주로 헤지 펀드에 의해 채권 및 외환시장에서 이루어진다. 이 시장들은 레버리지가 높고, 공매도와 성과 보수가 일반적이다. 이에 비해서 주식시장에서의 차익거래는 그렇게 활발하기 어렵다. 왜 그럴까? 이는 다음과 같은 차익거래의 기본적 위험과 관계가 있다: 차익거래 포지션의 기본적 가치가 불확실할 때 발생하는 위험. 차익거래를 위해서는 금융자산의 가격에 대해 어느 정도 확신이 있어야 하고 차익을 빠르게 실현할 수 있어야 한다.

채권은 미래의 현금흐름이 거의 확실히 정해져 있어서 채권 간에 상대적인 가치의 계산이 용이하다. 결과적으로 차익거래의 기본적 위험이 거의 없으므로 차익거래가 활발하게 이루어질 수 있다. 이에 비해, 외환 거래에 있어서는 상대적 가치의 계산이 매우 힘들어서 차익거래가 어려울 것 같지만 꼭 그런 것은 아니다. 대개 외환 차익거래의 신호는 중앙은행이 시장 환율을 벗어나서 고집스럽게 특정 환율을 유지하는 것이다. 헤지 펀드는 이런 때에 대규모 외환 거래를 시도하여 막대한 이익을 보는 경우가 많다.[8] 하지만 주식시장은 다르다. 주식의 절대적 가치뿐만 아니라 주식 간의 상대적인 가치도 계산하기가 매우 어렵다. 또한 정부가 전체적인 주식시장의 수준을 유지하려는 때도 있지만, 특정 주식의 주가를 방어하려고 노력하지는 않는다. 따라서 채권이나 외환시장과는 달리, 주식시장에서는 차익거래의 기회를 찾기가 상당히 어렵다.

금융자산의 변동성이 큰 것도 차익거래를 어렵게 하는 요인이다. 변동성이 크다는 것은 자산의 가치에 대한 불확실성이 높다는 것으로 기본적 위험이 크다는 것을 의미한다. 즉, 차익거래의 기본적 위험이 실질적으로 변동성의 일부라는 것이다. 차익거래를 어렵게 하는 또 다른 요인은 가격 오류가 제거되기까지의 기간이다. 불확실성의 해소가 늦어지고 정보가 부족한 **노이즈 투자자**들이 가격 오류를 더 심화시키는 경우이다. 이럴 때는 변동성에 따른 장

노이즈 투자자
정확한 정보가 없는 투자자

8 1992년 영국의 파운드화 위기, 1994년 멕시코의 금융 위기, 1997년 대한민국의 외환 위기 모두 여기에 속한다고 볼 수 있다.

기 수익성은 커지겠지만, 단기 수익성은 낮아진다. 차익거래자가 중간에 자금 인출을 해야 한다거나, 그의 명성이 상대적으로 짧은 기간의 성과에 따라 결정된다면 역시 기본적 위험이 커진다. 따라서 차익거래는 변동성이 지나치게 크거나 가격 오류 수정에 오랜 기간이 필요한 시장을 선호하지 않는다.

차익거래의 성장과 공매도

헤지 펀드
소수의 투자자를 대상으로 하며 정부의 규제를 받지 않는 자유로운 투자 주체로 리미티드 파트너십으로 설립된다.

이상 현상
자산의 가격이 표준 경제학적 모형에 의한 값과 다르게 나타나는 현상

가치 투자
(장부 가격/시장 가격) 비율이 높은 종목을 매입하고 낮은 종목을 매도하는 전략

모멘텀 투자
지난 1년간의 주식 수익률이 높았던 종목을 매입하고 낮았던 종목을 매도하는 전략

주식시장에서의 차익거래는 가치평가의 어려움 때문에 쉽지 않지만, 그동안 지속적으로 발견된 주가의 이상 현상을 기반으로 하는 차익거래가 **헤지 펀드**를 중심으로 광범위하게 이루어져 왔다.[9] 주식시장의 **이상 현상**이란 여러 가지 가격결정 모형에 의해 설명되지 않는 비정상적인 수익률의 발생을 말한다.[10] 주식시장의 가장 대표적인 이상 현상은 가치 투자와 모멘텀 투자이다. **가치 투자**란 (장부 가격/시장 가격) 비율이 높은 종목을 매입하고 낮은 종목을 매도하는 전략이고, **모멘텀 투자**란 지난 1년간의 주식 수익률이 높았던 종목을 매입하고 낮았던 종목을 매도하는 전략이다. 톰슨 로이터는 주식시장의 이상 현상을 이용하여 운용하는 헤지 펀드의 규모가 2000년에 $101십억에서 2009년 말에는 $364십억으로 성장하였다고 한다. 이는 복리로 연 15%가 넘는 성장률이다.

핸슨과 선더람(2014)은 이상 현상(가치 투자와 모멘텀 투자)을 이용한 차익거래의 수익성이 예전보다 감소하기는 하였지만, 완전히 사라진 것은 아니라고 하였다. 또한 차익거래의 현금흐름은 각 전략의 과거 수익률과 변동성에 의해 영향을 받는다고 하였다. 이는 쉴라이퍼와 비쉬니(1997)가 주장한 차익거래의 한계 이론을 지지하는 결론이다. 전체적으로 그들은 실제 주식시장에서 차익거래가 단기적으로는 그 효과성이 제한되지만, 장기적으로는 강력한 효과를 발휘한다고 하였다.

공매도 잔고
현재 매입에 의해 포지션 해소가 이루어지지 않은 상태의 공매도 수준

한편, 핸슨과 선더람(2014)은 1988년부터 2011년까지의 **공매도 잔고**를 이용하여 이상 현상별로 주식시장 차익거래의 규모를 추정하면서 공매도의 중

9 골드만 삭스(2008)에 의하면 헤지 펀드가 미국 전체 공매도 잔고의 85%를 차지한다.

10 대표적인 가격결정 모형으로는 제1부의 〈멋진 경제학과 재무론에 대한 의심〉에서 언급한 자본자산 가격결정 모형이 있다. 하지만 1990년대 이후로 주식시장의 이상 현상을 판단하는 모형으로는 파마와 프렌치(1992, 1993)의 3 요인 모형을 주로 사용한다.

요성을 강조하였다.[11] 그들은 다음과 같은 이유로 공매도 잔고가 매우 유용한 분석 수단이라고 하였다. 첫째, 주식 공매도는 대개 전문 투자자에 의해 이루어진다. 이는 당해 주식에 대해 민감한 정보를 알려주는 것으로 공매도 잔고의 증가는 향후 주식 수익률의 하락을 예측한다. 여기서 오해하지 말아야 할 것은 공매도가 주가를 하락시키는 것이 아니라, 주가 하락에 대한 정보에 따라 공매도가 이루어진다는 것이다.[12] 따라서 공매도 자체가 주가 하락을 유도하는 것은 아니라고 할 수 있다. 둘째, 공매도의 비용 때문에 적극적으로 초과 이익을 추구하는 전문가들이 공매도를 실행하는 경향이 있다. 셋째, 르웰른(2011)이 밝힌 바와 같이, 기관 투자자의 매입 포지션은 시장 포트폴리오와 유사하고 특별한 성질을 가지지 않는다. 하지만 공매도 잔고는 사적 정보의 가치가 크기 때문에 기관 투자자의 매입 포지션 자료보다 훨씬 더 중요한 의미가 있다.

전 세계적 금융 위기와 공매도

공매도는 보유하지 않은 주식을 매도하는 것으로, 자금을 차입하여 주식을 매입하는 **신용 매입**과는 정반대의 개념이다. 공매도와 신용 매입은 각각 초과 공급과 초과 수요를 창출하여 유동성을 제고하는 주식시장의 매우 효과적인 거래 방법이지만, 공매도만이 개인 투자자들의 원성을 사고 있다. 왜 그럴까? 신용 매입은 초과 수요를 발생시켜 주가를 상승시키고, 공매도는 초과 공급을 발생시켜 주가를 하락시킨다고 그들이 굳게 믿기 때문일 것이다. 또한 신용 매입은 개인 투자자도 어렵지 않게 할 수 있지만, 공매도는 조건이 까다로워서 주로 전문적인 기관 투자자들의 거래 방법이기 때문일 것이다. 그렇다면 공매도는 정말 주가 하락을 불러일으킬까? 이미 앞에서 설명하였듯이, 공매도는 정보에 의한 거래이기 때문에 향후 주가와 음(−)의 상관관계를 가지지만, 공매도 자체가 주가 하락을 발생시키는 것은 아니다. 그렇다면 금융 또는 주식시장의 위기에도 그럴까?

신용 매입
자금을 차입하여 자산을 매입하는 행위로 초과 수요를 창출한다.

베버와 파가노(2013)는 2007~2009년의 세계 금융 위기 때 전 세계적인 공

11 공매도 잔고는 현재 매입에 의해 포지션 해소가 이루어지지 않은 상태의 공매도 수준을 의미한다.

12 코헨 등(2007)은 공매도와 주식 수익률의 관계를 분석하여, 공매도 수요가 증가하면 다음 달 주식의 초과 수익률이 2.98% 하락한다고 하였다. 이로부터 그들은 공매도 시장이 중요한 사적 정보의 전달 매체라고 하였다. 공매도 잔고와 향후 개별 주식 수익률의 상관관계는 대개 음(−)이지만, 전체 주식시장 수준에서는, 미국과 일본에서, 양(+)의 관계가 발견되었다. 각각 울리지와 디킨슨(1994)과 고광수와 임태진(2006)을 보시오.

매도 금지의 효과를 검증하였다. 대한민국을 포함한 전 세계 30개 국가(대부분의 유럽 국가와 비유럽 선진국을 포함)를 대상으로 2008년 1월 1일부터 2009년 6월 23일까지의 기간에 대해 일별 자료를 이용하여 분석하였다. 각 국가는 대상 주식들에 대해 각기 다른 날짜에 공매도를 금지하였다. 아주 광범위한 분석을 통해 그들은 다음과 같은 사실을 발견하였다. 첫째, 공매도 금지는 유동성에 방해가 되는데, 특히 소규모 주식들에 안 좋은 영향을 미쳤다. 둘째, 주식의 가격 발견 과정을 늦추었는데, 주가 하락기에 더 심했다. 셋째, 미국의 금융 주식을 제외하고는 공매도 금지가 주가를 지지하는 데 전혀 도움을 주지 못했다. 이는 이미 미국 주식시장을 대상으로 하였던 여러 연구 결과들과 일치하는 것이어서 신뢰성이 더 높다고 할 수 있다.

공매도와 상환 매입: 일본의 사례

르웰른(2011)이 언급한 바와 같이 공매도 투자자는 주가에 대한 사적인 정보를 가지고 있지만, 지금까지는 대개 공매도 거래 행위의 전반부에 관한 연구만이 이루어졌다. 하지만 공매도의 모든 것을 이해하기 위해서는 공매도의 후반부도 알아야 한다. 공매도를 위해서는 주식을 빌려야 하고 빌려온 주식을 향후에 반환하려면 주식을 매입해야 하는데, 이를 **상환 매입**이라고 한다.[13] 상환 매입은 공매도의 후반부로 매우 중요한 의미가 있다. 공매도 투자자가 중요한 사적 정보를 가지는 사람들이고 공매도가 사적 정보 전달의 중요한 메커니즘이라면 그들은 상환 매입 시에도 최적의 시점을 선택할 수 있어야 한다.

상환 매입
공매도를 위하여 빌려온 주식을 향후에 반환하려고 주식을 매입하는 행위

보머 등(2018)은 일본 주식시장의 대규모 공매도 공시 자료를 이용하여 상환 매입이 주가에 미치는 영향을 분석하였다.[14] 그들은 상환 매입이 주가에 유의적인 양(+)의 영향을 미친다고 하였다. 결국 공매도 투자자들은 대규모 공매도 공시 기간에 이익을 얻고, 그들의 상환 매입 이후에 주가는 상승한다. 이는 그들이 공매도 포지션을 해소하기 위한 상환 매입 시에도 사적 정보를 사용하는 정보 거래자들이라는 것을 의미한다. 따라서 공매도 투자자들은 공매도 시점도 잘 파악할 뿐만 아니라 상환 매입 시에도 주가의 상승을 잘 예측

13 상환 매입을 숏 커버링(short covering)이라고도 한다.

14 일본의 금융감독청은 2000년 11월 7일부터 발행 주식 수의 0.25%를 초과하는 대규모 공매도 포지션을 공시하도록 하였다. 이는 상환 매입 거래도 포함하였다.

한다고 할 수 있다.

우리나라의 공매도와 차익거래

우리나라 주식시장의 차익거래 수준은 어느 정도일까? 미국의 개별 주식 공매도 잔고 비율은 단순 평균(가중 평균)으로 1988년에 1% 미만이었지만 2007년에는 7%(4%) 수준까지 이르렀다.[15] 이는 헤지 펀드가 차익거래를 위해 공매도 수준을 크게 높였기 때문이다. 하지만 우리나라의 공매도 잔고 비율 평균은 2022년 7월 13일 현재 금액 기준으로 1%에도 크게 못 미치고 있다. 또한 공매도 잔고 대량 보유자는 대부분 외국계 기관인데, 그들이 공매도 규제가 많은 우리나라에서 차익거래를 한다고 보기는 매우 어렵다. 공매도 잔고 비율과 대량 보유자 측면에서 볼 때, 우리나라에서 주식시장의 이상 현상을 이용한 차익거래는 거의 전무하다고 보는 것이 옳을 것이다.

주요 용어

가격 발견 과정	모멘텀 투자	차익거래
가치 투자	상환 매입	차익거래의 한계
공매도	성과 기반 차익거래	한계 투자자
공매도 잔고	신용 매입	헤지 펀드
기본적 위험	위험 차익거래	효율적 자본시장
노이즈 투자자	이상 현상	

핵심 정리

- 금융자산의 가격이 잠시 효율적이지 않을 수 있는데, 그때는 합리적인 한계 투자자의 거래로 가격은 다시 효율성을 찾게 된다.
- 한계 투자자에 의한 가격 발견 과정은 다음과 같다. 금융자산의 가격에 오류가 있다고 판단되면, 한계 투자자는 적절한 거래를 하여 가격을 다시 정상적인 수준으로 돌아오게 한다.

차익거래란?

- 아무런 비용 없이 무위험으로 확실한 이익을 얻기 위해 동일한 또는 유사한 자산들을 서로 다른 시장에서 매입하고 매도하는 행위를 차익거래라고 한다.
- 이론적으로 차익거래에는 자본이 필요하지 않고 아무런 위험이 없지만, 이런 교과서적 차익거래가 실제 자본시장에서 그 의미를 그대로 간직할 수 있을까? 결코 아니다. 실제 자본시장은 교과서적 세상이 아니라 현실이다.

- 대부분의 실제 차익거래는 위험 차익거래이기 때문에 실제 차익거래는, 이론적 모형과는 달리, 비용이 필요하며 위험도 수반한다.
- 리(2001)는 차익거래를 시장 가격의 불완전성으로부터 이익을 얻기 위한 정보 거래로 다시 정의할 필요가 있다고 하였다.

쉴라이퍼와 비쉬니(1997)의 성과 기반 차익거래

- 쉴라이퍼와 비쉬니(1997)는 펀드의 과거 실적에 따라 차익거래 행동이 변하는 펀드의 대응 현상을 성과 기반 차익거래라고 하였다.
- 성과 기반 차익거래에서는 투자자들이 차익거래자의 과거 수익률에 따라 합리적으로 자금을 할당하기 때문에, 가격 왜곡이 차익거래 시점보다 더 심해지면 차익거래자는 손실을 보게 되지만 차익거래 기회는 더 커진다.
- 차익거래의 한계: 펀드가 손실을 보면 차익거래자에게 자금을 맡긴 투자자들은 자금을 회수하게 되고, 결국 차익거래를 위한 비용 조달이 어려워서 더 이상의 차익거래는 불가능할 뿐만 아니라 기존의 차익거래 포지션도 해소할 수 있다.
- 차익거래의 한계가 존재하는 이유: ① 실행 비용이 많이 든다. ② 이론적 모형에 오류가 있을 수 있다. ③ 기본적 위험: 가격 오류가 더 심각해지면 차익거래가 실패할 가능성이 커진다.

차익거래의 기본적 위험

- 전문적인 차익거래는 주로 헤지 펀드에 의해 채권 및 외환시장에서 이루어진다.
- 차익거래의 기본적 위험과 관계가 있다: 차익거래 포지션의 기본적 가치가 불확실할 때 발생하는 위험.
- 불확실성의 해소가 늦어지고 정보가 부족한 노이즈 투자자들이 가격 오류를 더 심화킬 수 있다.

차익거래의 성장과 공매도

- 주식시장에서의 차익거래는 가치평가의 어려움 때문에 쉽지 않지만, 그동안 지속적으로 발견된 주가의 이상 현상을 기반으로 하는 차익거래가 헤지 펀드를 중심으로 광범위하게 이루어져 왔다.
- 핸슨과 선더람(2014)은 1988년부터 2011년까지의 공매도 잔고를 이용하여 주식시장 이상 현상별로 주식시장 차익거래의 규모를 추정하면서 공매도의 중요성을 강조하였다.
- 공매도 잔고는 다음과 같은 이유로 매우 유용한 분석 수단이다: ① 주식 공매도는 대개 전문 투자자에 의해 이루어진다. ② 공매도의 비용 때문에 적극적으로 초과 이익을 추구하는 전문가들이 공매도를 실행하는 경향이 있다. ③ 기관 투자자의 매입 포지션은 시장 포트폴리오와 유사하고 특별한 성질을 가지지 않지만, 공매도 잔고는 사적 정보의 가치가 크기 때문에 기관 투자자의 매입 포지션 자료보다 훨씬 더 중요한 의미가 있다.

전 세계적 금융 위기와 공매도

- 공매도는 보유하지 않은 주식을 매도하는 것으로, 자금을 차입하여 주식을 매입하는 신용 매입과는 정반대의 개념이다.
- 투자자들은 신용 매입은 초과 수요를 발생시켜 주가를 상승시키고, 공매도는 초과 공급을 발생시켜 주가를 하락시킨다고 굳게 믿고 있다.
- 베버와 파가노(2013)는 2007~2009년의 세계 금융 위기 때에 전 세계적인 공매도 금지의 효과를 검증하였다: ① 공매도 금지는 유동성에 방해가 되는데, 특히 소규모 주식들에 안 좋은 영향을 미쳤다. ② 주식의 가격 발견 과정을 늦추었는데, 주가 하락기에 더 심했다. ③ 미국의 금융 주식을 제외하고는 공매도 금지가 주가를 지지하는 데에 전혀 도움을 주지 못했다.

공매도와 상환 매입: 일본의 사례

- 보머 등(2018)의 일본 주식시장의 공매도 연구에 의하면 공매도의 상환 매입이 주가에 유의적인 양(+)의 영향을 미친다고 하였다.
- 공매도 투자자들은 공매도 시점도 잘 파악할 뿐만 아니라 상환 매입 시에도 주가의 상승을 잘 예측한다고 할 수 있다.

우리나라의 공매도와 차익거래

- 우리나라의 공매도 잔고 비율 평균은 2022년 7월 13일 현재 금액 기준으로 1%에도 크게 못 미치고 있다.
- 공매도 잔고 대량 보유자는 대부분 외국계 기관인데, 그들이 공매도 규제가 많은 우리나라에서 차익거래를 한다고 보기는 매우 어렵다.
- 공매도 잔고 비율과 대량 보유자 측면에서 볼 때, 우리나라에서 주식시장의 이상 현상을 이용한 차익거래는 거의 전무하다고 보는 것이 옳을 것이다.

참고 문헌

- Beber, A. and M. Pagano (2013), Short-selling bans around the world: Evidence from the 2007-09 crisis, Journal of Finance 68, 343~383.
- Boehmer, E., T. Duong, and Z. Huszar (2918), Journal of Financial and Quantitative Analysis 53, 723~748.
- Cohen, L., K. Diether, and C. Malloy (2007), Supply and demand shifts in the shorting market, Journal of Finance 62, 2061~2096.
- Fama, E. (1970), Efficient capital markets: A review of theory and empirical work, Journal of Finance 25, 383~417.
- Fama, E. and K. French (1992), The cross-section of expected stock returns, Journal of Finance 47, 427~465.
- Fama, E. and K. French (1993), Common, risk factors in the returns of stocks and bonds, Journal of Financial Economimcs 33, 3~56.
- Goldman Sachs (2008), Goldman Sachs hedge fund trend monitor. February 20.
- Hanson, S. and A. Sunderam (2014), The growth and limits of arbitrage: Evidence from short interest, Review of Financial Studies 27, 1238~1286.
- Ko, K, and T. Lim (2006), Short selling and stock prices with regime switching in the absence of market makers: The case of Japan, Japan and the World Economy 18, 528~544.
- Lewellen, J. (2011), Institutional investors and the limits of arbitrage, Journal of Financial Economics 102, 62~80.
- Schleifer, A. and R. Vishny (1997), The limits of arbitrage, Journal of Finance 52, 35-55.
- Woolridge, J. and A. Dickinson (1994), Short selling and common stock prices, Financial Analysts Journal 50, 20~28.

04 효율적으로 비효율적인 시장과 헤지 펀드

파마(1970)의 효율적 시장 가설 이후로 자본시장의 효율성은 신고전주의 재무금융 이론의 핵심적 가설이 되었고 수많은 연구에서 이를 지지하였다. 하지만 1980년대부터 조심스럽게 주식시장의 이상 현상들이 보고되기 시작하면서, 1990년대 이후에는 대부분의 연구는 효율적 시장 가설을 부정하는 결과들을 발표하였다. 요즘에는 시장이 효율적이라고 주장하는 연구는 찾아보기 힘들다. 그렇다면 효율적 시장 개념은 사라졌을까? 이제 사람들은 시장이 비효율적이라고 생각할까?

효율적으로 비효율적인 시장

시장이 효율적이라는 의미는 가격이 모든 정보를 즉각적으로 반영한다는 것이다. 이런 시장에서는 시장을 이기는 것은 불가능하므로 소극적으로 운용되는 인덱스 펀드만이 존재해야 한다. 적극적으로 운용되는 펀드는 시장을 이기기도 힘들고 운용에 지불되는 높은 보수만큼 시장보다 수익성이 낮아지기 때문이다. 하지만 아무도 시장을 앞서려고 노력하지 않는다면 누가 시장을 효율적으로 만들까? 지금, 이 순간에도 누군가는 시장을 앞서는 성과를 얻기 위하여 노력하고 있다. 자본시장이 존재하는 한 이런 노력은 영원히 계속될 것이므로 시장이 효율적이라고 말하기는 어려울 것이다.

그렇다면 시장은 비효율적인가? 이는 시장이 투자자의 비합리성과 행동 바이어스에 의해 크게 영향을 받는다는 것이다. 이 경우에는 여러 가지 요인에 의해 실제 가격이 기본적 가치와 어느 정도 괴리를 가질 수 있어서 차익거래로 손쉽게 시장을 압도할 수 있어야 한다. 하지만 대부분의 사람이 알고 있듯이 시장은 매우 경쟁적이며 대부분의 전문 투자자들도 시장을 이기지 못하는 것이 다반사이다. 따라서 시장이 비효율적이라고 말하기도 어렵다.

페더슨(2015)은 위와 같은 사실로부터 시장은 **효율적으로 비효율적**이라고 하였다. 전문적 투자자들 사이의 경쟁이 시장을 거의 효율적으로 만들지만, 시장은 그들의 비용과 위험을 보상할 정도로만 비효율적이라는 것이다. 즉, 시장은 효율적인 수준에서 비효율적이라고 할 수 있다. 그는 효율적 시장 이론에서 만들어낸 허구적 또는 교과서적 세상을 탈피하여 실제로 우리가 사는 세상을 설명하기 위하여 효율적으로 비효율적이라는 개념을 고안하였다. 우리가 경험하는 시장은 효율적으로 비효율적인 시장이라는 것이다. 따라서 제한된 자본은 경제적으로 의미 있는 투자 전략을 이용하여 시장을 이기려는 적극적 펀드 매니저들에게 투자될 수 있다. 그들은 투자에 있어서 상대적으로 장점을 가진 투자자들이다.

효율적으로 비효율적
전문적 투자자들 사이의 경쟁이 시장을 거의 효율적으로 만들지만, 시장은 그들의 비용과 위험을 보상할 정도로만 비효율적이다.

효율적으로 비효율적인 시장의 개념에 따라 시장을 설명하기 위하여 페더슨(2015)은 여러 가지 재무금융 주제들을 표 4-1과 같이 비교하여 설명하였다.

표 4-1
여러 가지 재무금융 주제 비교: 신고전주의 및 효율적으로 비효율적인 시장 관점

신고전주의 재무금융 이론	효율적으로 비효율적인 시장
MM의 자본구조 무관련 이론[a] 자본구조와 기업 가치의 무관련성	**자본구조는 중요하다.** 자금 조달의 어려움 때문에
두 펀드 분리 이론 모든 투자자가 시장 포트폴리오와 현금으로 구성된 포트폴리오를 보유함	**투자자들은 상이한 포트폴리오를 선택함** 개인의 자금 조달 제약에 따라 달라짐
자본자산 가격결정 모형 기대 수익률은 시장 위험에 비례함	**유동성 위험과 자금 조달 제약** 기대 수익률에 영향을 미침
일물일가의 법칙 차익거래 기회는 없고 파생상품의 가격은 기초자산의 가격에 따라 정해짐	**차익거래 기회** 수요 압박이 파생상품 가격에 영향을 미칠수록 더 증가함
로버트 머튼의 옵션 행사 규칙 만기까지 콜옵션은 행사되지 않고 전환사채는 전환되지 않음	**최적 조기 행사와 전환** 현금 필요성, 공매도 비용 절감, 거래 비용 절약을 위해 조기 행사와 전환을 함
실제 경기 순환과 리카르도의 동일성 정책과 자금 조달의 거시적 무관련성	**신용 순환과 유동성 소용돌이** 거시적 요인, 자산 가격, 자금 조달 제약 간의 상호 작용으로 발생함
테일러의 규칙 중앙은행은 이자율 정책에 집중함	**두 가지 통화 정책** 이자율(대출 비용)과 담보물(대출 규모) 정책이 사용됨

a. MM은 모딜리아니와 밀러를 의미함
출처: 페더슨(2015) 7쪽

그의 비교 내용을 간략하게 살펴보자.

첫째, 일찍이 모딜리아니와 밀러는 기업 가치와 자본구조는 관련이 없다고 했지만, 실제로는 세금 측면에서 차입은 기업 가치에 도움이 된다. 따라서 재무적 어려움이 심각해지지 않는 수준에서 차입이 이루어지고 있다.

두 펀드 분리 이론
모든 투자자가 시장 포트폴리오와 무위험 자산으로 구성된 포트폴리오를 보유한다는 가설

둘째, 재무금융에서 아주 유명한 **두 펀드 분리 이론**은 모든 투자자가 시장 포트폴리오와 무위험 자산으로 구성된 포트폴리오를 보유한다는 가설이다. 물론 투자자의 위험 선호도에 따라 시장 포트폴리오와 무위험 자산의 비중은 달라진다. 보유 자금에 의한 포트폴리오 비중의 합을 1이라고 할 때, 시장 포트폴리오의 비중이 1을 초과하면 무위험 자산의 비중이 음(−)의 값이 된다. 이는 자금을 차입하여 보유 투자액보다 더 많은 금액을 시장 포트폴리오에 투자했다는 것이다.

셋째, 자본자산 가격결정 모형에 의해 주식의 기대 수익률은 시장 위험에만 비례해야 한다. 이런 신고전주의 재무금융 이론에도 불구하고 유동성 위험과 자금 조달 제약이 기대 수익률에 영향을 미친다.

넷째, 일물일가의 법칙은 경제학의 매우 근본적인 이론으로, 이에 따르면 차익거래 기회는 없고 파생상품의 가격은 기초자산의 가격에 따라 정확히 정해진다. 하지만 수요 압박이 파생상품 가격에 영향을 미칠수록 차익거래의 기회는 더 증가한다.

다섯째, 노벨 경제학상을 수상한 로버트 머튼의 이론에 따르면 만기까지 콜옵션은 행사되지 않아야 하고 전환사채는 주식으로 전환되지 않아야 한다. 하지만 실제로는 그렇지 않다. 콜옵션을 행사하거나 전환사채를 주식으로 전환하여 현금 유동성을 확보하기도 한다. 또한 전환사채와 공매도를 결합한 차익거래 때문에 확실한 이익을 얻을 수 있음에도 불구하고, 공매도가 어려우므로 전환사채를 주식으로 전환할 수도 있다.

여섯째, 경기 순환과 리카르도의 동일성 이론은 소비자들이 미래 지향적이기 때문에 소비 의사결정 시에 정부의 예산 제약을 스스로 완충시켜서 처리한다는 가설이다. 정부의 지출과 자금 조달이 소비 결정에 영향을 미치지 않기 때문에 소비자들의 총수요는 변함이 없어야 한다. 하지만 실제로는 그렇지 않다. 여러 가지 요인 간의 상호 작용으로 **유동성 소용돌이**가 발생하기 때문이다. 유동성 소용돌이란 가격 하락, 유동성 증발, 자본 손실 등이 서로를 더 심화시키는 부정적인 피드백을 말한다. 개인의 소비 의사결정은 유동성 소용돌이에 따라 바뀔 수 있다. 마지막으로, 신고전주의 재무금융 이론에 의하면 중앙은행은 적정 인플레이션과 잠재적 GDP 사이에서 균형 이자율 수준을 유지하는 통화 정책을 사용해야 한다. 하지만 중앙은행은 이자율뿐만 아니라

유동성 소용돌이
가격 하락, 유동성 증발, 자본 손실 등이 서로를 더 심화시키는 부정적인 피드백

대출 규모도 조정하여 통화 정책을 운용하고 있어서 그들 본연의 목적을 제대로 수행하기 어렵다.

한편, 자본시장이 효율적으로 비효율적인 시장이라면 그곳에서 가장 경쟁력 있는 투자 주체는 누구일까? 아마도 헤지 펀드일 것이다. 그렇다면 우리나라 자본시장에서 헤지 펀드란 어떤 의미가 있을까? 1992년 영국의 외환 위기와 1997년 동남아 및 우리나라의 외환 위기 때에 헤지 펀드의 공격이 있었다. 또한 헤지 펀드들은 우리나라 상장 기업의 주식을 매입하여 경영권을 행사하였는데 사람들은 이 과정에서 그들이 상당한 부당 이익을 취하였다고 생각한다.[1] 이런 여러 가지 사건들로 인하여 우리나라에서는 헤지 펀드가 매우 부정적인 존재로 인식되고 있다. 하지만 헤지 펀드는 뮤추얼 펀드와 함께 자본시장에서 매우 중요한 역할을 하는 투자 주체로 시장 효율성 제고에 크게 기여하고 있는 것도 사실이다. 확실한 것은 대부분의 헤지 펀드들이 건전한 방법으로 투자 수익률을 제고하려고 노력한다는 것이다. 따라서 헤지 펀드에 대한 검토는 자본시장 이해에 매우 중요하다.

헤지 펀드란?

비효율적으로 효율적인 시장에서 가장 강력한 능력을 발휘하는 주체는 **헤지 펀드**이다. 최초로 헤지 펀드를 운용하였던 사람은 미국의 윈슬로우 존스이다. 그는 포춘지에 근무할 때 주식시장에 뭔가 어설픈 것이 많다고 생각하다가 1949년에 기자 생활을 포기하고 친구 돈 $6만과 자기 돈 $4만을 출자하여 헤지 펀드를 만들었다. 위험을 회피한다는 의미에서 그가 헤지 펀드란 말을 사용한 것이 헤지 펀드의 기원이다. 그는 종목 선택에 대한 재주 없이도, 공매도를 이용하는 **롱-숏 전략**에 의해 위험을 헤지하면서 큰 이익을 얻을 수 있었다.[2] 지금은 헤지와 관계없는 수많은 전략이 개발되어 헤지 펀드란 본래 이름의 의미가 퇴색되었다.

헤지 펀드
소수의 투자자를 대상으로 하며 정부의 규제를 받지 않는 자유로운 투자 주체로 리미티드 파트너십으로 설립된다.

롱-숏 전략
저평가된 증권을 매입하고 고평가된 증권을 매도하는 전략

1 정체가 잘 알려지지 않았던 영국계 소버린 자산운용은 2003년 4월 ㈜SK 지분 14.99%를 매입하여 2대 주주가 된 후에 SK그룹에 지배구조 개선 및 경영 투명성 요구 등의 압박을 하였다. 2005년에 그들은 시세 차익, 배당금, 환율 변동으로 1조 원 정도의 이익을 거두었다고 한다. (소버린의 정체가 헤지 펀드인지에 대해서는 알려진 바가 없다.) 2006년에는 기업 사냥꾼으로 잘 알려진 미국의 칼 아이칸 등은 KT&G의 주식 6.59%를 사들인 후에 1,500억 원을 벌었다고 한다. 이 외에도 2015년 삼성물산과 제일모직의 합병에 미국계 헤지 펀드인 엘리엇이 깊게 관여하였다. 이 사건에서는 삼성물산의 주요 주주였던 엘리엇이 합병에 반대했지만 2015년 9월 1일에 합병이 이루어졌다.

2 롱-숏 전략이란 저평가된 주식을 매입하고, 고평가된 주식을 매도하여 절대 수익률을 추구하는 방법이다.

헤지 펀드란 법적으로 정의된 용어도 아니고, 헤지 펀드에 대해 모든 사람이 동의하는 통일된 정의도 없다. 다만 학술적 의미에서 헤지 펀드를 정의하면, 소수의 투자자를 대상으로 하며 정부의 규제를 받지 않는 자유로운 투자 주체라고 할 수 있다.[3] [4] 헤지 펀드는 대개 **리미티드 파트너십**으로 구성된다. 이는 투자만 하는 리미티드 파트너와 투자와 경영을 책임지는 제너럴 파트너로 구성된다. 헤지 펀드 투자자인 리미티드 파트너는 주로 기관 투자자, 연금 펀드, 고액 자산가들로 최소 투자금은 $10만에서 $2백만에 이른다. 주로 100인 미만을 대상으로 사모에 의해 투자자를 모집하고, 평균적으로 연 2%의 운용 보수와 순이익의 20%에 해당하는 성과 보수를 받는다.[5] 이들은 사모에 의해 투자자를 모집하기 때문에 미국 증권거래위원회의 많은 규제로부터 자유롭지만, 모든 증권 관련법들로부터 완전히 자유로운 것은 아니다.[6] 하지만 대부분의 규제로부터 자유로워서 공매도와 함께 매우 높은 레버리지를 추구하는 것이 일반적이다.

리미티드 파트너십
적어도 한 명의 제너럴 파트너와 리미티드 파트너로 구성된 파트너십

윈슬로우 존스의 롱–숏 헤지 펀드 이후에 수없이 많은 헤지 펀드가 탄생하여 다양한 투자 전략들이 개발되었다. 여러 가지 방법에 따라 헤지 펀드 전략들이 분류될 수 있지만, 여기서는 〈헤지 펀드 리서치〉의 분류를 이용하여 설명하고자 한다.[7] 헤지 펀드의 운용 전략은 다음과 같이 크게 7가지로 나눌 수 있다: 주식 헤지, 사건 중심, 매크로, 상대적 가치, 재간접 헤지 펀드, 위험 동일성, 블록체인. 표 4–2는 7가지 전략 유형과 각각의 세부 유형을 보여 주고 있다. 다만, 지나치게 복잡해지지 않기 위해서 세부 유형은 대표적인 일부만을 보여 주었다.

주식 헤지
최초 헤지 펀드의 투자 전략이 속한 유형으로 시장 중립과 양적 전략이 대표적이다.

시장 중립
주식의 매입과 매도를 이용하여 시장 위험을 없애버리는 전략

주식 헤지는 최초 헤지 펀드의 투자 전략이 속한 유형으로 시장 중립과 양적 전략이 대표적이다. **시장 중립**은 주식의 매입과 매도를 이용하여 시장 위험

3 우리나라와 중국에 도입된 헤지 펀드는 뮤추얼 펀드보다는 덜 하지만, 금융 당국의 규제를 받고 투자가 완전히 자유롭지도 않다. 우리나라의 헤지 펀드는 〈자본시장과 금융투자업에 관한 법률〉의 법적 규제에 따른다. 여기서는 미국의 헤지 펀드를 중심으로 설명하고자 한다.

4 헤지 펀드와 개념적으로 헷갈리는 개념으로 사모 펀드, 사모 주식 펀드 등이 있다. 사모 펀드는 공모 펀드에 대응하는 개념으로 공모가 아닌 사모로 자금을 모집하며 특정한 자격을 갖춘 적격 투자자들만 이에 투자할 수 있다. 사모로 모집되기 때문에 투자자 보호를 받지 못하는데, 이에는 헤지 펀드, 사모 주식 펀드 등이 포함된다. 그중에서 사모 주식 펀드는 주로 10년 이상의 투자 기간을 가지는 주식에 투자하기 때문에 유동성이 크게 떨어진다. 한편, 워런 버핏이 운용하는 버크셔 해서웨이는 헤지 펀드도 아니고 사모 주식 펀드도 아니다. 이는 뉴욕증권거래소의 상장사로 투자를 전문으로 하는 주식회사이다.

5 당해 연도에 순이익이 발생하였다고 20%의 성과 보수를 받는 것이 아니라, 이연된 손실을 고려하여 성과 보수가 지급된다. 예를 들어, 높은 기준(high watermark)을 정해 놓고 해당 연도의 순자산가치(NAV: net asset value)가 이를 초과하였을 때 지급된다. 높은 기준 가격은 대개 과거 수년 동안 순자산가치의 최고치로 설정된다.

6 여기서 증권 관련법으로는 〈1933년 증권법 (Securities Act)〉, 〈1934년 증권거래법(Securities Exchange Act)〉, 〈1940년 투자회사법(Investment Company Act)〉 등이 있다.

7 〈헤지 펀드 리서치〉의 웹 사이트 www.hfr.com에서 헤지 펀드에 관한 다양한 정보를 얻을 수 있다.

을 없애버리는 것으로 시장 위험과 상관없이 절대적 수익률을 추구하는 롱-숏 전략이다. 이에 비해 **양적 전략**은 잘 알려진 주식시장의 이상 현상을 이용한 차익거래 전략이다. 모멘텀이나 가치 투자 전략이 이에 속한다. 한편 **공매도 중심**은 고평가된 주식의 공매도를 위주로 투자한다.

양적 전략
잘 알려진 주식시장의 이상 현상을 이용한 차익거래 전략

표 4-2
헤지 펀드의 유형[a]

헤지 펀드의 전략별 유형	주요 전략	전략의 의미
주식 헤지	시장 중립; 섹터; 양적 전략; 공매도 중심; 다중 전략	주로 주식을 이용한 헤지 전략
사건 중심	행동적; 신용 차익거래; 구조 조정; 합병; 다중 전략	합병, 신용 변화, 구조 조정 등의 기업에 관련된 사건을 이용하여 투자함
매크로	적극적 투자; 상품; 통화; 거시 경제; 통화 알고리즘 투자; 다중 전략	거시 경제적 사건과 그에 따른 예측에 따라 투자함
상대적 가치	채권 관련 스프레드와 차익거래; 변동성 차익거래; 수익률 스프레드; 다중 전략	금융 상품 간의 상대적인 가치 차이에 근거하는 투자로, 차익거래가 많이 이루어짐
헤지 펀드의 펀드	보수적; 분산; 시장 방어적; 전략적	여러 가지 헤지 펀드에 투자함
위험 동일성	변동성 목표 10%, 20%, 30%	목표로 하는 변동성 수준을 맞춰가면서 수익률을 제고함
블록체인	암호화폐; 기반 투자	블록체인 관련 투자

a. 유형 명칭은 전략의 특징적 요소에 따라 기술하였음. 각 유형에 따라 분류되지만 다른 전략을 구사할 수 없다는 의미는 아님. 여기서 다중 전략은 여러 전략을 상황에 따라 다양하게 구사하는 것임
출처: www.hfr.com, 2022년 10월 현재

공매도 중심
고평가된 주식의 공매도를 위주로 투자하는 전략

사건 중심은 합병, 신용 변화, 구조 조정 등의 기업에 관련된 사건을 이용하여 투자하는 유형으로 학술적으로 검증된 이상 사건들을 많이 이용한다. 예를 들어, 합병 대상 기업의 주가 상승을 기대하여 주식을 매입하는 것과 구조 조정이 필요한 기업의 주식을 저렴하게 매입하여 구조 조정에 참여하는 것 등이다. 파산한 기업이나 자금난으로 경영 위기에 처한 기업들을 인수하여 경영을 정상화시킨 후 비싸게 되팔아서 고수익을 올리는 **벌처 펀드**가 후자에 속한다.

사건 중심
합병, 신용 변화, 구조 조정 등의 기업에 관련된 사건을 이용하여 투자하는 전략

벌처 펀드
파산한 기업이나 자금난으로 경영위기에 처한 기업들을 인수하여 경영을 정상화시킨 후 비싸게 되팔아서 고수익을 올리는 펀드

이에 비해 **매크로**는 거시 경제적 사건과 그에 따른 예측에 따라 투자한다. 1992년 영국의 외환 위기 때에 파운드화를 공격하였던 짐 로저스와 조지 소로스의 **퀀텀 펀드**가 이 유형에 속한다. 매크로는 인간의 판단 없이 초단기 모멘텀 등을 이용하는 통화 알고리즘 투자도 포함한다.

매크로
거시 경제적 사건과 그에 따른 예측에 따라 투자하는 펀드

퀀텀 펀드
1992년 영국의 외환위기 때에 파운드화를 공격하였던 짐 로저스와 조지 소로스의 헤지 펀드

상대적 가치 전략은 주로 채권 등 금융 상품 간의 가치 또는 수익률 차이에 근거하는 차익거래를 말한다. 예를 들어, 단기와 장기 이자율의 차이가 지나

상대적 가치 전략
주로 채권 등 금융상품 간의 가치 또는 수익률 차이에 근거하는 차익 거래 전략

재간접 헤지 펀드
여러 가지 특색을 가지는 헤지 펀드에 투자하는 전략

보수적 전략
시장 중립이나 채권 차익거래 및 전환사채 차익거래 등에 투자된 보수적 헤지 펀드들에 투자하는 전략

분산 전략
다양한 헤지 펀드에 분산 투자하기때문에 시장 하락기에 손실을 최소화하고 상승기에 높은 수익률을 추구하는 전략

방어적 전략
공매도와 선물 매매와 같은 공매도위주의 전략을 사용하는 헤지 펀드에 투자하는 전략

전략적 유형
신흥시장이나 섹터 및 주식 헤지 펀드 등에 투자하므로 다른 헤지 펀드보다 변동성이 높은 경우가 많다.

위험 동일성 전략
여러 전략을 구사하되 변동성을 정해진 수준으로 유지하는 전략

블록체인
분산 컴퓨팅 기술 기반의 데이터 위변조 방지 기술

암호화폐
블록체인 기술의 대중적 응용으로 발행하는 가상적 화폐

치게 작아졌거나 역전이 됐다면 단기 채권을 매도하고 장기 채권을 매입하는 차익거래를 할 수 있다. 헤지 펀드인 롱텀 캐피탈 매니지먼트도 이 전략을 이용하여 많은 이익을 얻기도 하였지만, 파산의 원인이 되기도 하였다.

한편, **재간접 헤지 펀드**는 여러 가지 특색을 가지는 헤지 펀드에 투자한다. **보수적 전략**은 시장 중립이나 채권 차익거래 및 전환사채 차익거래 등에 투자된 보수적 헤지 펀드들에 투자하는 것이므로, 시장 상황과 관계없이 변동성이 매우 작다.[8] **분산 전략**은 다양한 헤지 펀드에 분산 투자하기 때문에 시장 하락기에 손실을 최소화하고 상승기에 높은 수익률을 추구한다. **방어적 전략**은 공매도와 선물 매매와 같은 공매도 위주의 전략을 사용하는 헤지 펀드에 투자한다. 따라서 일반적인 벤치마크 수익률과 음(−)의 상관관계를 가지기 때문에 시장 상승기보다는 하락기에 더 높은 이익을 얻는다. 마지막으로 **전략적 유형**은 신흥시장이나 섹터 및 주식 헤지 펀드 등에 투자하므로 다른 헤지 펀드보다 변동성이 높은 경우가 많다.

위험 동일성 전략은 여러 전략을 구사하되 변동성을 정해진 수준으로 유지한다. 예를 들어, 펀드의 변동성을 10%, 20%, 또는 30%로 유지하는 것이다. 이러한 유형은 비교적 새로운 전략으로 브리지워터나 AQR 같은 헤지 펀드 운용사들이 많이 사용한다. 아스네스 등(2012)은 여러 투자 대상들에 대해 각각의 위험을 동일하게 만드는 위험 동일성 전략을 사용하면 매우 탁월한 이익을 얻을 수 있다고 주장하였다.[9] 이 방법은 실무에서 먼저 대중성을 얻었지만, 2022년 현재까지도 학계와 실무계에서 그 효과에 대해 뜨거운 논쟁이 벌어지고 있다.

헤지 펀드의 마지막 전략 유형으로 **블록체인**이 있다. 이는 블록체인에 관련된 투자에 집중하는 전략이다. 비트코인으로 시작된 블록체인에 대한 엄청난 관심이 헤지 펀드의 투자로 이어진 것이다. 하지만 블록체인 기술의 대중적 응용인 **암호화폐** 자체의 기본적 가치가 전혀 없으므로 이 부문의 투자가 앞으로도 크게 성장할 수 있는가에 대해서는 아주 회의적이다. 대부분의 재무금융 및 경제학자들은 암호화폐에 대해서 매우 비관적인 견해를 가지고 있으며, 17세기

8 여기서 변동성이란 표준편차로 추정된 수익률 변동성을 의미한다.

9 이를 간단하게 설명하면 다음과 같다. 투자 대상이 주식과 채권이 있고, 각각의 변동성이 $\sigma_{주식}$과 $\sigma_{채권}$이라고 하자. 주식과 채권의 투자 비중을 $1/\sigma_{주식}$과 $1/\sigma_{채권}$에 비례하도록 하면 주식과 채권 부분의 변동성이 동일해진다. 이때 주식과 채권의 실제 투자 비중은 각각 $\sigma_{채권}/(\sigma_{주식}+\sigma_{채권})$과 $\sigma_{주식}/(\sigma_{주식}+\sigma_{채권})$이 된다. 각 투자 대상의 변동성은 과거 3년 동안 월별 수익률의 표준편차를 이용하면 된다. 자세한 내용은 아스네스 등(2012)과 페더슨(2015, 170쪽)을 보시오.

튤립 버블과 같은 엄청난 버블이나 도박으로 간주하는 경우가 많다.[10]

위에서 언급되지 않았지만, 전통적으로 중요한 유형으로 구별될 수 있는 것이 **선물 매매형**이다.[11] 이들은 컴퓨터 모형을 이용하여 주로 선물의 가격 방향성에 의존하는 헤지 펀드이다. 즉, 선물시장 추세를 파악하여 매매를 결정한다.

선물 매매형
컴퓨터 모형을 이용하여 주로 선물의 가격 방향성에 의존하는 전략

헤지 펀드의 성장과 규제의 관점

헤지 펀드는 1990년대에 큰 인기를 모아서 2007년까지 꾸준히 성장하였다. 그러나 2008년 세계 금융 위기를 맞아서 규모가 크게 하락하였으며 2013년까지 회복이 어려웠다. 그 이후에 다시 성장하기 시작하여 2021년 3분기 현재 전 세계 헤지 펀드 규모는 $4.53조에 이르렀다.[12] 물론 $71.1조(2021년 말 현재)에 달하는 전 세계 뮤추얼 펀드 규모에는 크게 못 미치지만, 공모가 아닌 사모로 모집되어 투자자 보호가 되지 않는 헤지 펀드의 규모로는 대단한 수준이다. 운용 자산 규모로 전 세계 15위까지의 헤지 펀드 운용사는 표 4-3과 같다. 뮤추얼 펀드 운용사와는 다르게 헤지 펀드 운용사의 순위는 수익률에 따라 매년 급격하게 변하기도 한다.

표 4-3
전 세계 15대 헤지 펀드 운용사 (2021년 2분기 현재, 단위: 백만)

순위	헤지 펀드	국적	규모
1	브리지워터	미국	$105,700
2	만 그룹	영국	$76,800
3	르네상스 테크놀로지	미국	$58,000
4	밀레니엄 매니지먼트	미국	$52,314
5	칠드런스 인베스트먼트	영국	$42,000
5	엘리엇 인베스트먼트	미국	$42,000
7	D. E. 쇼 & 컴퍼니	미국	$39,738
8	투 시그마	미국	$39,550
9	파랄론 캐피탈	미국	$38,100
10	시타델	미국	$37,630
11	데이비슨 캠퍼 캐피탈	영국	$37,350
12	마샬 웨이스	미국	$33,107

10 17세기의 튤립 버블도 단기간에 발생했다가 붕괴된 것이 아니다. 16세기 중반부터 튤립이 인기를 끌면서 튤립 구근의 가격이 터무니없이 높이 상승했다가 1637년에 붕괴하였다. 이로 인하여 많은 사람이 파산하였다.

11 선물 매매형을 매니지드 퓨처스(managed futures)라고도 부른다. CPO(commodity pool operator) 또는 CTA(commodity trading advisor)가 선물 매매형 펀드를 운용할 수 있다.

12 www.statista.com의 발표를 인용하였다.

13	엥커리지 캐피탈 그룹	미국	$31,080
14	바우포스트 그룹	미국	$31,000
15	AQR 캐피탈 매니지먼트	미국	$26,100

출처: Pensions&Investments (2021년 9월), The largest managers of hedge funds

헤지 펀드의 성장은 기관 고객들의 수요 증가에 달려있다. 특히 21세기 들어 주식시장의 수익성이 떨어지자 대학의 기부금 펀드나 확정급여형 연금의 헤지 펀드 투자가 크게 증가하였다. 투자 제약이 있는 뮤추얼 펀드보다는 아무런 제약 없이 자유롭게 투자할 수 있는 헤지 펀드들은 기관들의 투자 수요를 충족시키기에 안성맞춤이었다. 또한 학술적 연구를 기반으로 하는 수익성 높은 투자 전략들을 이용하는 헤지 펀드들이 증가하면서 헤지 펀드의 신뢰성이 더 높아졌다.

한편, 펑과 시에(2006)는 다음과 같은 헤지 펀드 규제의 세 가지 관점을 제시하였다: 투자자 보호, 체계 위험, 시장 무결성. 그동안 미국 증권거래위원회는 사기 거래를 제외하고는 헤지 펀드에 대해서 아무런 규제를 하지 않았다. 이러한 태도는 헤지 펀드의 규모와 수가 증가하면서 **투자자 보호**에 어긋나는 결과를 초래하였다. 결국 미국 증권거래위원회는 2004년에 헤지 펀드 운용사들이 〈1940년 투자자문업자법〉에 의한 투자 자문업자로 등록하도록 했다. 하지만 이런 규제가 헤지 펀드 투자자를 어떻게 보호할 수 있는지는 아직도 매우 불투명한 상태이다.

투자자 보호
헤지 펀드의 투자자들을 규제적 관점에서 보호하는 것

체계 위험이란 금융기관의 연쇄적 도산 가능성을 말한다.[13] 이제 헤지 펀드는 체계 위험의 잠재적 요인이 되었다. 헤지 펀드는 금융기관들로부터 자금을 차입하고 거래를 수행하기 때문에 체계 위험의 전달 메커니즘이 될 수 있다. 하나 이상의 헤지 펀드들로부터의 큰 손실은 그들이 거래하는 상대방 금융기관에 재무적 어려움을 야기할 수 있고, 이런 연쇄 과정이 다른 금융기관들에도 도미노 현상을 불러일으키는 것이 헤지 펀드에 의한 체계 위험이다. 예를 들어, 1998년에 롱텀 캐피탈 매니지먼트에 큰 손실이 발생했을 때, 그와 거래했던 다른 금융기관들까지도 매우 위험한 상태에 놓였다. 롱텀 캐피탈 매니지먼트의 손실 때문에 체계 위험이 발생한 것이었다. 금융 당국이 나서서 롱텀 캐피탈 매니지먼트에 자금을 공급하여 체계 위험의 발생을 막았지

체계 위험
금융기관의 연쇄적 도산 가능성 위험

체계적 위험
분산에 의해 제거할 수 없는 위험

13 체계 위험(systemic risk)은 투자론에서 분산에 의해 제거할 수 없는 **체계적 위험**(systematic risk)과는 완전히 다른 개념이다.

만, 또다시 그런 위험이 발생하지 않는다고 보장할 수는 없다.

마지막으로 **시장 무결성** 관점에서 금융 당국의 주요 관심사는 헤지 펀드가 금융시장에 미칠 수 있는 잠재적 영향이다. 1987년 **블랙 먼데이**의 원인을 조사했던 브래디위원회 보고서에서도 헤지 펀드가 언급되었다.[14] 그 당시에 헤지 펀드는 순매입 상태였기 때문에 주가 대폭락의 원인이 아니었지만, 1992년 영국 파운드화 위기와 1994년 멕시코 페소화 위기 및 1997년 아시아 외환 위기에서는 많은 사람이 헤지 펀드를 위기의 주범으로 지목하였다. 한 조사 보고서는 헤지 펀드의 규모가 너무 작아서 금융시장에 그 정도로 큰 영향을 미칠 정도는 아니라고 하였지만, 1998년의 롱텀 캐피탈 매니지먼트 사건으로 그런 논리가 통하기 어려워졌다. 지금과 같이 규모가 성장한 헤지 펀드 산업을 고려할 때 금융 당국이 헤지 펀드의 잠재적 해악 가능성을 무시하기는 어려워졌다.

시장 무결성
시장의 안정성을 해칠 잠재적 영향력이 없는 것

블랙 먼데이
1987년 10월 19일 월요일에 미국의 주식시장이 20% 정도 하락한 사건

헤지 펀드 수익률의 바이어스

주식이나 채권 및 상장된 파생상품은 신뢰성 있는 여러 데이터베이스가 존재하기 때문에 그들의 성과를 쉽게 분석할 수 있다.[15] 하지만 헤지 펀드는 통합된 데이터베이스가 존재하지 않고, 각자 나름의 종목만을 보유하는 여러 데이터 벤더들이 있다.[16] 따라서 어느 데이터베이스를 분석하느냐에 따라 헤지 펀드의 성과가 달라질 수 있다. 펑과 시에(2004)는 이러한 헤지 펀드 데이터베이스의 바이어스에 대해 다음과 같이 설명하였다. 헤지 펀드 데이터베이스들은 다음과 같은 바이어스를 가지고 있다: 선택 바이어스, 생존 바이어스, 역채움 바이어스.

뮤추얼 펀드와 달리 헤지 펀드는 금융 당국에 의해 규제받지 않기 때문에 공시 의무가 없고, 펀드 정보를 집중적으로 보유하는 협회도 존재하지 않는

14 블랙 먼데이는 1987년 10월 19일에 발생했던 미국 주식시장의 대폭락 사건을 말한다.

15 시카고 대학의 CRSP(Center for Research in Security Prices) 데이터베이스는 미국의 주식, 채권, 주가지수, 뮤추얼 펀드, 부동산에 관한 자료를 보유하고 있다. 이처럼 각국의 데이터 벤더들이 자국의 금융 관련 자료들을 판매하고 있다. 톰슨 로이터(Thomson Reuters)는 데이터스트림(DataStream)이라는 데이터베이스를 통해서 가장 광범위한 재무 및 금융 자료를 제공하고 있다.

16 학계에 알려진 헤지 펀드 데이터 벤더로는 타스 리서치(Tass Research), 헤지 펀드 리서치(Hedge Fund Research), 취리히 캐피탈 마켓(Zurich Capital Market: ZCM/MAR) 등이 있다. 그들이 공통적으로 보유하고 있는 헤지 펀드 종목도 있지만, 서로 다른 종목들도 매우 많다.

다.[17] 따라서 데이터 벤더들은 자발적으로 보고하는 헤지 펀드들만의 정보를 수집하여 판매하기 때문에, 그들의 정보는 모든 헤지 펀드들을 대표하지 못하는 **선택 바이어스**를 가진다. 그렇다면 헤지 펀드들은 왜 자발적으로 자신의 정보를 데이터 벤더들에게 보고할까? 공모가 금지되는 특성으로 인하여 헤지 펀드는 구전을 통해서만 광고할 수 있다. 헤지 펀드의 정보를 알리는 다른 방법은 데이터베이스에 포함되어서 이를 구매하는 관심 있는 투자자에게 알려지는 것이다. 데이터베이스에 포함되기 위해서는 헤지 펀드 정보의 자발적 보고가 필수적이다.

선택 바이어스
데이터베이스가 모든 헤지 펀드들을 대표하지 못하는 바이어스

한편, 대부분의 헤지 펀드 데이터베이스들은 살아있는 펀드 정보만을 제공하는 경우가 있다. 보고를 중단하거나 폐지된 헤지 펀드의 정보는 투자자들에게 흥미롭지 않은 것으로 취급되어 데이터베이스에서 삭제된다. 이렇게 사라진 펀드는 현존하는 펀드보다 성과가 좋지 않기 때문에 데이터베이스가 **생존 바이어스**를 가지게 된다. 이는 뮤추얼 펀드 데이터베이스에도 내재하는 잘 알려진 바이어스이다.

생존 바이어스
사라진 펀드들이 누락되어 헤지 펀드의 과거 평균 수익률을 증가시키는 바이어스

신규 헤지 펀드는 일정 기간에 성과 기록을 쌓은 후에 데이터베이스에 포함되는 것이 일반적이다. 이를 **인큐베이션** 기간이라고 한다. 신규 헤지 펀드는 인큐베이션 기간 동안 성과가 좋으면 데이터베이스에 포함되고, 좋지 않으면 폐지되는 경우가 많다. 성과가 좋아서 당해 데이터베이스에 포함되면 과거의 성과 기록이 함께 포함되는데, 이는 헤지 펀드의 평균 수익률을 상승시키는 **역채움 바이어스**를 초래하게 된다.[18]

인큐베이션
신규 헤지 펀드가 데이터베이스에 포함되기 이전에 일정 기간에 성과 기록을 쌓는 것

역채움 바이어스
성과가 좋아서 당해 데이터베이스에 포함되면 과거의 성과 기록이 함께 포함되어 헤지 펀드의 과거 평균 수익률을 증가시키는 바이어스

헤지 펀드와 센티먼트

전문성을 가지고 시장 상황에 따라 빠르게 움직여서 초과 이익을 추구하는 자금을 **스마트 머니**라고 하고, 이와 반대로 전문성이 낮은 개인 투자자의 자

스마트 머니
시장 및 투자 전문가 또는 기관투자자에 의해 운용되는 자본으로 이익을 얻기 위해 정보를 가지고 재빠르게 움직이는 현명한 투자자를 말한다.

17 미국의 뮤추얼 펀드는 ICI(Investment Company Institute)가 있고, 우리나라의 증권업 및 펀드 산업에는 금융투자협회가 있다.

18 평과 시에(2004)는 이런 바이어스를 감소시키는 하나의 방법으로 재간접 헤지 펀드의 수익률 사용을 추천하였다. 재간접 헤지 펀드는 선택, 생존 및 역채움 바이어스에 덜 민감하기 때문이다. 예를 들면, 어떤 재간접 헤지 펀드가 당해 데이터베이스에 보고하지 않는 헤지 펀드에 투자하고 있다면, 재간접 헤지 펀드는 그것의 수익률까지 반영하므로 그에 의한 선택 바이어스는 존재하지 않는다. 또한 더는 운용하지 않는 헤지 펀드에 투자한 재간접 헤지 펀드는 그것의 수익률을 반영할 것이므로 생존 바이어스로부터도 자유로울 것이다. 마지막으로 신규 헤지 펀드에 투자하는 재간접 헤지 펀드는 그것의 과거 수익률을 반영하지 않을 것이므로 역채움 바이어스도 존재하지 않게 된다. 그러나 모든 헤지 펀드에 투자하는 재간접 헤지 펀드는 없으므로 실질적으로 이 방법의 효과성에도 의문이 있을 수 있다.

금을 **덤 머니**라고 한다.[19] 뮤추얼 펀드와 헤지 펀드가 스마트 머니의 범주에 속할 수 있다. 최근에 악바스 등(2015)은 덤 머니가 주식시장의 이상 현상을 악화시키고 스마트 머니는 이런 이상 현상들을 약화시킨다고 하였다. 여기서 덤 머니는 **뮤추얼 펀드로의 현금흐름**이고, 스마트 머니는 **헤지 펀드로의 현금흐름**이다.[20] 즉, 헤지 펀드에 투자되는 자금은 매우 영리하여 주식시장의 이상 현상을 수정하여 준다는 것이다. 첸 등(2020)은 헤지 펀드가 손상된 주식시장의 비효율성을 완화시킨다고 하였다. 이들을 포함하는 여러 연구에서 헤지 펀드의 성과가 우수하다는 것을 보여주고 있다.

덤 머니
전문성이 낮은 개인 투자자의 자금

뮤추얼 펀드로의 현금흐름
덤 머니로, 개인 투자자들이 뮤추얼 펀드에 투자하는 자금의 흐름

헤지 펀드로의 현금흐름
스마트 머니로, 정보력이 있는 기관 또는 개인이 헤지 펀드에 투자하는 자금의 흐름

그렇다면 헤지 펀드는 어떻게 우수한 투자 성과를 거두고 있을까? 주식형 뮤추얼 펀드는 대개 유망한 주식들을 매입하여 운용하기 때문에 그 수익성은 주식시장 전체의 성과에 연동한다. 하지만 헤지 펀드는 매우 다양한 투자 전략을 구사하기 때문에 일괄적인 기준에 의한 수익성 평가가 매우 어렵다. 이에 첸 등(2021)은 주식시장의 센티먼트 요인과 헤지 펀드의 수익성 관계를 검증하였다.[21] 그들은 센티먼트 요인을 추정하여 이에 가장 민감한 상위 10%의 헤지 펀드 수익률이 가장 둔감한 하위 10% 헤지 펀드 수익률보다 월평균 0.59% 높다고 하였다.[22] 연평균으로 환산하면 7.08%라는 큰 값이 된다. 센티먼트라는 행동적 요인에 민감한 펀드가 그렇지 않은 펀드보다 연 7.08% 높은 수익률을 얻는다는 것이다. 또한 10%의 헤지 펀드들이 센티먼트를 이용한 매매 타이밍 능력이 있다고 하였다. 이는 숙련된 헤지 펀드들이 주식시장의 이상 현상에 의한 가격 오류에 집중하기보다는 행동적 요인인 센티먼트를 예측하고 이를 이용하여 높은 수익률을 얻고 있다는 것을 의미한다.

19 스마트 머니(smart money)와 덤 머니(dumb money)라는 용어는 전문성, 신속성, 그리고 초과 이익에 따라 정의되지만, 학술적으로는 주로 초과 이익의 여부에 의해 결정된다.

20 뮤추얼 펀드(헤지 펀드)와 뮤추얼 펀드(헤지 펀드)로의 현금흐름은 다르다. 뮤추얼 펀드(헤지 펀드)는 전문적인 펀드 매니저가 운용하고, 뮤추얼 펀드(헤지 펀드)로의 현금흐름은 개인 투자자들이 뮤추얼 펀드(헤지 펀드)에 투자하는 자금을 의미한다.

21 여기서 센티먼트는 투자자들의 심리에 의존하는 행동적 요인으로 표준 재무론의 위험 요인들과는 구별된다.

22 그들은 베이커와 유글러(2006)의 방법을 이용하여 센티먼트를 추정하였다. 한편, 센티먼트에 가장 민감한 상위 10% 헤지 펀드와 가장 둔감한 하위 10% 헤지 펀드의 수익률 차이는 위험이 조정된 수익률이다.

주요 용어

공매도 중심	사건 중심	인큐베이션
덤 머니	상대적 가치 전략	재간접 헤지 펀드
두 펀드 분리 이론	생존 바이어스	전략적 유형
롱-숏 전략	선물 매매형	주식 헤지
리미티드 파트너십	선택 바이어스	체계 위험
매크로	스마트 머니	체계적 위험
뮤추얼 펀드로의 현금흐름	시장 무결성	퀀텀 펀드
방어적 전략	시장 중립	투자자 보호
벌처 펀드	암호화폐	헤지 펀드
보수적 전략	양적 전략	헤지 펀드로의 현금흐름
분산 전략	역채움 바이어스	효율적으로 비효율적
블랙 먼데이	위험 동일성 전략	
블록체인	유동성 소용돌이	

핵심 정리

• 이제 사람들은 시장이 비효율적이라고 생각할까?

효율적으로 비효율적인 시장

• 시장은 매우 경쟁적이며 대부분의 전문 투자자들도 시장을 이기지 못하는 것이 다반사이다. 따라서 시장이 비효율적이라고 말하기도 어렵다.

• 페더슨(2015)의 효율적으로 비효율적인 시장: 전문적 투자자들 사이의 경쟁이 시장을 거의 효율적으로 만들지만, 시장은 그들의 비용과 위험을 보상할 정도로만 비효율적이라는 것이다.

• 효율적으로 비효율적인 시장의 특성: ① 모딜리아니와 밀러는 기업 가치와 자본구조는 관련이 없다고 했지만, 실제로는 세금 측면에서 차입은 기업 가치에 도움이 된다. ② 재무금융의 두 펀드 분리 이론에도 불구하고, 실제 투자자들은 자금 조달 제약에 따라 상이한 포트폴리오를 선택한다. ③ 유동성 위험과 자금 조달 제약이 기대 수익률에 영향을 미친다. ④ 일물일가의 법칙에도 불구하고, 수요 압박이 파생상품 가격에 영향을 미칠수록 차익거래의 기회는 더 증가한다. ⑤ 만기까지 콜옵션은 행사되지 않아야 하고 전환사채는 주식으로 전환되지 않아야 하지만, 실제로는 그렇지 않다. ⑥ 리카르도의 동일성 이론과 달리, 유동성 소용돌이로 인해서 정부의 지출과 자금 조달이 소비 결정에 영향을 미칠 수 있다. ⑦ 중앙은행은 이자율뿐만 아니라 대출 규모도 조정하여 통화정책을 운용하고 있어서 그들 본연의 목적을 제대로 수행하기 어렵다.

헤지 펀드란?

• 비효율적으로 효율적인 시장에서 가장 강력한 능력을 발휘하는 주체는 헤지 펀드인데 최초로 헤지 펀드를 운용하였던 사람은 미국의 윈슬로우 존스이다.

• 헤지 펀드란 소수의 투자자를 대상으로 하며 정부의 규제를 받지 않는 자유로운 투자 주체로 리미티드 파트너십으로 구성된다.

• 〈헤지 펀드 리서치〉에 의한 헤지 펀드의 분류: 주식 헤지, 사건 중심, 매크로, 상대적 가치, 재간접 헤지 펀드, 위험 동일성, 블록체인.

• 주식 헤지는 최초 헤지 펀드의 투자 전략이 속한 유형으로 시장 중립과 양적 전략이 대표적이다.

- 사건 중심은 합병, 신용 변화, 구조 조정 등의 기업에 관련된 사건을 이용하여 투자하는 유형으로 학술적으로 검증된 이상 사건들을 많이 이용한다.
- 매크로는 거시 경제적 사건과 그에 따른 예측에 따라 투자한다.
- 상대적 가치 전략은 주로 채권 등 금융 상품 간의 가치 또는 수익률 차이에 근거하는 차익거래를 말한다.
- 재간접 헤지 펀드는 여러 가지 특색을 가지는 헤지 펀드에 투자한다.
- 위험 동일성 전략은 여러 전략을 구사하되 변동성을 정해진 수준으로 유지한다.
- 블록체인 전략은 블록체인에 관련된 투자에 집중한다.
- 7가지 이외에도 컴퓨터 모형을 이용하여 주로 선물의 가격 방향성에 의존하는 유형도 있다.

헤지 펀드의 성장과 규제의 관점

- 헤지 펀드는 1990년대에 큰 인기를 모아서 2007년까지 꾸준히 성장하였으나, 2008년 세계 금융 위기를 맞아서 규모가 크게 하락하였으며 2013년까지 회복이 어려웠다. 그 이후에 다시 성장하기 시작하여 2021년 3분기 현재 전 세계 헤지 펀드 규모는 $4.53조에 이르렀다.
- 헤지 펀드 규제의 세 가지 관점: 투자자 보호, 체계 위험, 시장 무결성.
- 헤지 펀드의 규모와 수가 증가하면서 투자자 보호에 어긋나는 결과를 초래하였다.
- 체계 위험이란 금융기관의 연쇄적 도산 가능성을 말하는데, 헤지 펀드는 체계 위험의 잠재적 요인이 되었다.
- 시장 무결성 관점에서 금융 당국의 주요 관심사는 헤지 펀드가 금융시장에 미칠 수 있는 잠재적 영향이다.

헤지 펀드 수익률의 바이어스

- 선택 바이어스: 자발적으로 보고하는 헤지 펀드들만의 정보를 수집하여 판매하기 때문에, 그들의 정보는 모든 헤지 펀드들을 대표하지 못한다.
- 생존 바이어스: 사라진 펀드의 데이터가 빠지면 전체 수익률이 양(+)의 방향으로 왜곡될 수 있다.
- 역채움 바이어스: 신규 헤지 펀드는 인큐베이션 기간 동안 성과가 좋으면 데이터베이스에 포함되고, 좋지 않으면 폐지되는 경우가 많다. 성과가 좋아서 당해 데이터베이스에 포함되면 과거의 성과 기록이 함께 포함되는데, 이는 헤지 펀드의 평균 수익률을 상승시킨다.

헤지 펀드와 센티먼트

- 주식시장의 센티먼트 요인과 헤지 펀드의 수익성: 센티먼트 요인을 추정하여 이에 가장 민감한 상위 10%의 헤지 펀드 수익률이 가장 둔감한 하위 10% 헤지 펀드 수익률보다 월평균 0.59% 높다.
- 숙련된 헤지 펀드들이 주식시장의 이상 현상에 의한 가격 오류에 집중하기보다는 행동적 요인인 센티먼트를 예측하고 이를 이용하여 높은 수익률을 얻고 있다.

참고 문헌

- Akbas, W., J. Armstrong, S. Sorescu, and A. Subrahmanyam (2015), Smart money, dumb money, and capital market anomalies, Journal of Financial Economics 118, 355–381.
- Asness, C., A. Frazzini, and L. Pedersen (2012), Leverage aversion and risk parity, Financial Analysts Journal 68 (1), 47–59.
- Baker, M. and J. Wurgler (2006), Investor sentiment and the cross-section of stock returns, Journal of Finance 61, 1645–1680.
- Chen, Y., B. Kelly, W. Wu (2020), Sophisticated investors and market efficiency: Evidence from a natural experiment, Journal of Financial Economics 138, 316–341.
- Chen, Y., B. Han, and Jing Pan (2021), Sentiment trading and hedge fund returns, Journal of Finance 76, 2001–2033.
- Fama, E. (1970), Efficient capital markets: A review of theory and empirical work, Journal of Finance 25, 383–417.
- Fung, W. and D. Hsieh (2004), Hedge fund benchmarks: A riks-based approach, Financial Analysts Journal 60, 65–80.
- Fung, W. and D, Hsieh (2006), Hedge funds: An industry in its adolescence, Federal Reserve Bank of Atlanta Economic Review 91, 1–34.
- Pedersen, L. (2015), Efficiently inefficient, Princeton University Press.
- www.hfr.com

05 — 주식 프리미엄은 왜 그렇게 클까?

주식 프리미엄 퍼즐이란?

박사 과정의 필수 및 선택 과목을 모두 이수하면 대개 2~3년 정도의 논문 작성 기간을 준다. 전일제 학생에게 이 기간은 평생 가장 열정적으로 연구에 몰입할 수 있는 시간이자 고통스러운 시기이다. 박사학위 논문 주제를 찾기 위하여 고민하던 1989년쯤으로 기억된다. 메라와 프레스콧(1985)의 〈주식 프리미엄: 퍼즐〉이라는 논문을 읽을 기회가 있었다. 고(저)위험/고(저)수익이라는 마코위츠의 위험/수익 관계를 절대적으로 신봉했던 나는 주식 수익률이 무위험 수익률보다 많이 큰 것은 당연한 사실이라고 생각했다. 따라서 주식 프리미엄 퍼즐은 나에게 퍼즐이 아니었고 약간의 거부감만 일으켰다. 또한 수학적으로 너무 복잡하여 이해하기도 어려웠다. 그래서 논문을 덮었다. 하지만 이 주제는 신고전주의 경제학자들의 지적 호기심을 불러일으키기 매우 좋은 주제였다. 많은 경제학자가 이 퍼즐을 해결하기 위해 매달렸고 메라와 프레스콧의 논문 발표 이후 20년 동안 약 320개의 관련 논문들이 40개의 경제학 및 재무금융 학술지에 발표되었다. 드디어 행동 재무론 입장의 설명도 제시되었다.

이제부터 주식 프리미엄 퍼즐에 대해 살펴보도록 하자. 여기서 **주식 프리미엄**이란 대표적인 주가지수(예: S&P 500)의 수익률에서 무위험 수익률을 차감한 값으로 주식시장의 **위험 프리미엄**이라고도 한다.[1] 메라와 프레스콧이 1889~1978년 기간에 대해 추정한 미국의 실제 주식 프리미엄은 6.18%이었다. 그들은 이 값이 자신들이 개발한 표준 경제학적 모형에 의한 이론적 값과 비교해 너무 크다고 하였다. 따라서 이런 현상을 **주식 프리미엄 퍼즐**이라고 하였다. 캠벨과 쉴러(1998)는 그렇게 높은 주식 프리미엄이 앞으로는 발

주식(위험) 프리미엄
실제 주식의 수익률에서 무위험 자산의 수익률을 차감한 값

주식 프리미엄 퍼즐
실제 주식 프리미엄이 이론적 모형에 의해 계산한 값보다 매우 크게 되는 현상

1 주식 프리미엄은 주식과 무위험 자산의 명목 수익률로 쉽게 계산할 수 있지만, 각각 인플레이션을 차감한 실질 수익률로 계산해도 동일하다. 양 자산의 수익률 각각에서 인플레이션을 차감하면 서로 상쇄되기 때문이다.

생하지 않을 것이라고 예상하였지만 실상은 그렇지 않았다. 2000~2019년의 20년 동안 연평균 주가지수 수익률은 8.04%이고 무위험 수익률은 1.65%이므로 주식 프리미엄은 6.39%이었다.[2] 1999~2019년 21년 동안의 주식 프리미엄은 7.06%로 더 높아졌다. 1927~2019년 동안 미국의 주식 프리미엄은 8.56%로 더 높았다. 이러한 결과는 주식 프리미엄이 미국 주식 시장에서 아직도 살아있고 그 크기도 감소하지 않았음을 의미한다.

메라(2003)는 주식 프리미엄을 다시 알기 쉽게 설명하였다. 미국의 어떤 조상이 1802년에 1997년에 살게 될 후손을 위해서 $1을 투자하였다. 세금이 없고 투자의 연속성을 가정할 때 무위험 자산에 투자한 경우, 그 후손은 $3,679를 받게 된다.[3] 물론 $3,679도 큰 금액이지만 그렇게 놀라운 금액이라고 보기는 어렵다. 주식에 투자하였다면 어떻게 되었을까? 1997년에 살고 있던 후손은 $7,470,000을 받게 된다. $7,470,000은 실로 엄청난 금액이다. 이것이 대학 투자론 시간에 가르치는 **복리의 마술**이다. 이 복리의 마술은 높은 주식 프리미엄에 의해서 발생한 것이다.

복리의 마술
복리를 사용하여 이자가 매우 크게 성장하는 현상

여러 연구에 의하면 주식 프리미엄은 약 6% 정도라고 한다. 하지만 신고전주의 경제학 이론에 입각한 메라와 프레스콧의 모형에 현실적인 입력 요소를 대입하면 주식 프리미엄은 상당히 작아진다. 메라(2003)는 이를 수식으로 다음과 같이 표현하였다.

$$\text{주식 프리미엄} = \text{주식의 기대 수익률} - \text{무위험 수익률} = 1.4\%$$

그가 이론적으로 추정한 1.4%의 주식 프리미엄은 미국의 실제 주식 프리미엄인 6%보다 훨씬 작다.

주식 프리미엄 퍼즐이 어디에나 항상 존재할까?

주식 프리미엄은 기대 수익률 개념이기 때문에 기하평균보다는 산술평균을 사용하는 것이 바람직하다.[4]

2 최근의 값들은 케네스 프렌치(Kenneth French)의 웹사이트에 게시된 자료를 이용하여 계산한 결과이다. 주식시장 수익률은 시카고 대학의 CRSP 주식 데이터베이스의 모든 주식으로부터 계산된 가중평균 수익률이고, 무위험 수익률은 미국 재무성 1개월 단기증권의 수익률이다. 이로부터 계산된 월별 주식 프리미엄은 0.67%이다.

3 이봇슨 어소시에이트(2001)의 자료에 의한 결과이다.

4 수학적으로 산술평균은 기하평균보다 크거나 같다: 산술평균 $= (A+B)/2 \geq \sqrt[2]{AB} =$ 기하평균.

또한 충분히 오랜 기간을 대상으로 판단해야 한다. 충분히 오랜 기간이 어느 정도라고 쉽게 얘기할 수는 없지만, 현실적으로 적어도 20~30년 이상 이어야 할 것이다. 표 5-1은 시겔(2005)이 여러 기간에 대해 계산한 미국의 (무위험 단기증권 대비와 무위험 채권 대비) 주식 프리미엄의 기하평균 및 산술평균 값들을 보여 주고 있다. 먼저 무위험 단기증권 대비 산술평균 값으로 판단해 보자. 주식 프리미엄은 1802~2004년의 203년 동안은 5.36%이고 1871~2004년의 134년 동안은 6.64%로 6%에서 크게 벗어나지 않고 있다. 무위험 채권 대비 주식 프리미엄도 각각 4.50%, 5.18%로 앞의 값보다는 약간 작아지지만 1.4%보다는 훨씬 크다. 주식시장 수익률이 1800년대보다는 1900년대가 좀 더 컸기 때문에 후자의 주식 프리미엄이 더 크게 나타났다.

표 5-1
미국의 기간별 주식 프리미엄: 1802~2004

기간	주식 프리미엄 (단위:%)			
	무위험 단기증권 대비		무위험 채권 대비	
	기하평균	산술평균	기하평균	산술평균
2004년까지의 장기간				
1802~2004	3.98	5.36	3.31	4.50
1871~2004	5.03	6.64	3.86	5.18
주요 부분 기간				
1802~1870	1.90	2.87	2.24	3.17
1871~1925	3.46	4.65	2.89	3.99
1926~2004	6.09	8.02	4.53	6.01
제2차 세계대전 이후				
1946~2004	6.27	7.77	5.39	6.35
1946~1965	10.86	12.14	11.21	12.34
1966~1981	-0.21	1.51	3.81	5.24
1982~1999	10.71	11.38	5.22	5.03
1982~2004	7.16	8.32	1.46	1.90

출처: 시겔(2005)

표 5-1에서 주요 부분 기간에 대한 프리미엄은 약간 다르기는 하지만 모두 확실한 양(+)의 값을 가진다. 1802~1870년의 주식 프리미엄이 2.87%로 약간 작았지만, 그 이후의 값들은 4.65%, 8.02%로 점점 커지고 있다. 제2차 세계대전 이후의 기간을 살펴보자. 상대적으로 짧은 1966~1981년의 16년 동안 주식 프리미엄은 1.51%로 매우 작았지만, 나머지 기간에 대해서는 충분히 크게 나타나고 있다. 이는 우리가 생각할 수 있는 미국 주식시장의 역사 속에서 주식 프리미엄은 기간과 관계없이 항상 존재하였음을 의미한다.

그렇다면 주식 프리미엄 퍼즐이 미국에만 존재하는 현상일까? 그렇지 않다. 표 5-2는 딤슨, 마쉬, 스톤튼(2008)이 전 세계 17개국에 대해서 106년(1900~2005년) 동안의 주식 프리미엄을 조사한 결과이다. 무위험 단기증권 대비 산술평균 주식 프리미엄을 보자. 106년 동안 각국의 주식 프리미엄은 제일 작은 덴마크의 4.51%에서 제일 큰 이탈리아의 10.46%까지 다양하게 나타나고 있으며, 그 평균은 7.14%이다. 이는 모두 메라(2003)가 제시한 1.4%보다 훨씬 큰 값이므로 전 세계에 주식 프리미엄 퍼즐이 존재한다는 것을 의미한다. 17개국의 주가지수를 미국 달러화로 환산하여 가중평균한 주식 프리미엄은 5.95%로 작아진다. 이는 106년 동안 다른 국가들의 화폐가 미국 달러화에 비해 평가절하되었기 때문이다. 미국을 제외한 월드 지수의 주식 프리미엄은 6.07%로 미국의 7.41%에 비해 상당히 작다.

표 5-2
17개 국가의 주식 프리미엄: 1900~2005년

국가	주식 프리미엄 (단위:%)			
	무위험 단기증권 대비		무위험 채권 대비	
	기하평균	산술평균	기하평균	산술평균
호주	7.08	8.49	6.22	7.81
벨기에	2.80	4.99	2.57	4.37
캐나다	4.54	5.88	4.15	5.67
덴마크	2.87	4.51	2.07	3.27
프랑스	6.79	9.27	3.86	6.03
독일*	3.83	9.07	5.28	8.35
아일랜드	4.09	5.98	3.62	5.18
이탈리아	6.55	10.46	4.30	7.68
일본	6.67	9.84	5.91	9.98
네덜란드	4.55	6.61	3.86	5.95
노르웨이	3.07	5.70	2.55	5.26
남아프리카	6.20	8.25	5.35	7.03
스페인	3.40	5.46	3.32	4.21
스웨덴	5.73	7.98	5.21	7.51
스위스	3.63	5.29	1.80	3.28
영국	4.43	6.14	4.06	5.29
미국	5.51	7.41	4.52	6.49
평균	**4.81**	**7.14**	**3.98**	**6.08**
월드**	**4.74**	**6.07**	**4.04**	**5.15**
미국 제외 월드	**4.23**	**5.93**	**4.10**	**5.18**

* 독일은 1922~1923년은 제외되었음.
** 월드는 17개국 주가지수를 미국 달러화로 환산하여 가중평균한 것임
출처: 딤슨, 마쉬, 스톤튼(2008)

이제 주식 프리미엄을 기하평균으로 판단해 보자. 기하평균 개념으로 전환하면 평균 4.81%가 되고 월드 지수의 주식 프리미엄은 4.74%로 감소한다. 하지만 1.4%보다는 훨씬 크기 때문에 기하평균 개념으로도 주식 프리미엄은

전 세계에 존재한다고 할 수 있다. 마지막 두 열의 무위험 채권 대비 주식 프리미엄은 세계 채권 지수의 수익률을 초과하는 주식 수익률이다. 평균, 월드, 미국 제외 월드 모두 1% 이상 감소하였지만, 여기서도 주식 프리미엄은 굳건히 존재하고 있다. 따라서 주식 프리미엄은 미국에만 존재하는 것이 아니라 전 세계에 존재하는 현상이라고 할 수 있다.

우리나라의 주식 프리미엄

그림 5-1은 1962~2019년까지의 58년 동안 주식, 무위험 자산, 인플레이션의 시계열 가치를 보여 주고 있다. 주식은 한국거래소가 발표한 주가지수의 수익률, 무위험 자산은 **정기예금** 이자율, 인플레이션은 **소비자물가지수** 상승률이다.[5] 1961년 말에 여러분의 할머니가 1원(100만 원)을 주식에 투자하여 2019년 말에 여러분에게 상속하였다면, 세금이 없고 투자의 연속성을 가정할 때, 여러분은 1,116.5원(11억 1,650만 원)을 받게 된다.[6] 하지만 은행의 정기예금에 저금하였다면 279.66원(2억 7,966만 원)을 받았을 것이다. 물론 인플레이션이 약 6,736%가 발생하였으므로 실제 가치는 그렇지 않겠지만, 현재의 명목 가치로 볼 때 주식과 무위험 자산의 수익성 차이는 엄청나게 크다. 이 역시 상당한 주식 프리미엄으로 인해 복리의 마술이 주식의 명목 가치를 크게 상승시킨 것이다.

정기예금
정기적으로 이자를 지급하는 예금

소비자물가지수
소비자가 구매하는 재화와 용역의 가격변동을 측정하기 위한 지표

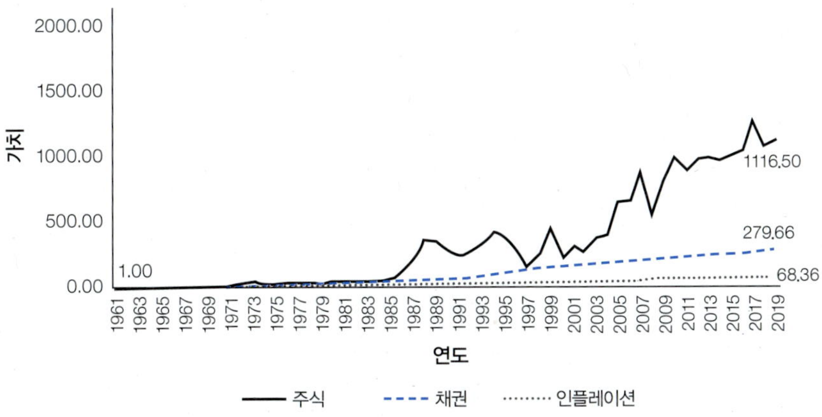

그림 5-1
가치의 시계열: 주식, 무위험 자산, 인플레이션

다우식 지수
주가 평균에 의해 계산하는 주가지수

시가총액식 지수
주식의 시가총액 비중에 따라 계산하는 주가지수

5 1962년부터 1979년까지의 주가지수는 한국거래소가 발표했던 **다우식 지수**이고, 1980년부터는 **시가총액식 지수**이다. 무위험 수익률은 2015년까지는 한국은행이 발표하는 정기예금 이자율이고, 2016년부터는 3개월 CD 금리이다.

6 물론 1961년 말에 서울 강남의 부동산에 100만 원을 투자하였다면 이보다 훨씬 큰 금액이 되었을 것이 분명하다. 여기서 논의는 금융시장에 국한하기로 한다.

그림 5-1에 나타난 사실을 구체적인 수익률로 나타내면 표 5-3과 같다. 58년간 주식은 연평균 19.63%, 무위험 자산은 10.42%로 성장하였다. 이로부터 주식 프리미엄은 산술평균으로 9.22%가 되었다. 이는 최근 미국의 93년 동안 8.56%보다 큰 수치이다. (기하평균은 2.66%로 미국의 4.57%에 비해 상당히 낮다. 이는 우리나라 주식시장의 높은 변동성 때문이다.) 이렇게 높은 주식 프리미엄은 1962년부터 18년 동안 33.99%라는 높은 주식 수익률과 절대적으로 높았지만, 상대적으로 낮았던 무위험 수익률(18.93%) 때문이다. 하지만 이때는 인플레이션 수준도 상당히 높았기 때문에 주식 투자의 수익성이 매우 불안했던 시기이다. 1980년부터 20년 동안은 우리나라 주식시장이 선진 시장으로의 변혁을 도모했던 시기이다. 주식 수익률은 아직도 18.05%로 높았고, 무위험 수익률과 인플레이션은 낮아지기 시작했다. (1997~1998년의 외환 위기 때문에 한동안 이자율이 엄청나게 높았지만, 그 이후 10년 동안 점진적으로 감소하였다.) 2000년대에 들어서는 주식 수익률, 무위험 수익률, 인플레이션 등이 안정세로 접어들었다. 주식 프리미엄은 5.03%로 선진국들과 비슷한 수준이 되었다.

표 5-3
우리나라의 주식 프리미엄: 1962~2019년

기간	여러 가지 수익률 평균			주식 프리미엄	
				무위험 자산 대비	
	주식	무위험 자산	인플레이션	산술평균	기하평균
1962~2019년	19.63%	10.42%	7.79%	9.22%	2.66%
1962~1979년	33.99%	18.93%	16.11%	15.05%	4.34%
1980~1999년	18.05%	9.91%	5.75%	8.14%	2.55%
2000~2019년	8.30%	3.27%	2.36%	5.03%	1.46%

주식: 주가지수를 의미함(배당락을 고려하여 연 1%씩 일률적으로 더해 줌)
–1962~1979년: 한국거래소 작성 다우식 주가지수
–1980~2019년: 한국거래소 작성 종합주가지수
무위험 수익률(자료: 한국은행)
–1962~2015년: 정기예금 이자율; 2016~2019년: 3개월 CD 금리
인플레이션 (자료: 한국은행): 소비자물가지수 성장률

생존 바이어스와 평균 회귀 및 평균 회피[7]

생존 바이어스
상장 폐지된 주식들이 누락되어 주가지수의 과거 평균 수익률을 증가시키는 바이어스

주식 프리미엄 퍼즐이 발생하는 이유 중의 하나로 **생존 바이어스**를 들기도

7 이 부분과 주식 프리미엄의 경제학적 설명은 약간의 통계학과 수리적 내용이 포함되어 있다. 통계학이나 수리적 내용이 부담스러운 경우에는 이 부분들을 뛰어넘어도 전체적인 이해에 큰 문제가 없을 것이다.

한다. 갑작스러운 경제적 참사로 인해 엄청난 주식의 손실이 발생할 수도 있는데, 그런 가능성이 배제된 표본을 사용하였기 때문에 주식 프리미엄이 너무 높게 추정되었다는 것이다. 즉, 살아남은 주식을 대상으로 하기 때문이다. 생존 바이어스는 재무금융의 모든 주제에 걸쳐서 중요한 사안이지만, 주식 프리미엄 퍼즐의 원인이 될 가능성은 거의 없다. 이미 메라와 프레스콧(1985)의 표본 기간도 대공황 이후의 주식시장 폭락을 포함하였고, 메라(2003)와 시겔(2005)의 연구는 1802년까지 표본 기간을 확장하였으며, 앞에서 제시한 딤슨, 마쉬, 스톤튼(2008)의 연구도 17개국에 대해 1900년까지 표본 기간을 확장하였다. 이런 광범위한 자료에 대해 주식 프리미엄 퍼즐이 관찰되었다는 것은 생존 바이어스의 영향이 거의 없었다는 것을 의미한다.

한편, 주식 프리미엄이 퍼즐인 이유는 추정된 주식 수익률의 위험이 관찰된 높은 수익률을 정당화할 정도로 높지 않다는 것이다. 하지만 표본 기간이 증가할수록 주식 수익률의 위험이 상당히 커지고 무위험 수익률의 위험이 상대적으로 작아지면, 주식 프리미엄 퍼즐은 포트폴리오 이론으로 설명이 가능할 것이다. 이를 알아보기 위해서는 오랜 기간에 걸쳐 추정된 주식 프리미엄의 위험이 상당히 커야 한다. 연별 수익률의 시계열이 서로 **독립적**이라면 (또는 **무작위 과정**이라면) 주식 수익률의 위험은 기간의 제곱근에 반비례하기 때문에 기간이 길어질수록 점점 감소한다.[8] 만약 연별 수익률이 독립적이지 않다면 그렇게 되지 않을 수도 있다.

독립적(무작위 과정)
통계적 결과들이 서로 영향을 받지 않고 발생하는 것

시겔(1992)은 1802~1992년 동안의 미국 주식시장 수익률과 무위험 수익률을 이용하여 기간이 증가할수록 연평균 수익률의 위험이 어떻게 변하는가를 검증하였다.[9] 그는 주식과 단기증권의 시계열 수익률이 독립적이지 않으면 주식 프리미엄 퍼즐이 더 심각해진다고 하였다. 주식시장은 독립적이라기보다 **평균 회귀**하기 때문에 연평균 수익률의 표준편차는 기간이 증가하면서 독립인 경우보다 더 빠르게 감소한다.[10] 이에 비해 무위험 수익률은 **평균 회피**의 경향이 있어서 연평균 수익률의 표준편차가 독립인 경우보다 더 늦게

평균 회귀
수익률들이 평균으로 회귀하려는 현상

평균 회피
평균 회귀의 경향이 없는 것

상대적 무위험 증권
디폴트 위험이 없을 뿐이지, 이자율 변화에 무관하게 정해진 수익률을 얻을 수는 없는 미국 재무성 단기증권을 일컫는 말

8 20년 동안 연별 수익률의 표준편차가 24%라고 하면, 평균 수익률의 표준편차는 4.90% ($=24\%/\sqrt{24}$)가 된다. 주식 프리미엄은 기댓값 개념이므로 평균 수익률로 계산된다. 따라서 평균 수익률의 표준편차가 주식 프리미엄의 위험이 된다.

9 미국 재무성 단기증권에는 디폴트 위험이 없을 뿐이지, 이자율 변화에 무관하게 반드시 정해진 수익률을 얻을 수 있는 것은 아니다. 실제로 이들의 수익률 표준편차는 0이 아니다. 이 때문에 메라(2003)는 **상대적 무위험 증권**이라는 표현을 사용하였다. 또한 미국 재무성 단기증권이 음(−)의 수익률을 가지는 기간도 상당히 많았다.

10 평균 회귀(mean reversion)는 음(−)의 수익률이 몇 번 나오면 다음에는 양(+)의 수익률이 몇 번 나오는 경우를 지칭한다. 이에 비해 평균 회피(mean aversion)는 평균 회귀의 경향이 없는 경우를 말한다.

감소한다. 이에 따라 장기 투자자인 경우, 주식의 위험은 높은 수익률을 설명할 정도로 크지 않고 무위험 수익률의 위험은 예상보다 크게 된다. 따라서 주식 프리미엄은 이전보다 더 큰 퍼즐이 된다. 이렇게 추론하면 주식 프리미엄은 음수가 되어야 할 수도 있다. 따라서 투자 위험은 주식 프리미엄을 설명할 수 없다.

주식 프리미엄의 경제학적 설명

효용 함수는 개인의 부의 수준에 적용되어야 한다. 하지만 경제학자들은 부의 수준이 소비의 대용치라고 생각한다. 따라서 효용 함수에 부의 수준 대신 개인의 소비를 적용하기도 하고, 소비를 기반으로 하는 자산 가격결정 모형을 도출하기도 한다. 메라와 프레스콧(1985)은 주식 프리미엄을 유도하기 위해 개인의 소비를 기반으로 하는 **파우어 효용 함수**를 사용하였다.[11] 이 효용 함수의 특징은 **상대적 위험 회피도**인 α가 상수라는 것이다. 상대적 위험 회피도는 소비가 1% 변할 때 소비의 한계 효용 변화율(또는 탄력성)로, 소비 감소로 인한 고통과 관계가 있다. 개인의 소비와 α를 이용하여 메라(2003)는 주식 프리미엄을 다음과 같이 유도하였다.

파우어 효용 함수
소비의 지수형으로 표현되는 효용 함수

상대적 위험 회피
소비가 1% 변할 때 소비의 한계 효용 변화율(또는 탄력성)

주식 프리미엄=주식의 기대 수익률−무위험 수익률=α×소비 증가율의 분산

그는 1889~1978년 기간 동안 주식의 기대 수익률은 6.98%, 무위험 수익률은 0.85%, 소비 증가율의 표준편차는 3.6%로 추정하였다. 이를 만족하기 위해서는 상대적 위험 회피도인 α가 약 47.69가 되어야 한다. 여러 연구들에 의하면 이 값은 대개 10 이하의 작은 값이어야 한다. 이 값을 10으로 하여 무위험 수익률과 주식 수익률을 추정하면 각각 12.7%, 14.1%이다.[12] 따라서 주식 프리미엄은 1.4%가 되는데, 이는 이미 앞에서 제시한 바와 같다.[13]

경제학자들은 메라와 프레스콧이 사용한 파우어 효용 함수에 문제가 있다는

위험 중립
부의 수준이 증가함에 따라 효용의 증가 속도가 일정한 위험 회피도로 직선의 효용 함수를 가진다.

무위험 수익률 퍼즐
위험 회피도를 높게 가정할 경우 표준 경제학 모형에 의해 무위험 수익률 수준이 지나치게 높아지는 현상

11 파우어 효용 함수: $U(C, \alpha) = C^{1-\alpha}/(1-\alpha),\ 0<\alpha<\infty,\ \alpha \neq 1$. 여기서 C는 소비량이고, α는 상대적 위험 회피도이다. 여기서 α가 0이면 상대적 위험 회피가 전혀 없다는 것으로, **위험 중립**인 효용 함수가 된다.

12 여기서 이해하기 어려운 것은 무위험 수익률이 12.7%가 된다는 것이다. 바일(1989)은 지나치게 높은 무위험 수익률 수준을 **무위험 수익률 퍼즐**이라고 하였다. 여기서 이 주제는 논외로 하자.

13 소비 수준을 부의 수준으로 바꾸면 소비 증가율은 주식 수익률이 된다. 주식시장에서 상대적 위험 회피도는 대개 2~3 정도로 추정된다. 주식시장의 연별 표준편차를 18% 정도로 생각할 때, 이 모형에 의한 주식 프리미엄은 6.48~9.72%가 되어서 실제 값과 거의 유사하게 된다. 하지만 이것은 소비 수준을 부의 수준으로 바꾼 것이기 때문에 올바른 추론이 아니다.

지적을 하였다. 이에 어떤 경제학자들은 새로운 효용 함수를 정의하여 높은 주식 수익률과 낮은 무위험 수익률을 설명하였지만, 주식 프리미엄 퍼즐의 약 1/3 정도만을 해결하였다.[14] 하지만 그들이 사용한 효용 함수는 효용의 공리 또는 원칙과 정합성을 가지지 않는다는 단점이 있다. 또 다른 시도는 소비의 효용을 현재의 소비와 벤치마크와의 비교를 통해 판단하도록 효용 함수를 수정하는 것이다. 여기서 벤치마크를 전기의 소비로 하는 것을 **습관 형성**이라고 한다. 이런 습관 형성은 투자자를 단기 소비 감소에 더 민감하게 만든다. 즉, 단기 위험 회피가 커지고 장기 위험 회피는 작아진다. 하지만 이것도 역시 주식 프리미엄 퍼즐을 설명하지는 못했다.

습관 형성
취향 변화에 의해 습관이 형성되는 것

효용 함수적 접근과는 달리 주주와 주주가 아닌 사람의 소비를 통합하는 과정에서 문제가 생겼다고 주장하는 학자들도 있었다. 연금 계정을 포함하지 않을 경우, 미국 국민의 3/4이 주식을 보유하지 않고 있다. 주식을 보유하고 있는 사람들은 미국 국민 전체보다 주식시장 움직임에 3배 더 민감하다고 한다. 하지만 이를 고려하여도 상대적 위험 회피도는 10 주위에 머무르게 된다. 따라서 이것이 주식 프리미엄 퍼즐을 해결하기는 어렵다. 이외에도 여러 시도가 있었지만 만족할 만한 해법을 제시하지는 못했다.

근시안적 손실 회피에 의한 설명: 베나르찌와 탈러(1995)의 설명

베나르찌와 탈러(1995)는 주식 프리미엄 퍼즐에 대해 카너먼과 트버스키(1979)의 프로스펙트 이론으로 접근하였다. 그들은 투자자들의 효용은 프로스펙트 이론의 가치 함수에 의해 정해지므로 부의 수준이 아니라 포트폴리오의 가치 변화가 매우 중요한 역할을 한다고 하였다. 포트폴리오의 가치 변화는 주식시장 수익률을 의미한다. 또한 투자자들은 손실 회피 성향을 보이는데, 같은 양의 이익에 의한 기쁨보다 손실에 의한 고통을 훨씬 크게 인식한다. 투자자가 손실 회피적 선호도를 보이면 위험에 대한 그들의 태도는 수익률의 평가 기간에 결정적으로 의존하게 된다.

예를 들어, 이런 선호도를 보이면서 매일 포트폴리오 가치를 평가하는 투자

14 엡스타인과 진(1990)은 그들이 만든 반복 효용(recursive utility) 함수를 이용하여 낮은 무위험 수익률과 약 2% 정도의 주식 프리미엄을 추정하였다. 이는 메라와 프레스콧의 퍼즐보다는 현실에 가깝지만, 실제 6.2%의 주식 프리미엄에 비해 1/3에 불과하다.

자가 있다고 하자. 주가는 매일 거의 비슷한 빈도로 오르거나 내리고 손실의 고통은 심리적으로 배가되기 때문에 이런 투자자에게 주식 투자는 매력이 없을 것이다. 이와 반대인 투자자를 생각해 보자. 20년 동안 긴 잠에 빠질 것을 알게 된 현대판 립 밴 윙클은 그의 주식 중개인에게 마지막 전화를 하여 모든 재산으로 주식을 매입하라고 하였다.[15] 그는 20년 동안 주식시장의 실질 가치가 감소한 적이 한 번도 없었다는 사실을 알고 잠이 들었다.[16] 그러면 20년 후에 두 사람의 재산은 어떻게 변했을까? 당연히 윙클은 매일 포트폴리오 가치를 계산하는 투자자보다 훨씬 많은 재산을 얻게 됐을 것이다.[17]

베나르찌와 탈러는 투자 평가 기간과 손실 회피의 상호 작용을 이용하여 투자자가 주식과 채권(또는 단기증권) 간에 무차별하게 되는 평가 기간을 프로스펙트 이론의 가치 함수에 의해 추정하였다. 그들은 과거의 월별 자료들로부터 주식, 채권 및 단기증권의 수익률을 무작위로 추출하여 평가 기간을 1개월부터 점점 증가시키면서 시뮬레이션을 하였다. 이를 통해 그들은 주식과 채권 투자가 동일하게 매력적인 평가 기간은 13개월이라고 하였다. 13개월은 1년을 약간 초과하기 때문에 1년 정도로 보아도 좋을 것이다.

메라와 프레스콧은 상대적 위험 회피도가 매우 커야 높은 주식 프리미엄을 설명할 수 있는데, 실제 위험 회피도는 대개 2~3 정도이기 때문에 이런 현상을 퍼즐이라고 하였다. 이에 비해 베나르찌와 탈러의 연구에 의하면 과거의 주식과 채권 수익률이 효용의 관점에서 균형을 가지게 되는 평가 기간은 1년을 약간 초과한다. 과거의 주식 수익률과 채권 수익률이 균형을 가진다는 의미는 과거의 주식 프리미엄이 적절하다는 것이다. 즉, 과거의 주식 프리미엄을 가장 잘 설명하기 위한 평가 기간이 1년 정도이다. 그러면 1년이라는 기간은 어떤 의미가 있을까? 1년은 세금 보고와 기업 및 개인의 일반적인 활동이 평가되는 기간이다. 따라서 포트폴리오 평가도 1년 주기로 이루어지는

15 윙클은 미국의 작가 어빙의 단편집 〈스케치북〉에 들어 있는 단편 소설에 등장하는 인물이다. 미국 독립전쟁이 일어나기 전 카츠킬 산맥 주변 마을에 살던 게으른 남성 립 밴 윙클이 산에 올라가서 낯선 이를 만나 술을 얻어 마신 후 하룻밤 만에 20년이 흘렀다는 동화 같은 이야기다. 집에 돌아오자 독립전쟁이라는 대사건으로 조지 국왕 대신에 조지 워싱턴이 다스리는 나라가 되어 있었다.

16 시겔(2014)은 211년(1802~2012년) 동안의 미국 주식시장을 조사하였다. 그의 가장 설득력 있는 주장은 20년 동안 미국 주식시장의 실질 가치가 감소한 적이 한 번도 없었다는 것이다. 우리나라에서 1962~2019년 동안 지난 58년의 경험에 의하면 그 기간이 26년 이상으로 증가한다. (26년은 배당과 인플레이션을 고려하지 않고 주가지수로 생각할 때 손실이 발생하지 않은 기간이다.) 그 이유는 과거에 주식시장의 변동성이 미국에 비해 너무 컸기 때문이다.

17 베나르찌와 탈러(1999)는 이를 설문 연구를 통하여 직접적으로 증명하였다. 뒤에 설명될 〈근시안적 손실 회피와 퇴직연금 투자〉 부분을 참조하시오.

것이 당연하다. 과거의 높은 주식 프리미엄은 1년의 평가 주기와 정합성을 가지므로 퍼즐이 아니라는 것이다.

베나르찌와 탈러(1995)는 메라와 프레스콧(1985)의 이론적 결과를 지지하거나 부정하는 연구가 아니다. 프로스펙트 이론의 가치 함수와 근시안적 손실 회피를 이용하여 투자자들의 포트폴리오 평가 기간을 1년 정도로 하면 과거의 주식 프리미엄이 관찰될 수 있다는 것을 보여준 것이다. 바버리스와 후앙(2008)도 행동 재무론 입장에서 주식 프리미엄 퍼즐을 설명하였다. 그들은 손실 회피와 편협한 프레이밍을 적용한 균형 모형을 이용하여 높은 주식 프리미엄과 낮고 안정적인 무위험 수익률을 설명하였다.

주식 프리미엄의 실무적 의미

주식 프리미엄 퍼즐이 투자자에게 어떤 의미가 있을까? 시겔(2005)은 이 질문에 대해 현실적인 답변을 주었다. 메라와 프레스콧의 모형에 의한 이론적 주식 프리미엄은 1.4% 정도이고, 과거 93년(1927~2019년) 동안 미국의 주식 프리미엄은 8.56%이었으며, 2019년까지 최근 20년 동안은 6.39%이었다. 1.4%와 8.56%에는 상당한 차이가 존재한다. 이론적 모형과 과거의 주식시장 중 하나는 분명히 틀린 것이다. 하지만 주식시장의 역사에는 현상만 있을 뿐이지 잘못이 있을 수 없다. 또한 주식 프리미엄이 미래에 1.4%로 떨어질 것이라고 믿기는 매우 어렵다. 따라서 메라와 프레스콧의 표준 경제학적 모형의 예측에 문제가 있다고 조심스럽게 얘기할 수 있다. 그 이유는 그들의 유도 과정에 오류가 있어서가 아니라, 그들이 사용한 신고전주의 경제학의 효용 함수 등 여러 가지 가정들이 현실을 반영하지 못했기 때문이다.

다만 그들과 그 이후의 후속 연구들이 실무에 주는 시사점은 잊지 말아야 한다. 재무론 입장에서 베나르찌와 탈러(1995)의 연구를 살펴보자. 그들이 받아들인 프로스펙트 이론의 가치 함수에서는 동일한 주식 수익률의 상승에 의한 기쁨보다 하락에 의한 고통이 훨씬 크다. 이 조건에서 근시안적 손실 회피도를 가지는 투자자는 가장 바람직한 포트폴리오를 구성한 후에 포트폴리오의 가치를 자주 평가하지 말아야 한다. 외부 운용자에 의해 통제되는 블라인드 신탁이 손실에 특히 민감한 투자자들에게 최선의 전략이 될 수 있다. 물론 이 논리는 외부 운용자가 전적으로 신뢰할 수 있는 상황에 해당할 것이다.

재무 설계사들은 멀리 있는 재앙적 사건에 대한 고객의 두려움과 함께 그런 사건의 가능성도 평가해야 한다. 테러리스트의 공격이나 핵 공격과 같은 경제 상황에서 주식시장은 엄청난 손실을 경험할 수 있다. 실무자들은 이런 사건이 발생하면 정부 채권의 가치에도 영향을 미치고 더는 무위험 자산이란 존재하지 않을 수 있다는 것을 알아야 한다. (포트폴리오 모형에 의하면 귀금속들이 주식이나 인플레이션 보호 채권보다 열등하다. 하지만 이런 두려움 때문에 금이 대중적인 인기를 얻는 것이다.) 재산의 가치를 파괴하는 전쟁과 다른 갈등 요소들을 배제할 수는 없다. 장기적으로는 자본주의라는 경제 조직의 형태가 중단되거나 자산가의 재산이 몰수될 수도 있다. 먼 미래의 상상하기 어려운 사건에 대해 두려움을 가지고 있는 투자자들을 위해서 전문가들은 주식 프리미엄이 그런 결과들을 극복할 수 있을 정도로 충분한가를 판단해야 한다.

주식 프리미엄의 미래

웰치(2000)는 상당히 많은 경제 및 재무금융 학자들을 대상으로 주식 프리미엄에 대해 설문조사를 하였는데, 단기 채권에 대한 주식 프리미엄의 산술평균은 7% 정도였다. 이는 1927~2019년 동안의 8.56%보다 1.5% 이상 낮은 수익률이다. 이를 기하평균으로 전환하면 2% 정도가 낮아지고, 단기 채권을 장기 채권으로 바꾸면 다시 1.5% 정도 낮아질 것이다. 결과적으로 장기 채권에 대한 주식 프리미엄은 약 3.5%가 될 것이다. 펀드 매니저들은 주식 프리미엄이 이보다 더 낮을 것이라고 한다.

그렇다면 어느 정도의 주식 프리미엄이 존재할 때 전문 투자자들이 충분히 높은 주식 비중을 가질까? 2004년의 미국 재무분석사 컨퍼런스에서 펀드 매니저와 저술가로 유명한 피터 번쉬타인이 전문 투자자들에게 다음과 같은 질문을 하였다. "주식 프리미엄이 3%라면 채권보다 주식을 훨씬 많이 보유하겠습니까?" 대부분의 사람이 손을 들었다. "주식 프리미엄이 2%라면요?" 이 질문에 대부분의 사람은 손을 들지 않았다. 전문 투자자들의 의견이 주식시장에 실제로 반영되고 주식시장이 정상적으로 존재하려면 미래의 주식 프리미엄은 3%보다는 클 것이다.

어떤 사람들은 주식 프리미엄이 2~3%가 될 것이고, 채권의 실질 수익률이 1.5% 정도라면 주식의 예상 실질 수익률은 4% 정도가 될 것이라고 주장한다. 번쉬타인과 아놋(2003)은 2%의 배당 수익률과 2%의 장기 성장률을 고려할 때 주식의 실질 수익률은 4% 정도일 것이라고 주장한다. 이에 시겔(2005)은 다음과 같은 이유로 그렇지 않을 것이라고 반박하였다. 첫째, 그동안 기업들이 급격하게 배당 성향을 줄이면서 이익 잉여금으로 성장하였기 때문에 미래의 배당 성장률은 과거보다 더 커질 것이다. 둘째, 미래 주식의 실질 수익률은 주가 대비 이익률로 예측할 수 있는데, 이는 주가/수익 비율의 역수이다. 장기간의 자료에 의해 계산된 15의 주가/수익 비율은 6.7%의 실질 수익률을 의미한다. 마지막으로 미래의 경제 성장에 대해 비관적 견해가 확실한 것은 아니라고 하였다. 선진국 인구 고령화의 부정적인 효과는 이머징 국가의 가속적인 성장에 의해 상쇄되고도 남을 것이어서, 향후 수십 년 동안 세계 경제는 급속히 성장할 것이다. 따라서 국제적으로 분산 투자된 주식 포트폴리오의 수익률은 5.5~6.0%가 될 가능성이 있다. 만약 위험 회피도가 증가하고 경제 성장과 관계없는 다른 요인들에 의해 채권의 실질 수익률이 1.5~2.0%에 머무른다면, 주식 프리미엄은 아마도 1926년 이후의 값과 비슷한 수준으로 올라갈 것이다.

주요 용어

다우식 지수	생존 바이어스	주식 프리미엄 퍼즐
독립적(무작위적 과정)	소비자물가지수	주식(위험) 프리미엄
무위험 수익률 퍼즐	습관 형성	파우어 효용 함수
복리의 마술	시가총액식 지수	평균 회귀
상대적 무위험 증권	위험 중립	평균 회피
상대적 위험 회피	정기예금	

핵심 정리

주식 프리미엄 퍼즐이란?

- 주식 프리미엄이란 대표적인 주가지수(예: S&P 500)의 수익률에서 무위험 수익률을 차감한 값이다.
- 메라와 프레스콧(1985)은 실제 주식 프리미엄(6.18%)이 자신들이 개발한 표준 경제학적 모형에 의한 이론적 값(1.4%)과 비교해 너무 크다고 하였는데, 이를 주식 프리미엄 퍼즐이라고 한다.

주식 프리미엄 퍼즐이 어디에나 항상 존재할까?

- 딤슨, 마쉬, 스톤튼(2008)이 전 세계 17개국에 대해서 106년(1900~2005년) 동안의 주식 프리미엄을 조사한 결과, 주식 프리미엄 평균은 7.14%로 미국보다 더 높았다.

우리나라의 주식 프리미엄

- 1962년부터 2019년까지의 주식 프리미엄은 9.22%로 상당히 높았다.
- 우리나라에도 주식 프리미엄 퍼즐이 존재한다.

생존 바이어스와 평균 회귀 및 평균 회피

- 주식 프리미엄 퍼즐은 생존 바이어스와 무관하다.

주식 프리미엄의 경제학적 설명

- 메라와 프레스콧이 사용한 파우어 효용 함수에 문제가 있다는 견해가 있었다.
- 벤치마크를 전기의 소비로 하는 것을 습관 형성이라고 하는데, 이는 투자자를 단기 소비 감소에 더 민감하게 만든다. 즉, 단기 위험 회피가 커지고, 장기 위험 회피는 작아진다. 하지만 이것도 역시 주식 프리미엄 퍼즐을 설명하지는 못했다.
- 주주가 아닌 사람의 소비를 통합하는 과정에서 문제가 생겼다고 주장하는 학자들도 있었다.
- 만족할 만한 표준 경제학적 설명이 없었다.

근시안적 손실 회피에 의한 설명: 베나르찌와 탈러(1995)의 설명

- 베나르찌와 탈러는 투자 평가 기간과 손실 회피의 상호 작용을 이용하여 투자자가 주식과 채권(또는 단기증권) 간에 무차별하게 되는 평가 기간을 프로스펙트 이론의 가치 함수에 의해 추정하였다. 그들은 주식과 채권 투자가 동일하게 매력적인 평가 기간을 13(약 1년)개월이라고 하였다.
- 프로스펙트 이론의 가치 함수와 근시안적 손실 회피를 이용하여 투자자들의 포트폴리오 평가 기간을 1년 정도로 하면 과거의 주식 프리미엄이 관찰될 수 있다는 것을 보여 준 것이다.
- 바버리스와 후앙(2008)도 행동 재무론 입장에서 손실 회피와 편협한 프레이밍을 적용한 균형 모형을 이용하여 높은 주식 프리미엄과 낮고 안정적인 무위험 수익률을 설명하였다.

주식 프리미엄의 실무적 의미

- 외부 운용자에 의해 통제되는 블라인드 신탁이 손실에 특히 민감한 투자자들에게 최선의 전략이 될 수 있다.
- 먼 미래의 상상하기 어려운 사건에 대해 두려움을 가지고 있는 투자자들을 위해서 전문가들은 주식 프리미엄이 그런 결과들을 극복할 수 있을 정도로 충분한가를 판단해야 한다.

주식 프리미엄의 미래

- 웰치(2000)는 장기 채권에 대한 주식 프리미엄은 약 3.5%가 될 것이라고 하였고, 펀드 매니저들은 주식 프리미엄이 이보다 더 낮을 것이라고 한다.
- 전문 투자자들의 의견이 주식시장에 실제로 반영되고 주식시장이 정상적으로 존재하려면 미래의 주식 프리미엄은 3%보다는 클 것이다.

참고 문헌

- Barberis, N. and M. Huang (2008), The loss aversion/narrow framing approach to the equity premium puzzle, Handbook of Equity Risk Premium, 199~236, edited by R. Mehra.
- Benartzi, S. and R. Thaler (1995), Myopic loss aversion and the equity premium puzzle, Quarterly Journal of Economics 110, 73~92.
- Benartzi, S. and R. Thaler (1999), Risk aversion or myopia? Choices in repeated gambles and retirement investments, Management Science 45, 364~381.
- Bernstein, W. and R. Arnott(2003), Earnings growth: The two percent dilution, Financial Analysts Journal 59, 47~55.
- Campbell, J. and R. Shiller (1998), Valuation ratios and the long-run stock market outlook, Journal of Portfolio Management 24, 11~26.
- Constantinides, G. (1990), Habit formation: A resolution of the equity premium puzzle, Journal of Political Economy 98, 519~543.
- Dimson, E., P. Marsh, and M. Staunton (2008), The worldwide equity premium: A smaller puzzle, Handbook of Equity Risk Premium, 467~514, edited by R. Mehra.
- Epstein, L. and S. Zin (1991), Substitution, risk aversion, and the temporal behavior of consumption and asset returns: An empirical analysis, Journal of Political Economy 99, 263~286.
- Ferson, W. and G. Constantinides, Habit persistence and durability in aggregate consumption: Empirical tests, Journal of financial Economics 39, 199~240.
- Ibbotson Associates (2001), Stocks, bonds, bills, and inflation, 2000 Yearbook, Chicago, IL: Ibbotson Associates.
- Mehra, M. and E. Prescott (1985), The equity premium: A puzzle, Journal of Monetary Economics 15, 145~161.
- Mehra, M. (2003), The equity premium: Why is it a puzzle? Financial Analysts Journal 59, 54~69.
- Mehra, R. (2008), Handbook of the equity risk premium, Elsevier.
- Siegel, J. (1992), The real rate of interest from 1800-1990: A study of the U.S. and U.K., Journal of Monetary Economics 29, 227~252.
- Siegel, J. (2005), Perspectives on the equity risk premium, Financial Analysts Journal 61, 61~73.
- Siegel, J. and R. Thaler (1997), The equity premium puzzle, Journal of Economic Perspectives 11, 191~200.
- Siegel, J. (2014), Stocks for the long run, McGraw Hill Education.
- Weil, P (1989), The equity premium and risk-free rate puzzle, Journal of Monetary Economics 24, 401~421.
- Welch, I. (2000), Views of financial economists on the equity premium and on professional controversies, Journal of Business 73, 501~538.

06 — 적립식 투자가 항상 좋을까?

적립식 투자
정해진 기간마다 정해진 금액의 뮤추얼 펀드를 매입하는 투자 방법

적립식 투자는 정해진 기간마다 정해진 금액의 뮤추얼 펀드를 매입하는 투자 행위이다.[1] 펀드의 가격이 높을 때는 상대적으로 적은 양을 가격이 낮을 때에는 상대적으로 많은 양을 매입하게 된다. 전설적인 투자자 그라함(1949)은 적립식 투자에 대해 다음과 같이 언급하였다: 월별 투자 금액은 적을 수 있지만, 20년 이상 투자한 결과는 상당한 금액이 되어 매우 중요한 자산이 될 것이다. 적립식으로 적은 금액을 정해진 기간마다 자동적으로 투자하면 보통 투자한다는 사실을 잊어버리게 되지만 20~30년 이후에는 상당히 큰 금액으로 성장할 수 있기 때문이다.

적립식 투자는 미국에서 이미 1940년대부터 유행하였고 많이 연구되었던 투자 방법이다.[2] 하지만 극히 실무적인 주제이기 때문에 주요 학술지보다는 실무적 학술지에 많이 소개되었다.

적립식 투자와 거치식 투자

비순차적 투자
투자 시점까지의 정보를 이용하지않는 투자 방법

콘스탄티나이즈(1979)는 처음으로 이론적 입장에서 적립식 투자는 투자 시점까지의 정보를 이용하지 않는 **비순차적 투자** 전략이므로 최적 투자 전략이 될 수 없다고 비판하였다. 그는 여러 가지 이론적 비교를 통하여 적립식 투자가 열등하다고 하였다. 주식시장이 정보에 의해 움직이고 중장기적으로 양(+)의 기대 수익률을 가진다는 관점에서 그의 이론적 결론은 너무나 분명하고 당연하다.

포뮬러 플랜
주가 예측의 한계를 인정하고 미리정해진 방법에 의해 투자하는 방법

1 적립식 투자(dollar-cost averaging)는 일반적인 유가증권에도 얼마든지 적용할 수 있지만, 가장 대표적인 금융 상품이 뮤추얼 펀드이다.

2 케춘(1947), 솔로몬(1948), 웨스톤(1949)은 **포뮬러 플랜**의 일종으로 적립식 투자에 관해 연구하였다. 포뮬러 플랜이란 주가 예측의 한계를 인정하고 미리 정해진 방법에 따라 투자하는 방법이다.

적립식 투자에 상대적인 투자 방법은 모든 금액을 한 번에 투자하고 정해진 기간을 기다리는 **거치식 투자** 전략이다. 적립식 투자와 거치식 투자의 결과를 실증적으로 비교하면 어떻게 될까? 로제프(1994)는 1926년부터 1990년까지의 S&P 500 지수와 소형 포트폴리오를 이용하여 두 투자 전략을 시뮬레이션으로 비교하였다. 동일한 금액을 가지고 1년 동안 A는 적립식 투자를 하고 B는 거치식 투자를 하는 방식이다. 쉽게 짐작할 수 있듯이 적립식보다 거치식 투자가 효율적이라는 (우수하다는) 결론을 얻었다. 그는 또 간단한 2 기간 문제를 만들어서 거치식 투자가 적립식 투자보다 수익성도 좋고 변동성도 작다는 것을 보여 주었다. 하지만 브렌난 등(2005)은 정보가 없는 개인 투자자로서는 적립식 투자가 거치식 투자보다 더 좋은 방법이라고 하였다.

거치식 투자
모든 금액을 한 번에 투자하고 정해진 기간을 기다리는 투자 방법

우리나라에서는 박영규, 이상엽(2010)이 21년간(1988~2008년)의 종합주가지수와 채권 수익률을 이용하여 적립식과 거치식 투자의 성과를 비교하였다. 그들의 결과는 그동안의 이론 및 실증적 결과와는 달랐다. 1년 이하의 단기간에서는 거치식이 우월하지만, 3년 이상의 장기간에서는 적립식 투자 전략이 우월하다는 것이다. 이 결과는 아마도 상대적으로 변동성이 지나치게 컸던 우리나라 주식시장의 특성 때문에 나타난 현상으로 추측된다.

1990년에 노벨 경제학상을 수상한 윌리엄 샤프(1978)는 그의 투자론 교재에서 적립식 투자에는 아무런 문제가 없지만, 마술과 같은 엄청난 비결이 있는 것도 아니라고 하였다. 또한 분명한 것은 적립식 투자가 수익률 변동성을 감소시키지도 못한다는 것이다. 샤프의 이런 중립적 입장보다 말키엘(2015)은 적립식 투자가 주식 투자의 위험을 제거하는 만병통치약은 아니지만, 주식 및 채권 투자의 위험을 줄일 수는 있다고 하면서 적립식 투자를 옹호하였다. 그가 언급한 위험이 무엇인지는 설명되지 않았지만, 아마도 투자 시점을 잘못 선택하여 지나치게 높은 가격에 펀드를 매입하게 되는 위험이라고 추측된다.

말키엘(2015, 356쪽)은 표 6-1을 제시하면서 적립식 투자의 장점을 강조하였다. 5년간 매년 말에 $1,000의 투자를 한다고 가정하자. 하나는 변동성이 있으면서 수익률이 0인 주식시장 A이고, 다른 하나는 매년 상당한 양(+)의 수익률이 있는 주식시장 B이다. 주식시장 A에서는 수익률이 0이지만 시장 변동성으로 인해 $1,048의 이익이 있고, 주식시장 B는 1차 연도 말보다 40% 성장하였지만, 이익은 $915에 불과하다. 물론 1차 연도 말에 $5,000을 거치식으로 투자했다면 주식시장 A에서는 아무런 수익이 없고 주식시장

B에서는 $2,000의 이익을 얻었을 것이다. 하지만 이 비교의 목적은 적립식과 거치식 투자를 비교하는 것이 아니라 변동성이 큰 시장과 작은 시장에서 적립식 투자의 유용성을 알아보는 것이다. 결국 이 사례는 변동성이 심한 주식시장에서 적립식 투자의 장점이 더욱 부각된다는 것을 시사한다.

표 6-1
적립식 투자의 장점

연도	변동성 있는 무수익 주식시장 (A)			성장 주식시장 (B)		
	투자금	펀드 가격	매입 수량	투자금	펀드 가격	매입 수량
1	$1,000	$100	10	$1,000	$100	10
2	1,000	60	16.67	1,000	$110	9.09
3	1,000	60	16.67	1,000	$120	8.33
4	1,000	$140	7.14	1,000	$130	7.69
5	1,000	$100	10	1,000	$140	7.14
총 투자금	$5,000			$5,000		
총 주수			60.48			
평균 비용	$82.67($5,000÷60.48)			$118.34($5,000÷42.25)		
최종 가치	$6,048(60.48×$100)			$5,915(42.25×$140)		

출처: 말키엘(2015)

적립식 투자에 대한 오해

적립식 펀드
정해진 기간마다 정해진 금액의 뮤추얼 펀드를 매입하는 투자 행위

적립식 투자에 대한 몇 가지 오해에 대해 살펴보자. 첫째, 우리나라에서 적립식 투자의 개념보다 먼저 유행되었던 것은 **적립식 펀드**이었다. 하지만 거치식 펀드란 것이 없듯이 적립식 펀드라는 개념도 없다. 거치식이나 적립식 투자는 펀드의 종류가 아니라 투자 방법이기 때문이다. 따라서 모든 개방형 펀드를 거치식이나 적립식으로 투자할 수 있다. 그런데도 적립식 펀드가 만기를 가지는 새로운 금융 상품인 것처럼 광고하여 판매하였던 적이 있었다.[3] 그런 광고를 하지 않더라도 개방형 펀드라면 얼마든지 적립식으로 투자할 수 있다.

둘째, 적립식 투자가 유가증권을 가장 저렴하게 매입하는 방법은 아니다. 등락을 거듭하면서 장기적으로 가격이 상승하는 주식시장에서 정해진 기간마다 정해진 수량을 매입하는 전략보다 비용이 적어질 수 있지만, 절대적 의미에서 유가증권의 매입 비용이 저렴한 것은 아니다. 다만 시장 상황과 관계없이 유가증권을 매입하기 때문에 지나친 고가 매입의 위험을 감소시킬 수 있을 뿐이다.

3 아주 개인적인 의견이지만 적립식 펀드라고 하면서 상당한 장점을 가진 신금융상품인 것처럼 광고하는 것은 금융소비자를 호도하는 불건전 마케팅 행위라고 생각한다.

셋째, 적립식 투자가 수익률이 가장 좋은 투자 수단은 아니다. 이미 이론 및 실증적 연구로 적립식 투자가 거치식 투자보다 수익률이 높지 않다는 결론이 난 바가 있다. 따라서 적립식 투자가 절대적 또는 상대적으로 수익률이 높다는 광고가 있다면 이는 허위 광고라고 보아도 무리가 없다.

넷째, 원금 손실의 가능성이 상대적으로 적다고 할 수 없다. 적립식 투자가 원금 보장을 해주는 방법도 아니고 수익률이 절대적으로 좋다는 증거도 없으므로 원금 손실의 가능성이 적다는 것도 옳지 않다. 원금 손실이나 이익의 여부는 확률적으로 움직이는 (평가 시점의) 펀드의 순자산가치에 따라 결정되기 때문이다. 다만 대부분의 국가에서 주식 프리미엄의 장기 평균이 상당히 높아서 20~30년 이상의 투자 기간을 고려한다면 원금 손실의 가능성은 매우 적다고 얘기할 수 있다.[4]

다섯째, 주식시장이 폭락할 때 적립식 투자에서 많은 환매가 발생할까? 이에 대한 실증적 증거는 그럴 수도 있고 아닐 수도 있다는 것을 보여 주었다. 2000년에 미국 주식시장이 폭락했을 때 미국의 적립식 투자가 크게 줄어드는 현상은 발생하지 않았다. 적립식 투자의 상당수가 퇴직연금과 개인연금에서 이루어진 것이어서 대규모 환매가 발생하기는 어려웠다. 이는 대부분의 연금 가입자들이 한 번 선택한 뮤추얼 펀드에 자동적으로 투자되는 퇴직연금과 개인연금에 무관심했기 때문이다. 또한 주식시장 폭락은 시장 요인이지 적립식 투자가 잘못된 것은 아니었기 때문이기도 하다. 주식시장 폭락 시기에도 정해진 투자가 계속되는 것은 적립식 투자의 원칙이다. 하지만, 적립식 투자가 투자자의 잘못된 환상을 이용해 이루어졌다면 시장 폭락은 신뢰도 상실로 이어져 많은 환매가 발생할 수도 있다. 2008년의 글로벌 금융 위기로 인해 해외 및 국내 주식시장이 폭락하자 그동안 우리나라에서 황금알을 낳는 거위로 인식되었던 적립식 펀드의 수익률이 급락하였다. 이에 많은 투자자는 환매로 대응하였다.[5] 이는 결국 잘못된 환상으로 매입하였던 적립식 펀드의 대규모 환매를 의미한다.

마지막으로, 적립식 투자를 거치식 투자와 비교하는 것도 학술적으로는 의

---

4 주식 프리미엄에 대해서는 제3부 〈주식 프리미엄은 왜 그렇게 클까?〉를 보시오.

5 개방형 펀드가 적립식으로 판매되는 경우 대부분 만기를 3년으로 하였다. 하지만 지속적으로 존재하는 개방형 펀드에 만기란 개념이 있을 수 없다. 따라서 이때의 만기는 환매에 불이익이 주어지지 않는 기간을 의미한다. 2008년의 주식시장 폭락 시기에 펀드 기준가격이 크게 하락하자 이에 실망한 투자자들은 만기가 돌아오면 미련 없이 환매하는 경우가 많았다.

미가 있지만, 실무적으로는 큰 의미가 없다. 즉, 거치식 투자가 이론 및 실증적 차원에서 우월한 투자 방법이라고 해도 적립식 투자가 대중화되는 것하고는 큰 관계가 없다는 것이다. 왜냐하면 적립식 투자를 하는 개인 투자자의 대부분은 거치식 투자를 할 정도로 큰 목돈을 가지고 있지 않기 때문이다. 매월 수입 중에서 일정 금액을 투자하여 20~30년 후에 자신의 인생에 큰 도움이 될 수 있는 목돈을 만드는 것이 그들의 목적이다. 따라서 의도하지도 않은 거치식 투자를 적립식 투자와 비교하는 것은 실질적으로 의미가 없다. 그보다는 말키엘(2015)이 설명한 것처럼 변동성이 큰 시장에서도 적립식 투자가 우월한 수익성을 보일 가능성이 크다는 것이 더 강조되어야 한다.

적립식 투자의 행동 과학적 해석

스태트만(1995)은 이론적 입장에서 적립식 투자가 거치식에 비해 열등하다는 것을 받아들였다. 하지만 표준 재무금융 이론의 입장에서 거치식에 비해 열등한 적립식 투자가 대중의 인기를 끌고 있다는 것은 무시하기 어려운 사실이다. 이에 그는 다음과 같은 행동과학적 요인에 의해 적립식 투자의 타당성을 설명하였다: 프로스펙트 이론과 프레이밍, 후회의 회피, 인지적 오류와 자기 통제.

프로스펙트 이론과 프레이밍

먼저 프로스펙트 이론에 의해 적립식 투자를 표 6–1과 같이 프레이밍 해보자. $2,000을 보유한 사람이 두 기간 동안 적립식으로 투자한다고 가정하자. 1기에 $50으로 20주를 매입하고, 2기에 $12.50으로 80주를 매입하였다. 총 100주를 매입하였으므로 2기의 자산 합계는 $1,250으로 손실을 본 것이다. 두 기간에 걸쳐 주당 평균 가격은 $31.25이지만, 적립식 투자를 옹호하도록 프레이밍 하면 이 주식의 평균 비용은 $20이 된다. $2,000을 투자하여 100주를 매입하였기 때문이다. 주당 $20으로 평균 가격 $31.25인 유가증권을 매입하였기 때문에 이 투자자는 이익을 얻은 것으로 생각할 수 있다. 이렇게 프레이밍 하면 주식 가격이 불변인 경우를 제외하고는 어떤 경우에도 이익이 발생한다. 이런 행동적 프레이밍은 분명히 잘못된 것이지만, 이런 현상

이 지속적으로 존재하는 것도 사실이다.[6]

표 6-2
적립식 투자의 결과

기간	투자 금액	주당 가격	매입 수량
1	$1,000	$50.00	20
2	$1,000	$12.50	80
합계	$2,000		100

평균 매입 비용: $2,000/100=$20
두 기간의 주당 평균 가격: (50+12.5)/2=$31.25

출처: 스태트만(1995)

후회의 회피

적립식 투자의 선호는 후회의 회피 현상과 관계가 있다. 주식의 매입은 이익을 얻었을 때 자부심의 기쁨을, 손실을 보았을 때 후회의 고통을 준다. 이런 기쁨과 고통은 매우 중요한데, 투자의 결과가 좋지 않을 때 사후적으로 발생하는 좌절감을 후회라고 할 수 있다. 주식을 $1,000에 매입하여 $1,300이 되면 $300의 이익을 얻는데, 이는 $1,300의 주식을 $1,000에 매입했다고 프레이밍 되어 자부심으로 남는다. 반대로 $860이 되면 $140의 손실을 보게 되는데, 이는 $860의 주식을 $1,000에 매입한 것으로 프레이밍 되어 후회로 남게 된다.

금전적으로 측정된 손익과 자부심이나 후회로 표현된 손익 간에는 분명한 차이가 존재하는데 이 차이를 탈러(1985)의 취득 효용과 거래 효용에 의해 설명할 수 있다.[7] 취득 효용은 제품의 가치와 구매 비용과의 차이로, 표준 경제학에서는 이를 **소비자 잉여**라고 한다. 이에 비해, 거래 효용은 구매의 **협상**에 따라 달라지는 것으로 소비자의 비경제적 만족을 결정한다. 여기서는 협상의 가치가 자부심과 후회라고 할 수 있다. 주가가 오르면 자부심이 생기고, 하락하면 후회가 생긴다.

소비자 잉여
소비자가 지불할 수 있는 최대 금액(구입으로부터 얻게 되는 효용)에서 시장에서 실제로 지불하는 가격을 차감한 금액

협상
둘 이상의 주체가 어떤 목적을 위해 의논하여 뜻을 모으는 것

표준 재무금융 이론에 따르는 투자자는 자부심이나 후회의 영향을 받지 않지만, 행동적 투자자는 이것들이 매우 중요하다. 자부심의 기쁨이 후회의 고통과 같으면 현금으로 주식을 매입한 행동적 투자자는 자신의 선택을 바꿀 필

6 콘스탄티나이즈(1979)는 적립식 투자를 일시적으로 가격이 변화하는 하나의 큰 갬블을 여러 개의 작은 갬블들로 대체하여 위험을 분산하는 것이라고 하였다.
7 제1부 〈멘탈 어카운팅〉을 보시오.

요가 없다. 효용의 차이가 없기 때문이다. 하지만 후회의 고통이 자부심의 기쁨보다 훨씬 크다면 행동적 투자자는 주식 가격 하락으로 발생할 후회의 고통을 겪기보다는 주식을 매입하지 않고 현금 상태를 계속 유지할 것이다.

카너먼과 트버스키(1981)는 후회와 선택에 대한 책임의 수준 간에는 밀접한 관계가 있다고 하였다. 하지만 어떤 압력에 의해서 취해진 행동은 책임감을 거의 수반하지 않기 때문에 후회도 없다. 즉, 규칙을 지키는 것이 책임감을 줄이는 한 방법으로 엄격한 규칙을 지키는 선택은 압력이 있는 선택이다. 적립식 투자는 정해진 시점에 정해진 금액이 투자되는 엄격한 규칙이다. 따라서 주식 투자의 책임감을 줄이는 적립식 투자는 후회에 노출되는 것을 두려워하는 투자자에게 특별히 도움이 되는 방법이다.

인지적 오류와 자기 통제

비순차적 투자(또는 비우발적 투자)
투자 시점까지의 정보를 이용하지않는 투자 방법

순차적 투자
어떤 사건이나 정보가 발생하면 이를 반영하여 투자하는 방법

적립식 투자는 **비순차적** 또는 **비우발적 투자** 방법이다. **순차적 투자**란 어떤 사건이나 정보가 발생하면 이를 반영하여 투자하는 것이다. 적립식 투자는 투자 계획을 세운 이후에 이용 가능한 어떤 정보와도 상관없이 정해진 시점에 정해진 금액을 투자하기 때문에 비순차적 특성을 가진다. 적립식 투자의 옹호자들은 이러한 비순차적 성질이 성공적 투자의 열쇠라고 한다. 하지만 투자 계획의 시작 이후에 발생하는 정보를 반영하는 순차적 투자 전략이 적립식 투자보다 우수한 것은 당연하다. 이런 관점에서 적립식 투자의 옹호자들이 열등한 비순차적 투자 전략을 사용하면서 새로운 정보를 무시해야 한다고 강조하는 것은 모순이다.

인지적 오류
현실을 제대로 지각하지 못하거나 사실 또는 그 의미를 왜곡하여 받아 들이는 것

자기 통제
계획 자아와 행동 자아에 의해 자신을 통제하는 것

그런데도 표준 재무금융 이론에서 최적이 아닌 투자 전략이 행동 투자자에게는 매력적일 수도 있다. 행동 투자자에게 적립식 투자의 비순차적 성질의 장점은 책임과 후회의 감소이지만, 규칙을 따른다는 것은 책임의 감소를 넘어서는 무언가가 있다. 강제적인 적립식 투자 규칙은 **인지적 오류**가 투자자에게 영향을 주어 투자 계획을 종료하도록 할 때, **자기 통제**의 약화를 방지해준다.

대표성 바이어스
어떤 확률이 높다고 생각하면 그런 사물 또는 현상이 당해 집단을 대표한다고 생각하는 바이어스

예를 들어, 주식의 가격이 하락하면 당해 주식을 계속해서 매입하기 어렵다. 왜 그럴까? 투자자들은 최근의 주가 추세가 계속 이어질 것이라고 믿기 때문이다. 최근의 주가 추세로 미래를 예측하는 성향은 잘 알려진 인지적 오류 중의 하나인 **대표성 바이어스**이다. 적립식 투자자가 동일한 확률로 주가 상승

과 하락이 있을 것으로 굳게 믿고 투자 계획을 세웠다고 하자. 하지만 하락이 여러 번 발생하면, 그는 하락 확률을 더 높게 평가할 것이다. 상승과 하락의 확률을 동일하게 생각했던 투자 계획은 더 이상 매력이 없어질 것이고, 그는 이 계획을 포기하고 주식 매입을 중단하려고 할 것이다. 이때 적립식 투자의 자기 통제가 매우 중요한 역할을 하게 된다. 강제 저축의 원칙을 지속하는 것은 손실 기간이 누적되면 특히 어려워지는데, 이때 적립식 투자의 엄격한 규칙이 가장 강력한 효과를 발휘한다. 즉, 적립식 투자의 규칙은 주식시장에 대한 예측이 암울한 하락기에도 주식 매입을 이어가도록 도와준다.

적립식 투자의 올바른 이해

앞에서 살펴본 바와 같이 적립식 투자는 특별한 마술이 아니지만, 일반인들이 주기적으로 얻게 되는 적은 돈으로 미래의 목돈을 만드는 유용한 수단이다. 또한 제때 정확한 정보를 가지고 민첩하게 투자하는 것보다 열등할 수도 있지만, 주식의 매입 시점을 정확히 알기 어려운 개인 투자자에게 적립식 투자는 적절한 방법이라고 할 수 있다. 지난 200년 이상 존재하였던 높은 주식 프리미엄이 앞으로도 계속 이어진다면 장기 투자에 해당하는 적립식 투자도 훌륭한 성과를 기록할 것으로 기대한다.[8]

주요 용어

거치식 투자	소비자 잉여	적립식 투자
대표성 바이어스	순차적 투자	적립식 펀드
비순차적 투자	인지적 오류	포뮬러 플랜
비순차적(비우발적 투자)	자기 통제	협상

핵심 정리

- 적립식 투자는 정해진 기간마다 정해진 금액의 뮤추얼 펀드를 매입하는 투자 행위이다.
- 펀드의 가격이 높을 때는 상대적으로 적은 양을, 가격이 낮을 때에는 상대적으로 많은 양을 매입하게 된다.

8 제3부 〈주식 프리미엄은 왜 그렇게 클까?〉에서 언급한 바와 같이 미국 주식시장에서 주식 프리미엄은 1802~2004년의 203년 동안 5.36%이었고, 1871~2004년의 134년 동안은 6.64%이었다.

적립식 투자와 거치식 투자

- 콘스탄티나이즈(1979)는 처음으로 이론적 입장에서 적립식 투자는 투자 시점까지의 정보를 이용하지 않는 비순차적 투자 전략이므로 최적 투자 전략이 될 수 없다고 비판하였다.
- 적립식 투자에 상대적인 투자 방법은 모든 금액을 한 번에 투자하고 정해진 기간을 기다리는 거치식 투자 전략이다.
- 로제프(1994)는 적립식에 비해 거치식 투자가 효율적이라는 (우수하다는) 결론을 얻었다.
- 브렌난 등(2005)은 정보가 없는 개인 투자자로서는 적립식 투자가 거치식 투자보다 더 좋은 방법이라고 하였다.
- 우리나라에서는 박영규, 이상엽(2010)이 21년간(1988~2008년)의 종합주가지수와 채권 수익률을 이용하여 적립식과 거치식 투자의 성과를 비교하였다. 1년 이하의 단기간에서는 거치식이 우월하지만, 3년 이상의 장기간에서는 적립식 투자 전략이 우월하였다.

적립식 투자에 대한 오해

- 첫째, 우리나라에서 적립식 투자의 개념보다 먼저 유행되었던 것은 적립식 펀드이었다.
- 둘째, 적립식 투자가 유가증권을 가장 저렴하게 매입하는 방법은 아니다.
- 셋째, 적립식 투자가 수익률이 가장 좋은 투자 수단은 아니다.
- 넷째, 원금 손실의 가능성이 상대적으로 적다고 할 수 없다.
- 다섯째, 주식시장이 폭락할 때 적립식 투자에서 많은 환매가 발생할 수도 있고, 아닐 수도 있다.
- 마지막으로, 적립식 투자를 거치식 투자와 비교하는 것은 학술적으로는 의미가 있지만, 실무적으로는 큰 의미가 없다.

적립식 투자의 행동 과학적 해석

- 스태트만(1995)은 이론적 입장에서 적립식 투자가 거치식에 비해 열등하다는 것을 받아들였다.
- 하지만 그는 다음과 같은 행동과학적 요인에 의해 적립식 투자의 타당성을 설명하였다: 프로스펙트 이론과 프레이밍, 후회의 회피, 인지적 오류와 자기 통제.

적립식 투자의 올바른 이해

- 지난 200년 이상 존재하였던 높은 주식 프리미엄이 앞으로도 계속 이어진다면 장기 투자에 해당하는 적립식 투자도 훌륭한 성과를 기록할 것으로 기대한다.

참고 문헌

- 박영규, 이상엽 (2010), 적립식 투자 전략과 거치식 투자 전략의 펀드 투자 성과 비교, 재무연구 23, 55~88.
- Brennan, M., F. Li, and W. Torous (2005), Dollar cost averaging, Review of Finance 9, 509~535.
- Constantinides, G. (1979), A note on the suboptimality of dollar-cost averaging as an investment policy, Journal of Financial and Quantitative Analysis 14, 443~450.
- Graham, B. (1949), The intelligent investor, Harper.
- Kahneman, D. and A. Tversky (1981), The psychology of preferences, Scientific American 246, 167~173.
- Ketchun, M. (1982), Investment management through formula timing plans, Journal of Business 20, 156~169.
- Malkiel, B. (2015), A random walk down Wall Street, Norton.
- Rozeff, M. (1994), Lump-sum investing versus dolar-averaging, Journal of Portfolio Management 20, 45~50.
- Sharpe, W. (1978), Investments, Prentice-Hall, Englewood Cliffs.
- Solomon, E. (1948), Are formula plans what they seem to be? Journal of Business 21, 93~97.
- Statman, M. (1995), A behavioral framework for dollar-cost averaging, Journal of Portfolio Management 21, Fall, 70~78.
- Thaler, R. (1985), Mental accounting and consumer choice, Marketing Science 4, 199~214.
- Weston, J. (1949), Some theoretical aspects of formula timing plans, Journal of Business 22, 249~270.

07 주가지수는 현금 배당을 기억할까?

우리는 흔히 큰 노력 없이 매스컴 등을 통해서 주식시장의 상황을 파악한다. 이때 가장 중요한 정보 중의 하나가 주가지수이다. 세계 여러 국가의 주식시장 현황도 그 나라의 대표적인 주가지수를 보고 판단한다. 이토록 중요한 주가지수가 현금 배당에 대한 정보를 가지고 있을까? 현금 배당을 기억할까? 안타깝게도 우리가 쉽게 접하는 대부분의 주가지수는 현금 배당에 대한 정보를 전혀 기억하지 못한다. 주가지수가 현금 배당 정보를 기억하지 못한다는 의미는 무엇일까? 현금 배당이 발생하면 그 금액에 해당하는 만큼 **주가지수의 하락 단절**이 발생한다. 주가지수에 의해 계산된 수익률은 배당 수익률을 포함하지 않기 때문에 투자 수익률을 대변할 수 없다. 이는 주가지수가 현금 배당을 기억하지 못하기 때문이다. 하츠마르크와 솔로몬(2022)은 이에 대한 문제점을 제시하였다. 이제 그들의 주장을 중심으로 주가지수와 현금 배당의 관계를 알아보고자 한다.[1]

주가지수의 하락 단절
현금 배당이 발생하면 그 금액에 해당하는 만큼 주가지수가 하락하여 연속성이 깨지는 현상

시가총액식 주가지수인 코스피를 생각해 보자. 주가지수는 주식시장의 상황을 파악하기 위한 지표이므로 개별 주가를 움직이는 새로운 정보가 아닌 인위적인 요인들이 연속성을 해치면 시황 파악에 왜곡이 발생한다. 여기서 인위적인 요인들은 다음과 같은 자기자본에 대한 기업의 의사결정이다: 신규상장, 유무상 증자, 주식 배당, 현금 배당, 주식 병합, 주식 분할, 보통주 전환, 합병, 감자, 상장 폐지 등.[2] 시가총액에 영향을 줄 수 있는 이런 사건들을 반영하면서 주가지수가 연속성을 유지하도록 수정이 이루어져야 한다. 실제로 각국의 증권거래소와 주가지수 계산 주체들은 연속성이 유지되도록 주가지수를 계산한다. 하지만 현금 배당에 대해서는 수정이 이루어지지 않기 때

1 이 장은 고광수(2022)의 많은 부분을 인용하여 기술하였다.

2 이런 사건들이 발생하면 개별 주식의 경우에는 주가의 연속성이 유지될 수 없지만, 수정 주가를 이용하여 가격 제한폭에 관련된 당일 상 · 하한가 기준과 당일 수익률을 계산하기 때문에 큰 문제가 되지 않는다. 수정 주가는 자기자본에 대한 의사결정을 반영하여 계산되므로 주주의 부에는 아무런 (또는 거의) 영향이 없다.

문에, 이 경우에만 **주가지수 단절**이 발생한다.

예를 들어, 어제 주가지수의 종가가 1,200인데 지급이 결정된 배당 금액이 주가지수 단위로 100이라면, 오늘의 주가지수 시(초)가는 1,200이 아닌 1,100을 기준으로 결정된다. 즉, 100만큼의 주가지수 단절이 생긴 것이다. 이렇게 큰 주가지수 단절이 발생하면 투자자들이 주가지수에 대한 배당의 효과를 쉽게 알겠지만, 그런 하락 단절은 매일 조금씩 발생하기 때문에 거의 인지하기 어렵다.[3] 새로운 정보에 의한 주가지수 변화보다 주가지수 단절 폭이 상대적으로 너무 작다는 것이다.

주가지수 단절
현금 배당이 발생하면 그 금액에 해당하는 만큼 주가지수의 연속성이 깨지는 현상

그렇다면 일반 대중과 투자자들이 주가지수에 속고 있다는 것인가? 그렇게 얘기할 수는 없지만, 현금 배당에 대한 정보가 주가지수의 기억 속에 전혀 남아있지 않다는 것도 사실이다. 주가지수는 왜 이렇게 계산될까? 여기에는 역사적인 이유가 있고, 지금은 이를 보완하는 방법들이 있다. 이제부터 배당의 개념 및 주가지수와 현금 배당의 관계에 대해 살펴보고, 현금 배당을 기억하지 못하는 주가지수가 투자자 행동에 어떤 영향을 미치는지 알아보자.

배당이란?

배당이란 기업이 얻은 이익을 보유 지분에 따라 분배하는 행위 또는 금액을 의미한다. 배당에는 **현금 배당**, **주식 배당**, **특별 배당**이 있다. 배당은 기업이 얻은 이익을 바탕으로 하여 주기적으로 지급되는데, 현금으로 지급하면 현금 배당이고 주식으로 지급하면 주식 배당이다.[4] 주식회사의 수익에 비해 주기적인 배당은 크게 변하지 않고 일정한 수준으로 유지되는 경향이 있는데, 이를 **배당 평활화**라고 한다. 이에 비해, 대개 주기적 배당보다 금액이 많으면서

현금 배당
현금으로 지급되는 배당

주식 배당
주식으로 지급되는 배당

특별 배당
주식회사에 특별한 이익이 발생했을 때 지급하는 배당

배당 평활화
주식회사의 수익에 비해 주기적인 배당은 크게 변하지 않고 일정한 수준으로 유지되는 경향

3 배당락일이 연중 골고루 분포하는 미국과 달리, 12월 31일에 결산일이 집중되는 우리나라에서는 배당락일에 주가지수 단절을 어렵지 않게 인지할 수도 있다.

4 주식 배당과 매우 비슷한 것으로 주식 분할이 있다. 주식회사가 한 주당 10%의 주식 배당을 선언하면, 주주는 이미 보유하고 있는 주식 10주당 한 개의 주식을 받게 된다. 하지만 100%의 주식 배당은 2:1 주식 분할과 동일하다. 현금 배당과 달리 주식 배당이나 주식 분할은 과세 대상이 아니다. 주식 분할은 소액 투자자의 매매를 유발하게 하는 가격 수준으로 주가를 유도하는 것이 목적이다. 주식 분할에 의해 소액 투자자의 수요가 증가하면 당해 주식의 유동성이 증가하여 주가가 상승할 가능성이 크다. 표준 경제학 이론에 따라 주식 가격이 수요와 공급과 관계없이 기본적인 가치에 의해 결정된다면, 유동성 증가로 인해 주가가 상승할 이유는 전혀 없다. 하지만 실제 주식시장에서는 주식 분할로 인하여 유동성이 증가하면서 주가가 상승하는 경우가 많다. 나약과 프라빌라(2001)는 주식 분할이 평균적으로 2%의 주가 상승을 유발한다고 주장하였다. 이에 비해 스핀오프(spin-off)는 현금 또는 주식 배당과 달리, 기업의 분사를 목적으로 하여 비현금 특별 배당으로 지급하는 것으로, 인적분할이라고도 한다. 스핀오프는 주식회사 스스로가 모든 주식을 소유하면서 어떤 기업 부문을 분사하여 자회사를 만드는 물적분할과는 다르다. 스핀오프의 경우에는 시간이 흐르면서 주주의 구성이 모회사와 달라지기 때문이다.

가끔 한 번 지급하는 것을 특별 배당이라고 한다. 특별 배당도 현금이나 주식으로 지급될 수 있다. 주기적 배당은 주식회사의 미래 수익성과 유동성에 관계가 있으므로 경영자와 투자자는 특별 배당보다는 주기적 배당에 관심이 있다. 특히, 현금 배당은 주식회사의 수익성과 성장성에 신호 효과를 주기 때문에 매우 중요하다. **현금 배당의 신호 효과**란 기업의 배당 선택이 미래 수익성에 대한 경영진의 기대를 반영한다는 것이다.[5]

현금 배당의 신호 효과
기업의 배당 선택이 미래 수익성에 대한 경영진의 기대를 반영한다는 가설

배당에 관련된 수익률에는 배당률과 배당 수익률이 있다. **배당률**이란 주식의 액면가가 있는 경우에 액면가에 대한 배당 금액의 비율이다. 이에 비해 **배당 수익률**이란 주가에 대한 배당 금액의 비율이다.[6] 주식에 액면가가 없는 경우에는 배당률이란 개념은 아무런 의미가 없다. 한편, **배당 성향**이란 기업의 당기순이익 중에서 현금 배당에 사용하는 비중을 의미한다. 기업에 유보하는 당기순이익의 비율을 **유보율**이라고 하는데, 이는 (1−배당 성향)과 같다.

배당률
주식의 액면가에 대한 배당 금액의 비율

배당 수익률
주가에 대한 배당 금액의 비율

배당 성향
기업의 당기순이익 중에서 현금 배당에 사용하는 비중

유보율
기업에 유보하는 당기순이익의 비율

주가지수

흔히 사용하는 주가지수 계산 방법으로는 주가 평균식과 시가총액식이 있다. 주가 평균식은 높은 주가를 가진 종목의 비중이 상대적으로 큰 영향을 미치는 주가지수로 다음과 같이 계산되는데, 미국의 다우존스 산업 평균(다우 지수)과 일본의 니케이 225가 대표적이다.[7]

$$\text{주가 평균식 주가지수} = \frac{\text{대상 종목의 가격 합계}}{\text{종목 수}}$$

이런 주가 평균식 주가지수는 가격에 의한 가중이라는 태생적인 오류를 가지고 있어서 주식시장의 전반적인 상황을 묘사하는 데 한계를 가진다. 하지만 미국의 다우 지수와 일본의 니케이 225는 역사적으로 가장 오래된 유명한 주가지수이기 때문에 아직도 널리 사용되고 있다.[8]

5 현금 배당의 신호 가설에 의하면, 기업의 배당 증가는 가까운 미래에 더 높은 배당금을 지급할 수 있다는 경영진의 예상을 반영하는 긍정적인 신호이다. 반대로 배당 감소는 가까운 미래에 기업 이익의 반등을 포기한 것으로 부정적인 신호이다.

6 엄밀한 의미에서 배당 수익률이란 기초의 주가에 대한 기말의 배당 금액 비율이어야 하지만, 실무적으로 현재 주가에 대한 배당 금액의 비율로 사용하는 경우도 많다.

7 주가 평균식 주가지수는 종목 변경 등의 사건이 발생할 경우 주가지수의 단절을 방지하기 위하여 종목 수 대신에 제수(divisor)로 나누어주는 방법을 사용한다. 제수는 여러 가지 주가 단절 요인을 감안하여 계산된다.

8 쇼벤과 사이알름(2000)은 다우 지수의 한계를 체계적으로 설명하였다. 다우 지수는 1885년 2월 16일에 처음 만들어졌는데, 처음에는 뉴욕증권거래소에 상장된 12개의 제조업 종목들을 포함하였다. 그 중 오늘날까지 다우 지수에 남아있는 종목은 제너럴 일렉트릭뿐이다. 1916년에 대상 종목이 20개로 증가하였고 1928년 10월에

이에 비해, 시가총액식 주가지수는 기준 시점과 비교 시점(현재)의 시가총액에 의해 다음과 같이 계산된다.

$$\text{시가총액식 주가지수} = \frac{\text{비교시점의 전체 시가총액}}{\text{기준시점의 전체 시가총액}} \times 100$$

여기서 100을 곱하는 이유는 기준 시점의 주가지수를 100으로 정하기 위해서이다. 시가총액식은 가장 많이 사용하는 방법으로 S&P 500, NYSE 종합주가지수, 일본의 토픽스, 우리나라의 코스피와 코스피 200이 여기에 해당한다. 시가총액식은 일반적인 물가지수의 계산 방법과 동일한데, 이 방법에 따르면 시가총액이 높은 종목이 주가지수에 더 큰 영향을 미치게 된다. 코스피에서 삼성전자의 영향이 큰 이유는 삼성전자의 시가총액이 전체 주식시장에서 가장 크기 때문이다. 주식시장의 전체적인 상황을 파악하기 위해서는 시가총액식 주가지수가 가장 적절하다.

현금 배당 제도와 배당락

미국에서는 주식회사의 **이사회**가 주당 **배당 금액**과 지급일을 배당 기준일 이전에 미리 결정한다. 배당 금액은 평활화 정책에 따라 큰 변동성 없이 적절하게 결정되고 **배당 지급일**은 연중 골고루 분포한다. 배당 평활화 정책이란 배당 금액의 연속성을 추구하기 위하여 배당 금액이 크게 변하지 않게 하는 정책이다. 따라서 예기치 않게 기업의 이익이 크게 발생하면 이를 특별 배당으로 지급하는 경우가 많고, 주기적인 배당은 전년도와 비슷하게 유지하는 경향이 있다. 배당 지급일이 연중 골고루 분포하는 이유는 기업마다 결산기가 다르고 1년에 네 번까지 배당을 지급하는 관행이 있기 때문이다.

이사회에서 배당 지급이 결정되는 날을 **배당 선언일**이라고 하는데, 배당이 선언되면 이사회는 배당 지급일에 배당 금액을 지급할 법적 의무가 발생한다. 기업은 **배당 기준일**에 **주주명부**에 기록된 주주에게 배당을 지급한다. 미국에서는 주식을 매입하면 **4일 결제**가 적용되므로, 오늘 주식을 매입하면 오늘을 포함하여 4영업일(또는 3영업일 후)에 주주명부에 기재된다. 따라서 배당 기준일로부터 기산하여 2영업일 전에 **배당락**이 발생하는데, 이를 **배당락**

오늘날과 같은 30개로 증가하였는데, 이때부터 제조업 이외의 (운송과 공익사업을 제외한) 종목도 포함하였고 제수를 이용하여 주가지수의 왜곡과 단절을 방지하였다.

이사회
이사로 구성되어 회사의 업무 집행에 관한 사항을 결정하는 기관

배당 금액
현금 배당의 금액

배당 지급일
배당이 지급되는 날

배당 선언일
이사회에서 배당 지급이 결정되는 날

배당 기준일
배당 지급의 기준이 되는 날로, 이날 주주명부에 기록된 주주에게 배당이 지급된다.

주주명부
주주의 이름 등이 기록되어 있는 명부

4일 결제
거래 당일을 포함하여 4일째에 결제가 이루어지는 주식 거래 체계

배당락
배당 금액만큼 주식의 가격이 하락하는 현상

배당락일
배당락이 발생하는 날

배당부
배당을 받을 권리가 있는 상태

일이라고 한다. 3영업일 전에 매입하면 **배당부** 상태이므로 배당을 받을 수 있다. 버크 등(2021)은 이 과정을 다음과 같은 그림으로 보여주었다. 아래의 사례에서 2004년 7월 20일, 11월 15일, 16일, 17일, 12월 2일은 모두 영업일이다.

여기서 중요한 것은 배당 금액을 사전적으로 정확히 알 수 있다는 것이다. 따라서 배당락일에 주가지수를 적절히 수정하여 주가지수의 단절을 방지할 수 있다. 하지만 실무적으로는 그렇지 않았다. 배당을 고려하여 단절이 없는 주가지수를 계산하여 발표하지만, 매스컴에 발표되는 주가지수는 배당을 고려하지 않은 주가지수이다. 따라서 우리가 매일 매일 흔히 접할 수 있는 다우지수, S&P 500, NYSE 종합주가지수는 배당락에 의한 단절이 발생하고 있는데, 그 규모가 상대적으로 매우 작아서 우리는 이를 쉽게 인지하기 어렵다. 재미있는 것은 주가지수 선물 및 옵션의 기초자산도 배당을 고려하지 않은 주가지수이므로, 파생상품 투자자들은 항상 배당락의 하락 단절 효과를 염두에 두어야 한다.

가격 지수
현금 배당 이외의 자기자본에 대한 인위적인 요인들을 반영하여 계산되는 주가지수

수익 지수
현금 배당을 포함하여 모든 인위적인 요인들을 반영하여 계산되는 주가지수

현금 배당 이외의 자기자본에 대한 인위적인 요인들을 반영하여 계산되는 주가지수를 **가격 지수**라고 하고, 여기에 현금 배당까지 반영하여 계산되는 주가지수를 **수익 지수**라고 한다.[9] 정해진 기간에 수익 지수에 의한 수익률에서 가격 지수에 의한 수익률을 차감하면 당해 기간에 대한 개략적인 배당 수익률을 얻을 수 있다. 투자 손익에 대한 벤치마크로는 수익 지수를 사용하는 것이 마땅하다. 하지만 우리가 매스컴 등을 통해서 쉽게 접하는 대부분의 주가지수가 가격 지수이기 때문에 투자에 대한 벤치마크의 왜곡이 발생할 수 있다.

9 배당에 의한 주가지수 단절 효과에 따른 주식시장 인식의 왜곡이 점점 알려지자, 배당을 포함하는 주가지수가 공식적으로 발표되기 시작하였다. S&P 500 수익 지수(SP500TR)는 1988년부터, 다우 수익 지수는 2012년부터 발표되고 있다. 한편, 학술 데이터베이스인 시카고 대학의 CRSP(Center for Research in Security Prices)는 배당을 포함하는 시가총액식 주가지수의 수익률을, 1926년부터의 기간에 대해서, 발표하고 있다. 데이터스트림은 자체적으로 계산한 각국의 수익 지수(return index: RI)와 가격 지수(price index: PI)를 이미 오래 전부터 구독자들에게 제공하고 있다.

한편, 우리나라의 배당 결정 과정은 미국과는 크게 다르다. 배당이 이사회가 아닌 주주총회의 결정 사항이다. 하지만 이사회에서 사전적으로 결정한 배당 금액을 주주총회가 사후적으로 승인하는 것이므로 실질적으로는 이사회 결정과 크게 다를 바가 없다. 배당 기준일은 법으로서 결산 월 마지막 날로 정해져 있으므로 12월이 결산인 대부분의 제조업 기업들은 12월 31일이 배당 기준일이 된다.[10] (결산 월이 12월이 아니어도 결산 월 마지막 날이 배당 기준일이다.) 하지만 12월 결산 기업들의 정확한 배당 금액은 2월 말이나 3월 초쯤에 열리는 주주총회에서 결정된다. 따라서 12월의 배당락일은 정해져 있지만 배당 금액은 사전적으로 알 수 없다.

우리나라에서는 주식을 매입하면 **3일 결제**가 적용되므로, 오늘 주식을 매입하면 오늘을 포함하여 3영업일(또는 2영업일 후)에 주주명부에 기재된다. 즉, 배당 기준일로부터 기산하여 1영업일 전에 배당락이 발생하므로 12월 마지막 영업일 전 영업일이 배당락일이 된다.[11] [12] 여기서 중요한 것은 배당 금액을 사전에 알 수 없으므로 배당락일에 개별 주가의 정확한 **상 · 하한가**를 정할 수도 없고, 주가지수의 정확한 하락 단절 폭도 결정할 수 없다는 것이다.[13]

3일 결제
거래 당일을 포함하여 3일째에 결제가 이루어지는 주식 거래 체계

상 · 하한가
당일에 주가가 상승하거나 하락할 수 있는 가격의 한계

한국거래소는 이런 어려움을 해소하기 위해서, 직전 연도의 현금 배당을 기준으로 개별 주식의 상 · 하한가와 주가지수의 하락 단절 폭도 결정한다. 사후에 결정되는 배당 금액들이 이와 다르다면 많은 혼란이 발생할 수 있지만, 이미 두 달 이상의 시간이 흘렀고 투자자들의 관심이 배당에서 떠났기 때문

10 주주명부 기재는 주식시장의 개장 여부와는 관계없이 영업일에만 가능하다. 주주명부 기재는 결제 기관의 업무이기 때문이다. 하지만 12월 31일은 영업일이 아니기 때문에 주주명부에 기재될 수 없다. 따라서 실질적인 배당 기준일은 바로 직전 영업일이라고 할 수 있다.

11 예전에는 12월의 모든 영업일에 주식시장이 열리는 것은 아니었다. 공휴일이 아니라면 12월 30일까지 영업일일 수 있었지만, 주식시장은 대개 12월 26일 또는 27일쯤에 폐장하였다. 따라서 당해 연도의 주식시장 마지막 개장일이 마지막 영업일보다 적어도 2일 이상 앞섰다. 마지막 개장일에 주식을 매입해도 12월 31일 이전에 주식 보유자로 주주명부에 기재될 수 있었다. 즉, 12월에는 배당락이 되는 날이 없었다. 결과적으로 주식을 매입해도 배당을 받을 권리가 없게 되는 배당락일은 1월 첫 개장일이었다. 설날을 양력 1월 1일로 정했던 때에는 1월 3일까지 휴일이었기 때문에, 1월 4일이 공휴일이 아닌 경우에는, 1월 4일이 배당락일이었다. 설날이 음력 1월 1일로 바뀐 이후부터는 1월 2일이 배당락일이었다. 그러다가 주식시장 개장일과 영업일을 일치시키면서부터는 12월 마지막 영업일 직전 영업일이 배당락일이 되었다.

12 대부분의 제조업 기업들이 12월 결산이어서 배당락일이 12월에 몰려 있었지만, 1997년 12월에 개정된 증권거래법에 따라 상장법인이나 협회등록법인은 정관에 따라 사업연도 중 1회에 한하여 이익 배당을 할 수 있게 되었다. 결산 배당은 주주총회 결의 사항이지만 중간 배당은 이사회의 결의로 가능하다. 12월 결산 기업의 중간 배당 기준일은 6월 30일이고, 중간 배당은 반드시 현금으로 지급해야 한다. 분기마다 작성된 사업보고서의 실적에 따라 중간 배당이 가능한 미국과 달리 우리나라에서는 직전 결산기의 미처분 이익을 바탕으로 중간 배당이 이루어진다는 차이점이 있다. 또한 미국은 1년에 총 4회의 배당이 가능하지만, 우리나라에서는 총 2회의 배당만이 가능하다.

13 주주총회에서 배당 금액이 결정된 이후에 사후적으로 개별 주식의 수익률과 함께 배당이 포함된 주가지수도 계산할 수 있다. 이런 사후적 계산은 학술적 연구에는 도움이 되지만, 실무적 처리와는 아무런 관계가 없다.

에 큰 문제가 된 적은 지금까지 한 번도 없었다. 하지만 지금까지 문제가 없었다고 앞으로도 아무런 문제가 없을 것이라고 단언하기는 어렵다. 잘 인지하지는 못했지만, 그동안의 시황 평가가 배당이 제외된 주가지수를 근거로 하였기 때문에 올바르게 이루어졌다고 주장하기도 어렵다. 또한 개인 투자자들이 (심지어는 기관 투자자까지도) 주가지수 파생상품의 가격결정에 현금 배당의 효과를 정확히 고려한 적은 거의 없었기 때문에 파생상품 투자 전략에서도 오류의 가능성은 매우 크다.

주식 수익률과 주가지수의 역사

보유 기간 수익률
투자에 대해 상응하는 모든 원천으로부터 발생하는 수익률

재무금융을 공부한 사람들은 주식 투자에 대한 수익성을 측정하기 위해 당연히 수익률을 사용한다. 여기서 수익률은 투자에 대해 상응하는 모든 원천으로부터 발생하는 **보유 기간 수익률**을 의미한다.[14] 그 원천이 배당이든 가격 변동에 의한 자본이익이든 상관하지 않는다. 왜냐하면 돈으로 측정된 이익에는 꼬리표가 없기 때문이다. 표준 경제학 용어로 표현하면 어떤 돈이든 대체할 수 있다는 것이다. 따라서 우리가 일반적으로 접하는 주가지수가 배당 수익률이 빠진 자본이익만으로 구성된다는 것은 약간 혼란스러운 사실이다. 이런 실무적 관행은 주식 수익률과 주가지수의 역사적 사실에 근거하고 있다.

투자에 대한 보유 기간 수익률 개념은 지금은 당연하지만 그리 오래된 개념은 아니다. 20세기 초에는 주식 투자로부터 얻는 수익을 주식 가격과 배당으로 나누어 생각했다. 즉, 주식 가격의 변화와 배당을 독립적으로 생각했다.[15] 주식과 채권의 수익을 비교할 때, 채권의 이자와 주식의 배당 수익을 비교했다. 하디(1923)는 증권으로부터의 수입에 도박적 성격이 있다고 하였는데, 지금으로서는 받아들이기 어렵지만, 그 당시에는 주식 투자가 도박적 거래의 성격을 가졌다는 것이 이례적인 생각은 아니었다. 모리슨(1949)은 투자의 역사를 검토하면서 1924년까지 보통주가 투자인지 아니면 도박 또는 투기인지에 대해서는 심각한 의문이 있었다고 하였다. 그의 말에 따르면, 주식이 채권보다 수익성이 좋다는 것을 보여주면서 혁명적 투자 개념이라고 주장

14 보유 기간 수익률(holding period return)이란 정해진 기간 (1일, 1개월 또는 1년 등) 동안 증권 또는 주식을 보유할 경우에 얻게 되는 모든 수익률을 의미한다. 주식의 경우에는 배당 수익과 자본이익을 포함한다.

15 하츠마르크와 솔로몬(2019)은 지금도 사람들은 주가와 배당을 독립적인 것으로 생각하는 성향이 있다는 것을 실증적으로 보여주었다. 여기에 대한 자세한 사항은 제3부의 〈주주들은 왜 현금 배당을 선호할까?〉를 보시오.

한 스미스(1924) 이후부터 주식 투자의 도박적 개념이 사라졌다고 한다. 다시 말해서, 주식의 수익률이 무위험 자산의 수익률보다 높다는 **주식 프리미엄**을 발견한 것이다.

주식 프리미엄
실제 주식의 수익률에서 무위험 자산의 수익률을 차감한 값

스미스의 주장은 그 당시로서는 놀라운 사실이었기 때문에 강한 반박에 부딪히기도 했다. 그 이후로도 많은 논란이 있었을 뿐만 아니라, 주식 투자의 위험에 대한 개념도 거의 없었기 때문에 주식 투자의 수익률 개념에 대한 접근이 매우 어려웠다. 마코위츠(1952)가 주식 투자의 위험을 이론적으로 정리하면서 오늘날의 주식 수익률 개념이 생겨났지만, 그도 수익률의 개념을 명확하게 정의한 것은 아니었다.[16] 피셔와 로리(1964)는 배당과 자본이익을 더한 수익률의 개념을 정의하여 시카고 대학교의 **CRSP 주식 데이터베이스**를 개발하였다.

CRSP 주식 데이터베이스
미국 시카고 대학교의 CRSP에서 만든 주식 데이터베이스

주식 수익률에 대한 인식 변화를 생각하면 매스컴 등을 통해서 발표되는 주가지수가 왜 배당을 고려하지 않는지를 쉽게 이해할 수 있다. 캐머러 등(1989)에 의하면, **지식의 저주** 문제는 '지금 사람들이 당연하다고 생각하는 지식이 옛날에도 항상 그랬을 것으로 생각하는 경향'이다. 배당을 반영하지 않는 주가지수에도 지식의 저주 문제가 내재해 있다. 20세기 중반까지도 수익률에 대한 정의가 잘 확립되지 않았는데, 그 이전 사람들이 배당 수익률을 포함하는 총체적인 수익 지수를 만들 수는 없었다. 그들이 생각했던 주가지수는 가격 변화만을 고려하는 가격 지수일 수밖에 없었다. 또한 컴퓨터를 이용할 수 없던 시대에 손으로 가격을 기입하고 주식 수익률과 주가지수를 계산해야 했다. 배당 정보를 쉽게 얻을 수 없었던 것도 이유가 된다.

지식의 저주
지금 사람들이 당연하다고 생각하는 지식이 옛날에도 그랬을 것으로 생각하는 경향

1896년 5월 26일에 처음 발표된 다우존스 산업 평균은 이런 시대적 상황에서 만들어졌다. 매일 손으로 계산하는 주가지수로는 대상 주식들의 주가 평균이 가장 쉬웠다. 여기에 주식 가격 변화와 독립적으로 생각했던 배당을 함께 고려하는 것은 현실적으로 불가능했다. 이런 역사적 배경을 가진 다우 지수가 태생적인 한계를 가지는 것은 너무나 당연하다. S&P 500이라고 크게 다르지 않았지만, 가격 평균보다는 물가지수 계산과 비슷한 시가총액식 개념을 주가지수에 도입하였다는 것은 진일보한 일이었다. 하지만 1923년에 S&P 500의 전신이었던 종합지수가 개발됐을 때도 마찬가지 상황이었으므

16 해리 마코위츠는 1952년에 〈저널 오브 파이낸스〉에 발표한 〈포트폴리오 선택〉이라는 논문으로 1990년에 노벨 경제학상을 수상하였다.

로 배당이 여기에 반영될 수는 없었다. 보유 기간 수익률의 개념이 명확하지 않았던 시기의 역사적 산물이 지금 우리가 쉽게 접하는 주가지수이다.

한국증권거래소(한국거래소)
상장된 주식, 채권, 파생상품 등이 거래되는 우리나라의 거래소

우리나라의 주가지수는 어떤 역사적 배경을 가졌을까? 주가지수 개발에 관한 자세한 기록이 남아 있지 않아서 알기 어렵지만, **한국증권거래소**(현재 **한국거래소**)가 매일 발간하는 자료와 경제 신문에 기재된 자료에 의하면, 1962년부터 증권거래소는 주가 평균으로 계산되는 다우식 주가지수를 발표하였다. 그것도 중간에 계산 기준을 바꾸었기 때문에 1962~1971년, 1972~1977년, 1972~1982년 3개의 기간에 대한 주가 평균식 주가지수를 일별로 발표하였다. 이들이 모두 증권거래소가 발표하는 주가지수이었지만, 주식시장의 상황을 제대로 반영하지 못한다는 비판이 있었다.

종합주가지수
한국거래소의 유가증권 시장에 상장된 모든 주식에 대해 시가총액식으로 계산한 주가지수

이에 증권거래소는 1983년 1월 4일부터 1980년 1월 4일을 100으로 하여 상장된 모든 주식을 대상으로 하는 시가총액식 주가지수인 코스피(**종합주가지수**)를 발표하기 시작하였다.[17] 이와 함께 시장 제1부 및 제2부, 자본금 규모별 (대, 중, 소), 16개 중분류 산업별, 18개 소분류 산업별 주가지수도 보조 지수로 발표하였다. 또한 이전 기간과의 연계성을 위하여 1975년부터 1982년까지의 기간에 대해서는 역계산된 코스피를 발표하였다. 한편, 자본시장의 발전과 함께 우리나라에 주가지수선물이 도입될 즈음에 기초자산이 될 주가지수의 도입이 필요하게 되었다.[18] 이에 증권거래소는 1996년 5월 3일에 개장하였던 주가지수 선물시장의 기초자산으로 시가총액식 주가지수인 코스피 200을 개발하였다.

우리나라의 모든 주가지수도 일본이나 미국 주가지수의 계산 관행을 도입한 것들이었다. 따라서 자기자본에 대한 기업의 의사결정을 모두 반영하였지만 현금 배당을 고려하지는 않았다. 현금 배당을 고려하고 싶어도 주주총회가 사후적으로 배당 금액을 결정하는 우리나라의 체계에서는 현금 배당을 고려할 방법이 없었다. 제도적으로 불가능했다. 2022년 현재에도 정확한 배당 금액을 사전적으로 반영하는 코스피나 코스피 200의 계산은 불가능한 상황이다.

17 한국거래소가 발표하는 주가지수에 대한 자세한 사항은 증권거래소(1996)를 보시오. 코스피를 종합주가지수라고 불렀다.

18 코스피를 기초 자산으로 하여 주가지수선물을 도입할 수도 있었지만, 코스피에 대해서는 계산의 정확성에 약간의 의심이 있었다. 1983년부터 1990년대 중반까지 수없이 많은 수정이 있었지만 이에 대한 지식이 충분하지 않았기 때문에 코스피의 정확성을 보장하기 어려웠다. 과거 자료를 이용하여 새로 코스피를 계산하면 지금의 코스피와 동일한가에 대한 의문이 있었다.

주가지수와 현금 배당

미국의 가격 지수와 수익 지수

주가지수가 현금 배당의 정보를 포함하고 있지 않다고? 그렇다면 현금 배당의 누락 효과는 과연 얼마나 될까? 현금 배당이 포함되었다면 주가지수는 어떻게 변했을까? 클라크와 스태트만(2000)은 1896년에 40.94로 시작한 다우 지수는 1998년 말에 9,181.43이었는데, 배당 재투자가 포함되었다면 652,230.87이었을 것이라고 하였다. 이를 달리 표현하면, 1998년 말 다우 지수의 가격 지수는 9,181.43이었는데, 수익 지수는 652,230.87로 가격 지수의 약 71.04배이다. 배당이 이렇게 큰 차이를 낼 수 있다니! 약 102년의 기간 동안 이런 일이 벌어졌다는 것은 믿기 힘들지만 명백한 사실이다. 우리가 흔히 접하는 다우 지수는 가격 지수로서 주식시장의 수익성을 제대로 보여주지 못했다. 린 등(2001)은 1928년에 다우 지수가 개편되었을 때 배당 수익률과 다른 기업 활동들이 포함되었다면, 2019년 말의 다우 지수는 28,538이 아니라 1,113,047이었을 것이라고 하였다. 이것도 약 91년 만에 수익 지수가 가격 지수의 39배가 되었다는 것이다.

가장 많이 사용하는 S&P 500의 가격 지수와 수익 지수에 대해 알아보자. S&P 500의 수익 지수와 가격 지수는 데이터스트림 자료를 이용하였다. 그림 7-1은 1988년(또는 1987년 말)부터 2020년 말일까지의 S&P 500 수익 지수와 가격 지수를 보여주고 있다. 1988년 초에 S&P 500 수익 지수와 가격 지수는 모두 약 256.01이었지만 약 33년 만에 가격 지수는 3,756.07, 수익 지수는 7,759.35가 되었다. 4,003.28의 차이가 발생한 것이고, 수익 지수가 가격 지수의 2.07배이다. 1980년대 중반 이후에 적대적 기업 인수를 방지하기 위하여 기업들이 현금 배당 대신에 자사주 매입을 증가시켰다.[19] 이로 인하여 배당 수익률이 크게 감소하면서 수익 지수와 가격 지수의 차이가 예전보다 상대적으로 감소하였음에도 불구하고 상당한 차이가 발생했다. 배당 수익률이 4% 정도이었다면 이 차이는 훨씬 더 컸을 것이다.

19 이에 대한 구체적인 내용은 Wu et al.(2021)을 보시오.

그림 7-1
S&P 500 수익 지수와 가격 지수의 시계열 추세

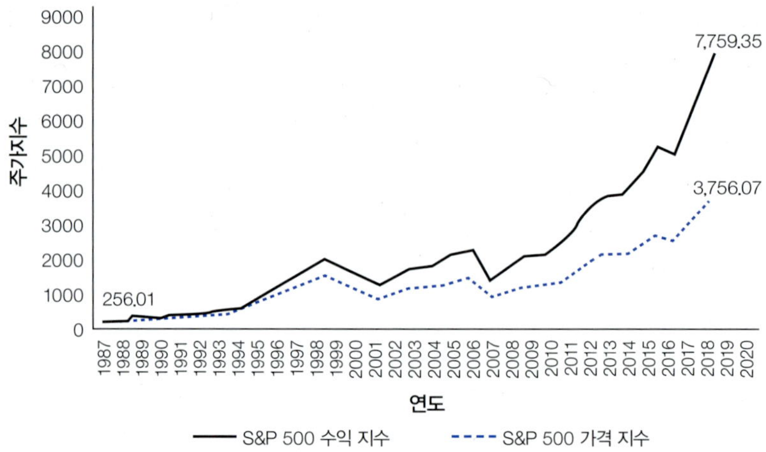

현금 배당의 효과를 좀 더 확실히 알아보기 위해 1802년부터 2020년까지 미국의 가격 지수와 수익 지수의 월별 수익률을 사용하여 이들을 비교하여 보았다. 1802년부터 1925년까지는 Schwert(1990)의 자료, 1926년부터 2020년까지는 시카고 대학교의 CRSP 주식 데이터베이스의 가중평균 수익률을 사용하였다.[20] 그림 7-2는 1802년 1월을 100으로 하여 계산한 수익 지수와 가격 지수의 시계열 추세를 보여주고 있다. 두 지수의 차이가 너무 커서 양 지수에 상용로그를 취하여 그렸다. 2020년 말에 수익 지수는 2,365,479,000, 가격 지수는 121,142가 되어, 수익 지수는 가격 지수의 약 19,526배이다. 이는 가격 지수와 수익 지수의 장기간 차이를 보여주는 극단적인 사례라고 할 수 있다.

그림 7-2
미국 주식시장의 가격 지수와 수익 지수의 시계열 추세

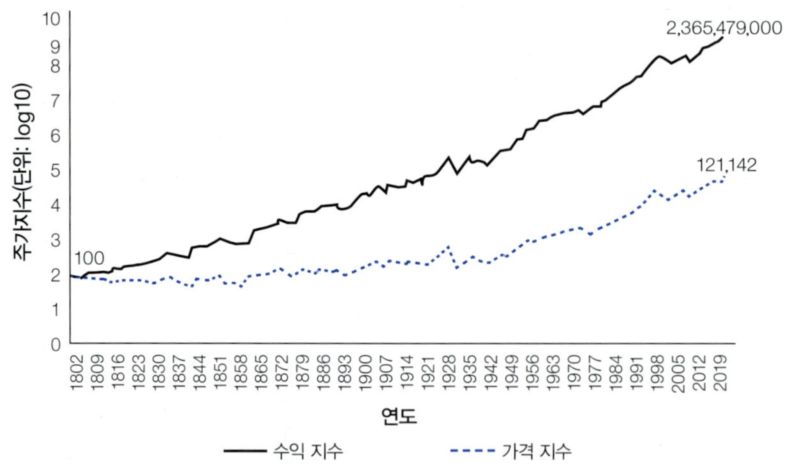

20 1802년부터 1925년까지의 월별 배당 수익률 평균은 0.42%이고, 연평균은 5.31%로 상당히 크다. 이에 비해서, 1926년부터 2020년까지의 월별 배당 수익률은 0.31%이고, 연평균은 4.10%로 약간 작아졌다. 전체 기간의 연평균 배당 수익률은 4.79%이었다.

전 세계의 가격 지수와 수익 지수

국제적으로도 이런 현상이 발생했을까? 데이터스트림이 자체적으로 계산한 각국의 가격 지수와 수익 지수를 이용하여 이를 확인할 수 있다. 그들이 제공하는 주가지수는 전체 종목 중에서 시가총액과 거래량이 많은 70% 정도의 종목을 대상으로 한다는 약점이 있지만, 국제 투자의 중요한 벤치마크로 이용된다는 점에서 큰 의미가 있다. 표 7-1은 1990년 1월 30일의 지수를 모두 100으로 가정하여 주식시장 선진 23개국의 2021년 8월 30일의 수익 지수와 가격 지수를 계산한 것이다. 약 31년 동안 수익 지수와 가격 지수의 평균은 각각 640.4와 1,518.84가 되어서, 평균 차이는 827.52이었고 수익 지수는 가격 지수의 평균 약 2.52배이었다. 각국의 차이에 있어서는 어느 정도의 편차가 존재하지만, 수익 지수와 가격 지수 간에는 확실한 차이가 있으므로, 현금 배당의 누락이 주가지수에 엄청난 영향을 미친다는 사실을 확인할 수 있다.

표 7-1
선진국의 수익 지수와 가격 지수(2021년 8월 30일 현재: 31년 7개월의 기간)

국가	주가지수		차이 (RI-PI)	배수 (RI/PI)
	수익 지수 (RI)	가격 지수 (PI)		
1. 홍콩	3,036.55	1,163.07	1,873.49	2.61배
2. 뉴질랜드	2,008.77	491.70	1,517.07	4.09배
3. 싱가포르	705.84	304.81	401.03	2.32배
4. 호주	1,855.08	529.70	1,325.38	3.50배
5. 오스트리아	486.46	241.32	245.14	2.02배
6. 벨기에	957.58	382.17	575.42	2.51배
7. 덴마크	3,243.02	1,920.50	1,322.52	1.69배
8. 핀란드	2,203.74	794.84	1,408.90	2.77배
9. 그리스	129.36	54.96	74.40	2.35배
10. 아일랜드	1,044.56	528.25	516.31	1.98배
11. 네덜란드	1,872.82	718.36	1,154.47	2.61배
12. 노르웨이	1,399.16	549.03	850.13	2.55배
13. 포르투갈	365.40	119.06	246.34	3.07배
14. 스페인	1,023.19	321.28	701.91	3.18배
15. 스웨덴	2,599.45	1,069.30	1,530.15	2.43배
16. 스위스	2,809.37	1,407.61	1,407.61	2.00배
17. 영국	989.81	320.22	320.22	3.09배
18. 미국	3,264.84	1,695.13	1,569.71	1.93배
19. 독일	967.39	458.52	508.87	2.11배
20. 일본	170.43	110.10	60.33	1.55배
21. 캐나다	1,736.66	778.06	958.60	2.23배
22. 이탈리아	436.46	158.53	277.93	2.75배
23. 프랑스	1,627.37	612.82	1,014.55	2.66배
평균	**1,518.84**	**640.41**	**827.52**	**2.52배**

출처: DataStream이 자체적으로 계산한 주가지수 자료(각국 시가총액의 약 70% 정도를 반영함)를 이용하여 재계산함; 기준 시점 1990년 1월 30일 수익 지수와 가격 지수를 모두 100으로 하여 2021년 8월 30일 현재의 수익 지수와 가격 지수를 계산함.

우리나라의 가격 지수와 수익 지수

마지막으로 우리나라의 경우를 살펴보자. MSCI와 데이터스트림은 오래전부터 우리나라의 수익 및 가격 지수를 계산했다. 그림 7-3은 MSCI와 데이터스트림이 계산한 우리나라의 수익 지수와 가격 지수의 장기 시계열 추세를 보여주고 있다. 1987년 말에 100으로 시작했던 MSCI와 데이터스트림의 수익 및 가격 지수는 시간이 흐르면서 점점 차이를 보이기 시작했다. 우리나라의 경우는 현금 배당의 규모가 상대적으로 작았기 때문에, 수익 지수와 가격 지수의 차이가 S&P 500만큼 벌어지지는 않았지만, 그에 준하는 정도의 차이는 보여주고 있다.

그림 7-3
우리나라의 수익 지수와 가격 지수의 시계열 추세

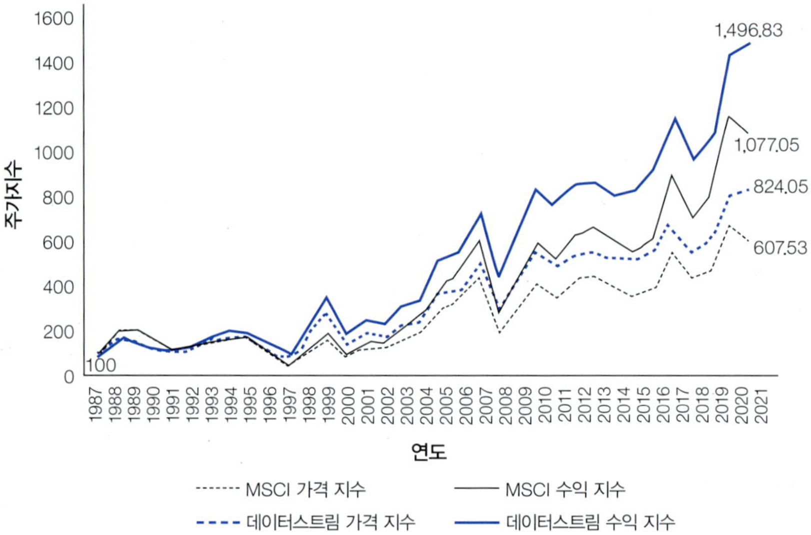

한편, 한국거래소는 여러 주가지수에 대한 수익 지수를 발표하고 있다. 하지만 매스컴을 통해서 발표되고 있지 않기 때문에 그 존재에 대해서 아는 사람들은 그리 많지 않다. 코스피(코스피 200)는 기준 시점을 2011년 1월 3일로 하여 2018년 12월 24일(2016년 1월 11일)부터 수익 지수를 10초(2초)마다 발표하고 있다. 또한 두 지수 모두 기준 시점부터 발표 시점까지의 과거 지수를 역계산하여 웹사이트에 게시하였다. 한국거래소의 계산에 의하면, 2011년 1월 3일에 2,070.08로 시작한 코스피 수익 지수는 2021년 9월 30일에 3,651.82로, 가격 지수 3,068.82에 비해 583의 차이를 보였다. 코스피 200 수익 지수는 2011년 1월 3일에 273.81로 시작하여 2021년 9월 30일에 480.58로, 가격 지수 401.30에 비해 79.28의 차이를 보였다. 우리나라의 경우에는 배당 수익률이 높지 않아서 가격 지수와 수익 지수의 차이가 상대적으로 작지만, 차별성은 충분히 나타나고 있다.

표 7-2는 코스피와 코스피 200의 일별 및 연별 평균 수익률을 보여주고 있다. 코스피와 코스피 200의 수익 지수는 대상에 포함된 모든 기업의 배당을 고려하여 산출한다. 배당 수익률은 대상 기업들의 모든 배당을 포함한다. 6월과 12월 배당락을 제외하고는 대부분의 날짜에서 배당이 발생하지 않기 때문에 배당 수익률의 값은 0이 된다. 표본 기간이 2011년부터 2020년까지의 10년이어서 상대적으로 짧은 기간이지만, 수익 지수, 가격 지수 및 배당 수익률의 상대적인 크기를 파악하기에는 큰 문제가 없다. 코스피와 코스피 200의 수익률 사이에는 큰 차이가 존재하지 않고 있다. 코스피의 연평균 수익률을 보면 수익 지수는 5.94%이었고, 가격 지수는 4.21%이었다. 이를 이용하여 연평균 배당 수익률을 계산하면 1.65%가 된다. 즉, 지난 10년간 우리나라의 배당 수익률 평균은 1.65%이었다. 이는 수익 지수 수익률의 약 28%에 해당하며 무시할 수 없는 수익률의 한 부분이었다. 이를 무시하고 가격 지수를 사용한다는 것은 우리나라 주식시장의 수익성을 왜곡하는 것이다.

표 7-2
코스피와 코스피 200의 일별 및 연별 평균 수익률 (2011~2020년)

	코스피			코스피 200		
	수익 지수	가격 지수	배당	수익 지수	가격 지수	배당
일별	0.0255%	0.0188%	0.0067%	0.0272%	0.0203%	0.0069%
연별	5.9397%	4.2149%	1.6549%	6.5003%	4.7166%	1.6960%

출처: 한국거래소 제공 자료를 이용하여 계산함

가격 지수와 수익 지수의 차이는 왜 발생할까?

가격 지수와 수익 지수가 이렇게 크게 차이가 나는 이유는 무엇일까? 배당 수익률의 **복리 효과** 때문이다. 몇 년의 짧은 기간에는 가격 지수와 수익 지수의 차이를 쉽게 인지하기 어렵지만, 기간이 길어지면 복리 효과 때문에 엄청난 차이가 발생한다는 사실을 인식해야 한다. 이제 예를 들어서 살펴보자. 수익 지수의 수익률이 연 7%이고, 배당 수익률이 2~3%라고 가정하자. 이러한 가정은 과거 약 200년 미국 주식시장의 역사로 볼 때 가장 최소한의 수치이기 때문에 큰 무리가 없다. 자본 이익률이 4%(4.5%, 5%)이고 배당 수익률이 3%(2.5%, 2%)라고 가정할 때, 25(30년, 35년)년이 지나면 가격 지수 대비

복리 효과
복리를 사용하여 이자가 매우 크게 성장하는 현상

수익 지수 비율은 약 2배가 된다.[21] 따라서 25~35년의 기간에 가격 지수 대비 수익 지수의 비율이 2배가 되는 것은 너무나 당연하다. 너무나 당연한 사실을 투자자들은 외면하고 있었을 뿐이다.

현금 배당이 누락된 주가지수의 영향: 미국의 경우

현금 배당이 누락된 주가지수의 왜곡이 주식시장에 아무런 영향을 미치지 않을까? 그럴 수는 없다. 우리가 흔히 접하는 주가지수를 이용하여 주식 투자의 수익률을 계산하면 수익성이 과소평가 되는 것은 분명하다. 또 다른 영향에는 어떤 것들이 있을까? 하츠마르크와 솔로몬(2022)은 가격 지수와 수익 지수의 일별 수익률을 이용하여 주가지수 왜곡의 영향을 면밀하게 분석하였다.[22] 이제 그들의 결과를 살펴보자.

가격 지수의 영향을 쉽게 이해하기 위해서 먼저 주가지수의 보유 기간 수익률 개념을 다시 한번 알아보자. 보유 기간 수익률은 (t−1) 시점에서 t 시점까지의 가격 변화에 의한 자본이익과 지급 받은 배당 금액에 의해 결정된다. 일별 (월별) 수익률은 어제 (전월 마지막 거래일) 종가에서 오늘 (당월 마지막 거래일) 종가까지의 자본 이익률과 오늘 (당월) 지급 받은 배당 수익률에 의해 결정된다. 어제 (전월) 받은 배당은 어제 (전월) 수익률에 포함되기 때문에 오늘 (당월) 수익률에는 포함되지 않는다.

(보유 기간) 수익률 = 주식(또는 주가지수)의 자본 이익률 + 배당 수익률

매스컴에서 발표되는 주가지수는 가격 지수로 자본 이익률만을 반영하고 배당 수익률을 반영하지 않는다. 그렇다면 과거 미국의 자본 이익률과 배당 수익률의 크기는 얼마이었을까? 1925년부터 2015년까지의 월평균 자본 이익률은 0.604%(연평균 7.25%)이었고, 배당 수익률은 0.313%(연평균 3.76%)이었다. 따라서 월평균 수익률은 0.917%(연평균 11.00%)이었다.

경제 신문의 주식시장 평가

경제 신문의 주식시장 평가는 그날의 주가지수를 보고 이루어지는데, 과연

21 가격 지수는 $(1+1.04)^{25}=2.67$이고 수익 지수는 $(1+1.07)^{25}=5.42$이므로, 5.42÷2.67≒2.03배가 된다.

22 그들은 브라질의 보베스파 지수와 독일의 제트라 닥스 지수만이 수익 지수이고, 나머지 주가지수는 모두 가격 지수라고 하였다.

어떤 주가지수로 평가할까? (주가지수 종가를 보고 작성한 기사는 다음 날 조간신문에 게재된다.) 가격 지수, 아니면 수익 지수? 오늘 뉴욕타임스 기사에 나오는 주식시장의 평가는 어제 주가지수의 종가에 달려 있다. 그들이 쉽게 접할 수 있는 어제의 가격 지수 수익률에 의존한다면, 시장 전체의 배당수익률이 높았던 날의 다음 날에 어제 일들에 대한 경제 신문 기사의 평가가 더욱 부정적일 것이다. 어제의 배당 수익률이 높았으면 어제의 가격 지수 수익률은 상대적으로 낮았을 것이기 때문이다.[23] 경제 신문의 주식시장 평가는 긍정적인 단어 숫자에서 부정적인 단어의 숫자를 차감한 뒤에 전체 단어 숫자로 나누어 판단할 수 있다.[24]

가르샤(2013)는 전일의 가격 지수 수익률과 배당 수익률 및 여러 통제 변수들을 이용하여 당일 뉴욕타임스의 주식시장 평가를 분석하였다. 당연히 어제의 가격 지수 수익률과 오늘의 주식시장 평가는 양(+)의 관계를 보였다. 하지만 오늘의 주식시장 평가는 어제의 배당 수익률과 통계적으로 유의적인 음(−)의 관계를 가졌다. 이는 뉴욕타임스의 주식시장 평가가 배당 수익률에 의해 좌우되는 가격 지수의 수익률에 따라 달라지기 때문이다. 즉, 그들은 배당수익률에 따라 가격 지수가 달라지는 것을 인지하지 못한 채, 어제의 가격 지수에 반응하여 주식시장의 분위기를 평가한다는 것이다. 배당 수익률을 반영하는 수익 지수의 수익률에 따라 주식시장을 평가하지 않는 것은 올바른 평가가 아니다.

뮤추얼 펀드의 현금흐름

뮤추얼 펀드의 현금흐름은 흔히 당해 펀드의 수익률과 벤치마크가 되는 주가지수 수익률을 비교하여 이루어진다. 예를 들어, 당해 펀드의 수익률이 벤치마크인 주가지수의 수익률보다 클수록 현금흐름이 더 커지고, 작을수록 더 작아진다. 즉, 벤치마크를 초과하는 펀드의 초과 수익이 투자 의사결정의 지표가 된다는 것이다.[25] 그런데 펀드의 수익률도 주가지수와 마찬가지로 **순자**

순자산가치
구성 종목의 가치에 따라 계산된 펀드의 진정한 가치

23 실제로는 전일의 수익률에 반영되는 배당은 전전일 종가 이후에 반영되어 전일의 시가에 영향을 미친다. 일별 수익률은 전일 종가와 당일 종가에 의해 계산되기 때문에, 어제의 가격 지수 수익률이 안 좋았던 것은 전전일의 배당 때문이다.

24 여기서는 디에고 가르샤(2013)가 1905년부터 2005년까지의 뉴욕타임스의 금융시장 칼럼 등으로부터 직접 스캔한 기사로부터 개발한 지표를 그대로 사용하였다.

25 물론 여기에 대해서도 논란이 있을 수 있다. 주식시장이 효율적이라면, 펀드 매니저의 능력이 인정되지 않으므로, 과거의 수익률이 미래의 수익률을 대변할 수 없기 때문이다.

산가치로 계산할 수도 있고 펀드의 보유 기간 수익률로 계산할 수도 있다.[26] 순자산가치는 펀드가 배당 등을 지급하면 하락 단절이 발생하고, 보유 기간 수익률은 이들을 모두 고려하여 계산된 펀드의 진정한 수익률이다. 따라서 순자산가치는 가격 지수, 보유 기간 수익률은 수익 지수와 비슷한 개념이다. 펀드의 보유 기간 수익률을 그냥 펀드의 수익률이라고 하자.

이때 뮤추얼 펀드의 월별 현금흐름을 예측하기 위해 직전 연도 펀드의 초과 수익으로 어떤 것을 사용해야 할까? 다음과 같은 세 개의 초과 수익 개념을 고려할 수 있다: ① (펀드의 순자산 가치 수익률가격 지수 수익률); ② (펀드 수익률가격 지수 수익률); ③ (펀드 수익률수익 지수 수익률). 여기서 세 가지 초과 이익은 모두 직전 연도의 연별 수익률 개념이다.[27] 투자자들이 펀드와 주가지수의 배당 등에 관한 정보의 중요성을 올바르게 인식하고 있다면, 보유 기간 수익률을 비교하는 (펀드 수익률수익 지수 수익률)이 펀드의 현금흐름에 양(+)의 영향을 주어야 한다. 안타깝게도 (펀드의 순자산가치 수익률가격 지수 수익률)만 현금흐름에 통계적으로 유의적인 양(+)의 영향을 미쳤다. 이는 뮤추얼 펀드 투자자들이 순자산가치가와 가격 지수가 현금 배당을 반영하지 않는다는 사실을 간과하고 있다는 것이다.[28] 투자자들이 (펀드 수익률–수익 지수 수익률)로 계산되는 초과 수익을 외면한다는 것은 놀라운 사실이다. 이는 뮤추얼 펀드와 주식시장에 대한 투자자들의 평가가 모두 잘못되어 있음을 의미한다.

체계적 위험과 시장 수익률

위에서 제기한 경제 신문의 주식시장 평가와 뮤추얼 펀드의 현금흐름 이외에도 가격 지수의 사용은 체계적 위험 β와 시장 수익률을 예측할 수 있게 해준다. 가격 지수 수익률을 사용하여 체계적 위험을 추정하면 배당 수익률이 포함되지 않았기 때문에 시장 수익률이 낮아져서 결과적으로 체계적 위험 β가 왜곡될 수밖에 없다. 또한 전일의 배당 수익률이 높았으면 가격 지수의 과소 반응을 해소하는 과정에서 오늘 가격 지수에 초과 수익률이 발생할 수 있다.

26 순자산가치(Net Asset Value: NAV)는 뮤추얼 펀드의 총순자산가치(Total Net Asset: TNA)를 발행 주식 수로 나눈 값이다. 즉, 뮤추얼 펀드 1주당 순가치이다.

27 예를 들어, 2002년의 모든 월별 현금흐름에 영향을 미치는 초과 수익률을 찾기 위하여 2001년의 연별 수익률을 사용하였다.

28 뮤추얼 펀드 전문 평가 기관인 모닝스타는 올바른 벤치마크 대비 펀드 수익률을 제공하지만, 인터넷에서 정보를 쉽게 제공하는 야후는 순자산가치와 가격 지수만을 제공한다.

결국 전일의 배당 수익률과 가격 지수로 계산된 오늘의 시장 수익률 간에는 양(+)의 인과관계가 발생할 수 있다. 따라서 시장 수익률의 예측이 가능하게 된다는 것이다.

파생상품 투자의 문제

지금까지는 하츠마르크와 솔로몬(2022)의 실증분석 결과를 이용하여 배당을 배제한 주가지수가 주식시장에 미치는 영향에 대해서 살펴보았다. 하지만 배당의 배제가 주식에만 영향을 미치는 것은 아니다. 거의 모든 파생상품의 기초자산이 되는 주가지수는 배당을 고려하지 않기 때문에, 파생상품 시장에서의 문제도 심각할 수 있다. 미국에서는 사전적으로 배당 금액을 미리 알 수 있으므로 거기에 맞추어서 선물이나 옵션의 가격을 결정할 수 있다. 하지만 그것도 체계적 시스템과 시설을 갖춘 기관 투자자의 경우에 해당한다. 개인 투자자들은 기초자산인 주가지수가 배당에 의해 어느 정도까지 하락하는지에 대한 정보가 거의 없다. 따라서 그들은 왜곡된 주가지수를 대상으로 투자하는 것이라고 볼 수 있다.

현금 배당이 누락된 주가지수의 영향: 우리나라의 경우

우리나라에서는 가격 지수의 문제가 더욱 심각할 수 있다. 사전적으로 배당 금액에 따른 주가지수의 하락 단절 폭을 알 수 없을 뿐만 아니라, 배당이 12월 말의 하루에 집중되기 때문에 주가지수의 배당락 크기가 상대적으로 매우 크다. (물론 배당과 관계없는 이유에 의한 주가지수 변동 폭이 너무 커서 대부분은 배당락 규모를 인식하지 못할 때가 많다.) 거래소는 전년 배당 금액에 따라 이론적 배당락 주가지수를 계산하여 발표하지만, 이 정보의 확산이 모든 투자자에게 제대로 전달된다고 보기도 힘들다. 또한 전년도 배당 금액으로 올해의 배당락을 결정하기 때문에 배당락 규모도 추정일 뿐이지 정확할 수는 없다. 따라서 선물 투자자들이 한국거래소가 제공하는 이론적 배당락 주가지수를 제대로 반영하여 투자한다고 볼 수도 없다. 고광수(2022)는 우리나라에서 이런 가격 지수의 사용이 선물 수익률과 **베이시스**(=선물 가격−현물 가격)를 왜곡하여 선물시장의 효율성을 크게 해친다고 하였다.

베이시스
선물 가격에서 현물 가격을 차감한 값

정책적 시사점

신고전주의 경제학이 예상하듯이, 투자자들이 주식의 현금 배당 등에 대해 잘 인식하고 있다면 가격 지수보다는 수익 지수를 사용해야 하지만, 실제로는 그렇지 않았다. 이에는 주가지수 개발에 대한 역사적 이유가 있겠지만, 향후에는 가격 지수에서 벗어나 수익 지수로 주가지수를 대체하여야 한다. 이미 독일에서 주가지수의 사용을 가격 지수로부터 수익 지수인 닥스로 옮겨간 것을 참고해야 한다. 수익 지수의 공식적 사용은 투자자들의 올바른 투자 전략에도 큰 도움이 될 것이다. 그렇게 되면 파생상품의 기초자산도 배당을 포함하는 수익 지수로 바꾸어야 한다. 하츠마르크와 솔로몬(2022)은 넛지를 이용하여 가격 지수에서 수익 지수의 사용으로 실무 관행을 바꾸자고 제안하였다. 두 지수를 모두 공식적으로 발표하되 투자자가 스스로 올바른 주가지수를 선택하도록 하는 것이다.

우리나라도 한국거래소가 직전 연도의 현금 배당을 이용하여 수익 지수를 계산하고 있지만, 당해 연도의 배당이 아니므로 정확하지 않다는 단점이 있다. 이를 극복하기 위해서는 주주총회가 사후적으로 의결하는 배당 금액을 사전적인 이사회 결정으로 변경하는 것이 필요하다. 물론 법적 개정이 요구되지만 큰 무리가 따른다고 보기는 어렵다. 이렇게 해서 사전적으로 배당 금액을 알게 되면 배당이 포함된 주가지수가 실시간으로 계산될 수 있다. 이를 파생상품의 기초자산으로 사용한다면 더욱 바람직하다. 현재 학계와 실무계의 분위기로부터 판단할 때, 멀지 않은 장래에 배당을 포함하는 주가지수가 널리 이용될 것으로 예상된다.

주요 용어

3일 결제	배당락일	주가지수 단절
4일 결제	배당률	주가지수의 하락 단절
CRSP 주식 데이터베이스	배당부	주식 배당
가격 지수	베이시스	주식 프리미엄
배당 금액	보유 기간 수익률	주주명부
배당 기준일	복리 효과	지식의 저주
배당 선언일	상 · 하한가	특별 배당
배당 성향	수익 지수	한국증권거래소(한국거래소)
배당 수익률	순자산가치	현금 배당
배당 지급일	유보율	현금 배당의 신호 효과
배당 평활화	이사회	
배당락	종합주가지수	

핵심 정리

- 현금 배당이 발생하면 그 금액에 해당하는 만큼 주가지수의 하락 단절이 발생한다.
- 주가지수에 의해 계산된 수익률은 배당 수익률을 포함하지 않기 때문에 투자 수익률을 대변할 수 없다.

배당이란?

- 배당이란 기업이 얻은 이익을 보유 지분에 따라 분배하는 행위 또는 금액을 의미하며 현금 배당, 주식 배당, 특별 배당이 있다.
- 주식회사의 수익에 비해 주기적인 배당은 크게 변하지 않고 일정한 수준으로 유지되는 경향이 있는데, 이를 배당 평활화라고 한다.
- 현금 배당의 신호 효과란 기업의 배당 선택이 미래 수익성에 대한 경영진의 기대를 반영한다는 것이다.

주가지수

- 주가지수에는 주가 평균식과 시가총액식이 있다.
- 미국의 다우 지수와 일본의 니케이 225는 주가 평균식이고, 미국의 S&P 500과 우리나라의 코스피 200은 시가총액식이다.

현금 배당 제도와 배당락

- 미국에서는 주식회사의 이사회가 주당 배당 금액과 지급일을 배당 기준일 이전에 미리 결정한다. 배당 금액은 평활화 정책에 따라 큰 변동성 없이 적절하게 결정되고 배당 지급일은 연중 골고루 분포한다.
- 현금 배당 이외의 자기자본에 대한 인위적인 요인들을 반영하여 계산되는 주가지수를 가격 지수라고 하고, 여기에 현금 배당까지 반영하여 계산되는 주가지수를 수익 지수라고 한다.
- 우리나라에서는 12월 마지막 영업일 전 영업일이 배당락일이 된다. 여기서 중요한 것은 배당 금액을 사전에 알 수 없으므로 배당락일에 개별 주가의 정확한 상·하한가를 정할 수도 없고, 주가지수의 정확한 하락 단절 폭도 결정할 수 없다.

주식 수익률과 주가지수의 역사

- 일반적으로 수익률은 투자에 대해 상응하는 모든 원천으로부터 발생하는 보유 기간 수익률을 의미한다.
- 모리슨(1949)은 주식이 채권보다 수익성이 좋다는 것을 보여주면서 혁명적 투자 개념이라고 주장한 스미스(1924) 이후부터 주식 투자의 도박적 개념이 사라졌다고 하였다.
- 마코위츠(1952)가 주식 투자의 위험을 이론적으로 정리하면서 오늘날의 주식 수익률 개념이 생겨났고, 피셔와 로리(1964)는 배당과 자본이익을 더한 수익률의 개념을 정의하여 시카고 대학교의 CRSP 주식 데이터베이스를 개발하였다.
- 지식의 저주 문제는 '지금 사람들이 당연하다고 생각하는 지식이 옛날에도 항상 그랬을 것으로 생각하는 경향이 있다.'라는 것이다. 배당을 반영하지 않는 주가지수에도 지식의 저주 문제가 내재해 있다.

주가지수와 현금 배당

- 1988년 초에 S&P 500 수익 지수와 가격 지수는 모두 약 256.01이었지만 약 33년 만에 가격 지수는 3,756.07, 수익 지수는 7,759.35가 되었다.
- 전 세계의 가격 지수와 수익 지수의 차이도 상당한 크기로 존재한다.
- 한국거래소의 계산에 의하면, 2011년 1월 3일에 2,070.08로 시작한 코스피 수익 지수는 2021년 9월 30일에 3,651.82로, 가격 지수 3,068.82에 비해 583의 차이를 보였다.

현금 배당이 누락된 주가지수의 영향: 미국의 경우

- 현금 배당의 누락으로 다음과 같은 영역에서 이상 현상이 발생하였다: ① 경제 신문의 주식시장 평가; ② 뮤추얼 펀드의 현금흐름; ③ 시장 수익률의 예측; ④ 파생상품 시장의 문제.

현금 배당이 누락된 주가지수의 영향: 우리나라의 경우

- 사전적으로 배당 금액에 따른 주가지수의 하락 단절 폭을 알 수 없을 뿐만 아니라, 배당이 12월 말의 하루에 집중되기 때문에 주가지수의 배당락 크기가 상대적으로 매우 크다.

• 가격 지수의 사용이 선물 수익률과 베이시스(=선물 가격-현물 가격)를 왜곡하여 선물시장의 효율성을 크게 해칠 수 있다.

정책적 시사점

• 향후에는 가격 지수에서 벗어나 수익 지수로 주가지수를 대체하여야 한다.

참고 문헌

• 고광수 (2022), 주가지수는 현금 배당을 기억할까?, 한국증권학회지 51, 213~242.
• 증권거래소 (1996), 알기 쉬운 증권통계 해설.
• Berk, J., P. Demarzo, and J. Harford (2021), Fundamentals of Corporate Finance, 5th ed., Pearson.
• Camerer, C., G. Loewenstein, and M. Weber (1989), The curse of knowledge in economic settings: An experimental analysis, Journal of Political Economy 97, 1232~1254.
• Clarke, R. and M. Statman (2000), The DJIA crossed 652,230, Journal of Portfolio Management 26, 88~92.
• Fisher, I. and J. Lorie (1964), Rates of return on investment in common stocks, Journal of Business 37, 1~21.
• Garcia, D. (2013), Sentiment during recessions, Journal of Finance 68, 1267~1230.
• Hardy, C., 1923, Risk and the management of capital, University Journal of Business 1, 205~220.
• Hartzmark, S. and D. Solomon (2019), The dividend disconnect, Journal of Finance 74, 2153~2199.
• Hartzmark, S. and D. Solomon (2022), Reconsidering returns, Review of Financial Studies 35, 343~349.
• Lin, J., J. Shoven, G. Selden, and C. Sialm (2021), Replicating the Dow Jones Industrial Average, Working paper, Stanford Institute for Economic Policy Research.
• Markowitz, H. (1952), Portfolio selection, Journal of Finance 7, 77~91.
• Morrison, P. (1949), Trends in investment policies of individuals, Journal of finance 4, 156~176.
• Nayak, S. and N. Prabhala (2001), Disentangling the dividend information in splits: A decomposition using conditional event-study methods, Review of Financial Studies 14, 1083~1116.
• Schwert, G. (1990), Indexes of U.S. stock prices from 1802 to 1987, Journal of Business 63, 399~426.
• Shoven, J. and C. Sialm (2000), The Dow Jones industrial average: The impact of fixing its flaws, Journal of Wealth Management, Winter, 9~18.
• Smith, E. (1924), Common stocks as long term investments, New York: The MacMilan Company.
• Wu, M., K. Ohk, and K. Ko (2021), Does cash-flow news play a better role than discount-rate news? Evidence from global regional stock markets, Journal of International Money and Finance 110, 102267.

08 주주들은 왜 현금 배당을 선호할까?

주식회사가 주주에게 이익을 환원하는 방법은 여러 가지가 있다. 전통적인 방법은 현금 배당과 주식 배당이고 인수합병이 많아지기 시작한 1980년대 중반부터는 자사주 매입도 이익 환원 방법의 하나로 이루어졌다. 또한 배당과 자사주 매입을 전혀 하지 않고 기업에 재투자하는 것도 주식회사의 이익 환원 방법이 될 수 있다. 기업의 급격한 성장이 이루어지고 있을 때는 현금 배당이나 자사주 매입 없이 모든 이익을 재투자하여 기업의 가치를 높이는 것이 타당하기 때문이다.

기업이 얻은 이익을 배당으로 지급하면 현금 배당 금액만큼 주가가 하락하는데, 이를 **배당락**이라고 부른다.[1] 하지만 기업이 배당을 지급하지 않으면 주가는 계속 유지될 것이다. 주주들은 현금 배당을 받고 주가 하락을 경험하든지, 아니면 가격이 유지되는 주식의 일부를 매도하여 현금을 확보할 수 있다. 따라서 세금과 거래비용이 없다면, 주식 매도 때문에 얻게 되는 수입과 현금 배당은 완전한 대체재이다.[2] 즉, 주식 매도 수입과 현금 배당이 주는 혜택이 동일하다는 것이다.

배당락
배당 금액만큼 주식의 가격이 하락하는 현상

그런데, 주식회사들은 왜 배당을 지급할까? (이제부터 배당이란 주식 배당이 아닌 현금 배당을 의미한다.) 투자자들은 왜 배당에 관심이 많을까? 배당을 많이 지급하는 기업일수록 왜 투자자들이 선호하고 주가가 높아질까? 세제상의 불이익에도 불구하고 현금 배당 선호 현상은 주식시장에서 널리 알려진 사실이다. 이를 시장에서는 **배당 퍼즐**이라고 부른다. 이제 배당 퍼즐을 행동재무론 관점에서 이해하기 위해 셰프린과 스태트만(1984), 베이커와 유글러

배당 퍼즐
세제상의 불이익에도 불구하고 현금 배당을 선호하는 현상

1 다양한 이유로 배당 금액만큼 주가가 하락하지 않을 수도 있지만, 배당 자체가 기업 가치를 증가시키는 의사결정이 아니기 때문에 원칙적으로 그만큼 하락해야 한다는 것이다.

2 이런 의미에서 주식의 매도 때문에 현금 유동성을 확보하는 것을 홈메이드 현금 배당(homemade cash dividend)이라고 부른다.

(2004a), 하츠마르크와 솔로몬(2019)의 연구 결과들을 살펴보자.

배당과 기업 가치는 무관하다: 전통적 재무 이론

자본구조
기업의 총자본에서 자기자본과 타인 자본의 구성 비율

기업 가치
기업의 현재가치

자본구조 무관련 이론
자본구조는 기업 가치에 영향을 미치지 못한다는 가설

배당 정책
당기순이익 중에서 언제, 어떤 형태로 배당을 지급하는지 결정하는 것

모딜리아니와 밀러(1958)는 기념비적인 연구를 통해 기업의 **자본구조**는 **기업 가치**에 영향을 미치지 못한다고 하였다.[3] 이를 **자본구조 무관련 이론**이라고 하는데, 그들은 이러한 논리를 배당에 확장시키는 연구(밀러와 모딜리아니, 1961)도 하였다. 1961년 연구는 완전 자본시장에서 기업의 **배당 정책**이 기업 가치에 영향을 미치지 못한다고 하였다. 이러한 연구들은 두 학자에게 각각 1985년과 1990년에 노벨 경제학상을 안겨주었다.[4] 결국 모딜리아니와 밀러의 표준 재무 이론에 의하면 현금 배당의 지급과 기업의 가치는 관계가 없다. 밀러는 이러한 논리를 왼쪽 주머니에서 10달러를 꺼내서 오른쪽 주머니에 넣는 것과 같다고 설명하였다.

하지만 세금이 존재하면 배당에 대한 그들의 결론이 약간 달라진다. 일반적으로 소득세율은 증권의 매매 차익에 부과되는 자본이익세율보다 높다. 역사적으로 미국의 경우 소득세율이 자본이익세율보다 높게 책정됐고 많은 선진국의 경우 비슷한 과세 체계를 유지해 왔다. 따라서 현금 유동성을 필요로 하는 주주들이 현금 배당을 받으면 정부에 높은 소득세를 납부해야 한다. 하지만 보유 주식을 매도하여 필요한 현금을 확보하면 소득세보다 낮은 자본이익세를 납부하기 때문에 현금 배당의 경우보다 더 유리하게 된다. 따라서 세금이 존재하면 배당을 지급하지 않는 것이 주주들에게 더 유리하다.

현금 배당의 선호

그런데도 기업들은 배당을 지급해 왔고 주주들은 이를 선호해 왔다. 블랙(1976)은 여러 관점에서 보아도 기업이 배당을 지급하는 이유를 알 수 없다고 하여 이를 배당 퍼즐이라고 하였다. 하지만 그 이후에도 이의 원인을 알기

3 그들 이름의 첫 번째 글자를 따서 이를 MM 이론이라고 한다. 그들의 첫 번째 정리는 "완전 자본시장에서 기업 증권의 총 가치는 자산에 의해서 창출되는 총 현금흐름의 시장가치로 자본구조의 선택과는 무관하다."라는 것이다. 물론 그들이 제시한 이 정리를 자세히 이해할 필요는 없지만, 여기서 중요한 것은 기업의 가치와 자본구조의 선택과는 관계가 없다는 것이다. 물론 세금과 파산 위험이 존재할 경우에는 이 결론이 크게 달라진다.

4 모딜리아니는 저축과 소비에 관한 생애주기 가설로 1985년에 단독으로 노벨 경제학상을 수상하였다. 그의 제자인 밀러도 5년 뒤인 1990년에 자본구조와 배당에 관한 MM 이론으로 (해리 마르코비쯔, 윌리암 샤프와 함께) 노벨 경제학상을 수상하였다.

위해서 많은 연구가 이루어졌다. 그중에서 가장 설득력 있고 표준 재무론 교재에도 소개된 이론은 배당의 고객 효과와 신호 효과이다. 페팃(1977)이 주장한 **배당의 고객 효과**는 개인 소득세가 사람마다 달라서 한계세율이 높은 사람은 배당이 없거나 낮은 배당 수익률의 주식을 선호하고, 한계세율이 낮은 사람은 배당 수익률이 높은 주식을 선호한다는 것이다. 이에 비해, **배당의 신호 효과**는 릿젠버거와 라마스와미(1979)가 주장한 이론이다. 이는 배당 지급이 투자자에게 기업의 양호한 미래 실적에 대한 정보를 제공하는 신호의 역할을 한다는 것이다. 따라서 배당 수익률이 높은 주식이 낮은 주식보다 세전 수익률이 높다고 하였다.[5]

배당의 고객 효과
한계세율이 높은 사람은 배당이 없거나 낮은 배당 수익률의 주식을 선호하고, 한계세율이 낮은 사람은 배당 수익률이 높은 주식을 선호한다는 가설

배당의 신호 효과
기업의 배당 선택이 미래 수익성에 대한 경영진의 기대를 반영한다는 가설

배당의 고객 효과와 신호 효과는 충분히 객관적인 설득력이 있지만, 배당 퍼즐의 많은 부분을 설명하지는 못한다. 20세기 말부터 엄청나게 성장한 뮤추얼 펀드와 연금 펀드를 보자. 그들이 고객의 한계세율을 엄밀하게 고려한다고 생각하기도 어렵고, 수많은 투자자가 한계세율에 따라서 투자한다고 가정하기도 어렵다. 또한 배당의 신호 효과가 옳다면, 성장성이 좋은 기업이 배당을 지급하지 않았던 이유는 무엇일까? 베이커와 유글러(2004b)에 의하면 1963년부터 2000년까지 미국의 전체 기업 중 배당을 지급하는 기업의 개수는 큰 변화가 없었지만, 배당을 지급하지 않는 기업은 꾸준히 증가하였다고 한다. 예를 들어, 2000년에 배당을 지급하는 기업은 871개에 불과하였지만, 배당을 지급하지 않는 기업은 3,042개로 훨씬 많았다. 또한 배당을 지급하지 않았던 기업 중에 엄청난 성장성을 보였던 기업들도 너무 많았기 때문에 고객 효과와 신호 효과가 이런 현상들을 설명하기는 어렵다.

우리나라도 현금 배당에 대해 소득세를 납부해야 하지만 자본이익에는 세금이 전혀 부과되지 않았기 때문에, 표준 재무론에 따르면 배당이 정당화될 수 있는 근거는 없다.[6] 그런데도 우리나라에서도 배당을 선호하는 경향이 있다. 대학과 대학원에서 투자 이론을 충분히 공부한 전문 펀드 매니저들도 배당을 지급하는 기업의 주식을 선호하는 경향이 있다. 세제 측면에서 배당의 지급

잉여현금흐름 가설
경영자들이 잉여현금을 마음대로 사용하는 것을 방지하기 위하여 배당을 지급한다는 가설

생애주기 이론
신생 기업들은 배당 지급보다는 사내 유보를 선호하고, 오래된 기업들은 배당을 선호한다는 가설

5 이 이외에도 **잉여현금흐름 가설**이 있다. 경영자들은 잉여현금을 수익성이 낮은 프로젝트나 인수합병에 사용하여 사적 이익을 추구할 가능성이 있다. 이는 주주와 경영자 사이의 대리인 문제를 야기할 수 있는데, 이를 방지하기 위하여 배당을 지급한다는 것이다. 또 다른 설명으로는 기업의 **생애주기 이론**이 있다. 신생 기업들은 상대적으로 투자 기회가 많아서 배당을 지급하기보다는 사내에 유보하려고 하지만, 오래된 기업들은 상대적으로 투자 기회는 적고 수익성이 높아서 배당을 지급하려는 경향이 있다는 것이다. 이러한 이론들이 투자자들의 배당 선호 현상을 직접적으로 설명하기에는 한계가 있다.

6 홍콩, 대만, 중국에도 자본이익세가 없다. 홍콩에는 배당에 대한 소득세도 없고, 대만에는 법인세 없이 배당 소득세만 납부하면 된다. 중국은 2017년 현재 주식의 보유 기간이 1년보다 길어지면 배당에 대해 세금이 면제된다.

이 주주들의 부에 좋지 않은 영향을 미치는데, 왜 그들은 배당을 선호할까? 표준 재무론이 이를 설명할 수 없다면, 행동 재무론이 대안적 설명을 제공하여야 할 것이다.

자기 통제와 배당

대리인 이론
주식회사 주주, 경영자, 채권자의 이해 상충에 대한 이론

젠센과 멕클링(1977)은 기업에 대한 표준 경제 이론과 다른 여러 가지 사안들을 **대리인 이론**으로 설명하였다. 대리인 이론의 좀 더 공식적인 명칭은 주인–대리인 이론으로 주인과 대리인 사이에서 정보 비대칭 때문에 발생하는 문제를 설명한다. 기업에서 주인은 주주(와 채권자)이고, 대리인은 경영자이다. 따라서 대리인 이론은 정보 비대칭으로 인해 발생하는 주주, 채권자, 경영자 사이의 이해 갈등을 설명한다. 그들의 연구 이후로 상당히 많은 학자가 대리인 이론을 기반으로 기업재무 문제를 설명하였다.

계획 자아
전체 기간의 효용 최대화를 위해 계획을 세우는 자아

행동 자아
주어진 기간의 효용 최대화를 위해 행동하는 자아

탈러와 셰프린(1981)은 표준 경제학 이론과 부합하지 않는 소비자 선택을 대리인 이론에 의해 설명하였다. 자기 통제의 관점에서 소비자는 **계획 자아**와 **행동 자아**에 의해서 의사결정을 한다.[7] 대리인 이론으로 설명하면, 계획 자아는 주주에 행동 자아는 경영자에 비유할 수 있다. 계획 자아는 장기적인 효용의 최적화를 도모하고, 행동 자아는 단기적인 최적화를 원한다. 예를 들어, N 기간이 존재하면 계획 자아는 전체 기간의 효용을 최적화하려 하지만, 각 기간의 서로 다른 행동 자아들은 해당 기간에서의 효용만을 최대화하려고 한다. 따라서 계획 자아는 각 기간에 할당된 서로 다른 행동 자아를 통제하여 장기적인 효용 최적화를 이루어야 한다.

의지력의 행사
의지력의 증가로 어떤 기간의 행동 자아에 영향을 미치기 위해 행동 자아의 인센티브를 수정하여 자기 통제를 달성하는 것

기회를 조작
소비자의 의지력이 부족할 때, 행동 자아의 기회에 추가적인 제약을 부과하여서 계획 자아가 피해의 양을 제한하는 것

행동 자아를 통제하기 위해서 계획 자아는 두 가지의 기법을 사용한다. 첫 번째 기법은 **의지력의 행사**로 의지력의 향상은 어떤 기간의 행동 자아에 영향을 미치기 위해 행동 자아의 인센티브를 수정하여 자기 통제를 달성한다. 이 방법은 계획 자아의 효용에 비용을 초래할 수 있지만, 그렇지 않다면 문제 될 것이 전혀 없다. 두 번째 기법은 행동 자아의 **기회를 조작**하는 것이다. 소비자의 의지력이 부족할 때, 행동 자아의 기회에 추가적인 제약을 부과하여서 계획 자아는 피해의 양을 제한할 수 있다. 행동 자아의 기회를 제약하는 것은 유혹을 감소시켜서 금욕 현상이 작용하도록 한다. 이런 두 가지 기법은 배당

7 자기 통제에 대해서는 제1부의 〈자기 통제: 계획 자아와 행동 자아〉를 보시오.

의 분석에 중요한 역할을 한다.

탈러(1985)의 **멘탈 어카운팅**에 의하면 재원은 용도에 따라 분류되는데, 이 논리가 배당에도 적용할 수 있다. 즉각적이고 강제적인 소비 만족을 극복하면서 장기적인 부의 수준을 지키려는 사람은 주식 매도에 의한 소비를 방지하기 위하여 다음과 같은 규칙을 사용할 수 있다: 보유 주식의 배당 수입으로 소비를 감당하도록 하여서 효용을 증가시키는 것이다. 즉, 주식을 매도하여 소비하지 않도록 하는 규칙이다. 오직 배당만이 소비에 사용될 수 있다. 표준 경제학적 관점에서 보면 이는 불필요한 제약을 부과하는 것이기 때문에, 그런 제약이 투자자의 이해관계에 부합하는지를 설명할 필요가 있다. 현재의 소비 증가를 위한 주식의 매도를 허용하지 않는 것이 투자자에게는 불편할 수 있다. 특히, 유동자산이 부족할 때 그럴 것이다. 하지만 그런 규칙을 사용하는 이유는 행동 자아의 주식 매도를 금지하기 위해서이다. 주식 매도가 아닌 배당에 의한 소비만이 가능하다면, 계획 자아의 의지력이 감소하여도 큰 문제가 없다. 따라서 사람들은 현금 배당을 선호하게 된다.

멘탈 어카운팅
거래와 투자 등을 할 때 마음속에 여러 개의 계정을 만들어서 인식과 평가를 달리 하는 것

위와 같은 행동 재무론적 설명은 표준 재무론 입장에서는 아무런 의미가 없다. 주식의 매도가 증가된 배당의 완전한 대체재이기 때문에, 배당을 많이 지급하는 기업이 특별한 대우를 받는 것은 논리적 타당성이 전혀 없다. 하지만 자기 통제의 체계에서는 주식의 매도가 배당의 완전한 대체재가 아니다. 자기 통제의 어려움으로 인해서 현재의 소비를 위해 주식을 매도하는 것은 포트폴리오의 가치가 좀 더 빠르게 소비되도록 할 수 있기 때문이다. 이는 장기적인 효용 증가와 정합성을 가지지 못한다.

프로스펙트 이론과 멘탈 어카운팅

지금까지 살펴본 배당에 관한 논의의 핵심은 이익 환원 방법의 형태가 중요한가, 아니면 실질이 중요한가이다. 표준 재무론적 관점에서는 이익 환원 방법이 무엇인가에 관계없이 실질적으로 원하는 금액을 얻으면 아무런 상관이 없다고 한다. 이에 비해 현실에서는 투자자들이 이익 환원 방법으로 배당을 선호한다. 블랙(1976)은 이를 다음과 같은 선택 문제로 간단하게 제시하였다.

> **다음과 같은 두 개의 갬블이 주어졌을 때, 어떤 것이 다른 것보다 선호될까?**
>
> ① 오늘 $2를 보유하고 있고, 내일 50–50의 확률로 $54 또는 $50을 가질 수 있다.
>
> ② 오늘 아무것도 없지만, 내일 50–50의 확률로 $56 또는 $52를 가질 수 있다.
>
> **무차별 제안:** 아마도 그렇지 않을 것이다. $2의 보유 비용과 $2에 대한 이자비용을 무시한다면 두 개의 갬블 간의 선호도는 무차별할 것이다.

여기서 오늘의 $2는 배당에 해당하고, 내일의 수입은 주가로 생각할 수 있다. 표준 재무론에서는 가치가 같다면 그것이 배당이든 주식 매도이든 아무런 관계가 없다. 따라서 ①과 ②는 무차별해야 한다. 하지만 자기 통제의 관점에서는 배당과 주식 매도 수입에 의한 소비는 분명히 다르다는 것을 확인하였다. 이제부터는 자기 통제의 관점이 아니더라도 갬블 ①과 ②가 무차별하지 않다는 것을 보여주고자 한다.

통합
결과들을 합하여 함께 판단하는 것

분리
결과들을 각각으로 나누어 판단하는 것

프로스펙트 이론을 기반으로 하는 멘탈 연산은 두 개의 손익을 쾌락적 편집에 의해 **통합**하거나 **분리**하여 평가한다.[8] 위에 제시된 블랙의 예시에서 갬블 ①은 $2의 확실한 이익과 $54 또는 $50의 확률적 주가 게임이고, 갬블 ②는 $56 또는 $52의 확률적 주가 게임이다. 따라서 갬블 ①은 분리에, 갬블 ②는 통합에 해당한다. 투자자가 배당을 주가에 합쳐서 생각하면 갬블 ①을 갬블 ②로 전환할 수 있지만, 갬블 ②를 갬블 ①로 전환할 수는 없다.[9] 셰프린과 스태트만(1984)은 이 두 갬블의 통합과 분리 평가의 결과를 다음과 같이 세 가지 주식 매입 가격을 통해서 알아보았다.[10] 여기서 분리 또는 통합의 의사결정은 주가에 대한 확률적 결과가 알려진 다음에 이루어진다고 가정한다.

	매입 주가	갬블 ①	갬블 ②	쾌락적 편집의 결과
경우 1	$40	배당 $2 + 자본이익 $10 또는 $14	자본이익 $12 또는 $16	분리
경우 2	$70	배당 $2 + 자본이익 −$16 또는 −$20	자본이익 −$14 또는 −$18	분리(실버 라이닝)
경우 3	$51	배당 $2 + 자본이익 $3 또는 −$1	자본이익 $5 또는 $1	분리 또는 통합

8 여기에 대해서는 제1부의 〈멘탈 어카운팅〉에서 자세히 설명하였다.
9 심리학적으로 갬블 ①을 갬블 ②로 전환할 수 없는 경우도 있을 수 있는데, 이는 금액의 분리를 잊을 수 없는 경우이다.
10 배당 $2가 작은 이익이므로 이 세 가지 경우가 모든 경우를 대변할 수 있다.

경우 1에서는 매입 주가가 \$40이므로 자본이익이 \$10 또는 \$14가 될 것이다. 멘탈 연산에 의하면 두 개의 이익을 분리해야 효용이 최대가 되므로, 분리하는 갬블 ①이 통합하는 갬블 ②보다 선호된다. 경우 2에서는 상당한 자본손실로 인하여 \$2의 배당은 **실버 라이닝**으로 작용하기 때문에 분리하는 것이 선호된다. 마지막으로 경우 3에서는 작은 자본손실이 발생할 가능성이 있다. 따라서 자본이익이 \$3인 경우에는 분리해야 하지만, 자본이익이 −\$1이 되어 자본손실이 발생할 때는 통합해야 한다.[11] 투자자는 자본이익이 −\$1이 될 때는 갬블 ①을 갬블 ②로 전환하여 통합할 것이다. 따라서 위의 두 갬블이 무차별할 것이라는 블랙의 무차별 제안은 경우 1과 2에서는 성립하지 않고, 경우 3의 일부에서만 성립한다.[12] 하지만 갬블 ①은 멘탈 어카운팅에 의해 갬블 ②로 전환이 가능하므로 배당이 있는 것이 없는 것보다 선호될 수 있다.

실버 라이닝
작은 이익을 큰 손실과 분리 평가하여 얻게 되는 작은 기쁨

한편, 프로스펙트 이론은 추가적으로 배당에 관한 두 가지 현상을 설명하기도 한다. 첫째, 동일한 양의 고통은 기쁨보다 더 크게 느껴지는데, 이는 배당의 증가보다 배당의 감소가 주가에 더 큰 영향을 미친다는 주장과 정합성이 있다. 둘째, 배당을 '**정규 배당**'과 '**특별 배당**'으로 나누는 것은 정보 전달에 있어서 중요한 의미가 있는데 프로스펙트 이론으로 이를 설명할 수 있다. 의사결정자는 기준점을 중심으로 이익과 손실에 따라 프로스펙트를 평가한다. 기준점은 시간에 따라 변할 수 있는데, 배당 증가의 경우에도 마찬가지이다. 배당 지급을 정규와 특별로 나누면 전체 배당의 증가가 주주 입장에서 기준점의 변경을 방지할 수 있다. 즉, 정규 배당을 기준점으로 보기 때문에 특별 배당의 지급이 기준점의 변경을 의미하지 않는다는 것이다. 이는 특별 배당 증가보다는 정규 배당 증가 다음 해에 배당 지급액이 더 커진다는 사실과도 부합한다.

정규 배당
정기적으로 이루어지는 배당

특별 배당
비정기적으로 특별하게 이루어지는 배당

11 셰프린과 스태트만(1984)은 경우 3에서 통합을 하는 갬블 ②가 선호된다고 하였지만, 경우 3에도 자본이익이 발생할 가능성이 있기 때문에 항상 갬블 ②가 선호된다고 주장할 수는 없다.

12 블랙의 무차별 제안이 성립하지 않는다는 것을 가중치의 준확실성을 이용하여 증명할 수도 있다. 여기서 가중치의 준확실성은 $[\pi(0.5)+\pi(0.5)<1]$을 의미한다. 분리가 선호되는 경우 1에서 갬블 ①과 갬블 ②의 가치는 다음과 같이 나타낼 수 있다.

갬블 ①의 효용 $= v(2)+\pi(0.5)v(10)+\pi(0.5)v(14)$
갬블 ②의 효용 $= \pi(0.5)v(12)+\pi(0.5)v(16)$
갬블 ①의 효용 $> \pi(0.5)[v(10)+v(2)]+\pi(0.5)[v(14)+v(2)]$ (∵가중치의 준확실성)
$> \pi(0.5)v(12)+\pi(0.5)v(16)$ = 갬블 2의 효용.

따라서 분리가 선호된다.

후회의 회피와 현금 배당 선호

제1부 〈확실한 상황에서의 판단〉에서 설명한 바와 같이 사람들은 후회하지 않을 선택을 하려고 상당한 노력을 한다. 이를 배당의 관점에서 이해하기 위해 다음의 두 경우를 살펴보자.

(1) 배당으로 $1,000을 받아서 텔레비전을 구매하였다.
(2) $1,000의 주식을 매도하여 텔레비전을 구매하였다.

그 이후에 해당 주식의 가격이 많이 상승하였다. 어떤 경우에 더 많이 후회할까? 주식 매도와 배당이 완전한 대체재라면 경우 (2)를 경우 (1)보다 더 많이 후회할 이유는 없지만, 카너먼과 트버스키(1981)는 대부분의 사람이 주식을 매도한 경우에 후회가 더 크다고 하였다.[13] 그 의미는 후회를 회피하려고 하는 사람들은 배당에 의한 소비가 주식 매도에 의한 소비보다 선호된다는 것이다. 따라서 세금과 정보 효과를 배제하더라도 배당과 주식 매도는 완전한 대체재가 될 수 없다.

후회에 대해 카너먼과 트버스키(1981)가 설명한 내용을 살펴보자. 후회는 변경한 선택으로부터 얻게 되는 불만의 특별한 형태로 다른 선택을 했다면 더 좋은 결과가 있을 것으로 생각할 때 발생한다. 이는 후회의 경험과 선택의 가능성 간에 밀접한 관계가 있다는 것을 의미하는데, 어떤 압력에 의한 선택은 후회를 거의 초래하지 않는다. 표준적인 절차의 위반이나 혁신적 행동을 하지 않으려는 것은 추후에 발생할 수 있는 후회에 대한 효과적인 방어 기제가 된다. 왜냐하면 관례적인 일보다는 비관례적인 일을 상상하는 것이 더 어렵기 때문이다. 즉, 어떤 행동을 하지 않아서 발생하는 후회는 그 행동을 해서 얻게 되는 후회보다 심각하지 않다는 것이다. 다음의 사례를 살펴보자.

폴은 A 기업의 주식을 보유하고 있다. 작년에 그는 B 기업의 주식으로 바꾸려고 하다가 그렇게 하지 않았다. 그런데 지금 보니까 B 기업으로 바꾸었다면 $1,200의 수익을 더 얻었을 것이다. 이에 비해, 조지는 B 기업을 보유하

13 경제적 가치에 있어서 배당과 주식 매도가 동일하다는 것은 쉽게 증명할 수 있다. 어떤 주식 $10,000을 보유하고 있다고 하자. 이 주식이 $1,000을 배당하면 주가는 $9,000이 된다. 여기서 주가가 10% 상승하면 $9,900이 된다. 하지만 배당을 하지 않아서 $1,000만큼 매도하면 주식의 가치는 $9,000이 된다. 이때 주가가 10% 상승하면 역시 $9,000이 된다. 따라서 경우 (1)과 (2)는 부의 수준 측면에서 완전히 동일한 효용을 가진다.

고 있다가 작년에 A 기업으로 바꾸었다. B 기업을 계속 보유하고 있었다면 $1,200의 수익을 더 얻었을 것이다. 각자가 신중하게 의사결정을 해서 객관적으로 동일한 상황(A 기업의 주식 보유)이 되었음에도 일반적으로 조지가 더 화가 났을 것으로 생각할 수 있다. 폴이 기업 B로 바꾸려고 생각하기보다는 조지가 기업 B를 계속 보유하는 것을 생각하기가 훨씬 더 쉽기 때문이다. 일반적으로 후회를 예상하면 행동하는 것보다는 행동하지 않는 것을 선택할 것이고 혁신적 행동보다는 일상적인 행동을 하게 된다.

한편, 탈러(1980)는 후회의 가능성이 결과에 대한 책임을 느껴야 하는 의사결정을 왜 방해하는가에 대해 고민했다. 그는 후회를 프로스펙트 이론으로 설명하였다. 어떤 행동에 대한 후회와 자부심은 다른 의사결정을 했을 때의 결과와 비교할 때 발생한다. 후회가 자부심보다 감정적으로 더 강한 느낌이라면 책임을 지는 의사결정을 피하려고 할 것이다. 그림 8-1은 행동에 대한 책임이 고려될 때, 가치 함수가 어떤 영향을 받는가를 보여준다. 실선은 책임이 없는 경우의 가치 함수이고, 점선은 책임이 있는 경우의 가치 함수이다. 책임이 없는 경우, 가치로 표현된 자부심과 후회는 각각 이익과 손실이 증가하면서 증가하지만, 후회의 효과가 더 크다. 책임이 있는 경우에는 그런 효과가 더 커지기 때문에 후회는 더 커질 수밖에 없다.

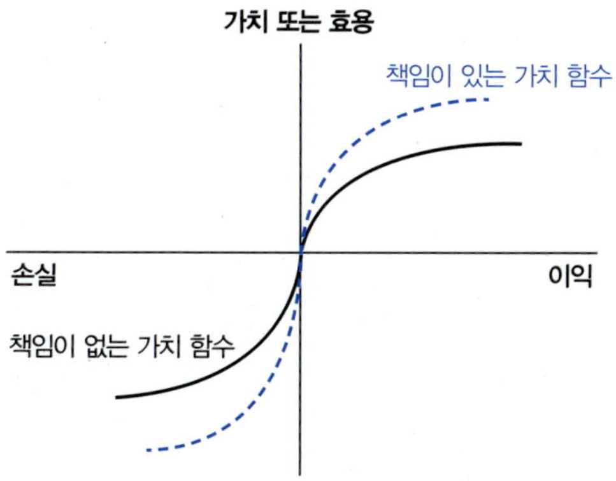

그림 8-1
책임이 있는 경우와 없는 경우의 가치 함수

셰프린과 스태트만(1984)은 이 논리를 배당 선호도에 적용하였다. 폴은 배당을 받아 소비하는데 그가 $1의 배당을 받아서 소비하였다. 조지는 소비를 위해서 주식을 잘 매도하지 않는데, $1 가치의 주식을 매도하여서 소비하였다. 그 후에 주식의 가격이 상승하였다고 하자. 이때 폴이 $1의 배당을 그 주식에 재투자하는 것(행동을 취함)보다는 조지가 주식을 매도하지 않는 것(행동을 취하지 않음)이 더 쉬웠을 것이다. 결국 조지는 책임을 느끼기 때문에 더 크게 후회할 것이다. 폴은 동일한 경제적 상황에 있지만, 배당을 소비하는 표준적 절차를 따랐기 때문에 후회를 회피할 수 있다. 따라서 표준적 절차인 규칙(배당으로 소비함)이 후회 감소의 기능을 할 수 있다는 것이다. 만약에 폴이 배당의 재투자를 규칙으로 삼았는데, 이번에는 그렇게 하지 않았다고 생각해 보자. 그러면 그는 규칙을 어겨서 좋지 않은 결과를 얻게 된 것을 후회할 것이다. 따라서 세금과 거래 비용이 없어도 주식의 매도와 배당이 완전한 대체재가 될 수는 없다. 주식의 매도가 아닌 배당에 의한 소비 규칙을 사용한다면 후회의 회피는 현금 배당을 선호하도록 할 수밖에 없다.

케이터링 이론과 실제

앞에서 한 설명에 의하면, 자기 통제, 분리 욕구 및 후회의 회피 때문에 어떤 투자자들은 현금 배당에 대해서 프리미엄을 지불할 수 있다. 베이커와 유글러(2004a,b)는 투자자가 현금 배당 기업에 대해 프리미엄을 지불한다는 개념을 구체화시켜 **케이터링 이론**을 개발하였고, 이를 이용하여 기업의 배당 지급 이유를 설명하였다. 케이터링이란 소비자가 원할 때 행사 등에 음식을 제공하는 서비스이다. 이와 마찬가지로 기업도 투자자들이 배당을 원할 때 배당을 지급하고, 원하지 않을 때 지급하지 않는다는 것이다. 이에 대해서 알아보자.

케이터링 이론
주식회사가 투자자들이 배당을 원할 때 배당을 지급하고, 원하지 않을 때 지급하지 않는다는 가설

베이커와 유글러(2004a)는 표준 재무론에서 가정하는 **시장 효율성**에 문제가 있다고 지적하였다. 시장 효율성의 문제점을 보여주기 위해 그들은 세 가지 관점에서 현금 배당 선호 문제에 접근하였다. 첫째, 심리적 또는 제도적 이유로 정보가 없는 일부 투자자들은 배당 지급 주식에 대해 **시가변적 수요**를 가진다.[14] 둘째, 이런 수요가 배당 지급 기업과 미지급 기업의 주가에 차이를 발생시키지만, 이를 이용한 차익거래는 불가능하다. 셋째, 기업 경영자들은 투자자들의 수요에 맞게 합리적으로 대응한다. 즉, 투자자들이 배당 지급 기업에 더 높은 가격을 지불하면 기업은 배당을 더 지급하고, 투자자들이 배당 미지급 기업을 선호하면 기업은 배당을 덜 지급한다는 것이다.

시장 효율성
시장이 모든 이용 가능한 정보를 완전하고 신속하게 반영한다.

시가변적 수요
시간이 흐름에 따라 변화하는 수요

그들 논리의 핵심은 다른 조건이 동일하고 배당 지급 여부만 다를 경우, 투

14 시가변적 수요란 시간이 흐름에 따라 달라지는 수요를 말한다.

자자들이 배당 지급 기업의 주식에 프리미엄(디스카운트)을 지불하면 그들이 배당을 원한다고 (원하지 않는다고) 해석하는 것이다. 이때 배당 프리미엄을 사용한다. 배당 프리미엄에 따라 기업의 경영자들이 배당 의사결정을 하는 것이 케이터링 이론이다. 투자자들의 이런 성향은 시간에 따라 변하는데, 이는 배당 프리미엄이 투자자 **센티먼트**에 의해서 움직이기 때문이다. 센티먼트의 대용치로 사용되고 있는 폐쇄형 펀드의 할인율이 배당 프리미엄과 양(+)의 상관관계를 가지는 것은 이를 증명하는 대표적인 결과이다.

센티먼트
정서적 감정

그렇다면 배당 프리미엄이란 무엇일까? 투자자들은 배당 지급 기업의 주식에 프리미엄을 어떻게 지급할까? 주가에 부과되는 프리미엄은 주가 관련 정보를 이용해야 하므로, 그들은 주가/장부가 비율을 이용하였다. 배당 지급 기업의 주가/장부가 비율에서 미지급 기업의 주가/장부가 비율을 차감하여 이를 **배당 프리미엄**이라고 정의하였다.[15] 이 값이 양(+)이면 프리미엄이 되고, 음(−)이면 디스카운트가 된다. 따라서 케이터링 이론에 의하면, 배당 프리미엄이 양(+)이면 배당 지급 성향이 증가하고, 음(−)이면 배당 지급 성향이 감소하게 된다.

배당 프리미엄
배당 지급 기업의 주가/장부가 비율에서 미지급 기업의 주가/장부가 비율을 차감한 값

그들은 배당 프리미엄이 높아서 배당 수요가 높을 때는 배당 미지급 기업이 배당을 재개하고, 배당 수요가 낮을 때에는 배당 지급 기업이 배당을 중단하는 경향이 있다고 하였다. 또한 배당 프리미엄으로 측정된 배당 수요는 주식의 미래 수익률과 음(−)의 상관관계를 가진다. 즉, 배당 수요가 높으면 주가가 과도하게 높아진 것이기 때문에 향후에는 주식 수익률이 음(−)이 되고, 배당 수요가 낮으면 주식 수익률이 양(+)이 된다고 하였다. 따라서 이런 주가 수익률의 예측성은 배당과 관계된 시가변적 주가의 이상 현상과 관계가 있다고 할 수 있다.

페리스 등(2009)은 23개 국가에 대해 케이터링 이론을 검증하였다. 그들은 관습법 체계의 국가들은 케이터링 효과가 있지만, 성문법 체계의 국가들에서는 케이터링 효과가 발견되지 않는다고 하였다. 한편, 조성순 등(2017)은 우리나라에서도 배당 수요가 클수록 배당 지급 성향이 강하며 배당 증가의 정도 또한 크다고 하여 케이터링 이론을 지지하였다.

15 실제로는 배당 지급 기업의 평균 주가/장부가 비율의 로그 값에서 미지급 기업의 평균 주가/장부가 비율의 로그 값을 차감한 값을 이용하였다. 여기서 평균은 주식 장부가에 의한 단순평균과 가중평균을 모두 사용하였다.

배당과 주가의 단절

배당 단절
현금 배당을 지급하여 주가의 연속성이 깨지는 현상

하츠마르크와 솔로몬(2019)은 배당의 지급 이유에 대해 그동안의 행동 재무론적 이론을 뛰어넘어서 매우 직접적인 설명을 하였다. 그들은 투자자들이 배당과 주가를 독립적으로 생각하는데, 이를 **배당 단절**이라고 하였다. 실제로 그렇다는 것이 아니라 심리적 이유로 인해서 투자자들이 그렇게 생각한다는 것이다. 이는 매우 혁신적인 아이디어로 배당 퍼즐을 이해하는 가장 논리적이면서 설득력 있는 설명이다.

배당 무관련 이론
현금 배당이 기업 가치와 관련이 없다는 가설

밀러와 모딜리아니(1961)의 **배당 무관련 이론**은 돈이 대체 가능한 자산이라는 개념으로부터 유도된다. 즉, 배당이든 자본이익이든 상관없이 모두 같은 수익으로 인정한다는 것으로 $1의 배당과 $1의 주식 매도 수입이 동일하다는 것이다. 여기에 세금과 거래 비용을 고려하면 배당이나 주식 매도 수입 중 하나가 선호될 수도 있다. 표준 재무론은 세금이나 거래 비용과 같은 마찰적 요소가 있어도, 투자자들은 비용을 차감한 후에 자신들의 포트폴리오 가치를 최대화한다고 가정한다. 이는 대부분의 자산 가격결정 이론의 기반이 되는 가정으로 자본이익과 배당을 통합하는 수익률을 분석의 핵심 변수로 사용하는 이유이다.

밀러와 모딜리아니의 개념은 직관적으로 이해하기 쉽지만, 배당을 받으면 주가가 그만큼 하락한다는 사실이 많은 투자자에게 그렇게 확실히 인식되기는 어렵다. 배당 무관련 이론은 일상생활의 사례와도 일치하지 않을 수 있다. 예를 들어, 나무의 열매를 따는 것과 나무 자체를 베어버리는 것과는 다르다. (여기서 열매는 배당, 나무는 주가라고 생각할 수 있다.) 물론 이런 비유가 그들의 이론에 문제가 있다는 것을 의미하지는 않지만, 투자자들이 그들의 이론대로 행동하지 않는다는 것이다. 투자자들은 배당이 주가 하락을 수반한다는 사실을 무시하면서, 배당을 불확실한 주가 변동에 대해 안전한 **헤지**로 오해한다. 이런 실수를 하츠마르크와 솔로몬(2019)은 **공짜 배당의 오류**라고 하였다: 주가와 배당의 상쇄 관계가 명확히 인식되지 않으면, 배당은 바람직한 공짜 수입원으로 생각될 수 있다. 공짜 배당의 오류는 주가 변동과 배당을 관계없는 별개의 움직임으로 취급하기 때문에 발생한다.

헤지
위험으로부터 보호하는 것

공짜 배당의 오류
주가와 배당의 상쇄 관계가 명확히 인식되지 않으면, 배당은 바람직한 공짜 수입원으로 생각될 수 있다.

손익에 따른 주식의 매도 의사결정

주식 수익률은 다음과 같이 주가 변동에 의한 자본이익과 배당 수익률의 합으로 계산된다.

$$r_t = \frac{P_t + D_t}{P_{t-1}} = \frac{P_t}{P_{t-1}} + \frac{D_t}{P_{t-1}} = \text{자본 이익률} + \text{배당 수익률}$$

r_t: t 기간의 주식 수익률; P_t: t 시점의 주가; D_t: t 시점의 배당

표준 재무론에서는 위와 같이 계산된 주식 수익률에 따라 투자 의사결정을 한다. 하지만 하츠마르크와 솔로몬(2019)은 투자자들이 자본이익과 배당을 합쳐서 계산한 수익률로 의사결정을 하지 않고, 주가 변동에 의한 자본이익과 배당을 별개로 취급하여 의사결정을 한다고 주장하였다. 이는 탈러(1985)의 멘탈 어카운팅과 정합성이 있는 개념으로 기존 연구들이 배당을 제외한 자본이익만을 이용하여 자본시장에서 발생하는 경제적 현상을 설명하였다고 주장한다.

이를 위해서 그들은 다음과 같은 세 가지 현상을 제시하였다: **디스포지션 효과, 연계된 디스포지션 효과, 순위 효과.**[16] 이 세 가지 효과는 자본시장에서 관찰될 수 있는 매우 중요한 현상들인데 기존 연구들은 배당을 제외한 자본이익만을 고려하여 이들에 대한 실증분석을 진행하였다. 이는 투자자들이 이런 의사결정을 할 때 배당이 포함된 수익률에 따르지 않고 주가의 변동만을 고려한다는 것이다. 그런 투자자들은 배당이 주가 하락과 연계된 수익이라고 생각하지 않기 때문에 공짜 배당의 오류에 따라서 행동하게 된다는 것이 배당 단절의 핵심적인 주장이다.

디스포지션 효과
손실이 발생한 주식을 보유하고, 이익을 얻은 주식을 매도하는 행동

연계된 디스포지션 효과
어떤 주식을 매도 후 짧은 시간 내에 다른 주식을 매입하였을 경우, 새 주식의 가치가 옛 주식의 매입 가치를 초과하면 새 주식을 매도하는 성향

순위 효과
극단적으로 높거나 낮은 실적을 가지는 주식을 매도하는 성향

한편, 안정적 수입원으로서 배당에만 관심이 있는 투자자들은 수익률의 자본이익 부분에는 신경을 덜 쓴다. 따라서 개인과 기관 투자자들은 배당을 많이 지급하는 주식들을 매도하지 않으려는 성향이 있다. 즉, 배당이 사람들에게 과거의 주가 변동에 민감하지 않도록 만들기 때문이다. 이런 결과들은 자본이익과 배당을 수익률의 일부분으로 보지 않고 각각을 별개로 취급하는 투자자들의 성향을 보여준다.

16 디스포지션 효과(disposition effect)란 이익을 본 주식을 너무 빨리 매도하고, 손실을 본 주식을 계속 보유하는 현상이다. [셰프린과 스태트만(1985)을 보시오.] 이에 비해 연계된 디스포지션 효과(rolled disposition effect)는 어떤 주식을 매도 후 짧은 시간 내에 다른 주식을 매입하였을 경우, 새 주식의 가치가 옛 주식의 매입 가치를 초과하면 새 주식을 매도하는 성향을 말한다. [프리드만, 하츠마르크, 솔로몬(2018)을 보시오.] 한편, 순위 효과(rank effect)는 극단적으로 높거나 낮은 실적을 가지는 주식을 매도하는 성향이다. [하츠마르크(2015)를 보시오.]

배당은 거의 재투자되지 않는다.

투자자들이 배당과 주가를 별개로 생각한다면 지급받은 배당을 당해 주식에 다시 재투자하지 않을 수 있다. 이미 베이커 등(2007)은 개인 투자자들이 배당을 재투자하지 않고 소비에 사용한다는 것을 보여주었다. 그렇다면 소비의 동기가 없는 뮤추얼 펀드와 기관 투자자들도 배당을 재투자하지 않을까? 그렇다.

배당락일
배당락이 발생하는 날

하츠마르크와 솔로몬(2019)은 뮤추얼 펀드와 기관 투자자들을 대상으로 배당을 지급하는 기업의 보유 주식 수가 **배당락일**에 상대적으로 증가하지 않는다는 것을 발견하였다. 뮤추얼 펀드는 배당 재투자가 겨우 2.3%이었고, 기관 투자자들은 9.6%에 머물렀다. 이러한 배당 지급 주식의 재투자 부족은 배당 미지급 주식보다 상대적으로 당해 주식의 비중 감소를 야기하게 된다. 즉, 배당락일에 배당 지급 주식의 비중이 배당만큼 감소한다는 것이다. 이 또한 투자자들이 주가와 배당이 단절된 속성인 것처럼 인식하고 행동한다는 증거이다.

배당과 증권분석사들의 오류

공짜 배당의 오류가 널리 퍼져 있다면 다른 시장 참가자에게서도 그런 증거가 발견되어야 한다. 증권분석사들의 주가 예측을 생각해 보자. 그들은 주가 예측을 할 때 배당 지급 기업의 주가가 배당만큼 감소한다는 사실을 무시할까? 그렇다. 이는 그들의 예측 오차가 음(−)의 값을 가졌다는 사실로부터 알 수 있다. 예측 오차는 사후적으로 실제 주가에서 예측 주가를 차감하여 알 수 있는데, 정확히 주가를 예측한 경우라도 실제 주가가 배당만큼 하락하기 때문에 예측 오차는 음(−)이 될 수밖에 없다는 것이다. 증권분석사는 주가를 추적하는 사람이지만, 그런 업무가 소비나 세금 등에 의해서 영향을 받지 않는다. 따라서 이런 사실은 표준 재무론적 입장에 반하는 증거로 배당 단절이 심리적 현상이라는 것을 뒷받침한다.

투자자들은 배당을 안전한 수입원으로 생각한다.

공짜 배당의 오류가 가지는 시사점을 배당 수입의 수요로부터 알 수도 있다. 배당 수입의 수요는 배당 발표 시점부터 배당락 전까지의 비정상 수익률에 의해 측정할 수 있다.[17] 하츠마르크와 솔로몬(2013)은 배당 발표 시점부터 배당락 전까지의 기간에 양(+)의 수익률이 있다는 것을 발견하였다. 그 짧은 기간에 양(+)의 수익률이 있다는 것은 (배당 관련 뉴스, 불확실성, 또는 세금 효과와 관계없기 때문에) 배당을 추구하는 투자자들의 가격 압박과 연계된 배당 수입의 효과가 크다는 것이다.

만약 투자자들이 공짜 배당의 오류를 가지고 있고 배당을 별개의 수입원으로 생각한다면, 그들이 다른 수입원이 별로 없을 때 배당이라는 수입원에 높은 가치를 부여할 것이다. 배당 수입의 가장 가까운 대체재는 채권 이자이다. 재미있게도 실제로 이자율이 낮아서 채권의 이자 수입이 별로 크지 않을 때 배당 수요가 높아진다는 사실이 밝혀졌다. 따라서 배당이 안정적이면서 최근에 배당이 증가한 주식의 배당 수요는 더 커진다. 또한 최근에 주가가 많이 증가한 주식에 대한 배당 수요는 작아지는데, 이는 작은 배당 수입의 예측이 최근의 큰 자본이익에 비해 덜 매력적이기 때문이다.

현금 배당 선호에 대한 행동 재무론적 해석의 결론

일찍이 셰프린과 스태트만(1984)은 프로스펙트 이론과 자기 통제로 현금 배당 선호 현상을 설명하였다. 신고전주의 경제학과 재무론이 학계를 지배하던 당시로서는 매우 도전적이면서도 긍정적인 새로운 시도였다. 그러다가 베이커와 유글러(2004a)가 수리적 모형으로서의 케이터링 이론을 제시하고 실제로 투자자들의 배당 수요가 증가(감소)할 때 기업들의 배당이 증가(감소)한다는 것을 보여주었다. 이는 배당의 고객 효과, 신호 효과, 세금, 거래 비용 등과는 큰 관계가 없이 배당 의사결정이 이루어진다는 것을 의미한다.

그들의 이론들은 배당 자체에 국한된 설명이었다. 하지만 하츠마르크와 솔로몬(2019)은 배당과 주가를 별개의 것으로 취급하는 배당 단절을 주장하면서 이런 심리적 개념이 투자 전략에서도 명백히 나타난다는 것을 보여주었다. 이는 배당이 발생하면 그만큼 주가가 하락한다는 합리적 개념이 투자자들에

17 우리나라에서는 금융업을 제외한 대부분의 기업이 12월 결산이기 때문에, 12월 31일의 주주 명부에 기재된 주주들에게 배당이 지급된다. 따라서 1년에 한 번 배당이 지급되는 경우, 12월 31일의 2 영업일(주식 거래일) 전에 배당락이 이루어진다. 하지만 배당 의결은 이보다 약 2개월 후의 주주총회에서 결정되기 때문에 배당 금액을 미리 알 수는 없다. 하지만 미국에서는 배당이 이사회 결정 사항이므로 배당 발표 시에 배당 날짜와 금액이 정해진다.

게 부족하다는 것을 의미하면서 동시에 밀러와 모딜리아니(1961)의 배당 무관련 이론에 반하는 실증적 증거이다.[18] 결론적으로, 투자자들은 왜 현금 배당을 선호할까? 그들은 배당과 주가를 단절된 개념으로 인식하고 배당을 안정된 수입원으로 보기 때문이다. 배당 단절의 개념은 배당 퍼즐에 대해 매우 혁신적이고 직접적이면서 알기 쉬운 설명이다.

주요 용어

계획 자아	배당락	의지력의 행사
공짜 배당의 오류	배당락일	잉여현금흐름 가설
기업 가치	배당의 고객 효과	자본구조
기회를 조작	배당의 신호 효과	자본구조 무관련 이론
대리인 이론	분리	정규 배당
디스포지션 효과	생애주기 이론	케이터링 이론
멘탈 어카운팅	센티먼트	통합
배당 단절	순위 효과	특별 배당
배당 무관련 이론	시가변적 수요	행동 자아
배당 정책	시장 효율성	헤지
배당 퍼즐	실버 라이닝	
배당 프리미엄	연계된 디스포지션 효과	

핵심 정리

- 배당 퍼즐: 세제상의 불이익에도 불구하고 현금 배당 선호 현상은 주식시장에서 널리 알려진 사실이다.

배당과 기업 가치는 무관하다: 전통적 재무 이론

- 모딜리아니와 밀러(1961)는 완전 자본시장에서 기업의 배당 정책이 기업 가치에 영향을 미치지 못한다고 하였다.
- 세금이 존재하면 배당에 대한 그들의 결론이 약간 달라진다. 세금이 존재하면 배당을 지급하지 않는 것이 주주들에게 더 유리하다.

현금 배당의 선호

- 페팃(1977)이 주장한 배당의 고객 효과는 개인 소득세가 사람마다 달라서 한계세율이 높은 사람은 배당이 없거나 낮은 배당 수익률의 주식을 선호하고, 한계세율이 낮은 사람은 배당 수익률이 높은 주식을 선호한다는 것이다.
- 배당의 신호 효과는 릿젠버거와 라마스와미(1979)가 주장한 이론이다. 이는 배당 지급이 투자자에게 기업의 양호한 미래 실적에 대한 정보를 제공하는 신호의 역할을 한다는 것이다.

18 배당 무관련 이론에 의하면, 배당을 하면 그만큼 주가가 하락하기 때문에 세금과 거래 비용이 없으면 배당의 지급 여부는 주주의 부와 아무런 관계가 없다.

- 엄청나게 성장한 뮤추얼 펀드와 연금 펀드를 볼 때, 배당의 고객 효과와 신호 효과가 인정되기는 쉽지 않다.
- 표준 재무론은 배당 퍼즐을 설명할 수 없다.

자기 통제와 배당

- 즉각적이고 강제적인 소비 만족을 극복하면서 장기적인 부의 수준을 지키려는 사람은 주식 매도에 의한 소비를 방지하기 위하여 다음과 같은 규칙을 사용할 수 있다: 보유 주식의 배당 수입으로 소비를 감당하도록 하여서 효용을 증가시키는 것이다.

프로스펙트 이론과 멘탈 어카운팅

- 프로스펙트 이론을 기반으로 하는 멘탈 연산은 두 개의 손익을 쾌락적 편집에 의해 통합하거나 분리하여 평가한다. 여기서 두 개의 손익은 현금 배당과 주식 매도에 의한 자본이익이다.
- 현금 배당의 감소는 동일한 금액의 배당 증가보다 고통이 더 크기 때문에 기업이 배당을 줄이기는 힘들다.
- 따라서 정규 배당은 평활화를 하고 큰 이익이 생겼을 때 특별 배당을 한다.

후회의 회피와 현금 배당 선호

- 배당으로 소비한 것과 주식을 매도하여 소비한 것은 후회의 관점에서 다르다. 주식 매도에 의한 소비에 대해 후회가 더 크다.
- 따라서 세금과 정보 효과를 배제하더라도 배당과 주식 매도는 완전한 대체재가 될 수 없다.

케이터링 이론과 실제

- 베이커와 유글러(2004a,b)는 투자자가 현금 배당 기업에 대해 프리미엄을 지불한다는 개념을 구체화시켜 케이터링 이론을 개발하였고, 이를 이용하여 기업의 배당 지급 이유를 설명하였다.
- 배당 지급 기업의 주가/장부가 비율에서 미지급 기업의 주가/장부가 비율을 차감하여, 이를 배당 프리미엄이라고 정의하였다.
- 배당 프리미엄이 높아서 배당 수요가 높을 때는 배당 미지급 기업이 배당을 재개하고, 배당 수요가 낮을 때에는 배당 지급 기업이 배당을 중단하는 경향이 있다.
- 배당 프리미엄으로 측정된 배당 수요는 주식의 미래 수익률과 음(–)의 상관관계를 가진다.

배당과 주가의 단절

- 하츠마르크와 솔로몬(2019)은 투자자들이 배당과 주가를 독립적으로 생각하는데, 이를 배당 단절이라고 하였다. 실제로 그렇다는 것이 아니라 심리적 이유로 인해서 투자자들이 그렇게 생각한다는 것이다.
- 공짜 배당의 오류: 주가와 배당의 상쇄 관계가 명확히 인식되지 않으면, 배당은 바람직한 공짜 수입원으로 생각될 수 있다. 공짜 배당의 오류는 주가 변동과 배당을 관계없는 별개의 움직임으로 취급하기 때문에 발생한다.
- 자본이익에 의해서 손익에 따른 주식의 매도 의사결정을 한다.
- 배당은 거의 재투자되지 않는다.
- 증권분석사들은 배당 수익을 제외한 가격을 예측한다.
- 투자자들은 배당을 안전한 수입원으로 생각한다.

현금 배당 선호에 대한 행동 재무론적 해석의 결론

- 투자자들은 배당과 주가를 단절된 개념으로 인식하고, 배당을 안정된 수입원으로 보기 때문에 현금 배당을 선호한다.
- 배당 단절의 개념은 배당 퍼즐에 대해 매우 혁신적이고 직접적이면서 알기 쉬운 설명이다.

참고 문헌

- 조성순, 박경희, 변진호 (2017), 행태재무론 관점에서 살펴본 한국의 배당 케이터링 이론 검증, 한국증권학회지 제46권 2호, 343~379.

- Baker, M., S. Nagel, and J. Wurgler (2007), The effect of dividends on consumption, Brookings papers on Economic Activity, No. 1, 231~292.
- Baker, M. and J. Wurgler (2004a), A catering theory of dividends, Journal of Finance 59, 1125~1165.
- Baker, M. and J. Wurgler (2004b), Appearing and disappearing dividends: The link to catering incentives, Journal of Financial Economics 73, 271~288.
- Black, F. (1976), The dividend puzzle, Journal of Portfolio Management 2(Winter), 5~8.
- Ferris, S., N. Sen, and S. Sabherwal (2009), Catering effects in corporate dividend policy: The international evidence, Journal of Banking and Finance 33, 1730~1738.
- Frydman, C., S. Hartzmark, and D. Solomon (2018), Rolling mental accounts, Review of Financial Studies 31, 362~397.
- Hartzmark, S. (2015), The worst, the best, ignoring all the rest: The rank effect and trading behavior, Review of Financial Studies 28, 1024~1059.
- Hartzmark, S. and D. Solomon (2013), The dividend month premium, Journal of Financial Economics 109, 640~660.
- Hartzmark, S. and D. Solomon (2019), The dividend disconnect, Journal of Finance 74, 2153~2199.
- Jensen, M. and W. Meckling (1976), Theory of the firm: Managerial behavior, agency costs and ownership structure, Journal of Financial Economics 3, 305~360.
- Kahneman, D. and A. Tversky (1981), The psychology of preferences, Scientific American 246, 160~173.
- Litzenberger, R. and K. Ramaswamy (1979), The effect of personal taxes and dividends on capital asset prices: Theory and empirical evidence, Journal of Financial Economics 7, 163~195.
- Modigliani, F. and M Miller (1958), The cost of capital, corporation finance, and the theory of investment, American Economic Review 48, 261~297.
- Miller, M. and F. Modigliani (1961), Dividend policy, growth, and the valuation of shares, Journal of Business 34, 411~433.
- Pettit, R. (1977), Taxes, transactions costs and the clientele effect of dividends, Journal of Financial Economics 5, 419~436.
- Shefrin, H. and M. Statman (1984), Explaining investor preference for cash dividends, Journal of Financial Economics 13, 253~282.
- Shefrin, H. and M. Statman (1985), The disposition to sell winners too early and ride losers too long: Theory and evidence, Journal of Finance 40, 777~790.
- Thaler, R. (1980), Toward a positive theory of consumer behavior, Journal of Economic Behavior and Organization 1, 39~60.
- Thaler, R. (1985), Mental accounting and consumer choice, Marketing Science 4, 199~214.
- Thaler, R. and H. Shefrin (1981), An economic theory of self-control, Journal of Political Economy 89, 392~410.

09 주가지수에 편입되면 왜 주가가 상승할까?

신고전주의 경제학에 따르면 주식의 수요 곡선은 가로축과 평행한 수평선이고, 공급 곡선은 세로축과 평행한 수직선이라고 한다. 주식의 수요 곡선이 왜 수평선일까? 완전자본시장에서 주식의 가격은 기초자산(주식회사의 자본) 가치의 **불편 추정치**이고 모든 사람이 그렇게 생각하기 때문이다.[1] 주식들은 비슷한 대체재가 많아서 주가와 기초자산의 가치가 다를 경우에는 그 차이를 이용하여 차익거래를 쉽게 할 수 있다. 따라서 주식의 (초과) 수요 곡선은 수평성에 가까워진다는 것이 그들의 논리이다. 결국 주식의 가격은 수요량과 관계없이 동일해야 하므로 **수요의 가격 탄력성**이 무한대에 가까워진다.[2] 한편, 주식회사가 단기간 내에 주식을 새로 발행할 수 없으므로 주식의 공급 곡선은 가격 수준과 관계없이 수직선이라고 한다. 공급 곡선이 수직선이라는 주장은 어느 정도 받아들일 수 있다.[3] 하지만 수요 곡선이 수평선이 되어 수요의 가격 탄력성이 무한대에 가깝다는 신고전주의 경제학의 주장은 오래전부터 비판의 대상이 되어왔다.

불편 추정치
기댓값이 실제 모수와 같아지는 통계량

수요의 가격 탄력성
가격 변화율에 대한 수요량 변화율의 비율

그들의 주장이 사실이라면, 주식의 수요와 공급은 균형 상태에 있으므로 유동성 문제와 같은 예외적인 상황이 아니라면 거래가 발생하지 않아야 한다. 또한 투자자들이 어떤 주식을 아무리 많이 사고팔아도 주가에는 아무런 영향이 없어야 한다. 정말 그럴까? 아무런 정보가 없는 순간에도 전 세계에서는 엄청난 양의 주식이 거래되고 있고, 주식의 매입이나 매도에 따라 주가는 끊

1 불편 추정치(unbiased estimator)란 통계적 용어로 기대치가 실제 모수(기대값 또는 표준편차)와 같아지는 통계량을 의미한다. 모든 사람이 그렇게 생각한다는 것은 완전자본시장에서 모든 사람이 동질적(homogeneous) 기대를 한다는 신고전주의 경제학의 가정이다.

2 수요의 가격 탄력성(price elasticity of demand $= \frac{\Delta Q/Q}{\Delta P/P}$)이란 가격 변화율에 대한 수요량 변화율의 비율이다.

3 내 생각으로는 이런 논리에도 약간의 문제가 있다. 수직선 공급 곡선은 공급의 가격 탄력성이 전혀 없다는 의미이다. 하지만 어떤 시점에 어떤 주식의 모든 주주가 가격과 관계없이 그들의 주식을 매도할 수 있다고 보기는 어렵다. 가격에 따라 매도량이 달라진다고 보는 것이 타당하다. 이런 경우에는 주식의 공급 곡선이 반드시 수직선이라고 주장할 수 없다. 그럼에도 불구하고 주식의 공급 곡선에 대해 이견을 가진 연구는 아직까지 없었다.

임없이 변화하고 있다.[4] 그들이 예측하는 주식시장과 실제 주식시장은 너무나 다르다. 아니, 아무런 관계가 없다. 그들의 허구적 주장을 반증하는 연구들이 1980년대부터 진행되었다. 왜 그럴까? 주식의 수요 곡선이 일반 재화의 수요 곡선과 같이 우하향하기 때문이다. 즉, 주식의 가격이 상승하면 수요량이 감소하고, 하락하면 수요량이 증가한다는 것이다. 또한 주식에 대한 수요 증가는 수요 곡선을 오른쪽으로 움직이게 하여 주식의 가격을 상승시킨다.

우하향하는 수요 곡선을 오른쪽으로 이동하게 하는 대표적 사례가 주가지수 편입이다. 어떤 주식이 주가지수에 편입되면 이 주식에 대한 수요가 증가하여 수요 곡선이 오른쪽으로 움직이게 된다. 이에 따라 당해 주식의 가격이 상승하게 되는 것이다.

주식의 수요 곡선은 우하향한다.

그림 9-1은 표준 경제학이 주장하는 주식과 일반 재화의 수요 및 공급 곡선들을 보여주고 있다. 신고전주의 또는 표준 경제학에서는 주식의 가격이 모든 사람이 동의하는 기본적 가치와 동일하기 때문에 수요 곡선은 가로축과 평행한 수평선이 된다.[5] 이에 반하여 쉴라이퍼(1986)는 주식도 일반 재화와 마찬가지로 우하향하는 수요 곡선을 가진다고 주장하였다. 그의 연구를 시작으로 하여 우하향하는 주식의 수요 곡선에 대한 후속 연구들이 이어졌다. 이제 그 주장의 근거를 알아보자.

그림 9-1
개별 주식에 대한 표준 경제학의 수요 및 공급 곡선

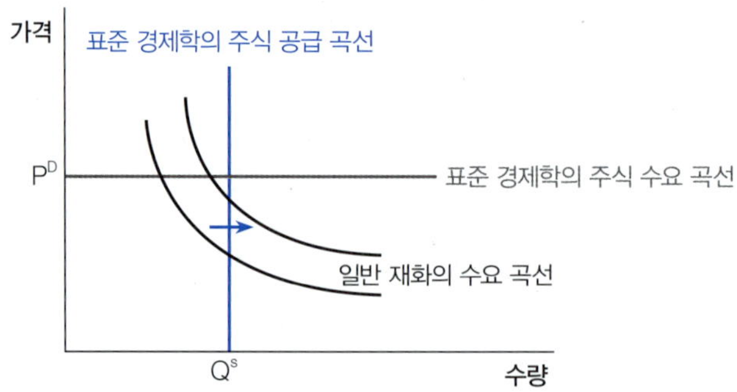

정보 가설
주식 가격이 정보에 따라 움직인다는 가설

4 매도자 또는 매입자 주도의 대규모 거래에 의해 주식 가격이 움직인다는 사실은 여러 연구에 의해 밝혀졌다. 대규모 매도 거래는 주가를 하락시키고, 매입 거래는 주가를 상승시킨다. 하지만 이런 대규모 거래들은 정보에 의한 거래일 수 있으므로, 주식 가격이 정보에 따라 움직인다는 **정보 가설**을 지지하는 것으로 받아들여졌다.
5 표준 경제학은 모든 사람이 동일한 기본적 가치(fundamental value)에 동의하지 않아도 한계 투자자(수요자)들만 기본적 가치에 동의하면 된다고 한다.

S&P 500은 S&P 글로벌이 발표하는 미국의 대표적인 주가지수로 미국에 상장된 시가총액 상위 500개 기업의 주식들을 대상으로 시가총액 방식에 의해 계산된다. S&P 500에서 어떤 주식이 탈락하면 다른 한 주식이 다시 포함되어야 한다. 이는 기업 규모, 산업 분류, 시가총액, 거래량 정보, 신흥 기업 여부 및 산업 변화에 대한 주가 움직임의 반응 등에 의해 결정된다. 이런 기준들은 모두 공개된 정보로 당해 기업의 향후 수익성과는 아무런 관계가 없다. S&P 500에 편입된다는 사실이 기업의 수익성과는 무관하므로 S&P 500 편입으로 인해서 주가에 양(+)의 **비정상적 수익률**이 발생하지 않아야 한다.[6]

비정상적 수익률
주식 수익률에서 위험 조정 수익률을 차감한 수익률

하지만 현실은 그렇지 않았다. 기관 투자자들은 투자 포트폴리오의 평가를 위해 S&P 500을 벤치마크로 사용하는 경우가 많아서 새로 편입된 주식을 추가적으로 매입하게 된다. 1980년대 초에 신규 편입된 S&P 주식의 초과 수요는 약 3% 정도라고 하였다. 이런 초과 수요는 당해 주식의 수요 곡선을 오른쪽으로 움직이게 하는데, 여기서 중요한 사항은 수요 곡선 이동이 당해 기업의 긍정적인 수익성 정보와는 무관하다는 것이다. 수요 곡선이 수평선이라면 주식의 S&P 500 편입이 주가 상승으로 이어지지는 않아야 한다. 하지만 수요 곡선이 우하향한다면 당해 주식의 S&P 500 편입 발표에 의한 초과 수요는 주가를 상승시키게 된다. 그림 9-1에서 일반 재화와 같이 주식의 수요 곡선도 우하향하기 때문에 그런 수요 곡선이 오른쪽으로 움직이면 주가가 상승한다는 것이다.

S&P 글로벌은 1975년까지는 신규 편입 주식을 미리 발표하지 않다가 1976년 9월부터는 사전에 편입 주식 발표를 시작하였다.[7] 쉴라이퍼(1986)는 S&P 500 편입이 실제로 이루어진 날을 사건일로 하여 사건 연구를 진행하였다. 편입 조정은 주중에 이루어지고, 실제 발표는 조정 전날 주식 거래가 종료된 후에 알 수 있었다.[8] 그는 거래 종료 후의 다음 날을 발표일로 정의하고 이를 **사건일**로 하였다. **사건 연구**란 당해 사건일 전, 사건일, 그리고 사건일 후의 주가 또는 관심 변수의 움직임을 분석하여 그 사건의 효과를 판단하는 것이다. 사건일 전에는 수익률에 뚜렷한 변화가 없다가 사건일에 이상 현

사건일
사건이 발생한 날

사건 연구
당해 사건일 전, 사건일, 그리고 사건일 후의 주가 또는 관심 변수의 움직임을 분석하여 그 사건의 효과를 판단하는 연구

시장 모형
당해 주식의 무위험 초과 수익률에서 시장(주가지수)의 무위험 초과 수익률을 차감하는 방법

6 비정상적 수익률이란 주식 수익률에서 위험 조정 수익률을 차감한 수익률을 의미한다. 쉴라이퍼(1986)는 위험 조정 수익률의 계산을 위해 **시장 모형**(market model)을 사용하였다. 이는 당해 주식의 무위험 초과 수익률에서 시장(주가지수)의 무위험 초과 수익률을 차감하는 방법이다.

7 1976년 9월 전까지는 편입 정보를 미리 발표하지 않았기 때문에 발표일 자체가 정확하지 않았고 큰 의미도 없었다.

8 지금은 수요일에 편입 조정이 이루어진다.

상이 생기면 당해 사건의 효과라고 판단한다.[9] 사건일 후에도 이상 현상이 일정 기간 지속되면 당해 사건의 효과가 지연되어 나타난다고 할 수 있다.

1976년부터 1983년까지의 기간에 대한 그의 사건 연구 결과에 의하면, 당해 주식의 편입 발표일에 평균적으로 +2.79%의 비정상적 수익률이 발생하였다.[10] 물론 발표일 이후 20일 동안 −1.01%의 비정상적 수익률이 발생하였지만, 이는 발표일의 양(+)의 비정상적 수익률 일부만을 상쇄할 정도에 불과하였다.[11] [12] 당해 주식의 편입 발표일에 비정상적 주가 상승이 있고 그것이 한동안 유지된다면 주식의 수요 곡선이 우하향함을 의미한다. 그는 또 비정상적 주가 상승이 당해 기업의 채권 평가 등급과 통계적으로 무관하기 때문에 정보 가설이 S&P 500 편입 발표일의 비정상적 주가 상승을 설명할 수 없다고 하였다.

그렇다면 어떤 주식이 S&P 500에 편입된다는 의미가 지금은 어떻게 변하였을까? S&P 500을 포함하여 주요 주가지수는 여전히 자산운용의 벤치마크로 활용되기 때문에 펀드 매니저의 성과 평가에 매우 중요한 기준이 되었다.[13] 또한 전 세계적으로 자산운용 시장이 엄청나게 성장하면서 벤치마크 주가지수에 대한 관심이 더욱 증가하였다. 한편, 퇴직연금 시장의 규모가 급격히 증가하면서 수수료가 저렴한 인덱스 펀드와 상장지수펀드(ETF)에 대한 투자가 크게 늘어났고, 이로 인하여 S&P 500의 중요성은 더욱 커졌다. 미국의 뮤추얼펀드협회에 의하면 2021년 3분기 현재 전 세계 ETF 규모는 $2,590억으로 크게 증가하였는데, 이는 전 세계 뮤추얼 펀드 규모인 $7,860억의 약

9 사건일에 다른 요인의 효과에 의해서도 수익률에 이상 현상이 발생할 수 있다. 이를 방지하기 위하여 당해 사건에 해당하는 사례들을 (통계적으로) 충분히 많이 고려하여 다른 요인의 효과를 통제하는 것이 사건 연구의 핵심적 특징이다.

10 1976년 9월 이전의 부정확했던 발표일에는 비정상적 수익률이 음(−)으로 비유의적인 값이 나타났다.

11 여기서 20일은 사건일 이후 한 달 동안의 기간을 의미한다. 사건일을 포함하여 20일 동안의 누적 비정상적 수익률은 3.77%이었는데, 이는 통계적으로 매우 유의적이었다. 사건일 이후 60일(석 달) 동안의 누적 비정상적 수익률도 3.85%로 상당히 컸지만 통계적 유의성이 부족하였다.

12 해리스와 구렐(1986)은 1973~1983년 기간의 S&P 500 편입 주식을 분석하여 사건일에 양(+)의 비정상적 수익률이 발생한다는 것을 발견하였다. 그들은 이 효과가 S&P 500 편입에 의한 초과 수요로 인해 발생한 **가격 압박** 현상이라고 하였다. 사건일의 비정상적 양(+)의 수익률은 사건일 후 2주 동안에 거의 사라져 버리기 때문이었다.

13 여전히 S&P 500은 미국의 주가지수 중에서 압도적으로 가장 중요하다. 영국에서는 FTSE 100을 가장 많이 사용하고, 국제 펀드의 경우에는 MSCI(Morgan Stanley Capital International, 미국)와 FTSE(Financial Times Stock Exchange, 영국) 국제 주가지수를 가장 많이 사용한다. 한편, 대한민국은 2022년 9월 현재 FTSE의 선진국 주가지수에 포함되어 있지만, MSCI에서는 신흥국 주가지수에 포함되어 있다. 우리가 MSCI의 선진국 주가지수에 포함되면 해외 투자자들의 대한민국 투자 비중이 증가할 가능성도 있지만, 그것은 선진국 주가지수에서의 비중 금액이 신흥국 주가지수에서의 비중 금액보다 커질 경우에만 그럴 것이다. 선진국 주가지수에 포함되는 것은 인지도 측면에서 바람직하지만, 현재의 외국인 투자 비중(27~40%)을 고려할 때, 외국인 투자 비중의 증가가 반드시 바람직하다고 보기만은 어렵다.

33%에 해당한다. 물론 모든 ETF가 주식형도 아니고 주가지수를 추종하는 것도 아니지만, ETF의 대부분을 차지하는 주식형이 대부분 주가지수를 추종하고 있는 것도 사실이다. 미국의 경우 2021년 말 현재 인덱스 펀드와 인덱스 ETF를 합하면 전체 뮤추얼 펀드의 약 40% 정도를 점유하고 있다. 이는 S&P 500의 중요성이 1980년대보다 훨씬 더 커졌다는 것을 의미한다.

후속 연구의 결과

베네이쉬와 웨일리(1996)는 S&P의 편입 및 편출 규칙 변경을 이용하여 아주 재미있는 연구를 하였다. S&P는 1989년 10월부터 구성 주식의 변경 발표를 하루 전에서 5일 전으로 바꾸었다. 이에 차익거래자들은 S&P 500을 벤치마크로 하는 펀드보다 미리 신규 편입 주식을 매입하고, 그 펀드에 더 높은 가격으로 당해 주식을 매도하여 이익을 취하려고 하였다. 이를 **S&P 게임**이라고 한다. 엄밀히 말해서, 동시에 사고파는 것이 아니기 때문에 차익거래라기보다는 투기적 위험 거래이다. 하지만 차익거래를 시장 가격의 불완전성으로부터 이익을 얻기 위한 정보 거래라고 정의하면 S&P 게임도 차익거래라고 할 수 있다. 그들의 S&P 게임 검증 결과에 의하면, S&P의 발표일 변경으로 편입 주식의 주가 상승은 더 커졌고, 그 이후의 가격 하락도 부분적으로 나타났다. 즉, S&P 게임에서 차익을 볼 수 있었다는 것이다.

린치와 멘덴할(1997)도 비슷한 연구를 통해서 S&P 500 편입과 편출 주식에 일시적인 **가격 압박** 현상이 존재함에도 주식의 수요 곡선이 우하향한다고 주장하였다.[14] 이에 대해서 첸 등(2004)은 신규 편입 주식에는 **영구적**인 주가 상승이 있고, 편출 종목에는 **일시적**인 주가 하락이 있다고 주장하였다.[15] 즉, S&P 500의 신규 편입과 편출 효과가 비대칭적이라는 것이다. 그들은 이러한 비대칭적 영향은 투자자들의 관심 변화 때문이라고 주장하였다. 신규 편입된 주식에 대한 투자자들의 관심은 증가하지만, 편출된 주식에 대한 관심

S&P 게임
S&P 500을 벤치마크로 하는 펀드보다 미리 신규 편입 주식을 매입하고, 그들에게 더 높은 가격으로 당해 주식을 매도하여 이익을 취하려는 차익거래

가격 압박
갑작스럽게 주식의 초과 수요가 발생하여 주식 가격이 상승하거나, 갑작스럽게 초과 공급이 발생하여 주식 가격이 하락하는것

영구적
어떤 요인에 의한 주가 변동이 영원히 계속 남아있다는 의미이다.

일시적
어떤 요인에 의한 주가 변동이 시간이 지나면 다시 회복되어 사라진다는 의미이다.

14 가격 압박 현상이란 갑작스럽게 주식의 초과 수요가 발생하여 주식 가격이 상승하거나, 갑작스럽게 초과 공급이 발생하여 주식 가격이 하락하는 것이다. 이 현상이 일시적이기 위해서는 상승 또는 하락하였던 주가가 곧 원래의 수준으로 돌아와야 한다. 그들은 S&P 500에서 편출되는 주식은 음(−)의 비정상적 수익률을 보여준다고 하였다.

15 여기서 영구적(permanent) 또는 일시적(temporary)이라는 용어는 학술적인 의미가 있다. 영구적이라는 것은 어떤 요인에 의한 주가 변동이 영원히 계속 남아있다는 의미이다. 물론 그 이후에 다른 요인에 의해서 주가는 다시 변하겠지만, 당해 요인에 의한 변동에 변화가 생기는 것은 아니다. 이에 비해, 일시적이라는 것은 어떤 요인에 의한 주가 변동이 시간이 지나면 다시 회복되어 사라진다는 의미이다.

은 크게 감소하지 않는다는 것이다. 어찌 되었건, 이들의 연구들도 시장 효율성이 성립하지 않는다는 것을 지적하였다.

앞에서 언급하였듯이, 이런 연구들이 가정하는 것은 S&P 500에 신규 편입된 주식들이 수익성에 대한 긍정적인 정보가 없다는 것이다. 그런데도 당해 주식에 대한 수요가 증가한다는 것은 수요 곡선이 우하향할 때 신규 편입된 주식들의 가격이 상승한다는 것을 의미한다. 실제로 당해 주식들의 가격이 편입일과 그 이후에 상승하는 경향이 있는 것으로 보아 주식의 수요 곡선은 우하향한다고 보아야 할 것이다.

한편, 데니스 등(2003)은 주가 상승이 우하향하는 수요 곡선 때문만은 아니라고 하였다. S&P 500에 신규 편입된 주식들의 주가/수익 비율이 현저히 증가하는 경향이 있는 것으로 보아 신규 편입은 긍정적인 정보를 암시하는 사건이라는 것이다. 따라서 편입일 이후에 주식 가격이 상승하는 것은 수요 곡선의 우하향 때문일 수도 있지만, 올바른 검증을 위해서는 신규 편입의 정보 효과도 고려해야 한다고 주장하였다.

다른 주가지수 이야기

캐나다 토론토 증권거래소의 TSE 300 주가지수

주식의 수요 곡선이 우하향한다는 연구들이 계속 이어졌지만, 이에 대해 확실한 결론이 나지는 않았다. 가격 압박, 수익성 증가에 의한 긍정적 정보, 증가된 유동성 등이 주가지수에 포함되는 신규 주식 주가 상승의 원인이라는 견해도 있었기 때문이다. 이에 카울 등(2000)은 1996년 11월에 캐나다 토론토 증권거래소의 유통 주식 시가총액 재조정을 이용하여 주식의 수요 곡선 행태를 연구하였다.[16]

토론토 증권거래소는 그동안 15% 이상의 소유권을 가진 주주의 지분을 주가지수 시가총액 계산에서 제외하였다.[17] 그러다가 1996년 11월부터 시가총액 계산 제외 대상을 20% 이상의 소유권으로 증가시켰다. 이로 인하여 31

유통 주식 주가지수
비유통 주식을 제외하고 계산된 주가지수

16 거래소에 상장된 주식이라고 하여도 대주주 지분 등을 비유통 주식으로 취급하는 경우가 있다. 따라서 비유통 주식을 제외하고 주가지수를 계산하면, 이를 **유통 주식 주가지수**라고 부른다.

17 15% 이상 소유된 주식은 대주주 지분이므로 실제 유통이 어렵다. 따라서 이를 포함하면 주식시장의 상황을 제대로 반영하지 못할 수도 있다. 실제로 유통 가능한 주식만으로 시가총액을 계산하는 것이 주식시장을 대변하는 주가지수 계산의 올바른 방법이다.

개 주식의 유통 가능 시가총액이 증가하는 현상이 발생하였다. 당연하게도 이들 31개 주식의 상대적 비중이 증가하고, 토론토 증권거래소의 300개 주식으로 계산되는 TSE 300 주가지수의 시가총액도 증가하였다. 결과적으로 TSE 300을 벤치마크로 하는 펀드는 이들 31개 주식을 더욱 많이 매입하게 되었다. 이들에 대한 초과 수요가 발생한 것이었다. 토론토 증권거래소의 시가총액 정의 변경은 이미 3개월 전에 공개된 정보이면서 31개 주식의 수익성 예측 변경과는 아무런 관계가 없었다. 또한 이들은 TSE 300의 신규 편입 주식이 아니기 때문에 토론토 증권거래소에 의한 **인증 효과**가 있는 것도 아니었다.[18]

인증 효과
주가지수의 계산 주체인 거래소가 '주가지수에 포함된 주식들이 당해 거래소에 상장된 주식들을 대표한다.'라고 인정한다는 오해

따라서 주식의 수요 곡선이 가로축에 평행한 수평선이라면 31개 주식의 가격이 비정상적으로 상승할 이유는 없어야 한다. 하지만 사건 주간에 31개 주식에 평균 +2.3%의 비정상적 수익률이 발생하였다. 사건일 이후 15주 동안 거래량은 평상시 수준으로 돌아왔지만 비정상 수익률은 사라지지 않았다. 이는 31개 주식의 유통 주식 시가총액을 증가시킨 제도 변경으로 양(+)의 비정상적 수익률이 발생하였다는 것이다. 비정상적 수익률이 사라지지 않았다는 것은 이 효과가 가격 압박에 의한 것이 아니며 영구적임을 의미한다. 결국 캐나다에서도 우하향하는 주식의 수요 곡선이 실증적으로 증명된 것이다.

일본 동경 증권거래소의 니케이 225 주가지수

앞에서의 연구들은 주식 수요 곡선이 우하향한다는 것을 증명하기 위해서 S&P 500에 편입된 주식의 가격이 상승한다는 것을 보여주었다. 이를 증명하기 위한 또 다른 시도로, 바버리스 등(2005)은 S&P 500에 편입된 주식들이 다른 주식에 비해 수익률 동조화 현상이 심하다는 것을 보여주었다. 즉, S&P 500에 편입된 주식들은 다른 주식들과는 다르게 비슷한 주식 수요를 가지므로 수익률 동조화가 커진다는 것이다. 이러한 결과들은 모두 우하향하는 주식의 수요 곡선을 가정하고 있다.

그린우드(2007)는 동경 증권거래소의 니케이 225 주가지수에 편입된 특정 주식들을 이용하여 수익률의 동조화 현상을 보여주었다. 시가총액으로 가중되어 계산되는 S&P 500과 달리 니케이 225는 주가로 가중되어 계산된다.[19]

18 여기서 인증 효과(certification effect)란 주가지수의 계산 주체인 거래소가 '주가지수에 포함된 주식들이 당해 거래소에 상장된 주식들을 대표한다.'라고 인정한다는 오해를 지칭한다.

19 시가총액식 주가지수에서는 시가총액이 큰 주식이 주가지수에서 더 큰 비중을 차지하는 것에 비해, 주가 가중식 주가지수에서는 주식 가격이 큰 주식이 주가지수에서 더 큰 비중을 차지한다. 미국의 S&P 500과 우리나라의 KOPSI 200은 시가총액식 주가지수이고, 미국의 다우존스 30과 일본의 니케이 225는 주가 가중식 주가지수이다.

따라서 니케이 225 구성에서 모든 주식의 비중은 시가총액과 관계없이 주가에 의해 결정된다. 예를 들어, 니케이 225에 포함된 어떤 주식의 가격 비중이 3.5%라고 할지라도 그 주식의 시가총액 비중은 0.28%에 불과한 경우도 있다. 실제로 2003년에 225개 주식 중에서 50개 이상이 자신들의 시가총액보다 니케이 225에서의 비중이 더 작았고, 48개 주식은 시가총액보다 5배 더 큰 비중을 가졌다.[20] 즉, 50개 이상의 주식들은 시가총액에 비해 과소 비중을, 48개 주식들은 지나치게 비중이 과대하였다.[21] 만약 니케이 225 주식에 대한 수요가 지나친 수익률 동조화의 원인이라면 과대 비중을 가진 48개 주식의 동조화가 매우 심할 것이고 과소 비중을 가진 주식들의 동조화는 약해야 한다.

그는 1993년부터 2003년까지의 니케이 225 주가지수 구성 주식들을 대상으로 검증하여, 주가지수에서의 과대 비중이 수익률 동조화의 중요한 결정 요인이라는 것을 발견하였다. 과대 비중이라는 비수익성 성질을 가지는 주식들이 수익률 동조화 현상을 보인다는 것은 주식 가격이 기본적인 요인에 의해서만 결정되지 않는다는 것을 의미한다. 즉, 주식의 수요 곡선이 우하향한다는 것이다.

미국의 러셀 1000과 러셀 2000 주가지수

창 등(2015)은 S&P 500에서 벗어나 러셀 1000과 러셀 2000 주가지수를 대상으로 연구하였다. 러셀 1000은 미국에서 시가총액이 가장 큰 1,000개 주식을 대상으로 하고 러셀 2000은 그다음으로 큰 2,000개의 주식을 대상으로 계산되는 주가지수이다. 따라서 두 주가지수의 구성 종목은 상호 배타적이지만, 시가총액으로 1,000등 근처의 주식들은 이 두 주가지수에 번갈아 포함되는 경우가 빈번하다. 러셀 1000과 러셀 2000을 추종하는 펀드가 달라서 이들 주식에 대한 투자 규모도 어떤 주가지수에 속하는가에 따라 달라진다. 러셀 1000에 투자하는 펀드의 전체 규모가 러셀 2000에 투자하는 펀드의 전체 규모보다 훨씬 크다. 하지만 러셀 1000에서 시가총액이 가장 작은 주식들에 대한 투자 규모는 러셀 2000에서 시가총액이 가장 큰 주식들에 대한 투자 규모보다 작기 때문에 문제가 발생한다. 이로 인하여 러셀 1000

20 여기서 시가총액 비중은 동경 증권거래소 모든 종목의 시가총액에 대한 비중을 말한다.

21 투자자의 실제 수요를 측정할 수 없기 때문에 니케이 225 주가지수에서의 비중이 투자자 수용의 대용 변수로 이용되었다.

에서 러셀 2000으로 이동하면 비정보적 초과 수요가 발생할 수 있다. 그들은 이런 초과 수요가 당해 주식의 주가 상승으로 이어질 것인가를 검증하였다. 예상했던 대로, 어떤 주식이 러셀 1000(러셀 2000)에서 러셀 2000(러셀 1000)으로 이동하면 주가가 상승(하락)하였다. 이는 주식의 수요 곡선이 우하향한다는 것을 의미한다.

MSCI 글로벌 주가지수 이야기: 주식과 통화

하우 등(2009)은 우하향하는 주식 수요 곡선의 성질을 글로벌 주식시장에 적용하여 보았다. 국제적으로 가장 많이 이용되는 국제 주가지수는 MSCI 지수이다. MSCI의 다양한 주가지수 중에서 전 세계 주식시장을 대변하는 것은 MSCI 전 세계 지수이다.[22] 그들은 2001~2002년 기간 동안 MSCI 전 세계 지수의 비중 변경 사건을 이용하여 사건 연구를 진행하였다. 비중이 상향(하향)된 국가에 대한 글로벌 포트폴리오의 비중이 증가할 것이므로 주식 수요가 증가(감소)할 것이다. 하지만 이는 비정보적 수요 충격이므로 해당 국가들의 주가지수에 영구적 상승이나 감소가 있어서는 안 된다. 만약 그런 영향이 있다면 주식의 수요 곡선이 우하향한다고 주장할 수 있다. 그들의 연구는 비중 변경일 이후 12일 동안, 비중이 상향된 국가 포트폴리오는 비중이 하향된 국가 포트폴리오에 비해 평균 +1.18%의 비정상적 수익률을 발견하였다.[23] 이는 주식에 대한 수요 곡선이 우하향한다는 것을 의미하며, S&P 500을 이용한 미국에서의 연구와도 정합성을 가지는 결과이다.

그들 연구의 또 다른 수확은 각 통화에 대한 수요 곡선의 모양도 추론할 수 있었다는 것이다. MSCI 전 세계 지수의 국가 비중 상향(하향)은 글로벌 포트폴리오로 하여금 각 국가에 대한 주식 비중을 증가(감소)시키도록 한다. 이는 자연스럽게 해당 국가 통화의 수요 증가(감소)로 이어진다. 만약 비중이 상향(하향)된 국가의 통화가 강세(약세)가 된다면 통화의 수요 곡선도 우하향한다는 것이다. 재미있게도 비중이 가장 상향된 16개 국가의 통화가 비중 변경일 이후 8일 동안 비중이 가장 하향된 17개 국가의 통화보다 평균 2% 이상 강

22 MSCI(Morgan Stanley Capital International) 전 세계 지수(All country world index: ACWI)는 23개 선진국과 24개 신흥 시장의 대형 및 중형 주식으로 구성되는데, 각 시장 유통 가능 주식의 85% 정도를 포함한다. 2000년에 집계된 바에 의하면, 약 $3,000억~3,500억 정도의 자금이 MSCI 주가지수에 직접적으로 연동되어 있다고 한다.

23 여기서 비중이 상향(하향)되었다는 의미는 1 표준편차 이상 상향(하향)된 경우를 말한다.

세를 보였다. 이는 통화의 수요 곡선도 우하향한다는 것을 의미한다.

최근 연구의 경향

20세기의 S&P 500 편입과 편출 자료를 사용한 연구들과는 달리 최근 자료를 사용한 연구들은 상반된 실증 결과들을 보여주고 있다. 파텔과 웰치(2017)는 'S&P 500에 신규 편입되면 초과 수요가 발생하여 수요 곡선이 오른쪽으로 움직이고 주가가 상승한다.'라는 쉴라이퍼(1986)의 실증 결과가 더는 성립하지 않는다고 하였다. 그는 1979~2015년의 자료를 이용하여 새로운 방법론으로 검증한 결과를 보고하였다. 이 연구의 특징은 S&P 500의 편입 및 편출 종목을 모두 자세히 고려하였고, 사건일 이후 126일(여섯 달)의 기간을 검증 대상으로 하였다는 것이다. 이는 기존 연구보다 사건일 이후 기간을 대폭 확대한 것이었다. 그의 실증 결과에 의하면, 적어도 2000년 이후에는 S&P 500에 편입된 (S&P 500에서 편출된) 주식에 영구적인 수요 변화와 가격 상승이 발생하지 않았다.

베넷 등(2020)도 1997~2017년 기간의 자료를 이용하여 S&P 500 편입의 효과를 재검증하였다. 그들은 S&P 500 편입 발표가 주가에 미치는 영향은 이제 사라졌고 편입의 장기 효과도 음(-)의 값을 가진다고 주장하였다. 그 이유는 주가지수 편입이 주가의 정보적 의미와 지배구조 문제를 악화시키기 때문이라고 하였다. 즉, 어떤 주가지수에 포함되면 주가가 다른 편입 주식들과 함께 움직이는 경향이 있어서 임직원에 대한 보상, 투자 및 재무 정책들이 모두 변한다는 것이다. 예를 들어, 배당 정책이 다른 편입 주식들과 비슷하게 변하고 자산 수익률도 하락한다고 하였다.

2000년 이후의 최근 자료를 이용한 연구들이 S&P 500 편입이 주가에 긍정적인 영향을 주지 않는다고 하였지만, 우하향하는 주식 수요 곡선의 형태까지 부정하지는 않았다. 이런 상황에서 주식 수요 곡선에 대해 모든 학자가 인정하는 결론을 얻기 위해서는 더 많은 나라를 대상으로 하는 통합적인 연구가 필요할 것이다. 하지만, 지금까지의 연구 결과들로 판단하건대, 주식 수요 곡선의 우하향성과 주식시장의 비효율성을 부정하기는 어려워 보인다.

주요 용어

S&P 게임	사건일	인증 효과
가격 압박	수요의 가격 탄력성	일시적
불편 추정치	시장 모형	정보 가설
비정상적 수익률	영구적	
사건 연구	유통 주식 주가지수	

핵심 정리

- 신고전주의 경제학에 따르면 주식의 수요 곡선은 가로축과 평행한 수평선이고, 공급 곡선은 세로축과 평행한 수직선이라고 한다.
- 주식의 수요와 공급은 균형 상태에 있으므로 유동성 문제와 같은 예외적인 상황이 아니라면 거래가 발생하지 않아야 한다. 또한 투자자들이 어떤 주식을 아무리 많이 사고팔아도 주가에는 아무런 영향이 없어야 한다.
- 하지만 아무런 정보가 없는 순간에도 전 세계에서는 엄청난 양의 주식이 거래되고 있고, 주식의 매입이나 매도에 따라 주가는 끊임없이 변화하고 있다.

주식의 수요 곡선은 우하향한다.

- 쉴라이퍼(1986)는 주식의 수요 곡선도 일반 재화와 마찬가지로 우하향하는 수요 곡선을 가진다고 주장하였다.
- 우하향하는 주식의 수요 곡선은 수요 변화에 의한 가격 변화와 거래량을 설명할 수 있다.
- 쉴라이퍼는 개별 주식의 S&P 500 편입이 수익성과는 무관함에도 불구하고, 편입 사실만으로 주가가 상승하는 것이 주식 수요 곡선이 우하향한다는 것을 의미한다고 주장하였다.

후속 연구의 결과

- 쉴라이퍼(1986) 이후의 후속 연구들은 대체적으로 주식 수요 곡선의 우하향을 지지하였다.

다른 주가지수 이야기

- 캐나다의 TSE 30, 일본의 니케이 225, 미국의 러셀 1000과 러셀 2000 주가지수 연구도 주식 수요 곡선의 우하향과 정합성을 가지는 결과를 얻었다.

MSCI 글로벌 주가지수 이야기: 주식과 통화

- MSCI 전 세계 주가지수 편입도 당해 국가의 주가뿐만 아니라 통화 가치도 상승시켰다. 이는 주식뿐만 아니라 통화의 수요 곡선도 우하향한다는 것을 의미한다.

최근 연구의 동향

- 2000년 이후의 S&P 편입 주식의 자료들을 이용한 연구들은 편입 자체가 주가에 긍정적인 영향을 주지 않는다고 하였지만, 우하향하는 주식 수요 곡선의 형태까지 부정하지는 않았다.

참고 문헌

- Barberis, N., A. Shleifer, and J. Wurgler (2005), Comovement, Journal of Financial Economics 75, 283~317.
- Beneish, M. and R. Whaley (1996), An anatomy of the S&P Game: The effects of changing the rules, Journal of Finance 51, 1909~1930.
- Bennett, B., R. Stulz, and Z. Wang (2020), Does joining the SP 500 index hurt firms?, NBER Working Paper 27593.
- Chang, Y.-C., H. Hong, and I. Liskovich (2015), Regression discontinuity and the price effects of stock market indexing, Review of Financial Studies 28, 212~246.
- Chen, H., G. Noronha, and V. Singal (2004), The price response to S&P 500 index additions and deletions: Evidence of asymmetry and a new explanation, Journal of Finance 59, 1901~1929.
- Denis, D., J. McConnell, A. Ovtchinnikov, and Y. Yu (2003), S&P 500 index additions and earnings expectations, Journal of Finance 58, 1821~1840.
- Greenwood, R. (2007), Excess Comovement of Stock Returns: Evidence from cross-sectional variation in Nikkei 225 weights, Review of Financial Studies 21, 1153~1186.
- Harris, L. and E. Gurel (1986), Price and volume effects associated with changes in the S&P 500 list: New evidence for the existence of price pressures, Journal of Finance 41, 815~829.
- Hau, H., M. Massa, and J. Peress (2009), Do demand curves for currencies slope down? Evidence from the MSCI global index change, Review of Financial Studies 23, 1681~1717.
- Kaul, A., V. Mehrotra, and R. Morck (2000), Demand curves for stocks do slope down: New evidence from an index weights adjustment, Journal of Finance 55, 893~912.
- Lynch, A., and R. Mendenhall (1997), New evidence on stock price effects associated with changes in the SP 500 index, Journal of Business 70, 351~383.
- Patel, N. and I. Welch (2017), Extended stock returns in response to S&P 500 index changes, Review of Asset Pricing Studies 7, 172~208.
- Shleifer, A. (1986), Do demand curves for stocks slope down?, Journal of Finance 41, 579-590.

10 비이성적 과열: 미국의 주식, 채권 및 부동산시장

1996년 12월 5일 워싱턴의 한 만찬 연설에서 미국 연방준비제도이사회(Fed) 의장이었던 앨런 그리스펀이 주식시장 투자자들의 행동을 묘사하기 위해 **비이성적 과열**이란 용어를 사용하였다. 이 저녁 연설이 텔레비전을 통해 방송되자 전 세계의 주식시장은 급격하게 하락하였다. 일본의 니케이 지수는 3.2%, 홍콩의 항셍 지수는 2.9%, 독일의 닥스 지수는 4%, 영국의 FTSE 100 지수는 4% 하락하였다. 다음 날 미국의 다우 지수는 거래가 시작되자마자 2.3% 하락하였다. 그 저녁에 사용된 비이성적 과열이라는 두 단어의 파괴력은 매우 강했다. 이는 투기적 버블의 심리적 기초가 되는데, **투기적 버블**이란 가격 상승 뉴스가 사람들 사이에 널리 퍼져나가면서 투자자들의 열광을 자극하는 상황이다.

비이성적 과열
투기적 시장의 불안정성을 나타내는 개념

투지적 버블
투기에 의해 발생하는 버블

광적인 시장 반응이었던 이 사건은 한동안 세상에 회자되다가 잊혔지만, 비이성적 과열이란 용어는 계속해서 인용되었다. 비이성적 과열은 그린스펀이 만든 용어는 아니었지만, 투기적 시장의 불안정성을 나타내는 개념으로 강하게 인식되었기 때문에 그린스펀이 사용한 가장 유명한 용어가 되었다. 쉴러(2015)는 사람들이 비이성적 과열이라는 용어를 자주 인용하는 이유는 시장심리에 의해 주식시장이 지나치게 높이 평가되어 지속 불가능한 수준이 되었던 1990년대 후반의 사회 상황을 가장 잘 표현하는 명칭이기 때문이라고 하였다. 그는 비이성적 과열이란 용어를 이용하여 주식시장, 채권시장, 부동산시장의 지나친 급등락을 설명하였다. 〈비이성적 과열〉의 2000년 초판은 주식시장만을 다루었고, 2005년의 2판은 주택시장 버블, 2015년의 3판은 채권시장을 포함하였다. 이제 시장에 대한 그의 통찰력을 살펴보기로 하자.

역사적 관점에서 본 미국의 주식시장

그림 3-10은 1871년부터 2021년 6월까지 실질 S&P 500 주가지수와 개별 기업들의 이익을 보여주고 있다.[1] S&P 500 주가지수와 이익은 인플레이션 효과를 제거한 실질 값들이다. 1871년부터 1956년까지는 다우존스 30 주가지수, 1957년부터는 S&P 500 주가지수를 사용하였다.

밀레니엄 호황(또는 버블)
새로운 세기가 도래한다는 기대감으로 발생하는 호황

소유 사회 호황
조지 부시가 2004년 대통령 선거 캠페인에서 국민이 자기 집을 소유하도록 유도하는 정책을 선언하자 이에 대한 기대감으로 발생한 호황

뉴-노멀 호황
예전처럼 경이로운 경제 성장과 주식시장 수익률을 기대할 수 없는 상황에서의 호황. 또는 전 세계적인 코로나 대유행 이후의 새로운 질서 체계를 의미하기도 한다.

이에 의하면 미국의 주식시장은 1982년부터 호황이 시작되어 2000년에 절정을 이루었다. 2000년 **밀레니엄 호황(또는 버블)**에 이어서 주식시장 침체가 발생했다가 다시 2003~2007년 동안 **소유 사회 호황**으로 이어졌다.[2] 주식시장은 2008년 세계 금융 위기로 2년간 침체하다가 다시 상승하기 시작하여 2021년 6월 현재까지 상당한 호황을 이루고 있는데, 쉴러는 이를 **뉴-노멀 호황**이라고 하였다.[3] 역사상 가장 컸던 밀레니엄 호황은 1982년 7월부터 2000년 8월까지로, S&P 500 명목 주가지수가 109.40에서 1,485.46으로 성장하였다. 2009년 이후부터 2021년 현재까지의 주식시장 성장도 상당하였지만, 밀레니엄 호황에 비길 정도는 아니었다.[4]

주가는 기업의 미래 현금흐름의 현재가치이고, 미래의 현금흐름은 기업의 이익에 의해 결정된다. 그렇다면 과연 과거의 주식시장 호황들이 기업의 이익에 의해 설명될 수 있을까? 그림 10-1을 보면 주식시장 호황들이 기업의 이익에 의해서 뒷받침되지 못한다는 것을 쉽게 알 수 있다. 1982년부터 2000년까지 기업들의 이익은 어느 정도 증가하였지만, 주가지수 상승을 설명할 정도로 크지는 않았다. 2009년 이후의 주가지수 상승도 전혀 이익에 의해 설명될 수 없다.

1 2015년에 출간된 쉴러의 〈비이성적 과열〉 제3판은 2014년까지 그렸지만, 여기서는 그의 웹사이트 (www.econ.yale.edu/~shiller/data.htm) 자료를 이용하여 2021년 6월까지 그렸다.

2 소유 사회(ownership society)는 조지 부시가 2004년 대통령 선거 캠페인에서 사용한 슬로건으로 국민이 자기 집을 소유하도록 유도하는 정책이다.

3 뉴-노멀이란 자산운용사인 핌코의 대표였던 빌 그로스에 의해 유명하게 된 용어로, 2008년 세계 금융 위기 이후부터는 예전과 같이 경이로운 경제 성장과 주식시장 수익률을 기대할 수 없다는 것이다. 그렇다고 미래가 비관적이라는 의미는 아니다. 따라서 이를 약한 낙관주의라고 한다. 2021년 현재는 전 세계적인 코로나 대유행 이후의 새로운 질서 체계를 의미하기도 한다.

4 1994년 초에 다우 지수는 3,600 정도였다가 1999년 3월에 최초로 10,000을 돌파하였고, 이듬해인 2000년 1월 14일에 11,722.98이 되어 절정을 이루었다. 5년 만에 약 3배가 된 것이다. 비이성적 과열의 대표적인 사례라고 할 수 있다. 20년이 지난 2021년 1월 14일 현재 30,991.52가 되었다. 1994년 초부터 2000년 초까지 5년 동안의 성장보다는 못 하였지만, 이는 배당을 제외하고도 세 배 가까이 성장한 것으로 20년 동안 약 164.37%의 수익률을 보인 것이다. 이는 산술평균으로 연 8.22%이고, 기하평균으로 연 4.98%이다. 즉, 주식시장은 지나치게 고평가되었다고 평가되었던 2000년 1월 14일 이후에도 상당한 성장을 보인 것이다.

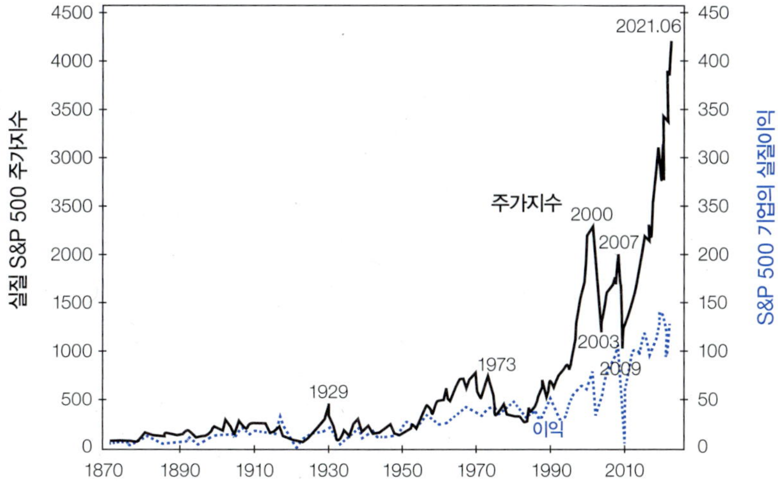

그림 10-1
미국의 주가와 개별 기업들의 이익 시계열(1871~2021/6)
출처: 로버트 쉴러의 웹사이트 자료 이용

주식의 가격을 기업의 이익 관점에서 평가하기 위해서는 주가/수익 비율을 보아야 한다. 주가/수익 비율은 기업의 수익성에 대해 시장이 기업의 가치를 어느 정도로 인정하는가를 보여주는 지표이다. 그림 10-2는 1881년부터 2021년 6월까지 미국의 주가/수익 비율을 보여주고 있다.[5] 주식의 가격이 기업의 이익에 따라 움직인다면 주가/수익 비율이 일정한 수준을 유지해야 하지만, 1881년 이후 미국의 주가/수익 비율은 심한 변동을 보여주고 있다. 1881년 이후의 주가/수익 비율은 최저치 5에서 47 사이를 움직였다.

이익 주가가 조정된 주가/수익 비율
쉴러는 최근에 발표된 1년 동안의 이익이 불안정하기 때문에 과거 10년 동안의 평균 이익을 이용하여 주가/수익 비율을 계산하였다.

5 2015년에 출간된 쉴러의 〈비이성적 과열〉 제3판은 2014년까지 그렸지만, 여기서는 그의 웹사이트 (www.econ.yale.edu/~shiller/data.htm) 자료를 이용하여 2021년 6월까지 그렸다. 이론적으로 주가/수익 비율은 현재의 주가를 향후 1년 동안의 (예상) 이익으로 나누어 계산해야 한다. 하지만 미래의 이익을 예측하기 어렵기 때문에 실무적으로 주가/수익 비율은 현재의 주가를 가장 최근에 발표된 1년 동안의 이익으로 나누어 계산한다. 대부분의 증권거래소가 이 방법으로 주가/수익 비율을 계산한다. 이에 비해, 쉴러는 최근에 발표된 1년 동안의 이익이 불안정하기 때문에 과거 10년 동안의 평균 이익을 이용하여 주가/수익 비율을 계산하는데, 이를 **이익 주가가 조정된 주가/수익 비율**(cyclically adjusted price–earnings ratio: CAPE)이라고 한다. 여기서는 이를 사용하여 설명하기 때문에 뉴욕증권거래소가 발표하는 주가/수익 비율과는 상당한 차이가 있을 수 있다.

그림 10-2
미국의 (이익 주기 조정된) 주가/수익 비율과 장기 이자율 (1881~2021/6)
출처: 로버트 쉴러의 웹사이트 자료 이용

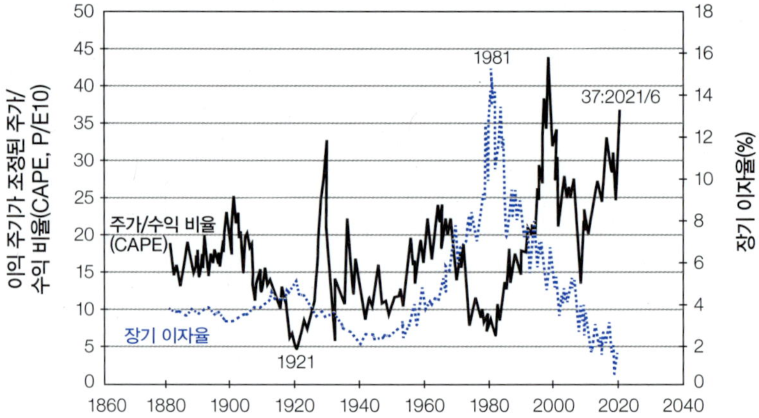

1901년의 주가/수익 비율은 25.2로 상당히 높았는데, 이는 1890년대의 불황 이후 경제의 회복과 새로운 세기에 대한 낙관적인 전망이 나타났다. 1920년 6월이 되자 주가의 실질가치는 1901년에 비해 67%나 하락했다. 그러다가 1920년대에 주가/수익 비율은 상승하기 시작하여 1929년 9월에 32.6의 고점을 달성하였다. 다시 대폭락이 있었다가 1966년 1월에 주가/수익 비율은 24.1로 다시 고점을 달성하였다. 하지만 1881년 이후 주가/수익 비율의 역사적 최고점은 밀레니엄 버블이 절정에 있었던 2000년 3월의 47.2이다. 역사상 두 번째의 고점은 2021년 6월에 있었던 37.1이다. 과연 이러한 주가/수익 비율의 격심한 변동이 기본적인 요인에 의해서 합리적으로 설명될 수 있을까? 이 질문이 쉴러가 〈비이성적 과열〉이라는 책을 저술한 이유이다.

역사적 관점에서 본 미국의 채권시장

이제 채권시장의 역사적 흐름에 대해 알아보자. 채권 가격은 이자율과 반대로 움직인다. 이자율이 상승하면 채권 가격은 하락하고, 이자율이 하락하면 채권 가격은 상승한다. 이자율은 돈에 대한 시간의 가격으로 기본적인 요인이고, 추상적인 의미도 있으며, 경제의 모든 부문에서 핵심적 요소로 작용한다. 따라서 이자율의 흐름은 사람들에게 매우 중요한 의미가 있는데, 투기적이며 인간적인 요소를 나타내는 파동을 보여주기도 하는데, 주식시장의 파동과 크게 다르지 않다.

이자율은 단기 채권이나 대출 등에 대한 단기 이자율과 모기지 또는 장기 국채에 대한 장기 이자율로 나뉜다. 대개 중앙은행은 하루짜리 무위험 이자율을 조정하여 **통화정책**을 수행하지만, 장기 이자율은 중앙은행이 통제하기 매우 어렵고 투기적이다. 왜냐하면 장기 채권에 대한 수요는 주식시장처럼 먼 미래의 전망에 따라 결정되는데, 미래의 전망은 중앙은행이 통제할 수 없는 요소들에 달려 있기 때문이다. 세계의 중앙은행들은 2007~2009 금융 위기 때부터 장기 이자율에 영향을 주려고 다음과 같이 정책들을 적극적으로 사용하지만, 생각대로 잘 작동되지는 않고 있다: **양적 완화**, **오퍼레이션 트위스트**, **포워드 가이던스**.[6]

통화정책
중앙은행이 인플레이션 통제와 경제 성장을 위해 하루짜리 무위험 이자율을 조정하는 것

양적 완화
중앙은행이 시중에 통화를 직접 공급해서 신용 경색을 해소하고, 경기를 부양시키는 통화 정책

오퍼레이션 트위스트
중앙은행이 장기 국채를 매입하고 단기 국채를 매도하여 장기 금리를 하락시키고 단기금리를 상승시키는 공개 시장 조작

포워드 가이던스
중앙은행이 향후의 경제 상황에 대한 평가를 기초로 하여 미래의 통화 정책 방향을 예고하는 의사소통 수단

Fed 모형
10년 국채 수익률과 주식시장의 음(−) 관계를 지칭함

이자율은 주식시장을 설명할 때 가장 많이 언급되는 요인이다. 주식시장이 활황이던 1990년대에 장기 이자율은 하락하였다. 그림 3-11 미국의 (이익 주기 조정된) 주가/수익 비율과 장기 이자율에서 이를 쉽게 확인할 수 있다. 이런 이유로 1990년대에 이자율의 하락이 주식시장의 상승을 설명할 수 있다는 생각이 널리 퍼져 있었다. 이는 1997년 6월 앨런 그린스펀의 국회 증언에 관련된 〈통화정책 보고서〉에 잘 기술되어 있다. 즉, 1982년 이후 10년 국채 수익률과 주가/수익 비율 간에는 음(−)의 상관관계가 있었다는 것이다. 이 보고서 이후로 10년 국채 수익률과 주식시장의 관계를 **Fed 모형**이라고 부르게 되었다. Fed 모형은 1990년대 말에 텔레비전 비즈니스 쇼에 지겹도록 나왔지만, 그 관계는 다소 약한 측면이 있다. 앞에서의 장기 이자율과 주가/수익 비율의 관계에 의하면 1881년부터 2021년의 모든 기간에서 그 관계가 강하지는 않았기 때문이다. 예를 들어, 1929년부터의 대공황 시기에 이자율은 상당히 낮았지만, 기업의 이익에 비해 주가가 그리 높지 않았다. 이는 명백히 Fed 모형에 반하는 증거이다. 또한 2000년 주식시장의 고점 이후에 이자율이 하락했지만, 주가와 주가/수익 비율 모두 하락하였다. 이렇게 되자 그때부터는 Fed 모형에 관한 얘기를 많이 들을 수가 없게 되었다.

그림 10-3은 1881년부터 2021년까지 미국 국채의 10년 장기 이자율과 인플레이션을 보여주고 있다.[7] 검정색 실선은 미국 10년 국채의 장기 이자율이고, 점선은 과거 10년 인플레이션의 평균이며, 파란색 실선은 향후 10년 인플레이션의 평균이다. (따라서 점선은 연한 실선을 우측으로 이동한 것을 제

6 양적 완화(quantitative easing)란 중앙은행이 시중에 통화를 직접 공급해서 신용 경색을 해소하고, 경기를 부양시키는 통화 정책이다. 주로 시장에서 채권을 매입하여 유동성을 공급하는 것이다. 오퍼레이션 트위스트란 중앙은행이 장기 국채를 매입하고 단기 국채를 매도하여 장기 금리를 하락시키고 단기금리를 상승시키는 공개 시장 조작이다. 마지막으로 포워드 가이던스는 중앙은행이 향후의 경제 상황에 대한 평가를 기초로 하여 미래의 통화 정책 방향을 예고하는 의사소통 수단인데, 이는 중앙은행의 신뢰를 바탕으로 한다.

7 2015년에 출간된 쉴러의 〈비이성적 과열〉 제3판은 2014년까지 그렸지만, 여기서는 그의 웹사이트 (www.econ.yale.edu/~shiller/data.htm) 자료를 이용하여 2020년까지 그렸다.

외하고는 같다.) 향후 10년 인플레이션은 장기 이자율과 큰 관계가 없어 보이지만, 과거 10년 인플레이션은 장기 이자율과 비슷한 모습으로 움직이고 있다.[8] 채권의 향후 생존 기간에 인플레이션으로부터의 실질 수익률을 보호하기 위해서는 장기 채권의 가격을 올바르게 책정해야 한다. 따라서 향후 10년 인플레이션은 매우 중요해야 한다. 하지만 10년 장기 이자율과 향후 10년 인플레이션의 상관관계가 높지 않다는 것은 합리적 기대 가설과 정합성이 없음을 의미한다. 따라서 장기 이자율의 변동은 미래 인플레이션 정보에 의해서 설명될 수 없고, 객관적으로 합리적 행동이라고 보기 어려운 투기적 요소를 가졌다고 할 수 있다.

그림 10-3
미국의 10년 장기 무위험 이자율과 인플레이션의 관계 (1871~2021)
출처: 로버트 쉴러의 웹사이트 자료 이용

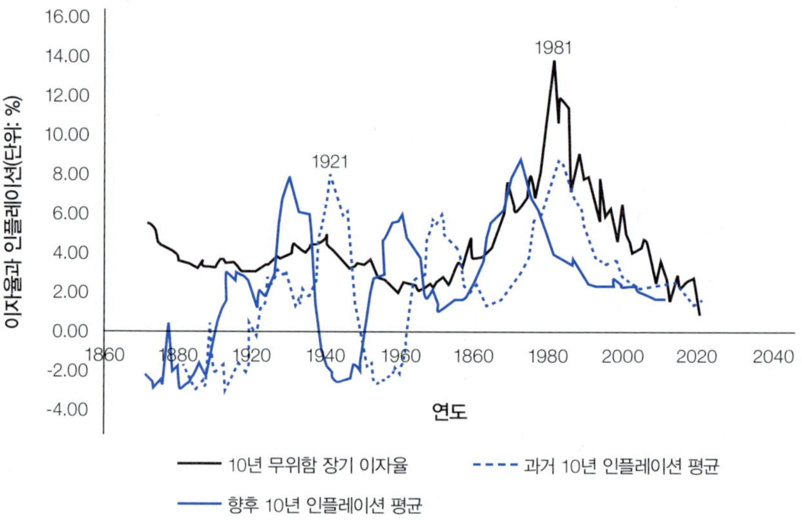

실질 이자율
명목 이자율에서 인플레이션을 차감한 값

명목 이자율
실제로 고시되는 이자율

한편, 1895년에 컬럼비아 대학의 존 베이츠 클라크 교수가 실질 이자율의 개념을 소개할 때까지 투자자들은 채권을 보유하여 실질적으로 얻게 되는 실질 이자율에 대해서는 큰 관심이 없었다.[9] **실질 이자율**은 **명목 이자율**에서 인플레이션을 차감한 값이다. 실질 이자율은 1895년 이전에는 전혀 언급되지 않았던 개념으로, 실질 이자율이 음(−)의 값이라는 것은 당해 채권의 구매력이 감소하였다는 것을 의미한다. 실질 이자율은 1895년 이후부터 점점

8 장기 이자율과 당해 인플레이션, 향후 10년 인플레이션, 과거 10년 인플레이션과의 상관계수는 각각 0.2678, 0.2920, 0.5741이다.

9 존 베이츠 클라크는 신고전주의 경제학자로 컬럼비아 대학에서 오랜 시간 동안 강의했다. 미국 경제학회는 2년에 한 번씩 경제학 사상과 지식에 명백한 기여를 한 40세 미만의 경제학자에게 존 베이츠 클라크 메달을 수여하는데 이 메달은 그의 이름을 따서 만들어졌다. 노벨 경제학상과 함께 경제학 분야에서 가장 영광스러운 상의 하나로 이 메달의 수상자는 평균적으로 22년 후에 노벨 경제학상을 수상하였다고 한다.

알려지기 시작하여 1960년 이후부터 일반적인 개념이 되었지만, 실질 이자율을 보장할 수 있는 금융 수단은 그때까지는 거의 없었다. 그러다가 1981년에 영국이 처음으로 **인플레이션 보호 채권**을 발행하였고, 스웨덴, 캐나다, 호주가 그 뒤를 이었으며 미국은 16년이 지난 1997년에 처음 발행하였다.[10]

인플레이션 보호 채권
1년이 지나면 인플레이션이나 디플레이션에 따라 액면가가 변동하고, 표면이자는 액면가에 이자율을 곱해서 결정된다.

행동 경제학 퍼즐 중의 하나는 사람들이 인플레이션 보호 채권 시장을 무시한다는 것이다. 즉, 사람들은 인플레이션 보호 기능의 중요성을 높이 평가하지 않는다. 하지만 2021년 9월 현재 분명한 것은 명목 장기 채권과 인플레이션 보호 채권 모두 가격이 매우 높다는 것이다. 다시 말하면, 장기 이자율에 대한 기대가 너무 낮다. 이렇게 높은 채권 가격은 주식시장과 비슷한 버블 상황이라고 할 수 있다. 이는 신용 시장의 지나친 과열이고, 장기 이자율이 갑자기 상승하면 (채권 가격이 갑자기 하락하면) 그 수정 과정의 경제적 파급 효과가 대단히 클 것임을 의미한다.

역사적 관점에서 본 미국의 부동산시장

그림 10-4는 1890년부터 2021년까지 미국의 주택 가격, 건축 비용, 인구 및 이자율의 장기 시계열을 보여주고 있다.[11] 주택으로 대변되는 부동산시장은 1890년부터 20세기 말엽까지 장기적인 상승 추세는 없었다. 제2차 세계대전이 끝나가는 기미가 보이자 1942년부터 주택 가격이 상승하여 20세기 초 수준으로 돌아간 경우가 있었지만, 전체적인 상승 추세로 이어지지는 못했다. 따라서 미국에서 주택 가격의 장기적인 상승세가 있었다고 보기는 어렵다.

10 인플레이션 보호 채권(inflation-indexed bond)은 1년이 지나면 인플레이션이나 디플레이션에 따라 액면가가 변동한다. 표면이자는 액면가에 이자율을 곱해서 결정되므로 인플레이션(디플레이션)이 발생하면 표면이자가 증가(감소)한다. 이는 인플레이션으로부터 안전하게 채권의 가치를 보호할 수 있다는 장점이 있지만, 이런 보호 기능 때문에 다른 조건이 동일한 채권보다 이자율이 낮을 수 있다. 미국의 인플레이션 보호 채권으로는 TIPS(Treasury Inflation-Protected Securities)가 있는데 5년, 10년, 30년 만기로 발행된다. TIPS는 액면가가 최초의 액면가 밑으로 떨어지지 않도록 하였다.

11 2015년에 출간된 쉴러의 〈비이성적 과열〉 제3판은 2014년까지 그렸지만, 여기서는 2021년까지 연장된 그의 웹사이트(www.econ.yale.edu/~shiller/data.htm) 그림을 인용하였다.

그림 10-4
미국의 주택 가격, 건축 비용, 인구 및 이자율의 장기 시계열 (1890~2021)
출처: 로버트 쉴러의 웹사이트 자료 이용

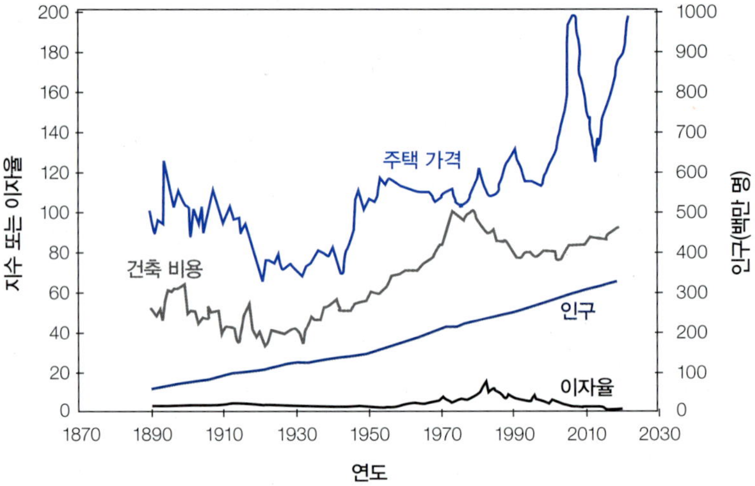

쉴러는 미국 부동산시장에 장기적인 상승 추세가 없었던 이유로 값싼 토지와 새로운 도시의 조성을 들었다. 예를 들어, 어떤 지역에 거주하는 것이 특권적 혜택을 가지고 사업이나 취업 기회가 더 많다고 하자. 그러면 그곳의 주택 가격은 상승할 것이고, 사람들은 앞으로도 계속 더 상승할 것이라고 쉽게 생각할 수 있다. 상승한 주택 가격은 다시 피드백으로 작용하여 주택 가격을 상승시킬 것이다. 쉴러는 이것이 **부동산시장의 비이성적 과열**이라고 하였다. 주택 가격이 상승하면 그 지역의 주거비용이 그곳에 사는 사람들의 소득보다 충분히 높아지게 되어 살기가 어려워진다. 그러면 사람들은 주거비용이 그 지역이 제공하는 편익에 비해 너무 높다고 생각하게 되고, 결국 그들은 비슷한 경쟁력을 가지면서 주거비용이 더 저렴한 지역으로 이사하려고 할 것이다. 미국은 충분히 저렴한 토지가 제공되고 있고, 새로운 도시가 상대적으로 쉽게 건설될 수 있다. 따라서 그곳의 주택 가격 상승 압력은 약화될 것이다.[12]

부동산시장의 비이성적 과열
상승한 주택 가격이 다시 피드백으로 작용하여 주택 가격을 상승 시키는 것

한편, 1997년부터 2006년까지 주택 가격은 놀라울 정도로 상승하였지만 결국 2007~2009 금융위기의 주범이 되어 2012년까지 급락하였다.[13] 그 후 주택 가격은 다시 상승하기 시작하여 2021년 현재까지 부동산시장은 호황

12 우리나라는 주택을 건설할 수 있는 택지의 공급이 미국과 크게 다르기 때문에 동일한 논리가 성립되기는 어렵다. 하지만 복잡한 대도시 주변의 외곽 지역에 양질의 일자리가 마련되거나 쾌적한 주거 시설과 함께 비교적 짧은 시간 내로 편리하게 이동할 수 있는 교통수단이 제공된다면 쉴러의 논리가 성립할 수 있을 것이다.

13 미국에서 주택 가격의 적정성을 측정하는 기준으로는 다음 두 개의 지표를 사용한다: ① 주택 가격/연 임차 비용(price-to-rent ratio) ② 주택 가격/연 소득 (price-to-income ratio). 첫 번째 지표는 주로 월세로 임대하는 미국 주택시장의 관례에 적합하고, 두 번째 지표는 우리나라에서도 많이 사용하는 것으로 연 소득 대비 주택 가격의 배율을 나타낸다.

을 이루고 있다.[14] 쉴러(2015)는 부동산시장의 호황도 주식시장만큼 신비롭고 이해하기 어렵지만, 그때마다 제시되는 대중적인 설명이 반드시 옳은 것은 아니라고 하였다.

주택 가격 상승을 어떻게 설명할 수 있을까? 쉴러(2015)는 기본적인 요인만으로 주택 가격의 상승을 설명하기는 어렵다고 주장한다. 위의 그림을 보면서 하나하나 살펴보자. 토지가 부족할 정도로 인구 증가의 압력이 높아서 주택 가격이 상승했다는 것은 옳지 않다. 인구는 갑작스럽게 폭발한 것이 아니라 점진적으로 증가하였고 토지가 부족하지도 않았기 때문이다.[15] 건축 비용도 장기적인 추세로부터 더 높아지지 않았기 때문에 건축 비용이 중요한 이유가 될 수 없다. 저금리가 주택 가격 상승의 주요 원인이 될 수는 있지만, 역사적으로 평가할 때 중앙은행의 금리 인하가 최근 2번의 부동산시장 상승과 같은 호황으로 반드시 이어진다고 보기는 어렵다.[16] 그림 10-4를 보면 이를 쉽게 알 수 있듯이, 1970년 이전에도 이자율은 충분히 낮았지만, 주택 가격은 등락을 거듭했다.

그렇다면 부동산시장의 급격한 상승 이유는 무엇일까? 쉴러는 이를 설명하기 위하여 버블 이론을 주장하는데, 이는 주식시장, 채권시장, 부동산시장 등 모든 투기적 시장에 적용될 수 있다. 그의 버블 이론은 기본적으로 **피드백 모형**을 따른다. 그는 구조적 요인, 문화적 요인, 심리적 요인을 피드백의 세 가지 원인으로 진단하였다. 이제 피드백을 발생시키는 세 가지 요인들에 대해 알아보자: 구조적 요인; 문화적 요인; 심리적 요인. 마지막으로 비이성적 과열을 합리화하려는 시도에 대해 살펴본다.

피드백 모형
투기적 가격 상승이 공공의 관심을 불러일으켜 입소문을 타고 확산되어 가격 상승에 대한 기대감을 높인다는 모형

구조적 요인

촉발 요인들: 인터넷, 자본주의의 팽창 및 여러 가지 사건들

쉴러는 밀레니엄 호황, 소유 사회 호황, 뉴-노멀 호황을 촉발하였던 요인들을 제시하였다. 먼저 밀레니엄 호황의 12가지 촉발 요인을 정리하면 다음과 같다.

14 이런 두 번의 부동산시장 호황은 미국뿐만 아니라 전 세계 대도시들의 전형적인 현상이었다. 1990년대의 일본 부동산시장 폭락은 엔화 가치 상승으로 인한 일본의 경쟁력 약화 때문이므로 예외적인 현상이라고 할 수 있다.

15 이런 설명은 모두 미국에 관한 내용이다. 우리나라의 대도시인 서울만을 예로 들면 주택 건설을 위한 택지가 인구와 일자리에 비해 부족했던 것이 사실이다.

16 이러한 견해는 주식시장에서의 Fed 모형과 유사하다. 최근의 부동산시장 상승은 저금리와 함께 양적 완화의 영향이 충분히 있었다고 본다.

밀레니엄 호황(1982~2000)의 촉발 요인

1. **견고한 이익 성장 시기의 인터넷 등장**: 기업 이익의 증가와 함께 인터넷의 등장은 혁명이 일어나고 있다는 대중의 인식을 자극함.
2. **승리주의와 해외 경제적 경쟁자들의 몰락**: 중국 공산당의 시장 경제 채택 및 (구)소련의 해체로 시장주의 국가들 탄생; 1989년 이후 일본의 경제 침체 및 1997~1998 아시아 금융 위기가 서구 경제 체계 모방을 촉발하였고 미국은 승리감에 고취됨.
3. **비즈니스의 성공을 장려하는 문화 및 정치적 변화**: 부에 대한 동경이 증가하고 전업주부에 대한 평가가 약해지며 범죄율이 감소함. 사람들이 미래를 위한 부의 축적을 추구하면서 주식에 대한 수요가 증가함.
4. **공화당 다수의 의회와 자본이익세율의 삭감**: 공화당 다수의 의회는 1997년에 최고 자본이익세율을 28%에서 20%로 삭감함.
5. **베이비 붐 세대와 그들의 시장 인식 효과**: 2000년에 베이비붐 세대(미국에서 1946~1966년생)가 35~55세로 주식시장에서 그들의 역할이 컸음.
6. **대중 매체의 비즈니스 뉴스 보도 증가**: CNN, CNBC 등에 의한 비즈니스와 주식시장에 대한 보도 증가로 주식시장의 관심 증가; 2000년 이후 2004년까지 보도 수가 최고점보다 50% 이상 하락함.
7. **애널리스트의 긍정적 예측 증가**: 매도는 극히 적고, 매수는 매우 많았던 애널리스트의 추천이 주식시장을 부양함(1999년 말에 매도 1.0%, 매입 69.5%, 보유 29.9% 이었음).
8. **확정기여형 연금의 확대**: 1981년 허용된 401(k) 플랜은 주식형 펀드의 투자 증가를 촉발하였고, 이는 주식시장의 직접적인 수요처가 됨.
9. **뮤추얼 펀드의 성장**: 뮤추얼 펀드 시장의 확대는 주식시장에 대한 관심을 높임; 주식형 뮤추얼 펀드의 수가 개별 주식의 수보다 많았음(뮤추얼 펀드 수는 1982년에 340개, 1998년에 3,513개이었음).
10. **인플레이션의 감소와 화폐 착각의 효과**: 인플레이션은 1982년 8% 이상, 2000년 3% 미만; 호황 말기에도 동일한 명목 수익률(매우 높은 실질 수익률)을 기대함; 누적 인플레이션 100%; 명목 수익률로 그래프를 그리면 2000년의 정점이 잘 나타나지 않음.
11. **거래량의 확대**: 디스카운트 브로커, 단타 매매자, 24시간 거래 증가; NYSE 회전율 증가(42%→78%); 비실험적 환경에서 잦은 가격 관찰은 주식 수요를 증가시킴.
12. **도박 기회의 증가**: 합법적 도박장이 많아지면서 위험 자산인 주식 투자에 대한 선호도도 증가함.

밀레니엄 호황 이후 3년간 침체기를 겪다가 미국 주식시장은 다시 호황기를 맞이하였는데, 이를 소유 사회 호황이라고 한다. 그동안 위의 12가지 요인 중에서 몇 가지는 사라져버렸다. 인터넷의 영향은 아직도 강력하지만, **닷컴**

버블이 무너지면서 대부분의 긍정적 분위기는 의미를 상실하였다.[17] 한편, 친기업적이었던 공화당이 2006년의 선거로 상원과 하원 모두에서 다수당의 지위를 민주당에 넘겨주었다. 또한 (구)소련과 중국에서의 자본주의 승리는 더 이상 새로운 것이 없게 되었다. 하지만 나머지 요인들은 계속 긍정적인 영향력이 있었기 때문에, 위의 요인들이 2000~2003년에 시장을 침체시킨 것은 아니었다. 오히려 그 요인들은 2003~2007년의 회복기에 도움을 주었다. 2003년 이후에는 다른 촉발 요인들이 등장하여 주식시장과 부동산시장의 호황을 뒷받침하였다. 추가적인 촉발 요인은 다음과 같다.

닷컴 버블
1996~2000년에 미국 등 세계 여러 나라에서 인터넷 관련 주식을 중심으로 형성된 버블 현상

2003~2007 소유 사회 호황의 촉발 요인

1. **소유 사회**: 조지 부시 대통령은 더 많은 사람이 주택을 소유하게 하고 개인연금을 통해 사회보장의 구조를 바꾸려고 하였음; 중국 경제와 컴퓨터 기술 발전에 따라 실직을 걱정하던 사람들은 결국 주택과 주식 매입에 관심을 둠.
2. **통화 정책의 지원**: 자유 시장을 옹호하던 앨런 그린스펀의 명성은 그가 주식과 부동산시장을 억누르지 않을 것이라고 믿게 함; 2003년까지 정책금리를 1%까지 낮춤.

조지 부시 대통령은 모든 미국인이 자기 집을 가지기를 원했다. 이에 부응하여 은행들은 모기지 신청을 위한 개인 신용이 부족했던 **서브프라임** 등급에도 모기지 대출을 허용하여 주택에 대한 수요가 증가하였다. 또한 앨런 그린스펀에 의해 주도되어 오랫동안 지속되었던 저금리 정책은 **양적 완화**를 초래하여 주식과 주택에 대한 수요를 증가시켰고, 주식 및 부동산시장은 과열되었다. 결국 이들은 서브프라임 모기지 사태를 불러일으켜서 미국과 전 세계의 금융 위기를 촉발하게 되었다.[18] 그러다가 2009년부터 전 세계의 주식시장이 상승하기 시작하였다. 세계 경제는 아직 금융 위기에 의한 침체로부터 회복되지 않았고 정치적 어려움이 가중되고 있었다. 금융 위기에 대한 두려움이 감소하였고, 각국 정부는 이를 해결하기 위해 노력하였으며, 새로운 기술 혁명에 따라 일자리가 불안정하게 된 것이 새로운 촉발 요인들과 관계가 있다. 뉴-노멀 호황의 촉발 요인들은 다음과 같다.

서브프라임
모기지 대출을 위한 등급인 프라임, 서브프라임, 알트에이 중에서 두 번째 등급

양적 완화
중앙은행이 시중에 통화를 직접 공급해서 신용 경색을 해소하고, 경기를 부양시키는 통화 정책

17 닷컴 버블은 인터넷의 활성화로 인해 인터넷 관련 산업의 주가가 논리적으로 설명할 수 없을 정도로 지나치게 상승하였던 사건이다.
18 이 과정에 대해 자세한 설명은 제1부의 〈지나친 자신감이 일을 망친다.〉를 보시오.

뉴-노멀 호황의 촉발 요인

1. **침체에서 뉴-노멀로의 이동**: 침체 분위기가 매우 심해서 비용과 노동력을 감축하자 약간의 기업 이익이 발생하였고 뉴-노멀을 추구하는 분위기가 형성되었음; 이로 인해 주식시장이 다시 상승하기 시작함; 유럽은 2010년 국가 부채 문제와 장기 스태그네이션에 대한 두려움으로 주식시장이 크게 상승하지 않았음.
2. **극단적으로 확대된 통화 정책과 양적 완화**: 2007~2009 금융 위기에 따라 연준은 단기 금리를 거의 0%로 내렸고, 2008년에 세 번의 양적 완화를 하였으며, 이자율 인상이 없다는 포워드 가이던스를 하였음; 2012년 모기지 이자율이 역사상 최저에 이르러서 약한 경제에도 불구하고 주택에 대한 수요가 증가함.
3. **실직에 대한 두려움**: 경기 침체와 기술 발전으로 인한 실직의 위험을 인식한 근로자들이 불안정한 미래를 위해 장기 자산을 매입하기 시작하여 가격을 상승시킴.
4. **불평등의 심화**: 2011~2013년 "월 스트리트를 점령하라."라는 슬로건이 말해주듯이 빈부의 격차가 커지게 되자, 부유층은 자산 매입에 집중하고 사람들은 "수익률 추구" 전략을 사용함.
5. **민족주의의 증가와 전쟁의 분위기**: 자산 가격에 대한 효과가 불분명하지만, 침체된 경제 속에서 민족주의적이고 외국인을 싫어하는 분노와 갈등의 분위기가 고조됨; 세계화, 기술 발전 및 불평등과 관계된 실직의 두려움에 간접적인 영향을 받음; 가자 지구, 이라크, 시리아, 우크라이나에서의 전쟁과 이슬람 국가(IS)의 위협 등으로 전 세계 분위기가 안 좋아지자 자산 가격이 상승함. (1차 세계대전은 주식시장 폭락을 가져왔지만, 2차 세계대전은 미국 등 여러 주식시장의 높은 상승을 유발하였음.)

뉴-노멀 호황으로 대변되는 2009년 이후의 시기는 경제 성장이 크게 뒷받침되지 않으면서 주식시장과 부동산시장이 활황이었던 기간이었다. 쉴러가 언급했던 뉴-노멀 호황은 2014년까지였지만, 2021년까지도 계속되고 있다.[19] 실직에 대한 두려움, 불평등의 심화, 민족주의의 증가와 전쟁의 분위기 등도 사람들을 불안하게 하여 자산 매입으로 유도하였다. 하지만 2021년 지금까지 이어지는 호황은 세계 각국에서 극단적 통화 정책이 확대되고 양적 완화가 지속된 것에 가장 큰 영향을 받았다고 추론된다. 즉, Fed 모형이 적용되기에 가장 적합한 환경이었다.

19 물론 코로나19로 인해 2020년 중반에 주식시장이 급락했지만, 미래에 대한 희망으로 주식시장은 2021년 8월 현재까지 성장을 계속하고 있다.

증폭 메커니즘: 자연적 폰지 과정

앞에서 살펴본 촉발 요인들은 버블을 초래하는 원인이 되어 투자자 심리, 미래에 대한 기대감 및 투자자 수요에 영향을 미치게 된다. 투자자 심리, 기대감 및 투자자 수요는 앞 장에서 언급한 **피드백 이론**에 따른 자기 증폭 과정을 거친다. 즉, 피드백 순환이 이루어진 것인데, 이런 악순환을 **편승 효과**(또는 **밴드왜건 효과**)라고 한다.[20] **투기적 버블**이라는 용어가 여러 의미가 있지만 이런 피드백을 말하기도 한다.

가장 대중적인 피드백 이론 중의 하나는 바버리스 등(2002)이 주장하였던 **적응적 기대**에 의해 발생한다. 적응적 기대란 과거의 자료를 바탕으로 예측 오차를 조금씩 수정하여 미래를 예측하는 방법이다. 이는 과거의 가격 상승이 향후의 가격 상승에 대한 기대감을 생성하여 피드백이 발생한다는 것이다. 다른 유형의 피드백 이론은 과거의 가격 상승에 반응하여 투자자 신뢰가 증가하기 때문에 피드백이 발생한다는 것이다. 이런 피드백은 갑작스러운 가격 상승보다는 가격 상승의 일관적인 패턴에 반응한다. 적응적 기대와 **투자자 신뢰**는 투기적 버블을 보였던 최근의 주식시장에서 결정적인 역할을 하였다. 이런 피드백은 기대나 신뢰와 전혀 관계없는 감정적 원인에 의해서 발생할 수도 있다. **하우스 머니 효과**가 그것인데, 이는 가격 상승 이후에 매도 성향을 감소시켜서 촉발 요인들을 더욱 증폭시킨다.[21] 쉴러는 이런 피드백을 **자연적 폰지 과정**이라고 하였으며, 설문조사를 통해서 피드백의 증거들을 확인하였다.

피드백 이론
투기적 가격 상승이 공공의 관심을 불러일으켜 입소문을 타고 확산되어 가격 상승에 대한 기대감을 높인다는 이론

편승 효과(밴드왜건 효과)
어떤 행동이나 선택이 유행할 경우 이에 동조하는 현상

투기적 버블
투기에 의해 발생하는 버블

적응적 기대
과거의 자료를 바탕으로 예측 오차를 조금씩 수정하여 미래를 예측하는 방법

투자자 신뢰
투자자가 가격 상승에 대해 가지는 신뢰

하우스 머니 효과
이익을 얻은 이후에 위험을 감수하려는 사람들의 의지가 증가하는 것

자연적 폰지 과정
피드백에 의해 자연적으로 생성되는 폰지 과정

문화적 요인

뉴스 미디어의 영향

투기적 버블 현상은 신문의 등장과 함께 시작되었다고 한다. 1630년대의 튤립 버블도 신문에 의해 보도되었다. 이런 뉴스 미디어들은 서로 경쟁하면서 가격 변동의 배경을 만드는 역할을 하고, 시장 전망에 관해 설명하면서 자주 과장된 보도를 한다. 그들은 주식시장이 새로운 기록을 달성하였다고 보도하

20 편승 효과(또는 밴드왜건 효과)란 어떤 선택이 대중적으로 유행하고 있다는 정보가 그 선택에 더욱 힘을 실어 주는 효과를 말한다.

21 하우스 머니 효과에 대해서는 탈러와 존슨(1990)을 참고하시오. 또는 제2부의 〈카지노에서 생긴 일: 하우스 머니 효과와 손익 분기 효과〉를 보시오.

여 일반 대중이나 투자자들의 관심을 불러일으킨다: "S&P 500이 역사상 최고점을 기록하였다." 또는 "주식시장이 하루 변동 폭으로는 최고치를 기록하였다." 산업이 성장하면서 주식시장이 커지면 주가지수가 자주 최고치를 달성하는 것은 너무 당연하다. 또한 주가지수가 커지면 단순한 주가지수 변동 폭이 점점 커지는 것도 당연하다.[22] 그런데도 대중들은 이런 뉴스에 현혹되어 자료에 대한 개인적 평가가 어렵게 되고 유명한 전문가들의 평가에 의존하게 된다.

그렇다면 큰 뉴스들에 따라 주가 변동이 크게 발생할까? 훗날 전설적인 헤지 펀드 매니저가 되었던 빅터 니더호퍼(1971)는 버클리 대학 조교수 시절에 '중요한 사건이 발생한 날에 주가가 정말로 크게 변하는가?'를 연구하였다. 그는 큰 사건이 있던 날에 작은 가격 변동보다 큰 가격 변동을 보인 경우가 많지만, 그 수준은 미미하다고 하였다. 이는 보도된 많은 사건이 주식시장의 가치에 미치는 영향이 크지 않았다는 것을 의미한다. 또한 쉴러는 1989년 블랙 프라이데이의 미국 주가 폭락을 조사하면서, 사건 발생 이후에 원인으로 지목되었던 뉴스들을 실제 폭락의 원인으로 보기는 어렵다고 하였다.[23]

큰 뉴스들은 어떤 역할을 할까? 큰 뉴스들은 사람들의 관심을 불러일으켜서 피드백의 시작을 알리는 사건에 불과하다는 것이 쉴러의 주장이다. 1987년 10월 19일 블랙 먼데이의 국가적인 원인 규명을 하였던 브래디 위원회의 보고서를 인용하여, 그는 그날 '**가격을 무시한 매도**'가 촉발되었다고 하였다. 이는 가격 하락에 반응하여 가격과 관계없이 매도하는 것으로, 쉴러가 주장한 피드백에 의한 가격 하락과 정합성을 가지는 **네거티브 버블**에 해당한다. 즉 폭락 당시에 보도되었던 뉴스 기사가 아니라 피드백 순환에 의한 가격 하락이 폭락의 핵심적인 원인이었다는 것이다.

가격을 무시한 매도
가격과 관계없는 무조건적인 매도

네거티브 버블
가격 하락이 추가적인 가격 하락을 유도하고, 입소문에 의해 비관주의가 팽배하게 되어 시장은 지속이 불가능할 정도로 낮은 수준에 이르게되는 것

새로운 시대라는 경제적 생각

투기적 시장의 확대는 미래가 과거보다 밝고 불확실성이 덜할 것이라는 대중적 인식과 관계가 있었다. 이러한 시기를 묘사하기 위하여 새로운 시대라

22 변동 폭이 아닌 변동률이라면 역사상 최고치를 달성하기는 어려울 것이다.
23 1989년 블랙 프라이데이는 13일의 금요일 미니 크래쉬라고도 불리는 사건으로, 1989년 10월 13일에 발생한 미국 주식시장의 폭락을 말한다. 이날 다우 지수는 6.91%, S&P 500 주가지수는 6.12%, 나스닥 지수는 3.09% 하락하였다. $67.5억에 이르는 유나이티드 항공사의 모기업인 UAL의 차입매수가 실패한 것이 원인이라고도 하지만, 그렇게 보기 어렵다는 것이 쉴러의 설문조사 결과이었다.

는 용어가 사용된다. 20세기에 생활 수준이 향상되었고 개인의 경제적 위험이 감소하였다는 점에서 새로운 시대라는 인식은 어느 정도 타당성이 있다. 이러한 긍정적 세상의 도래는 점진적으로 이루어졌다. 하지만 새로운 시대라는 대중적 생각은 연속적이 아닌 주기적으로 나타났다. 20세기를 맞이하는 1901년에 새로운 시대라는 개념이 팽배하였다. 1901년 1월이 되자, 밝은 미래와 기술 진보에 관한 이야기들이 광범위하게 퍼져나갔다. 1901년 6월에 주가는 최고점에 달했고, 주가/수익 비율은 25.2를 기록하였다. 그다음의 낙관론은 1920년대에 나타나서 주가는 상승하였으며, 1929년에 최고점을 기록하였다. 그 이후로 미국은 대공황을 겪으면서 경제적 어려움을 실감하였다. 그러다 다시 1950년대 중반부터 기업 이익의 건전한 성장을 배경으로 새로운 시대라는 생각이 널리 퍼졌다.

1990년대에 들어서서 다시 새로운 시대라는 생각이 나타났다. 주식시장의 호황을 정당화하기 위하여 '신경제의 승리'라는 1996년 비즈니스 위크의 기사는 다음과 같은 이유를 제시하였다: 세계화의 증가, 하이테크 산업의 호황, 인플레이션의 완화, 이자율 하락 및 이익의 급증. 1990년대의 주식시장 호황은 결국 부동산시장의 호황으로 이어졌다. 이렇듯 주식시장 또는 부동산시장의 호황은 항상 새로운 시대라는 개념과 연결되어서 그 정당성을 인정받으려고 하였다. 미국의 주식시장은 2009년부터 2021년 지금까지 꾸준히 상승하였다. 이는 빅데이터와 인공지능을 중심으로 하는 제4차 산업혁명이 큰 공헌을 하였다. 최근의 세계적인 주식시장과 부동산시장의 호황은 2020년 중반에 코로나19의 영향에 의해 일시적으로 부정적인 영향을 받기는 하였지만, 코로나19는 오히려 주식시장이 더욱 상승하는 계기를 제공하였다.

새로운 시대와 전 세계의 버블

주식시장의 호황이 발생할 때 새로운 시대가 왔다고 생각하는 것은 전 세계적으로 마찬가지다. 쉴러(2015)는 1960년 이후 기간에 대해 1년 (또는 5년) 동안 주가가 가장 많이 상승한 국가들과 하락한 국가들의 사례들에 대해 순위를 매겨서 새로운 시대가 버블에 대한 원인이 될 수 있다는 사실을 설명하였다. 필리핀은 1985년 12월부터 1986년 12월까지 실질 주가지수 수익률이 683.4%로 세계에서 가장 높았다. 5년으로 기간을 확대하여도 1984년 11월부터 1989년 11월까지 1,253.2% 상승하여 이 또한 세계적으로 가장 높은 수익률이었다. 우리나라의 주식시장도 1975년 2월에서 1976년 2월까지 1년 동안 98.8%의 수익률을 보여주어서 23등을 하였다. 또한 1984년 3월부터 1989년 3월까지 5년 동안은 518.3%의 놀라운 수익률로 5등을 기록하기도 하였다.

필리핀의 사례를 보자. 1980년대 중반에 공산주의 세력의 반란으로 필리핀도 베트남처럼 공산화될 수 있다는 두려움이 있었다. 또한 1965년 이후 21년간 독재를 했던 페르디난드 마르코스 대통령이 정적이었던 베니그노 아키노를 암살하고 부정 선거로 다시 대통령에 당선되자, 민중 항쟁이 일어났고 군부도 분열되는 사건이 발생했다. 그는 미국의 설득으로 1986년 2월 25일에 대통령에서 물러났고, 코라손 아키노가 새 정권의 대통령이 되었다. 그러자 필리핀 국민은 새로운 희망을 품게 되었다. 확실히 새로운 시대가 도래한 것이다. 이 분위기는 5년 이상 지속되어 1년과 5년 기간 동안 필리핀은 전 세계적으로 가장 높은 주식시장 수익률을 기록하였다.

우리나라에서도 새로운 시대에 대한 기대가 존재하였다. 1975년 우리나라 주식시장의 호황도 중동으로부터의 건설 주문 폭주와 강남 개발로 인한 건설주 폭등에 기인한 것이었다. 사람들은 건설 산업에 의해서 새로운 시대가 왔다고 생각하였다. 이 호황은 1978년에 건설주 파동으로 마무리되었다. 1984년에서 1989년까지 5년의 기간 동안 518.3%의 놀라운 수익률 달성도 정부의 주식시장 제도 정비 및 육성으로 인해 투자자들이 새로운 시대에 대한 희망을 품었기 때문이다.

쉴러가 5년 동안의 최고 수익률과 최저 수익률을 분석하여 알아낸 것은 평균적으로 5년 동안 주가가 오르면 그 후 5년 동안 주가가 내리고, 내리면 오른다는 것이었다. 이러한 현상은 드봉과 탈러(1985)의 개별 주식 분석으로 발견된 사실과 정합성을 가진다.[24] 이는 오랜 기간 주가가 너무 많이 상승(하락)하였으면 그에 대한 반작용으로 동일한 기간만큼 주가가 하락(상승)한다는 것으로, 주가가 기본적인 요인에 의해서만 움직인다는 효율적 시장의 개념과는 거리가 멀다.

24 이러한 현상은 1년 기간에 대해서는 잘 성립하지 않는다. 1년 기간에 대한 개별 주식의 결과는 제3부 〈모멘텀 투자 전략〉을 보시오.

심리적 요인

시장의 심리적 앵커

쉴러는 피드백을 발생시키는 심리적 요인 중의 하나로 **심리적 앵커**를 들고 있다.[25] 앵커란 배를 한 곳에 떠 있게 하거나 멈춰있게 하려고 줄에 매어 물 밑바닥으로 가라앉히는 쇠로 만든 갈고리이다. 따라서 여기서의 앵커란 어떤 상황에서 정신적으로 고정된 기준이라고 보면 된다. 그는 주식시장에서의 앵커를 양적 앵커와 정신적 앵커로 구분하였다. **양적 앵커**란 시장의 적절한 수준을 나타내는 지표로, 사람들은 이를 이용하여 시장이 저평가 또는 고평가 되었다고 판단할 수 있다. 이에 비해, **정신적 앵커**는 사람들이 주식을 사게 하는 이유의 정도를 결정하는 기준이다. 그들은 정신적 앵커에 의해 투자한 자금을 다른 용도로 사용하는 것과 비교한다.

심리적 앵커
어떤 상황에서 정신적으로 고정되어 있는 기준

양적 앵커
시장의 적절한 수준을 나타내는 지표로, 사람들은 이를 이용하여 시장이 저평가 또는 고평가되었다고 판단한다.

정신적 앵커
사람들이 주식을 사게 하는 이유의 정도를 결정하는 기준

주가 수준을 평가할 때 가장 많이 사용하는 양적 앵커는 기억나는 가장 최근의 주가이다. 어떤 날의 주가와 다음 날의 주가가 비슷해지는 것은 투자자들이 이 앵커를 이용하기 때문이다. 다른 앵커로는 기억나는 과거의 주가들이다. 또한 과거의 주가 변화도 앵커가 될 수 있는데, 1987년 10월 블랙 먼데이의 하락한 수익률(다우 지수 −22.61%, S&P 500 −20.39%)도 폭락에 대한 양적 앵커가 될 수 있다. 물론 이제는 많은 사람이 이 사건을 잊었을 수 있다.

정신적 앵커는 투자된 자금을 소비하는 것과 계속해서 투자하게 하는 직관적 이유를 비교하는 것과 관련이 있다. 예를 들어, 주가는 임의적으로 높은 수준까지 올라갈 수 있다. 하지만 너무 높이 올라가면 사람들이 보유한 주식의 가치와 그들의 생활 수준 간에는 격차가 나타난다. 그들은 주식 계정으로 볼 때 억만장자가 되었지만 생활 수준은 그렇지 않을 수 있다. 이때 많은 사람이 이 격차를 줄이기 (억만장자의 생활을 하기) 위해 일부 주식을 매도하면 매입자가 부족해서 주가는 하락할 것이다. 주식시장은 사람들이 새로 얻은 재산을 매도하지 않을 만큼 타당한 이유가 있는 경우에만 환상적으로 높은 수준에 이를 수 있다. 즉, 투자자인 억만장자들이 주식을 팔아서 소비하지 않는 것이 비정상적인 강세장을 유지하게 만드는 일종의 정신적 앵커이다.

25 여기서 앵커를 '닻'이라고 번역할 수 있지만, 원어의 의미를 그대로 전달하기 위해서 그대로 사용하였다. 닻 내림과 조정에 관한 심리학적 실험에 대해서는 제1부의 〈불확실한 상황에서의 판단: 휴리스틱과 바이어스〉를 보시오.

떼지어 행동하기와 전염[26]

시대정신
언제 어디서나 존재하는 사람들의 비슷한 생각

다른 사람들과 정기적으로 소통하는 사람들이 그들과 비슷하게 생각한다는 것은 인간 사회의 기본적 상식이다. 언제 어디서나 존재하는 그 비슷한 생각이 **시대정신**이다. 만약 시장에 투자하는 수많은 사람이 독립적으로 생각한다면, 그것의 옳고 그름에 관계없이 그 생각들은 서로 상쇄되어 가격에 영향을 주지 못한다. 하지만 비합리적인 생각이 수많은 사람에게 퍼져 있다면 그런 생각은 투자자들의 그릇된 행동을 야기하여 시장의 폭등이나 폭락을 야기할 수 있다.

솔로몬 애쉬(1952)는 실험을 통해서 강력한 사회적 압력이 개인의 판단에 영향을 미친다고 하였고, 다른 학자들도 대체로 이에 동의하였다. 그의 논문이 발표된 시기는 공산주의 선전 선동에 대한 대중적 관심, 중국 공산당의 성공적인 세뇌 기술에 대한 공포, 유대인 대량 학살 명령에 사람들이 순종적으로 반응하게 했던 나치 독일의 능력에 대한 궁금증이 만연했던 시기였다. 그의 연구 결과는 사람들이 완전히 독립적인 판단을 하지 않는다는 주장에 대한 과학적 근거로 널리 인용되었다. 그의 연구 결과는 오늘날까지도 인용되고 있지만, 그의 해석에 오류가 있다고 주장하는 사람들은 거의 없었다.

사회적 압력의 영향이라는 맥락에서 도이치와 제라드(1955)는 애쉬와 비슷한 실험을 하여서 동일한 결론을 얻었다. 권위에 대한 복종 관점에서 스탠리 밀그램(1974)의 전기 충격 실험도 대부분의 심리학 개론 책에 소개될 정도로 유명하다. 그는 피실험자에게 옆의 전기의자에 앉아있는 사람(실험자와 공모자)에게 명령에 따라 전기 충격을 점점 높이라고 지시했다. 물론 실험 이전에 전기 충격이 몸에 아무런 피해를 주지 않는다고 설명하였다. (실제로 전기 충격은 가짜였다.) 실험 중에 전기의자에 앉아있던 공모자는 매우 심한 고통을 호소하면서 피실험자에게 전기 충격을 멈추어 달라고 요구하였다. 그런데도 많은 피실험자가 전기 충격을 계속해서 이어갔다. 이 실험의 결과는 권위가 인간의 마음에 엄청난 영향을 미친다고 해석될 수도 있다. 하지만, 전문가가 아무런 문제가 없다고 얘기하면 실제로는 그렇지 않게 보여도 사람들은 그럴 것이라고 배워왔기 때문일 수도 있다. 즉, 권위의 신뢰성에 대한 과거 학습의 산물이라고 해석될 수도 있다.

26 떼지어 행동하기에 대해서는 제1부 〈넛지 1: 자유주의적 개입주의와 선택 설계〉의 떼지어 행동하기 부분을 보시오.

애쉬나 밀그램의 연구는 피실험자들은 자기들이 직접 보거나 느끼는 것들보다도 다른 사람들이나 실험자의 의견에 복종하고 따르는 경우가 많다는 것을 알려주고 있다. 이를 주식시장에 적용한다면, 많은 사람이 알려진 전문가들의 가치평가나 의견을 신뢰한다고 해도 아무런 문제가 없을 것이다. 이런 신뢰는 사람들을 집단적으로 동일한 행동을 할 수 있게 만든다. 완전히 합리적인 사람들이라도 다른 사람들의 판단을 고려하여 집단적으로 행동할 수 있다. 각 개인의 행동은 합리적일지라도, 집단적 행동은 비합리적일 수밖에 없다. 이때 **정보 캐스케이드**가 발생한다. 정보 캐스케이드란 지나치게 많은 정보로 인하여 원하는 정보를 얻기가 점차 어려워짐에 따라 다른 사람들의 결정을 참고하여 의사결정을 하는 현상이다. 정보 캐스케이드 이론에 따르면, 시장 가격이 모든 투자자에 의해 합일된 결과라는 대중적 인식은 잘못된 것이다. 결국 정보 캐스케이드 이론은 진정한 기본적 가치가 널리 퍼져서 평가되지 못하는 정보의 실패 이론이다.

정보 캐스케이트
지나치게 많은 정보로 인하여 원하는 정보를 얻기가 점차 어려워짐에 따라 다른 사람들의 결정을 참고하여 의사결정을 하는 현상

정보는 입소문을 타고 다른 투자자들에게 전달된다. 특히, 인터넷이 발달한 요즘 세상에서는 더욱더 빠르게 시장 전체에 퍼진다. 홍 등(2005)은 뮤추얼 펀드 매니저들이 같은 도시의 다른 펀드 매니저들이 어떤 주식을 매입하면 그 주식을 따라 매입하는 경향이 있음을 보여주었다. 이 결과는 투자자들이 입소문에 의해서 주식에 대한 정보를 퍼뜨린다는 전염 모형에 의해 설명될 수 있다.

란탈라(2019)는 투자 아이디어가 전염병처럼 퍼져나가서 자산 가격이 사회적 역동성에 의해 영향을 받을 수 있다는 쉴러의 주장에 따라 개인 투자자 사이의 입소문 효과를 사회 관계망을 통해 연구하였다. 이 사회 관계망은 소속 구성원이 비구성원을 초대하는 방법으로 가입이 가능하다. 그는 사회 관계망의 연결 구조가 투자 아이디어를 입소문으로 퍼뜨리는데, 초대자가 상대적으로 나이, 교육, 소득 수준이 높을수록 더 많은 투자가 이루어진다는 것을 발견하였다.

과열을 합리화하려는 시도

효율적 시장, 랜덤 워크 및 버블

앞 장에서 살펴본 바와 같이 효율적 시장 이론은 신고전주의 경제학으로부터 유진 파마가 고안한 개념으로 2021년 현재까지 대부분의 학자가 추종하는

개념이다. 이 이론에 따르면 주가는 랜덤 워크를 따라야 한다. 수많은 연구에서 효율적 시장 이론을 검증하였지만, 몇몇을 제외하고는 대부분의 연구는 시장 효율성의 타당성을 입증하지 못하였다. 오히려 시장 효율성을 부정하는 증거들이 점점 더 설득력을 얻게 되었다. 특히, 효율적 시장 이론은 주식시장 폭등이나 폭락 같은 버블을 설명할 수 없었지만, 심리학과 경제학에 기반을 둔 행동 재무론은 이들을 잘 설명하고 있다. 쉴러와 여러 학자가 주장하는 피드백 이론이 버블을 설명하는 행동 재무론의 대표적 이론이다.

투자자가 배운 것과 못 배운 것

오랜 자본시장의 역사로부터 우리는 다음과 같은 사실들을 배웠다.

① 일반적으로 주식이 채권보다 기대 수익률이 더 높다.

② 1926년 이후 미국 주식시장에서 20년 이상 주식에 투자하여 손실을 본 사례가 없었다. 이는 장기 투자의 우월성을 보여준다.

③ 주식 투자의 변동성을 낮추기 위해 분산 투자해야 한다.

하지만 쉴러는 위와 같은 사실들을 대체로 부정하면서 주식 투자가 채권 투자보다 수익성이 좋다는 것은 사실이 아니라고 주장하였다. 주식 투자의 수익성이 좋지 않았던 시기를 설명하기 위해서 그는 주가/수익 비율에 따라 주식이 고점에 도달했던 3번의 시점을 언급하였다: 1901년 6월, 1929년 9월, 1966년 1월. 이 세 번의 고점 가운데, 1929년과 1966년은 그 이후 10년 동안 주식 수익률이 단기 금리보다 낮았다. 20년 기간을 보면 1901년부터 1921년까지의 주식 수익률이 단기 금리보다 낮았다. 즉, 20년의 기간이 아닌 10년 기간으로 생각하면 주식 투자가 채권 투자보다 수익성이 좋다고 말하기는 어렵다는 것이다.

또한 조리온과 괴츠만(1999)은 1921년부터 1996년까지의 기간 동안 미국은 연평균 4.3%의 높은 실질 주식 수익률을 얻었지만, 다른 38개 국가의 중간값은 0.8%에 불과하였다는 것을 발견하였다. 따라서 미국에서 얻어진 높은 주식 프리미엄은 보편적이 아닌 예외적인 사실이라고 주장하였다. 쉴러는 이 또한 위의 사실들을 부정하는 증거라고 하였다.

쉴러의 주장은 주식의 장기 투자를 옹호하는 학계와 실무계의 입장에 반하는 참신한 의견으로 받아들일 수 있다. 하지만 주식시장은 변동성이 매우 크고 폭락할 때도 종종 있어서 대상 기간을 좁힐수록 주식 수익률이 채권 수익률에 비해 낮은 기간은 더 많아질 것이다. 따라서 그런 이유로 자본시장의 역사로부터 배운 위의 사실들을 부정하기는 어렵다. 또한 조리온과 괴츠만(1999)의 연구는 기간이 너무 짧은 국가들도 많고 자료의 일관성이 부족하므로 주식 투자의 올바른 수익률을 보여준다고 보기 어렵다.[27]

1924년 이전에는 주식 투자가 도박의 차원을 넘어서 어느 정도의 위험이 있고 어느 정도의 수익성을 가지는가에 대해서 아무런 개념이 없었다. 그러다가 스미스(1924)가 〈장기 투자로서의 보통주〉라는 책을 발간하면서부터 주식 투자의 장점이 알려지기 시작하였다. 모리슨(1949)은 스미스의 책에 의거하여 주식 투자는 혁명적 투자로, 채권보다 수익성이 좋다고 하였다. 그러다가 마코위츠(1952)가 주식 수익률과 위험의 관계를 체계적으로 밝히면서부터 위험 선택에 대한 대가로 주식의 수익률이 결정되고, 무위험 채권보다 주식의 기대 수익률이 높다는 것을 받아들이게 되었다. 이런 사실로부터 평가할 때 위의 사실들을 부정하기는 현실적으로 어렵다. 어찌 되었건, 쉴러는 다른 학자들이나 실무자들보다 주식 투자에 대해 회의적 입장을 가진 것으로 보인다.

주요 용어

Fed 모형
가격을 무시한 매도
네거비트 버블
뉴-노멀 호황
닷컴 버블
명목 이자율
밀에니엄 호황(또는 버블)
부동산시장의 비이성적 과열
비이성적 과열
서브프라임
소유 사회 호황
시대정신
실질 이자율
심리적 앵커
양적 앵커
양적 완화
오퍼레이션 트위스트
이익 주가가 조정된 주가/수익 비율
인플레이션 보호 채권
자연적 폰지 과정
적응적 기대
정보 캐스케이트
정신적 앵커
통화정책
투기적 버블
투자자 신뢰
편승 효과(밴드왜건 효과)
포워드 가이던스
피드백 모형
피드백 이론
하우스 머니 효과

27 주식 프리미엄의 국제적 증거에 대해서는 제3부 〈주식 프리미엄은 왜 그렇게 클까?〉를 보시오.

핵심 정리

- 미국의 연방준비제도이사회 의장이었던 앨런 그리스펀이 1996년 12월 5일에 주식시장 투자자들의 행동을 묘사하기 위해 비이성적 과열이란 용어를 사용하였다.
- 비이성적 과열은 투기적 버블의 심리적 기초가 되는데, 투기적 버블이란 가격 상승 뉴스가 사람들 사이에 널리 퍼져나가면서 투자자들의 공포를 자극하는 상황이다.

역사적 관점에서 본 미국의 주식시장

- 미국의 주식시장은 1982년부터 호황이 시작되어 2000년에 절정을 이루었다.
- 2000년 밀레니엄 호황(또는 버블)에 이어서 주식시장 침체가 발생했다가, 다시 2003~2007년 동안 소유 사회 호황으로 이어졌다.
- 2008년 세계 금융 위기로 2년간 침체하다가 다시 상승하기 시작하여 2021년 6월 현재까지 상당한 호황을 이루고 있는데, 쉴러는 이를 뉴-노멀 호황이라고 하였다.

역사적 관점에서 본 미국의 채권시장

- 세계의 중앙은행들은 2007~2009 금융 위기 때부터 장기 이자율에 영향을 주려고 다음과 같은 정책들을 적극적으로 사용하였지만, 생각대로 잘 작동되지는 않았다: 양적 완화, 오퍼레이션 트위스트, 포워드 가이던스.
- 1982년 이후 10년 국채 수익률과 주가/수익 비율 간에는 음(-)의 상관관계가 있었다. 이 보고서 이후로 10년 국채 수익률과 주식시장의 관계를 Fed 모형이라고 부르게 되었다.
- 10년 장기 이자율과 향후 10년 인플레이션의 상관관계가 높지 않다는 것은 합리적 기대 가설과 정합성이 없음을 의미한다.
- 장기 이자율의 변동은 미래 인플레이션 정보에 의해서 설명될 수 없고, 객관적으로 합리적 행동이라고 보기 어려운 투기적 요소를 가졌다.
- 2021년 9월 현재의 높은 채권 가격은 주식시장과 비슷한 버블 상황이라고 할 수 있다. 이는 신용 시장의 지나친 과열이고, 장기 이자율이 갑자기 상승하면(채권 가격이 갑자기 하락하면) 그 수정 과정의 경제적 파급 효과가 대단히 클 것임을 의미한다.

역사적 관점에서 본 미국의 부동산시장

- 1997년부터 2006년까지 주택 가격은 놀라울 정도로 상승하였지만 결국 2007~2009 금융위기의 주범이 되어 2012년까지 급락하였다. 그 후 주택 가격은 다시 상승하기 시작하여 2021년 현재까지 부동산시장은 호황을 이루고 있다.
- 쉴러(2015)는 부동산시장의 호황도 주식시장만큼 신비롭고 이해하기 어렵지만, 그때마다 제시되는 대중적인 설명이 반드시 옳은 것은 아니라고 하였다.
- 쉴러는 부동산시장의 급격한 가격 상승을 설명하기 위하여 버블 이론을 주장하였는데, 이는 주식시장, 채권시장, 부동산시장 등 모든 투기적 시장에 적용될 수 있다.
- 쉴러의 버블 이론은 기본적으로 피드백 모형을 따른다. 그는 구조적 요인, 문화적 요인, 심리적 요인을 피드백의 세 가지 원인으로 진단하였다.

구조적 요인

- 밀레니엄 호황(1982~2000)의 촉발 요인: ① 견고한 이익 성장 시기의 인터넷 등장; ② 승리주의와 해외 경제적 경쟁자들의 몰락; ③ 비즈니스의 성공을 장려하는 문화 및 정치적 변화; ④ 공화당 다수의 의회와 자본이익세율의 삭감; ⑤ 베이비 붐 세대와 그들의 시장 인식 효과; ⑥ 대중 매체의 비즈니스 뉴스 보도 증가; ⑦ 애널리스트의 긍정적 예측 증가; ⑧ 확정기여형 연금의 확대; ⑨ 뮤추얼 펀드의 성장; ⑩ 인플레이션의 감소와 화폐 착각의 효과; ⑪ 거래량의 확대; ⑫ 도박 기회의 증가.
- 2003~2007 소유 사회 호황의 촉발 요인: ① 소유사회; ② 통화 정책의 지원.
- 뉴-노멀 호황의 촉발 요인: ① 침체에서 뉴-노멀로의 이동; ② 극단적으로 확대된 통화 정책과 양적 완화; ③ 실직에 대한 두려움; ④ 불평등의 심화; ⑤ 민족주의의 증가와 전쟁의 분위기.
- 주식시장, 채권시장, 부동산시장 과열의 핵심은 피드백 과정인데, 쉴러는 이를 자연적 폰지 과정이라고 하였다.

문화적 요인

- 뉴스 미디어의 영향
- 새로운 시대라는 경제적 생각
- 새로운 시대와 전 세계의 버블

심리적 요인

- 쉴러는 피드백을 발생시키는 심리적 요인 중의 하나로 심리적 앵커를 들고 있다. 주식시장의 앵커에는 양적 앵커와 정신적 앵커가 있다.
- 떼지어 행동하기: 다른 사람들과 정기적으로 소통하는 사람들이 그들과 비슷하게 생각한다는 것은 인간 사회의 기본적 상식이다. 언제 어디서나 존재하는 그 비슷한 생각이 시대정신이다.

과열을 합리화하려는 시도

- 표준 경제학은 효율적 시장, 랜덤 워크 및 버블로 과열을 설명하려고 하지만, 오히려 시장 효율성을 부정하는 증거들이 점점 더 설득력을 얻게 되었다.
- 역사를 통해 투자자가 배운 것: ① 일반적으로 주식이 채권보다 기대 수익률이 더 높다. ② 1926년 이후 미국 주식시장에서 20년 이상 주식에 투자하여 손실을 본 사례가 없었다. 이는 장기 투자의 우월성을 보여준다. ③ 주식 투자의 변동성을 낮추기 위해 분산 투자해야 한다.
- 배우지 못한 것: 20년의 기간이 아닌 10년 기간으로 생각하면 주식 투자가 채권 투자보다 수익성이 좋다고 말하기는 어렵다.
- 주식시장은 변동성이 매우 크고 폭락할 때도 종종 있어서 대상 기간을 좁힐수록 주식 수익률이 채권 수익률에 비해 낮은 기간은 더 많아질 것이다. 그런 이유로 자본시장의 역사로부터 배운 위의 사실들을 부정하기는 어렵다.

참고 문헌

- Asch, S. (1952), Social psychology. Englewood Cliffs, N.J.: Prentice Hall.
- Barberis, N., A. Shleifer, and R. Vishny (2002), A model of investor sentiment, Journal of financial Economics 49, 307~343.
- De Bondt, W. and R. Thaler (1985), Does the stock market overreact?, Journal of Finance 40, 793~805.
- Deutsch, M. and H. Gerard (1955), A study of normative and informational social influences upon individual judgement, Journal of Abnormal and Social Psychology 51, 629~636.
- Hong, H., J. Kubik, and J. Stein (2005), Thy neighbor's portfolio: Word-of-mouth effects in the holdings and trades of money managers, Journal of Finance 60, 2801~2824.
- Jorion, P. and W. Goetzmann (1999), Global stock markets in the twentieth century, Journal of Finance 54, 953~980.
- Markowitz, H. (1952), Portfolio selection, Journal of Finance 7, 77~91.
- Milgram, S. (1974), Obedience to authority, New York: Harper and Row.
- Morrison, P. (1949), Trends in investment policies of individuals, Journal of Finance 4, 156~176.
- Nidderhoffer, V. (1971), The analysis of world news events and stock price, Journal of Business 44, 193~219.

- Rantala, V. (2019), How do investment ideas spread through social interaction? Evidence from a Ponzi scheme, Journal of Finance 74, 2349~2389.
- Shiller, R. (2000), Irrational exuberance, 1st ed. Princeton, NJ: Princeton University Press.
- Shiller, R. (2005), Irrational exuberance, 2nd ed. Princeton, NJ: Princeton University Press.
- Shiller, R. (2015), Irrational exuberance, 3rd ed. Princeton, NJ: Princeton University Press.
- Smith, E. (1924), Common stocks as long term investments. New York: The MacMilan Company.
- Thaler, R. and E. Johnson (1990), Gambling with the house money and trying to break even: The effects of prior outcomes on risky choice, Management Science 36, 643~660.
- www.econ.yale.edu/~shiller/data.htm

11 — 모멘텀 투자 전략

1985년에 셰프린과 스태트만의 〈디스포지션 효과〉와 드봉과 탈러의 〈주식 시장 과잉 반응〉이라는 논문이 발표되면서 행동 재무론의 씨앗이 피어났지만, 1980년대까지는 표준 재무론이 지배하던 시대였다. 그러다가 제가디쉬(1990)가 개별 주식들의 전월 수익률과 당월 수익률 간에 체계적인 음(–)의 상관관계가 존재하기 때문에 전월 수익률에 따라 당월 수익률을 예측할 수 있다고 하였다. 전월 수익률에 따라 전체 주식을 10개의 포트폴리오로 나누고 수익률 하위 10% 포트폴리오에서 상위 10% 포트폴리오의 수익률을 차감한 **무비용 포트폴리오**를 구성하면 월평균 2.49%의 차익을 얻을 수 있다고 하였다.[1] 드봉과 탈러의 1985년 연구와 함께 이 연구는 주식 가격만을 이용한 투자 전략의 우수성을 보여주는 것으로 기존의 신고전주의 표준 재무론이 도저히 설명할 수 없는 현상이었다. 그동안 학계는 주식 투자에 있어서 주가와 거래량만을 이용하는 기술적 분석을 전혀 인정하지 않았는데, 기술적 분석과 비슷하게 주가만을 사용한 투자 전략이 학계에서 인정받기 시작한 것이다. 이때부터 표준 재무론이 설명할 수 없던 많은 이상 현상들이 최고의 학술지들에 발표되기 시작하였다. (횡단면) 모멘텀 투자 전략이 그 영역의 가장 중심에 있었다.

무비용 포트폴리오
매입과 매도 포지션을 동시에 취하여 이론적으로 비용이 전혀 발생하지 않는 포트폴리오

모멘텀 이야기

제가디쉬와 티트만(1993)은 **횡단면 모멘텀** 전략의 우수성을 실증적으로 증명하였다. 개별 주식들의 과거 3~12개월 수익률에 따라 순위를 매기고, 그 순위에 따라 10개의 포트폴리오를 구성한다. 그리고 상위 10% 포트폴리오

횡단면 모멘텀
과거 12개월 수익률에 따른 상위 10% 포트폴리오(승자)에서 하위 10% 포트폴리오(패자)의 수익률을 차감한 무비용 포트폴리오

1 여기서 무비용 포트폴리오란 매입과 매도 포지션을 동시에 취하여 이론적으로 비용이 전혀 발생하지 않는 포트폴리오이다. 재무금융에서 어떤 전략의 우수성을 증명할 때 가장 많이 사용하는 방법론이다.

승자
과거 12개월 수익률에 따른 상위 10% 포트폴리오

패자
과거 12개월 수익률에 따른 하위 10% 포트폴리오

모멘텀 포트폴리오
모멘텀에 의해 구성된 포트폴리오

가격 모멘텀
모멘텀 현상의 다른 말

어닝
기업의 이익

어닝 서프라이즈
기업이 시장(또는 애널리스트)의 예상보다 높은 이익을 발표하는 것

어닝 쇼크
기업이 예상보다 낮은 이익을 발표 하는 것

어닝 모멘텀
어닝 서프라이즈가 높은 포트폴리오에서 낮은 포트폴리오를 차감한 무비용 포트폴리오

시계열 모멘텀
일정 기간에(예: 12개월) 어떤 자산의 시계열 수익률이 양(+) 또는 음(–)인가에 따라 각각 매입하거나 매도하는 전략

(**승자**)에서 하위 10% 포트폴리오(**패자**)의 수익률을 차감하여 무비용 포트폴리오를 얻게 되는데, 이를 **모멘텀 포트폴리오**라고 한다. 이 모멘텀 포트폴리오가 향후 3~12개월 동안 유의적인 양(+)의 수익률을 얻게 되는데, 이를 횡단면 모멘텀 투자 전략이라고 부른다.[2] 특히, 과거 12개월 수익률을 사용한 모멘텀 포트폴리오는 향후 3개월 동안 월평균 1.31%의 수익률을 얻었다.[3] 이는 위험을 고려하여도 설명할 수 없는 주식시장의 확실한 이상 현상이었다. 이 현상을 **가격 모멘텀**이라고도 부른다.

제가디쉬와 티트만은 과거 승자와 패자의 이익 발표 시점 주변의 수익률 형태가 이와 비슷하다고 하였지만, 그 관계성에 대해서는 뚜렷한 결론을 내리지 못했다. 오랜 시간이 흘러 초디아와 쉬바쿠마르(2006)는 가격 모멘텀과 어닝 모멘텀의 관계를 연구하였다. 그들은 어닝 서프라이즈에 의해 어닝 모멘텀을 계산하였다. **어닝**이란 기업의 이익이고, **어닝 서프라이즈**는 기업이 시장(또는 애널리스트)의 예상보다 높은 이익을 발표하는 것이다. 이에 비해, 기업이 예상보다 낮은 이익을 발표하면 **어닝 쇼크**라고 한다. **어닝 모멘텀**이란 어닝 서프라이즈가 높은 포트폴리오에서 낮은 포트폴리오를 차감한 무비용 포트폴리오이다. 그들은 어닝 모멘텀이 가격 모멘텀을 설명할 수 있다는 것을 보여주었다.

제가디쉬와 티트만이 처음부터 모멘텀이라는 용어를 사용한 것은 아니었다. 그 뒤의 학자들과 실무자들이 그들의 전략을 모멘텀이라고 부르면서부터 모멘텀 전략이 유명해졌다. 실무에서는 이미 모멘텀이라는 개념이 널리 알려져서 사용되고 있었다. 이는 동일한 횡단면 기간의 주식 수익률들을 비교하여 무비용 포트폴리오를 구성하기 때문에 횡단면 모멘텀 전략이라고 하였다. 초창기에는 그냥 모멘텀 전략이라고 부르다가 시계열 모멘텀과의 구별을 위해서 횡단면 모멘텀이라고 불렀다. **시계열 모멘텀**은 횡단면 수익률 비교가 아니라, 일정 기간에 (예: 12개월) 어떤 자산의 시계열 수익률이 양(+) 또는 음(–)인가에 따라 각각 매입하거나 매도하는 전략이다. 시계열 모멘텀에 대해

2 이 실험에서 그들은 1965년부터 1989년까지의 월별 수익률을 사용하였다. 이후의 연구도 시카고 대학의 CRSP 데이터베이스를 사용하였기 때문에 대개 1962년부터의 월별 수익률을 사용했다. CRSP 데이터베이스가 표본 기간을 1926년까지 확장한 다음부터의 최근 연구들은 대개 1926년부터의 월별 수익률과 거래량을 이용하고 있다.

3 매월 모멘텀 포트폴리오가 생성되므로 향후 3개월의 수익률을 검증 대상으로 하는 경우에는 다음과 같이 매월 3개의 수익률이 중첩된다: 2개월 전, 1개월 전, 당월 초에 구성된 3개의 모멘텀 포트폴리오 수익률들. 그들은 이 3개의 월별 수익률을 평균하여 당월의 모멘텀 수익률로 사용하였다. 향후 K개월의 모멘텀 수익률을 검증하려면 K개의 월별 수익률을 평균하여야 한다.

서는 여기서 언급하지 않기로 한다. 이제부터 별다른 언급이 없으면 횡단면 모멘텀을 모멘텀이라고 부르기로 한다. 그 이후로 오랫동안 많은 연구가 이루어지면서 모멘텀 전략은 다음과 같이 정의되었다.

횡단면 모멘텀 전략

① 전월 말 또는 당월(t) 초에 과거 12개월 중 최근 한 달을 제외한 과거 11개월(t-12월에서 t-2월까지)의 누적 수익률에 따라 순위를 매겨서 승자(상위 10%)와 패자(하위 10%) 포트폴리오를 구성함(전월 말과 당월 초는 같은 의미를 가짐).
② 승자에서 패자 포트폴리오의 수익률을 차감한 당월 무비용 포트폴리오의 수익률이 횡단면 모멘텀 포트폴리오의 당월 수익률이 됨.
③ 매월 ①~②의 과정을 계속해서(t+1, t+2, t+3, …) 반복함.

위의 과정에서 포트폴리오 구성 시에 최근 한 달의 수익률을 제외하는 이유는 월별 수익률에 음(-)의 자기상관 관계가 있다는 제가디쉬(1990)의 발견 때문이다. 실제로 최근 한 달을 포함하면 모멘텀 전략의 수익률이 약간 감소한다. 위와 같은 횡단면 모멘텀 전략의 정의에 모든 학자가 동의하지는 않겠지만, 이는 현재 가장 널리 이용되고 있다.[4] 하지만 과거 6개월 수익률을 사용하여 무비용 포트폴리오를 구성하거나, 구성 후 3개월, 6개월, 또는 12개월 수익률을 검증할 때도 있다. 횡단면 모멘텀 전략에 따라 모멘텀 포트폴리오를 표현하면 다음과 같다.

(횡단면) 모멘텀 포트폴리오 = 과거 수익률 승자 - 과거 수익률 패자

드봉과 탈러의 〈주식시장 과잉 반응〉에서는 과거 3~5년 동안의 수익률에 따라 승자와 패자 포트폴리오를 구성하면, 그 후 3~5년 동안 승자는 패자가 되고, 패자는 승자가 된다고 하였다. 이는 주식 수익률의 장기 **반전 현상**이다. 하지만 모멘텀은 수익률의 중단기 **지속 현상**이라고 할 수 있다. 이 두 이상 현상은 지금도 계속 나타나고 있으며, 실제로 자산운용 실무에서 널리 사용되고 있다. 핸슨과 선더람(2013)은 1980년대 후반부터 가치 및 모멘텀 전

반전 현상
과거 3~5년 동안의 수익률에 따라 승자와 패자 포트폴리오를 구성하면, 그 후 3~5년 동안 승자는 패자가 되고, 패자는 승자가 된다.

지속 현상
모멘텀 현상이 발견되는 것

4 이 방법을 사용하면 중첩되는 월이 없어서 모멘텀 수익률의 통계적 의미가 확실해진다. 한편, 일부 학자들은 수익률에 가격결정 모형을 적용한 뒤의 잔차 수익률을 이용하여 무비용 모멘텀 포트폴리오를 구성하기도 한다. 많은 연구가 일본에서는 모멘텀 효과가 없다고 하였지만, Chaves(2012)는 잔차 수익률을 이용하여 모멘텀 포트폴리오를 구성하면 일본에서도 모멘텀 효과가 나타난다고 하였다. 이를 잔차(idiosyncratic) 모멘텀이라고 한다. 하지만 이 방법은 일반적이지 않기 때문에 여기서 설명하지 않기로 한다.

략에 투자되는 금액이 상당히 증가하였다고 하였다. 따라서 이는 학술적이면서도 매우 실무적인 주제이다!

산업별 모멘텀
산업별 포트폴리오로 구성한 모멘텀 포트폴리오

한편, 모스코비쯔와 그린블래트(1999)는 1963년 7월부터 1995년 7월까지의 기간에 대해 **산업별 모멘텀**이 개별 주식 모멘텀의 많은 것을 설명해 준다고 하였다. 그들이 말하는 산업별 모멘텀이란 20개의 산업별 포트폴리오로 무비용 포트폴리오를 구성하는 것이다. 그들은 과거 6개월의 수익률에 따라 20개 산업별 포트폴리오의 순위를 매긴 다음에, 상위 3개 포트폴리오의 동일 가중 포트폴리오를 승자로 하고 하위 3개 포트폴리오의 동일 가중 포트폴리오를 패자로 하였다. 이를 이용하여 무비용 포트폴리오를 구성한 후 6개월 동안의 수익률을 보았는데, 월평균 0.43%의 산업별 모멘텀 수익률을 얻었다. 그들은 이런 산업별 모멘텀이 개별 주식의 모멘텀을 잘 설명한다고 하였다.

쿠퍼 등(2005)은 시장 상황에 따라 모멘텀 전략의 수익성이 크게 달라진다는 사실을 발견하였다. 과거 시장 수익률이 상승했으면 (과거의 시장 누적 수익률이 양(+)의 값을 가지면) 모멘텀 전략의 수익성이 더 커지고, 하락했으면 크게 감소한다. 그들은 과거 시장 수익률을 1년, 2년, 또는 3년의 기간에 대해서 측정하였는데, 1년을 사용한 경우 시장 상승기에서 모멘텀 전략의 수익성이 가장 좋았다. 이는 모멘텀 전략이 시장의 상황에 따라 크게 달라질 수 있다는 것을 발견한 최초의 연구로, 모멘텀 전략의 실체적 진실을 밝혀서 이후에 개선된 모멘텀 전략의 개발에 큰 도움이 되었다.

모멘텀 현상이 국제적으로도 발생하는 이상 현상으로 밝혀지자 자연스럽게 모멘텀과 거시경제 변수와의 관계에 대한 궁금증이 생겨났다. 초디아와 시바쿠마르(2002)는 미국 주식시장에서 거시경제 변수의 조건부 예측 모형이 모멘텀 수익률을 설명할 수 있다고 하였다. 하지만 그리핀 등(2003)은 국제 비교 분석을 통하여 거시경제 위험이 모멘텀 수익률을 설명할 수 없으며, 전 세계의 모멘텀 수익률이 경제의 호황 및 불황과는 관계없이 경제적으로 의미가 있고 통계적으로 신뢰성이 있다고 하였다. 또한 모멘텀 수익성은 1년이 지나 5년이 되면 반전이 되어 사라지는데, 이러한 모멘텀 효과는 기존의 위험 모형으로 설명할 수 없었다.

미국의 모멘텀 수익률

모멘텀 투자는 무비용 포트폴리오 전략이다. 즉, 이론적으로 전혀 비용이 필요 없는 투자 방법이다. (실제로는 공매도 등에 비용이 요구되기 때문에 무비용이란 가정은 비현실적이다.) 이런 투자 방법이 과연 어느 정도의 수익성이 있을까? 이를 알아보기 위하여 먼저 미국의 모멘텀 수익률을 알아보자. 모멘텀의 계산은 앞에서 제시하였던 일반적인 방식을 사용하였다. 아래의 표는 미국의 모멘텀 수익률을 보여주고 있다. 개별 주식의 과거 12개월 수익률에 따라 상위 10%에서 하위 10%를 차감한 포트폴리오를 **모멘텀**이라 하고, 상위 30%에서 하위 30%를 차감한 것을 **모멘텀 요인**이라고 한다.[5] 두 개 모두 모멘텀이지만, 전자는 전체 주식을 10개로 나눌 때 각 포트폴리오가 충분한 주식 수를 확보할 수 있는 경우에 많이 사용하고, 후자는 주식 수익률을 설명하는 요인으로 모멘텀을 사용할 때 이용하는 개념이다. 후자보다 전자가 좀 더 극단적이기 때문에 모멘텀 수익률도 더 커지는 경향이 있다.

모멘텀
개별 주식의 과거 12개월 수익률에 따라 상위 10%에서 하위 10%를 차감한 무비용 포트폴리오

모멘텀 요인
개별 주식의 과거 12개월 수익률에 따라 상위 30%에서 하위 30%를 차감한 무비용 포트폴리오

표 11-1
미국의 월평균 모멘텀 수익률 (단위: %): 1927~2020년

	상위 10% – 하위 10%: 모멘텀		상위 30% – 하위 30%: 모멘텀 요인[a]	시장 수익률[b]
	가치 가중	동일 가중		
평균	1.18	0.80	0.65	0.95
표준편차	7.90	7.59	4.72	5.35
최댓값	24.99	21.96	18.20	38.95
최솟값	−76.68	−90.41	−52.05	−29.13

a. 일반적인 카하트의 4 요인 중 모멘텀 요인이며 (상위 30% – 하위 30%)로 계산함
b. 시장 수익률은 가치 가중 수익률임
출처: 케네스 프렌치의 웹사이트 자료를 이용하여 계산함

표 11-1의 모멘텀은 1927~2020년의 충분한 기간에 대해 계산하였다. 월별 수익률을 보면 가치 가중 모멘텀인 경우는 시장 수익률보다 크지만, 동일 가중과 모멘텀 요인은 시장 수익률보다 작다. 하지만 모든 수익률이 충분한 경제적 의미가 있는 것으로 볼 때, 미국에서는 모멘텀 투자 전략이 성공적이라고 할 수 있다.[6] 하지만 극단적 포트폴리오로 구성된 (상위 10%–하

5 이는 케네스 프렌치의 웹사이트 자료에 의한 정의로 일반적인 개념은 아니다. 모멘텀이건 모멘텀 요인이건 상관없이 모두 모멘텀 수익률이라고 할 수 있다. 여기서 모멘텀 요인은 (상위 10%–하위 10%)가 아닌 (상위 30%–하위 30%)에 의해 계산한다. 계산을 위해 먼저 기업 규모에 의해 상위 50%(Big: B)와 하위 50%(S)로 나누고, 이들을 다시 과거 t–12t–2월 수익률(모멘텀)에 따라 높음(High: H, 30%), 중간(Medium: M, 40%), 낮음(Low: L, 30%)으로 나누어 6(2×3)개의 가치 가중 포트폴리오를 만든다. 모멘텀 요인은 다음과 같이 계산된다: 모멘텀 요인 = ½(BH+SH) – ½(BL+SL).

6 여기서 각 수익률의 통계적 유의성을 보이지는 않았지만 모두 통계적으로 유의적임을 확인했다.

위 10%)의 가치 가중과 동일 가중 모멘텀의 표준편차가 시장 수익률의 표준편차보다 상당히 크다. 이 모멘텀 전략이 시장 수익률보다 위험하다는 것이다. 또한 모멘텀 수익률의 최댓값은 모두 시장 수익률보다 작고, 최솟값의 절댓값은 모두 시장 수익률보다 크다. 이로 볼 때, 모멘텀 전략의 수익성은 괜찮지만, 위험이 너무 크다고 평가할 수 있다. 특히, 동일 가중의 최솟값인 -90.41%는 너무 참담한 수익률이다.

모멘텀 크래쉬
모멘텀 전략에서 엄청난 손실이 발생하는 현상.

그렇다면 모멘텀 투자 전략을 실무에서 사용할 수 있을까? 이렇게 큰 손실을 감수하면서 모멘텀 전략을 원형 그대로 사용하는 것은 어리석은 일이다. 이렇듯 모멘텀 전략에서 엄청난 손실이 발생하는 현상을 **모멘텀 크래쉬**라고 한다. 여기에 대해서는 모멘텀 크래쉬 부분에서 다시 언급하기로 하자.

다른 나라에도 모멘텀 현상의 증거가 있을까?

학계에서 주식시장의 모멘텀 현상이 보고된 이후에 사람들의 관심은 미국 이외 다른 나라에서의 존재 여부였다. 로웬호스트(1998)는 비교적 짧은 15년의 기간(1980~1995년) 동안 유럽 12개국의 모멘텀 현상을 검증하였다. 재미있게도 위험을 고려한 후에도 승자 포트폴리오는 패자 포트폴리오를 월평균 1% 이상 앞섰다. 모멘텀 현상은 12개국 모두에서 나타났고 평균 12개월 동안 지속되었다. 이는 미국의 모멘텀 현상이 우연히 발생한 것은 아니라는 것을 의미한다. 유럽의 모멘텀 수익률이 미국의 모멘텀 수익률과 매우 높은 상관관계(0.43)를 가진 것으로 보아 시장 간에 모멘텀을 발생시키는 공통 요인이 있을 수도 있다고 하였다.

로웬호스트(1999)는 20개 신흥 시장에 대해 검증도 하였다.[7] 표본 기간이 그리 길지는 않았지만, 전체 시장에서 0.35%의 유의적인 수익률을 얻었다. 하지만, 개별 국가 수준에서는 우리나라를 포함하여 절반 이상의 국가들이 모멘텀 현상을 보이지 않았다. 이 연구는 표본 기간이 상대적으로 너무 짧았기 때문에 신흥 시장에 대해서는 성급한 결론을 내리기 어려웠다.

이에 추이 등(2010)은 상대적으로 긴 기간(1980~2003년)에 대해서 41개국의 모멘텀 현상을 검증하였다. 전체 국가 중 일본, 한국, 타이완, 터키를

7 여기서는 과거 6개월(t-7월에서 t-2월)의 수익률을 사용하여 모멘텀 포트폴리오를 구성하였다.

제외한 모든 나라가 양(+)의 모멘텀 수익률을 가졌고, 25개 국가들이 유의적인 모멘텀 수익률을 보여주었다. 그들은 동아시아 국가보다 서방 국가들에서 모멘텀 현상이 더 많이 나타난다고 하면서, 이는 **개인주의**와 관계가 있다고 하였다.[8] **집단주의**를 가지는 동아시아 국가들에 비해 서방 국가들은 개인주의가 발달했는데, 개인주의는 **지나친 자신감**과 **자기 귀속 바이어스**와 관계가 깊다.[9] 모멘텀 현상의 심리적 원인이 지나친 자신감과 자기 귀속 바이어스이므로 서방 국가들에서 모멘텀 현상이 더 잘 나타난다고 주장하였다.

한편, 모멘텀은 규모 및 가치 효과와 함께 검증되는 경우가 많다. 이에 파마와 프렌치(2012)는 북미, 유럽, 일본 및 아시아 태평양 지역을 대상으로 주식 수익률의 규모, 가치 및 모멘텀 현상을 검증하였다. 대규모 주식들에 비해 소규모 주식들의 수익률이 우월하다는 **규모 효과**는 1980년대 이후에 사라져버렸다는 기존의 연구 결과와 같이 그들은 규모 효과를 발견할 수 없었다. 하지만 가치주가 성장주보다 수익률이 좋다는 **가치 효과**는 4개 지역 모두에서 나타났고, 일본을 제외하고는 대규모보다 소규모 기업에서 더 컸다. 모멘텀 현상도 일본을 제외한 나머지 3개 지역에서는 모두 나타났으며 소규모 기업에서 더 강하게 나타났다.

아스네스 등(2013)은 미국, 영국, 유럽, 일본을 대상으로 비슷한 검증을 하였는데, 가치 효과는 모든 나라에서 관찰되지만, 모멘텀 현상은 일본을 제외한 나머지 국가에서만 나타났다. 그래도 가치 효과와 모멘텀 효과를 50%씩 고려한 가치와 모멘텀 효과는 어디에나 존재한다고 주장하였다.[10] 어쨌든, 가치와 모멘텀 효과는 위험 요인들을 고려하여도 사라지지 않기 때문에 확실한 이상 현상이면서 거의 전 세계 어디에나 존재한다고 할 수 있다.

이제 최근의 자료를 사용하여 여러 나라의 모멘텀 현상을 살펴보자. 표 11-2는 선진국과 신흥 시장의 모멘텀 요인 수익률 평균과 표준편차를 보여주고 있다. 월평균 결과를 보면, 모멘텀 요인 수익률이 평균적으로 미국의 0.65%와 비슷해 보인다. 모멘텀 요인의 월평균 수익률은 일본을 제외한 모

개인주의
국가나 사회보다 개인이 어떠한 식으로든 우선한다는 관점

집단주의
개인의 이익이나 목표보다는 집단의 이익이나 목표를 우선시하는 관점

지나친 자신감
자신의 판단에 대한 개인의 주관적인 확신이 객관적인 정확도보다 훨씬 크게 되는 바이어스

자기 귀속 바이어스
성공은 자기의 능력 때문이고 실패는 통제할 수 없는 요인 때문이라고 생각하는 인간의 성향

규모 효과
대규모 주식에 비해 소규모 주식들의 수익률이 우월하다는 가설

가치 효과
가치주가 성장주보다 수익률이 좋다는 가설

8 그들은 홉스테드(2001)가 개발한 개인주의 지수를 이용하여 이를 검증하였다.

9 개인주의, 지나친 자신감 그리고 자기귀속 바이어스의 심리학적 관계에 대해서는 추이 등(2010)의 364~365쪽을 보시오.

10 가치 투자 포트폴리오를 HM(=높은 B/M 포트폴리오−낮은 B/M 포트폴리오), 모멘텀 포트폴리오를 WML(=승자 포트폴리오−패자 포트폴리오)이라고 할 때, 가치와 모멘텀 포트폴리오란 (0.5×HML+0.5×WML)이다.

든 국가 또는 지역에서 경제적으로 의미 있는 값을 가진다.[11] 따라서 일본을 제외하면 선진국과 신흥 시장 모두 모멘텀 전략이 성공적이다. 여러 연구에서 발견한 바와 같이 역시 일본에서는 모멘텀 현상이 전혀 발견되지 않고 있다.

한편, 절댓값으로 볼 때, 북미를 제외하고는 최솟값들이 최댓값들보다 모두 큰 값을 가진다. 이런 최솟값들이 의미하는 바는 선진국과 신흥 시장에서도 모멘텀 크래쉬가 존재한다는 것이다. 월별 수익률의 최솟값을 보면 모멘텀 크래쉬가 더 뚜렷해진다. 일본을 제외한 아시아 태평양과 북미는 각각 −36.77%와 −25.00%의 최솟값을 가지는데, 이는 투자자 입장에서는 인내하기 어려운 수익률이다. 따라서 이를 해결하는 방안이 없다면 모멘텀 전략은 훌륭한 수익성에도 불구하고 실무에서 사용할 수 없는 투자 방법이 될 것이다.

표 11-2
선진국과 신흥 시장의 월평균 모멘텀 요인 수익률(단위: %): 1991~2020년[a]

	선진국	선진국 (미국 제외)	유럽	일본	아시아태평양 (일본 제외)	북미	신흥 시장[b]
평균	0.60	0.68	0.90	0.11	0.83	0.59	0.79
표준편차	3.84	3.54	3.99	4.32	4.30	4.69	2.98
최댓값	17.74	13.13	13.65	14.95	10.88	29.32	9.08
최솟값	−24.26	−22.52	−26.09	−19.83	−36.77	−25.00	−14.84

a. 일반적인 카하트의 4요인 중 모멘텀 요인으로 (상위 30%하위 30%)를 사용함. 선진국은 23개 국가이고, 유럽은 그중에서 호주, 캐나다, 홍콩, 일본, 뉴질랜드, 미국을 제외함. 일본을 제외한 아시아 태평양은 호주, 홍콩, 뉴질랜드, 싱가포르임. 북미는 캐나다와 미국임. 신흥 시장은 한국을 포함하여 26개 국가임.
b. 신흥 시장은 1990~2020년의 자료를 사용함.
출처: 케네스 프렌치의 웹사이트 자료를 이용하여 계산함.

개별 주식에 모멘텀 현상이 전 세계적으로 강력하게 존재한다면, 다른 자산들에도 모멘텀 현상이 존재할까에 대한 의문이 남는다. 여러 연구에서 개별 주식뿐만 아니라 적용 가능한 다른 모든 자산의 모멘텀 현상도 검토하였다.[12] 예를 들어, 주가지수, 통화, 국채, 상품선물 등에서 나타나는 모멘텀 현상이다. 결론적으로 말하자면, 다른 자산들에도 모멘텀 현상이 나타나고 있다. 1993년에 개별 주식에 대한 모멘텀 현상이 학계에 발표되어 알려졌고, 심층적으로 연구되었지만, 실무계에서는 다양한 자산의 투자 전략으로 이미 오래전부터 이용되고 있었다.

11 일본을 제외한 모든 국가 또는 지역의 모멘텀 요인 수익률은 통계적으로 유의적임을 확인하였다.
12 횡단면 모멘텀에 대한 최근의 검증으로는 아스네스(2013), 대니얼과 모스코비츠(2016), 후앙(2021)이 있고, 시계열 모멘텀 검증으로는 모스코비츠 등(2012)이 있다.

모멘텀에 대한 행동 재무론적 설명

오랫동안 재무금융 학계에서 여러 가지 비효율성과 이상 현상이 보고되었지만 이를 설명할 수 있는 행동 재무 이론이 개발되지 않았다. 모멘텀도 그중 하나로, 일부 국가를 제외하고 전 세계적으로 관찰되는 확실한 이상 현상이다. 1993년에 처음으로 발견되어 보고되었지만, 한동안 이의 원인을 설명할 수 있는 체계적인 이론이 없었다. 그러다가 1998년부터 심리적 바이어스를 기반으로 주식 수익률의 중단기적인 모멘텀과 장기적인 반전 현상을 뒷받침하는 행동 재무 이론들이 개발되기 시작하였다. 이들은 기존의 신고전주의 경제학적 이론에 대한 대안적 성격을 가진다.[13] 그중에서 대니얼 등(1998)과 바버리스 등(1998)은 투자자들에게 심리적 바이어스가 있다는 사실로부터 출발하지만, 홍과 쉬타인(1999)은 이질적인 두 투자자 집단의 상호 작용에 의한 행동 재무론 모형이다. 제가디쉬와 티트만(2001)은 그들이 개발한 이론과 실증 분석 결과들이 정합성을 가진다고 하였다. 즉, 모멘텀의 실증 분석은 체계적인 이론에 의해 뒷받침되는 믿을 만한 결과라는 것이다.

바버리스 등(1998)은 **보수성 바이어스**와 함께 트버스키와 카너먼이 주장한 **대표성 휴리스틱**에 의해 중단기 모멘텀과 장기 과잉 반응을 설명한다. 여기서 대표성 휴리스틱은 불확실한 사건을 식별하는 사람들의 성향이다.[14] 주가의 경우에 대표성 바이어스는 기업에 상당한 이익 성장이 발생하면 미래에도 비슷한 이익 성장이 이어질 것으로 생각하는 잘못된 결론으로 유도한다. 그것과는 별개로 보수성 바이어스가 주가의 과소 반응을 발생시키지만, 대표성 휴리스틱이 보수성 바이어스와 함께하면 중단기적으로는 모멘텀을, 장기적으로는 반전 현상을 발생시킨다.

보수성 바이어스
새로운 것이나 진보적인 것을 반대하고 전통적인 것을 따르고 지키려는 성향의 바이어스

대표성 바이어스
어떤 확률이 높다고 생각하면 그런 사물 또는 현상이 당해 집단을 대표한다고 생각하는 바이어스

대니얼 등(1998)은 주식 수익률의 중단기 모멘텀과 장기 반전 현상을 설명하는 이론적 모형을 제시하였다. 그들은 정보 거래자들이 **자기 귀속 바이어스**가 있다고 하였다. 자기 귀속 바이어스란 잘된 일은 자기의 능력 때문이고, 잘못된 일은 운이 없었다고 생각하는 **인지적 바이어스**이다. 그들의 모형에 따라서, 투자자들이 어떤 주식들에 대해 긍정적인 신호를 받은 이후에 그중 몇몇 주식들의 수익률이 좋았다고 하자. 여기서 주가 상승은 당해 주식들

자기 귀속 바이어스
성공은 자기의 능력 때문이고 실패는 통제할 수 없는 요인 때문이라고 생각하는 인간의 성향

인지적 바이어스
어떤 사물이나 현상의 인식에 있어서 인지적 또는 감정적 오류에 의해 발생하는 바이어스

13 이제부터 소개하는 이론이나 모형들은 수학적으로 매우 정교하게 개발되었지만, 여기서는 서술적으로 간단하게 설명하고자 한다.

14 트버스키와 카너먼의 대표성 바이어스에 대해서는 제1부의 〈불확실한 상황에서의 판단: 휴리스틱과 바이어스〉에서 대표성 부분을 보시오.

에 대한 **과소 반응**에 해당한다. 이때 정보 거래자들은 자기 귀속 바이어스 때문에, 사후적으로 승자 주식의 성과는 자신들의 주식 선택 능력 때문이라고 하고, 패자 주식의 성과는 운이 안 좋았다고 생각한다. 결과적으로, 이 투자자들은 주식 선택 능력에 대해 **지나친 자신감**이 생기게 되면서 주가가 상승한 주식들에 대한 좋은 신호의 정확성을 과대평가한다. 긍정적인 신호에 대해 자신감이 커지면, 그들은 승자 주식을 매입하여 주가를 기본적 가치 이상으로 상승시킬 것이다. 여기서 **지연된 과잉 반응**은 중단기 **모멘텀 이익**의 발생 원인이 된다. 하지만 주식 가격은 기본적 가치로 돌아가기 때문에 결국 주가의 장기 반전 현상이 발생한다.

과소 반응
어떤 주식들에 대해 긍정적인 신호를 받은 이후에 그중 몇몇 주식들의 수익률이 좋은 경우

지나친 자신감
자신의 판단에 대한 개인의 주관적인 확신이 객관적인 정확도보다 훨씬 크게 되는 바이어스

지연된 과잉 반응
긍정적인 신호에 대해 자신감이 커지면, 그들은 승자 주식을 매입하여 주가를 기본적 가치 이상으로 상승시키는 것

모멘텀 이익
모멘텀 포트폴리오의 이익

뉴스 관찰자
미래의 기본 가치에 대해 관찰한 사적 신호에 근거하여 예측하는 사람

모멘텀 거래자
과거 주가에만 의존하여 주가를 예측하는 사람

제한된 합리성
개인들이 의사결정을 할 때, 의사결정 문제 취급의 어려움, 인간의 인지적 제한, 의사결정에 필요한 시간 등의 제약으로 인해 합리성이 제한된다는 것

뉴스에 대한 과잉 반응
주가에 대한 반응이 지나치게 되면 궁극적으로 과잉 반응에 의한 비용이 발생하게 된다.

홍과 쉬타인(1999)은 투자자들의 행동적 바이어스를 가정하기보다는 서로 다른 정보에 의존하는 다음 두 유형의 투자자 집단을 고려하였다: **뉴스 관찰자**와 **모멘텀 거래자**. 두 집단은 모두 **제한된 합리성**을 가지면서 이용 가능한 공적 정보의 부분 집합만을 사용한다.[15] 뉴스 관찰자는 미래의 기본 가치에 대해 관찰한 사적 신호에 근거하여 예측한다. 뉴스 관찰자는 과거 또는 현재의 주가에 신경 쓰지 않는다는 한계가 있다. 이에 비해, 모멘텀 거래자는 과거의 주가 변화에만 관심이 있다. 모멘텀 거래자의 주가 예측은 과거 주가에만 의존한다는 한계가 있다. 마지막 가정은 사적 정보가 뉴스 관찰자 사이에 점점 퍼져간다는 것이다. 뉴스 관찰자가 적극적인 경우, 주가는 새로운 정보에 천천히 적응해 가면서 주가의 과소 반응이 나타난다. 하지만 이 단계에서 과잉 반응은 결코 나타나지 않는다. 이런 과소 반응은 점진적인 정보의 확산과 뉴스 관찰자들이 주가로부터 어떤 정보도 추출하지 않는다는 가정으로부터 자연스럽게 유도된다. 이때 모멘텀 거래자는 과거 주가로부터 뉴스 관찰자에 의해 남겨진 차익 기회를 발견하고 이를 이용하여 이익을 얻게 된다. 하지만 주가에 대한 그들의 반응이 지나치게 되면 궁극적으로 과잉 반응에 의한 비용이 발생하게 되는데, 이를 **뉴스에 대한 과잉 반응**이라고 한다. 결국, 과잉 반응으로 장기 반전 현상이 발생한다.

위의 연구들은 개별 주식을 직접 사고파는 투자자들에 의해 주가의 중단기적인 모멘텀과 장기적인 반전 현상이 발생한다는 이론을 개발하였다. 한편, 1990년대부터 최근까지 퇴직연금 자산의 급격한 성장과 더불어 뮤추얼 펀드의 규모가 놀라운 수준으로 증가하였다. 따라서 투자자들의 뮤추얼 펀드

15 제한된 합리성에 대해서는 제1부의 〈합리적 의사결정의 오류〉에서 제한된 합리성 부분을 보시오.

매입과 환매는 주식에 **가격 압박**을 주어 개별 주가를 움직이게 하였다. 가격 압박이란 주식의 수요(공급)가 공급(수요)을 초과하여 주가가 기본 가치를 벗어나 상승(하락)하는 것을 말한다. 주가는 다시 기본 가치로 돌아올 것이기 때문에 가격 압박은 일시적 현상이라고 한다. 이러한 가격 압박은 일반 투자자들이 뮤추얼 펀드를 비정상적으로 매입(환매)하면 펀드 매니저들도 주식을 과도하게 매입(매도)하게 된다. 결국 매입 또는 매도 대상 주식의 가치가 기본 가치를 벗어나서 비효율적으로 움직이게 된다. 이에 의해 모멘텀과 반전 현상이 발생한다면 이는 기관 투자자와 관련된 사건이다. 뮤추얼 펀드는 연금 기금과 함께 가장 대표적인 기관 투자자이기 때문이다.[16] 이에 바야노스와 울리(2013)는 모멘텀과 반전 현상을 설명하는 **기관 투자자 이론**을 제시하였다. 하지만 괴츠만과 후앙(2018)은 기관 투자자가 없던 19세기 러시아의 상트 페테르부르크에서도 모멘텀이 존재하였기 때문에 기관 투자자 이론을 지지할 만한 실증적 증거는 없다고 하였다.

가격 압박
갑작스럽게 주식의 초과 수요가 발생하여 주식 가격이 상승하거나, 갑작스럽게 초과 공급이 발생하여 주식 가격이 하락하는 것

기관 투자자 이론
모멘텀과 반전 현상을 기관 투자자에 의해 설명하는 이론

한편, 루오 등(2021)은 지나친 자신감을 가진 투자자가 그들의 경쟁자들을 과소평가할 때 모멘텀과 장기 반전 현상이 나타난다고 주장하였다. 이러한 행동 재무론적 설명과는 달리, 모멘텀을 설명하는 신고전주의 재무론의 합리적 모형들도 발표되었다.

옛날에도 모멘텀이 있었을까?

전 세계 대부분의 국가에서 발견되는 모멘텀 현상이 옛날에도 존재했을까? 미국에서 주식시장이 시작된 것은 뉴욕에서 처음으로 두 개의 주식이 거래된 1792년이다. 이에 겍지와 사모노프(2016)는 1800~2012년 기간의 월별 주가 데이터베이스를 개발하여 모멘텀 현상을 검증하였다.[17] 그들은 전체 개별 주식을 최근 2개월을 제외한 과거 10개월 수익률에 따라 3개의 포트폴리오로 나누고, 상위 포트폴리오에서 하위 포트폴리오를 차감하여 모멘텀 포트폴리오를 구성하였다. 1926년까지의 수익률은 현금 배당을 반영하지 못했다.[18] 그들은 1801~1926년에는 0.28%, 1927~2012년에는 0.58%의 (통계

16 연금 기금의 경우에도 갑작스러운 가입 증가와 연금 지출로 인하여 동일한 현상이 발생할 수 있다.
17 1926년부터의 자료는 시카고 대학교의 CRSP 데이터베이스를 이용하였고, 1800~1926년 기간의 자료는 여러 출처의 자료를 병합하여 사용하였다.
18 모멘텀이 승자에서 패자의 수익률을 차감한 무비용 포트폴리오이므로, 승자와 패자의 배당 수익률이 비슷하다면 배당을 고려하지 못한 수익률이 모멘텀에 큰 영향을 주지는 못한다.

적으로 유의적인) 모멘텀 수익률을 얻었다. 따라서 모멘텀 현상은 시대와 관계없이 나타난다고 하였다. 또한 개별 주식의 모멘텀 현상이 산업별 모멘텀 및 거시경제 변수와는 관계가 없다고 주장하였다. 마지막으로, 모멘텀 크래쉬라는 치명적인 약점을 보완하기 위한 동태적 헤지 전략이 매우 성공적이라고 하였다.

1800년대에 미국에서만 주식시장이 존재했던 것은 아니다. 영국 런던, 중국 상하이, 러시아 상트 페테르부르크 등에서 주식이 거래되었다. 괴츠만과 후앙(2018)은 러시아의 상트페테르부르크 주식시장을 대상으로 모멘텀 현상을 검증하였다.[19] 먼저 과거 수익률에 따라 전체 주식을 3개의 집단으로 나누고, 상위 포트폴리오에서 하위 포트폴리오를 차감하여 모멘텀 포트폴리오를 구성하였다. 그들은 1865년 1월부터 1914년 6월의 기간에 대해 제가디쉬와 티트만의 방법을 사용하여 모멘텀 효과가 존재하는 것을 확인하였다. 특히, 최근 한 달을 제외한 과거 12개월 수익률을 모멘텀 구성 기간으로 사용하면 3개월 간 월평균 0.74%의 수익률을 얻을 수 있었다. 이는 상당히 큰 값으로 시장 수익률로 통제하여도 큰 변화가 없었다. 한편, 그들이 검증한 19세기에는 기관 투자자가 없었는데 모멘텀 현상이 존재했다는 것은 모멘텀의 기관 투자자 이론이 타당하지 않다는 것을 의미한다. 또한 전문적 지식이 있는 투자자가 많을 때 모멘텀 수익률이 감소하고, 경제 상황에 따라 모멘텀 수익률이 달라진다는 두 가지 가설도 기각하였다. 즉, 모멘텀 수익률은 전문적 지식을 갖춘 투자자의 존재 여부나 경제 상황과도 관계가 없다는 것이다.

러시아뿐만 아니라 런던증권거래소에서도 모멘텀 검증이 있었다. 채봇 등(2009)은 런던증권거래소의 1866~1907년 기간의 주식 수익률을 이용하여 영국 빅토리아 여왕 시대에도 모멘텀 현상이 존재했다고 주장하였다. 이런 증거들에 근거할 때, 모멘텀은 과거에도 있었고 지금도 존재하는 주식시장의 이상 현상이다.

모멘텀과 유동성(거래량)

주식 수익률과 거래량의 관계에 대해서는 많은 모형과 이론적 설명이 있었지만 모멘텀 수익률 측면에서는 거의 연구가 없었다. 이에 리와 스와미나단

19 그들이 사용한 자료는 예일 대학교의 International Center for Finance 웹사이트에서 다운로드 할 수 있다.

(2000)은 모멘텀 수익률과 개별 주식 거래량(유동성)의 관계를 실증적으로 보여주었다. 개별 주식 거래량 정보는 대개 다음과 같은 일별 **회전율**에 의해서 측정된다: 일별 회전율일별 거래량/발행 주식 수. 기존 이론에 의하면 일반적으로 유동성이 낮은 주식들은 유동성 프리미엄을 갖기 때문에 유동성이 높은 주식들에 비해 수익률이 높다. 즉, 다른 모든 조건이 동일할 때, 유동성이 낮은 주식들의 수익률이 더 높다는 것이다.

회전율
일정 기간 거래량을 발행 주식 수로 나눈 비율

그들은 기존 이론에 부합하는 발견을 하였다. 다른 조건이 동일할 경우 유동성이 낮은 주식들의 수익률이 대체로 수익률이 더 높았다. 그런데 이상하게도 모멘텀 포트폴리오는 유동성이 높은 주식에서 수익률이 더 높았다. 그들은 이를 다음과 같이 해석하였다. 모멘텀은 승자에서 패자의 수익률을 차감한 것인데, 유동성이 낮은 패자가 유동성이 높은 패자에 비해 향후 12개월 동안 수익률이 상대적으로 매우 크게 증가하여 유동성이 낮은 모멘텀 포트폴리오의 수익률이 낮아진다는 것이다. 또한 모멘텀 현상이 향후 5년 동안 반전이 되는데, 높은 (낮은) 유동성의 승자(패자)가 빠른 반전 현상을 경험하게 된다고 하였다. 그들의 연구는 드봉과 탈러의 〈주식시장 과잉 반응〉과 정합성이 있는 결과이고, 모멘텀 수익률과 거래량의 관계를 처음으로 보여주었다는 데 의미가 있다.

한편, 일반적으로 시장 유동성이 높을 때 차익거래가 쉽다고 한다. 그렇다면 모멘텀도 차익거래이므로 시장 유동성이 높을 때 수익성이 더 높아야 한다. 아스네스 등(2013)은 미국, 영국, 유럽, 일본의 가치 투자와 모멘텀 전략을 연구하면서 가치 투자의 수익률은 유동성과 음(−)의 상관관계를, 모멘텀 수익률은 유동성과 양(+)의 상관관계를 가진다고 하였다. 따라서 가치 투자 수익률과 모멘텀 수익률은 음(−)의 상관관계를 가지게 된다고 주장하였다.[20] 아브라모프 등(2016)도 시장 유동성이 높을 때 모멘텀 이익이 높다는 것을 발견하였다.[21] 개별 주식의 유동성과 모멘텀 수익률의 관계를 검증한 리와 스와미나단(2000)과는 달리, 이들은 시장 유동성과 모멘텀 수익률의 관계를 알아보았다. 즉, 시장의 유동성이 풍부하면 모멘텀 전략의 수익성이 향상된다는 것이다.

20 1926년부터의 자료는 시카고 대학교의 CRSP 데이터베이스를 이용하였고, 1800~1926년 기간의 자료는 여러 출처의 자료를 병합하여 사용하였다.

21 패스터와 스탬보(2003), 사드카(2006)는 이미 모멘텀 수익률과 유동성이 양(+)의 상관관계가 있다는 것을 발견하였다. 루오 등(2020)은 이를 이론적으로 보여주었다.

모멘텀 크래쉬

모멘텀은 상당히 높은 수익률을 보이는 주식시장의 이상 현상이자 훌륭한 투자 전략이다. 무비용 포트폴리오가 이렇게 뛰어난 수익률을 보이자, 수없이 많은 후속 연구들이 이루어졌고 다양한 투자 전략이 개발되어서 자산운용에 사용되고 있다. 하지만 모멘텀 전략의 가장 치명적인 단점은 앞에서도 확인한 바와 같이 **모멘텀 크래쉬**가 있다는 것이다. 이는 모멘텀 전략이 엄청난 손실을 경험하는 사건을 말한다. 표 11-3은 미국에서 가장 참혹했던 모멘텀 수익률의 사례를 보여주고 있다. 왼쪽은 (상위 10%하위 10%) 모멘텀 포트폴리오에서 수익률이 가장 안 좋았던 10개의 사례이고, 오른쪽은 대니얼과 모스코비쯔(2016)의 모멘텀 포트폴리오에서 가장 안 좋았던 10개의 사례이다.

모멘텀 크래쉬
모멘텀 전략에서 엄청난 손실이 발생하는 현상

표 11-3
가장 참혹했던 미국의 월별 모멘텀 크래쉬(단위: %)

순위	(상위 10%하위 10%) 모멘텀[a]				대니얼과 모스코비쯔의 모멘텀[b]			
	연월	WML[c]	Mkt	Mkt-2y	연월	WML	Mkt	Mkt-2y
1	193208	-76.68	37.09	-67.59	193208	-75.12	37.09	-67.59
2	193207	-60.45	33.87	-74.74	193207	-61.02	33.87	-74.74
3	193909	-45.26	16.89	-21.59	200101	-49.19	3.67	10.57
4	200904	-45.21	10.19	-40.62	200904	-45.62	10.19	-40.62
5	193304	-44.09	38.95	-58.91	193909	-45.05	16.89	-21.59
6	200101	-42.11	3.67	10.57	193304	-44.00	38.95	-58.91
7	200903	-39.64	8.97	-44.91	200903	-42.33	8.97	-44.91
8	193806	-33.11	23.87	-27.94	200211	-37.04	6.08	-36.23
9	193106	-29.05	13.98	-47.53	193806	-33.44	23.87	-27.94
10	202004	-29.03	13.65	-0.93	200908	-30.59	3.34	-27.34

a: 케네스 프렌치의 데이터베이스로부터 계산된 자료(1927년 1월~2020년 12월)
b: 대니얼과 모스코비쯔(2016)가 2016년까지 확장한 자료로부터 계산된 자료 (1927년 1월~2016년 12월)
c. WML: 모멘텀 수익률; Mkt: (CRSP 가치 가중) 시장 수익률; Mkt-2y: 과거 2년 누적 수익률

왼쪽의 (상위 10%-하위 10%) 모멘텀 결과를 보자. 1932년 8월에 모멘텀 수익률은 -76.68%로 가장 안 좋아서 투자 금액의 3/4 이상을 손실로 잃었다. 그다음이 1932년 7월인데 -60.45%의 손실을 경험했다. 이 두 사건이 연속적으로 발생하였으므로, $100이 투자되었다면 두 달 뒤에 약 $9.22(≈ $100×(1-0.6045)(1-0.7668))가 된 것이다. 일반적으로 모멘텀 전략이 평균적으로 수익성이 좋다고 해도 이 정도의 손실이 발생한다면 어떤 투자자도 감당하기 어려울 것이다. 2009년은 3월과 4월에 연속적으로 크래쉬가 발생했고 8월에 또 발생했다. 2009년은 미국에서 시작된 **서브프라임** 사태가 전 세계로 전파되어서 세계 금융위기가 심각했던 해이다. 모멘텀 전략에서

서브프라임
모기지 대출을 위한 등급인 프라임, 서브프라임, 알트에이 중에서 두 번째 등급

2009년과 비슷한 정도의 손실이 발생한다면 모멘텀 전략을 사용하는 어떤 뮤추얼 펀드나 연금 기금도 모두 심각한 상황에 직면할 수밖에 없다. 물론 그렇게 큰 손실이 발생하기 전에 대부분의 투자자가 **손절매**를 하겠지만, 그렇지 않았다면 대부분의 투자 금액이 순식간에 사라져 버릴 수 있는 사례들이다. 오른쪽의 대니얼과 모스코비쯔의 모멘텀 경우에도 거의 비슷한 사례들을 찾을 수 있다.

손절매
손실을 본 상태에서 매도하는 행위

모멘텀 크래쉬의 방어 전략

그렇다면 왜 이런 크래쉬들이 발생할까? 그 원인을 찾아내기 위해서 앞의 표 11-3에서 모멘텀 크래쉬들의 특징을 알아보자. 모멘텀 포트폴리오가 엄청난 손실을 보는 달에는 대개 시장 수익률이 매우 높다. 1932년 7월과 8월의 시장 수익률은 각각 33.87%, 37.09%이고, 2009년 3월과 4월에는 각각 8.97%, 10.19%이다. 하지만 위의 표에서 알 수 있듯이 과거 2년의 시장 누적 수익률은 대부분 상당한 음(−)의 수익률이다. 이들이 의미하는 바는 모멘텀 크래쉬는 심한 약세장에서 시장 수익률이 크게 증가할 때 발생한다는 것이다.

모멘텀 포트폴리오는 승자에서 패자 포트폴리오의 수익률을 차감하여 얻는다. 그런데 하락장에서는 패자의 **CAPM** 베타가 크고 승자의 베타는 작을 것이다.[22] 패자가 하락장에서 더 작은 수익률을 가지려면 패자의 베타가 승자보다 커야하기 때문이다. 이때 시장 수익률이 갑자기 상승하면, 패자는 베타가 크기 때문에 수익률은 크게 상승하지만, 승자는 베타가 작기 때문에 수익률 상승이 크지 않다. 따라서 승자에서 패자의 수익률을 차감하는 모멘텀 포트폴리오에는 크래쉬가 발생할 수 있다. 이때 모멘텀 포트폴리오는 **콜옵션 매도**의 성격을 가진다. 왜냐하면 시장 수익률이 하락하면 약간의 이익을 얻게 되지만, 크게 상승하면 엄청난 손실을 보기 때문이다. 모멘텀 포트폴리오가 콜옵션 매도와 유사하고 변동성이 커지면 콜옵션의 프리미엄이 커지기 때문에, 콜옵션 매도 포지션에 해당하는 모멘텀의 손실이 커진다. 이에 따라 모

CAPM
해리 마코위츠가 개발한 위험자산의 가격결정 모형

콜옵션 매도
콜옵션 매도는 주가 상승 시 손실을 의미한다.

22 CAPM(Capital Asset Pricing Model: 자본자산 가격결정 모형)에 대한 설명은 제1부 〈멋진 경제학과 재무론에 대한 의심〉에서 제시되었지만, 다시 한번 간단히 언급하면 다음과 같다: i 주식의 위험 프리미엄=(i 주식의 베타×시장의 위험 프리미엄). 프리미엄은 각 수익률에서 무위험 수익률을 차감한 값이다. 하락장이었으니까 시장의 위험 프리미엄이 음(−)의 값이다. 주식의 베타는 대개 0보다 큰 양수이므로, 포트폴리오 구성 기간에 패자가 승자보다 베타 값이 더 커야 패자가 승자보다 더 작은 수익률을 가질 수 있다.

멘텀 포트폴리오의 특성을 정리하면 다음과 같다.

모멘텀 포트폴리오의 특성

① 하락장에서 패자의 CAPM 베타가 승자의 베타보다 크다.
② 하락장에서 시장 수익률이 갑자기 상승하면 베타가 더 큰 패자 포트폴리오의 수익률이 승자보다 훨씬 더 높게 상승하여 모멘텀 크래쉬가 발생한다.
③ 모멘텀이 콜옵션 매도의 성격을 가지는데, 기대 변동성이 커질수록 이 콜옵션의 프리미엄도 커진다. 즉, 모멘텀의 손실이 증가한다.

이런 모멘텀의 성격을 이용하여 바로소와 산타클라라(2015)는 원래의 모멘텀 수익률을 기대 표준편차로 나누어 표준화를 한 다음에 목표 표준편차를 곱한 모멘텀 전략을 사용하였다. 이는 목표 표준편차를 기대 표준편차로 나눈 값을 원래의 모멘텀 수익률에 곱한 것이다.[23] 여기서 기대 표준편차는 매월 다시 계산하여야 하고 목표 표준편차는 연 12%로 하였다. 이렇게 함으로써 무비용 포트폴리오의 매입 및 매도 규모는 계속 변해간다. 예를 들어, 최초의 매입 및 매도 규모가 100억 원이었으면 시간이 흐름에 따라, 20억 원 또는 200억 원이 될 수도 있다. 하지만 헤지된 모멘텀 수익률의 위험인 표준편차는 목표 표준편차로 유지된다. 이런 헤지된 모멘텀을 사용하면 왜도와 첨도를 교정하여 모멘텀 수익률을 정규 분포에 가깝게 만들 수 있으며, 모멘텀 크래쉬를 많이 방지할 수 있다. 결과적으로 헤지된 모멘텀 전략의 샤프 비율은 모멘텀 전략 원형의 약 두 배가 된다.[24]

바로소와 산타클라라의 방법은 기대 표준편차(또는 변동성)가 크면 프리미엄도 크다는 사실에 의거한다. 이는 위의 모멘텀 포트폴리오의 특성 중에서 세 번째 사실을 이용한 것으로, 모멘텀이 콜옵션의 매도 포지션과 비슷하므로 프리미엄이 커지면 모멘텀 포트폴리오에 손실이 발생하기 때문에 적절한 방어 방법이다. 하지만 모멘텀 포트폴리오의 첫 번째와 두 번째 특성까지 이용한다면 더 효과적인 모멘텀 크래쉬 방어 방법이 될 것이다. 이에 대니얼과 모

23 이를 수식으로 표현하면 다음과 같다: $r^*_{WML} = (\sigma_{목표}/\hat{\sigma}_t) \times r_{WML}$. 여기서 목표 표준편차는 투자자가 원하는 수준을 임의로 정하는 것이고, 기대 표준편차는 매월 추정해야 한다. 그들은 과거 126일의 일별 모멘텀 수익률을 사용하여 월별 기대 표준편차를 추정하였고, 목표 표준편차는 연 12%로 하였다. 자세한 추정 방법은 바로소와 산타클라라(2015)를 보시오.

24 샤프 비율은 평균 수익률에서 무위험 수익률을 차감하고 이를 수익률의 표준편차로 나눈 값으로, 위험에 대한 수익률의 효율성을 의미한다.

스코비쯔(2016)는 원형의 모멘텀에 기대 수익률을 곱하고 분산으로 나누어 주는 동적 모멘텀 전략을 제시하였다.[25] 이 동적 모멘텀 전략의 샤프 비율은 바로소와 산타클라라의 헤지된 모멘텀보다 약 20% 정도 향상된다. 누적 수익률로 평가하면 동적 모멘텀은 비교하기 어려울 정도로 탁월한 성과를 보였다.[26]

대니얼과 모스코비쯔의 방법이 탁월한 것은 위에 제시하였던 모멘텀 포트폴리오의 세 가지 특성을 모두 활용했기 때문이다. 바로소와 산타클라라의 방법은 원형 모멘텀 전략의 규모가 조건부 변동성에 반비례하며 바뀔 뿐이다. 하지만 동적 모멘텀 전략은 기대 수익률까지 고려하기 때문에, 기대 수익률이 음(−)의 값이면 역모멘텀이 될 수도 있다. 즉, (승자패자)가 아니라 (패자승자)가 되는 경우도 있다. 모멘텀 크래쉬가 발생하는 달에 역모멘텀은 엄청난 이익을 가져다주기 때문에 탁월한 모멘텀 전략이 될 수 있다.

모멘텀이 진짜 모멘텀일까?

모멘텀이란 물리학적으로 어떤 움직임에 있는 물체가 그 상태를 유지하려는 성향이다. 개별 주가에서도 모멘텀이 작용한다면 과거 승자가 계속 상승하고 패자가 계속 하락할 것이므로, 과거 승자를 매입하고 패자를 매도하는 모멘텀 전략을 사용할 것이다. 하지만 노비막스(2012)는 모멘텀 전략의 근간을 뒤흔드는 주장을 하였다. 과거 12월에서 2월까지의 수익률을 사용하는 것보다 과거 12월에서 7월까지의 수익률을 이용하면 수익률을 더 잘 예측할 수 있다는 것이다. 이제 과거 12월에서 7월까지의 누적 수익률을 **중간 수익률**이라고 하자. 그럼 과거 6월에서 2월까지의 수익률은 무슨 의미가 있을까? 최근 6개월 수익률의 의미가 크게 없다면 우리가 알고 있는 모멘텀이 모멘텀이라는 이름을 가져도 될까? 아닐 것이다. 그는 우리가 아는 모멘텀은 모멘텀이 아니고, 과거 12월에서 7월의 중간 수익률이 미래 수익률의 예측 능력이 높다고 하였다. 그는 산업별 모멘텀, 스타일 모멘텀, 상품선물 모멘텀, 통화 모멘텀에도 이 기준이 동일하게 적용된다고 주장하였다.[27]

중간 수익률
과거 12월에서 7월까지의 누적 수익률

25 이를 수식으로 표현하면 다음과 같다: $r^{**}_{WML} = (\frac{1}{2\lambda})\frac{\mu_{t-1}}{\sigma^2_{t-1}}$. 여기서 λ는 이 전략의 표본 내 연별 변동성이 19%가 되도록 선택되었다. 19%는 CRSP 가치 가중 주가지수의 변동성이다.

26 대니얼과 모스코비쯔(2016)의 Fig. 6을 보시오.

27 스타일 모멘텀에 대해서는 르웰른(2002)과 첸과 드봉(2004)을 보시오.

이 중간 수익률을 이용하여 과거 승자를 매입하고 패자를 매도하면 월평균 1.20%의 수익률을 얻을 수 있다고 하였다. 이 수익률은 파마-프렌치의 3 요인을 고려하여도 그 크기가 감소하지 않는다. 이 수익률의 상당 부분을 설명할 수 있는 과거 12개월의 모멘텀 요인을 고려하여도 충분한 경제적 수익성이 남았다. 이에 비해서, 과거 6월에서 2월까지의 누적 수익률로 구성한 모멘텀은 이 수익률만큼 독립적으로 탁월하지 못했다. 그렇다면 그동안 최근 6개월의 누적 수익률로 구성된 모멘텀의 효과에 관한 연구 결과들은 큰 의미를 상실하게 된다. 따라서 과거 12월에서 7월의 누적 수익률에 의한 모멘텀에 대해서도 추가적인 분석이 필요하다. 또한 이 모멘텀 수익률과 크래쉬의 관계에 대해서도 믿을만한 결과가 있어야 한다.

모멘텀 갭

모멘텀 갭
과거 12월에서 2월까지의 수익률로 순위를 매겨서 75% 수익률에서 25% 수익률을 차감한 값

모멘텀 전략의 높은 수익률에도 불구하고 이것의 결정 요인에 관해서는 연구가 드물었다. 이에 후앙(2021)은 **모멘텀 갭**이라는 개념을 이용하여 모멘텀 수익률을 설명하였다. 모멘텀 갭은 여러 가지로 정의할 수 있지만, 그가 사용한 방법은 과거 12월에서 2월까지의 수익률로 순위를 매겨서 75% 수익률에서 25% 수익률을 차감한 값이다. 모멘텀 수익률은 모멘텀 갭과 음(-)의 상관관계를 가진다. 즉, 모멘텀 갭이 작을수록 모멘텀 수익률이 높아진다. 1927년부터 2016년까지의 총 1,080개월 수익률을 모멘텀 갭의 크기 순위에 따라 5개의 집단으로 나누면, 가장 작은 집단과 큰 집단은 각각 월평균 1.51%와 -1.33%의 수익률을 가진다. 따라서 모멘텀 갭이 모멘텀 수익률을 결정하는 주된 요인이라는 것을 알 수 있다.

이 결과를 유럽의 18개 국가와 일본, 호주 및 뉴질랜드에 적용하여도 모멘텀 갭과 모멘텀 수익률은 뉴질랜드를 제외한 20개 국가에서 모두 음(-)의 관계를 보였다. 20개국 중 15개국에서 통계적으로 유의적인 음(-)의 관계가 추정된 것으로 볼 때, 모멘텀 갭의 모멘텀 수익률 예측성은 전 세계적인 현상이라고 할 수 있다. 표준적인 위험 요인과 시장 변동성, 시장 비유동성을 모두 고려하여도 모멘텀 수익률에 대한 모멘텀 갭의 강한 영향을 전혀 설명할 수 없었다. 또한 모멘텀 갭 순위의 5개 집단에서 가장 큰 집단을 제거하면 모멘텀 수익률의 샤프 비율이 50% 정도 증가한다. 이는 모멘텀 갭이 모멘텀 크래쉬의 영향을 크게 감소시킬 수 있음을 증명한다.

주요 용어

CAPM
가격 모멘텀
가격 압박
가치 효과
개인주의
과소 반응
규모 효과
기관 투자자 이론
뉴스 관찰자
뉴스에 대한 과잉 반응
대표성 바이어스
모멘텀
모멘텀 갭
모멘텀 거래자
모멘텀 요인
모멘텀 이익
모멘텀 크래쉬
모멘텀 포트폴리오
무비용 포트폴리오
반전 현상
베타
보수성 바이어스
산업별 모멘텀
서브프라임
손절매
승자
시계열 모멘텀
어닝
어닝 모멘텀
어닝 서프라이즈
어닝 쇼크
인지적 바이어스
자기 귀속 바이어스
제한된 합리성
중간 수익률
지나친 자신감
지속 현상
지연된 과잉 반응
집단주의
콜옵션 매도
패자
회전율
횡단면 모멘텀

핵심 정리

- 제가디쉬(1990)가 개별 주식들의 전월 수익률과 당월 수익률 간에 체계적인 음(−)의 상관관계가 존재하기 때문에, 전월 수익률에 따라 당월 수익률을 예측할 수 있다고 하였다.
- 전월 수익률에 따라 전체 주식을 10개의 포트폴리오로 나누고 수익률 하위 10% 포트폴리오에서 상위 10% 포트폴리오의 수익률을 차감한 무비용 포트폴리오를 구성하면 월평균 2.49%의 차익을 얻을 수 있다고 하였다.

모멘텀 이야기

- 개별 주식들의 과거 3~12개월 수익률에 따라 순위를 매기고, 그 순위에 따라 10개의 포트폴리오를 구성한다. 그리고 상위 10% 포트폴리오(승자)에서 하위 10% 포트폴리오(패자)의 수익률을 차감하여 무비용 포트폴리오를 얻게 되는데, 이를 모멘텀 포트폴리오라고 한다.
- 과거 12개월 수익률을 사용한 모멘텀 포트폴리오는 향후 3개월 동안 월평균 1.31%의 수익률을 얻었다.
- 일반화된 (횡단면) 모멘텀 전략: ① 전월 말 또는 당월(t) 초에 과거 12개월 중 최근 한 달을 제외한 과거 11개월(t−12월에서 t−2월까지)의 누적 수익률에 따라 순위를 매겨서 승자(상위 10%)와 패자(하위 10%) 포트폴리오를 구성함(전월 말과 당월 초는 같은 의미를 가짐). ② 승자에서 패자 포트폴리오의 수익률을 차감한 당월 무비용 포트폴리오의 수익률이 횡단면 모멘텀 포트폴리오의 당월 수익률이 됨. ③ 매월 ①~②의 과정을 계속해서(t+1, t+2, t+3, …) 반복함.
- (횡단면) 모멘텀 포트폴리오=과거 수익률 승자−과거 수익률 패자

미국의 모멘텀 수익률

- 프렌치는 개별 주식의 과거 12개월 수익률에 따라 상위 10%에서 하위 10%를 차감한 포트폴리오를 모멘텀이라 하고, 상위 30%에서 하위 30%를 차감한 것을 모멘텀 요인이라고 한다.
- 모멘텀 전략에서 엄청난 손실이 발생하는 현상을 모멘텀 크래쉬라고 한다.

다른 나라에도 모멘텀 현상의 증거가 있을까?

- 로웬호스트(1998)의 유럽 12개국 연구에 의하면, 모멘텀 현상은 12개국 모두에서 나타났고 평균 12개월 동안 지속되었다.
- 로웬호스트(1999)의 20개 신흥 시장 연구에서는 평균 0.35%의 유의적인 수익률을 얻었지만, 개별 국가에서 모멘텀 현상이 모두 나타나지는 않았다.
- 추이 등(2010)의 25개국 연구는 일본, 한국, 타이완, 터키를 제외한 모든 나라에서 양(+)의 모멘텀 수익률이 나타났다.
- 주가지수, 통화, 국채, 상품선물 등 다른 나라에서도 모멘텀 현상이 나타났다.

모멘텀에 대한 행동 재무론적 설명

- 바버리스 등(1998)은 보수성 바이어스와 함께 트버스키와 카너먼이 주장한 대표성 휴리스틱에 의해 중단기 모멘텀과 장기 과잉 반응을 설명하였다. 보수성 바이어스가 주가의 과소 반응을 발생시키지만, 대표성 휴리스틱이 보수성 바이어스와 함께하면 중단기적으로는 모멘텀을, 장기적으로는 반전 현상을 발생시킨다.
- 대니얼 등(1998)은 주식 수익률의 중단기 모멘텀과 장기 반전 현상을 설명하는 이론적 모형을 제시하였다. 지연된 과잉 반응은 중단기 모멘텀 이익의 발생 원인이 된다. 하지만 주식 가격은 기본적 가치로 돌아가기 때문에, 결국 주가의 장기 반전 현상이 발생한다.
- 홍과 쉬타인(1999)은 투자자들의 행동적 바이어스를 가정하기보다는 서로 다른 정보에 의존하는 다음 두 유형의 투자자 집단을 고려하였다: 뉴스 관찰자와 모멘텀 거래자. 모멘텀 거래자는 과거 주가로부터 뉴스 관찰자에 의해 남겨진 차익 기회를 발견하고 이를 이용하여 이익을 얻게 된다. 주가에 대한 그들의 반응이 지나치게 되면 궁극적으로 과잉 반응에 의한 비용이 발생하게 되는데, 이를 뉴스에 대한 과잉 반응이라고 한다.

옛날에도 모멘텀이 있었을까?

- 겍지와 사모노프(2016)는 1800~2012년 기간의 월별 주가 데이터베이스를 개발하여 모멘텀 현상을 검증하였다.
- 괴츠만과 후앙(2018)은 러시아의 상트페테르부르크 주식시장을 대상으로 모멘텀 현상을 검증하였다.
- 채봇 등(2009)은 런던증권거래소의 1866~1907년 기간의 주식 수익률을 이용하여 영국 빅토리아 여왕 시대에도 모멘텀 현상이 존재했다고 주장하였다.
- 모멘텀은 과거에도 있었고 지금도 존재하는 주식시장의 이상 현상이다.

모멘텀과 유동성(거래량)

- 리와 스와미나단(2000)은 모멘텀 포트폴리오는 유동성이 높은 주식에서 수익률이 더 높았다.
- 아스네스 등(2013)은 미국, 영국, 유럽, 일본의 가치 투자와 모멘텀 전략을 연구하면서 가치 투자의 수익률은 유동성과 음(−)의 상관관계를, 모멘텀 수익률은 유동성과 양(+)의 상관관계를 가진다고 하였다.

모멘텀 크래쉬

- 1932년 8월에 미국의 모멘텀 수익률은 −76.68%로 가장 안 좋아서 투자 금액의 3/4 이상을 손실로 잃었다.
- 그다음이 1932년 7월인데 −60.45%의 손실을 경험했다.
- 이 두 사건이 연속적으로 발생하였으므로, $100이 투자되었다면 두 달 뒤에 약 $9.22≈($100×(1−0.6045)(1−0.7668))가 된 것이다.

모멘텀 크래쉬의 방어 전략

- 모멘텀 포트폴리오의 특성: ① 하락장에서 패자의 CAPM 베타가 승자의 베타보다 크다. ② 하락장에서 시장 수익률이 갑자기 상승하면 베타가 더 큰 패자 포트폴리오의 수익률이 승자보다 훨씬 더 높게 상승하여 모멘텀 크래쉬가 발생한다. ③ 모멘텀이 콜옵션 매도의 성격을 가지는데, 기대 변동성이 커질수록 이 콜옵션의 프리미엄도 커진다. 즉, 모멘텀의 손실이 증가한다.
- 바로소와 산타클라라(2015), 대니얼과 모스코비쯔(2016)는 모멘텀 크래쉬 방어 전략을 개발하였다.

모멘텀이 진짜 모멘텀일까?

- 노비막스(2012)는 과거 12월에서 2월까지의 수익률을 사용하는 것보다 과거 12월에서 7월까지의 수익률(중간 수익률)을 이용하면 수익률을 더 잘 예측할 수 있다고 하였다.

모멘텀 갭

- 후앙(2021)이 도입한 모멘텀 갭은 여러 가지로 정의할 수 있지만, 그가 사용한 방법은 과거 12월에서 2월까지의 수익률로 순위를 매겨서 75% 수익률에서 25% 수익률을 차감한 값이다.
- 모멘텀 수익률은 모멘텀 갭과 음(-)의 상관관계를 가진다.

참고 문헌

- Asness, C., T. Moskowitz, and L. Pedersen (2013), Value and momentum everywhere, Journal of Finance 68, 929~985.
- Avramov, D., S. Cheng, and A. Hameed (2016), Time-varying liquidity and momentum profits, Journal of Financial and Quantitative Analysis 51, 1897~1893.
- Barberis, N., A. Shleifer, and R. Vishny, 1998, A model of investor sentiment, Journal of Financial Economics 49, 307~343.
- Barroso, P. and P. Santa-Clara (2015), Momentum has its moments, Journal of Financial Economics 116, 111~120.
- Chabot, B., E. Ghysels, and R. Jagannathan (2009), Momentum cycles and limits to arbitrage evidence from Victorian England and post-depression US stock markets, SSRN working paper.
- Chen, H. and W. De Bondt (2004), Style momentum within the S&P 500 index, Journal of Empirical Finance 11, 483~507.
- Chordia, T. and L. Shivakumar (2002), Momentum, business cycle and time-varying expected returns, Journal of Finance 57, 985~1019.
- Chordia, T. and L. Shivakumar (2006), Earnings and price momentum, Journal of Financial Economics 80, 627~656.
- Chui, A., S. Titman, and K. Wei (2010), Individualism and momentum around the world, Journal of Finance 65, 361~392.
- Cooper, M., R. Gutierrez, and A. Hameed (2005), Market states and momentum, Journal of Finance 59, 1345~1365.
- Daniel, K., D. Hirshleifer, and A. Subrahmanyam (1998), Investor psychology and security market under- and overreactions, Journal of Finance 53, 1839~1885.
- Daniel, K. and T. Moskowitz (2016), Momentum crashes, Journal of Financial Economics 122, 221~247.
- Fama, E. and K. French (2012), Size, value, and momentum in international stock returns, Journal of Financial Economics 105, 457~472.
- Geczy, C. and M. Samonov (2016), Two centuries of price-return momentum, Financial Analysts Journal 72(5), 32~56.
- Goetzman, W. and S. Huang (2018), Momentum in Imperial Russia, Journal of Financial Economics 130, 579~591.

- Griffin, J., X. Ji, and S. Martin (2003), Momentum investing and business cycle risk: Evidence from pole to pole, Journal of Finance 58, 2515~2547.
- Hanson, S. and A. Sunderam (2014), The growth and limits of arbitrage: Evidence from short interest, Review of Financial Studies 27, 1238~1286.
- Hong, A. and J. Stein (2002), A unified theory of underreaction, momentum trading, and overreaction in asset markets, Journal of Finance 54, 2143~2184.
- Huang, S. (2021), The momentum gap and return predictability, forthcoming in Review of Financial Studies.
- Hofstede, G. (2001), Culture's Consequences: Comparing Values, Behaviors, Institutions, and Organizations across Nations, 2nd ed. (Sage Publication, Beverly Hills, CA).
- Jegadeesh, N. (1990), Evidence of predictable behavior of security returns, Journal of Finance 45, 881~898.
- Jegadeesh, N. and S. Titman (1993), Returns to buying winners and selling losers: Implications for stock market efficiency, Journal of Finance 48, 65~91.
- Jegadeesh, N. and S. Titman (2001), Profitability of momentum strategies: An evaluation of alternative explanations, Journal of Finance 56, 699~720.
- Lee, C. and B. Swaminathan (2000), Price momentum and trading volume, Journal of Finance 55, 2017~2069.
- Lewellen , J. (2002), Momentum and autocorrelation in stock returns, Review of Financial Studies 15, 533~563.
- Luo, J., A. Sunrahmanyam, and S. Titman (2020), Momentum and reversals when overconfident investors underestimate their competition, Review of Financial Studies 34, 351~393.
- Moskowitz, T. and M. Grinblatt (1999), Do industries explain momentum? Journal of Finance 54, 1249~1290.
- Moskowitz, T., Y. Ooi, and H. Pedersen (2012), Time series momentum, Journal of Financial Economics 104, 228~250.
- Novy-Marx, R. (2012), Is momentum really momentum?, Journal of Financial Economics 103, 429~453.
- Pastor, L. and R. Stambaugh (2003), Liquidity risk and expected stock returns, Journal of Political Economy 111, 642~685.
- Sadka, R. (2006), Momentum and post-earnings-announcement drift anomalies: The role of liquidity risk, Journal of Financial Economics 80, 309~349.
- Rouwenhorst, K. (1998), International momentum strategies, Journal of Finance 53, 267~284.
- Rouwenhorst, K. (1999), Local return factors and turnover in emerging stock markets, Journal of Finance 54, 1439~1464.
- Vayanos, D. and P. Woolley (2013), An institutional theory of momentum and reversal, Review of Financial Studies 26, 1087~1145.

제 4 부

연금과 저축

▶ 미리보기

제4부는 베이비붐 세대의 은퇴 시기가 가까워지면서 전 세계적으로 중요성이 부각된 연금과 저축에 관한 내용이다. 신고전주의 경제학은 연금과 저축에 대하여 수없이 많은 이론적 모형과 실증 결과들을 제공하였지만, 그것들이 정합성을 가지는 경우가 많지 않았고, 현실을 올바르게 잘 설명하지도 못했다. 이에 제4부는 그동안 행동 과학에서 개발된 멘탈 어카운팅, 넛지, 프레이밍 이론 등에 의해 연금과 저축에 관한 궁금증들을 알기 쉽게 풀어서 소개하였다. 이는 행동 재무론을 포함하는 행동 과학이 국민경제에 주는 직접적인 해법이라고 할 수 있다.

01 멘탈 어카운팅과 저축 및 소비

저축에 대한 신고전주의 경제학의 설명에 대해 의심을 가졌던 탈러(1990)는 그가 고안한 멘탈 어카운팅에 의해 사람들의 저축과 소비 행위를 설명하고자 하였다. 그의 설명은 다음과 같은 질문에서 시작한다. 갑자기 복권에 당첨되어 100만 원이 생기면 내 소비에는 어떤 변화가 생길까? 이 질문에 답할 수 있는 표준 경제학적 이론이 프랑코 모딜리아니의 **생애주기 가설**(또는 이론) 또는 **평생소득 가설**이다. 이는 경제학 원론 시간에 누구나 배우게 되는 이론으로 오랫동안 정설로 여겨져 왔다. 이에 의하면, 현재 소득, 자산으로부터의 소득, 미래 소득을 포함하는 모든 재산의 현재가치를 계산하고, 그 금액으로 매입할 수 있는 고정액 연금을 산출하여, 그 연금을 보유한 것처럼 동일 금액을 소비하면 된다. 생애주기 가설에서는 현재 소득, 자산 소득, 미래 소득의 **대체성**이 매우 높아서 이들을 동일한 소득으로 생각할 수 있기 때문이다.[1]

생애주기 가설(평생소득 가설)
안도와 모딜리아니에 의해 주장된 이론으로 현재 소비가 현재 소득뿐만 아니라 평생소득에 달려있다고 주장한다.

대체성
재산(현재 소득, 부동산 자본이익, 미래 소득, 연금소득 등)이 본질적으로 상호 교환이 가능하고, 각 재산이 다른 재산과 서로 구별되지 않는다는 것

생애주기 가설은 경제학자들에 의해 간단하고 명쾌하며 합리적이라는 평가를 받았지만, 사람들의 실제 저축 및 소비 행위와 맞지 않다는 비판도 받았다. 그 이유는 다음과 같다. 첫째, 소비는 소득에 따라 크게 달라지는 경향이 있다. 즉, 청년과 노년 시기의 소비는 너무 적고, 중년 시기의 소비는 지나치게 높다. 또한 연별 소비와 소득의 상관관계가 매우 높아서 생애주기 가설과는 정합성이 거의 없다. 둘째, 생애주기 가설은 여러 가지 재산의 유형이 서로 밀접한 대체 관계를 맺는다고 하였지만 실제로는 거의 대체성이 없다. 그 증거로 각 재산에 대한 **한계소비성향**이 서로 다르다는 것을 들 수 있다.[2] 다른 자산들에 비해서 연금 재산이나 주택에 대한 한계소비성향은 매우 낮을

한계소비성향
마지막 한 단위의 소득 또는 수입에 대한 소비의 비중

1 대체성이란 재산들(현재 소득, 부동산 자본이익, 미래 소득, 연금 소득 등)이 본질적으로 상호 교환이 가능하고, 각 재산이 다른 재산과 서로 구별되지 않는다는 것이다. 즉, 현재 소득 100만 원과 부동산 자본이익 100만 원을 동일하게 생각해야 한다.

2 한계소비성향(marginal propensity to consume: MPC)이란 마지막 한 단위의 소득 또는 수입에 대한 소비의 비중을 의미한다. 예를 들어, 마지막 100만 원의 소득 중에서 50만 원을 소비하면 한계소비성향은 0.5가 된다. 만약 모든 소득이 쉽게 대체될 수 있다면 각 소득의 한계소비성향도 같아야 한다.

것이기 때문이다. 이처럼 생애주기 가설에 대해서는 여러 가지 반론이 있을 수 있지만, 탈러(1990)의 관심은 그 이론의 핵심 가정인 소득 간의 대체성에 있었다.

소득이나 재산 간의 대체성은 돈의 출처나 사용 목적에 대한 꼬리표가 없다는 것이다. 이에 따르면 모든 소득이나 재산은 서로 대체될 수 있어서 금액을 나타내는 하나의 숫자로 표현될 수 있다. 이런 생애주기 가설에 의하면 복권에 당첨되어 생긴 100만 원과 오늘 주가가 상승하여 퇴직연금 자산이 100만 원 증가한 것을 동일하게 생각해야 한다. 과연 이 두 소득에 대한 한계소비성향이 같을까? 현실적으로 같을 수가 없다. 예를 들어, 현재 소득, 부동산 자본이익, 미래 소득을 생각해 보자.[3] 이들의 한계소비성향을 보면 현재 소득은 1에 가까울 것이고, 미래 소득은 0에 가까울 것이며, 부동산 자본이익은 그 중간 어딘가에 있을 것이다. 생애주기 가설에 따르면 세 소득 간에 완전한 대체성이 있으므로 한계소비성향이 같아야 하지만 그렇지 않다는 것을 보여주는 좋은 사례이다.

탈러는 이렇게 상이한 한계소비성향을 고려할 때 멘탈 어카운팅 차원에서 표준적인 생애주기 가설에 두 가지 수정이 필요하다고 주장하였다. 첫째, 사람들의 인내심이 약하다. 특히, 인내심 부족으로 인해 단기간의 할인율이 이자율을 크게 상회하게 된다. 둘째, 높은 단기간의 할인율이 자기 통제의 문제를 발생시킨다.[4] 생애주기 가설에 의하면 사람들은 소비 결정에 대한 최적화 문제를 푼 다음에 굳건한 의지로 이를 실천해야 한다. 하지만 실생활에서 사람들은 자기 통제가 어렵다는 것을 잘 알기 때문에 자신들의 소비를 제약하는 방법들을 사용한다. 예를 들어, 은퇴 이후의 경제적 삶을 위한 저축이 어려우므로 자기 통제의 수단으로 연금 제도나 종신보험에 가입한다. 미국의 사회보장보험이나 우리나라의 국민연금은 국가에 의해 법제화된 자기 통제 방법이다. 자기 통제의 다른 방법은 **경험법칙**을 사용하는 것이다. 경험법칙이란 **어림짐작** 또는 **휴리스틱**이라고도 할 수 있다. 예를 들어, 주택, 자동차, 주요 가전제품과 같은 내구재 구매를 제외하고는 빚을 지지 않는 것이다. 사실 사람들은 대개 빚을 지고 싶지 않지만, 그것이 쉽지 않기 때문에 이러한 경험법칙을 사용하여 스스로 빚을 질 수 없도록 하는 유동성 제약을 가하기도 한다.

경험법칙, 어림짐작(또는 휴리스틱)
최적 또는 완벽함을 보장하지는 않지만, 즉각적인 목적 달성을 위해 실용적으로 문제를 해결하는 방법

3 부동산 자본이익이란 부동산의 가격 상승에 의한 이익을 의미한다.
4 이에 대해 자세한 내용은 제2부의 〈시간 선호도와 시점 간 선택〉을 보시오.

소득에 따라 달라지는 소비

항상소득
평생 벌 것이라고 기대되는 평균소득

생애주기 가설의 핵심은 저축이 낙타 등 모양을 가졌다는 것이다. 즉, 소득이 **항상소득**에 미달하는 젊을 때는 소비를 위해 차입을 하고, 중년에는 은퇴 준비를 위해 많은 저축을 하며, 노년에는 연금을 인출하여 생활한다.[5] 하지만 많은 연구에 의하면, 심한 유동성 제약이 없는 경우에 소비는 소득과 너무 비슷하게 움직이기 때문에 생애주기 가설이나 합리적 기대 이론의 예측과는 다르다.

항상소득 가설
사람들이 소비를 비교적 일정하게 유지하고 싶어 하기 때문에 항상소득이 현재 소비에 큰 영향을 준다는 이론으로, 시카고 대학교의 밀튼 프리드만이 개발하였다.

캐롤과 서머스(1989)는 국제적 관점에서 생애주기 가설을 검증하였다. **항상소득 가설**에 의하면 소비 증가율은 주로 이자율에 달려있다.[6] 하지만 그들은 소비 증가율이 소득 증가율과 높은 상관관계를 가진다고 보고하면서, 소득 증가율과 이자율의 관계를 부정하였다. 또한 사람들이 생애주기에서 일정한 소득과 소비를 한다면, 소비와 소득의 높은 상관관계는 생애주기 가설과 정합성을 가질 것이라고 하였다. 한편, 생애주기 가설에 의하면 소비와 소득이 독립적이어야 한다. 하지만 여러 실증 연구들은 그렇지 않다는 것을 보여주고 있다. 예를 들어, 높은 소득이 기대되는 대부분의 대학원생(예: 의학 대학원생)도 그들의 항상소득에 비해 너무 적게 소비한다. 소득과 소비의 관련성은 다양한 직업군에서 관찰되었다. 결론적으로 그들은 소득이 연령-소비의 관계에 강하게 영향을 미친다고 하였다.

한편, 생애주기 가설과 항상소득 가설에 의하면 사람들은 연별 소득 변동을 평활화하기 때문에 소비는 현재 소득보다는 항상소득에 비례하여야 한다. 하지만 할과 미쉬킨(1982)은 이런 예측이 잘못되었다는 것을 체계적으로 보여주었다. 특히, 연별 소비가 현재 소득에 아주 민감한 반응을 보인다고 하였다. 그들의 실증 결과가 항상소득 가설을 부정하였지만, 그들이 추정한 소비자의 할인율은 밀튼 프리드만의 결과와 비슷하였다. 밀튼 프리드만은 소비자의 할인율이 0.33~0.40 정도라고 하였는데, 이는 소비자의 계획 기간이 3~4년에 불과하고 소비는 현재 소득에 따라 달라진다는 것을 의미한다.[7]

5 항상소득이란 평생 벌 것이라고 기대되는 평균 소득이다.

6 항상소득 가설(permanent income hypothesis)은 사람들이 소비를 비교적 일정하게 유지하고 싶어 하기 때문에 항상소득이 현재 소비에 큰 영향을 준다는 이론으로, 시카고 대학교의 밀튼 프리드만이 개발하였다.

7 0.33~0.40의 할인율은 일반적으로 사람들이 생각하는 이자율보다 매우 큰 값으로, 사람들이 소비에 대한 인내심이 매우 부족하다는 것을 말한다. 그 정도의 할인율이면 5년 이상 미래에 발생하는 소비의 가치는 현재가치의 20% 정도에 불과하기 때문에 큰 의미가 없다는 의미이다. 따라서 소비는 현재 수입에 크게 의존할 수밖에 없다.

이제 소득의 유형에 따라 소비가 어떻게 달라지는지를 알아보자. 멘탈 어카운팅은 갑자기 얻게 되는 이익의 한계소비성향이 그 이익의 크기에 따라 달라진다고 하였다. 작은 이익은 현재 소득으로 인식되어 소비에 사용되고, 큰 이익은 자산 계정으로 인식되어 한계소비성향이 연금 소득보다도 작아진다. 미실현 이익은 자연스럽게 자산 계정으로 취급되고, 증권 매도에 의한 자본이익은 현재 소득으로 취급된다. 실증 결과에 의하면, 주식의 미실현 자본이익의 **한계저축성향**은 1에 가깝고, 기업 합병 시에 얻게 되는 자본이익의 한계소비성향은 0.59로 상대적으로 높은 편이다.[8]

한계저축성향
(1−한계소비성향)

멘탈 어카운팅에서 현금 수입은 어떻게 인식될까? 현금 수입일지라도 금액이 많고 정기적인 소득이 아닐 때는 자산 계정으로 인식될 수 있다. 이를 두 미국 대학 교수의 급여 사례를 통해 알아보자. 연봉을 매월 동일 금액으로 나누어 지급하거나, 매월 동일 금액에 여름 보너스가 지급되는 두 유형을 비교해 보자. 존은 연봉 $24만을 매월 동일한 금액으로 나눠서 받는다. 이에 비해, 조안은 기본 연봉 $20만을 매월 동일한 금액으로 나눠서 받고 여름에 $4만을 보너스로 지급받는다. 여기서 중요한 것은 보너스의 지급 시기와 금액이 확실하다는 것이다. 표준 경제학 이론에 의하면 존과 조안은 동일한 저축 의사결정을 해야 한다. 하지만 멘탈 어카운팅에 의하면 다음과 같은 두 가지 이유로 조안이 저축을 더 많이 하게 된다. 첫째, 정기적인 소득이 상대적으로 적어서 조안은 생활 수준을 정기적인 소득 수준에 맞출 것이다. 둘째, 상당한 금액의 여름 보너스가 일시금으로 지급되므로 이는 자산 계정으로 인식되어 한계소비성향이 낮아지게 된다. 결국 조안은 평소에 존보다 절약하면서 저축은 더 많이 하게 될 것이다.

이와 같은 멘탈 어카운팅의 예측을 실증적으로 검증하기에 미국의 급여 체계는 적합하지 않았다. 조안의 경우처럼 지급 시기가 확실한 보너스가 지급되지 않았기 때문이다. 운이 좋게도 일본의 경우에는 확실히 예측이 가능한 보너스를 1년에 두 번 지급받기 때문에 위에서 제시한 멘탈 어카운팅의 예측을 검증하기에 매우 좋은 환경을 가지고 있었다. 이에 이시카와와 우에다(1984)는 일본 직장인들을 대상으로 급여 지급의 유형에 따른 한계소비성향을 실증적으로 분석하였다. 그들의 검증 결과에 의하면, 정상적인 시기에 정기적인 소득에 대한 한계소비성향은 0.685이었지만, 보너스의 경우에는

8 한계저축성향은 (1−한계소비성향)이다.

0.437이었다. 이는 멘탈 어카운팅이 예측한 바와 같이 정기적인 소득보다는 보너스에 대한 한계저축성향이 더 높다는 것을 의미한다. 하지만 석유 파동이 있었던 경기 침체기(1974~1976년)에는 보너스에 대한 한계소비성향이 1.0을 초과하였다. 이는 경제적으로 어려운 시기에는 보너스가 소비 평활화를 위한 소득으로 사용된다는 것을 의미한다.

일본에서의 검증은 예측 가능한 보너스의 경우이었다. 예측하지 못했던 우발적인 소득의 경우에는 어떨까? 랜즈버거(1966)는 제2차 세계대전 이후에 독일의 유대인 탄압 보상금을 받았던 이스라엘의 수급 가구들을 대상으로 이를 검증하였다. 그는 197개 표본 가구를 상대적으로 큰 금액(연 수입의 66% 정도)을 받은 가구와 적은 금액(연 수입의 7% 정도)을 받은 가구로 나누었다. 큰 금액을 받은 가구는 0.23의 한계소비성향을 보인 것에 비해, 적은 금액을 받은 가구는 2.0을 초과하는 한계소비성향을 보였다. 적은 금액의 우발적인 소득에 대해서는 실제적으로 당해 소득의 2배를 소비한다는 것으로 멘탈 어카운팅의 예측과 일치하는 결과이다.

재산끼리 대체가 가능할까?

생애주기 가설은 저축에 영향을 미치는 변수를 정확히 제시하기 때문에 매우 강력한 모형이다. 그 변수들은 가구 구성원의 나이, 가구의 평생 재산, 그리고 이자율이다. 하지만, 가구 재산의 현재가치를 통제할 경우, 재산의 유형이 저축에 영향을 미치지 않아야 한다. 정말 그럴까? 그렇지 않다. 이제 이들에 대해 자세히 살펴보자. 가구의 재산은 대개 미래 소득, 연금 및 사회보장 혜택, 그리고 주택이다.

연금 재산

재산이 동일한 두 사람을 생각해 보자. 한 사람은 $50만의 연금 재산을 보유하였고, 다른 한 사람은 연금 없이 $50만의 다른 저축 재산을 가지고 있다. 두 사람은 동일한 금액의 자산을 가지고 있고 재산 간에 대체성이 존재하기 때문에 각 사람이 어떤 재산을 가졌는지는 중요하지 않다. 따라서 연금 재산의 변화에 대한 다른 저축 재산의 변화는 정확하게 −1.0이 되어야 한다. 즉, 연금 재산이 증가(감소)하면 그 금액만큼 다른 저축 재산의 규모가 감소(증가)해야 한다. 또는 저축 금액이 정해진 경우 이를 연금(다른)에 저축할 경우 다른(연금) 저축은 하지 못한다. 양자는 완전한 대체재이기 때문이다. 그러나 여러 연구는 연금 재산이 다른 저축에 미치는 영향은 −1.0이 아니라고 한다. 오히려 양(+)의 값이라고 한다. 즉, 연금 재산이 $1 증가하면 다른 저축도 조금 증가한다는 것이다.

이런 결과가 표본 선택 바이어스 때문에 발생할 수 있을까? 저축을 좋아하는 사람들이 연금 제도를 제공하는 기업에서 일하기 때문일까? 그러기 위해서는 검증 대상인 표본 종업원들이 연금 제도를 제공하는 기업에서 일하는 것과 동시에 그들이 저축 선호도를 보여야만 가능하므로 그럴 가능성은 없다. 일부 연구들은 생애주기 가설에 맞는 음(−)의 관계를 얻기도 했지만 어떤 것도 −1.0과는 거리가 멀었다. 이는 사람들이 연금 재산을 다른 재산과의 밀접한 대체재로 취급하지 않는다는 것을 의미한다.

위와 같은 주장과 동일한 의미에서 미국의 개인연금인 IRA가 새로운 저축을 유도하는지, 아니면 기존 과세 저축의 재구성에 불과한지에 대한 학술적, 정책적 의문이 제기되었다.[9] IRA는 미국 정부가 개인들의 노후 생활을 보장하기 위하여 개인적인 노후 저축에 세제 혜택을 제공한 제도이다. 만약 IRA가 기존 저축의 재구성에 불과하다면 국민의 후생 증대 없이 세수만 감소하게 되어 국가 정책의 실패라고 간주될 수도 있었다. 이에 벤티와 와이즈(1990a)는 IRA와 다른 저축들이 동일한 수단으로 취급될 수 없고, IRA는 다른 저축의 감소가 아닌 새로운 저축을 창출하였다고 주장하였다. 또한 대부분의 IRA 가입자들은 그 이전에 많은 저축을 하지 않던 사람들이라고 하였다. 다른 연구도 IRA가 다른 저축과 양(+)의 상관관계를 가진다는 것을 보여주었다. 이는 IRA가 개인들의 노후 복지를 위한 올바른 저축 수단으로 작용했다는 것을 의미한다.

주택 재산

주택 재산
주택의 현재 가격에서 모기지 채무를 차감한 값

생애주기 가설에 의하면 **주택 재산**도 다른 재산과 대체할 수 있어야 한다.[10] 크룸과 밀러(1986)는 1970~1979년 기간의 서베이 자료를 이용하여 주택 보유가 저축에 미치는 영향을 조사하였다. 일반적으로 젊은 가구들은 생애

9 IRA(Individual Retirement Account)는 〈1974년 종업원 퇴직급여 보장법(ERISA: Employee Retirement Income Security Act of 1974)〉에 의해 만들어진 개인연금으로, 세제 혜택이 주어지는 미국의 사적 연금 제도이다.

10 주택 재산은 주택의 현재 가격에서 모기지 채무를 차감한 값이다.

첫 주택의 계약 일시금을 마련하기 위하여 유동 자산으로 저축하고 주택을 매입할 때 이를 인출한다.[11] 그 이후에 그들은 다시 유동 자산 저축을 시작하고 동시에 모기지 채무를 상환하면서 주택 재산을 늘려가기도 하지만, 주택 가격 상승으로 자본이익이 발생하기도 한다. 만약 주택 재산이 다른 저축들에 대한 대체재라면 다른 모든 조건이 동일할 때 주택 소유자들은 다른 저축을 줄여야 한다. 모기지 채무 상환과 주택의 자본이익이 저축과 동일하기 때문이다. 그런데 그렇지 않았다. 주택을 매입한 가구가 매입하지 않은 가구보다 비주택 저축이 $16,000 더 많았다고 한다. 이는 주택 재산이 다른 재산과 대체성이 없다는 것을 의미한다.

스키너(1989)는 주택 재산의 한계소비성향으로부터 주택 재산의 대체성 여부를 검증하였다. 1976~1986년 기간 동안 주택을 소유하고 이사하지 않았던 가구를 대상으로 실제 소비의 변화를 주택 재산의 변화에 회귀시켜서 주택 재산에 대한 한계소비성향을 추정한 것이다. 추정된 계수는 주택 재산에 대한 한계소비성향인데 통계적으로 0과 크게 다르지 않았다. 주택 가격 변화는 소비에 전혀 영향을 미치지 못한다는 것이다. 또 이런 결과들이 세대 간 증여 때문에 설명될 수 있는지를 알아보았다. 자식들에게 주택을 마련해 주기 위해서 주택 재산의 상승분을 소비하지 않을 수도 있다는 것이다. 스키너는 자식들의 주택 마련을 위해 주택 가격 상승에 의한 소득을 소비하지 않는다는 가설도 기각하였다. 따라서 세대 간 증여에 의한 설명도 큰 의미가 없었다.

위의 실증 결과에서 주택 재산의 한계소비성향이 매우 낮다는 것은 노인들이 급하게 주택 재산을 소비하지 않는다는 것으로 이것도 생애주기 가설과 맞지 않는 이상 현상이다. 이를 더 검토하기 위하여 벤티와 와이즈(1990b)는 1969~1979년 기간의 서베이 자료를 이용하여 노인 가구의 주택 재산 소비를 검증하였다. 검증 결과에 의하면, 노인 가구는 자발적으로 주택 재산을 감소시키지 않으려고 하며, 대부분의 노인 가구들은 유동성 제약 상태에 있지 않다고 한다. 따라서 생애주기 가설의 예측과는 다르게 전형적인 노인 가구는 주택 재산을 줄이려는 의도가 없다는 것을 알 수 있었다.

11 여기서 유동 자산은 항상 현금으로 교환이 가능한 자산이다. 한편, 미국에서는 계약 일시금을 지불하고 나머지 금액은 모기지 채무를 얻어서 지불하는 것이 주택 매입의 일반적인 방법이다.

유동성 제약과 채무 회피 성향

많은 경제학자는 소비를 평활화하기 위해서 차입이 필요한데, 유동성 제약으로 인해 차입할 수 없어서 가계 소비에 문제가 발생한다고 하였다. 특히 저개발 국가의 가구들은 차입을 원하지만 그럴 수 없어서 소비가 제대로 이루어지기 어렵다. 이런 것들은 모두 소비를 제약하는 중요한 이유가 되지만, 탈러는 유동성 제약의 또 다른 중요한 이유가 사람들이 채무를 원하지 않는 스스로 규칙 때문이라고 하였다. 그는 모기지 대출을 모두 상환하고 이사하는 미국의 노인 가구들이 새로운 모기지 채무를 얻으려고 하지 않는다고 하였다. 이러한 현상은 채무를 얻지 않으려는 노인들 자신의 자기 통제 행위로 볼 수 있다. 노인 가구들은 역모기지도 신청하지 않으려고 한다.[12] 역모기지 대출도 모기지 대출이라고 생각할 수 있기 때문이다.

모기지 대출 이외에 미국에서의 또 다른 유동성 원천으로는 종신보험의 현금 가치가 있을 수 있다. 종신보험 가입자들은 그것의 현금 가치만큼 매우 저렴하게 대출을 받을 수 있지만 이를 받지 않는 경향이 있었다. 1979년에 종신보험 담보 대출의 이자율은 5.65%에 불과했지만, 미국 재무성 단기 채권의 평균 이자율은 9.5%이었다. 재무성 단기 채권은 무위험 자산인데 그보다 더 낮은 이자율로 대출을 받는다는 것은 실질적으로 음(−)의 이자율이 적용되는 것과 같았다. 물론 이런 대출을 받아서 부자가 될 수는 없었지만, 1979년에 종신보험 담보 대출이 전체 대출 가능자의 10%에 불과하였다는 사실은 시사점이 매우 크다. 이는 사람들의 채무 회피 성향을 적나라하게 보여주는 좋은 사례라고 할 수 있다.

이런 사례들로부터 볼 때, 탈러(1990)는 유동성 제약에 다음과 같은 두 가지 중요한 원인이 있다고 하였다: ① 자본시장에 의해 부과되는 유동성 제약, ② 개인 스스로에 의해 부과되는 유동성 제약. 그는 전자보다는 후자가 더 중요한 이유가 될 수 있다고 주장하였다.

12 역모기지(reverse mortgage)는 은행이 당해 주택을 매입하고, 노인 가구가 그 집에 계속 살도록 하면서 연금을 지급하는 제도이다. 우리나라에서도 2007년 7월 1일부터 55세 이상인 고령자를 대상으로 공시가격 9억 원 이하의 주택에 대해 역모기지 제도가 시행되었다. 이 제도는 주택 한 채만 보유하고 있으면서 정기적인 수입이 부족한 노인 가구에 매우 유용한 제도임에도 불구하고 그렇게 활성화되지 않고 있다.

주요 용어

경험법칙어림짐작(또는 휴리스틱)	주택 재산	항상소득
대체성	한계소비성향	항상소득 가설
생애주기 가설(평생소득 가설)	한계저축성향	

핵심 정리

- 생애주기 가설(또는 평생소득 가설)에 따르면 현재 소득, 자산으로부터의 소득, 미래 소득을 포함하는 모든 재산의 현재가치를 계산하고, 그 금액으로 매입할 수 있는 고정액 연금을 산출하여, 그 연금을 보유한 것처럼 동일 금액을 소비하면 된다. 왜냐하면 현재 소득, 자산 소득, 미래 소득의 대체성이 매우 높아서 이들을 동일한 소득으로 생각할 수 있다.
- 생애주기 가설에 대한 비판: ① 소비는 소득에 따라 크게 달라지는 경향이 있다. ② 생애주기 가설은 여러 가지 재산의 유형이 서로 밀접한 대체 관계를 맺는다고 하였지만 실제로는 거의 대체성이 없다.

소득에 따라 달라지는 소비

- 멘탈 어카운팅에 의하면, 작은 이익은 현재 소득으로 인식되어 소비에 사용되고, 큰 이익은 자산 계정으로 인식되어 한계소비성향이 연금 소득보다도 작아진다.
- 주식의 미실현 자본이익의 한계저축성향은 1에 가깝고, 기업 합병 시에 얻게 되는 자본이익의 한계소비성향은 0.59로 상대적으로 높은 편이다.
- 상당한 금액의 여름 보너스는 일시금으로 지급되므로 이는 자산 계정으로 인식되어 한계소비성향이 낮아지게 된다.

재산끼리 대체가 가능할까?

- 연금 저축과 다른 저축은 완전한 대체재가 아니다. 연금 재산이 $1 증가하면 다른 저축도 조금 증가한다.
- IRA는 다른 저축과 양(+)의 상관관계를 가진다. 이는 IRA가 개인들의 노후 복지를 위한 올바른 저축 수단으로 작용했다는 것을 의미한다.
- 주택 재산과 다른 재산도 대체성이 성립하지 않았다.
- 주택을 매입한 가구가 매입하지 않은 가구보다 비주택 저축이 $16,000 더 많았다고 한다.
- 생애주기 가설의 예측과는 다르게 전형적인 노인 가구는 주택 재산을 줄이려는 의도가 없다.

유동성 제약과 채무 회피 성향

- 탈러(1990)는 유동성 제약에 다음과 같은 두 가지 중요한 원인이 있다고 하였다: ① 자본시장에 의해 부과되는 유동성 제약, ② 개인 스스로에 의해 부과되는 유동성 제약.
- 그는 전자보다는 후자가 더 중요한 이유가 될 수 있다고 주장하였다.

참고 문헌

- Carroll, C. and L. Summers (1991), Consumption growth parallels income growth: Some new evidence, in National Saving and Economic Performance edited by D. Bernheim and J. Shoven, University of Chicago Press.
- Hall, R. and F. Mishkin (1982), The sensitivity of consumption to transitory income: Estimates from panel data on households, Econometrica 50, 461~481.
- Krumm, R. and N. Miller (1986), Household savings, homeownership, and tenure duration, Office of Real Estate Research Paper #38.
- Ishikawa, T. and K. Ueda (1984), The bonus payment system and Japanese personal savings, In The Economic Analysis of the Japanese Firm edited by M. Aoki, North Holland.
- Landsberger, M. (1966), Windfall income and consumption: Comment, American Economic Review 56, 534~539.
- Skinner, J. (1989), Housing wealth and aggregate saving, Regional Science and Urban Economics 19, 305~324.
- Thaler, R. (1990), Saving, Fungibility, and Mental Accounting, Journal of Economic Perspectives 4, 193~205.
- Venti, S. and D. Wise (1990a), Have IRAs increased U.S. saving?: Evidence from consumer expenditures surveys, Quarterly Journal of Economics 105, 661~698.
- Venti, S. and D. Wise (1990b), But they don't want to reduce housing equity, Issues in the Economics of Aging, NBER, 13~31.

02 근시안적 손실 회피와 퇴직연금 투자

원시안적
전체 기간의 효용 최대화를 추구하는 입장

근시안적
주어진 기간의 효용 최대화만을 추구하는 입장

근시안적 손실 회피
편협한 범주화에 의해 손실 회피의 성향이 발생하는 것

대수의 법칙
통계적 시행의 수가 증가할수록 추정치가 당해 분포의 모수(예: 평균 또는 분산 등)에 가까워진다는 확률이론

자기 통제 모형에는 계획 자아와 행동 자아가 있다. **원시안적** 계획 자아와 **근시안적** 행동 자아는 서로 최적화 기간이 달라서 많은 경우에 갈등이 생긴다. 중요한 의사결정에서의 갈등은 종종 잘못된 결과를 유발하게 되는데, 여기서는 **근시안적 손실 회피**가 퇴직연금의 투자에 미치는 영향에 대해 알아보기로 하자.

새뮤얼슨도 헷갈린 대수의 오류

통계학에는 매우 중요하면서도 유용한 **대수의 법칙**이 있다. 이는 동일한 통계적 시행을 많이 하면 할수록, 그 결과의 평균은 점점 기대치에 가까워진다는 것이다. 이는 통계적으로 완벽한 법칙인데, 실제로 사람들이 이 법칙에 따라 행동할까? 아마 그럴 것이다. 그렇지 않다면? 다음의 사례를 살펴보자.

새뮤얼슨(1963)은 MIT의 뛰어난 학자이자 점심 동료인 친구에게 다음과 같은 내기를 제안하였다: "동전을 던져서 앞면이 나오면 자네에게 $200을 줄 것이고, 뒷면이 나오면 자네가 내게 $100을 주도록 하게." 이런 일화가 있었던 1963년에 $100은 매우 큰 금액이었다. 인플레이션을 연 3%라고 가정할 때, 2019년에는 $539 정도의 가치를 가진다. 고등 수학의 지식을 지닌 그는 다음과 같이 대답하였다. "$200의 이익에 의한 기쁨보다 $100의 손실에 의한 고통이 더 크기 때문에 나는 그런 내기를 하지 않겠네.[1] 하지만 그 내기를 100번 한다면 받아들이겠네."

그 동료의 대답에는 다음과 같이 재미있는 논리가 있다. 동전 던지기를 한 번 시행하는 것은 시행 결과가 그에게 유리하게 나올 정도로 충분하지 않지만,

1 새뮤얼슨 동료의 이익과 손실에 대한 이런 생각은 이 책의 핵심 내용인 프로스펙트 이론의 손실 회피 개념이다.

100번 시행하면 앞에서 언급했던 대수의 법칙에 의해 좋은 결과가 나올 가능성이 매우 크다는 것이다. 즉, 동전의 앞면이나 뒷면이 나올 확률은 50%이고, 시행 횟수가 많아지면 시행마다 이익 $200과 손실 $100의 평균인 $50의 이익이 발생할 확률이 커지기 때문이다. 사실 100번 던지면 확률적으로 그가 이기는 것이 거의 확실하다. 따라서 동전 던지기 한 번은 거절하지만, 100번은 받아들인다는 것이다. 그는 대수의 법칙을 잘 이용하였다.

물론 100번 시행한다고 해서 100번 모두 손실을 볼 확률이 전혀 없는 것은 아니지만, 그럴 확률은 $\frac{1}{2^{100}}$이 되어 거의 0에 가깝다.[2] 또한 적어도 손실을 보지 않기 위해서는 100번의 시행 중 34번 이상 앞면이 나오기만 하면 된다. 이 확률도 99%가 넘기 때문에 전혀 걱정할 필요가 없다.

하지만 위의 상황을 다르게 생각할 수도 있다. 한 번의 동전 던지기 내기를 거절했던 사람은 두 번의 동전 던지기 내기도 거절할 것이다. 왜냐하면 두 번째 동전 던지기도 (첫 번째와 마찬가지로) 마음에 들지 않을 것이기 때문이다. 이를 계속 유추해 나가면 어떤 횟수의 동전 던지기 내기도 새뮤얼슨의 동료는 거절해야 한다. 새뮤얼슨은 이를 **대수의 오류**라고 하여 다음과 같이 정리하였다: 적정한 부의 수준에서 어떤 투자나 내기의 기대효용이 거절하는 것보다 안 좋으면, 독립적으로 그런 투자나 내기를 여러 번 하는 것도 기대효용이 좋을 수 없다.[3]

대수의 오류
어떤 투자나 내기의 기대효용이 거절하는 것보다 안 좋으면, 독립적으로 그런 투자나 내기를 여러번 하는 것도 기대효용이 좋을 수 없다.

대수의 오류를 현실적으로 알기 쉽게 설명하면 다음과 같다: 개별적인 사건과 개별적인 사건이 독립적으로 구성된 집합 사건이 있을 때 인간의 선택이 달라질 수 없다는 것이다. 과연 그럴까? 여기에 대해서는 수많은 경제학자가 이론적으로 연구하였기 때문에 이는 더 이론적인 이슈가 아니다. 실제 생활이나 실무에서 검증될 필요가 있다. 레델마이어와 트버스키(1992), 베나르찌와 탈러(1999)는 각각 대학병원 의사들과 퇴직연금 투자자들을 대상으로 개별 사건과 집합적 사건에 대해 인간의 선택이 달라지는가를 설문을 통해 실험하여 행동 과학적 해석을 제시하였다.

2 $\frac{1}{2^{100}} \fallingdotseq 7.88 \times 10^{-31}$이므로, 이는 0이라고 보아도 무방하다.

3 직관적으로 이를 이해하기 위해서, 새뮤얼슨 동료와 같은 선호도를 보인 사람이 99번의 내기를 했다고 하자. 이 상태에서 내기를 계속하겠냐고 물어보면 그만하겠다고 답변할 것이다. 왜냐하면 적정한 부의 수준에서 한 번의 내기를 거절할 것이기 때문이다. 그렇다면 98번째 내기 이후에 그가 99번째 내기를 할까? 같은 이유에 의해 99번째 내기를 거절할 것이다. 동일한 논리가 첫 번째 내기까지 적용될 수 있다. (이를 **역진 귀납법**이라고 한다.) 따라서 한 번의 내기를 거절하는 사람은 여러 번의 내기도 거절할 것이다.

역진 귀납법
진행 과정의 뒷부분으로부터 각 경우를 모두 살펴보아 정답을 찾는 방법

대학병원에도 새뮤얼슨의 동료 같은 의사가 있네

새뮤얼슨의 동료는 동전 던지기 1번은 거절하지만, 동전 던지기 100번은 받아들이겠다고 했다. 100번을 하면 통계학의 대수의 법칙에 따라 그가 손실을 볼 확률이 매우 작아지기 때문이다. 이는 새뮤얼슨의 대수의 오류 정리와 어긋나는 것이다. 그렇다면 의학적 전문성을 가진 의사들도 개별 환자에 대한 치료와 집단 환자에 대한 치료 방법이 다를까? 스탠퍼드 대학의 레델마이어와 트버스키(1992)는 개별 환자와 환자 집단을 진료하는 의사들에 대한 설문을 통해 그들의 치료가 달라지는가를 알아보았다. 그들의 실험 결과는 비교 가능한 환자 집단과 개별 환자를 치료할 때 의사들이 다르게 의사결정한다는 것을 보여주었다. 이러한 불일치는 의학적 전문성이 있는 의사들뿐만 아니라 전문성이 없는 학생들에게도 나타나기 때문에 직업적인 규범에 의한 것은 아니라고 주장하였다.

그들은 구체적으로 네 가지 검증을 하였는데, 그 첫 번째는 $20이 요구되는 혈액 검사이다. 의사들은 집단 환자보다 개별 환자일 때 약간의 비용을 들여서라도 좀 더 자세히 검사하는 경우가 많았다.

두 번째, 전화 상담에서 내과 의사들은 집단 환자일 때는 병원에서의 면담을 권유하기보다 전화로 치료 지시를 했다. 개별 환자일 때는 병원에 와서 면담하라고 권하는 경우가 많았다.

세 번째는 공공 의료 서비스를 제공하는 의사들에게 (약간의 건강 문제가 있지만) 건강한 오토바이 운전자를 상대할 때의 상황을 가정하였다. 이때 개별 운전자와 집단 운전자 중 누구에게 장기 기증을 권유할 것이냐를 질문하였다. 93%가 개별 운전자보다는 집단 운전자에게 장기 기증을 권유할 것이라고 하였다.

네 번째는 공공 의료 서비스를 제공하는 의사들에게 혈액 문제가 있는 여성의 치료법을 질문하였다. 혈액에 관계된 특정 치료를 하면 85%의 확률로 수명이 2년 더 연장될 수 있지만, 잘못하면 부작용으로 인해 수명이 2년 단축될 수도 있다. 이 경우에 59%의 응답 의사들이 집단 환자일 때보다 개별 환자일 때 이 치료법을 더 권유할 것이라고 하였다. 개별 환자일 때는 15%의 확률이 무시될 수 있지만, 집단 환자일 때는 15%의 부작용이 나타날 가능성이 많기 때문이다.

근시안적 손실 회피

여러 경제학자가 대수의 오류를 허용하지 않는 효용 함수의 조건을 유도하였다.[4] 하지만 베나르찌와 탈러(1999)도 최초의 거절을 계속 유지하는 것이 기대효용 이론의 속성이라는 견해를 받아들이지 않았다. 효용 함수 이론에 의하면 한 번의 동전 던지기라도 새뮤얼슨의 동료가 거절하면 안 된다고 하였다.[5] 이것 역시 기대효용 이론의 바람직하지 못한 측면이라고 하였다. 그들은 **프로스펙트 이론**의 **손실 회피**로 새뮤얼슨 동료의 행동을 설명하였다. 그가 유리한 내기에서 단기적 손실에 지나치게 민감했다는 것이다. 따라서 한 번의 동전 던지기 내기는 거절할 수 있다는 것이다. 하지만 100번의 동전 던지기 내기는 $5,000의 기대 이익을 가지면서 손실을 볼 확률은 0.5%보다 작다. 이런 내기를 누가 거절한다는 말인가? 그럴 가능성은 없다고 봐도 된다.

프로스펙트 이론
기준점을 중심으로 이익과 손실 및 주관적 확률 가중치에 의해 의사결정을 하는 행동 경제학 이론

손실 회피
동일한 금액의 이익과 손실의 경우, 이익으로 얻게 되는 기쁨보다 손실로 얻게 되는 고통 또는 상실감이 더 크게 되는 성향

근시안적 손실 회피
편협한 범주화에 의해 손실 회피의 성향이 발생하는 것

동시에 그 동료가 동전 던지기 내기를 너무 근시안적으로 보았다고 하였다. 그는 100번의 동전 던지기도 하루에 모두 끝나야 하고, 100번 시행 중의 결과를 몰라야 받아들일 것이며, 하루에 한 번씩 100일 동안 시행하는 것도 당연히 거절하였을 것이다. 베나르찌와 탈러는 이런 성향에 따라 새뮤얼슨 동료의 행동을 **근시안적 손실 회피**에 의해 설명하였다.

베나르찌와 탈러(1999)의 첫 번째 실험을 살펴보자. 그들은 새뮤얼슨의 동전 던지기 내기를 금액만 1/10로 축소하여 50%의 확률로 −$10을, 50%의 확률로 $20을 얻게 된다고 설문을 구성하였다. 이에 따라 그들에게 연속적으로 다음 세 가지 질문을 하였다: ① 한 번의 내기를 하겠습니까?; ② 100번의 내기를 하겠습니까?; ③ (100번 시행에 대한 결과의 분포를 보여준 후에 질문을 함) 100번의 내기를 하겠습니까?[6] 세 번째 질문은 첫 두 질문에 응답한 사람들의 의사결정이 100번 시행의 올바른 결과를 알게 되었을 때 바뀌는가를 알아보기 위한 것이다. 실험 대상은 남가주 대학 학부생 36명, 할리우드 웨스트우드에 있는 커피숍 방문객 62명, 시카고 대학 경영대학원 학생 65명으로 총 163명이다.[7]

4 로스(1999)는 새뮤얼슨의 정리에는 오류가 없지만, 대수의 오류가 개인들의 선호도를 대변하지는 못한다고 하였다. 그는 좋은 내기를 여러 번 하는 것이 기대효용 이론과 정합성을 가지며 더 일반적임을 수학적으로 증명하였다.

5 새뮤얼슨의 동료가 동전 던지기를 거절한 것은 일반적인 효용 함수로 도저히 설명할 수 없다.

6 확률을 표현하던 중 100번을 연속으로 잃을 가능성은 100,000번 중 1번이라고 하였다고 하다. 실제 확률인 (½)100=7.88×10−31이 너무 작아서 표현할 수가 없었기 때문이다. 이는 실제 손실의 확률보다 훨씬 큰 값이다.

7 시카고 대학 경영대학원 학생의 경우에는 −$10, $20이 아니라 −$50, $100으로 하였다. 이들을 대상으로 한 이유는 통계적 개념을 이해하는 집단의 의사결정이 다른 집단과 다른가를 알아보기 위해서였다. 하지만 집단 간에 실험 결과의 차이는 거의 없었다.

만약 사람들이 세 개를 모두 거절한다면 새뮤얼슨의 대수의 오류를 지지하는 것이다. 왜냐하면 한 번의 시행을 거절한 사람이 (100번 시행의 결과에 대한 올바른 정보가 있든 말든 상관없이) 100번의 시행을 거절하는 것은 새뮤얼슨의 추론과 일치하기 때문이다. 한편 첫 두 번의 내기는 거절하였지만, 100번 시행의 올바른 분포를 알려주었을 때 세 번째 내기를 수락한 사람들이 많다면 얘기는 달라진다. 이들은 100번 시행 결과의 올바른 정보(결과의 분포)를 제대로 알지 못해서 거절했지만, 그것을 알게 되면 내기를 수락하는 것으로 해석할 수 있다.

실험 결과는 새뮤얼슨의 대수의 오류를 지지하지 않았다. 한 번의 시행을 거절한 사람이 100번의 시행도 거절한 경우가 상당히 있었지만, 올바른 정보를 주면 그들 중 과반이 100번 시행의 내기를 수락하였다. 이는 카너먼과 트버스키(1972)의 **소수의 법칙(또는 소수의 오류)**으로 설명할 수 있다. 여기서 소수의 법칙이란 100번 시행의 위험도 한 번 시행의 위험과 같다고 오해하는 것이다. 즉, 사람들이 100번 시행에서의 손실 확률을 너무 과대평가하기 때문에 100번 시행을 거절하게 된다. 하지만 100번 시행에서 손실을 볼 확률이 매우 작다는 것을 알게 되면, 사람들은 그 내기를 수락하게 될 가능성이 크다고 할 수 있다.

소수의 법칙(또는 소수의 오류)
짧은 시간 동안 추출된 작은 표본에서도 모수의 성질이 그대로 나타날 것이라는 착각으로 대수의 법칙에 어긋남

퇴직연금 투자의 선호도

기초 연구를 통해서 베나르찌와 탈러(1999)는 사람들이 반복 시행의 결과에 대한 올바른 분포를 알면 양(+)의 기대치를 가지는 내기를 수락하는 경향이 있다고 하였다. 그들은 이러한 결과를 퇴직연금 투자에 적용하여 고위험/고수익의 주식형 펀드 투자 의사결정에 동일한 추론이 가능한가를 알아보았다. 퇴직연금 투자는 수십 년 동안 이루어지므로 매년의 투자 행위가 수십 번 반복되는 것이다.

이번에는 남가주 대학교의 직원들을 대상으로 실험하였다. 그들의 퇴직연금은 **확정기여형** 연금으로 종업원이 급여의 5%를 기여하면 대학이 10%의 대응 기여하는 구조로 되어있다. 따라서 그들은 매년 급여의 15%를 위한 투자 의사결정을 해야 한다.[8] 투자 대상은 TIAA/CREF, 피델리티, 프루덴셜

확정기여형
정해진 기여율에 의해 기여하고 스스로 운용하는 연금의 유형

현상 유지 바이어스
현재의 상태를 유지하려고 하는 성향

8 새뮤얼슨과 젝하우저(1988)는 처음에 퇴직연금 투자 의사결정을 한 번 하면 **현상 유지 바이어스**에 의해 그 이후에는 거의 변하지 않는다고 주장하였다.

이 제공하는 펀드들이다. 설문은 그들의 성향에 대한 질문도 포함하였는데, 여기에는 전체 응답자의 25%만이 답하였다. 재미있는 것은 응답한 사람 중 58%가 퇴직연금 자산 할당에 기껏해야 한 시간만을 고민한다는 것이다. 그들의 인생에 가장 중요한 투자 의사결정을 위해서 고작 한 시간밖에 사용하지 않는다는 것은 매우 충격적인 일이다. 또한 대부분의 응답자는 제공된 자료를 읽어보지만 가족들 이외에는 이에 대해 상의하지 않았다고 하였다. 그런데도 그들은 올바른 선택을 하였다면서 자신감을 보였다.

설문은 매우 간단하다. 펀드 A와 펀드 B에 대한 정보를 제공하고 퇴직연금 투자를 위한 펀드 A의 투자 비중을 알아보는 것이다. 사실 펀드 A는 **뉴욕증권거래소** 주식들의 연별 가중평균 수익률이고, 펀드 B는 5년 만기 채권의 연별 수익률이다. 표본 기간은 1926년부터 1996년까지의 71년이다. 펀드들에 대한 정보는 그림 2-1과 같이 막대그래프로 주어진다. 물론 사람들에게 막대그래프만 정보로 제공될 뿐, 펀드 A는 주식 포트폴리오이고 펀드 B는 채권이라는 것을 알려주지는 않았다. 패널 A는 71년 동안의 연별 수익률을 최저치부터 최대치까지 35개의 구간으로 나누어 보여주고 있다. 패널 B는 71개의 연별 수익률로부터 30개를 복원 추출하여 연평균 수익률을 계산하고, 이를 10,000번 반복하여 최저치부터 최대치까지를 50개 구간으로 나누어 그린 막대그래프이다. 패널 C는 소득 대체율(퇴직 전 소득에 대한 퇴직 소득의 비율)을 최저치부터 최대치까지를 50개 구간으로 나누어 막대그래프를 그린 것이다.[9]

뉴욕증권거래소
미국에서 가장 큰 증권거래소로 뉴욕에 있다.

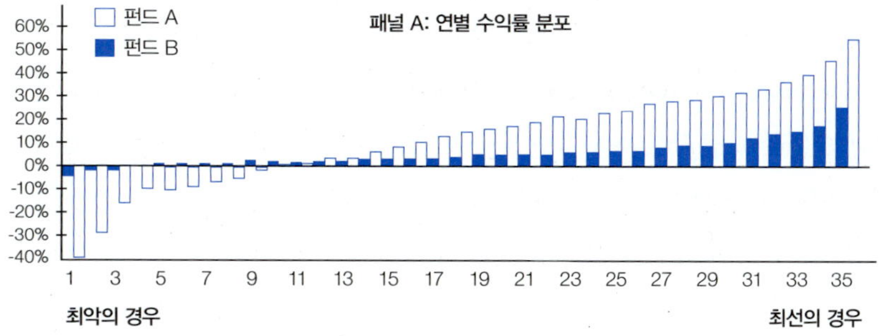

그림 2-1
퇴직연금 투자를 위해 제공된 정보
출처: 베나르찌와 탈러(1999)

9 종업원의 나이는 40세이고, 70세에 퇴직하며, 급여는 연별로 인플레이션에 1%를 더한 만큼 성장한다고 가정하였다.

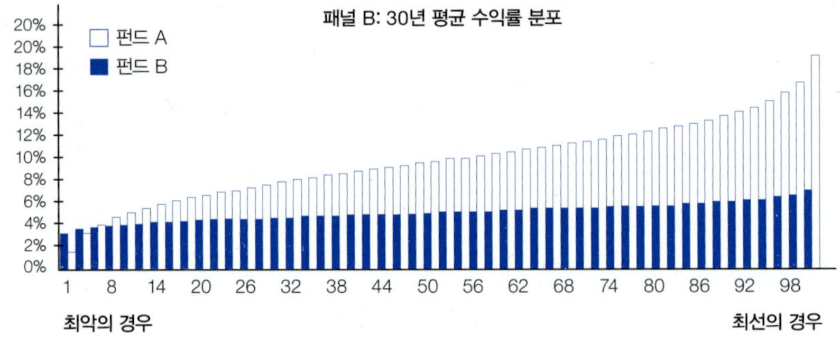

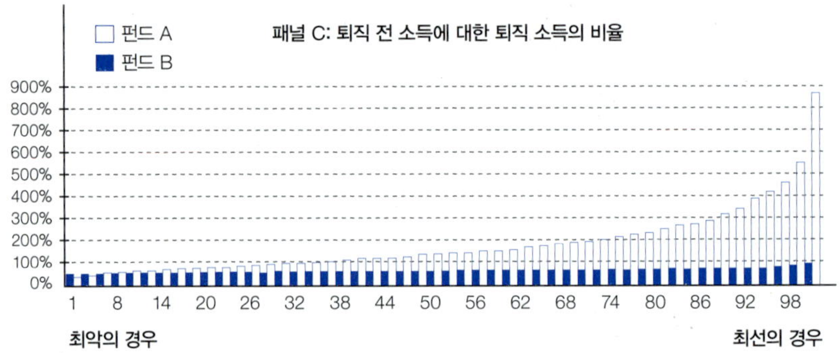

설문을 위한 정보는 패널 A, 패널 B, 패널 C로 주어지고, 사람들에게 각각의 패널을 보여주고 자산 할당 비율을 질문한다. 설문 결과는 매우 재미있었다. 패널 A의 연별 수익률 분포인 경우에는 주식형 펀드 선택 비중 평균(중간값)이 41%(40%)이었지만, 패널 B와 패널 C인 경우에는 각각 82%(90%)와 75%(90%)이었다. 패널 B와 패널 C의 결과는 큰 차이가 없었지만, 그것들과 패널 A의 결과와는 통계적으로 매우 유의적인 차이를 보였다. 이 결과가 의미하는 것은 정보를 표현하는 방법이 사람들의 투자 선택에 영향을 미친다는 것이다. **프레이밍 효과**가 작용하였다. 즉, 연별 수익률 분포를 30년 동안의 평균 수익률로 통합하여 보여주면 주식 펀드의 선택 비중이 크게 증가한다는 사실이다. 이는 매우 흥미로운 발견으로 퇴직 소득의 실질 가치를 높이고 싶으면, 과거 30년 동안의 평균 수익률 정보를 제공하는 것만으로도 목적을 달성할 수 있음을 알 수 있다. 올바른 정보 제공만으로 주식형 펀드의 선택 비율이 높아질 수 있다니!

프레이밍 효과
같은 문제를 다르게 표현할 때 의사결정이 달라지는 현상

여기서 한 가지 중요한 질문이 아직 남아있다. 메라와 프레스콧(1985)이 제기하였듯이, 지난 100년간의 **주식 프리미엄**은 약 6%로 상당히 높았다. 블랑샤르(1993), 캠벨과 쉴러(1998)는 미래에도 이렇게 높은 주식 프리미엄을 기대하는 것은 비현실적이라고 하였다. 이에 베나르찌와 탈러(1999)는 그들

주식 프리미엄
실제 주식의 수익률에서 무위험 자산의 수익률을 차감한 값

의 결과가 주식 프리미엄의 크기에 민감한가를 알아보기 위해 캘리포니아 대학 시스템의 8개 대학 교수들을 대상으로 다시 실험하였다.[10] 앞에서의 설문을 다시 반복하는 것과 함께 매년 주식 펀드의 수익률에서 일률적으로 3%를 차감하는 설문도 준비하였다. 앞의 설문을 반복하였을 때는 거의 비슷한 결과를 얻었지만, 주식 프리미엄을 인위적으로 6%에서 3%로 줄인 설문에서는 패널 A, 패널 B, 패널 C인 경우의 주식 펀드 비중에 통계적인 차이가 사라져버렸다. 주식 프리미엄이 3%로 감소하면서 프레이밍 효과가 사라져버린 것이다. 따라서 3%의 주식 프리미엄을 **프레이밍 균형**이라고 할 수 있다. 즉, 이 수준의 주식 프리미엄에서는 자산 할당에 대한 근시안적 손실 회피의 영향이 크게 감소한다는 것이다.

프레이밍 균형
퇴직연금 투자자들이 주식 투자와 채권 투자에 대해 동일한 선호도를 갖게 하는 주식 프리미엄의 크기

카너먼과 로발로(1993)는 여러 투자를 포트폴리오로 생각하기보다 한 번에 하나의 투자만을 고려하는 현상을 **편협한 프레이밍**이라고 하였다. 베나르찌와 탈러(1999)가 제시한 **근시안적 손실 회피**는 편협한 프레이밍의 일종이다. 결국 통계적 통합의 결과를 인식하지 못하게 되면 위험에 대해 지나치게 조심스러워진다. 연별 수익률을 통합하여 이를 그래프로 보여주는 방법이 이에 대한 해결책이 될 수 있다.

편협한 프레이밍
어떤 문제를 따로 떼어서 독립적으로 생각하는 성향

근시안적 손실 회피
편협한 범주화에 의해 손실 회피의 성향이 발생하는 것

주요 용어

근시안적
근시안적 손실 회피
뉴욕증권거래소
대수의 법칙
대수의 오류
소수의 법칙(또는 소수의 오류)
손실 회피
역진 귀납법
원시안적
주식 프리미엄
편협한 프레이밍
프레이밍 균형
프레이밍 효과
프로스펙트 이론
현상 유지 바이어스
확정기여형

핵심 정리

- 원시안적 계획 자아와 근시안적 행동 자아는 서로 최적화 기간이 달라서 많은 경우에 갈등이 생긴다.
- 이런 갈등은 퇴직연금 투자에 영향을 미친다.

10 캘리포니아 대학 시스템에는 다음과 같이 두 가지가 있다: University of California 시스템; California State University 시스템. 그들은 University of California 시스템의 8개 대학을 대상으로 하였다.

새뮤얼슨도 헷갈린 대수의 오류

- 대수의 법칙: 통계적 시행의 횟수가 많아질수록, 그 결과는 모집단의 모수와 가까워진다.
- 새뮤얼슨(1963)의 질문: "동전을 던져서 앞면이 나오면 자네에게 $200을 줄 것이고, 뒷면이 나오면 자네가 내게 $100을 주도록 하게."
- 동료의 답변: "$200의 이익에 의한 기쁨보다 $100의 손실에 의한 고통이 더 크기 때문에 나는 그런 내기를 하지 않겠네. 하지만 그 내기를 100번 한다면 받아들이겠네."
- 대수의 오류: 한 번의 동전 던지기 내기를 거절했던 사람은 두 번의 동전 던지기 내기도 거절할 것이다. 왜냐하면 두 번째 동전 던지기도 (첫 번째와 마찬가지로) 마음에 들지 않을 것이기 때문이다. 이를 계속 유추해 나가면 어떤 횟수의 동전 던지기 내기도 새뮤얼슨의 동료는 거절해야 한다.
- 여러 번의 시행일지라도 일시에 이루어지는 것과 시간을 두고 한 번씩 이루어지는 것은 다르다. 또한, 집단에 대한 의사결정과 한 사람에 대한 의사결정이 달라질 수 있다.

대학병원에도 새뮤얼슨의 동료 같은 의사가 있네

- 스탠퍼드 대학의 레델마이어와 트버스키(1992)는 개별 환자와 환자 집단을 진료하는 의사들의 치료가 달라질 수 있다.

근시안적 손실 회피

- 한 번의 시행을 거절한 사람이 100번의 시행도 거절한 경우가 상당히 있었지만, 올바른 정보를 주면 그들 중 과반이 100번 시행의 내기를 수락하였다.
- 이는 카너먼과 트버스키(1972)의 소수의 법칙(또는 소수의 오류)으로 설명할 수 있다. 소수의 법칙이란 100번 시행의 위험도 한 번 시행의 위험과 같다고 오해하는 것이다. 즉, 사람들이 100번 시행에서의 손실 확률을 너무 과대평가하기 때문에 100번 시행을 거절하게 되지만, 100번 시행에서 손실을 볼 확률이 매우 작다는 것을 알게 되면 사람들은 그 내기를 수락하게 될 가능성이 커진다.

퇴직연금 투자의 선호도

- 프레이밍 효과: 정보를 표현하는 방법이 사람들의 투자 선택에 영향을 미친다.
- 연별 수익률 분포를 30년 동안의 평균 수익률로 통합하여 보여주면 주식 펀드의 선택 비중이 크게 증가한다.
- 퇴직 소득의 실질 가치를 높이고 싶으면, 과거 30년 동안의 평균 수익률 정보를 제공하는 것만으로도 목적을 달성할 수 있음을 알 수 있다.

참고 문헌

- Benartzi, S. and R. Thaler (1999), Risk aversion or myopia? Choices in repeated gambles and retirement investments, Management Science 45, 364~381.
- Blanchard, O. (1993), Movements in the equity premium, Brookings Papers on Economic Activity 2, 75~118.
- Campbell, J and R. Shiller (1988), Valuation ratios and the long-run stock market outlook, Journal of Portfolio Management (Winter), 11~26.
- Kahneman, D. and A. Tversky (1972), Subjective probability: A judgement of representativeness, Cognitive Psychology 3, 430~454.
- Kahneman, D. and D. Lovallo (1993), Timid choices and bold forecasts: A cognitive perspective on risk taking, Management Science 39, 17~31.
- Mehra, R. and E. Prescott (1985), The equity premium: a puzzle, Journal of Monetary Economics 15, 145~161.
- Redelmeir, D. and A. Tversky (1992), On the framing of multiple prospects, Psychological Science 3, 191~193.
- Ross, S. (1999), Adding risks: Samuelson's fallacy of large numbers revisited, Journal of Financial and Quantitative Analysis 34, 323~339.
- Samuelson, P. (1963), Risk and uncertainty: A fallacy of large numbers, Scientia 61, 238~246.
- Samuelson, W. and R. Zeckhauser (1988), Status quo bias in decision making, Journal of Risk and Uncertainty 1, 7~59.

03 퇴직연금 저축에서의 휴리스틱과 바이어스

이동성
이직할 때 쉽게 옮길 수 있다는 의미

유연성
기여율, 투자 및 대응 기여 등을 쉽게 변경할 수 있다는 의미

베이비붐 세대의 은퇴가 본격화되면서 전 세계적으로 퇴직연금의 중요성이 크게 부각되었다. 특히, 확정급여형(이하 DB 플랜)보다는 확정기여형(이하 DC 플랜)의 성장이 두드러지게 나타났다. DC 플랜은 **이동성**과 **유연성** 측면에서 매우 매력적인 측면이 있지만, 종업원 스스로 투자 옵션을 선택해야 한다는 책임 또는 부담이 있는 것도 사실이다.[1] 이런 부담은 퇴직연금 가입이나 적절한 투자 옵션의 선택을 어렵게 한다. 사람들이 그런 어려움을 어떻게 극복하는지는 경제학과 재무금융 학자들의 연구 대상이 되었다.

휴리스틱(또는 경험법칙)
최적 또는 완벽함을 보장하지는 않지만, 즉각적인 목적 달성을 위해 실용적으로 문제를 해결하는 방법

바이어스
대안적 견해의 가치를 무시하는 편파적인 관점을 보유하는 성향

신고전주의 경제학적 저축 이론인 생애주기 및 항상소득 이론은 저축자들이 평생 효용 함수를 최대화하기 위하여 젊었을 때 자산을 축적하고 노년기에 인출한다는 것을 가정한다. 그렇다면 이 가정이 성립하기 위한 조건은 무엇일까? 첫째, 가구들이 필요한 최적화 문제를 해결할 수 있을 정도의 지적 능력을 갖춰야 한다. 둘째, 그들은 계산된 최적 계획을 수행할 수 있을 정도의 충분한 의지가 있어야 한다. 위의 가정을 만족하기 위해서는 미래의 이자율, 수입, 퇴직 계획, 건강 등의 불확실한 환경 하에서 개인적인 최적 저축 금액을 계산해야 한다. 상당히 똑똑한 경제학자들도 이런 것을 계산하기는 어려울 것이므로 일반인들이 이런 계산을 한다고 가정하는 것은 그 자체가 엄청난 오해이다. 일반인들은 대개 **휴리스틱(또는 경험법칙)**을 사용하여 문제를 해결한다.[2] 이에 베나르찌와 탈러(2007)는 그들과 관련 학자들의 여러 연구를 정리하여 퇴직연금 저축을 위한 가입자들의 휴리스틱과 **바이어스**에 대해 다음과 같이 종합적인 결과를 제시하였다.

1 여기서 이동성(portability)은 이직할 때 쉽게 가져갈 수 있다는 것이다. 유연성(flexibility)은 기여율, 투자 및 대응 기여 등을 쉽게 변경할 수 있다는 의미이다.

2 제1부의 〈불확실한 상황에서의 판단: 휴리스틱과 바이어스〉에서 설명한 바와 같이, 휴리스틱이란 최적 또는 완벽함을 보장하지는 않지만 즉각적인 목적 달성을 위해 실용적으로 문제를 해결하는 방법이다. 이를 굳이 번역하면 어림직작 또는 경험법칙이다.

퇴직연금 가입 의사결정

우리나라의 퇴직연금 제도는 DC 플랜 또는 DB 플랜의 여부와 관계없이 무조건 가입이 법적으로 강제되어 있으므로 가입 의사결정에 관한 내용은 큰 의미가 없다. 하지만 영미법 체계에서 국가가 주도하는 사회보장 제도가 아닌 퇴직연금에는 법적 강제가 적용되지 않는 경우가 많다. 대개 영국이나 미국의 DC 플랜에서는 종업원 기여에 대해 50% 정도를 사용자가 대응 기여한다. 따라서 이런 대응 기여의 혜택을 위해 퇴직연금을 선택하는 것은 유동성 문제가 심각한 경우를 제외하고는 그렇게 고민할 어려운 문제가 아니다. 당연히 가입해야 한다! 또한 종업원 부담 없이 사용자가 모두 기여하는 DB 플랜에는 무조건 가입하는 것이 당연하다.

그런데도 영국의 DB 플랜에는 이해하기 힘든 극단적 사례가 있었다. 영국의 DB 플랜은 종업원 기여 없이 사용자가 모두 기여하여 연금을 지급하는 제도이다. 즉, 모든 부담을 사용자가 가지는 구조이다. 다만 법적 강제 제도가 아니기 때문에 종업원들은 연금에 가입하겠다는 의사를 서식으로 표명해야 한다. 그런 25개의 퇴직연금 제도에 대한 조사에서 적격한 종업원의 51%만이 가입 의사를 표명했다고 한다. 정말 이해하기 힘든 사례이다.

다른 극단적인 사례는 차익거래가 가능한 미국의 DC 플랜 제도에서 찾을 수 있다. 최 등(2011)은 다음과 같은 조건을 모두 가지는 종업원들을 발견하였다: ① 퇴직연금 계정으로부터 연금을 인출하여도 세제상 아무런 불이익이 없는 59.5세 이상의 종업원들; ② 사용자의 대응 기여가 있음; ③ 계속 고용 상태에 있으면서 사용자가 연금 인출을 허용함. 이런 종업원들은 아무런 불이익 없이 사용자의 대응 기여가 있는 연금 자산을 즉시 인출할 수 있어서 그들의 연금 가입은 확실한 이익이 된다. 그런데도 적격한 종업원들의 40%가 연금에 가입하지 않아서 사용자의 대응 기여 혜택을 받지 못했다고 한다.

적용 제외(옵트-인)
퇴직연금에 종업원의 의사 표시가 없을 때 가입하지 않는 것으로 간주하는 것

디폴트
아무런 선택이 없을 경우 자동적으로 적용되는 대안

영국과 미국의 퇴직연금은 초창기에 **적용 제외(옵트-인)**를 **디폴트**로 정했기 때문에 이런 현상이 발생한 것이다.[3] 제1부의 〈넛지 1: 자유주의적 개입주의

3 디폴트란 컴퓨터 용어로 별도의 명령을 내리지 않아도 기본적으로 적용되는 기본값을 말한다. 여기서 디폴트란 퇴직연금 가입에 대한 종업원의 의사 표시가 없을 때 기본적으로 적용되는 기본적 선택을 의미한다. 적용 제외(옵트-인, opt-in)란 퇴직연금에 종업원의 의사 표시가 없을 때 가입하지 않는 것으로 간주하는 것이다. 적용 제외가 디폴트인 경우에는 퇴직연금 가입을 위해서 가입 의사를 서식으로 표명해야 한다. 이와 반대는 자동 가입(옵트-아웃, opt-out)으로 아무런 의사 표명이 없으면 자동으로 가입되는 것이다. 퇴직연금에서 탈퇴하고 싶을 때는 탈퇴 의사를 서식으로 표명해야 한다.

자동 가입(옵트-아웃)
탈퇴가 옵션이라는 의미로, 아무런 선택이 없으면 해당 제도에 가입된 것으로 간주하는 것

와 선택 설계〉에서 언급한 바와 같이 탈러(1994)는 디폴트 옵션을 퇴직연금 적용 제외 대신에 **자동 가입(옵트-아웃)**으로 바꾸면 종업원들의 저조한 퇴직연금 가입률을 높일 수 있다고 주장하였다. 그 후 마드리안과 쉬아(2001)는 DC 플랜의 디폴트 옵션을 적용 제외에서 자동 가입으로 전환하면, 매우 저조했던 가입률이 즉시 90%로 상승하고, 36개월 이내에 98%로 상승한다는 실증 결과를 발표하였다. 즉, 자동 가입을 디폴트 옵션으로 바꾸면, 종업원들이 더 빠르게 가입하고, 더 많은 종업원이 퇴직연금에 가입한다는 것이다.

적극적 의사결정
적극적으로 의사결정을 해야 하는 것으로, 요구 선택을 의미한다.

DC 플랜 가입률을 높이는 다른 대안은 가입 여부에 대해 **적극적 의사결정**을 요구하는 것이다. 즉, '예' 또는 '아니요'로 가입 여부를 표시하도록 한다. 디폴트가 없어서 종업원들은 '예'에 표시하여 적극적으로 퇴직연금 가입 의사를 표명해야 가입이 된다. '아니요'에 표시하면 가입이 되지 않는다. 최 등(2009)은 디폴트 옵션을 적용 제외에서 적극적 의사결정으로 바꾼 한 회사의 가입률이 25%p 증가하였다고 하였다. 그들은 또 신규 종업원을 대상으로 이미 정해진 디폴트 자산에 2%를 투자하여 연금에 가입할 것이지, 아니면 가입하지 않을 것인지를 물어보는 적극적 의사결정도 검증하였다. 기여율과 투자 옵션이 이미 정해져 있으므로 종업원들은 이에 대해 고민할 필요가 없었다. 이럴 때 고용 후 4개월 동안 가입률이 9%에서 34%로 증가하였다고 한다. 그러나 매우 보수적인 투자 옵션과 2~3%의 종업원 기여율을 가지는 DC 플랜은 자동 가입이나 적극적 의사결정 방법을 사용하여도 여전히 가입자들의 노후 생활을 보장하기에는 부적절한 것이 사실이다. 그래서 제시된 것이 탈러와 베나르찌(2004)의 〈내일 더 저축하자〉이다.[4]

자동 가입이나 적극적 의사결정이 DC 플랜 가입 과정의 두려움을 줄여준 것은 사실이다. 한편, 퇴직연금 투자 옵션의 개수가 증가하면 퇴직연금 가입률이 떨어진다는 연구도 있다. 아이옌거 등(2004)은 DC 플랜 투자 옵션의 개수와 가입률은 음(−)의 상관관계를 가진다고 하였다. 그들의 구체적인 추정에 의하면 10개의 투자 옵션이 추가되면 2%p의 가입률 감소가 발생하였다.

기여율의 결정

일반적으로 종업원들이 DC 플랜의 기여율을 결정하는 데에는 거의 시간을

4 여기에 대해서는 제1부의 〈넛지 1: 자유주의적 개입주의와 선택 설계〉를 보시오.

쓰지 않는다고 한다. 미국 남가주 대학교의 교직원들을 대상으로 한 설문에서 58%의 사람들이 기여율과 투자 옵션 선택에 1시간도 사용하지 않았다고 하였다. 이는 사람들이 투자 의사결정에 간단하고 편리한 휴리스틱을 사용하기 때문이다. 한편 다른 기관의 설문에 의하면 5%의 배수로 기여율이 결정되는 경우가 많다고 한다. 예를 들어, 5%, 10%, 15%로 기여율을 정하는 것이다. 이것도 휴리스틱이지만 종업원들이 사용자의 대응 기여 금액을 최대화할 가능성을 배제하는 방법이다. 왜냐하면 사용자의 대응 기여 상한이 종업원의 5% 배수 기여율와 일치하지 않을 수 있기 때문이다.

또 다른 휴리스틱은 연금 제도가 허용하는 최대 비율까지 기여하는 방법이다. 이것이 합리적인 방법으로 생각될 수도 있기 때문이다. 2001년의 세법 변경은 이런 방법이 신중한 의사결정인지 아니면 간편한 휴리스틱 방법인지를 판단할 수 있도록 했다.[5] 세제 변경의 구체적인 내용은 다음과 같았다: 기여 금액의 제한은 그대로 유지했지만, 기여율의 제한은 폐지함. 이러한 변경은 종업원의 급여 전체가 기여 금액 상한에 미달할 때 100%까지 기여할 수 있어서 매력적일 수도 있었다.[6] 표준 경제학적 예측은 세제 변경이 퇴직연금의 기여를 증가시킨다는 것이다. 하지만 일부 종업원들이 그동안 제도가 허용했던 최대 기여율을 휴리스틱으로 사용했었다면 그들은 새로운 기여율을 찾아야 한다. 왜냐하면 100%는 대부분의 사람에게 가능한 기여율이 아니기 때문이다. 그렇다면 허용 기여율의 제한을 폐지한 것이 오히려 DC 플랜의 기여를 낮추는 계기가 될 수도 있다.

베나르찌와 탈러(2007)는 한 DC 플랜에 대해 최대 허용 기여율이 16%이던 2001년 4분기와 최대 기여율이 폐지되었던 2002년 일사분기 가입자들의 기여율을 비교하여 보았다. 변경 전에 21%의 가입자들이 최대 16%의 기여율을 보였는데, 변경 후에 기여율 16%를 유지한 가입자는 5%이었고 16% 이상으로 기여율을 증가시킨 가입자들은 7%이었다. 따라서 16% 이상의 기여를 했던 가입자들은 21%에서 12%로 크게 감소한 것이다. 세제 변경 전에 최대 허용 기여율을 휴리스틱으로 사용했던 가입자들이 기여율 상한이 폐지되자 100%의 기여율을 너무 높다고 생각하여 5%의 배수로 기여율을 변경한 것으로 추정된다. 예를 들어, 10%나 15%로 기여율을 변경한 것이다.

5 세법 변경은 〈2001년 경제 성장 및 세금 완화법(Economic Growth and Tax Relief Reconciliation Act of 2001: EGTRRA)〉의 제정에 의해 이루어졌다.
6 부부가 모두 일할 경우 한쪽의 모든 급여를 저축할 수 있다.

순진한 분산 투자 전략

1990년 노벨 경제학상 수상자인 해리 마코위츠는 현대 포트폴리오 이론을 개발하였다. 그의 이론에 의하면 각 자산 간의 공분산을 계산하고 이를 이용하여 효율적 투자를 해야 한다. 그런 그에게 교직원 퇴직연금인 TIAA-CREF에 어떻게 투자하느냐고 묻자, 그는 주식(CREF)에 반 채권(TIAA)에 반을 투자한다고 답했다.[7] 이는 현대 포트폴리오 이론을 개발한 마코위츠도 자신의 투자에는 그냥 단순한 분산 휴리스틱 방법을 사용한다는 것이다.

어린이들에게 여러 종류의 사탕 중에서 몇 개를 가지라고 하면 종류별로 하나씩 선택하는 것과 마찬가지로 사람들도 여러 자산에 투자할 경우 각 자산에 동일 금액을 할당하는 성향이 있다. 이런 순진한 분산 투자 전략을 **1/n 규칙** 또는 **1/n 휴리스틱**이라고 하는데, 이는 퇴직연금 투자 시에 가장 많이 사용하는 휴리스틱이다. 베나르찌와 탈러(2001)는 이를 검증하기 위해서 UCLA 교직원들을 두 집단으로 나누어 5개의 투자 옵션 중에서 퇴직연금 기여금을 결정하라고 하였다. 한 집단은 4개의 주식형 펀드와 1개의 채권형 펀드가 다른 집단은 4개의 채권형 펀드와 1개의 주식형 펀드가 제공되었다. 검증 결과에 의하면 두 집단의 주식 투자 비중은 전자가 68%이었고, 후자가 43%이었다. 이는 제공된 펀드의 메뉴가 포트폴리오 선택에 매우 큰 영향을 미쳤다는 것을 의미한다.[8] 즉, 사람들은 순진한 분산 투자 전략을 사용하는 성향이 있어서 퇴직연금에 주어진 주식형 펀드의 개수가 많을수록 주식 투자의 비중이 높아지는 것이다.

1/n 규칙(또는 1/n 휴리스틱) 여러 자산에 투자할 경우 각 자산에 동일 금액을 할당하는 성향

추가로 그들은 170개의 DC 플랜을 대상으로 주식형 펀드의 개수와 주식 투자 비중의 관계를 조사하였다. 170개 DC 플랜을 주식형 펀드의 비중에 따라 3개의 집단으로 나누었는데, 각각 주식형 펀드의 비중은 0.37, 0.65, 0.81이었다. 이에 따른 각각의 주식 비중 평균은 48%, 59%, 64%이었다. 이 또한 사람들이 **순진한 분산 투자** 전략을 사용한다는 가설과 정합성을 가지는 결과이다.

순진한 분산 투자 심각한 고려 없이 분산하여 투자하는 전략

주식형 펀드의 숫자와 주식 투자 비중 간에 양(+)의 상관관계가 항상 성립하

7 TIAA(Teachers Insurance and Annuity Association)는 채권에만 투자하는 펀드이고, CREF(College Retirement Equities Fund)는 주식에만 투자하는 펀드이다.

8 두 집단의 투자 옵션은 UCLA와 트랜스 월드 항공(TWA: Trans World Airlines)의 퇴직연금에 제공된 실제 펀드들이다. TWA가 주식 펀드가 많은 투자 옵션을 제공하였다. 두 기관의 실제 주식 투자 비중은 UCLA가 34%이었고, TWA가 75%이었다.

는 것은 아니다. 투자 옵션의 개수가 적을 때에는 1/n 휴리스틱이 사용되지만, 개수가 너무 많을 때는 각 유형 중에서 한 개씩을 선택하는 간편화 전략을 구사하기 때문이다. 후버만과 지앙(2006)은 투자 옵션이 10개까지일 때에는 양(+)의 상관관계가 존재하지만, 10개를 넘어서부터는 투자 옵션에 주식형 펀드가 추가되어도 아무런 효과가 없다는 것을 발견하였다. 투자 옵션이 너무 많을 때는 대표적인 3~4개의 펀드를 선택하여 이들에 골고루 투자하는 방법을 사용하는데, 이를 **조건부 1/n 규칙**이라고 한다. 조건부 1/n 규칙에서는 100이 n으로 나누어지면 1/n 휴리스틱이 쉽게 사용된다. 예를 들어 n이 2 또는 4이면 37~67%의 사람들이 1/n 휴리스틱을 사용하지만, n=3이면 18%의 사람들만 1/n 휴리스틱을 사용하였다. 3개의 펀드를 선택한 때는 0.50, 0.25, 0.25와 같이 산술적으로 간단한 제수를 사용하는 경우가 많았다.

조건부 1/n 규칙
투자 옵션이 너무 많을 때, 대표적인 3~4개의 펀드를 선택하여 이들에 골고루 투자하는 방법

1/n 휴리스틱은 투자 옵션의 개수가 많아질수록 잘 적용되지 않는 경우도 많다. 여기서 중요한 것은 퇴직연금의 투자 옵션 개수를 조금 변경하여도 포트폴리오 의사결정이 크게 바뀔 수 있다는 것이다. 따라서 퇴직연금 투자 대안의 설계에 있어서 이런 효과를 고려하여야 한다. DC 플랜 설계자나 스웨덴과 같이 가입자 선택을 허용하는 사회보장 제도의 정책 입안자들은 이런 결과들을 포트폴리오 선택의 넛지로 활용해야 한다.

DC 플랜의 자사주 투자

우리나라에서는 허용이 되지 않았지만, 미국에서는 퇴직연금의 자사주 투자가 허용되고 있다. 포터바(2001)에 의하면 미국의 20대 DC 플랜의 자산 규모 평균은 $112억인데, 그중 자사주 비중의 평균이 44.2%라고 한다. 실로 어마어마한 규모의 자사주가 DC 플랜 자산을 구성하고 있다. 자사주는 분산투자 원칙의 극단적인 예외적 사례로 인정되고 있지만 두 가지 큰 문제점을 가지고 있다. 첫째, 단일 종목 주식 투자는 분산 투자가 이루어지는 펀드에 비해 동일한 수익률을 가정할 때 훨씬 높은 위험이 있다. 2001년 미국의 20대 DC 플랜의 자사주 수익률 표준편차 평균은 35.7%로 같은 기간 15.8%인 S&P 500의 표준편차에 비해 상당히 높은 편이었다. 둘째, 엔론이나 월드콤 파산의 경우에서 경험한 바와 같이 종업원들은 직장과 퇴직연금 자산을 한번에 잃을 수 있다.

이런 치명적 위험에도 불구하고 종업원들은 자사주에 투자하는 경우가 상당히 많다. 그 이유는 다음과 같다. 첫째, 종업원들은 자사주의 위험–수익 관계를 과소평가하는 경향이 있다. 그들이 근무하는 기업이기 때문에 자사주의 위험을 잘 인식하지 못하는 것이다. 여러 연구에 의하면 종업원들은 자사주를 국내 주식형 펀드보다도 안전하게 생각한다고 한다. 둘째, 종업원들은 과거의 성과가 미래에 계속될 것이라고 믿는 경향이 있다. 베나르찌(2001)는 기업들을 지난 10년간 주식 수익률의 과거 성과에 의해 10개의 집단으로 나누어 자사주 투자 비중을 조사하였다. 가장 성과가 안 좋았던 기업들의 자사주 투자는 10.37%에 불과하였지만, 가장 성과가 좋았던 기업들의 자사주 투자는 39.70%로 매우 높았다. 많은 연구에서 과거의 성과가 미래의 성과를 예측하지 못한다고 했음에도 불구하고 이렇게 투자했다는 것은 매우 어리석은 일이었다. 그는 실제로 이런 종업원들의 자사주 투자가 좋은 성과를 얻지 못했다고 하였다. 셋째, 종업원들은 대응 기여로 자사주를 제공하는 사용자의 행동을 암묵적인 조언으로 받아들이는 경향이 있다. 실제로 사용자 대응 기여를 받아야만 하는 종업원들의 자사주 투자 비중은 29%인데 비해 선택적으로 이를 받을 수 있는 종업원들의 자사주 투자 비중은 18%에 그쳤다. 약간의 제약이 있겠지만 대응 기여로 받은 자사주를 매도할 수도 있었다. 따라서 전자가 자사주의 비중이 높다는 것은 자사주 대응 기여를 사용자의 암묵적인 조언으로 받아들인 것으로 해석할 수 있다.

한편, 여러 연구는 자사주 매입의 비용 측면을 알아보았다.[9] 그중에서 뮬브룩(2005)은 자사주 $1의 상대적 가치를 분산 투자된 포트폴리오와 비교하여 계산하였다. 그녀는 자사주의 상대적 가치가 자사주의 비중, 보유 기간 및 자사주의 변동성과 역의 관계가 있다고 하였다. 10년(15년) 보유하였고 자사주 비중이 25%(50%)인 경우 자사주 가치는 분산된 포트폴리오의 위험 조정 가치 $1에 비해 58센트(33센트)에 불과하다고 하였다. 이는 사용자가 종업원에게 58센트 또는 33센트의 위험 조정 가치를 제공하기 위해 $1을 지불하는 것과 같다. 그렇다면 **401(k) 플랜**에 다른 개별 주식은 허용되지 않고 자사주만 허용되는 이유는 무엇일까?

401(k) 플랜
사기업에서 가장 대중적인 미국의 확정기여형 퇴직연금

이를 조사하기 위해서 베나르찌 등(2007)은 뱅가드의 퇴직연금 고객들을 대상으로 설문을 실시하였다. 사용자들은 종업원의 동기 유발과 생산성 향상,

9 포터바(2001)는 자사주 보유로 인한 분산 실패 비용을 효용 함수의 측면에서 계산하였다.

자사주에 주어지는 세제 혜택, 우호 지분의 확보가 가장 중요한 세 가지 이유라고 하였다. 이에 그들은 사용자들이 말하는 이유가 과장된 측면이 있다고 주장하였다. 여러 연구는 종업원의 동기 유발 및 생산성 향상과 종업원의 자사주 보유와는 아무런 관계가 없다고 하였다. 대규모 기업에서 종업원들의 자사주 보유 규모는 너무 작아서 큰 의미가 없기 때문이다. 세제 혜택도 자사주 가치의 10%에 훨씬 미달하기 때문에 너무 과장된 측면이 있다. 마지막으로 우호 지분의 확보가 될 가능성도 의심스럽다고 주장하였다.

멘탈 어카운팅과 프레이밍

이미 제1부에서 설명한 바와 같이 멘탈 어카운팅이란 거래와 투자 등을 할 때 마음속에 여러 개의 계정을 만들어서 인식과 평가를 달리 하는 것이다. 이는 카너먼과 트버스키(1984)의 프레이밍으로부터 탈러(1985)가 고안한 개념이다. 퇴직연금 가입자의 기존 투자와 신규 투자에도 멘탈 어카운팅이 적용된다. 이미 투자한 자산을 새로운 자산으로 변경할 때 수익률이 하락하면 후회가 커질 것이다. 사람들은 이를 매우 두려워하기 때문에 기존 자산을 새로운 자산으로 바꾸려고 하지 않는다. 하지만 신규 자금은 이런 제약으로부터 자유롭고 투자에 대한 기준점이 없어서 새로운 자산에 투자될 수 있다. 아메릭스와 젤데스(2000)는 퇴직연금 투자의 멘탈 어카운팅 효과를 1987~1996 동안의 TIAA-CREF 가입자들을 대상으로 검증하였다. 그들은 가입자의 27%가 기존 투자 자산을 새로운 자산으로 변경하였지만, 미래 기여에 대해서는 53%의 가입자가 새로운 투자 자산을 선택한다고 하였다.

멘탈 어카운팅은 자사주 투자에도 영향을 미친다. 자사주는 분명히 주식이지만, 종업원들은 자사주를 주식도 채권도 아닌 독특한 자산으로 생각한다. 베나르찌와 탈러(2001)에 의하면, 자사주 투자가 허용되지 않을 때는 주식과 채권 투자가 각각 50%이고, 허용될 때는 42%를 자사주에 투자하고 나머지 58%를 주식과 채권에 동일하게 투자한다고 한다. 결국 자사주 투자가 허용될 때는 주식 투자 비중이 71%(=42%+58%÷2)로 상승하게 된다. 자사주 투자가 허용되는 기업의 종업원들이 특별히 주식 투자를 선호한다고 볼 수는 없다. 따라서 종업원들은 자사주를 주식 투자로 보지 않는 성향이 있다고 보아야 한다.

근시안적 손실 회피 성향도 퇴직연금의 주식 투자에 매우 큰 영향을 미친다.

근시안적 손실 회피
편협한 범주화에 의해 손실 회피의 성향이 발생하는 것

여기에 대해서는 제4부의 〈근시안적 손실 회피와 퇴직연금 투자〉에서 살펴본 바와 같다.

동료 집단의 효과

퇴직연금 투자는 어떻게 이루어질까? 대개 전문 지식은 없지만, 합리적인 투자자들은 많이 아는 전문가들에게 도움을 청한다. 하지만 개인들이 조언을 받는 상대는 대개 배우자와 친구들인데, 그들이 투자에 대한 전문 지식이 있다고 보기는 힘들다. 텍사스의 한 슈퍼마켓 체인 기업의 재미있는 퇴직연금 일화가 있다. 이 기업의 각 슈퍼마켓 종업원들의 투자 행위는 매우 동질적인데 슈퍼마켓 간의 투자 행위는 아주 이질적이었다고 한다. 그 이유는 너무 황당했다. 슈퍼마켓 종업원들은 정육 부문 책임자를 투자 전문가라고 생각하여 그에게 조언을 구했다. 따라서 각 지역 슈퍼마켓 정육 부문 책임자의 투자 철학에 따라 종업원들의 연금 포트폴리오가 정해졌던 것이었다.

듀플로와 사에즈(2002)는 동료 집단의 효과에 대해 또 다른 사례를 제시하였다. 한 대규모 대학교에 11개의 도서관이 있었는데, 각 도서관의 사서들은 중앙 도서관에 의해 고용되어 배정되었기 때문에 그들 간에 인구통계학적 특성과 저축 성향에 큰 차이가 있을 이유는 없었다. 그런데 각 도서관 사서들은 403(b) 플랜이라는 퇴직연금에 참여하는 정도에 있어서 엄청난 차이를 보였다.[10] 가장 낮은 참여도는 14%이었고, 가장 높은 참여도는 73%이었다. 이는 동료 집단의 강력한 효과를 보여주는 결과로 해석된다.

투자 자율성이 어느 정도의 가치가 있을까?

표준 경제학 이론에 의하면 사람들은 대안이 많을수록 가장 올바르게 선택하여 자신의 효용을 최대화할 수 있다고 한다. 그렇다면 퇴직연금도 투자 대안이 많을수록 좋을까? 앞에서도 언급한 바와 같이 퇴직연금 가입자들은 자신의 효용을 최대화하는 선택보다는 1/n 휴리스틱을 이용하는 경우가 많다. 또

10 403(b) 플랜은 미국의 공립학교, 비영리기관, 그리고 종교 시설 등에 적용되는 DC 플랜으로 401(k) 플랜과 비슷한 구조를 가진다. 403(b) 플랜은 401(k) 플랜에 비해 기여 상한이 매우 높지만, 투자 대상에 있어서는 종류가 그리 많지 않다. 2021년 현재 403(b) 플랜의 종업원 기여 상한은 $19,500이고, 사용자와 합한 총 기여 상한은 $58,000이며, 세후 기여도 인정되어 퇴직 소득에 면세가 적용될 수도 있다. 하지만 투자 대상이 보험사가 제공하는 평생 연금 등으로 제한되는 경우도 있다.

한 여러 연구는 퇴직연금의 투자 대안이 많은 것이 꼭 바람직한 것은 아니라고 하였다. 미국의 교직원 퇴직연금인 TIAA-CREF는 채권형 펀드(TIAA)와 주식형 펀드(CREF)에만 투자할 수 있도록 하였는데, 그런 설계는 실증분석 결과와 정합성이 있는 방법이었다고 생각된다.

한편, DC 플랜의 가장 큰 특징은 가입자 스스로가 투자 대안을 선택한다는 것이다. 과연 이런 투자 선택의 자유가 충분한 가치가 있을까? 베나르찌와 탈러(2002)는 설문을 통해 DC 플랜 투자 자율성의 가치를 검증하였다. 그들은 두 번의 설문 연구를 통해서 퇴직연금 가입자들이 스스로 포트폴리오를 선택할 수 있는 자유의 가치가 그렇게 크지 않다고 하였다. 이런 결과는 각자의 포트폴리오가 분산이 덜 되어서 그런 것도 아니고, 미래 수익률에 대해 서로 다른 가입자들의 견해 때문도 아니었다. 대부분의 가입자는 스스로 위험성향에 맞는 포트폴리오를 선택할 정도로 투자 기법과 정보 능력을 갖추고 있지 못하기 때문이었다.

DC 플랜과 DB 플랜의 선택

1990년대 주식시장의 급격한 성장과 수없이 많은 IT 기업의 창업으로 인해서 미국의 퇴직연금 추세는 DB 플랜에서 DC 플랜으로 바뀌었다. 즉, DC 플랜의 전체 규모가 DB 플랜을 압도했다. 그런 추세는 2022년 현재까지 계속 이어지고 있다. 2021년 말 현재 사적 DC 플랜은 약 $11조에 이르지만, 사적 DB 플랜은 $3.8조에 불과하였다. 연방 및 지방 정부의 DB 플랜을 모두 합하면 $11.8조로 거의 비슷해진다.[11] 이런 상황에서도 기업과 정부의 직원들이 어떤 유형의 퇴직연금을 원하는지는 정확히 알 수 없다.

이에 베나르찌와 탈러(2007)는 한 공공기관 사용자의 퇴직연금을 대상으로 이를 검증하였다. 이 사용자는 원래 DB 플랜을 제공했지만 2002년 후반기에 다음과 같은 세 가지 옵션을 종업원들에게 제시하였다: ① 현재의 DB 플랜을 계속 유지함; ② 새로운 DC 플랜을 선택함; ③ 지금까지의 혜택은 DB 플랜으로 받고, 앞으로는 DC 플랜으로 바꾸는 하이브리드 제도를 선택함.[12] DC 플랜의 수급권은 최소 1년, DB 플랜은 최소 6년 근무를 조건으로 한다.

11 연방 정부 DB 플랜의 규모는 $5.8조이고, 지방 정부의 DB 플랜 규모는 $3.8조이었다.

12 두 번째 선택은 현재까지 개인의 DB 플랜 자산 규모를 보험수리 방법에 의해 일시금으로 계산하여 DC 플랜 계좌에 이체하면 된다.

이 플랜의 설계사는 현재 1년 근무한 31세 종업원이 지금부터 계속해서 근무할 경우의 소득 대체율을 연령의 함수로 추정해 보았다.[13] 그가 정상 퇴직 연령인 62세까지 이 기관에 근무할 확률은 약 10% 정도에 불과하였다. 만약 32년 동안 근무하면 그의 소득 대체율은 DB 플랜에서는 66.7%이고 DC 플랜에서는 59.9%이었다. 하지만 62세 이전에 퇴사하면 대부분은 DC 플랜의 소득 대체율이 더 높았다. 모든 요소를 고려할 때 DB 플랜이 DC 플랜보다 혜택이 더 좋을 확률은 13%에 불과하였다.

이런 비교에도 불구하고 2003년 2월 28일에 2년 이하의 경력을 가진 종업원 중 7%만이 DC 플랜을 선택하였다. 그렇다면 종업원들이 정말 DB 플랜을 선호하는 것일까? 이런 설문 결과는 다음과 같은 이유에 의해 설명될 수 있다. 첫째, 이미 DB 플랜이 디폴트로 자리 잡고 있었기 때문에 종업원들이 다시 DC 플랜을 선택하기는 어려웠다. 둘째, 종업원들이 자신의 향후 재직 기간을 과대평가하는 경향이 있었기 때문에 DB 플랜에 대한 선호도가 높았다. 이에 비해 설문에 참여하지 않았던 신규 종업원들은 향후 재직 기간이 상대적으로 매우 짧을 것이라고 기대했다. 셋째, 종업원에 대한 퇴직연금 교육이 부족하였다. 예를 들어, 19%의 종업원들은 DC 플랜의 수급권 발생 근무기간이 1년이라는 사실조차 모르고 있었다. 마지막으로, 설문이 이루어진 시점이 주식시장 침체기인 2002년 후반기였기 때문에 종업원들이 DC 플랜을 선호하기는 힘들었다.[14]

다른 연구들도 DC 플랜보다 DB 플랜을 선호한다고 발표하였다. 하지만 시장 침체가 있기 전인 1999년의 설문에서는 대부분의 종업원이 DC 플랜을 선호하였다. 이는 1990년대의 주식시장 호황으로 DC 플랜 가입자의 자산이 엄청나게 확대되었기 때문이다. 따라서 양 퇴직연금 제도에 대한 선호도는 주식시장의 상황에 따라 크게 달라질 수 있다. 이는 종업원들의 퇴직연금 선호도가 객관적이고 합리적인 판단보다는 주식시장 상황에 따라 크게 달라질 수 있음을 시사한다.

13 소득 대체율이란 연금 혜택이 생애 평균 소득에서 차지하는 비중을 의미한다.

14 DC 플랜은 종업원 스스로 운용하는 퇴직연금이므로 주식시장의 상황에 따라 선호도가 크게 달라진다.

행동 과학의 제언

미국 퇴직연금의 추세는 DB 플랜의 규모가 줄어들고 DC 플랜의 규모는 점점 증가한다는 것이다. 주 및 지방 정부 DB 플랜의 심각한 과소 적립 때문에 이런 경향은 공공 부문으로도 확대되고 있다. DB 플랜의 경우에는 정해진 공식에 의해 퇴직 소득이 결정되기 때문에 퇴직 후의 연금 혜택을 미리 알고 있지만, DC 플랜에서는 퇴직연금의 혜택이 종업원의 자산 운용 결과에 따라 달라진다. 따라서 DC 플랜의 올바른 운용을 위해서는 사용자의 역할이 매우 중요하다. 베나르찌와 탈러(2013)는 위에서 제시한 퇴직연금에서의 휴리스틱과 바이어스를 고려하여 넛지를 이용하는 다음의 네 가지 제안을 하였다.

첫째, 쉽게 접근이 가능한 급여 공제 DC 플랜이 모든 미국 종업원들에게 제공되어야 한다. 오바마 행정부 때는 **자동 IRA**를 제안하기도 하였는데, 이는 퇴직연금을 제공하지 않는 사용자의 경우, 그들의 종업원들이 자동적으로 IRA에 가입하도록 하는 보편적인 제도이다. 물론 종업원들은 본인 의사에 의해 자동 IRA에서 탈퇴할 수도 있다. 실제로 캘리포니아주는 이 제도와 비슷한 **칼세이버즈** 제도를 도입하여 실시하고 있다.[15]

자동 IRA
퇴직연금을 제공하지 않는 사용자의 경우, 그들의 종업원들이 자동적으로 IRA에 가입하도록 하는 보편적인 제도

칼세이버즈
퇴직연금 제도를 제공하지 않는 기업의 18세 이상 종업원이 로스 IRA에 자동적으로 가입되는 캘리포니아의 연금 제도

둘째, **자동 가입**이 적용되어야 한다. **옵트-아웃**이라고도 하는 이 방법은 가입 거절 의사를 표시하지 않으면 자동적으로 DC 플랜에 가입되는 것이다. 이는 탈러(1994)가 처음 제안했던 것으로 미국 퇴직연금 산업에서 엄청난 성공을 거두어 미국 종업원들의 노후 소득 보장에 큰 기여를 하였다.[16] 그가 이 방법을 제안한 이후에 자동 가입을 받아들이는 사용자가 점점 늘어났다. 2003년까지 전체 401(k) 플랜의 14%가 자동 가입으로 전환하였고, 2011년에는 그 비중이 56%까지 증가하였다. 이는 학술 연구가 미국인들의 노후 경제생활에 엄청나게 공헌한 성공적 사례라고 본다.

자동 가입(또는 옵트-아웃)
탈퇴가 옵션이라는 의미로, 아무런 선택이 없으면 해당 제도에 가입된것으로 간주하는 것

셋째, 투자를 위한 **디폴트 옵션**이 도입되어야 한다. 401(k) 플랜의 가입자가 투자 대상을 정하지 않으면 투자를 위해 적절한 디폴트 옵션을 정해주는 것이다. 미국에서는 이미 분산 투자 펀드가 디폴트 옵션으로 잘 정착되어 있고,

디폴트 옵션
아무런 선택이 없을 경우 자동적으로 적용되는 대안의 옵션

15 칼세이버즈(CalSavers)는 퇴직연금 제도를 제공하지 않는 기업의 18세 이상 종업원이 로스(Ross) IRA에 자동적으로 가입되는 제도이다. 로스 IRA는 세후 적립이 이루어지기 때문에 인출 시에 어떤 세금도 부과되지 않는다. 디폴트 기여율은 5%이고 8%가 될 때까지 매년 1%씩 증가한다. 디폴트 투자는 MMF이고, 계속 의사 표시가 없을 때는 첫 기여일 후 30일부터는 연령에 따라 적합한 펀드에 자동으로 투자된다.

16 자동 가입은 탈러(1994)가 처음 제안한 방법으로 마드리안과 쉬아(2001)는 이 방법으로 DC 플랜 가입률을 크게 높일 수 있다는 것을 실증적으로 보여주었다. 리처드 탈러가 2017년에 노벨 경제학상을 단독 수상하는 데에 이 제안이 크게 기여했다고 생각된다.

주가 수준에 따라 자동적으로 포트폴리오 재구성이 이루어지는 디폴트 옵션도 있다. 우리나라에서도 최근에 디폴트 옵션이 도입되었지만, 투자 기법과 **딥 러닝** 기술의 발전에 따라 디폴트 옵션도 진화할 것으로 기대된다.

딥 러닝
컴퓨터가 스스로 외부 데이터를 조합, 분석하여 학습하는 기술

넷째, 급여 상승에 따라 자동적인 기여율 증가가 있어야 한다. 자동 가입이 있는 401(k) 플랜의 3/4이 최초의 기여율을 3%로 정하고 있다. 하지만 3%의 기여율은 적절한 노후 생활을 보장하기에는 턱없이 모자라는 수준이다. 이를 해결하기 위하여 탈러와 베나르찌(2004)는 〈**내일 더 저축하자(SMT)**〉라는 슬로건 하에 급여 상승 시마다 기여율을 증가시키자고 주장하였다. 이 방법도 엄청난 성공을 거두어 2005년에 전체 401(k) 플랜의 9%가 도입하였고 2011년에는 그 비중이 51%로 상승하였다. 이미 뱅가드, 티 로우 프라이스, TIAA-CREF, 피델리티, 휴잇 어소시에이트 등의 DC 플랜 사업자들은 이 아이디어를 성공적으로 도입하고 있다.[17]

내일 더 저축하자(SMT)
탈러와 베나르찌가 확정 기여형 퇴직연금의 기여율 제고를 위해 개발한 개념으로 정해진 상한 이내에서 급여가 인상될 때마다 기여율이 증가하도록 하는 제도

주요 용어

1/n 규칙(또는 1/n 휴리스틱)
401(k) 플랜
근시안적 손실 회피
내일 더 저축하자(SMT)
디폴트
디폴트 옵션
딥 러닝
바이어스
순진한 분산 투자
유연성
이동성
자동 IRA
자동 가입(또는 옵트-아웃)
자동 가입(옵트-아웃)
적극적 의사결정
적용 제외(옵트-인)
조건부 1/n 규칙
칼세이버즈
휴리스틱(또는 경험법칙)

핵심 정리

- 생애주기 및 항상소득 이론의 가정: ① 가구들이 필요한 최적화 문제를 해결할 수 있을 정도의 지적 능력을 갖춰야 한다. ② 그들은 계산된 최적 계획을 수행할 수 있을 정도의 충분한 의지가 있어야 한다.
- 일반인들은 대개 휴리스틱(또는 경험법칙)을 사용하여 문제를 해결한다.

퇴직연금 가입 의사결정

- 영국과 미국의 퇴직연금은 초창기에 적용 제외(옵트-인)를 디폴트로 정했다.
- 탈러(1994)는 디폴트 옵션을 퇴직연금 적용 제외 대신에 자동 가입(옵트-아웃)으로 바꾸면 종업원들의 저조한 퇴직연금 가입률을 높일 수 있다고 주장하였다.

17 더 자세한 내용은 제1부의 〈넛지 1: 자유주의적 개입주의와 선택 설계〉를 보시오.

- 마드리안과 쉬아(2001)는 DC 플랜의 디폴트 옵션을 적용 제외에서 자동 가입으로 전환하면, 매우 저조했던 가입률이 즉시 90%로 상승하고, 36개월 이내에 98%로 상승한다는 실증 결과를 발표하였다.

기여율의 결정

- 미국 남가주 대학교의 교직원들을 대상으로 한 설문에서 58%의 사람들이 기여율과 투자 옵션 선택에 1시간도 사용하지 않았다고 하였다.
- 이는 사람들이 투자 의사결정에 간단하고 편리한 휴리스틱을 사용하기 때문이다.

순진한 분산 투자 전략

- 사람들도 여러 자산에 투자할 경우 각 자산에 동일 금액을 할당하는 성향이 있다.
- 이런 순진한 분산 투자 전략을 1/n 규칙 또는 1/n 휴리스틱이라고 하는데, 이는 퇴직연금 투자 시에 가장 많이 사용하는 휴리스틱이다.
- 투자 옵션이 너무 많을 때는 대표적인 3~4개의 펀드를 선택하여 이들에 골고루 투자하는 방법을 사용하는데, 이를 조건부 1/n 규칙이라고 한다.

DC 플랜의 자사주 투자

- 자사주는 분산 투자 원칙의 극단적인 예외적 사례로 인정되고 있지만 두 가지 큰 문제점을 가지고 있다: ① 단일 종목 주식 투자는 분산 투자가 이루어지는 펀드에 비해 동일한 수익률을 가정할 때 훨씬 높은 위험이 있다. ② 엔론이나 월드콤 파산의 경우에서 경험한 바와 같이 종업원들은 직장과 퇴직연금 자산을 한 번에 잃을 수 있다.

멘탈 어카운팅과 프레이밍

- 퇴직연금 가입자의 기존 투자와 신규 투자에도 멘탈 어카운팅이 적용된다.
- 사람들은 후회를 매우 두려워하기 때문에 기존 자산을 새로운 자산으로 바꾸려고 하지 않는다.
- 신규 자금은 이런 제약으로부터 자유롭고 투자에 대한 기준점이 없어서 새로운 자산에 투자될 수 있다.

동료 집단의 효과

- 퇴직연금 투자를 위해 전문 지식은 없지만, 합리적인 투자자들은 많이 아는 전문가들에게 도움을 청한다.
- 개인들이 조언을 받는 상대는 대개 배우자와 친구들인데, 그들이 투자에 대한 전문 지식이 있다고 보기는 힘들다.

투자 자율성이 어느 정도의 가치가 있을까?

- 베나르찌와 탈러(2002)는 설문을 통해 DC 플랜 투자 자율성의 가치를 검증하였다. 그들은 두 번의 설문 연구를 통해서 퇴직연금 가입자들이 스스로 포트폴리오를 선택할 수 있는 자유의 가치가 그렇게 크지 않다고 하였다.
- 대부분의 가입자는 스스로 위험 성향에 맞는 포트폴리오를 선택할 정도로 투자 기법과 정보 능력을 갖추고 있지 않다.

DC 플랜과 DB 플랜의 선택

- DC 플랜과 DB플랜 제도에 대한 선호도는 주식시장의 상황에 따라 크게 달라질 수 있다.
- 이는 종업원들의 퇴직연금 선호도가 객관적이고 합리적인 판단에 따른다기보다는 주식시장 상황에 따라 크게 달라질 수 있음을 시사한다.

행동 과학의 제언

- 첫째, 쉽게 접근이 가능한 급여 공제 DC 플랜이 모든 미국 종업원들에게 제공되어야 한다.
- 둘째, 자동 가입이 적용되어야 한다.
- 셋째, 투자를 위한 디폴트 옵션이 도입되어야 한다.
- 넷째, 급여 상승에 따라 자동적인 기여율 증가가 있어야 한다.

참고 문헌

- Ameiks, J. and S. Zeldes (2000), How do household portfolio shares vary with age? Working paper, Columbia University.
- Benartzi, S. (2001), Excessive extrapolation and the allocation of 401(k) accounts to company stock?, Journal of Finance 56, 1747~1764.
- Benartzi, S. and R. Thaler (2001), Naive diversification strategies in retirement saving plans, American Economic Review 91, 79~98.
- Benartzi, S. and R. Thaler (2002), How much is investor autonomy worth?, Journal of Finance 57, 1593~1616.
- Benartzi, S. and R. Thaler (2007), Heuristics and biases in retirement savings behavior, Journal of Economic Perspectives 21, 81~104.
- Benartzi, S. and R. Thaler (2013), Behavioral economics and the retirement savings crisis, Science 339, 1152~1153.
- Benartzi, S., R. Thaler, S. Utkus, and A. Sunstein (2007), The law and economics of company stock in 401(k) plans, Journal of Law and Economics 50, 45~79.
- Choi, J., D. Laibson, and B. Madrian (2011), $100 bills on the sidewalk: Violation of no-arbitrage in 401(k) accounts, Review of Economics and Statistics 93, 748~763.
- Choi, J., D. Laibson, B. Madrian, and A. Metrick (2009), Optimal defaults and active decisions, Quarterly Journal of Economics 124, 1639~1674.
- Duflo, E. and E. Saez (2002), Participation and investment decisions in a retirement plan: The influence of colleagues's choices, Journal of Public Economics 85, 121~148.
- Huberman, G. and W. Jiang, 2006, Offering versus choice in 401(k) plans: Equity exposure and number of funds, Journal of Finance 61, 763~801.
- Iyenger, S., G. huberman, and W. Jiang (2004), How much choice is too much: Determinants of individual contributions in 401(k) retirement plans, In Pension Design and Structure: New Lessons from Behavioral Finance, ed. O. S. Mitchell and S. Utkus, 83~95. Oxford: Oxford University Press.
- Kahneman, D. and A. Tversky (1984), Choices, values and frames, American Psychologists 39, 341~350.
- Madrian, B. and D. Shea (2001), The power of suggestion: Inertia in 401(k) participation and savings behavior, Quarterly Journal of Economics 116, 1149~1525.
- Meulbroek, L. (2005), Company stock in pension plans: How costly is it?, Journal of Law and Economics 48, 443~474.
- Porterba, J. (2001), Employer stock and 401(k) plans, American Economic Review 93, 398~404.
- Thaler, R. (1985), Mental accounting and consumer choice, Marketing Science 4, 199~214.
- Thaler, R. (1994), Psychology and savings policies, American Economic Review 84, 186–192.
- Thaler, R. and S. Benartzi (2004), Save More Tomorrow: Using behavioral economics to increase employee saving, Journal of Political Economy 112, S164~S187.

04 — 사람들은 평생 연금 구매를 왜 꺼릴까?: 연금화 퍼즐[1]

연금화 퍼즐이란?

우리말로 연금은 노후 생활 수단으로서의 연금과 노후 생활 자금 지급 수단으로서의 연금이라는 두 가지 뜻을 가진다.[2] 두 용어의 한자도 같아서 자주 오해를 불러일으키기도 한다. 전자는 국민연금, 퇴직연금, 개인연금이라고 할 때의 연금 개념이고, 후자는 고등학교 수학 시간에 배웠던 연금 개념이다. 지급 수단으로서의 연금인 후자는 미래의 정해진 기간 또는 평생 정해진 금액을 지급하는 일종의 금융 상품이다. 따라서, '연금을 연금으로 받는다'라고 하면, 이는 노후 생활 수단인 어떤 연금을 평생 (또는 미래의 정해진 기간) 정해진 금액으로 받는다는 의미이다. **장수 위험**에 대한 보험 기능으로서의 연금은 미래의 정해진 기간보다는 평생 정해진 금액을 지급해야 할 것이다.

장수 위험
예상보다 오래 살게 되어 발생하는 위험

연금에는 정액연금과 변액연금의 두 종류가 있다. 정액연금은 납입 단계에 제시되는 공시 이자율로 증식되지만, 이는 시간이 흐름에 따라 변하는데 너무 낮은 이자율을 방지하기 위해 최저 이자율을 보장하는 경우가 많다. 이에 비해 변액연금은 실적 배당이 되는 상품이면서 효율적 세제 상품의 성격을 가진다. 두 연금 모두 **사업비** 차감이 상당하고 보수나 수수료가 상대적으로 크다는 단점이 있다.[3] 우리나라의 경우, 보험 사업비는 대개 10~15% 정도인데 이런 비용상의 단점을 보상하기 위해 1억 원 이하의 전체 보험료로 10년 이상 가입하면 비과세 혜택이 주어진다.[4] 우리나라 연금보험의 비과세 조건은 월 납입 150만 원(연 1,800만 원) 이하로 10년 이상 유지이다.

사업비
보험 사업을 위해 발생하는 부가 보험료로 우리나라의 경우 대개 10~15%이다.

1 이 주제의 많은 부분은 베나르찌 등(2011)을 정리하였다.
2 영어로는 확실히 구별된다. 노후 생활 수단인 연금은 pension이고, 노후 생활 자금 지급 수단인 연금은 annuity이다.
3 보험료는 위험 보장을 위한 위험 보험료, 보험 사업을 위한 부가 보험료, 적립금을 위한 저축 보험료 세 가지로 나누어진다. 여기서 사업비란 부가 보험료를 지칭한다.
4 이 조건은 2017년 4월 1일부터 가입된 보험 계약에 적용된다. 이에 관한 규정은 종종 변경된다.

즉시연금
목돈을 한 번에 입금하여 평생 (또는 미래의 정해진 기간)동안 일정액을 받는 연금으로 정액연금의 일종이다.

한편, **즉시연금**은 납입 단계 없이 인출 단계만 있는데, 이는 목돈을 한 번에 입금하여 평생 (또는 미래의 정해진 기간) 일정액을 받는 연금으로 정액연금의 일종이다. 우리나라의 즉시연금 비과세 조건은 1억 원 이하로 납입하고, '종신형'으로 받아야 한다는 것이다. 연금화란 일시금을 연금으로 전환하는 것으로 즉시연금을 의미한다고 볼 수 있다. 따라서 여기서 언급하는 연금은 즉시연금을 의미한다.

연금화 퍼즐
퇴직자는 연금에 의해 제공되는 일정한 수준의 수입에 의한 안전성과 소비 증가를 선호하지만, 실제로 연금화 수준이 매우 낮은 현상

모딜리아니는 1985년 노벨 경제학상 수락 강연에서 '**연금화 퍼즐**'에 대해 관심을 보였다. 그는 다음과 같이 언급했다. "연금 계약은 연금 체계를 이용한 다른 단체보험과 달리 매우 드물다. 연금화가 매우 중요한 사안이라면, 왜 이런 현상이 존재할까? 아직도 이해가 잘 되지 않고 있다." 모딜리아니의 언급 이후 37년 정도가 지났지만, 이런 현상은 아직도 사실이다. 경제학의 합리적 선택 이론은 다음과 같이 예측한다: 연금화는 개인의 지출이 수입을 초과할 정도로 오래 살게 되는 **장수 위험**을 해결하기 때문에 개인들이 은퇴 시점에 연금화를 선택하는 것은 매우 합리적인 선택이다. 하지만, 은퇴에 직면하여 자기의 재산 중에서 상당 부분을 연금화하는 사람들은 상대적으로 매우 적다.

연금화가 합리적인 이유

이제 연금화가 합리적인 이유에 대해서 검토해 보기로 하자. 고령화의 문제를 언급하면서 매스컴이 강조하는 것은 기대 수명의 급속한 증가이다.[5] 기대 수명은 지난 세기 동안 지속적으로 증가했다. 하지만 고령화에 의한 장수 위험을 좀 더 올바르게 이해하기 위해서는 65세 인구의 기대여명 분포를 이해해야 한다. 미국의 경우, 65세 남자(여자)가 82세(85세)까지 살 확률은 50%라고 한다. 만약 65세 인구가 특정한 나이에 모두 사망한다면 장수 위험은 거의 존재하지 않고, 여기서 언급하는 연금화도 크게 중요하지 않을 것이다. 따라서 65세 인구의 기대여명 분포 또는 퍼짐 정도는 장수 위험을 분석하기 위해서 꼭 필요한 정보이다.

벨과 밀러(2005)에 의하면 65세 남자의 기대 여명 분포는 매우 분산되어서 10%와 90% 백분위 수는 각각 70세와 92세로 그 차이는 22세이다. 여자의

5 UN에 의하면 2018년 현재 미국인의 기대 수명은 78.25세(남자 76.10세, 여자 80.38세)이고, 한국인의 기대 수명은 83.31세(남자 80.00세, 여자 86.49세)라고 한다. 우리나라의 기대 수명은 일본(84.74세) 다음인 세계 2위에 해당한다.

기대여명 분포는 더욱 분산되어서 각각 72세와 95세로 그 차이는 23세이다. 이는 65세인 남자(여자)는 10명 중 한 명이 27(30)년 이상 더 산다는 것을 말한다. 이러한 통계는 퇴직자의 퇴직 자산이 부족할 가능성이 매우 크다는 것을 말해준다. 따라서 연금화가 장수 위험을 줄여주는 직접적인 수단이 될 수 있을 것이다.

이미 오래전에 야리(1965)는 특정한 조건 하에서 상속 동기가 없는 합리적인 개인들은 퇴직 재산을 퇴직 시점에 모두 연금으로 전환해야 한다고 주장하였다. 예를 들어, 언제 사망할지 모르는 상태에서 모든 재산을 채권이나 연금 구매에 사용할 수 있다. 그는 채권 매입보다 연금을 매입하면 매년 높은 소비 수준을 지속할 수 있다고 하였다. 그 이유는 일찍 사망하는 사람들이 오래 사는 사람들을 보조해 주기 때문인데, 이를 '**사망 프리미엄**'이라고 부른다. 이런 의미에서 연금은 음(-)의 가격을 가지는 보험이라고 할 수 있다. 즉, 아주 유리한 보험이라는 의미이다.

사망 프리미엄
연금 제도에서 일찍 사망하는 사람들이 오래 사는 사람들을 보조해주는 금액

그의 분석은 상속 동기가 없고, 보험수리적으로 적정한 가격을 가지는 완전한 연금 시장이 존재하며, 특정한 효용 함수가 존재해야 성립하지만, 후속 연구들은 그의 연구를 일반화시켰다. 그들은 불완전한 연금 시장과 높은 보수 및 수수료 수준도 연금화 비율이 작은 이유를 설명하지 못한다고 하였다. 즉, 인플레이션, 보수, 역선택 비용 등의 혼합 요인이 연금화를 저해해도 연금화 방법이 장수 위험을 줄여주는 좋은 방법이라는 것이다.

만약, 인플레이션, 보수, 역선택 비용 등이 연금화의 저해 요인이라면, 그런 요소들이 없는 미국의 **사회보장 제도**에서 연금화 수요가 더 높아져야 한다. 사회보장 급여는 62세부터 조기 수령이 가능하고, 늦어도 70세부터는 수급해야 한다. 만약 수급 연령이 되어서 수급을 연기하면 수급 금액이 증가하여 시장보다 더 좋은 가격에 연금을 매입하는 뛰어난 전략이 된다.[6] 경제적 관점에서 사회보장 급여는 인플레이션, 보수, 역선택 비용 등의 문제가 전혀 없는 좋은 상품이다. 하지만 대부분의 사회보장 참여자들은 수급 자격이 생기면 대개 1년 이내에 수급을 시작한다. 66세 이후부터 수급하기 위해 수급을 연기하는 참여자들은 5%도 안 된다. 따라서, 인플레이션, 보수 및 역선택 비

사회보장 제도
사회 구성원이 경제적 어려움에 처하면 삶의 질 향상을 위해 공공의 재원으로 그 최저 생활을 보장해주는 제도

6 우리나라의 국민연금에서도 동일한 논리가 적용된다. 정해진 연금 수급 연령이 되도 연금 수급을 (최대 5년까지) 연기하면 연 7.2%씩 이자를 가산해 노령연금을 수급하게 된다. 이는 시중에서 판매되고 있는 어떤 연금보다도 훌륭한 금융 상품이라고 할 수 있다. 연금 수급 연기자 수는 점점 늘어나고 있어서, 2018년 현재 31,298명으로 증가하였지만 이의 비중은 매우 낮은 수준이다.

용 등의 요인은 저조한 연금화의 요인은 아니다.

불시에 발생하는 건강 문제, 사회보장 급여와 DB 플랜의 연금화로 인해 자발적 연금화 동기가 줄어들 수도 있다. 하지만 이런 요인들을 모두 감안해도 연금화의 혜택은 아직도 상당하다는 것이 경제학자들의 주장이다. 만약 연금화하지 않고 스스로 퇴직 이후의 노후 설계를 한다면, 최적화 문제를 풀어서 소비 및 수입 수준을 결정하여 스스로 퇴직 재산으로부터 인출을 시작해야 한다. 이 문제를 풀기 위해 경제학 기법을 새로 배우기도 어렵고, 배워서 이 문제를 풀어도 자기 통제의 문제점 등으로 계획과 행동이 일치하기도 어렵다는 것이 행동 경제학의 예측이다. 실제로 부자 퇴직자들은 너무 신중해서 퇴직 재산의 감소율이 너무 작고, 가난한 퇴직자들은 퇴직 재산의 감소율이 너무 빠르다고 한다. 즉, 퇴직 재산의 적절한 사용은 누구에게나 매우 어려운 문제이기 때문에 연금화가 이에 대한 해법이 될 수 있다는 것이다.

이제 퇴직 연령 측면에서 생각해 보자. 첫째, 과도한 비율의 미국 근로자들이 65세에 아무런 경제적 이유 없이 퇴직하고 있다. 이는 65세에 퇴직해야만 했던 과거의 체제로부터 물려받은 퇴화된 규범으로 보인다. (지금은 미국에서 법정 퇴직 연령이 없다.) 둘째, 지난 60년 동안 미국 남자의 평균 퇴직 연령은 66.9세(1950년)에서 61.6세(2010년)로 감소하였다. 이에 비해, 동기간 동안 65세 미국 남자의 기대여명은 77.8세에서 81.6가 되어 약 30% 정도 증가하였다. 안타깝게도 저축률 또한 하락했기 때문에, 미국인들이 늘어난 은퇴 기간에 대해 합리적으로 자금을 배분한다고 보기는 어렵다. 이는 일부 사람들이 실수를 저지르고 있다는 것을 의미한다. 이러한 증거들은 불확실한 상황에서 퇴직 시점 산정과 퇴직 재산 인출 등의 어려운 문제를 연금화에 의해 해결해야 한다는 것을 의미한다.

연금화 퍼즐이 존재할까?

앞에서 검토했던 경제학 이론에 의하면 사람들은 은퇴 시점에 자기 재산의 많은 부분을 연금화해야 한다. 하지만 실상은 그렇지 않다. 401(k) 플랜과 같은 DC 플랜이 연금화 옵션을 제공하지 않는 경우가 많아서 그럴 수도 있지만, 그런 옵션을 제공할 때도 연금화는 충분히 이루어지지 않는다.[7] 한 연

7 우리나라의 국민연금에서도 동일한 논리가 적용된다. 정해진 연금 수급 연령이 되도 연금 수급을 (최대 5년까지)

구에 의하면 6% 정도가 연금화를 선택한다고 한다. 또한 2007년에 정액 즉시연금의 판매액은 $65억이라고 한다. 401(k) 플랜과 같은 사용자 지원 퇴직연금에서 개인연금으로 전환한 금액인 $3,000억에 비하면 정액 즉시연금의 판매액은 매우 초라한 수준이다.[8]

사람들은 퇴직 시점에 왜 연금화를 많이 선택하지 않을까? 그 이유 중의 하나는 유동적인 긴급 자금이 어느 정도 필요하기도 하고, 연금화가 가능할 정도로 충분한 저축을 하지 못했기 때문이다. 하지만, 대부분의 가난한 가정들은 연금으로 지급되는 사회보장 급여만으로 살아가기 때문에 이미 충분히 연금화를 했다고 볼 수도 있다. 그런데도 다른 연구들에 의하면, 충분히 연금화할 금액을 저축했을 때도 대부분 연금화하지 않는다고 한다.

연금화 퍼즐의 정확한 의미가 잘 정의된 것은 아니지만, 신고전주의 경제학의 관점에서 연금화 퍼즐을 정의하면 다음과 같다: 퇴직자는 일시금을 받아 위험한 투자 대안을 선택하기보다는 연금에 의해 제공되는 일정한 수준의 수입에 의한 안전성과 소비 증가를 선호한다. 그런데도 실제로 연금화 수준이 매우 낮다는 것이 연금화 퍼즐이다. 행동 경제학 입장에서는 이런 연금화 퍼즐에 추가적인 요인을 고려할 수 있다. 소비자들이 자기가 선택할 수 있는 옵션들을 완전히 이해하는가? 연금화가 안 좋은 선택으로 인식되는가? 어떤 옵션이 디폴트인가? 여러 연구는 퇴직자들이 연금화에 대한 이해가 부족하고 연금화의 선택 기회가 적었기 때문에 연금화 퍼즐이 존재한다고 지적한다.

연금화 퍼즐
퇴직자는 연금에 의해 제공되는 일정한 수준의 수입에 의한 안전성과 소비 증가를 선호하지만, 실제로 연금화 수준이 매우 낮은 현상

연금 상품의 선택이 가능한 DB 플랜 가입자들은 퇴직 시점에 일시금과 평생 연금 수입 중 하나를 선택하라고 하면 많은 사람이 연금을 선택한다. 이를 볼 때, DC 플랜 가입자들의 연금화율이 적은 것은 평생 연금 수입에 대한 선호도가 낮아서가 아니라, 연금 선택의 옵션이 없는 제도적 요인 때문이라고도 할 수 있다. 그러나 이런 제도적 요인만이 모든 것을 설명할 수 없으므로 연금 시장이 상대적으로 규모가 작은 이유에 대한 추가적인 행동적 요인들을 고려할 필요가 있다.

연기하면 연 7.2%씩 이자를 가산해 노령연금을 수급하게 된다. 이는 시중에서 판매되고 있는 어떤 연금보다도 훌륭한 금융 상품이라고 할 수 있다. 연금 수급 연기자 수는 점점 늘어나고 있어서, 2018년 현재 31,298명으로 증가하였지만 이의 비중은 매우 낮은 수준이다.

8 미국의 개인연금을 IRA(individual Retirement Assccount)라고 부른다. 개인연금으로 전환된 사용자 지원 퇴직연금은 동일한 세금 이연의 혜택을 가진다. 이 금액이 정액 즉시연금 판매액보다 매우 크다는 것은 연금화 수요가 그리 크지 않다는 것이다. 2019년 1분기말 현재, 미국 전체의 퇴직 자산 규모는 $29.1조이다: 개인연금 $9.4조, DC 플랜 $8.2조, 기업의 DB 플랜 $3.2조, 정부의 DC 플랜 $6.3조, 연금 잔액 $2.1조. DC 플랜 $8.2조 중에서 401(k) 플랜이 $5.7조로 약 70%를 차지하고 있다.

프레이밍과 멘탈 어카운팅 등 연금화의 저해 요인

심리학에서는 이미 약간의 어구 변경이 행동 차이를 불러일으킨다는 것이 증명되었는데, 이를 프레이밍이라고 한다. 예를 들어, 소고기를 광고할 때 '75% 살코기'라고 하는 것은 '25% 지방'이라고 하는 것보다 건강해 보인다. 비슷하게, 70%의 소득 대체율이라고 하는 것이 30%의 소비 감축이라고 하는 것보다 어감이 좋다. 연금이라는 개념은 복잡하기도 하지만 퇴직 시점이 다가오기 전에는 별로 생각하지 않는 것이기 때문에 프레이밍이 강력한 힘을 발휘할 가능성이 있다. 모든 사람이 평생을 통해 65세에 이르는 것은 처음이기 때문에 경험으로부터 배우기 쉬운 영역이 아니라는 의미이다.

브라운 등(2008)은 연금의 관점에서 프레이밍은 매우 중요한 역할을 한다고 주장하였다. 50세 이상을 대상으로 연금을 소개하는 다음 두 가지 중에서 어느 것이 더 매력적인가를 인터넷 설문을 통해 질문하였다: ① **'소비 프레임'**에서 연금은 평생 월 $650의 지출을 감당하는 수단이다; ② **'투자 프레임'**에서 연금은 평생 보장된 월 $650의 수익을 제공하는 수단이다. 물론 두 경우에 있어서 사후에 여분의 소득이나 재산이 없다는 것을 가정하였다. 그들의 예상에 따르면, 연금을 투자 수익이라고 보면 이 투자는 사망 시점에 전적으로 의존하기 때문에 투자 프레임인 경우는 덜 매력적일 것이다. 그들의 예상처럼 투자 프레임인 경우에는 응답자 중 21%가 연금화를 선택했지만, 소비 프레임에서는 응답자 중 70%가 연금화를 선택하였다.

소비 프레임
연금을 노후 소비의 관점에서 바라보는 것

투자 프레임
연금을 투자에 대한 이익의 관점에서 바라보는 것

베나르찌 등(2011)은 이 연구를 바탕으로 전통적인 **DB 플랜**과 **캐쉬 밸런스 플랜**의 연금화 경향을 비교하였다. 전통적인 DB 플랜은 근무 기간과 마지막 급여에 따라 근로자의 평생 소득을 보장하기 때문에 이를 **확정연금**이라고도 할 수 있다. 이런 이유로 인해서 오랫동안 노후 생활 수단으로서의 연금과 지급 수단으로서의 연금이 동일한 의미로 사용되기도 하였다. 이와는 대조적으로 캐쉬 밸런스 플랜은 DC 플랜인 401(k) 플랜처럼 근로자 개인의 퇴직 계정이 개별적으로 존재한다. 이는 실제 계정일 수도 있고, 가상 계정일 수도 있다. 사용자의 기여와 그에 따른 이자(정률 또는 미국 단기국채 연동 이자율)에 따라서 계정 잔액이 항상 정확하게 표시된다. 사용자는 모든 투자 위험을 가지면서 법적 절차에 따라 이의 지급을 보장해야 한다. 따라서 캐쉬 밸런스 플랜은 DB와 DC 플랜의 혼합 제도이다. 법령에 따라 거의 모든 캐쉬 밸런스 플랜은 연금으로 평생 소득을 지급하거나 일시금을 지급해야 한다.

DB 플랜
사용자가 운용하되 퇴직 시에 받을 금액이 공식에 의해 정해진 퇴직연금. 확정급여형 퇴직연금

캐쉬 밸런스 플랜
실제 또는 가상의 종업원 계정이 존재하여 정해진 이자율 또는 수익률에 따라 증식되고 항상 계정 잔액을 확인할 수 있는 퇴직연금

확정연금
공식에 의해 확정된 금액이 보장되는 연금

그들의 가설은 매우 간단하다: 전통적인 DB 플랜은 혜택이 월 또는 연 소득으로 주어지기 때문에 소비 프레임으로 연금화를 촉진한다. 이에 비해, 캐쉬 밸런스 플랜은 혜택이 계정 잔액으로 주어지기 때문에 투자 프레임을 촉진하여 연금화를 감소시킨다는 것이다. 그들의 112개 퇴직연금 표본은 75개의 DB 플랜과 37개의 캐쉬 밸런스 플랜으로 구성되었다. DB 플랜의 연금화 비중은 53%이고, 캐쉬 밸런스 플랜은 41%이었다. 연금화에 영향을 줄 수 있는 여러 가지 변수를 통제해도 DB 플랜의 연금화 비중이 더 확실히 크게 나타났다. 이는 그들의 예측대로 경제 및 통계적 의미에서 DB 플랜의 연금화 비중이 캐쉬 밸런스 플랜보다 더 높다는 것을 의미한다.

경제학자는 연금화가 장수 위험을 줄이는 훌륭한 보험과 같다고 생각하겠지만, 퇴직자들은 경제학자와는 다른 생각을 가질 수 있다. 특히, 일시금을 가진 퇴직자에게 연금을 매입하겠냐고 질문하면 상황은 완전히 달라질 수 있다. 퇴직자들은 상당히 큰 금액을 위험하게 만든다고 생각할 수 있다. 이때의 위험은 퇴직자가 상대적으로 일찍 사망할 위험으로 이 경우에는 연금 구매가 안 좋은 거래가 된다는 것이다.

후와 스콧(2007)은 손실 회피 현상이 저조한 연금화 실적에 대한 또 다른 원인이 될 수 있다고 하였다. 카너먼과 트버스키가 증명하였듯이 손실에 의한 고통은 같은 양의 이익에 의한 기쁨보다 2배 이상 크다. 한편, 퇴직자들은 연금의 매입을 비용(즉, 손실) 또는 투자로 생각하기 때문에 손실 회피 성향을 보이는 그들은 연금화를 싫어한다는 것이다. 즉, 퇴직자가 $250,000과 그와 동등한 가치를 가지는 평생의 연금 수입 중에서 선택을 한다면, 전자는 확실한 것이지만 후자의 가치는 당해 퇴직자의 남은 생존 기간에 달려있다. 따라서 그들은 손실 회피 성향으로 인해 연금화를 싫어한다는 것이다.

그들은 연금 시장의 다른 퍼즐을 지적하였다. 즉시연금을 매입하지 않는 사람도 '확실한 보장 기간'이 있는 연금은 대체로 매입하는 경향이 있다는 것이다. 즉, 사망 여부와 상관없는 n년 동안의 지급 보장 연금을 구매한다는 것이다. 이는 사망 시점과는 관계없이 n년 동안은 연금이 반드시 지급되어야 하고, 생존해 있다면 n년 이후에도 연금이 지급된다. 이런 유형의 연금이 상대적으로 인기가 있다는 것도 표준적인 **생애주기 모형**에 있어서 퍼즐이다. 왜냐하면, n년의 **듀레이션**을 가지는 무위험 채권을 사고 (n+1)년부터 지급을

생애주기 모형
안도와 모딜리아니에 의해 주장된 이론으로, 현재 소비가 현재 소득 뿐만 아니라 평생소득에 달려있다고 주장하는 가설

듀레이션
채권의 가중평균 상환 기간으로 이자율 변화에 대한 채권의 민감도를 말한다.

연금시장 분리 정리
n년 듀레이션의 무위험 채권과 (n+1)년부터 지급하는 연금의 매입이 n년 동안 연금을 지급하고 생존할 경우 그 이후에도 지급하는 연금보다 더 효율적이다.

장수연금
정해진 기간 이후부터 지급되는 연기된 연금

멘탈 어카운팅
거래와 투자 등을 할 때 마음속에 여러 개의 계정을 만들어서 인식과 평가를 달리 하는 것

시작하는 연금을 매입하는 전략이 그런 연금보다 더 효율적이기 때문이다.[9] 스콧 등(2011)은 이런 결과를 '**연금시장 분리 정리**'라고 명명하였다. 이를 좀 더 일반적으로 말하면, 생존할 것으로 기대되는 n년의 기간에 대해서는 수수료를 지불할 필요 없이 스스로 연금화하고, 그 이후를 위해서는 연기된 연금을 매입하는 것이 가장 좋은 전략이라는 것이다. 이 연기된 연금을 **장수연금**이라고도 한다. 이는 지금 매입하고 미래의 정해진 시점부터 수급이 시작되는 연금이다. 확실한 보장 기간이 있는 연금을 매입하는 것은 이런 논리와 반대로 행동하는 것이다. 따라서 그런 연금이 상대적으로 인기가 있다는 것도 또 다른 퍼즐이 될 수 있다.

마지막으로, **멘탈 어카운팅**도 DC 플랜의 가입자가 연금화를 싫어하는 이유를 설명할 수 있다. DC 플랜에 가입됐던 퇴직자는 플랜 자산으로부터 상당액의 수표를 발행해서 연금을 매입하든지, 아니면 DC 플랜의 저축액을 개인연금으로 전환하여 연금을 매입할 수 있다. 연금 구매자들에게는 이러한 행동이 상당한 금액의 수표를 발행하여 적은 금액의 수표들로 바꾸는 것이기 때문에, 안 좋은 거래로 생각될 수 있다. 즉, 자기가 소유하고 있던 것(상당한 금액의 플랜 자산)들을 포기하고 싶지 않다는 심리가 작용한다는 것이다. DC 플랜의 경우에 참가자들은 계정 잔액을 가지고 있어서 연금을 매입하는 것은 그들의 계정 잔액을 포기하는 것이 되고, 이것이 손실 회피 성향을 유발하게 된다.

정책적 제안 등

연금화된 퇴직 재산의 규모를 증가시키는 것이 장수 위험을 줄이고 노후 문제를 해결하는 방법이라는 것은 누구도 부인하기 어렵다. 미국의 사용자 후원 퇴직연금인 DC 플랜은 이미 안정적인 정착 단계에 이르렀지만, 이 제도에 가입된 퇴직자는 연금화가 가능할 정도의 퇴직 재산을 가지지 못하는 경우가 상당히 많다고 한다. 이런 문제는 시간이 흐름에 따라 해결되겠지만, 앞에서 언급하였던 연금화 부족 상황은 쉽게 해결하기 어려운 상황이다. 이에

9 채권의 듀레이션이란 당해 채권의 가중평균 상환 기간이다. 10년 만기 채권이라도 중간에 이표의 지급이 있으면, 평균 상환 기간은 10년보다 짧아진다. 따라서 듀레이션이 n이면 채권의 가중평균 회수 기간이 n년이라는 것이다. 재무 이론에 의하면 듀레이션이 n이라는 것은 또 다른 의미가 있기도 하다. 즉, (약간의) 이자율 변화와 상관없이 채권의 가치가 n년 뒤에도 동일하다는 것이다. 더 이상의 설명은 이 책의 수준을 넘어서기 때문에 생략하기로 한다.

베나르찌 등(2011)은 퇴직 재산의 연금화를 촉진하기 위해서 다음 두 가지 측면에서 정부가 나설 것을 제안하였다: ① 사회보장 체계의 수정; ② DC 플랜의 규제 변경.

이들의 제안은 철저하게 행동 과학적 측면을 반영하고 있다. 그들은 사회보장 노령연금이 수수료도 없고 급여가 인플레이션에 연동되며 지급 불능 위험이 없는 가장 좋은 연금이기 때문에 연금 규모를 증가시키기 위해서는 이의 수급 시점을 최대한 늦춰야 한다고 하였다. 미국의 사회보장 노령연금을 가장 빨리 받을 수 있는 연령은 현재 62세이다. 물론 이때부터 수급하면 감액된 연금을 받게 된다. 1960년 이후 출생자가 사회보장 제도에서 약속된 금액을 받기 위한 **완전퇴직 연령**은 67세이다. 이를 **정상퇴직 연령**이라고도 한다. 70세부터는 반드시 노령연금 수급이 이루어져야 하므로 수급 연기는 69세까지 가능하다.

완전퇴직 연령
사회보장 제도에서 약속된 금액을 받기 위한 연령

정상퇴직 연령
완전퇴직 연령을 일컫는 말

이를 위해 완전퇴직 연령이라는 용어를 사용하지 말 것을 제안하였다. 예전에는 완전퇴직이라는 용어로 인해 65세에 일을 그만두고 은퇴하는 경우가 많았는데, 이를 방지하기 위한 제안이다. 사실 수급 시점을 연기하면 연금액이 증가하기 때문에 완전퇴직 연령은 70세라고도 할 수 있다. 또한 완전퇴직 연령이라는 용어가 정상퇴직 연령으로 인식되어서도 곤란하다. 감액된 금액을 수급할지라도 정상적으로 연금 수급을 시작할 수 있는 연령은 62세이기 때문이다. 완전퇴직 연령을 완전 또는 정상으로 지정하는 것은 참여자들의 퇴직 연령에 안 좋은 영향을 미칠 수 있다. 즉, 완전퇴직 또는 정상퇴직 연령이라는 용어 때문에 아무런 이유 없이 일찍 퇴직할 수 있다는 것이다.

또한 그들은 수급 연기를 심각하게 고려할 수 있도록 '**사회보장 혜택 계산기**'를 없애야 한다고 하였다. 이 계산기를 통한 손익 분기점 분석 연구들은 가장 빠른 수급 시점을 선택하는 것이 노령연금의 혜택을 가장 크게 한다는 것을 발견하였다. 이 때문에 사람들이 수급 연기보다는 조기 수급에 관심을 가질 가능성이 크다. 이런 임의적인 조기퇴직은 당사자의 연금 수급액을 감소시키면서 사회보장 노령연금의 재정을 어렵게 할 수 있다.

사회보장 혜택 계산기
사회보장 제도의 여러 가지 혜택을 알아보는 계산기로 혜택을 가장 크게하는 수급 시점을 가르쳐 준다.

두 번째는 401(k) 플랜 등 DC 플랜의 가입자들이 쉽게 연금화 옵션을 선택할 수 있도록 연금 상품의 공급을 확대하자는 것이다. 그들은 퇴직자들의 연금화 성향이 부족하여 연금화가 저조한 것은 아니라고 하였다. DB 플랜처럼 쉽게 연금화를 선택할 수 있다면 401(k) 플랜 가입자들도 연금 상품을 선택할 것이다. 이를 위해서는 연금 상품 제공자들의 신용이 매우 중요한데, 그렇지 못한 경우도 많아서 사용자의 부담도 매우 커지게 된다. 미국에서는 투자 대상이나 지급 방법의 대상 선택에 있어서 사용자의 의무가 매우 크기 때문이다. 이에 대해 약간 급진적인 해결책으로 그들은 미국 정부가 보증하는 **예금보험공사**나 **연금혜택보장기구** 등이 나서야 한다고 주장하였다.[10]

예금보험공사
정해진 금액까지 예금에 대한 안전성을 보장하는 미국의 공공기관

연금혜택보장기구
정해진 수준까지 DB 플랜 수급의 안전성을 보장하는 미국의 공공기관

우리나라도 위와 같은 문제점을 그대로 가지고 있다. 물론 한국주택금융공사를 통해 주택연금을 도입해서 노후 생활 문제 해결에 큰 도움을 준 것은 사실이지만, 퇴직연금 차원에서의 문제 해결도 시급한 상황이다. 미국의 DB 플랜에서는 퇴직 시점에 적당한 연금을 선택할 수 있지만, 우리의 퇴직연금 제도에서는 DC 플랜이나 DB 플랜에 관계없이 모두 연금화 옵션에 대한 개념이 부족하다.

우리나라의 〈근로자 퇴직급여 보장법〉에 의하면, 55세 이상으로 가입 기간이 10년 이상인 가입자에게는 지급 기간이 5년 이상인 연금을 지급할 수 있다고 되어있다. 수급 방법은 퇴직 시점에 **일시금**으로 받거나, 아니면 **IRP**로 전환하여 여기서 다른 수급 방법을 선택할 수 있다. 하지만 이 단계에서 미국의 DC 플랜 가입자에게 발생하는 문제점이 우리나라의 퇴직연금 가입자에게도 동일하게 나타날 수 있다. 즉, 가입자가 연금에 대해 상당한 지식이 있어야 하고, 적당한 연금 상품이 존재해야 한다. 이 단계에서는 정부와 사용자가 책임감을 느끼고 도와주어야 한다. 현재와 같은 상황에서는 퇴직연금을 개인퇴직계좌로 전환한 퇴직자는 현존하는 연금 상품을 매입하는 방법밖에 없다. 현재의 연금 상품에는 위에서 언급하였던 수수료, 인플레이션, 지급 위험, 역선택 문제 등이 심각하게 존재할 수 있다.

일시금
퇴직 시점에 한 번의 목돈으로 받는 금액

IRP
근로자가 직장을 옮기거나 퇴직할때 퇴직금을 적립하였다가 정해진 요건이 되면 연금이나 일시금으로 받을 수 있는 개인형 퇴직연금. 개인퇴직계좌를 대체하였다.

위의 요소 중에서 **역선택** 문제를 잠시 살펴보자. 2018년 현재 한국인의 기대 수명은 83세이다. 물론 연금 상품의 가격 결정을 위해서는 기대 수명보다는 매입자의 기대여명을 사용해야 한다. 63세 남자가 연금을 매입한다면, 63세 한국인 남자의 기대여명을 이용하여 연금의 가격을 결정할 수 있다. 63세 한국인 남자의 기대여명을 85세라고 하자. 이때 연금 상품 제공자는 기대여명 증가의 두려움 때문에 기대여명을 지나치게 상향 조정할 가능성이 있다. 이런 상향 조정이 역선택을 불러오게 된다. 예를 들어, 기대여명이 85세

역선택
정보 비대칭으로 인하여 정보가 부족한 사람이 불리한 선택을 하는 상황

10 예금보험공사(Federal Deposit Insurance Corporation: FDIC); 연금혜택보장공사(Pension Benefit Guaranty Corporation: PBGC).

가 아니라 95세로 가정하여 연금의 가격을 책정하면 그 가격은 지나치게 높게 된다. 자연스럽게 연금 상품 제공자의 위험은 감소하고 수익성은 크게 증가할 것이다. 하지만 연금 수급액은 감소하기 때문에 퇴직자들은 연금 구매를 꺼리게 된다. 이런 연금 시장에 대한 불신은 올바르게 잘 설계된 바람직한 연금이 있어도 믿지 않게 되는 역선택 문제를 유발할 것이다.[11]

주요 용어

DB 플랜	생애주기 모형	일시금
IRP	소비 프레임	장수 위험
듀레이션	역선택	장수연금
멘탈 어카운팅	연금시장 분리 정리	정상퇴직 연령
사망 프리미엄	연금혜택보장기구	즉시연금
사업비	연금화 퍼즐	캐쉬 밸런스 플랜
사회보장 제도	예금보험공사	투자 프레임
사회보장 혜택 계산기	완전퇴직 연령	확정연금

핵심 정리

연금화 퍼즐이란?

- 연금화는 개인의 지출이 수입을 초과할 정도로 오래 살게 되는 장수 위험을 해결하기 때문에, 개인들이 은퇴 시점에 연금화를 선택하는 것은 매우 합리적인 선택이다.
- 은퇴에 직면하여 자기의 재산 중에서 상당 부분을 연금화하는 사람들은 상대적으로 매우 적다. 왜 그럴까?

연금화가 합리적인 이유

- 65세 인구의 기대여명 분포 또는 퍼짐 정도는 장수 위험을 분석하기 위해서 꼭 필요한 정보이다.
- 연금화가 장수 위험을 줄여주는 직접적인 수단이 될 수 있다.
- 연금은 음(–)의 가격을 가지는 보험이라고 할 수 있다. 즉, 아주 유리한 보험이라는 의미이다.
- 인플레이션, 보수, 역선택 비용 등의 혼합 요인이 연금화를 저해해도 연금화 방법이 장수 위험을 줄여주는 좋은 방법이다.
- 인플레이션, 보수 및 역선택 비용 등의 요인은 저조한 연금화의 요인은 아니다.
- 퇴직 재산의 적절한 사용은 누구에게나 매우 어려운 문제이기 때문에 연금화가 이에 대한 해법이 될 수 있다.

연금화 퍼즐이 존재할까?

- 퇴직자는 일시금을 받아 위험한 투자 대안을 선택하기보다는 연금에 의해 제공되는 일정한 수준의 수입에 의한 안전성과 소비 증가를 선호한다. 그런데도 실제로 연금화 수준이 매우 낮다는 것이 연금화 퍼즐이다.

11 더 이상의 언급은 이 책의 범위를 벗어나기 때문에 생략하기로 한다.

프레이밍과 멘탈 어카운팅 등 연금화의 저해 요인

- 심리학에서는 이미 약간의 어구 변경이 행동 차이를 불러일으킨다는 것이 증명되었는데, 이를 프레이밍이라고 한다.
- 연금을 소개하는 다음 두 가지 중에서 어느 것이 더 매력적일까? ① '소비 프레임'에서 연금은 평생 월 $650의 지출을 감당하는 수단이다; ② '투자 프레임'에서 연금은 평생 보장된 월 $650의 수익을 제공하는 수단이다.
- 투자 프레임인 경우에는 응답자 중 21%가 연금화를 선택했지만, 소비 프레임에서는 응답자 중 70%가 연금화를 선택하였다.
- 전통적인 DB 플랜은 혜택이 월 또는 연 소득으로 주어지기 때문에 소비 프레임으로 연금화를 촉진한다. 이에 비해, 캐쉬 밸런스 플랜은 혜택이 계정 잔액으로 주어지기 때문에 투자 프레임을 촉진하여 연금화를 감소시킨다.
- 손실 회피 성향으로 인해 연금화를 싫어한다.
- 즉시연금을 매입하지 않는 사람도 '확실한 보장 기간'이 있는 연금은 대체로 매입하는 경향이 있다.
- 생존할 것으로 기대되는 n년의 기간에 대해서는 수수료를 지불할 필요 없이 스스로 연금화하고, 그 이후를 위해서는 연기된 연금을 매입하는 것이 가장 좋은 전략이다. 이 연기된 연금을 장수연금이라고도 한다.
- DC 플랜의 경우에 참가자들은 계정 잔액을 가지고 있어서 연금을 매입하는 것은 그들의 계정 잔액을 포기하는 것이 되고, 이것이 손실 회피 성향을 유발하게 된다.

정책적 제안 등

- 베나르찌 등(2011)은 퇴직 재산의 연금화를 촉진하기 위해서 다음 두 가지 측면에서 정부가 나설 것을 제안하였다: ① 사회보장 체계의 수정; ② DC 플랜의 규제 변경.
- 수급 시점을 최대한 늦추어야 하고 '사회보장 혜택 계산기'를 없애야 한다.
- 401(k) 플랜 등 DC 플랜의 가입자들이 쉽게 연금화 옵션을 선택할 수 있도록 연금 상품의 공급을 확대하는 것이 바람직하다. 약간 급진적인 해결책으로 베나르찌 등(2011)은 미국 정부가 보증하는 예금보험공사나 연금혜택보장기구 등이 나서야 한다고 주장하였다.

참고 문헌

- Bell, F. and M. Miller (2005), Life tables for the United States Social Security area, 1900~2100, SSA Pub. No. 11-11536. Social Security Administration, Office of the Chief Actuary.
- Benartzi, S., A. Previtero, and R. Thaler (2011), Annuitization puzzle, Journal of Economic Perspectives 25, 143~164.
- Brown, J., J. Kling, S. Mullainnathan, and M. Wrobel (2008), Why don't people insyre late-life consumptions? A raming explanation of the under-annuitization puzzle, American Economic Review 98, 304~309.
- Dushi, I and A. Webb (2004), Household annuitization decisions: Simulations and empirical analysis, Journal of Pension Economics & Finance 3, 109~143.
- Hu, W.-Y. and J. Scott, 2007, Behavioral obstacles in the annuity market, Financial Analysts Journal 63, 71~82.
- Scott, J. (2008), The longevity annuity: An annuity for everyone? Financial Analysts Journal 64, 40~47.
- Scott, J., J. Watson, and W.-Y. Hu (2011) What makes a better annuity?, Journal of Risk and Insurance 78, 213~244.
- Yaari, M. (1965), Uncertain lifetime, life insurance, and the theory of the consumer, Review of Economic Studies 32, 137~150.

05 스웨덴 사회보장 제도의 민영화

탈러와 선스타인(2008b)과 탈러 등(2013)은 선택 설계의 원칙들을 제시하였다. 앞에서 이미 그 응용 사례들을 많이 제시하였지만, 이제는 그 원칙들이 최초로 공적 연금에 적용된 사례를 살펴보고자 한다.[1] 스웨덴 사회보장 제도의 민영화가 바로 그것이다. 이에 대한 핵심적 내용을 소개하고 있는 크롱크비스트(2004)의 내용을 정리하고, 크롱크비스트 등(2018)이 보여준 넛지 효과의 지속성에 대해 검토하고자 한다.

스웨덴 사회보장의 민영화

사회보장 제도
사회 구성원이 경제적 어려움에 처하면 삶의 질 향상을 위해 공공의 재원으로 그 최저 생활을 보장해 주는 제도

노령연금
사회보장 제도에서 정해진 연령 이상의 노령자에게 지급되는 연금

2000년에 미국의 조지 부시 대통령은 **사회보장 제도**의 **노령연금** 개혁 방안으로 급여의 12.4%에 해당하는 사회보장세 중에서 일부분을 개인 계정으로 운용할 것을 제안하였다.[2] 미국 사회보장기금의 파산을 방지하고 노령연금의 실질적 노후보장 역할을 제고하려는 시도였다. 하지만 '이 제안은 사회보장 정신의 근간을 훼손하는 것'이라고 주장한 민주당의 강력한 반대에 부딪혀 이루어지지 못했다. 여러 나라에서 이런 제안이 논의만 되고 시행에는 어려움이 있었다.

1 탈러와 선스타인(2008b)은 투자자, 신용 시장, 조제약 보험, 장기 기증, 환경 보호와 에너지 절약, 학교 선택의 제고, 결혼의 민영화 등의 넛지가 응용될 수 있는 여러 분야에 관해 설명하였다. 하지만 많은 제안이 우리나라의 환경이 아닌 미국적 환경에 적합한 내용이어서 이 책에서는 구체적인 소개를 하지 않았다.

2 미국의 사회보장 제도는 프랭클린 루스벨트 대통령에 의해 뉴딜 정책의 일환으로 1935년에 도입되었다. 이는 전 국민의 노령, 유족, 장애 보험(Old age, survivors, and disability insurance: OASDI)으로 우리나라의 국민연금과 매우 비슷하지만, 재원의 조달, 운용, 지급 측면에서 약간 다르다. OASDI는 현세대가 현세대의 노인들을 부양하는 부과 방식(pay-as-you go: PAYG)임에 비해, 우리의 국민연금은 부과 방식과 함께, 미리 재원 일부를 적립하는 부분 적립 방식을 취하고 있다. 미국의 사회보장세 구성은 다음과 같다.

		사회보장세	메디케어세(노후 의료보험)
근로자	본인	6.2%	1.45%
	사용자	6.2%	1.45%
자영업자		12.4%	2.9%

하지만 이 시기에 대서양 건너 스웨덴에서는 부시 대통령의 제안과 비슷한 제도를 시행하여 적립 방식에 입각한 **프리미엄 연금** 제도를 도입하였다. 스웨덴의 공적 사회보장 제도 중 노령연금은 소득 대비 18.5%의 보험료를 국가가 원천징수 한다. (나머지 사회보장 제도는 공공 부조로 기여 없이 최저 연금을 보장한다.) 이는 우리나라 국민연금의 9%(종업원 4.5%+사용자 4.5%)보다는 훨씬 높지만, 공무원연금의 17%(공무원 8.5%+국가 또는 지자체 8.5%)와는 비슷하다. 노령연금은 **명목 DC 플랜** 제도로 운영되는데 18.5%의 보험료 중 16%p는 부과 방식을 나머지 2.5%p는 적립 방식을 채택하였다.[3] 프리미엄 연금은 이 2.5%p의 재원으로 운영되는데, 그 규모가 부과 방식으로 운영되는 16%p에 비해 상대적으로 작았기 때문에 큰 반대가 없었다고 한다.

프리미엄 연금
18.5%의 스웨덴 사회보장 제도 기여 금액 중에서 2.5%p를 가입자 스스로가 적립 방식으로 운용하는 연금

명목 DC 플랜
비금융 DC 플랜이라고 불리는 공적 연금 제도의 하나로, 기여된 금액은 정부가 정한 수익률에 따라 가입자별로 적립된다.

부과 방식의 보험료 16%p는 AP1~AP4와 AP6 펀드로 운용되는데, 이는 소득비례 연금이다. 따라서 AP 펀드의 수익성과 연금 급여액과는 관계가 없다. 이에 비해, 적립 방식의 보험료 2.5%p는 AP7 펀드 또는 수많은 뮤추얼 펀드에 투자되어 실적에 의해 연금액이 정해진다. 사회보장의 민영화는 적립 방식으로 운영되는 2.5%p의 프리미엄 연금 투자에 관한 내용이다.

스웨덴의 프리미엄 연금은 가입자의 선택권을 중요하게 생각해서 단계마다 자유방임적 접근법을 사용하였는데, 이는 신고전주의 경제학적 인식에 부합한다. 이 연금 제도의 내용을 간단하게 정리하면 다음과 같다.

1. **DIY 포트폴리오**: 승인된 뮤추얼 펀드 중에서 최대 5개를 선택하여 각자의 포트폴리오를 구성함
2. **디폴트 펀드**: 적극적 투자 선택을 하지 않은 사람을 위하여 하나의 펀드가 지정됨
3. 연금 가입자들이 적극적으로 자신의 포트폴리오를 선택하라고 (대대적 캠페인을 통해) 권장함

DIY 포트폴리오
스웨덴 정부가 승인한 뮤추얼 펀드 중에서 최대 5개를 선택하여 구성된 각자의 포트폴리오

디폴트 펀드
DC 플랜에서 아무런 선택이 없을 경우 자동적으로 적용되는 펀드

3 명목 DC(Notional Defined Contribution: NDC) 플랜 제도란 비금융 DC 플랜이라고 불리는 공적 연금 제도의 하나이다. 이는 여러 면에서 부과 방식의 연금 제도와 비슷하다. 따라서 현역 근로자들이 기여한 금액으로 현재의 퇴직자에게 연금을 지급한다. 하지만, 연금 혜택의 규모를 결정하는 방법이 좀 다르다. 이 제도에 기여된 금액은 정해진 수익률에 따라 가입자별로 적립된다. 이 수익률은 정해진 공식에 따라 정부가 정한 임의적인 수익률이다. 실제로 기여 금액은 현재의 퇴직자에게 연금으로 지급된다. 각 근로자의 기여 기간이 종료되면, 근로자들은 평생 기여 금액의 가치, 그들의 기대 여명, 남은 생애 동안의 기대 수익률에 따라 연금액이 결정된다. 평생 기여 금액의 가치에 따라 정해지는 DC 플랜 제도와 유사한 측면이 있고, 수익률이 명목적인 의미가 있다고 해서 명목 DC 플랜이라고 부른다. 유럽의 라트비아, 폴란드, 이탈리아, 스웨덴 등에서 사용하는 제도이다.

4. 연금 재원의 잔액과 미래 투자는 언제든지 변경될 수 있고, 다른 변경이 없는 한 처음의 투자 결정이 미래의 기여에도 적용됨
5. 정해진 수탁자 기준을 만족하는 펀드는 투자의 대상이 되며 처음에 456개 펀드가 있었음
6. 비용, 과거 실적, 위험 등의 펀드 정보는 책의 형태로 모든 가입자에게 제공됨
7. 펀드는 스스로의 비용을 정함(디폴트 펀드에 포함된 관리자 비용은 협상 가능함)
8. 디폴트 펀드를 제외한 다른 모든 펀드는 투자액 증가를 위해 광고가 허용됨

경제학자들은 이제 디폴트 옵션의 선택이 아주 중요하다는 것을 인식하기 시작하였다. 프리미엄 연금에서도 디폴트 옵션은 매우 중요한 역할을 한다. 여러 연구에서 지적하였듯이, 하나의 옵션이 디폴트로 지정되면 인간의 현상 유지 바이어스, 게으름, 미루는 습성 등으로 인해 디폴트 펀드는 상당한 시장 점유율을 차지할 것이다. 따라서 선택 설계자는 디폴트 옵션의 선택에 매우 신중해야 한다. 스웨덴 사회보장 제도의 민영화를 위해서도 디폴트 옵션과 관련하여 선택 설계자는 다음과 같은 대안들을 고려하였을 것이다.

A. 다른 어떤 선택이 없고, 제공되는 오직 하나의 펀드가 디폴트이다.
B. 디폴트 옵션이 있지만, 그 선택은 비권장 된다.
C. 디폴트 옵션이 있고, 그 선택이 권장된다.
D. 디폴트 옵션이 있고, 그 선택은 권장되지도 또는 비권장 되지도 않는다.
E. 디폴트 옵션은 없고, 가입자들이 적극적 선택을 하지 않으면 모든 기여가 몰수된다.

A 안은 디폴트 펀드 하나만 존재하기 때문에 선택의 자유를 전혀 보장하지 않는 것이다. 스웨덴 정부는 B 안을 선택했지만, 그것이 C 안, D 안, 또는 E 안보다 더 좋을지는 확실하지 않았다. 가입자들이 스스로 투자 대안을 가장 잘 선택할 수 있다면, 아마도 E 안이 제일 좋을 것이다. (E 안은 국외에 거주하여 대안을 선택할 수 없는 가입자들에게는 적용할 수 없었다. 모든 혜택을 몰수하는 것은 정치적으로 받아들일 수 없었기 때문이다.) 가입자들이 다른 투자 대안들보다 디폴트가 더 좋다고 생각하면 C 안이 (또는 A 안이) 더 좋을 것이다.

안타깝게도 스웨덴 정부는 B 안을 선택하였다. 정부는 가입자들의 적극적인 포트폴리오 구성을 대대적인 광고로 권장하였고, 개별 뮤추얼 펀드 회사들도 440만 가입자를 대상으로 자신들의 뮤추얼 펀드를 엄청나게 광고하였다. 그 결과로 66.9%의 가입자들이 DIY 포트폴리오를 구성하였고, 33.1%의 가입자들이 디폴트 펀드를 선택하였다. **DIY 포트폴리오**란 가입자 스스로 선택한 투자 포트폴리오이다. 시간이 지나면서 광고는 감소하기 시작하였고, 이와 함께 자신의 DIY 포트폴리오 구성은 크게 감소하였으며, 디폴트 펀드의 선택은 점점 증가하였다. 2003년 4월 신규 가입자의 DIY 포트폴리오 선택은 8.4%에 불과하였다.

DIY 포트폴리오
스웨덴 정부가 승인한 뮤추얼 펀드 중에서 최대 5개를 선택하여 구성된 각자의 포트폴리오

스웨덴 정부는 디폴트 펀드를 권장하지 않았고, 대대적인 광고를 통해 가입자들에게 DIY 포트폴리오의 구성을 권장하였다. 그렇다면 DIY 포트폴리오가 과연 디폴트 펀드보다 더 우수한 대안이었을까? 일반 가입자들은 경제학적 효용 함수도 잘 모르고 투자에 대한 정보나 전문 지식이 없다. 당연히 이들이 스스로 구성한 DIY 포트폴리오가 디폴트 펀드보다 더 좋을 것이라고 예단할 수는 없었다. 더구나 DIY 포트폴리오가 잘 분산된 인덱스 펀드에 가까운 디폴트 펀드보다 더 좋다는 것은 투자 이론에도 맞지 않는다.

표 5-1은 디폴트 펀드와 DIY 포트폴리오의 평균을 비교하고 있다. 양자 모두 주식 비중이 매우 높다. 여기서 확연한 차이는 디폴트 펀드인 AP7은 상대적으로 전 세계에 잘 분산되어 투자되었지만, DIY 평균은 스웨덴 주식에 거의 50% 가까이 투자되었다는 것이다. 한편 헤지펀드나 사모주식 펀드는 프리미엄 연금의 적격 투자 대상이 아니기 때문에 DIY 포트폴리오에는 전혀 포함되어 있지 않다. 비용 측면에서 보면 디폴트 펀드는 0.17%로 매우 저렴하지만, DIY 평균은 0.77%로 상당히 높은 편이다. 디폴트 펀드가 전 세계적으로 잘 분산 투자되어 있고 비용도 저렴하므로 위험 대비 수익성이 좋아야 한다는 것은 이론적으로 당연하다. 2000년 11월부터 2003년까지의 수익률을 보면 디폴트 펀드는 −29.9%인데 비해 DIY 평균은 −39.6%로 상대적으로 낮게 나타났다. 그 이후의 성과에 대해서는 많이 알려지지 않았지만, 이러한 추세는 기간이 길어질수록 더욱 확산할 것이 분명하다.

표 5-1
디폴트 펀드와 DIY 투자 포트폴리오 평균의 비교

포트폴리오 특성	디폴트 펀드(AP7)	DIY 투자 포트폴리오 평균
자산 배분		
주식	82%	96.2%
스웨덴	17%	48.2%
아메리카	35%	23.1%
유럽	20%	18.2%
아시아	10%	6.7%
채권	10%	3.8%
헤지펀드	4%	0%
사모주식 펀드	4%	0%
인덱스화 정도	60%	4.1%
비용 (순자산가치 대비)	0.17%	0.77%
사후 실적(2000/11-2003/10)	−29.9%	−39.6%

출처: 크롱크비스트와 탈러 (2004)

넛지가 영원할 때: 스웨덴의 프리미엄 연금 제도

프리미엄 연금
18.5%의 스웨덴 사회보장 제도 기여 금액 중에서 2.5%p를 가입자 스스로가 적립 방식으로 운용하는 연금

2000년에 도입된 스웨덴의 **프리미엄 연금** 제도도 당연히 탈러와 선스타인(2008a)이 제시한 선택 설계를 가졌다. 선택 대안이 있을까? 있다면 몇 개인가? 디폴트 펀드는 있나? 그렇다면 그것은 무엇인가? 이런 것들이 선택 설계의 중요한 부분을 구성한다. 크롱크비스트 등(2018)은 스웨덴의 프리미엄 연금 제도를 대상으로 다음과 같은 넛지의 지속성 연구를 시행하였다.

넛지의 지속성
넛지가 얼마나 오랫동안 지속되는지의 여부

선택 설계의 특징들은 합리적 인간을 가정하는 신고전주의 경제학 분석에서는 크게 중요하지 않다. 그동안 여러 경제학자가 바람직한 DC 플랜의 선택 설계에 대해 연구하였지만, 충분한 관심을 받지 못한 이슈는 **넛지의 지속성**이다. 알코트와 로저스(2014)는 에너지 소비에 있어서 당해 가구와 다른 가구의 소비량 비교 정보를 제공하는 넛지가 지속적인가를 검증하였다.[4] 안타깝게도 그들은 에너지 절약을 위한 넛지는 지속성이 약하다고 하였다. 연금 제도에서 넛지가 지속적이지 못할 하나의 가능성은 사람들이 현상 유지 바이어스, 게으름, 미루는 특성 등으로 처음에는 디폴트 옵션을 선택하지만, 시간이 지나면서 연금 최적화 문제를 풀어 올바른 선택으로 변경한다는 것이다. 그런 경우에는 선택 설계자에 의한 넛지의 효과가 일시적이겠지만, 그렇지 않으면 지속성이 있을 것이다. 하지만 복잡한 경제학 공부를 하지 않은 연금 가입자가 연금 최적화 문제를 푼다는 가정은 매우 비현실적이다.

4 일반적으로 다른 가구와의 비교 정보 제공이 에너지 절약에 도움이 된다는 것은 여러 연구들에 의해 널리 알려진 사실이다.

크롱크비스트 등(2018)은 스웨덴의 프리미엄 연금을 대상으로 넛지의 지속성 여부를 검증하였다. 스웨덴의 프리미엄 연금은 2000년에 시작되었으므로 2016년까지 17년간 약 731만 연금 저축자의 자료를 가지고 있었다. 그들은 연금 넛지가 놀라울 정도로 효과적이며, 거의 20년 동안 지속되었다는 사실을 발견하였다. 그들의 연구를 개략적으로 살펴보자.

스웨덴의 프리미엄 연금은 아무 의사를 표시하지 않으면 **AP7**이라는 디폴트 펀드에 투자된다. 디폴트를 거부한 연금 가입자들은 456개의 승인된 적격 뮤추얼 펀드 중에서 최대 5개까지 선택하여 각자의 투자 포트폴리오를 구성해야 했다.[5] 스웨덴 정부는 대대적인 광고를 통하여 디폴트 펀드보다는 적극적으로 자신의 포트폴리오를 구성하라고 권장하였다. 스웨덴 정부에 의한 넛지를 다음과 같이 두 가지로 정리할 수 있다.

AP7
스웨덴 프리미엄 펀드가 투자되는 디폴트 펀드

[넛지 1] 디폴트 넛지

디폴트 펀드 (AP7) 지정(전 세계 분산 투자, 저비용: 순자산가치의 0.17%, 거의 주가지수를 추종하는 인덱스 펀드 유형)

[넛지 2] DIY(Do-It-Yourself) 넛지

최대 5개의 뮤추얼 펀드로부터 스스로 각자의 포트폴리오를 구성(거의 50% 정도를 스웨덴 주식 투자, 고비용: 순자산가치의 0.77%, 적극적 운용)

디폴트 넛지
아무런 선택이 없을 경우 지정되는 선택을 정하는 넛지

DIY 넛지
최대 5개의 뮤추얼 펀드로부터 스스로 각자의 포트폴리오를 구성하도록 하는 넛지

2000년에 프리미엄 연금 가입자들은 정부의 대대적인 홍보 캠페인으로 인해 직접 투자 포트폴리오를 구성하는 DIY가 전체의 66.6%를 차지하였다. 프리미엄 연금의 개시 이후에는 정부와 개별 펀드들의 광고가 급격히 줄어들었다. 신규 가입자가 2000년에는 440만 명이었지만, 그 이후에는 현저히 감소하였기 때문이다. (예를 들어, 2016년에는 신규 가입자가 약 18만 명에 불과하여서 개별 펀드들이 광고하기에는 전혀 매력이 없었다.) 결국 개시 3년 후인 2003년에 DIY를 선택한 신규 가입자는 9.4%에 불과하였고, 2016년에는 0.9%로 감소하였다. 이는 정부와 개별 펀드들의 대대적인 광고와 홍보

5 디폴트 펀드는 2000년에 전 세계로 분산 투자하는 인덱스 펀드와 유사하게 시작하였지만, 2010년에 **MSCI**의 전 세계 주가지수를 추종하는 인덱스 펀드(상관계수 0.95)로 변신하였다. 즉, 디폴트 펀드인 AP7이 전 세계 인덱스 펀드화 되었다는 것이다. 한편, DIY 넛지의 대상이 되는 뮤추얼 펀드들은 유럽 연합의 공모 펀드 기준인 **UCITS**(Undertakings for Collective Investments in Transferable Securities) 지침을 만족하기만 하면 된다. 처음에 456개이었던 DIY 펀드는 계속 증가하고 있다.

MSCI
모건 스탠리 캐피탈 인터내셔널의 줄임말로 국제 투자를 위해 전 세계의 주가지수를 계산한다.

UCITS
유럽 연합의 공모 펀드 기준

가 DIY 방법의 선택을 크게 높였지만, 그렇지 않을 때는 디폴트 넛지가 매우 중요하다는 것을 보여주는 것이다.

이 제도의 다른 특징은 가입자들이 '결정하고 잊어버리는' 사고방식을 가졌다는 것이다. 즉, 가입 당시에 투자 방식을 결정하고, 그 이후에 투자 방식을 변경하는 일이 거의 없다는 것이다. 이를 알아보기 위해 2000년 440만 명의 신규 가입자를 대상으로 디폴트에서 DIY로 또는 DIY에서 디폴트로 변경한 경우를 알아보았다. 한 가지 유의할 점은 제도 초기에는 DIY에서 디폴트로의 변경은 금지되었으나, 그 반대로는 언제나 가능했다. 이 규정은 2009년에 폐지되어 어떤 방향으로의 변경도 가능하게 되었다.

디폴트에서 DIY로 변경한 가입자들은 (최초 디폴트 선택자 중) 27.4%로 대개 최초 선택 이후 10년 이내에 발생했는데, 어떤 변경은 가입자들에게 투자 자문을 제공하는 제3자에 의해 이루어지기도 했다. (2008년에서 2011년까지는 투자 자문업자들이 PIN 번호만 있으면 가입자를 대신하여 투자 대안을 임의로 변경할 수 있었다.) 따라서 27.4%는 가입자 스스로 디폴트에서 DIY로 변경한 비중의 최대치라고 할 수 있다. DIY 투자를 독려했던 광고의 효과는 지속성이 더 높아서 단지 2.9%만 디폴트 펀드로 변경하였다.[6] 이는 DIY가 거의 블랙홀과 같아서 한 번 선택하면 빠져나오기 어려운 선택이었다는 것을 의미한다. 물론 광고뿐만 아니라 2008년까지 DIY에서 디폴트 펀드로 변경할 수 없었던 규정도 이러한 현상의 중요한 원인이었다.

전 세계 주가지수
전 세계를 대상으로 계산하는 주가지수

총수익스왑
계약의 한쪽이 이자 등을 지급하고, 다른 한쪽은 기초자산의 총수익에 해당하는 금액을 지급하는 스왑 계약

이러한 지속성은 다음 두 가지 점에서 놀라운 결과라고 할 수 있다. 첫째, 디폴트인 AP7 펀드는 2010년에 **MSCI**의 **전 세계 주가지수**를 추종하는 인덱스 펀드에 가깝게 되었지만, 2011년에 50%의 레버리지가 가능하게 규정이 바뀌었다. 즉, 50%까지 차입 투자가 가능하게 되었다는 것이다. AP7은 2011년에 **총수익스왑**을 이용하여 최대 레버리지인 50%까지 높였다가 2015년에 20%로 낮추었다.[7] 이렇게 투자 위험이 커졌음에도 불구하고 이로 인해 디폴트 펀드를 떠난 가입자는 1,563명에 불과하였다. 1,563명 중 43명만 레버리지가 없는 디폴트 펀드로 변경하였다고 한다.

6 16년 동안 1년에 적어도 한 번이라도 거래를 한 투자자의 비중은 평균 9%이었다. 투자자문업자가 가입자를 위해 임의로 선택 변경이 가능했던 기간의 변경 비중을 다른 기간과 비교하면, 전자는 15%이었고 후자는 7%이었다. 미국의 DC 플랜의 경우 동일한 통계가 7%인 것으로 보아 후자의 7%는 통상적이라고 평가된다.

7 총수익스왑(Total Return Swap: TRS)이란 계약의 한쪽이 이자 등을 지급하고, 다른 한쪽은 기초자산의 총수익에 해당하는 금액을 지급하는 스왑 계약이다. 대개 기초자산을 주가지수 또는 채권(지수) 등으로 한다. 기초자산이 주가지수인 경우에 총수익은 배당과 자본이익을 포함한다.

둘째, 2017년 1월에 DIY 투자 대상인 어떤 자산운용사가 사기 혐의와 의심스러운 실무 관행으로 매스컴을 탔다. 이로 인해 스웨덴 연금 당국은 이 자산운용사가 운용하는 4개의 펀드를 DIY 투자 대상에서 제외하였다. 이 사건 이전에 약 12만 명의 가입자가 $2십억 정도를 이 운용사 펀드들에 투자했었다. 당국은 이 운용사의 펀드 투자로 인한 어떤 손실도 보전해주지 않을 것임을 천명하였다. 쉽게 생각할 때 모든 가입자가 이 운용사 펀드로부터 떠나야 했다. 하지만 사기 혐의가 발표된 이후 1주일 동안 아무런 변화도 일어나지 않았다. 1.4%의 투자자만이 이 운용사의 펀드들을 매도하였다. 딜로이트가 2017년 3월 16일에 감사 업무를 사임하면서 발표한 바에 따르면, 연초에 비해 32%의 가입자만이 이 운용사 펀드들의 투자를 포기했다고 한다.

이러한 두 가지 사실은 연금 가입자들이 처음 선택한 대안들을 얼마나 지속적으로 유지하는 성향이 있는가를 보여주는 좋은 예라고 할 수 있다. 이러한 결과들을 기반으로 크롱크비스트 등(2018)은 스웨덴 프리미엄 연금 제도에 대해 다음과 같은 세 가지 개선점을 제시하였다.

1. 선택 설계의 변경(디폴트 펀드를 3개로 다양화)

① 디폴트 펀드인 AP7을 전 세계 인덱스 펀드화
② AP7에 25% 이내의 레버리지가 허용된 펀드
③ 75% 이상의 AP7과 25% 이하의 무위험 자산으로 구성된 펀드

2. DIY 대상 펀드 수 감축

모니터링이 강화될 수 있도록 대상 펀드 수 감축

3. 규정 변경 고지의 효과적 통보

규정 변경 통보는 기존의 통보와 확실히 다르게 함(예: 다른 색깔의 봉투를 사용)

넛지 효과의 지속성이 약하다는 알코트와 로저스(2014)의 에너지 사용량 연구와는 달리 크롱크비스트 등(2018)은 프리미엄 연금의 넛지 효과가 지속성이 있다고 주장하였다. 그렇다면 왜 두 연구는 다른 결론을 얻었을까? 지금까지 그 원인에 관한 연구는 없지만, 두 연구 대상들의 속성으로부터 개략적인 짐작은 할 수 있다. 넛지의 인내 가능성이 두 연구의 결론을 갈랐다고 할 수 있다. 프리미엄 펀드의 경우에는 어떤 선택을 하여도 투자 성과를 구체적으로 비교하기 전에는 선택 변경을 할 이유가 별로 없다. 성과 비교를 해도

주식형 펀드들 간에 투자 성과가 크게 다르지 않다면 연금 가입자들이 인내하지 못할 이유는 없다. 하지만, 다른 가구와의 비교에 따라 지속적으로 에너지 사용량을 줄이는 것은 상당한 인내심을 요구한다. 처음에는 넛지에 따라 사용량 감축이 가능하겠지만, 시간이 지나면서 인내심이 줄어들면 넛지의 효과가 감소할 수 있다. 하지만 이런 이슈에 대해서는 추가적인 연구에 의해 과학적 답변이 주어져야 한다.

주요 용어

AP7	넛지의 지속성	사회보장 제도
DIY 넛지	노령연금	전 세계 주가지수
DIY 포트폴리오	디폴트 넛지	총수익스왑
MSCI	디폴트 펀드	프리미엄 연금
UCITS	명목 DC 플랜	

핵심 정리

- 선택 설계 원칙의 입장에서 스웨덴 사회보장 제도의 민영화를 알아보자.

스웨덴 사회보장의 민영화

- 스웨덴의 노령연금은 명목 DC 플랜 제도로 운영되는데, 18.5%의 보험료 중 16%p는 부과 방식을 나머지 2.5%p는 적립 방식을 채택하였다.
- 프리미엄 연금은 이 2.5%p의 재원으로 운영되는데, 그 규모가 부과 방식으로 운영되는 16%p에 비해 상대적으로 작았기 때문에 큰 반대가 없었다고 한다.
- 적립 방식의 보험료 2.5%p는 AP7 펀드 또는 수많은 뮤추얼 펀드에 투자되어 실적에 의해 연금액이 정해진다. 사회보장의 민영화는 적립 방식으로 운영되는 2.5%p의 프리미엄 연금 투자에 관한 내용이다.
- 스웨덴 정부는 디폴트 펀드를 권장하지 않았고, 대대적인 광고를 통해 가입자들에게 DIY 포트폴리오의 구성을 권장하였다.
- DIY 포트폴리오가 잘 분산된 인덱스 펀드에 가까운 디폴트 펀드보다 더 좋다는 것은 투자 이론에도 맞지 않았다.

넛지가 영원할 때: 스웨덴의 프리미엄 연금 제도

- 여러 경제학자가 바람직한 DC 플랜의 선택 설계에 대해 연구하였지만, 충분한 관심을 받지 못한 이슈는 넛지의 지속성이다.
- 에너지 절약을 위한 넛지는 지속성이 약했다.
- 연금 제도에서 넛지가 지속적이지 못할 하나의 가능성은 사람들이 현상 유지 바이어스, 게으름, 미루는 특성 등으로 처음에는 디폴트 옵션을 선택하지만, 시간이 지나면서 연금 최적화 문제를 풀어 올바른 선택으로 변경하는 것이다.
- 그런 경우에는 선택 설계자에 의한 넛지의 효과가 일시적이겠지만, 그렇지 않으면 지속성이 있을 것이다. 하지만 복잡한 경제학 공부를 하지 않은 연금 가입자가 연금 최적화 문제를 푼다는 가정은 매우 비현실적이다.
- 연금 넛지는 놀라울 정도로 효과적이며, 거의 20년 동안 지속되었다
- 지속성은 다음 두 가지 점에서 놀라운 결과이었다: ① 디폴트인 AP7 펀드는 2010년에 MSCI의 전 세계 주가지수를 추종하는 인덱스 펀드에 가깝게 되었지만, 2011년에 50%의 레버리지가 가능하게 규

정이 바뀌었다. 투자 위험이 커졌음에도 불구하고, 이로 인해 디폴트 펀드를 떠난 가입자는 1,563명에 불과하였다. ② 2017년 1월에 DIY 투자 대상인 어떤 자산운용사가 사기 혐의와 의심스러운 실무 관행으로 매스컴을 탔다. 이로 인해 이 자산운용사의 4개 펀드는 DIY 투자 대상에서 제외되었다. 하지만 1.4%의 투자자만이 이 자산운용사의 펀드들을 매도하였다.

• 크롱크비스트 등(2018)의 세 가지 개선점 제안: ① 선택 설계의 변경(디폴트 펀드를 3개로 다양화); ② DIY 대상 펀드 수 감축; ③ 규정 변경 고지의 효과적 통보.

참고 문헌

• Allcott, H. and T. Rogers (2014), The short-run and long-run effects of behavioral interventions: Experimental evidence from energy conservation, American Economic Review 104, 3003~3037.

• Cronqvist, H. and R. Thaler (2004), Design choices in privatatized social-security systems: Learning from the Swedish experience, American Economic Review 94, 424~428.

• Cronqvist, H, R. Thaler, and F. Yu (2018), When nudges are forever: Inertia in the Swedeish premium pension plan, AEA papers and Proceedings 108, 153~158.

• Thaler, R. and C. Sunstein (2008), Libertarian paternalism, American Economic Review 93, 175~179.

• Thaler, R. and C. Sunstein (2008), Nudge: Improving decisions about health, wealth, and happiness. New Haven: Yale University Press.

• Thaler, R., C. Sunstein, and J. Balz (2013), Choice architecture, In the behavioral foundations of public policy, 428–439, Princeton University Press.

찾아보기

숫자

ㄱ

ㄴ

찾아보기

ㅅ

찾아보기

ㅈ

찾아보기

ㅎ

찾아보기